图书在版编目（CIP）数据

阎崇年自选集 / 阎崇年著. -- 北京 ：九州出版社，
2015.11

   ISBN 978-7-5108-4061-6

   Ⅰ．①阎… Ⅱ．①阎… Ⅲ．①中国历史－文集 Ⅳ．
①K207-53

中国版本图书馆CIP数据核字(2015)第282315号

阎崇年自选集

作　　者	阎崇年 著
出版发行	九州出版社
出 版 人	黄宪华
地　　址	北京市西城区阜外大街甲 35 号（100037）
发行电话	(010)68992190/3/5/6
网　　址	www.jiuzhoupress.com
电子信箱	jiuzhou@jiuzhoupress.com
印　　刷	三河市九洲财鑫印刷有限公司
开　　本	710 毫米 ×1000 毫米　16 开
印　　张	32.25
字　　数	500 千字
版　　次	2016 年 3 月第 1 版
印　　次	2016 年 3 月第 1 次印刷
书　　号	ISBN 978-7-5108-4061-6
定　　价	98.00 元

自　序

阎崇年

　　《阎崇年自选集》的缘起，始于九年前的一件小事。时任九州出版社编辑室主任李勇先生，自己花钱买了《明亡清兴六十年》，通读全文，提出疏误。我知道后，即奉寄给先生《明亡清兴六十年》彩图本一部，表示敬谢。随之，九州出版社黄宪华社长找我约稿，鉴于已经出版二十五卷本的《阎崇年集》，拟议出版《阎崇年自选集》。于是，从《阎崇年集》内五本论文集——《燕步集》《燕史集》《袁崇焕研究论集》《满学论集》和《清史论集》中，初拟选目，多次切磋，并同美国耶鲁大学法学院博士阎天讨论，最后从一百一十三篇拙文中，选取二十七篇，增加新作两篇，结成本集。

　　本集二十九篇文章，分为六组：第一组《森林文化之千年变局》等二篇，为综论类；第二组《论努尔哈赤》等八篇，为人物类；第三组《论宁远争局》等六篇，为战史类；第四组《论满学》等五篇，为满学类；第五组《张吉午与〈康熙顺天府志〉》等五篇，为考据类；第六组《明永乐帝迁都北京述议》等三篇，为京华类。

　　青丝意气涉猎多，白发素心羹献少。学术研究，贵在恒久。一个历史学者，穷其毕生精力，做学术论文，一年两三篇，总算不过数十篇而已，除去应时、应景、应急、应命之作外，真正能够观点新、资料新、论述新、语言新的新作、力作、佳作、名作，会有几篇？而论文中，几年之后，几十年后，几百年后，读之有用，品之有味，又会有几篇？著名清史学家孟森先生的《明清史论著集刊》收文，上册十九篇，下册二十五篇，续编四十五篇，合计八十九篇。时过近百年，先生学术著述，仍具学术价值。这说明学术论著应经得起历史的、地域的、学术的、国际的检验。

求真求理，史法自然，这是我治史的旨趣。研究历史，最难之处，在于两点：说别人没有说过的义理，用别人没有用过的史料。

　　一生颠簸，志在于学。学术之路，漫长曲折，求真求理，笃志弥坚。吾二十岁后步入史学领域，五十岁始于清史领域攀登，六十岁始于满洲学中开拓，七十岁始于影视史学探索，八十岁始于森林文化研究。借用屈原《离骚》中文字作为本序结语："路曼曼其修远兮，吾将上下而求索。"

　　是为自序。

目　录

森林文化之千年变局

【题记】本文《森林文化之千年变局》，是应辽宁大学学报副主编孙琰之约，作为特稿，发表于《辽宁大学学报》（哲学社会科学版）2014年第1期。本文第一次在史学领域提出中华五种经济文化类型——中原农耕文化、西北草原文化、东北森林文化、西部高原文化和沿海及其岛屿的海洋文化，第一次在史学领域论述森林文化的定义、特征、演变及其作用，并论述其在中国有文字记载的三千多年历史演进中分合、盛衰的变局，阐述森林文化与中华多元文化的冲突与融合，特别论述满洲兴起的森林文化元素，最后统和于大中华文化。

中国的森林文化，从历史学的视角，就其在中华文化演进中的历史变局，兹格物，求致知，同探讨，增共识。

一

白寿彝先生论道："中国的历史，是中华人民共和国国土上现有的和曾经有过的民族共同创造的历史。"[①] 研究中国的历史，可以按一朝一代地研究，也可以从文化类型去研究，还可以有其他。中华文化，既统一，又多元，文化类型不同，彼此聚合交融。

在中华文明五千年发展进程中，以其不同生存空间为依托，逐渐形成多种经济文化类型。就其基本特征进行考察，可以概括为五种经济文化类型，即中原农耕文化、西北草原文化、东北森林文化、西部高原文化和沿海及其岛屿的海洋文

---

① 白寿彝：《白寿彝民族宗教论集·题记》，北京师范大学出版社，1992年，北京。

化等。在中华文明五千年演进中，从甲骨文算起，以文字记载的历史有三千多年。这三千多年的历史，按千年分段，考察其文化变迁，主要发生了三个千年变局。在中华文化三个千年变局中，于中国大一统皇朝，中原农耕文化、西北草原文化、东北森林文化，都时间或长或短地占据过主导或主体的地位，而高原文化和海洋文化虽都很重要，却没有占据过主导或主体的地位。在占据过主导或主体地位的上述三种文化类型中，中原农耕文化的存在与意义，学界早已取得共识；西北草原文化的存在与意义，学界也已取得共识；至于东北森林文化，就相对比较而言，过去史料少、踏查少、研讨少、著述少、交流少、关注也少，因而从历史学的视角对森林文化进行论述，经过初步检索，至今没有见到专题论文，也没有见到学术专著。

森林文化在中国暨在东北亚空间上是客观存在的，其在不同历史时段、不同地域范围，都影响着中华历史发展，影响着东亚历史格局，也影响着世界历史进程。因此，本文的旨趣在于，阐述森林文化的称谓、舆地、语言、历史、特征、经济、文化、聚合、交融、演变及其在中华一体多元文化中的地位及影响。

森林文化的研究，有从林学、生态学、人类学、宗教学等学科角度进行研究，特别是从林学角度进行研究，已经取得一系列的成果。如郑小贤的《森林文化内涵及其价值》，苏祖荣、苏孝同、郑小贤合著的《森林文化及其在中华文化体系中的地位》[①] 等，均着眼于林学研究范畴，不在本文讨论范围之内。本文是从历史学的视角对森林文化进行探讨和研究。

东北森林文化，因居住人群的生存环境不同，其生活资源、生产方式、获取手段、居生样式、社会组织和文化习俗等也不同。东北的森林文化，范围颇为广泛，不能逐一涉及，本文讨论有六：一是文化称谓，二是历史地图，三是语言特征，四是渔猎经济，五是文化宗教，六是历史传承。兹于下面，分别阐述。

文化称谓。中国在明清盛时，长城以北、大兴安岭以东至大海，外兴安岭到贝加尔湖以南的广袤地域，从有文字记载以来，三千年间，其地域文化特征，如何进行学术称谓？就地方史研究，已见不全资料，主要有十二说：（1）关东文化；（2）东北文化；（3）关外文化；（4）边外文化；（5）松嫩文化；（6）辽海文化；（7）长白文化；（8）北方文化；（9）三江文化；（10）黑水文化；（11）龙江文化；（12）

---

① 苏祖荣、苏孝同、郑小贤：《森林文化及其在中华文化体系中的地位》，载《北京林业大学学报》2007 年第 3 期。

白山黑水文化等①。就民族史学、文化史学、社会史学等而言，对其经济文化类型的概括，或为牧猎文化、或为渔猎文化、或为游牧文化、或为草原文化等，存在不同的称谓。

上述人文社会科学的不同概括，虽各有其道理，也各有其优长，但似有其不足——或于生存方式阐述、或于地理区位界定、或于历史时段描述、或于语言文化诠释，均没有突出森林文化的生存环境及其历史文化特征，也没有概括其文化内涵。因此，有待商榷，值得研究。

由是，我将东北地域的文化，总称之为"森林文化"。这样称谓的一个理由是，古代森林文化人们的生存环境，东北地区森林莽莽、树海无际，而东北的"森林"同中原的"农耕"、西北的"草原"相对举，以显现其生存地理环境、地域经济文化类型的特征。当然，任何概括都有局限，学者各自表述，不必强求划一；但是，大家取得共识，便于学术交流。

历史地图 中国在明清盛时，农耕、草原、森林、高原、海洋文化的地理范围，按生存环境，绘历史地图，虽较粗略，亦欠准确，但做比较，冀求讨论。

中原农耕文化，分布很广，但其重心在长城以南的中原地区，主要地区包括黄河、长江、珠江中下游地带等，其现今面积：北京（1.64）②、天津（1.19）、上海（0.6）、重庆（8.24）、河北（19）、山西（16）、河南（17）、山东（15.7）、陕西（20）、甘肃（45）、宁夏（6.6）、江苏（10）、浙江（10.18）、安徽（14）、江西（17）、福建（12）、湖南（21）、湖北（19）、广东（18）、广西（24）、四川（48.6）等二十一个省市区，约三百四十五万平方公里，其中如川西北主要是高原，其面积约近四十万平方公里。因此，黄河、长江、珠江流域等地区中原农耕文化核心地域面积约三百多万平方公里。

西北草原文化，分布极为广阔，其主要地区东起大兴安岭，南临燕山、长城和天山一线，西迄巴尔喀什湖地带，北达外兴安岭至贝加尔湖一线。中国盛清时草原文化的面积：漠南蒙古即今内蒙古（118），漠北喀尔喀蒙古即今外蒙古（156.5），以上内外蒙古面积共近二百七十五万平方公里。还有天山以北漠西的厄鲁特蒙古（西蒙古）地区等。总之，中国盛清时西北草原文化区域的面积，合计约为三百多万平方公里。

---

① 参见宋德金：《东北地域文化三题》，《光明日报·史学》2009 年 7 月 14 日；田广林：《辽海历史与中华文明》，《光明日报·史学》2009 年 12 月 29 日。

② 括号内的数字，以万平方公里即万平方千米为单位，下同。

东北森林文化，分布极为辽阔，中国盛清时主要范围，包括大兴安岭以东，长城一线以北，东达大海，北到贝加尔湖、外兴安岭、库页岛（今萨哈林岛）一线的广阔地域。包括：今辽宁省（15）、吉林省（19）、黑龙江省（47），共约八十万平方公里；明清盛时乌苏里江以东至滨海地区约为四十万平方公里，黑龙江以北、外兴安岭以南约六十万平方公里，还有贝加尔湖以东以南等地域，其面积总数约为三百万平方公里。

西部高原文化，主要包括今西藏（123）、青海（72）、云南（39）、贵州（18），总面积约二百五十二万平方公里，还有川西高原等；另从高原地域看，青藏高原（257）、云贵高原（50），总数亦约为三百万平方公里。

东南海洋文化，明清盛时的地理范围，包括今黑、吉、辽、冀、津、鲁、苏、沪、浙、闽、粤、桂，即从鄂霍次克海、鞑靼海峡、日本海、渤海、黄海、东海到南海的沿海地域，及今台湾岛（3.6）、海南岛（3.5）、香港特区（0.11）、澳门特区（0.0033），以及南海诸岛屿——东沙群岛、西沙群岛、中沙群岛、南沙群岛等，南至曾母暗沙。海岛及沿海的海洋文化，其领土与海疆的面积，本文不做统计[1]。海洋文化虽非常重要，却从来没有在中央政权占据主导或主体的地位，而农耕、草原、森林文化又缺乏海洋文化基因，海洋文化是中国两千多年皇朝史上的文化短板，成为后来屡败于从海上打来的西方列强的一个重要文化原因。

由上可见，森林文化就其历史地图而言，在中华历史文化中的重要分量与重要地位，可谓：举足轻重，牵动华夏。

语言特征 森林文化地域居民的语言，基本上属于阿尔泰语系满—通古斯语族。中华民族语言文化圈，南部主要属于汉藏语系等，北部主要属于阿尔泰语系等。汉藏语系主要包括汉语、藏语、苗语、瑶语、壮语、土家语、彝语等；阿尔泰语系主要包括突厥语族、蒙古语族和满—通古斯语族。蒙古语族主要分布在西北草原文化地域，包括今蒙古语、达斡尔语、布里亚特语、土族语、东乡语、裕固语（东部）等；满—通古斯语族则主要分布在东北森林文化地域，包括满语、锡伯语、鄂温克语、鄂伦春语、赫哲语等。蒙古语族与满—通古斯语族的地理界限，大致以大兴安岭为界（语言分区不是绝对的）——大兴安岭以东到海、外兴安岭以南到长城，主要是满—通古斯语族的森林文化范围。他们彼此之间的语言

---

① 盛清时新疆约215万平方公里（今新疆166万平方公里）土地的地域文化类型，有学者认为：北疆为草原文化，东疆和南疆为农耕文化。今与蒙古国、俄罗斯、哈萨克斯坦、吉尔吉斯斯坦、塔吉克斯坦、阿富汗、印度八国接壤，陆地边境线长5600公里，占全国陆地边境线的四分之一。

虽有差异，但彼此基本可以听懂。有人经常问：皇太极的一后四妃都是蒙古人，他们怎么沟通、怎样交流呢？他们的语言都属于阿尔泰语系，语法相同，借词亦多，彼此之间，大体听得懂。总之，东北森林文化的语言，主要属于阿尔泰语系的满一通古斯语族。当然，也不是那样纯粹单一。

渔猎经济 森林文化的早期居民，居住地的选择是：面朝河流，背靠山林，生活资源为渔猎所获。主要的生活资源——衣、食、住、行、用、贡，多取自于森林。其衣，以兽皮或鱼皮缝制，被称为"鱼皮鞑子"；其食，吃兽肉、鱼肉或野果，也是来自于森林、河湖；其住，撮罗子（又称仙人柱），以桦木和桦树皮为主要建筑材料；其行，爬犁是木结构的，船是用树木和桦树皮做的；其用，椀筷、器皿、摇车、箱篓、盒包，渔猎器具等也多是木制品或皮制品；其贡，主要朝贡楛矢、人参、貂皮、明珠等，则都是木制、采集和渔猎的产品。所谓"使犬部""使鹿部"，也是森林文化的产物。随着经济文化的发展和跟外域经济文化的交流，森林经济逐渐多元化，包括采集、渔猎、畜牧、农耕等。但在元明清时期，森林文化的基本经济形态是渔猎经济，这是同草原文化以游牧为主，农耕文化以耕织为主的重大区别。直到满洲崛起之初，《满洲实录》记载："本地所产，有明珠、人参、黑狐、元狐、红狐、貂鼠、猞猁狲、虎、豹、海獭、水獭、青鼠、黄鼠等皮，以备国用；抚顺、清河、宽奠、瑷阳四处关口，互市交易，以通商贾，因此满洲民殷国富。"① 这说明森林文化的采集、捕鱼、狩猎，仍是满洲的重要经济基础。

文化宗教 森林文化的一个特征是对森林、对大木的崇拜。《后汉书·东夷列传》记载："常以五月田竟祭鬼神，昼夜酒会，群聚歌舞，舞辄数十人相随，踏地为节。十月农功毕，亦复如之。诸国邑各以一人主祭天神，号为'天君'。又立苏涂，建大木，以县铃鼓，事鬼神。"② 这里的"大木"，《晋书·四夷列传》记载，肃慎氏视之为"神树"③。直到清朝皇族的堂子祭祀，仍然是"堂子立杆大祭"。史载："每岁春、秋二季，堂子立杆大祭，所用之松木神杆，……砍取松树一株，长二丈，围径五寸，树梢留枝叶九节，余俱削去，制为神杆。"④ 从堂子祭祀图可见，

---

① 《满洲实录》，第 2 卷，第 37 叶，中华书局影印本，1986 年，北京。
② 《后汉书·东夷列传》，第 85 卷，第 2819 页，中华书局校点本，1965 年，北京。
③ 《晋书·四夷列传·肃慎氏传》，第 97 卷，第 2534 页，中华书局校点本，1974 年，北京。
④ 《钦定满洲祭神祭天典礼》，第 3 卷，第 18 叶，台湾商务印书馆《景印文渊阁四库全书》本，1986 年，台北。

就像是一幅森林的画图。《满洲源流考》也记载："我朝自发祥肇始，即恭设堂子，立杆以祀天。"①甚至在北京大内坤宁宫前也立神杆以祭神祭天。而在古代的日本，森林覆盖大地，寺庙祭祀的是"御柱祭"。这里的"御柱"就是树木，象征着森林。日本的寺庙，有的没有神，只有树木。有书记载："日本的神社里有森林。在日本，可以有没有森林的寺庙，不可能想象神社里会没有森林。"②森林文化的宗教，同草原文化等一样，阿尔泰语系诸族在古代都信奉萨满教，鲜卑、突厥、契丹、女真、蒙古、达斡尔、鄂温克、鄂伦春、赫哲、满洲等都亦然。其教名"萨满"，就是从满语"saman"的音译而来的。阿尔泰语系的满—通古斯语族，从晚明至清，其文字为满文，明万历二十七年（1599年），由努尔哈赤主持、额尔德尼和噶盖创制③。满文系借用蒙古文的字母，来拼写满语。满文为拼音文字，同汉文方块字不一样。西方人学满文，因都属拼音文字，比汉人学满文更容易一些。汉语则属于汉藏语系，二者在语言与文字上有较大的差异。

历史传承 森林文化，历史悠久。考古资料表明，早在一万年前的新石器时代，东北森林文化就已经产生。《后汉书》首列"东夷列传"，记载中原王朝与四周民族的关系，特别记载中原王朝与肃慎的关系："及武王灭纣，肃慎来献石砮、楛矢。"④先秦时肃慎、秦汉时挹娄、魏晋时勿吉、隋唐时靺鞨、宋辽金时女直、元明时女真，以及清初的满洲，一脉相承，连绵不断。

综上所述，中国东北森林文化作为一个历史文化范畴，既有其自身的文化特点，则应有其学术文化的称谓，从而有利于学术研究。

二

中国东北森林文化的历史，有文字记载以前的考古资料和口碑传说，本文不做讨论。在中国有文字记载的三千多年历史演进中，其兴盛衰亡、分合迁徙的文明史，从殷商到清末（1911年），大体分作三个阶段，发生三个千年变局。

第一个千年 主要是商、周。这段历史的一个特点是最高君主称王，如殷纣

① 《钦定满洲源流考》，第18卷，第1叶，商务印书馆《文津阁四库全书》影印本，2005年，北京。
② ［日］梅原猛：《森林思想——日本文化的原点》，卞立强、李力译，第34页、第129页，中国国际广播出版社，1993年，北京。
③ 《满洲实录》，第3卷，第2叶，中国第一历史档案馆。
④ 《后汉书·东夷列传·挹娄传》，第85卷，第2808页，中华书局校点本，1965年，北京。

王、周文王、周武王等。东、西周八百年，加上殷商，大数算一千多年。我把这段千年历史称作王制或王国时期的历史。周朝的政治中心，虽然诸侯名义上共尊周天子为国君，但西周天子在镐京、东周天子在洛阳——春秋五霸、战国七雄等，"尊王攘夷"、各自为政、相互兼并、彼此杀伐，实际上是政治多中心的。

这个时期文化发展的主要特征是：中原地区农耕文化的内部关系，在争变中融合，在融合中争变。中原的农耕文化，以农作为食，以桑麻为衣，农桑为衣食之源。虽然还有畜牧业、手工业等多元经济，但是以农耕经济为主。

商周活动的中心区域，殷主要在今河南，周主要在今陕西。周先祖名弃，号后稷，《史记》记载：弃好耕农，种稼穑，被帝尧举为农师。殷与周，两大文化板块进行碰撞与交汇。周武王会八百诸侯于河南孟津，讨伐殷纣王。牧野之战，纣王发兵七十万，结果殷兵大败。纣登鹿台，赴火而死[1]。殷亡周兴，崛起于西北的周族，进入中原，确立统治。"周虽旧邦，其命维新"[2]。周朝初期，封诸侯、建藩国、行世袭、食采邑，社会的权力与财产，既照顾先朝旧贵族的利益，更扩张当朝新贵族的权益，除旧调整，重新分配。

周从殷纣灭亡，到周平王东迁，周的都城，因在西部，史称西周。西周末年，社会动荡，内乱外祸，政局不安，迁都到洛邑。从平王东迁，到秦的统一，周的都城，因在东部，史称东周。从此，周朝政治中心东移，文化中心也随之东移。在东周时期，春秋也好，战国也罢，既是社会经济大发展的时期，也是社会文化大融合的时期。这段历史时期的一个特点是：强凌弱，众暴寡，战争频繁，动荡不安。春秋五霸，各国之间，今日为盟邦，明日则为敌国。战国七雄，或合纵，或连横，"七雄虓阚，龙战虎争"[3]。春秋五霸，战国七雄，其立国自存，其图强争霸，关键所系，文化之争。

从文化来说，第一个千年历史，主要是中原农耕文化内部的交融。西周的战乱，东周的纷争，主要是八个文化圈，即北方的齐鲁文化、燕赵文化、河洛文化、秦晋文化，南方的吴越文化、楚湘文化、巴蜀文化、南粤文化，在冲突、融合、对话、交流。上千年的交融，出现一个结果：秦统一六国，"六王毕，四海一"[4]，车同轨，书同文，中原农耕文化一统，成为中华文化的主体与核心。新统合的民

① 《史记·周本纪》，第4卷，第124页，中华书局校点本，1959年，北京。
② 《诗经·大雅·文王》，《十三经注疏附校勘记》，中华书局影印本，1980年，北京。
③ 《汉书·叙传上》，第100卷上，第4227页，中华书局校点本，1962年，北京。
④ 杜牧：《阿房宫赋》，《樊川文集》，第1页，上海古籍出版社，2009年，上海。

族本应称为秦族，嬴秦短祚，刘氏立汉，且秦始皇焚书坑儒，得罪儒生，而儒生又有话语权，中原人开始不称秦人，而自称汉人，标志着汉民族形成。

这一千年，殷商甲骨文、周朝钟鼎文、商周青铜器、西周石鼓文等，都是这个时期的华夏珍宝。孔子的《论语》，老子的《道德经》，《诗经》的情志，《周易》的智慧，《孙子兵法》，屈原《离骚》，诸子百家，竞相争鸣，思想精华，令人惊叹！这不仅在中国，而且在世界，放射出人类文明史上的璀璨光华。但是，在这场文化大交融中，也付出了沉重代价。周殷牧野之战，"血流漂杵"①。秦赵长平之战，秦武安君白起斩级、坑杀赵军四十五万人②，可谓惨烈之极！这段历史，极不平静。付出与收获，碰撞与融合，阴阳交替，相辅相成。司马迁在《报任安书》中说："盖文王拘，而演《周易》；仲尼厄，而作《春秋》；屈原放逐，乃赋《离骚》；左丘失明，厥有《国语》；孙子膑脚，《兵法》修列；不韦迁蜀，世传《吕览》；韩非囚秦，《说难》《孤愤》；《诗》三百篇，大底圣贤发愤之所为作也。"③中原农耕文化融汇的艰难历程表明：历史在曲折演进，欢歌伴随着悲怆。

这个时期，东北森林文化的肃慎，已同中原王朝有往来。《尚书》《大戴礼记》《国语·鲁语》《山海经》《竹书纪年》《汉书·五行志》等都有"肃慎"或"息慎"同中原王朝来往的记载。《尚书》里说："武王既伐东夷，肃慎来贺，王俾荣伯作《贿肃慎之命》。"④《史记·五帝本纪》尽管有传说的元素，但有肃慎的传说和记载。书里的"息慎"，其"集解"引郑玄曰："息慎，或谓之肃慎，东北夷也。"⑤肃慎又称稷慎，《逸周书·王会解》曰："西面者正北方，稷慎大麈。"孔晁注："稷慎，肃慎也。"但是，《史记》和《汉书》虽都留下美妙动人的故事⑥，却没有为肃慎列传，直到《后汉书》才出现《挹娄传》。这说明此期森林文化在中华文化圈里，虽有交往、屡见记载，却因山河阻隔，尚处边缘状态。

---

① 《尚书·武成》，第11卷，第185页上，《十三经注疏附校勘记》，中华书局影印本，1980年，北京。
② 《史记·白起王翦列传》，第73卷，第2335页，中华书局校点本，1959年，北京。
③ 司马迁：《报任安书》，《昭明文选》，第41卷，第578—579页，世界书局影印本，民国二十四年（1935年），上海。
④ 《尚书》，第18卷，第236页中，《十三经注疏附校勘记》，中华书局影印本，1980年，北京。
⑤ 《史记·五帝本纪》，第1卷，第43页，中华书局校点本，1959年，北京。
⑥ 《史记·孔子世家》记载："有隼集于陈廷而死，楛矢贯之，石砮，矢长尺有咫。陈湣公使使问仲尼。仲尼曰：'隼来远矣，此肃慎之矢也。昔武王克商，通道九夷百蛮，使各以其方贿来贡，使无忘职业。于是肃慎贡楛矢、石砮，长尺有咫。先王欲昭其令德，以肃慎矢分大姬，配虞胡公而封诸陈。分同姓以珍玉，展亲；分异姓以远方职，使无忘服。故分陈以肃慎矢。'试求之故府，果得之。"（《史记·孔子世家》，第47卷，第2317页，中华书局校点修订本，2013年）

第二个千年　从秦始皇二十六年（前221年），到后梁贞明二年即辽太祖神册元年（916年），共1138年，大数算也是千年。这个千年间，除中原地区农耕文化继续交融外，农耕文化与草原文化交融——秦汉与匈奴、隋唐与突厥的交融是一个突出的文化现象。这个时期文化冲突，一个重要特点是农耕文化与草原文化的冲突，前期对匈奴，后期对突厥——都是汉藏语系文化与阿尔泰语系突厥语族和蒙古语族文化间的冲突与融合。

这个千年，《史记》有《匈奴列传》，《汉书》有《匈奴传》《西域传》（各上下两卷）共列五十一节，《后汉书》则有《西域传》《南匈奴列传》，这些说明匈奴与西域在此期历史上的重要地位。

此期有个历史现象值得注意：出现西汉、东汉、西晋、隋和唐五个统一的朝代。当朝的政治中心，秦都咸阳，西汉都长安，东汉都洛阳，都城的变迁，沿着黄河中游、渭河干流地域在东西摆动，但摆动的重心在长安（今西安）。

秦始皇连接六国长城而为万里长城，派蒙恬率三十万大军守长城，又派公子扶苏监兵，主要是防匈奴。秦亡的直接原因是农民军的揭竿而起，间接原因则是劳民修长城、重兵防匈奴。否则，蒙恬率大军对付陈胜、吴广，扶苏在始皇身侧，那么，陈胜之兵与赵高之谋，恐均难以遂其所愿，历史会是另种局面。所以，从某种意义上说，秦亡于匈奴。秦亡汉兴，亦有悲歌："高祖忍平城之耻，吕后弃慢书之诟。"[1] 这说明当时农耕文化与草原文化冲突之激烈。西汉，汉武帝时卫青、霍去病大战匈奴；东汉，"匈奴尝以万骑入渔阳（今北京郊区），（张）堪率数千骑奔击，大破之，郡界以静"[2]。汉设立西域都护府，唐设立安西都护府和北庭都护府，都是农耕文化与草原文化交融的政治之果。

这一千年，文化繁荣，气势博大，世人震撼。万里长城、阿房宫殿、秦陵兵马俑、汉墓马王堆，司马迁的《史记》，司马相如的汉赋，张骞出使西域，白马驮经东传，王羲之的书法，阎立本的绘画，李杜的诗篇，大唐的宫殿，敦煌壁画，龙门石窟，玄奘西行，鉴真东渡，都向世界展示：中华文化盛大光明，东西交流景况空前。这不仅在中国，而且在世界，放射出人类文明史上的又一璀璨光华。但是，在这场文化大交融中，也付出了沉重代价。王昭君的出塞和亲，蔡文姬的《胡笳十八拍》，木兰从军的传说，文成公主的故事，既奏着民族融合的乐章，也含着贵门闺秀的悲歌。东晋时的衰微，南北朝的离乱，也都是这场融合的记忆。

---

① 《后汉书·乌桓鲜卑列传》，第90卷，第2992页，中华书局校点本，1965年，北京。
② 《后汉书·张堪传》，第31卷，第1100页，中华书局校点本，1965年，北京。

　　蒙古草原文化与中原农耕文化，经过千年的文化冲突、聚合，草原文化冲突风浪虽暂时平静，森林文化冲突却波澜又起。

　　早在汉代，史有记载："挹娄，古肃慎之国也。在夫余东北千余里，东滨大海，南与北沃沮接，不知其北所极。土地多山险，人形似夫余，而言语各异。有五谷、麻布，出赤玉、好貂。无君长，其邑落各有大人。"[①] 今黑龙江省双鸭山地区，挹娄村落遗址，村屯房屋，星布遍地。几乎每个小山丘，就是一个村落[②]。虽文献记载不足，但可以看出一个文化发展的脉络来，就是这个文化从肃慎、挹娄、勿吉、靺鞨、女真、满洲，这么一线承绪下来的。

　　此期，两汉、三国、魏晋南北朝、隋、唐、五代十国，有大量的记载，如《淮南子》《三国志·魏书》《北齐书》《隋书》等。这个时期，由于森林文化的重要，相继在《后汉书·东夷列传·挹娄传》、《三国志·魏书·挹娄传》《晋书·四夷列传·肃慎氏传》《魏书·勿吉传》《北史·勿吉传》以及《隋书·东夷列传·靺鞨传》《旧唐书·北狄列传·渤海靺鞨传》《新唐书·北狄列传·黑水靺鞨传》等均有专门记载。

　　这个千年，森林文化与农耕文化的交融，有三件大事值得关注：

　　其一，慕容儁在蓟城建都。鲜卑人居于大兴安岭到辽河流域，当属森林文化，亦或森林文化与草原文化的交汇区。西晋时，曾封鲜卑慕容部酋长为将军、都督。慕容部人皮肤细白，晋士族多买其妇女作婢妾，就连东晋明帝司马绍的母亲苟氏也是慕容部人。东晋永和六年（350年），前燕主慕容儁从龙城（今辽宁朝阳）向南进兵，夺得幽州，攻入蓟城。东晋永和八年即前燕元玺元年（352年），慕容儁即皇帝位，定蓟城为国都，并修宫殿、建太庙、册皇后、立太子，是为北京史上少数民族首次在北京建都。慕容儁想组成一支一百五十万人的大军，南进争雄，未果身死，在位十一年[③]。蓟城作为前燕国都，仅六年。前燕鲜卑人慕容儁迁都蓟城，是森林文化民族第一次在关内北京建都。这是东北森林文化进入中原政治舞台的历史信号。

　　其二，大祚荣建立渤海政权。粟末靺鞨部首领大祚荣，唐初时，率众徙居营州（今辽宁朝阳）。武则天时，又率部北居古挹娄之地。唐圣历元年（698年），在

---

　　① 《后汉书·东夷列传》，第85卷，第2812页，中华书局校点本，1965年，北京。
　　② 黑龙江省文物考古研究所：《黑龙江省双鸭山市滚兔岭遗址发掘报告》，载王学良主编：《荒原觅古踪》，第11—24页，双鸭山市文物考古资料汇编委员会印本，2008年。
　　③ 《晋书·慕容儁载记》，第110卷，第2842页，中华书局校点本，1974年，北京。

今吉林敦化地区，自立政权，初称震（一作振）国，后称渤海。后都上京龙泉府（今黑龙江宁安渤海镇）。唐先天二年（713年），唐遣使册大祚荣为左骁卫大将军，并册封为渤海郡王。祚荣遣子入侍，后每岁遣使朝贡[①]，辖区盛时达五京、十五府、六十二州。渤海政权，书载："渤海诸王，受唐封号，朝贡不绝。"[②]后唐天成元年（926年）被辽所灭。渤海政权雄踞一隅，存在二百一十四年，表明森林文化内涵力量之强大所在。

　　其三，安禄山在范阳建大都。唐天宝十四载（755），任范阳、平卢、河东三镇节度使的安禄山，从范阳（幽州）起兵反唐。安禄山起兵范阳（幽州），拥十五万众，号二十万，步骑南进，烟尘千里，所过州县，望风瓦解。不久占领东京洛阳。第二年，安禄山自称大燕皇帝，年号圣武，以范阳为大都。这是北京称大都之始。安禄山分兵攻入西京长安，唐玄宗偕杨贵妃仓皇出逃。安禄山次子安庆绪杀安禄山后，自立为燕帝。唐军收复长安，东击洛阳。安庆绪败弃洛阳后，被安禄山部将史思明所杀。史思明自立为大燕皇帝，并以范阳为燕京。史思明夺取洛阳后，又被其长子史朝义所杀。史朝义再自立为燕帝，兵败后退回范阳。宝应二年（763年），史朝义的范阳守将李怀仙等降唐，史朝义兵败途穷，"缢死医巫闾祠下"[③]。历时八年的"安史之乱"战火，由范阳点燃，又在范阳熄灭。此后，藩镇割据，直至唐亡。

　　鲜卑人慕容儁建南燕，发其端；靺鞨人大祚荣建渤海政权，继其后；东胡人安禄山建大燕，破长安。森林文化，跨越黄河，抵达长安，影响深远。

　　以上慕容儁、大祚荣、安禄山发出的三个历史信号表明：东北森林文化要进入中原，同中原农耕文化进行较量、聚合与交融。

三

　　第三个千年　从北宋、辽、南宋、金、西夏、元、明、清，历经八代九十帝，共996年，大数算也是千年。中原农耕文化、西北草原文化继续融合，东北森林文化登上中原历史舞台。清朝的建立，标志着森林文化在中原文化中取得主导或

　　① 《旧唐书·北狄列传·渤海靺鞨传》，第199卷下，第5360—5363页，中华书局校点本，1975年，北京。
　　② 金毓黻：《渤海国志长编》，上册，第149页，《社会科学战线》杂志社印，1982年，长春。
　　③ 《新唐书·逆臣列传上·史思明传附朝义》，第225卷上，第6434页，中华书局校点本，1975年，北京。

主体的地位。先是森林文化的契丹、女真，占有半壁山河。而后，蒙古崛起，铁骑劲旅，驰骋欧亚，入主中原，建立大都。朱元璋以"驱逐胡虏，恢复中华"[①]相号召，建立了明朝，明后又衰落。努尔哈赤举着"七大恨"告天的旗子起兵，满洲崛兴，定鼎燕京，则是这次文化大碰撞的集中展现。这个时期，政治中心南北摆动，北宋都汴梁（今河南开封），南宋都临安（今浙江杭州），辽都上京（今内蒙古巴林左旗菠萝城），金都先在上京（今黑龙江哈尔滨阿城区），后迁中都（今北京），元先在上都（今内蒙古锡林郭勒盟正蓝旗境），后迁大都（今北京），明初都金陵（今江苏南京），后迁都北京，清初都盛京（今辽宁沈阳），后迁都北京，南北摆动，但以北京为重心。中国两千多年皇朝历史政治中心的摆动，先是东西摆动，后是南北摆动，从而呈现出大"十"字形摆动的特点。北京处于农耕、草原、森林与海洋文化的接合部，最终成为农耕、草原、森林、高原和海洋文化之聚合与交流的中心。

千年文化，发生巨变。大碰撞，大融合，大代价，大发展。活字印刷，天禄琳琅，《册府元龟》，《永乐大典》，《古今图书集成》，《四库全书》，《皇舆全览图》，宋元善本古籍，内阁大库档案，《清明上河图》，《姑苏繁华图》，明清宫殿，京杭运河，三山五园，避暑山庄，元青花瓷，明宣德炉，清珐琅彩，奇宝异珍，争相斗艳，竞放奇葩。为此付出了沉重的代价："文天祥之丹心，朱元璋之义旗，袁崇焕之磔死，史可法之壮烈，顾炎武之气节，张煌言之英魂，以及'扬州十日''嘉定三屠'之悲剧，还有《桃花扇》之血泪，都是这段悲壮历史的血泪实录。"[②]

历史是胜利者与失败者、融化者与被化者，共同参与、共同创造的。中华文化是中国各民族共同创造的。中国各个民族之间，中原农耕文化与西北草原文化、东北森林文化，汉藏语系与阿尔泰语系，多元文化相互交融，中原核心，一统政体，出现了中华大一统局面。具体映现，略举五例：

第一，国家版图一统。中华版图出现汉、唐、元、明、清等朝的大一统局面。其中，汉唐时期的千年，主要是农耕文化与草原文化的交融，森林文化或短暂、或局部地登上中华历史舞台一隅，但没在全国政治舞台上占主体或主导地位。元、明时期虽然也有草原文化参与，但总体说来，处于过渡状态，即农耕文化与草原

---

① 《明太祖实录》，第 26 卷，第 10 页，吴元年十月丙寅，台北中研院历史语言研究所校勘本，1962 年，台北。

② 阎崇年：《大故宫》，第 3 册，第 316 页，长江文艺出版社，2013 年，武汉。

文化、农耕文化与森林文化的交替、过渡阶段。清代森林文化登上中华文明舞台，出现版图大一统的新局面。

清朝时期，中华农耕文化、草原文化、森林文化的大融合，中华版图空前大一统，并由中央政府有效控制。版图大致是：东起大海，东北到库页岛（今萨哈林岛），北自外兴安岭、贝加尔湖一线，西北到巴尔喀什湖，西达帕米尔高原，西南到喜马拉雅山，南至曾母暗沙，东南到台湾及其以东岛屿，南北跨纬度约五十度，东西跨经度约七十度，总面积约为一千四百万平方公里，比欧洲还大些。中央政权对所辖版图，任命官员、驻扎军队、巡边卡伦、征收赋税、科举应试、定期朝觐等，都是大一统的例证。

第二，民族多元一体。清朝民族认定，比较粗疏，大凡现今中华五十六个民族，清朝时都生息在中华大地上。清廷的民族与宗教政策，在中华皇朝史上是比较得当的，各民族更加聚合、交融。

早在汉代，中原地域农耕民众，称谓汉族。经过魏晋南北朝，到隋唐重新统一，出现中华的新概念。如唐太宗说："自古皆贵中华，贱夷狄，朕独爱之如一，故其部落皆依朕如父母。"[①]

匈奴、蒙古的历史难题，一直困扰着中原王朝的君主。元蒙短暂统一，不久退回大漠。明朝蒙古强大时，正统己巳和嘉靖庚戌，两度叩打京师大门，又饮马鸭绿江，游牧天山西。其时女真人也受蒙古贵族的统治或奴役。森林文化主导中华大地后，天命和崇德时期的漠南蒙古（内蒙古），康熙时期的喀尔喀蒙古（外蒙古），乾隆时期的厄鲁特蒙古（西蒙古），繁难蒙古问题，得到较好解决。康熙帝说："昔秦兴土石之工，修筑长城。我朝施恩于喀尔喀，使之防备朔方，较长城更为坚固。"[②]明朝修长城为防御蒙古，清朝蒙古则成为抵御外来侵略的长城。"明修长城清修庙"。康熙帝说："柔远能迩之道，汉人全不理会。本朝不设边防，赖有蒙古部落为之屏藩耳。若有变动，或在中国，蒙古断无此虑。"[③]

清末民初，外蒙古有人要闹独立，蒙古贤达指出："蒙古疆域，向与中国腹地，唇齿相依，数百年来，汉蒙久成一家。……我蒙同系中华民族，自宜一体出力，维持民国，与时推移。"[④]

---

① 《资治通鉴》，第 198 卷，贞观十二年五月条，中华书局校点本，1956 年，北京。
② 《清圣祖仁皇帝实录》，第 151 卷，康熙三十年五月初七日，中华书局影印本，1985 年，北京。
③ 《康熙起居注册》，康熙五十六年十一月二十六日丙子，中华书局影印本，2009 年，北京。
④ 《西盟会议始末记》，第 43 页，商务印书馆，民国二年（1913 年），上海。

新疆虽自西汉张骞通西域，唐朝设安西都护府，但清朝先设伊犁将军，实行军府管辖，继设新疆省，同内地一体管辖，用制度维系多民族的一体化。

西藏至晚于元已然归属朝廷，继明之后，清廷册封达赖喇嘛、班禅额尔德尼，设驻藏大臣，在西藏驻军，实行金奔巴瓶掣签制，藏民融入华庭。

其他西北、西南、东南诸少数民族，经改土归流，行文化融合，也都融冶在多元一体的中华大家庭中。

总之，中国各个民族，尽管语系不同、族群不同、地域不同、生态不同、历史不同、宗教不同、文化不同、习俗不同，但是经过三千多年的三个时期的变局，到清末民初，已经形成统一的中华民族。

第三，语言两系一构。前已述及，中华五十六个民族概要地分属于两大语系，即汉藏语系和阿尔泰语系——突厥语族、蒙古语族、满——通古斯语族。在清代随着森林文化的入主中原，不同语系、不同语族的人民，都生活在大中华之内，彼此交融，相互影响。乾隆时编修的《五体清文鉴》[①]，即满文、藏文、蒙古文、维吾尔文、汉文五种文字对照合编，就是一个多民族文化融汇的佳证。

第四，文化多元融合。满洲人主中原后，极力学习汉文化，促进满汉文化融合。由于都城文化是中华文化的一个展示台，所以多民族文化融合集中表现在都城文化上，下举四例，以做证明。

第一例，蒙古都城规划特色。元建大都，把蒙古草原文化带到大都，并体现在大都城的规划上。其一，太液为主，宫殿为客。大都城的布局，中心是太液池，其东岸为大内（皇宫），西岸南为隆福宫、北为兴圣宫，三组宫殿环围太液池而鼎足布设。这种格局的文化原因是，对游牧民族来说，"不待蚕而衣，不待耕而食"[②]，随四时迁徙，逐水草移居，所以蒙古人视水草如生命，蒙古包选地也多在水边。明朝农耕文化的北京宫殿则相反：宫殿为主，太液为客。将皇宫用高墙围成紫禁城，西苑只是作为帝后游憩、娱乐之地。其二，宫殿建筑，取围帐式。蒙古人居住的蒙古包，有单体式、集合式和院心式等类型。王公贵族居住的蒙古包，呈院心式——中心设大帐，环列设小帐，再外有围垣。这种建筑形式映现在宫廷主要建筑上，宫与殿之间，加筑围廊和角楼，形成周庑角楼制[③]。史载：大明殿"周庑一百二十间，高三十五尺，四隅角楼四间，重檐"；延春阁"周庑一百七十二间，

---

① 《五体清文鉴》，民族出版社影印本，1957年，北京。

② 《元史·食货志一》，第93卷，第2354页，中华书局校点本，1976年，北京。

③ 朱偰：《元大都宫殿图考》，第4页，北京古籍出版社，1990年，北京。

四隅角楼四间"①。这表明元代主要宫殿都有周庑及角楼。大都宫殿周庑角楼之制，既是中原农耕文化宫阙廊庑传统的继承，又是蒙古草原毡帐行止在宫殿建筑上的反映。其三，建筑装饰，崇尚绿色。如紫檀殿，"草色髹漆"；宫殿丹墀，种植青草；兴圣宫"丹墀皆万年枝"，就是种松树；典型的是北京北海万岁山（今琼华岛），山绿、水绿、树绿、草绿、石绿、殿绿，成为一片绿色世界——这是蒙古草原文化在大都宫苑建筑色彩上的鲜丽体现。

第二例，**满洲改变宫殿规制**。以皇宫坤宁宫为例。坤宁宫在明代是皇后寝居的正宫，共九间。清将其按照盛京（沈阳）清宁宫的格局加以改建，使中部和西部成为萨满祭神的场所。正门开在偏东一间，其东北角隔出一小间，里面安置煮肉的三口大锅，外面有杀猪、打糕（供品）的用具；宫内东边两间暖阁留作皇帝大婚临时居住的洞房；中间四间为祭神场所，北、西、南三面有连通大炕；西边一间存放佛像、神像、祖宗板子及祭祀用品；两端各有通道一间。窗户改明代菱花格窗为满洲式直棂吊窗，窗纸糊在窗外。门前有祭天神杆（索罗杆子）。祀日，在宫内杀猪、煮肉、献礼。奉猪颈骨及猪胆、肉、米于索罗杆顶的斗内。礼成，帝、后等坐在炕上受胙肉。宫殿的西暖阁后墙外，按关外习俗，矗立起烟囱，为煮祭肉时出烟之用。

第三例，**兴建皇家园林**。清朝开国帝王，长期生活在关外，过着森林文化生活。他们喜动不喜静，耐寒不耐热。摄政王多尔衮曾说过：北京春秋尚可，暑夏溽热难耐②。他要在塞外建避暑的喀喇城，既能避暑，又能狩猎。但是，事未成，身先死。顺治帝在位时间较短，常在南苑狩猎，或到京东游幸。到康熙、雍正、乾隆三朝，社会比较安定，府库财力充裕，造园经验丰富，满洲崇尚骑射，开辟木兰围场，兴建避暑、狩猎、游乐、理政的皇家园林，从而使京师皇家园林有新的开拓，尤其是"三山五园"的建设，成为中国古典园林史上的明珠。承德避暑山庄，则成为清代多民族文化融合的一个政治象征。

第四例，**整合中华文化**。以军事征服文化者，而被其文化所征服。满洲入主中原，提供新的实例。清满洲以弓马得天下，又被农耕文化所融合。清康、雍、乾、嘉等朝，集中全国文萃，汇集京师，整理编纂册籍，敕撰百余种，十万余卷。其中，辞书《佩文韵府》（444卷）、志书《一统志》（560卷）、《全唐诗》（900卷）、《全唐文》（1000卷）、《古今图书集成》（10000卷），还有《满文大藏经》《四库全

① 陶宗仪：《南村辍耕录·宫阙制度》，第21卷，中华书局校点本，1959年，北京。
② 《清世祖章皇帝实录》，第49卷，顺治七年七月乙卯，中华书局影印本，1985年，北京。

书》《皇舆全览图》《乾隆京城全图》《五体清文鉴》等。整理《无圈点老档》（又称《满文老档》《旧满洲档》《满文原档》），其原本四十册，现藏台北故宫博物院。清廷敕编《八旗通志》《满洲源流考》《钦定满洲祭神祭天典礼》等。

这样中原农耕文化与西北草原文化、东北森林文化经过三千年交融，其汉藏语系与阿尔泰语系进一步交融，出现中华大一统的局面。

但交融中也有冲突。满洲文化推崇"国语骑射"，也推行满洲服装与发型。这就发生"留头不留发、留发不留头"的文化冲突。所以满汉文化有融合面也有冲突面。开始，努尔哈赤是强力推行满洲文化，遇到强烈反抗，如往井里投毒、暗杀、民变。皇太极时做了一些调整，多尔衮时矛盾又突出。康熙时才逐渐缓和。有人说：世界四大文明古国，只有中国文明没有中断、得以延续，清朝的文化政策有其积极的一面。

第五，经济多元一主。满洲能够在中原站住脚，跟其文化多元性特点有关。满洲的渔猎经济，在黑龙江中下游地区融合赫哲、鄂伦春等民族，并建立起巩固的统治；满洲的牧业经济，跟蒙古有共同的文化基础，还属于共同语系，建立起满蒙婚姻、军事、政治与文化的联盟；满洲的农耕经济，到了中原地区跟汉族农耕文化结合，始能稳住，后能巩固，长达二百六十八年。

中国到清朝康雍乾时代，出现农耕文化、草原文化、森林文化、高原文化和海洋文化的中华文化空前大融合。在明清盛时，中原农耕文化核心地区面积约三百多万平方公里，而草原文化、森林文化、高原文化其面积也各约三百万平方公里。再加上沿海地区及岛屿，还有其他地区，展现了总面积达一千四百万平方公里的大中华版图。中华文化以强大的包容性，融汇了上述五种文化形态，"你中有我，我中有你"，既保证了中华文化绵延五千年而未中断，也为与世界其他文化交流储存了丰富的中华元素。大长城、大运河、大故宫则是中华文化分别在三个千年变局中，向世界文明贡献的三大厚礼。伟大的中华人，自强不息、厚德载物——中华文化将多种文化的江河，汇聚成为中华文化的海洋。

总之，中国有文字记载三千多年历史，经过三个千年大变局，进行三次文化大交融——第一次主要是农耕文化内部的交融，森林文化处于边缘状态；第二次主要是农耕文化与草原文化的交融，森林文化发出进入中原的历史信号，同时农耕文化内部也在交融；第三次主要是森林文化入主中原，农耕文化与森林文化、草原文化、高原文化的大交融。农耕文化、草原文化、森林文化在两种语言体系交融中，亦霸道、亦王道，亦友好、亦争斗，友好并不排斥争斗存在，争斗也不阻隔交汇融合，呈现着文化的包容性、吸纳性、多元性和创新性，开出中华文化之花，结出中华文化之果。三个千年变局的实质是由变而合，由合而大，最终统合为大中华文化，生生不息，骎骎健行。三个千年变局所形成统一多民族的持久稳固的中华文化共同体，屹立于世界民族文化之林。

清朝历史的文化记忆

【题记】本文《清朝历史的文化记忆》作为特稿，发表于《辽宁大学学报》（哲学社会科学版）2015年第6期。

从努尔哈赤建元到溥仪逊位二百九十六年的全清史，按文化演变、文化自信和文化纠结三个方面，举其纲，择其要，分别阐析，略作论述。

一、清朝历史的文化演变

清朝二百九十六年的历史，可以概括为"兴、盛、衰、亡"四个时期。清朝十二帝，三帝一阶段，对应清朝兴、盛、衰、亡四个时期。

清朝四个时期总共有多少年？清朝历史的起始时间，学界现有三种算法：

第一种，从天命元年（1616年）到宣统三年（1911年），共二百九十六年，全清史就是清朝二百九十六年兴盛衰亡的历史。

第二种，从崇德元年（1636年）到宣统三年（1911年），共二百七十六年。因崇德元年皇太极改金为清，故有学者主张清朝以此为始。

第三种，从顺治元年（1644年）到宣统三年（1911年），共二百六十八年，这是通史的算法，也是共识的算法。

下面就全清史兴、盛、衰、亡的四个时期，文化演变，分开阐述。

兴，"天天顺"，就是天命（努尔哈赤）、天聪和崇德（皇太极）、顺治（福临）三朝。其中，皇太极改年号天聪为崇德，所以"清朝十二帝"却有"清宫十三朝"的说法，为着简括，就以天聪为标识。

清朝兴起花了多少年的时间？学界有四种说法：

一是二十八年说，就是从天命元年（明万历四十四年，1616 年），到清崇德八年（崇祯十六年，1643 年），共二十八年（1616—1643 年）。

二是六十年说，就是从明万历十一年（1583 年）努尔哈赤起兵，到崇德八年（明崇祯十六年，1643 年），共六十年（1583—1643 年）。

三是八十年说，就是从明万历十一年（1583 年）努尔哈赤起兵，到清顺治十八年十二月初三日（1662 年 1 月 22 日）南明永历帝被俘，"永历既获，疆圉底定"，^①共八十年（1583—1662 年）。

四是一百年说，就是从明万历十一年（1583 年）努尔哈赤起兵，到清康熙二十二年（1683 年）统一台湾，共一百年（1583—1683 年）。

我主张是六十年，因为从努尔哈赤起兵，创建八旗、建立政权，到清军入关、定鼎中原，共六十年，取得全国政权，基本稳定下来，标志清朝兴起。

盛，"康雍乾"，就是康熙、雍正、乾隆三朝。康熙六十一年、雍正十三年、乾隆六十年，合计一百三十四年（1662—1795 年）。清朝经过开国六十年的兴起、奠基，进入巩固、强盛的时期。康熙朝是处在清朝历史承前启后的关节点上。康熙帝之前，清朝实际上是努尔哈赤、皇太极、多尔衮、福临四代，康熙帝实际是大清帝国的第五代君主。康熙帝重大历史贡献是开启了清朝强盛的局面。

清朝强盛的主要标志是：（1）国家空前统一，（2）疆域空前广大，（3）民族空前协合，（4）文化空前融合，（5）人口空前众多，（6）经济空前发展，（7）社会空前安定，（8）万国空前来朝。

衰，"嘉道咸"，就是嘉庆、道光、咸丰三朝。嘉庆二十五年、道光三十年、咸丰十一年，合计六十六年（1796—1861 年）。嘉道咸三朝清朝由盛转衰的主要标志是：嘉庆朝的民变，外有五省白莲教大规模的农民起义，内有天理教民攻入紫禁城；道光朝的鸦片战争，西方殖民侵略者第一次从海上叩开中华帝国的大门，中国第一次同外国签订不平等的中英《南京条约》，从此中国一步一步沦为半殖民地国家；咸丰朝内有太平天国攻占南京，外有英法联军攻入中华帝国首都北京。这些都足以表明大清帝国衰落了！

亡，"同光宣"，就是同治、光绪、宣统三朝。同治十三年、光绪三十四年、宣统三年，合计五十年（1862—1911 年）。且这三位幼帝继位之时，同治六岁，光绪四岁，宣统三岁，一个比一个年幼，这也是大清帝国日薄西山，后继无人的哀

---

① 《清圣祖仁皇帝实录》，第 6 卷，康熙元年三月甲戌，中华书局影印本，1985 年，北京。

象。其间，虽有短暂"同治中兴"，但载淳早亡、"叔嫂"不和，而昙花一现，未扭转颓势。在此期间，外有八国联军侵入北京、甲午海战失败，内有戊戌变法破产、辛亥革命成功——大清帝国覆亡，中华民国建立。

清朝历史也有其文化自信的一面。

二、清朝历史的文化自信

清朝经过开国六十年的历史积累，到康雍乾，臻于鼎盛。清朝历史的文化自信，主要标志是版图统合、民族协合、文化融合。

第一，版图统合。 我国自秦始皇到宣统帝的帝制时期，共两千一百三十二年。其中皇朝国祚满二百年的大一统皇朝，只有西汉（214 年）、唐（289 年）、明（276 年）、清（268 年）四个朝代。中国版图，在上述四朝中，哪朝最大？有说汉，有说唐，有说明，也有说清。汉、唐虽大，但稳固控制、实际管辖的时间较短；明朝虽大，但对新疆、蒙古地区基本不能实行完全有效长期稳固的控制，如《明史》将《鞑靼传》和《瓦剌传》列为外国传。这并不表明鞑靼和瓦剌是属于外国，而是表征明朝不能完全对其控制。在这里，皇朝版图与中华版图，既有联系，又有区别，应当将皇朝版图与中华版图加以区别。清朝的疆域，既继承元明版图，又进行实际管辖。清朝的一大贡献是将满、蒙、疆、藏、台地域，完全有效地置于中央政权管辖之下。清朝盛时版图，同历代相比，列入版籍、实际控制、长期管辖、有效统治之面积为最大。康雍乾强盛时期的版图，北部自库页岛（今萨哈林岛）、庙街（今尼古拉耶夫斯克）、外兴安岭山脊、贝加尔湖、唐努乌梁海、铿格尔图喇等一线，东起大海，西北到巴尔喀什湖，西至帕米尔高原，西南到喜马拉雅山，南达曾母暗沙，总面积约一千四百万平方公里。因此，就纵向来说，在上述四个大一统皇朝中清朝版图是最大的；就横向来说，在当时世界上中华版图是最大的。康熙朝时，俄国并没有完全控制西伯利亚，美利坚合众国还没有诞生，大英不列颠不是"日不落帝国"，法国没有发生大革命，德意志也没有实现统一，日本更没有出现明治维新，且其国土面积都不算大。

清朝强盛时的版图，仅新疆面积约有二百一十五万平方公里[①]，而现在英国

[①] 清朝盛时新疆面积包括：今新疆面积 166 万平方公里，加上同治三年（1864 年）被割去 44 万平方公里，再加上光绪七年（1881 年）被割去 11 万平方公里，共 221 万平方公里，但需减去今阿勒泰地区原属乌里雅苏台将军辖区约 6.1748 万平方公里，所以其时新疆总面积约 215 万平方公里。

（24.4 万平方公里）、法国（55.1 万平方公里）、德国（35.6 万平方公里）、意大利（30.1 万平方公里）、奥地利（8.3 万平方公里）、西班牙（50.4 万平方公里）、葡萄牙（9.2 万平方公里）七国面积的总和为二百一十三点一万平方公里。也就是说，新疆面积比今英、法、德、意、奥、西、葡七国面积之总和还要大一些①。在清朝，森林文化的东北满洲地域等约三百多万平方公里，草原文化的西北地域等约三百多万平方公里，高原文化的西部藏区等约三百多万平方公里，以上森林、草原、高原文化面积就有约九百多万平方公里。清朝盛时国土总面积一千四百万平方公里，不仅是中国历史上四个大统一皇朝中版图最大的，而且是当时世界上版图最大的。

康熙时有一项文化工程，就是测量并编绘《皇舆全览图》。先在各地，进行实测，按照近代方法，进行绘图，再做全省，最后整合，成为全国的地图，名《皇舆全览图》。这是当时世界上第一份经过实测绘制出来的全中国疆域地图，雍正、乾隆加以调整、订补。后来亚洲地图的中国版图、世界地图绘制中国部分都是以《皇舆全览图》为基础，并用铜版印刷，一直传承至今。中国今天南海那些问题，有大量的文献证据、档案证据、舆图证据、考古证据，表明那些岛屿都是中国的。清朝盛时的版图，以北京为中心，往北到黑龙江入海口的庙街（今尼古拉耶夫斯克）约五千公里，往南到曾母暗沙也约五千公里，中华版图南北距离是一万公里。东西的距离，仅从今江苏连云港到今新疆霍尔果斯是五千公里，还有其迤西一段。清朝鼎盛时期出现了一个万国来朝的局面。

版图属于国家核心利益，尺土不让，寸土必争。早在清入关前的努尔哈赤时，叶赫向建州索要土地，清太祖努尔哈赤回答叶赫贝勒纳林布禄说："土地非牛马比，岂可割裂分给？"②康熙朝，清朝全权代表索额图在赴尼布楚与俄国代表谈判行前，

---

① 在国内，清朝盛时新疆面积，相当于今河北省（19 万平方公里）的约 11 倍，又约比今华东地区江苏（10 万平方公里）、浙江（10.18 万平方公里）、安徽（14 万平方公里）、山东（15.7 万平方公里）、福建（12 万平方公里）五省，中南地区的河南（17 万平方公里）、广东（18 万平方公里）、广西（24 万平方公里）、湖北（19 万平方公里）、湖南（21 万平方公里）、海南（3.4 万平方公里）六省区，加上华北地区的河北（19 万平方公里）、山西（16 万平方公里），再加上北京（1.64 万平方公里）、上海（0.6 万平方公里）、天津（1.19 万平方公里）、重庆（8.24 万平方公里）四个直辖市，共 176.04 万平方公里，总数为 211.04 万平方公里，也就是说比中原十三个省区和四个直辖市共十七个省区市的面积总和还大。新疆今与蒙古、俄罗斯、哈萨克斯坦、吉尔吉斯斯坦、塔吉克斯坦、阿富汗、巴基斯坦、印度八国接壤，陆地边境线长 5600 公里，占全国陆地边境线的 1/4。清朝重新统一新疆并将其划为省，是一项重大的历史贡献。
② 《清太祖高皇帝实录》，第 2 卷，辛卯年（万历十八年）正月戊戌朔，中华书局影印本，1986年，北京。

康熙帝在御门听政时指示:"朕以为尼布潮(尼布楚)、雅克萨、黑龙江上下,及通此江之一河一溪,皆我所属之地,不可少弃之于鄂罗斯。……否则尔等即还,不便更与彼议和矣。"[①]然而,后来清朝衰落,列强枪炮威逼,道、咸、光三朝,割给俄国土地约一百五十万平方公里。民国时期失去外蒙古一百五十六点六五万平方公里。这些历史教训,后人应当铭记。

第二,民族协合。清朝一个巨大的文化成就是处理民族问题的宝贵经验。在帝制时代,清朝的民族问题之处理,可以说是皇朝历史上最好的。满洲既是主体民族、又是少数民族,清朝处理民族问题的经验,继承了从周朝以来两千多年民族问题的经验,从而不断丰富,不断完善,不断调整,集其大成。

中国历代民族问题,以纵向考察,从时间来看,非常之重要。从秦始皇到清朝,历朝兴衰分合的一个关键就是民族问题。秦朝灭亡的原因,历史教科书说是陈胜、吴广起义。这没有错。研究历史,不仅要研究历史人物、历史事件产生、演变的原因,还要研究其原因之原因。秦始皇连接六国长城而为万里长城,命蒙恬带领三十万军队戍守长城,又派公子扶苏前去监蒙恬守长城之军,结果他自己在东巡途中死了。如果公子扶苏当时在场,胡亥就不能即位,赵高"指鹿为马"的故事也就乌有;如果没有修长城等繁苛徭役,陈胜、吴广可能不会揭竿而起,即使发生,秦有蒙恬指挥的三十万正规军在咸阳附近,集中对付揭竿而起的农民,陈胜、吴广难以取胜。所以,秦朝灭亡的一个深层原因是匈奴问题。这也应了《图书》的谶言:"亡秦者胡也!"[②]西汉、东汉、魏晋南北朝还是这个问题。汉高祖刘邦之平城(今山西大同境内)被围七天七夜,汉武帝刘彻派卫青、霍去病出征西域,都是因匈奴问题。唐朝之衰落,开始是突厥,后来是安禄山(胡人)攻陷长安,唐朝从此一蹶不振。后来就是五代十国。至于宋朝,北宋与契丹建立的辽朝,南宋与女真建立的金朝,南北对峙,半壁山河。灭了南宋的蒙古,还是民族问题。朱元璋"驱逐胡虏,恢复中华"[③]的旗帜就是明证。明朝灭亡最根本的问题,既是李自成、张献忠起义,也是满洲崛起——六十年的战争消耗,把它掏空、拖垮。所以,从秦始皇算起,到清朝的二千年间,中国最重要、中央政权最头疼的政治难题之一,就是处理民族问题。

---

① 《清圣祖仁皇帝实录》,第135卷,康熙二十七年五月癸酉,中华书局影印本,1985年,北京。
② 胡有两解:一是胡人,即匈奴;一是胡亥。这里取前解。
③ 《明太祖实录》,第26卷,吴元年(元至元二十七年)十月丙寅,台北中研院历史语言研究所校勘本,1962年,台北。

中国历代民族问题，以横向考察，从空间来看，非常之重要。以地理而言，举满、蒙、疆、藏、台五个地域为例。清朝盛时之疆域，满洲发祥地的东北地区，约三百多万平方公里；蒙古，今内蒙古一百一十八万平方公里、今外蒙古一百五十六点六五万平方公里、共二百七十四点六五万平方公里，还有天山以北、唐努乌梁海地域的蒙古地区，贝加尔湖以南布里亚特蒙古地区，总数也约三百多万平方公里；新疆在清朝盛时版图约二百一十五万平方公里；今西藏一百二十三万平方公里，以上共约九百三十八万平方公里。还有青海的海南、甘肃的甘南等地的藏区，云南、贵州的少数民族地区。以上总面积约一千万平方公里[①]。在清代盛时，中原农耕文化核心地域约三百多万平方公里，满、蒙、疆、藏、台五地约一千万平方公里，其他地域约一百万平方公里。从这个数字可以看出，清代的民族问题，非同小可，极其重要！

由上可见，民族地域的管理，历史经验，值得重视。所以，中国历代，尤其是清代的民族经验值得研究。新中国成立六十六年，从历史长河看，时间还不算长。清朝民族经验积累，从万历十一年（1583 年）努尔哈赤起兵，到康熙二十二年（1683 年）台湾统一，花了一百年的时间，才把国家真正稳定下来。从康熙二十二年（1683 年）开始，到乾隆八十岁时，大致算来又是一百年，清朝边疆民族宗教管理经验的积累，花了近两百年时间。所以，新中国用六十多年的时间，民族与边疆形势，已经相当稳定，成绩远超明清。新中国还要不断地积累经验，不断地完善民族的理论、民族的政策、民族的管理、民族的协合。

因此，要研究我国历史上治理民族、宗教、边疆方面的经验，凡是已成功的经验，应尽量借鉴，凡是不成功的教训，应尽量殷鉴。

清朝处理民族问题的经验，是今天应当认真研究、酌情参考的。承德避暑山庄和外八庙，提供的文物和史例，是一个具有历史价值的范本。总的说来，清朝处理民族关系，实行分层次、分区域、分类型、分特点的管理，采取了许多措施，诸如册封、赐爵、俸禄、赏赉、联姻、编旗、朝觐、围猎、划地、年班、建寺、兴学、赈济、优恤等等。清廷颁布《蒙古律例》《回部则例》《番部则例》等，礼法并行，恩威兼施，加强了对各民族的管理。清朝管理民族工作的政策、经验，

---

① 中国清代满、蒙、疆、藏四地，今辽宁省（15）、吉林省（19）、黑龙江省（46）、内蒙古自治区（118）、新疆自治区（166）、西藏自治区（123）六省区，共 487 万平方公里，约占中国 34 个行政单位（包括台、港、澳）面积总和的 51 %。另有喀尔喀蒙古即外蒙古（156.65 万平方公里）未计。还有其他。这是不能、不应、也不该忽视的事实。

有六点值得重视、思考和借鉴。

第一，重教尊俗。重视宗教信仰，尊重民族风习。在清朝，藏族、蒙古族都是全族信奉喇嘛教的，维吾尔族、回族都是全族信奉伊斯兰教的，既有久远历史，又有深厚根基。世界是复杂的，历史是多元的，宗教信仰，应当尊重，既不要盲目干预，更不要强加于人。清朝满洲信奉萨满教。清入关之后，如何对待其他民族的宗教信仰？摆在清帝面前的对策：一个办法是在全国推行萨满教，所有民族都必须信奉萨满教，满洲是统治民族，满洲文化具有主体地位，君主掌握皇权，皇帝掌控八旗，强行推，武力推，全面推，举国推，轻率对待，任性妄行，但他们没有这么做。清廷面临萨满教、喇嘛教、伊斯兰教、佛教、道教等宗教系统，怎样处理其间的关系？清廷在宗教问题上尊重民族宗教信仰，并采取了二元政策：

其一，在皇宫里尊奉萨满教，如坤宁宫设萨满煮肉大锅，每天宰猪祭祀，完全是萨满教典礼；满洲贵族，在北京设堂子，按萨满教祭祀；在满洲八旗家庭，庭院东南角设立索罗杆子，进行萨满祭祀。整个满洲——从皇室到贵族再到平民，都信奉萨满教。同时，在旗人中强调"国语骑射"，保持满洲的语言、文字、骑射、服饰、宗教、习俗，保留自己民族的文化传统。

其二，对其他民族，尊重其原有的宗教信仰。宗教问题和民族问题是直接关联的，比如汉族信奉佛教、道教，藏族、蒙古族信奉喇嘛教，维吾尔族、回族信奉伊斯兰教等等。历史表明，从努尔哈赤到乾隆帝，首要的是重教，就是尊重其宗教信仰。康熙帝、雍正帝、乾隆帝的御制文集、谕旨，表明清朝皇帝既尊崇又敬奉喇嘛教。

重教，举一个例证。孝庄太皇太后要修《龙藏经》，钱从哪里来？当时国库拮据，太皇太后用私房钱、变卖陪嫁品；不够，就跟娘家兄弟、侄子等筹集，他们捐出牛羊卖了资助；还不够，康熙帝把私房钱捐出来，后妃宫眷也捐出私房钱；仍不够，有一部分王公大臣主动捐一点，钱凑够了，书修成了，名《内府泥金写本藏文龙藏经》，简称《龙藏经》，是藏传佛教三宝之一，在僧人和信众中有崇高的地位。它每函三百至五百叶，共一百零八函，五万叶，十万面，重约五十公斤。全书分为十层：一是磁青笺经叶，二是内护经板，三是外护经板，四是黄、红、绿、蓝、白五层经帘，五是哈达，六是黄绢经衣，七是黄布经衣，八是七彩捆经带，九是五彩捆经绳，十是保护全函的黄棉袱包。每函镶嵌宝石一百三十三颗，共一万四千三百六十四颗，有彩绘佛像七百五十六尊①。这部《龙藏经》充分体现出了皇家气派，富丽辉煌，精美极致，书籍之最。现藏台北故宫博物院，我曾有幸看到原物。世上或没有比此书更漂亮的书了。这部《龙藏经》修成之后，对西藏、蒙古，影响巨大。雍正帝学过佛经，编著《御选语录》，是费了大心思的，在佛光山图书馆可以看到。乾隆帝通满、蒙古、藏、汉文，不是一般的懂，而是精深的通。乾隆帝更是亲自逐字逐句逐段斟酌、审定佛经满、蒙、藏文的翻译，所以乾隆帝精通佛经文义。

2013 年，我曾到西藏拉萨布达拉宫，特意看了达赖喇嘛坐像对面的牌位，汉字书写"大清皇帝万万岁"。这不是个简单口号，而是个政治性标志。这说明西藏达赖喇嘛、班禅额尔德尼，都是大清国的臣民，西藏是中国的一部分，西藏完全属于清朝。清朝满洲信奉萨满教，但是也尊重别人的宗教，藏族、蒙古族的喇嘛教也好，维吾尔族、回族的伊斯兰教也好，汉族的佛教、道教也好，都受到应有的尊重。这一点，值得体察，认真反思。

尊俗，就是尊重民族的文化传统和风俗习惯。如伊斯兰教，雍正帝时，署安徽按察使鲁国华，上奏说伊斯兰教戴白帽、做礼拜、还把斋，请"严行禁革"。雍正帝御批："回民之在中国，其来已久。伊既为国家编氓，即皆为国家赤子也。朕临御天下，一视同仁，岂忍令回民独处德化之外？……至回民之自为一教，乃其先代相沿之土俗，亦犹中国之大，五方风气不齐，习尚因之各异，其来久矣。历观前代，亦未通行禁约，强其画一也。"雍正帝以鲁国华此奏，"欲惑乱国政，著将鲁国华交部严加议处"②。但在此前，清摄政睿亲王多尔衮占领北京后，胜利冲昏头脑，不尊重汉族习俗，强力推行"剃发易服"政策，出现了"留头不留发、留发不留头"的历史乱象，演出了"扬州十日""嘉定三屠"的历史悲剧，留下无穷的后患。不仅在民国，而且在当代，提及此事，民众之情，溢于言表。

第二，多元管理。清朝盛时，民族管理，不一刀切，具体情况，具体对待。清朝十八个省所辖府、州、县归中央政府直接治理。这是清朝最主要、最基本的行政区。但是，在边疆民族地区或其他少数民族聚居地区的管理，既统一，又多元，因为"一个国家实行多种体制制度，有益于中央政府对边疆的治理和疆域的稳定，有益于对少数民族政策的落实，它的前提是承认、尊重少数民族的传统与

① 《精彩一百 国宝总动员》，台北故宫博物院印，2011 年，台北。
② 《清世宗宪皇帝实录》，第 94 卷，雍正八年五月甲戌，中华书局影印本，1985 年，北京。

习惯，这是它的历史意义之所在"①。在有清一代，于民族地区的管辖，如满、蒙、疆、藏、台等地域的管理，列举史例，分析如下。

于满洲等地区，东北地区是满洲的崛兴之地，实行军府、八旗、民政、部落等多元管理制。如盛京，既有将军、副都统、协领的军事驻防系统，又在部分地区有府、州、县、厅等民事管理系统。吉林、黑龙江则不设州、县，由将军下辖的都统、副都统、参赞大臣、办事大臣等兼管民事。在乌苏里江、黑龙江下游以及库页岛等地区，实行部落酋长、族长、姓长、屯长制。光绪三十三年（1907年），分别设奉天省、吉林省、黑龙江省，行政区划与内地统一。

于蒙古地区，漠南蒙古（内蒙古）四十九旗，其东部如科尔沁等部，分别编入八旗蒙古，实行八旗制，管理如同八旗满洲；其西部如"六盟"地区，多实行盟旗制，由理藩院直接管辖。漠南蒙古（内蒙古）的察哈尔部，编为八旗，黄红白蓝，各分正镶，进行管理。喀尔喀蒙古（外蒙古）设立定边左副将军，驻乌里雅苏台，维护喀尔喀蒙古（外蒙古）各部的安定。实行扎萨克制，盟长、旗扎萨克由皇帝任命，直属于理藩院。厄鲁特（卫拉特）蒙古（西蒙古），另行管理，详见下文。

于新疆地区，设立伊犁将军，实行军府制，下辖都统、参赞大臣、办事大臣、协办大臣、领队大臣等，但又实行多元体制：有北疆伊犁地区八旗制（如满洲营、锡伯营、索伦营、厄鲁特营和察哈尔营）；有厄鲁特蒙古（西蒙古）地区的盟旗制和扎萨克制；有混合地区的军府制；有东疆巴里坤等地区的府、厅、州、县制；有南疆地区的伯克制，任命维吾尔族大小首领为伯克（官名），不能世袭，政教分离，"各率其属，不相兼并"②，各地伯克的任职，分别照例回避③；并制定《回疆条例》。到清光绪十年（1884年），清廷颁布谕旨，设立新疆省④，授刘锦棠为第一任新疆巡抚。从此，实现了天山南北行政体制的画一，也实现了新疆同内地省份行政体制的画一。

于西藏地区，在前藏（卫）、后藏（藏）、康（喀木）、拉里（喇里）等地区的管理，既一元，又区别。如前藏册封达赖喇嘛、后藏册封班禅额尔德尼，设驻藏

① 冯尔康：《清代历史的特点》，载《明清史研究》（韩国）第33辑，2010年4月，首尔。

② 《清高宗纯皇帝实录》，第632卷，乾隆二十六年三月丙午，中华书局影印本，1986年，北京。

③ 《清高宗纯皇帝实录》，第669卷，乾隆二十七年八月戊午，中华书局影印本，1986年，北京。

④ 《上谕档·新疆设省谕旨》，光绪十年（1884年）九月三十日，第1377—2号，中国第一历史档案馆藏。

大臣与达赖喇嘛、班禅额尔德尼等共同管理；凡涉外事、活佛转世等由驻藏大臣报朝廷决策；其内部事务实行达赖喇嘛、班禅额尔德尼为政教首领的政教合一制，驻藏大臣不加干涉前藏和后藏的相关事务，管理有所区别。

于台湾地区，对台湾实行府县制，但对"生番"和"熟番"区别对待，如对"熟番"设土官，由朝廷任命。光绪十一年（1885 年）九月，正式建立台湾行省，刘铭传为第一任台湾巡抚。

于青海地区，设西宁办事大臣，区别管理：青海厄鲁特蒙古等二十九旗，与内蒙古的盟旗制相同；玉树等四十土司，与西南土司制大体相同。

于西南地区，对云、贵、川、湘西等民族地区也不一样，用土司制和流官制两种办法：有的实行土司制，有的实行流官制。

总之，清朝对边疆民族实行统一多元的管理，包括八旗制、府县制、军府制、盟旗制、扎萨克制、政教合一制、伯克制、流官制、土司制、土官制、部落制以及姓长制等，至少有十二种管理形式。这种多元管理体制的根本因素在于，既继承历史传统，又加以文化损益——因历史、文化、民族、宗教、地域、习俗的不同，而实行的管理体制也不同。在清代，一个满洲，不同管理；一个蒙古，区别对待；一个新疆，多元管辖；一个西藏，也有区别。蒙古的漠南蒙古（内蒙古）、喀尔喀蒙古（外蒙古）、厄鲁特蒙古（西蒙古）管理不一样，就是漠南蒙古（内蒙古）的东部与西部、东部的各部也不完全一样，新疆的蒙古又不一样。具体问题，具体分析，这是辩证法的灵魂。对待民族地区管理，不同情况，区别对待，不一刀切，忌单一化，这样才有利于民族的管理，有利于社会的安定。

第三，借力平衡。如西藏的前藏和后藏，新疆的南疆和北疆，蒙古的漠南蒙古（内蒙古）、喀尔喀蒙古（外蒙古）和厄鲁特蒙古（西蒙古）等，都是区别不同情况，进行不同管理。在满、蒙、疆、藏四个区域，清廷怎么去平衡利益？西藏有问题了，借助蒙古和维吾尔来平衡；维吾尔有问题了，这边是藏，那边是蒙，互相制约，控制平衡；蒙古有问题了，用藏、维、蒙（其他部）来平衡；喀尔喀蒙古的四个部中一个部有问题了，用其他三个部去平衡，总体上保持一个地域权力与利益的平衡，也保持此地域与彼地域之间的平衡。

蒙古更是如此。漠南蒙古（内蒙古）和喀尔喀蒙古（外蒙古）要保持一个平衡，喀尔喀蒙古（外蒙古）是三个部——土谢图汗部、车臣汗部、扎萨克图汗部（后析置赛因诺颜部），三四个部之间，不采取一部独大的办法，如土谢图汗部过大而分其为两个部，并用另几个部去平衡。那么，新疆的厄鲁特蒙古（西蒙古）

和喀尔喀（外蒙古）之间又不平衡了，就在彼此间，再进行平衡。朝廷的职责是调动各个方面力量、运用相关策略，保持不同地区、不同民族、不同宗教、不同部门之间权力与利益的平衡。不平衡的地方要力求平衡，朝廷在必要时，派出八旗军队，平息地方叛乱，维护国家统一。

第四，分枝直属。喀尔喀蒙古（外蒙古），先有三个部——土谢图汗部、车臣汗部、扎萨克图汗部，雍正三年（1725 年），从土谢图汗部中析分出赛因诺颜部，成为四个部，"喀尔喀有四部，自此始"①。在其四部之间，各自独立，互不统属，直隶中央。明朝治理东北女真族的策略是"分其枝，离其势，各自雄长，不相统属"，清朝治理蒙古也借鉴了这条经验，又加以变通。这样做有利于分别管理，有利于各部发展，有利于中央集权，有利于社会安定。

第五，恩待"双首"。就是施恩善待政、教的首领。有句俗话叫"头头抓，抓头头"。当时，康熙帝、雍正帝、乾隆帝都是"头头抓、抓头头"，皇帝亲自抓，让大头头再去抓小头头。蒙古、新疆、西藏历史上问题太复杂了，康熙、雍正、乾隆诸帝怎么解决？

于喇嘛教四大活佛：达赖喇嘛、班禅额德尼、章嘉呼图克图、哲布尊丹巴呼图克图，既恩待，又善处：

其一，前藏达赖喇嘛。通过各个方面、采取各种措施，处理好中央与达赖喇嘛的关系，通过达赖喇嘛，还有驻藏大臣、驻军等其他元素，来处理西藏的问题，保持西藏的稳定。

其二，后藏班禅额尔德尼。乾隆帝对六世班禅到避暑山庄给自己七十岁生日祝釐之重视，是因为通过处理和六世班禅的关系——一块念经、一起修行，三天三夜，促膝探讨，既谈佛经，又谈管理，促使达赖喇嘛、班禅额尔德尼心悦诚服地归附清朝，维护一片国土，保护一方平安。

其三，章嘉呼图克图。青海地区（包括海南、甘南地区）等的活佛首领就是章嘉呼图克图。乾隆皇帝和章嘉呼图克图是亦君亦臣、亦师亦友、亦僧亦俗的关系，正式朝觐时朕是君王、尔是臣工，私下里章嘉呼图克图是乾隆帝的禅师，教他佛法、佛典，又是师友，喝茶、作诗，关系非同一般。乾隆帝给章嘉呼图克图以奏事权，使其成为参议、顾问。通过章嘉呼图克图控制、管理青海的海南、甘肃的甘南等藏区，及内蒙古等。善用别人智慧，化为自己智慧，这是乾隆皇帝的

---

① 祁韵士：《皇朝藩部要略》，第 5 卷，第 1 页，浙江书局刻本，光绪十年（1884 年）。

高明之处。

其四，哲布尊丹巴呼图克图。哲布尊丹巴呼图克图关系到解决喀尔喀蒙古四部之间的问题，哲布尊丹巴呼图克图受笼络了，就有利于解决喀尔喀蒙古问题。

清朝用了很大的精力、财力、物力、时间和智慧，来处理皇帝与四大活佛的关系，这四大活佛就是抓头头，抓住了，基本上或有助于稳定前藏、后藏、青海、喀尔喀蒙古、内蒙古的问题。抓几大活佛、几大首领就是抓头头，再依靠几大活佛、几大首领这些"头头"去抓下面。牵牛不去牵牛鼻子，而去牵牛尾巴，这不是高明的办法。总之，清帝对各地民族行政首领，也是一个首领、一个首领地做工作。清廷处理民族首领的关系，从下面康熙帝对蒙古土谢图汗"棋看四步"的事例中可见一斑。

第六，棋看四步。举一个史例。当时喀尔喀蒙古（外蒙古）有三个部——土谢图汗部、车臣汗部、扎萨克图汗部，他们都是成吉思汗的后裔，三个部之间闹矛盾，其中土谢图汗将扎萨克图汗杀了，两部战争，一触即发。康熙帝没有采取谁正义支持谁的做法，而是把三部首领请到内蒙古多伦诺尔（今多伦）会盟。康熙帝带领理藩院尚书等官员、八旗官兵前去赴盟。康熙帝跟土谢图汗说，你把扎萨克图汗杀了，对吗？土谢图汗说我不对。康熙帝说你写个《认罪书》，我会妥善处理的。土谢图汗书写的《认罪书》既诚恳，又认真。康熙帝看了后，给被杀扎萨克图汗之弟览阅，他觉得虽写得诚恳，但人被杀了，写个检讨怎能了事，要赔偿。康熙帝说，我赐封你继承你兄长的汗位，还给你赏赐。他自然高兴，气也就消了。之前准备工作做得充分、细致，然后大家坐在一块盟会。在会上，土谢图汗先念《认罪书》，言辞诚恳，双方和解。接着就宴会喝酒，封赐颁赏，文艺表演，骑马射箭。康熙帝亲自弯射，十发九中，威武风采。康熙帝让各王骑射，那些蒙古王多年不打仗了，吃得肥胖，扶着上马，几王骑射都一箭没中，惭愧地给康熙帝叩头。尔后是八旗军大检阅，阵容整齐，气势昂扬。通过多伦会盟，喀尔喀蒙古诸部都诚心诚意地归附清朝，一直到清朝结束，喀尔喀蒙古没闹独立。从此，喀尔喀蒙古和平相处一百五十年，和平安定，牧民高兴。

"棋看四步"是说康熙帝颇有远见，在选择政教"双首"时，不是看一步、两步，而是看三步、四步。他认为喀尔喀蒙古三部——土谢图汗部、车臣汗部、扎萨克图汗部，关键是位置居中、实力最强的土谢图汗部。为此，着手解决喀尔喀蒙古三部政教首领事宜，既要解决该部汗位继承，又要解决哲布尊丹巴呼图克图转世。康熙帝在会盟时看到土谢图汗察珲多尔济年老，他的儿子噶勒丹多尔济岁数较大，便着眼培养他的孙子敦多布多尔济，再寄望于其重孙子。这就是四代！怎么培养呢？康熙帝把自己亲生女儿四公主（恪靖公主），下嫁给察珲多尔济汗的孙子敦多布多尔济，时额驸十六岁、公主十三岁①。公主府建在今呼和浩特（今呼和浩特市博物馆址），这是清朝仅存一座完整的公主府。后察珲多尔济病逝，其子噶勒丹多尔济也病逝，孙子敦多布多尔济继承汗位。敦多布多尔济是康熙帝的额驸。这位额驸的儿子后来做了哲布尊丹巴呼图克图。由是，土谢图汗是康熙帝的额驸，哲布尊丹巴呼图克图则是康熙帝的外孙，政和教巧妙地黏合在一起。康熙帝棋看四步，即爷爷、儿子、孙子、重孙四代。其时，在喀尔喀蒙古，康熙帝的政治布局：一个是土谢图汗部的行政首领，一个是喀尔喀蒙古的宗教首领，将其政、教两个首领选定抓住，就在总体上稳定了喀尔喀蒙古的大局，并影响到新疆和西藏的军政大局。

此外，清廷，特别是康雍乾三帝，在抚绥民族地区之时，对于少数民族上层个别分裂分子，勾结境外势力，挑起武装叛乱，扰害社会安定，破坏居民生存，则先行招抚，继之以武力，措施果断，加以平定，既有利于国家统一，也有利于部民生计。

总之，中国二千年来帝制时代没有解决的匈奴、突厥、蒙古难题，在清朝得到解决。康熙帝说："昔秦兴土石之工，修筑长城。我朝施恩于喀尔喀，使之防备朔方，较长城更为坚固。"②民谚说："明修长城清修庙。"清朝不修长城。在清朝，由原来长城是防御蒙古的，变为以蒙古作为中国北部防御外来侵略的长城。可以说，从秦始皇以降两千多年没有解决的匈奴、蒙古问题，清朝解决了！这是一个重大的历史功绩，也是一个重要的历史经验。

历史经验表明，民族问题始终是中原皇朝最伤脑筋、最为头痛的一道难题。近千年来，唐玄宗的民族问题没有处理好，发生"安史之乱"。唐朝虽然将变乱平息，却从此一蹶不振，后裂变为五代十国。宋太祖赵匡胤民族问题没有处理好，相继出现北宋与辽、南宋与金的对峙局面，大宋皇朝始终是半壁山河，而没有金瓯一统。元朝灭亡金和南宋统一天下之后，民族问题没有处理好，被朱元璋"驱逐胡虏、恢复中华"所推翻。明朝又是民族问题没有处理好，努尔哈赤以"七大恨"告天起兵，最后取代明朝。清朝虽然满洲同其他少数民族关系处理得较好，

① 郭美兰：《明清档案与史地探微》，第214—215页，辽宁民族出版社，2012年，沈阳。

② 《清圣祖仁皇帝实录》，第151卷，康熙三十年五月壬辰，中华书局影印本，1985年，北京。

但同汉族的关系没有处理妥帖，重满抑汉、地域封禁、旗民隔离、分城居住等举措，凸显民族问题，最终被孙中山以"驱除鞑虏、恢复中华"①为纲领所推翻。历史启示：中国民族问题是国家与民族兴衰分合的一大枢机。

第三，文化融合。 在世界四大文明古国中，古印度文明中断了，古埃及文明中断了，古巴比伦文明中断了，只有中华文明没有中断，从甲骨文到现在没间断过，一直延续下来。我们国内保存的公藏古籍善本就达三千七百万册，为全世界古籍最丰富、最繁多、最系统、最完整的国家。中国编年的历史从公元前841年到现在，近三千年不间断，全世界只有中国。

清朝建立，满洲入关，成为主体民族，其文化成为主导文化，对待其他文化采取什么政策？清廷有三种选择：

第一种选择是，完全满化，排斥儒家文化。强调"国语骑射"即满语满文、骑马射箭唯一、独大，排斥、限制其他文化。一代不行两代，两代不行三代，三代不行四代。这样会产生严重的文化断裂。

第二种选择是，完全汉化，放弃"国语骑射"。这样做的结果是满洲文化完全被融化，满洲八旗丧失森林文化渔猎民族的进取锐气，就难以出现后来疆域大一统的康雍乾强盛局面。

第三种选择是，实行"一主多元"的文化政策，就是以中华传统文化为主，各民族多元文化并存、融合。满洲的语言是满语，文字是满文。满语属于阿尔泰语系，和汉藏语系的汉语不是一个语系。清朝规定：官方语言文字是满语满文、汉语汉文。在其他民族聚居地区，还兼行以该民族的语言或文字。

首先，清朝从努尔哈赤就开始了满汉文化融合的过程。努尔哈赤的师傅是浙江绍兴汉人龚正陆，用汉文起草文书，别人再翻译成蒙古文。努尔哈赤让这个汉人老师给他的儿子们教汉语。努尔哈赤创制满文，是满、蒙、汉文化融合的一大贡献。皇太极就更明确了，皇子既要学满语满文，又要学汉语汉文。开始举行科举考试，凡是汉人儒生给八旗贝勒家为奴的，一律可以参加考试，合格者给官做。皇太极规定，考取的汉人，再给该贝勒家补上一人。这样考取了一批秀才、举人，后来又考进士，成立了内秘书院（翰林院）。

其次，清入关之后加快了文化融合的进程。范文程给睿亲王多尔衮上书：

① 《中国同盟会总章》第二条，载《中国近代史资料丛刊·辛亥革命（二）》，第7页，中国史学会编，上海人民出版社、上海书店出版社，2000年，上海。

"治天下在得民心。士为秀民,士心得,则民心得矣!"① 多尔衮采纳,实行科举考试。康熙时开博学弘词科,山西傅山(字青主)很有名望,不来应试,抬着他来,抬到大清门前,躺在地上不走。后来送回去,给他一个官员待遇,让他有饭吃、有尊严。康熙帝开始自己带头读儒家经典——《大学》《中庸》《论语》《孟子》,去曲阜祭孔,去绍兴祭大禹。康熙帝祭孔不只是个仪式、是个姿态,而是国家政策的转变,所以他写了"万世师表"匾,全国、全世界孔庙里面的"万世师表"匾都是康熙帝御笔。在台湾台南、台北的孔庙,一律悬挂康熙帝的御匾。

满族比较虚心地吸纳了汉族文化,自己民族文化也得到了提升,这是个非常重要的历史经验。康熙帝有虚心学习、勤奋读书的习惯,使得中华五千年的文明没有在清朝中断。应当说,康熙朝在这个文化融合问题上,决策正确,执行有力。康熙大帝在延续中华传统文化、满汉文化融合问题上算是英明!

再次,清朝文化融合的文化工程。康熙帝及其以后诸帝,汉文化修养都不错。康熙帝写诗一千一百四十七首,乾隆帝写诗四万两千多首。尽管诗的水平不算太高,人人能记住的诗几乎一首也没有,但表明其是融合满汉文化的。有人认为乾隆帝的诗是别人代笔的。最近在故宫博物院仓库里,发现乾隆帝诗作的朱笔手稿若干箱。这说明乾隆御制诗是他亲力亲为的。清朝巨大的文化工程《全唐诗》九百卷,《全唐文》一千卷,《古今图书集成》一万卷,《四库全书》三万余卷,《皇舆全览图》《十三经刻石》等都是中华文化融合的实证。

复次,清朝对汉、蒙、藏、维、回等族的语言文字、民族文化,一律尊重。乾隆时纂修了《五体清文鉴》《满文大藏经》等都是例证。

总之,中华传统文化在清朝不仅没有中断,而且吸收国内各族、域外多国的文化营养——农耕文化的仁义智略、草原文化的博大高远、森林文化的勇敢进取、高原文化的吃苦耐劳等,出现中华文明大融合的新时期,从而丰富、发展了中华传统文化。

三、清朝历史的文化纠结

清朝由兴起到覆亡二百九十六年的历史,有些什么文化纠结,值得后人思考

---

① 《清史稿·范文程传》,第 232 卷,第 9353 页,中华书局,1977 年,北京。

和鉴戒呢？清朝值得鉴戒的文化症结很多，择其要，举三点。

第一，八旗制度，虽是创造，但不改革，终成顽疾。清朝能够取代明朝，又能够巩固统治，主要原因，列举三条：一是八旗制度，二是满蒙联盟，三是文化融合。在这里简析八旗制度。八旗制度是清太祖努尔哈赤的一个创造，前世未有，后世也无。八旗制度是亦兵亦猎、且耕且战的兵民合一、军政合一的社会制度。八旗制度创立于战争时期，适合于战争需要。清朝在全国确立统治后，如何使八旗制度适应新的社会形态，并具有可持续性，既是一个重大现实课题，又是一个重大历史课题。八旗制度像一把双刃剑——清朝兴也八旗，清朝亡也八旗。我在《正说清朝十二帝》中说过："清太祖努尔哈赤既播下了康乾盛世的种子，也埋下了光宣哀世的基因。"这个基因主要是八旗制度。清朝多尔衮（顺治）、康熙、雍正、乾隆四代，倡廉反贪、处理大案，做了许多工作，也颇有成效，但对八旗制度的弊端——如定旗分、定土地、定钱粮、定世袭，不务农、不做工、不经商等，坚持"首崇满洲"①的祖制，没有进行大胆切实的改革，以至于积重难返，终成顽疾，结果异化八旗子弟，出现大清覆亡悲剧。

第二，民族协和，卓有成效，也有问题，后成死结。中国历史上的民族问题，对汉族君主来说，主要是处理同少数民族的关系；对少数民族君主来说，主要是处理同汉族的关系。清朝的民族问题，一方面是满族同其他少数民族的关系，另一方面是满族同汉族的关系，前者虽有成效，也有问题，后者却有问题，也有成效——"按下葫芦，浮起了瓢。"清朝的民族问题，关键在于处理满汉关系，特别是清朝对待汉族问题上，没有处理好。诸如"首崇满洲"、地域封禁、旗民分居、优待八旗等，都逐渐加剧了民族矛盾。以清廷核心人员组成来说，我做过统计，康熙朝有一段时间大学士全是满人，汉人一个没有；满人里全属上三旗，下五旗一个也没有；领侍卫内大臣六人，全属满洲上三旗，处理满汉关系没有摆平。后来的大学士、军机大臣，大体上说，三人时满洲人占其二，五人时满洲人占其三，七人时满洲人占其四，九人时满洲人占其五，且首辅大学士、首席军机大臣都是满洲人。有清一代，皇帝之下，位最高、权最重的"五大臣"——首辅大学士、首席军机大臣、内务府总管大臣、领侍卫内大臣、御前大臣全是满洲人。最后，辛亥革命以"驱除鞑虏、恢复中华"相号召，在民族问题上大做文章，把清朝推翻了。

---

① 《清世祖章皇帝实录》，第 72 卷，顺治十年二月丙午，中华书局影印本，1985 年，北京。

第三，海洋文化，是条短板，大清之败，败在海上。中国帝制时代，有五种基本经济文化类型，即中原农耕文化、西北草原文化、东北森林文化、西部高原文化、沿海及岛屿海洋文化，其发展并不平衡。农耕、草原、森林三种文化，都或长或短地建立过全国性的政权，高原文化只建立过地区性政权（如南诏、吐蕃），海洋文化则连区域性政权也没有建立过。中国农耕、草原、森林、高原文化的执政集团，都缺乏海洋文化的基因。他们既不懂、也不重视海洋文化。近世以来，鸦片战争、英法联军、八国联军、甲午海战、日军侵华，都是从海上打来的，中国力不能敌，结果吃了大亏。研究清史、近代史的学者，多从清朝统治腐败等方面去找原因，这是对的，但不全面。我们或可变换一下视角，从文化上去探究原因。康熙帝晚年说过："海外如西洋等国，千百年后，中国恐受其累。此朕逆料之言。"他告诫："国家承平日久，务须安不忘危。"①康熙帝的预见很可贵，但遗憾的是他既没有在理论上、制度上做出创新思考，也没有在政策上、措施上做出具体安排。

有人惋惜地说：如果康熙帝再往前走一步，像彼得大帝一样，中国就可能走向资本主义。康熙帝不可能在海洋文化的路上再往前走，因为历史时代的局限，更因为海洋文化基因的缺失，决定了他迈不出走向海洋文化这一步。

其实，中国古代历朝的执政君主，都缺乏海洋文化的基因。以元、明、清三朝为例。

元世祖忽必烈在至元十八年（1281年）派右丞范文虎等统帅十万大军，不识风候，乘船航海，进攻日本。八月初一日，遭遇飓风，暴风破舟②。"十万之众，得还者三人耳"③。

明朝君主也缺乏海洋文化基因。有人以郑和为例作反证。郑和七下西洋是人类航海史上空前伟大的创举。然而，郑和下西洋为寻找建文帝下落，为宣扬大明皇威，为进口香料等物品，而不是为打通海道，进行贸易，建立基地，御守海权。

清朝君主更缺乏海洋文化基因，既没有海洋意识，也没有海权观念。清朝盛时东北地区有三个出海口，即黑龙江入海口、图们江入海口、鸭绿江入海口，后来全都丢了。

到了民国时期，虽建立海军，但不够强大，无法在海上同日本侵略军相抗衡。

① 《清圣祖仁皇帝实录》，第270卷，康熙五十五年十月壬子，中华书局影印本，1985年，北京。
② 《元史纪事本末·日本用兵》，第4卷，第27页，中华书局，1979年，北京。
③ 《元史·外夷列传一·日本传》，第208卷，第4629页，中华书局校点本，1976年，北京。

著名的淞沪决战，本来国民军占优势，但日军从海上增援，在杭州湾登陆，海陆夹攻，国民军失利。淞沪之战，从某种意义上说，中国军队还是输在海上。

人类历史开始了在天上和海上开拓与发展的新纪元。中国历史上海洋文化短板的启示是：发展海洋文化，建立强大海军，建设海上强国，制定海洋方略，这既是中国历史的教训，又是清朝历史的殷鉴，也是中华发展的需要，更是世界奔腾的潮流。

论努尔哈赤

【**题记**】本文《论努尔哈赤》，立意于"文革"初，撰写于"文革"中，发表于《中央民族学院学报》1977 年第 4 期。是国内外第一篇研究清太祖努尔哈赤的专题学术论文。在采录本集时，文字做了修订。

爱新觉罗·努尔哈赤是我国满族封建主阶级的杰出政治家。

重大的阶级斗争和民族斗争会造就重要的历史人物。努尔哈赤在阶级斗争和民族斗争推动下，在统一女真各部、促进满族由奴隶制向封建制转变和巩固祖国东北边疆的历史过程中，起了进步的历史作用。

各个少数民族对中国的历史都作过贡献。努尔哈赤促进女真各部统一和社会制度转变的政治活动，顺应历史发展趋势，也符合各族人民意愿。它的实现，不仅以女真劳动人民的生产斗争和阶级斗争作前提，而且以女真劳动人民为动力。作为中华民族大家庭中光荣成员的满族及其杰出的民族英雄努尔哈赤，就为我们统一、多民族国家的历史发展作出了贡献。

一

列宁曾经指出："在分析任何一个社会问题时，马克思主义理论的绝对要求，就是把问题提到一定的历史范围之内。"[1]努尔哈赤作为满族封建主阶级的政治代表，在我国女真社会历史发展中起过进步作用，是有其历史条件的。

满族是我国一个历史悠久的民族。我国东北长白山一带和黑龙江流域是满族

---

[1] ［苏］列宁：《论民族自决权》，《列宁全集》，第 20 卷，第 401 页，人民出版社，1955 年，北京。

的故乡。满族的先世是肃慎[①]，后称挹娄、勿吉和靺鞨，唐末以后又称女真[②]。辽时为避兴宗耶律宗真名讳，改称女直。明时女真分成三大部：即居住在黑龙江两岸和乌苏里江流域的黑龙江女真（又叫"野人"女真）[③]，居住在松花江流域的海西女真，居住在牡丹江和图们江流域的建州女真。其中建州女真"居中雄长，地最要害"[④]。明廷为了加强对建州女真的统辖，永乐元年（1403 年），在开元设置建州卫军民指挥使司[⑤]，以阿哈出为指挥使，"给与印信，自相统属"[⑥]。永乐三年（1405 年），在斡木河（图们江南岸、今朝鲜会宁）地方增置建州左卫，以努尔哈赤的先祖猛哥帖木儿为都指挥使[⑦]，后升为都督金事、右都督。正统七年（1442 年），又析置建州右卫[⑧]。建州女真几经迁徙，于正统五年（1440 年）聚族定居在今辽宁省浑河支流苏子河流域一带后，加快了本部发展的步伐。

女真社会在十六世纪末和十七世纪前半叶，处于由奴隶制向封建制过渡的变革时期。建州女真移置浑河平原之后，农器"皆以铁为之"[⑨]，铁制农具普遍推广。"农人与牛，布散于野"[⑩]，牛耕广泛采用。生产力大为提高，旧生产关系成为生产力发展的桎梏。生产力与生产关系的冲突，主要表现为奴隶与奴隶主之间的阶级斗争。这便引发了大量的奴隶逃亡。如在一份朝鲜公文里，就列举了女真奴隶逃往朝鲜，经朝鲜收容后"转解"辽东的累计达一千零三名[⑪]。奴隶们的斗争使奴隶制的经济基础和上层建筑都趋于崩溃。阶级间的斗争更趋激烈，部族间的战争愈演愈繁。"各部蜂起，皆称王争长，互相战杀，甚且骨肉相残，强凌弱，众暴寡"[⑫]，就是这种女真社会大动荡局面的生动写照。历史提出了女真统一的任务。女真的各部统一与社会改革，是不可阻挡的历史趋势，也是女真人民的强烈愿望。努尔

① 《竹书纪年》，第 2 卷，上海中华书局据平津馆校刊本，1936 年，上海。
② 《辽史·太祖本纪上》，第 1 卷，中华书局校点本，1974 年，北京。
③ 孟森：《明元清系通纪》正编，第 6 卷，北京大学刊印，1934 年，北平。
④ 黄道周：《博物典汇·四夷附奴酋》，第 20 卷，清刻本。
⑤ 《明太宗实录》，第 25 卷，永乐元年十一月辛丑，台北中研院历史语言研究所校勘本，1962 年，台北。
⑥ 《李朝太宗实录》，第 7 卷，四年四月甲戌，日本学习院东洋文化研究所，1959 年，东京。
⑦ 《李朝太宗实录》，第 11 卷，六年三月丙申，日本学习院东洋文化研究所，1959 年，东京。
⑧ 《明英宗实录》，第 89 卷，正统七年二月甲辰，台北中研院历史语言研究所校勘本，1962 年，台北。
⑨ 《李朝中宗实录》，第 27 卷，十二年三月癸未，日本学习院东洋文化研究所，1959 年，东京。
⑩ 《李朝世宗实录》，第 77 卷，十九年六月己巳，日本学习院东洋文化研究所，1959 年，东京。
⑪ 《李朝文宗实录》，第 13 卷，二年四月癸未，日本学习院东洋文化研究所，1959 年，东京。
⑫ 《清太祖武皇帝实录》，第 1 卷，内府本，中国第一历史档案馆藏。

哈赤在顺应历史发展趋势，实现有明一代二百余年未能完成的女真统一大业时，明末的政治腐败，又为他的兴起提供了客观条件。

明初虽然设立奴儿干都司加强了对女真等地区的管辖，但明朝后期土地集中，政治腐败，宦官擅权，武备废弛。明廷不但实行反动的阶级政策，血腥镇压农民起义；而且实行歧视女真的民族政策，妨碍女真的各部统一和社会改革。政治上它实行民族分裂政策，使女真诸部既"不相统属"又"不相纠合"①，分而治之，影响其内部的统一与发展。经济上，明朝在贸易中勒索纳贿、多征税银，又禁止市易盐、布和铁制农器②，影响女真正常经济生活，妨碍女真农业生产发展。军事上，明朝的文武边官"穷奢极丽"③，腐败无能，侵渔诸部，"袭杀过当"④。这就引起女真人的不满，激起女真人的反抗。而女真贵族借口反对明朝政府的压迫，不时出兵辽东地区"犯抢"，又给辽东人民带来灾难。但总的说来，明末的阶级矛盾、民族矛盾和统治集团内部矛盾极其复杂，极其尖锐，面临着"元气羸然，疽毒并发，……病入膏肓，而无可救"⑤的局面。明朝日趋没落腐朽，满族处于上升时期，这就是努尔哈赤崛起时的历史背景。

努尔哈赤（1559—1626年），出身于建州左卫苏克素浒河部赫图阿拉一个没落奴隶主的家庭。建州女真在三大部女真中实力最为强盛。努尔哈赤的先世受明册封，为建州左卫指挥使和都督等官爵。他家势中衰，早年丧母，继母寡恩，"年十九，俾分居，予产独薄"⑥。他得产微薄，不足养生，青年时曾参加劳动，采集人参、松子到抚顺关市出卖，以维持生活。他曾在明辽东总兵李成梁帐下做过仆从，对明朝的封建统治比较清楚。因父祖对明朝"有殉国忠"⑦，他于万历十七年（1589年）被封为都督金事⑧，万历二十三年（1595年）又被晋封为散阶正二品⑨的龙虎将军。他会蒙古语，也会汉语，略识汉字，喜听《三国演义》，受汉文化的影响较深，并经常往来于建州、抚顺之间，曾多次到北京，对汉族地区较为熟悉。他还

---

① 《皇明经济文录》，第34卷，清刻本，北京图书馆善本部藏。
② 海滨野史：《建州私志》（钞本），上卷，中国科学院图书馆藏。
③ 王一元：《辽左见闻录》（钞本），不分卷，谢国桢先生藏。
④ 《清朝开国方略》，第1卷，清刻本。
⑤ 《明史·流贼列传》，第309卷，第7948页，中华书局校点本，1974年，北京。
⑥ 《清太祖高皇帝实录》，第1卷，内府本，中国第一历史档案馆藏。
⑦ 苕上愚公：《东夷考略·建州》，不分卷，钞本，北京图书馆善本部藏。
⑧ 《明神宗实录》，第215卷，万历十七年九月乙卯，台北中研院历史语言研究所校勘本，1962年，台北。
⑨ 《明史·职官志一》，第72卷，中华书局校点本，1974，北京。

任用浙江绍兴儒生龚正陆"为师傅"①,掌管文书,参与机密。努尔哈赤的上述身世和丰富阅历,为女真各部首领所不及。

总之,客观的和主观的、一般的和特殊的历史条件,使努尔哈赤"能大有为"②,具有杰出的政治和军事才能。因此,建州女真首领努尔哈赤,顺应历史发展趋势,利用人民群众力量,作为女真各部统一与社会改革的组织者和领导者,登上了历史政治舞台。

二

努尔哈赤一面做明朝政府的官吏,一面做建州女真的首领,在阶级矛盾与民族矛盾中,通过四十四年的统一战争,实现了女真各部的统一,从而有着进步的历史作用。

努尔哈赤统一战争的弓矢首先指向建州女真。万历十一年(1583年),努尔哈赤以父祖"遗甲十三副"③起兵,打败尼堪外兰,攻克图伦城。他采取"顺者以德服,逆者以兵临"④的两手策略,随后相继吞灭苏克素浒河部、哲陈部、浑河部、董鄂部和完颜(王甲)部。五年时间,统一了建州五部。同时他建佛阿拉城⑤(今辽宁省新宾二道河子旧老城),于万历十七年(1589年)"称王"⑥,建立王权。到万历二十一年(1593年),又先后夺取长白山三部,即讷殷部、朱舍里部和鸭绿江部。这样,明朝建州左卫指挥使、都督佥事努尔哈赤,十年之间就把蜂起称雄的环满洲诸部,"皆削平之"⑦,统一了整个建州女真。

统一必然遇到阻力,冲破阻力才能统一。努尔哈赤统一建州女真的胜利,引起了海西女真即扈伦四部——叶赫、哈达、辉发和乌拉贝勒的恐惧。万历二十一

---

① 《李朝宣祖实录》,第70卷,二十八年十二月癸卯,日本学习院东洋文化研究所,1959年,东京。

② 《辽筹》,上册,北京图书馆善本部藏。

③ 《清太祖高皇帝实录》,第1卷,癸未年(万历十一年)二月,内府本,中国第一历史档案馆藏。

④ 《满洲实录》,第1卷,辽宁通志馆影印本,1930年,沈阳。

⑤ 《清太祖武皇帝实录》,第1卷,丁亥年(万历十五年),北平故宫博物院影印本。

⑥ 《李朝宣祖实录》,第29卷,二十二年七月丁巳,日本学习院东洋文化研究所,1959年,东京。

⑦ 《清太祖高皇帝实录》,第2卷,戊子年(万历十六年)。另见《大清历朝实录·太祖高皇帝实录》,朱墨影印本,书高23.1厘米,宽14.1厘米,黄布龙纹函套,黄纸凤纹封面。日本东京大藏株式会社影印本,1937年,东京。首都图书馆善本部藏。

年（1593年）九月，以叶赫为首，纠合九部，结成联盟，向苏克素浒河（苏子河）与浑河交汇处的古勒山①摇山震岳而来。侦骑报警，全军惊恐。夜间，敌军烧饭，火密如星。但是，努尔哈赤利用辽东明军主力援朝抗倭、叶赫失其所恃的有利条件，以逸待劳，以静制动，设险诱敌，重点奋击，以少胜多，大败敌军，斩杀叶赫贝勒布寨以下四千余人。这就是著名的古勒山之战。努尔哈赤自此"军威大震，远迩慑服"②。后又渐次吞并哈达（1601年）、辉发（1607年）、乌拉（1613年）、叶赫（1619年），统一了整个海西女真。

努尔哈赤统一战争的矛头转而又指向黑龙江女真诸部，接管明朝奴儿干都司的辖境而基本统一了黑龙江流域（后其子皇太极完成了对黑龙江女真的统一）。在黑龙江支流乌苏里江流域及其以东的滨海地区，居住着"满洲所属瓦尔喀"③和渥集等部。攻取瓦尔喀部，从万历二十四年（1596年）始，"初征瓦尔喀，取噶嘉路"④。万历三十五年（1607年），努尔哈赤派兵在图们江畔进行了著名的乌碣岩之战⑤，打开了通向乌苏里江和黑龙江下游流域的大门。这一地区出现了诸部女真"无不乐附于老酋（即努尔哈赤）"⑥的形势。于是，万历三十七年（1609年），努尔哈赤派扈尔汉带兵"完全收取"⑦呼夜卫，即今俄罗斯滨海地区瑚叶河一带。万历三十八年（1610年），命额亦都率兵千人，招抚那木都鲁、绥芬、宁古塔和尼马察四路，带回部民编户；额亦都回师又收取雅兰路⑧，即今俄罗斯符拉迪沃斯托克（海参崴）东北的雅兰河一带。万历三十九年（1611年），派阿巴泰等统兵击取乌尔古宸、穆棱二路⑨，即今俄罗斯比金河与穆棱河流域。万历四十三年（1615年），遣将征渥集部额赫库伦城。额赫库伦城部民"住在东海之北"⑩，即今俄罗斯乌苏里

① 《盛京吉林黑龙江等处标注战迹舆图》，二排四上，（日）和田清据大连满铁图书馆藏影印本，1935年。

② 《清太祖高皇帝实录》，第2卷，癸巳年（万历二十一年）九月，中国第一历史档案馆藏。

③ 《图本档》，清国史馆档案，编号691，中国第一历史档案馆藏。

④ 《清史列传·费英东传》，第4卷，上海中华书局，1928年，上海。

⑤ 《李朝宣祖修正实录》，第41卷，四十年二月甲午，日本学习院东洋文化研究所，1959年，东京。

⑥ 《李朝宣祖实录》，第209卷，四十年三月庚辰，日本学习院东洋文化研究所，1959年，东京。

⑦ 《清太祖朝老满文原档》，第1册，第13页，广禄、李学智译注，台北中研院历史语言研究所刊，1970年，台北。

⑧ 《满文老档·太祖》，第1卷，庚戌年（万历三十八年）十二月，中国第一历史档案馆藏。

⑨ 《满洲实录》，第1卷，辛亥年（万历三十九年）七月，中国第一历史档案馆藏。

⑩ 《满文老档·太祖》，第4卷，乙卯年（万历四十三年）十二月二十日，中国第一历史档案馆藏。

江以东滨海地区纳赫塔赫河地方。天命十年（1625年），又"派兵二千征讨东海瓦尔喀"[①]，东北之滨极北诸部"莫不慑伏"[②]。努尔哈赤先后对瓦尔喀等部用兵十二次，"太祖之兵，及于乌苏里江东方沿海"[③]。努尔哈赤在东起日本海，西迄松花江，南达摩洞崴湾、濒临图们江口，北抵鄂伦河这一广大疆域内，基本上统一了渥集、瓦尔喀等部，并取代明朝而实行统辖。后来皇太极又数次征抚，瓦尔喀等部"岁岁入贡"[④]，完全臣服。

居住在精奇里江（结雅河）与黑龙江汇流处以下黑龙江中游区域的虎尔哈及其以北牛满河（布烈亚河）流域的萨哈连部[⑤]，努尔哈赤曾多次派兵征讨。天命元年（1616年）七月，努尔哈赤命达尔汉侍卫扈尔汉、硕翁科罗巴图鲁安费扬古，带兵二千人，乘船二百只，水陆并进，取黑龙江南北两岸五十二屯寨[⑥]，招抚了萨哈连部。随后牛满河地区的萨哈尔察部长也归附努尔哈赤，并成了后金的额驸。这表明后金开始统治黑龙江中游地区。此后各部相继服属。

居住在乌苏里江口以下黑龙江下游地区的赫哲、费雅喀等部，他们来往行猎用犬，所以叫使犬部。为招抚使犬部，万历三十五年（1607年），努尔哈赤派兵"远入数千里之外"，直"至北海之滨，并为其所有"[⑦]。到天命元年（1616年），再次"招服使犬路，嗣后全部内附"[⑧]。在统一各部女真时，努尔哈赤并没有忘记在黑龙江口和库页岛一带的吉烈迷、苦夷人。他们虽地处边陲，但有"尧舜之风"[⑨]。《库页岛志略》载，努尔哈赤统一战争的"兵锋所及，直抵海中库页岛"。于是，后来库页内附，"每岁进貂皮，设姓长、乡长子弟以统之"[⑩]。应当指出，努尔哈赤统一黑龙江女真，绝不是像麦利霍夫所谓"军事远征"[⑪]云云，而是从明廷那里接

---

① 《满文老档·太祖》，第65卷，天命十年四月初二日，中国第一历史档案馆藏。
② 《李朝宣祖实录》，第142卷，三十四年十月壬辰，日本学习院东洋文化研究所，1959年，东京。
③ [日] 稻叶君山：《清朝全史》上（一），商务印书馆，民国二年（1913年），上海。
④ 《满洲源流考》，第13卷，辽宁民族出版社校注本，1988年，沈阳。
⑤ 刘选民：《清开国初征服诸部疆域考》，载《燕京学报》，第23期。
⑥ 《满文老档·太祖》，第5卷，天命元年七月至十一月，中国第一历史档案馆藏。
⑦ 《李朝光海君日记》，第23卷，元年十二月丙寅，日本学习院东洋文化研究所，1959年，东京。
⑧ 《清朝文献通考·舆地三》，第271卷，内府本，故宫博物院明清档案部藏。
⑨ 罗福颐：《满洲金石志》，第6卷，满日文化协会印，1937年。
⑩ 《库页岛志略》，第1卷，荣城仙馆本，1935年。
⑪ [苏] 麦利霍夫：《满洲人在东北》，黑龙江省哲学社会科学研究所第三室译，第3页，商务印书馆，1976年，北京。

管了对黑龙江流域的统治权，后在这一地区编丁入旗或编户管辖，征收贡赋，设防镇守。这样，努尔哈赤统一黑龙江女真的事实，证明齐赫文斯基在其著作中的黑龙江两岸"既无满洲人，更无中国人居住过"之言为历史臆断。

努尔哈赤在统一建州女真、海西女真和黑龙江女真的过程中，又对蒙古诸部采取"征抚"策略。蒙古族当时已分为漠北喀尔喀蒙古、漠西厄鲁特蒙古和漠南蒙古三部分。努尔哈赤先专注于漠南蒙古的归附。漠南蒙古的察哈尔部与明朝缔结了抗御后金的盟约。努尔哈赤为了征服明朝，就要拆散这个联盟，解除后顾之忧，树翼于其同部。万历二十二年（1594年），蒙古科尔沁部贝勒明安等"始遣使通好"①。天命四年（1619年），努尔哈赤统兵大败喀尔喀部，生擒其贝勒介赛，同时又用朝贡、封爵、赏赐、联姻、宗教和会盟等笼络手段，巩固对漠南蒙古诸部的统治。万历三十四年（1606年）以后，"蒙古各部，每岁来朝"②。后进"九白年贡"③，表示臣服。不久，我国蒙古族居住在斡难河（鄂嫩河）与尼布楚河一带的茂明安等部归附④。此后，漠北蒙古和漠西蒙古也相继称臣。

努尔哈赤不仅要处理同蒙古族诸部的关系，而且要处理同明朝中央和地方政府的关系。努尔哈赤起兵之后，"忠于大明，心若金石"⑤。他在统一的女真、蒙古等族地方，忠顺看边，"保塞有功"，因而受到明朝的封官晋爵⑥。但是，像一切事物总是要在一定条件下各向着其相反方向转化一样，明朝和后金、汉族和满族的中央与地方、统治与被统治的关系，也会在一定条件下发生转化。随着后金统一东北事业的发展和八旗军事力量的壮大，它就要冲破隶属关系的罗网，摆脱腐败明朝的控制，夺取中央政权；而明朝专制主义的中央集权政府，又要维护自己的统治地位，于是明廷与后金的矛盾便尖锐起来。

后金农奴主政权的建立，表明它有"射天之志"⑦，要取代明朝的统治。万历四十四年（1616年），努尔哈赤在赫图阿拉（兴京）建立后金，自践汗位。随后，他发布"七大恨"誓师，进兵辽沈，势如破竹，克抚顺，下清河。败报传京，举朝震动。明于万历四十七年（1619年），派经略杨镐统军十万余人，号称四十七

---

① 《清太祖高皇帝实录》，第2卷，甲午年（万历二十二年），内府本，中国第一历史档案馆藏。
② 《清太祖实录》（稿本）丙种，第32页，史料整理处影印本。
③ 祁韵士：《皇朝藩部要略》（筠渌山房本）第3卷："贡白驼一，白马八，谓之九白年贡。"
④ 何秋涛：《朔方备乘》，第15卷，宝善书局石印本，光绪七年（1881年）。
⑤ 孟森：《明清史论著集刊》，上册，第210页，中华书局，1959年，北京。
⑥ 方孔炤：《全边略记·辽东略》，第10卷，钞本，北京图书馆善本部藏。
⑦ 《李朝光海君日记》，第133卷，十年十月戊辰，日本学习院东洋文化研究所，1959年，东京。

万①，兵分四路，犁庭扫穴，围攻后金政治中心赫图阿拉。满族杰出的军事家努尔哈赤采取"凭他几路来，我只一路去"②的战略原则，集中六万八旗兵，先在萨尔浒（赫图阿拉西一百二十里）与明军主力杜松部二万余人激战。明总兵杜松阵亡，全军覆没，尸横山野，血流成河。继而后金军逐路进击。明军四路出师，两双败北。明军将士死亡四万六千二百余人③。萨尔浒之战是明清兴衰史上的一个转折点。乾隆帝说：萨尔浒一战，使"明之国势益削，我之武烈益扬，遂乃克辽东，取沈阳，王基开，帝业定"④。这话虽然有些夸张，但说明它对后金的深远意义。自此以后，明朝采取守势，后金转为攻势。八旗军接着下铁岭，取开原，夺沈阳，破辽阳。后金遂移都东京（今辽宁辽阳），旋又迁都盛京（今辽宁沈阳）。天命十一年（1626年），努尔哈赤在降民不服、汉民反抗的情势下，宁远一战，身负重伤，同年八月，病发死亡。其子皇太极承袭努尔哈赤的事业，于天聪九年（1635年）改族名为满洲，次年改后金为清，并继续统一东北。崇德七年（1642年），皇太极说："予缵承皇考太祖皇帝之业，嗣位以来，蒙天眷佑，自东北海滨（指鄂霍次克海），迄西北海滨（指贝加尔湖），其间使犬、使鹿之邦，及产黑狐、黑貂之地，不事耕种、渔猎为生之俗，厄鲁特部落，以至斡难河源，远迩诸国（部），在在臣服。"⑤这就表明，努尔哈赤及其子皇太极，不仅统一了女真诸部，而且接管明朝东北地区的版图。

努尔哈赤进行的统一战争，有着重要的历史作用。列宁说："历史上常常有这样的战争，它们虽然像一切战争一样不可避免地带来种种惨祸、暴行、灾难和痛苦，但是它们仍然是进步的战争，也就是说，它们促进了人类的发展，加速地破坏极端有害的和反动的制度。"⑥努尔哈赤领导的统一女真诸部和统一祖国东北的战争，就是这样的进步战争。进步战争的根源在于人民。人民是历史的创造者。这场统一战争的基本力量是奴隶、农奴和部民、农民，是人民群众。这场统一战争的历史作用在于：第一，它使满族成为一个民族共同体，把原来处于社会发展不同水平的各部，在较高水平上统一起来，实现了元明三百多年来未能完成的女真

① 《满洲实录》，第5卷，天命四年二月，辽宁通志馆影印本，1930年，沈阳。
② 傅国：《辽广实录》，上卷，北京图书馆藏。
③ 王在晋：《三朝辽事实录》，第1卷，江苏省立国学图书馆藏本。
④ 《清高宗纯皇帝实录》，第996卷，乾隆四十年十一月癸未，中国第一历史档案馆藏。
⑤ 《清太宗文皇帝实录》，第61卷，崇德七年六月辛丑，中国第一历史档案馆藏。
⑥ [苏]列宁：《社会主义与战争》，《列宁全集》，第21卷，第279页，人民出版社，1958年，北京。

统一大业。第二，它推动女真各部的奴隶从奴隶制下挣脱出来，成为封建制下的农奴，促进了生产力的发展。第三，它有利于各族之间经济和文化的交流。第四，它奠下了清朝建立的根基。最后，它巩固了祖国东北边疆，为后来抵御外来侵略提供了重要条件。

三

努尔哈赤统一女真诸部的进程之所以发展迅速，是因为女真各部统一的过程，就是它们封建化的过程。他利用奴隶们的力量和农奴主的势力，顺应社会发展趋势，在四十四年统一战争中，初步完成了满族由奴隶制向封建制的转化，从而有着进步的历史作用。

女真奴隶制度陷于危机，封建因素已经出现，这是努尔哈赤统一女真各部、进行社会改革时社会经济形态方面的历史前提。女真奴隶制已有长久的历史。满族的直系祖先女真，在辽金时代已进入奴隶制。近年来黑龙江省逊克县金代铁器的考古发掘[①]和奴隶殉葬的文献记载[②]，都证明了这一点。元时又得到"牛畜田器"[③]，奴隶制更进一步发展。明朝初期，建州女真社会已经出现封建因素。"耕田纳租"[④]和"例置屯田"[⑤]就是明证。建州女真迁居赫图阿拉以后，地处土壤肥沃的浑河及其支流苏克素浒（苏子河）谷地[⑥]，与抚顺毗邻，汉族高度发达的农耕经济的影响，汉人的大量流入，以及通过"贡市"和"马市"换回大量铁制农具和耕牛，使女真社会生产力迅速提高。万历十二年（1584 年）三月，女真在十七次交易中，就买回铧子四千三百八十八件。同年三月，女真在二十九次买牛贸易中，就买进耕牛四百三十头。[⑦]铁制农具和耕牛的大量输进，对女真社会生产力提高有很大意义。同时手工业和商业也有一定发展。然而，旧生产关系成为生产力发展的障碍。生产力和生产关系的矛盾，主要表现为奴隶与奴隶主之间的斗争，也表现为新兴

---

① 《从出土文物看黑龙江地区的金代社会》，《文物》，1977 年第 4 期。

② 徐梦莘：《三朝北盟会编》，第 3 卷，明钞本，北京图书馆善本部藏。

③ 《元史·世祖本纪十三》，第 16 卷，中华书局校点本，1976 年，北京。

④ 《李朝太宗实录》，第 26 卷，十三年十一月丁酉，日本学习院东洋文化研究所，1959 年，东京。

⑤ [朝] 申忠一：《建州纪程图记》，图版 17，《兴京二道河子旧老城》，日文本，建国大学刊印，1939 年，长春。

⑥ 《兴京二道河子旧老城》，日文本，建国大学刊印，1939 年，长春。

⑦ 《明档》乙 107，东北档案馆藏。

封建主与没落奴隶主之间的斗争。这便爆发了接连不断的奴隶逃亡和奴隶暴动。奴隶斜往"以斧击杀"奴隶主豆里[①],就是其中一例。此外,没落奴隶主也不能照样生活下去了。如依附明朝的叶赫部奴隶主"鬻妻子、奴仆、马牛"[②],就说明这一点。这就使得统治阶级中如努尔哈赤的一部分人,脱离奴隶主阶级而归属于封建主阶级。封建主进行改革,抛弃破坏工具、怠工、逃亡和仇杀的奴隶,转而利用农奴生产。

努尔哈赤在统一建州女真时,社会改革的重要措施是"弃农幕""置屯田"。"农幕",满语称"拖克索",是奴隶制庄田。万历二十四年(1596年),申忠一从朝鲜到佛阿拉,沿途所经八十余处居民点中,仅见六处农幕。这些农幕规模不大,日趋衰落。如努尔哈赤要把在大吉号里越边的童阿下农幕,"自今年永为荒弃";他又"自今年欲置屯田"[③]。建州女真对屯田并不陌生。明朝在辽东实行"分屯所领,卫兵所耕"[④]的封建军事屯田制。建州女真的屯田与明朝辽东的屯田有着承袭关系。女真族和汉族在政治上和经济上有统一不可分割的联系。明朝地方官员努尔哈赤在建州女真地区"置屯田",同明朝辽东的屯田一样,都是封建生产关系。"置屯田""弃农幕",这是奴隶斗争的结果。在努尔哈赤起兵统一建州女真的前后十余年间,据《明世宗实录》记载,女真逃亡奴隶仅被辽东"招还"的就达八千一百五十七人。奴隶逃亡,农幕荒弃。统治阶级不得不改变剥削方法,废弃农幕,实行屯田。

统一战争推动社会改革,社会改革促进女真统一。努尔哈赤在统一海西女真和黑龙江女真时,对许多归附的部众采取不同策略:"收取藩胡,留屯作农"[⑤];"设姓长、乡长,分户管辖"[⑥];"编入户籍,迁之以归"[⑦];"选其壮丁,入旗披甲"[⑧]。这就是说,无论是自愿归附者或是战争降顺者,都同样编为民户或编入八旗,不作

---

① 《李朝世祖实录》,第42卷,十三年四月癸卯,日本学习院东洋文化研究所,1959年,东京。

② 《清太祖高皇帝实录》,第3卷,辛丑年(万历二十九年),内府本,中国第一历史档案馆藏。

③ [朝]申忠一:《建州纪程图记》,图版17,《兴京二道河子旧老城》,日文本,建国大学刊印,1939年,长春。

④ 《辽筹》,上册,北京图书馆善本部藏。

⑤ 《李朝宣祖修正实录》,第41卷,四十年二月甲午,日本学习院东洋文化研究所,1959年,东京。

⑥ 《清朝文献通考》,第271卷,内府本,故宫博物院明清档案部藏。

⑦ 《清太祖高皇帝实录》,第3卷,己亥年(万历二十七年)九月,内府本,中国第一历史档案馆藏。

⑧ 何秋涛:《朔方备乘》,第1卷,宝善书局石印本,光绪七年(1881年)。

奴隶看待，从而推动了女真诸部的封建化。如对新招抚的各路部长"授官有差"，还对其部众给以"牛马、田庐、衣服、器具，无室者并给以妻"①。同时，他在统一的女真地区，劝谕农民"宜勤耕织"②，又提倡"种棉以织布匹"③，发展男耕女织的封建自然经济，以巩固农奴主的统治。总之，努尔哈赤这种"招徕安集、收为羽翼"的政策，同顽固奴隶主"欲攻杀伐、俘掠家产"的政策，形成鲜明对照。那些奴隶主统治下的部民"望风争附"④努尔哈赤，使得"老酋新附之众，日益繁满"⑤。这就表明，它符合女真社会发展的趋势，加速了女真各部的统一，促进了封建生产关系的发展。

在女真封建生产关系发展过程中，万历四十一年（1613 年），又在原有封建军事屯田的基础上，实行牛录屯田。"每牛录出男丁十名，牛四只，以充公差。命其于空旷的地方垦田耕种粮食，以增收获，储于粮库"⑥。这里的"男丁"，就是农奴；而奴隶，满语则叫"aha"（阿哈），二者的身份是根本不同的。牛录屯田是清代旗田的雏形。每牛录三百男丁中出十名男丁，耕田种粮，粮交官仓。这种"三十税一"的封建徭役经济的普遍实行，标志着八旗封建土地所有制的确立。随着八旗封建生产关系的发展，万历四十三年（1615 年），创建"出则为兵，入则为民"⑦的八旗制度。八旗制是政治、经济、军事、行政合一的制度。它规定："凡有杂物收合之用，战斗力役之事，奴酋令于八将，八将令于所属柳累将，柳累将令于所属军卒。"⑧这显然加强了对劳动人民兵役、赋税和徭役的征发。因此，八旗制度是用封建军事等级的方法，加强农奴主的统治。此外，他还主持创立无圈点的老满文⑨，用来记载政事，翻译汉籍，交流思想，传播文化，并汲取明朝封建统治术。到万历四十四年（1616 年），后金"天地间气化之一变"⑩，这就是带有浓厚奴

---

① 《清太祖高皇帝实录》，第 5 卷，天命三年二月，内府本，中国第一历史档案馆藏。

② 《满洲秘档》，第 44 页，金梁自刊本，民国十八年（1929 年），北京。

③ 《满洲秘档》，第 22 页，金梁自刊本，民国十八年（1929 年），北京。

④ 《李朝宣祖实录》，第 209 卷，四十年三月庚辰，日本学习院东洋文化研究所，1959 年，东京。

⑤ 《李朝光海君日记》，第 50 卷，四年二月癸酉，日本学习院东洋文化研究所，1959 年，东京。

⑥ 《清太祖朝老满文原档》，第 1 册，第 51 页，广禄、李学智译注，台北中研院历史语言研究所刊，1970 年，台北。

⑦ 《清太宗文皇帝实录》，第 7 卷，天聪四年五月壬辰，内府本，中国第一历史档案馆藏。

⑧ [朝] 李民寏：《建州闻见录》，第 33 页，影印本，日本天理大学图书馆藏今西春秋本。

⑨ 《清太祖武皇帝实录》，第 2 卷，己亥年（万历二十七年）正月，内府本，中国第一历史档案馆藏。

⑩ 《李朝宣祖实录》，第 71 卷，二十九年正月丁酉，日本学习院东洋文化研究所，1959 年，东京。

隶制残余的后金封建主政权的建立。后金汗努尔哈赤登极建元，黄衣称朕，设立一整套官职，公文署印"后金天命皇帝"①。后金的建立，是我国满族社会由奴隶制转化为封建制的重要标志。

后金政权建立之后，加快了封建化的进程。天命三年（1618 年），下抚顺后，将降民编户，"并全给以田庐、牛马、衣粮、畜产、器皿，仍依明制，设大小官属，令李永芳统辖"②。同时，朝鲜也有后金得辽后，降民"尽剃头发，如前农作"③的记载。后金统治者同这些降民保持着封建的生产关系。特别是在天命六年（1621 年）进入辽沈地区后，就在"例置屯田"和"牛录屯田"的基础上，参酌明朝辽东封建军事屯田办法，对住在那里的满族兵丁（对汉人也一样）实行"计丁授田"制度。规定：

> 每一男丁，给地六日，以五日种粮，一日种棉，按口均分。……其纳赋之法，每三名男丁，种官田一日。每二十名男丁中，征一丁当兵，以一丁应公差。④

这个"计丁授田"制度，从法律上确立了封建土地所有制在经济基础中的统治地位，表明我国东北地区满族社会封建所有制代替了奴隶所有制。封建生产关系的基础是封建土地所有制。封建主对土地的所有权决定了农奴对封建主的人身依附关系，并决定了封建主以徭役和地租的形态，无偿地占有农奴的剩余价值。"计丁授田"的民户，"每丁给田五日，一家衣食，凡百差徭，皆从此出"⑤。这就清楚地表明了土地所有制、人与人的相互关系和分配方式都是封建生产关系，而其基础则是满洲八旗封建土地所有制。

努尔哈赤在辽沈地区，主要实行授田制，但也搞了一些庄田制（拖克索）。庄田制奴仆的身份需要进行阶级的和历史的分析。劳动者的身份是区别奴隶制和封建制的一个重要标尺。奴隶制生产关系的基础是奴隶主不仅完全占有生产资料，

---

① 《李朝光海君日记》，第 139 卷，十一年四月壬申，日本学习院东洋文化研究所，1959 年，东京。

② 《清太祖高皇帝实录》，第 5 卷，天命三年四月乙卯，内府本，中国第一历史档案馆藏。

③ [朝]李肯翊：《燃藜室记述》朝文本，第 21 卷，第 662 页，朝鲜古书刊行会本，大正元年（1911 年）。

④ 《满文老档·太祖》，第 24 卷，天命六年七月十四日，内府本，中国第一历史档案馆藏。

⑤ 《天聪朝臣工奏议》，上卷，罗振玉编：《史料丛刊初编》，东方学会印本，1924 年。

并占有可以任意买卖和屠杀的奴隶；而封建生产关系的基础是封建主占有生产资料和不完全占有剥削对象农奴。辽沈的庄田，天命十年（1625年）十月，后金汗在《庄田谕》中规定："每庄十三男丁，七牛，田百日，其中二十日交纳官粮，八十日自己食用。"① 这就可以看出，庄田制的壮丁，有自己的经济，其身份显然不是可以任意买卖或杀害的奴隶，而是附着在土地上为封建主纳租税、服徭役的农奴。庄田制是在满、汉劳动人民斗争推动下，由"农幕"蜕变而来的。它对女真奴隶制来说，是个进步，对高度封建化的汉族来说，又是个倒退。这就必然引起汉族人民的激烈反抗。如辽东夹山河村田庄二十户，八十口人，只种七日田，无法生活，集体逃亡②。在《满文老档》中，这类记载，比比皆是。但是，努尔哈赤随着统一战争的进程，由于奴隶、农奴和汉民不断斗争的推动，在满族奴隶制向封建制转换中的进步历史作用，是应当加以肯定的。

毛主席说过："历史上奴隶主阶级、封建地主阶级和资产阶级，在它们取得统治权力以前和取得统治权力以后的一段时间内，它们是生气勃勃的，是革命者，是先进者，是真老虎。"③ 在当时的历史条件下，以努尔哈赤为首的满洲军事封建贵族，就其本民族历史发展阶段来说，毕竟还是一个新兴的阶级，因此就带有满族封建制初期封建主阶级的这些特点。这就是努尔哈赤利用人民群众的力量，战胜女真奴隶制、迅速统一女真各部的基本原因。

但是，努尔哈赤毕竟是满族剥削阶级的政治代表。由努尔哈赤及其所代表的封建主阶级利益所决定，他从事的社会改革是不彻底的。他没有、也不可能消除女真内部的阶级对立和东北地区各民族之间的不平等，而是用一种新的阶级剥削代替另一种阶级剥削，用一种新的民族压迫代替另一种民族压迫。如他对女真的奴隶（阿哈），采用异常残酷的刑罚。他的妻子死了，将"四婢殉之"④。这种奴隶殉葬，正说明了奴隶制残余的存在。他给挣脱奴隶枷锁的女真奴隶戴上农奴桎梏虽说是个历史的进步，但把大量汉民降作奴仆、编入庄田又是一次历史的洄漩。他代表的农奴主阶级每前进一步，都是靠剥削和压迫奴隶与农奴来进行的。特别是他在辽沈地区对汉人反抗斗争，进行了残酷的镇压。如天命八年（1623年）六

---

① 《满文老档·太祖》，第66卷，天命十年十月初三日，内府本，中国第一历史档案馆藏。

② 《满文老档·太祖》，第52卷，天命八年五月二十日，内府本，中国第一历史档案馆藏。

③ 《毛泽东选集》，第1190页，人民出版社，1966年，北京。

④ 《满洲实录》，第3卷，癸卯年（万历三十一年）九月，辽宁通志馆影印本，1930年，沈阳。

月二十六日，发生复州一万一千人逃亡惨遭镇压的严重事件 [①]。这些都反映出后金汗努尔哈赤的历史、阶级与民族的局限性。前面说的社会制度转变，主要指建州女真，因为女真各地区、各部族的经济文化发展是不平衡的。就是建州女真，也还有些女真人沉睡在奴隶状态中。

我们通过评价我国满族封建主阶级政治家努尔哈赤，顺应历史发展趋势，利用女真人民力量，统一女真诸部，进行女真社会改革，巩固祖国东北边疆的进步历史作用，不仅要肯定满族杰出领袖努尔哈赤对中国历史发展所作的贡献，而且要肯定满族等少数民族对中国历史发展做过的贡献。

---

① 《满文老档·太祖》，第 56 卷，天命八年六月二十六日，内府本，中国第一历史档案馆藏。

皇太极经略索伦辨

【题记】本文《皇太极经略索伦辨》，原名为《清太宗经略索伦辨》，系在台湾佛光大学举行的清史研讨会上的论文，后发表于《历史档案》2004年第2期。收入本集时因集内诸文题目都不用清帝庙号，故改为《皇太极经略索伦辨》。

清太宗皇太极经略索伦，是清初统一东北地区的重大军政举措。在天聪、崇德年间，皇太极先后四次出兵索伦，其中两次用兵于博穆博果尔[①]。论者谓此为平叛战争。本文就清太宗经略索伦事略及相关问题考辨——皇太极用兵索伦，其性质是建立在索伦地区的统治，而不是平定索伦博穆博果尔的叛乱。

一

明朝末年，天命时期，在黑龙江中上游地带，贝加尔湖以东，精奇里江（今结雅河）两岸，统称之为索伦地区，居住着索伦部落群体。各部落以血缘为纽带，地缘为基地，分散聚居，互不统属。天命、天聪、崇德三朝，努尔哈赤与皇太极父子采取"慑之以兵，怀之以德"[②]的策略经略索伦，武功空前，各部居民归属于清。

先是，天命汗在同明争夺辽东的同时，除向海西女真用兵外，还向东海女真、黑龙江女真用兵，取得巨大胜利，但黑龙江流域地区没有完全被天命汗绥服。皇太极继承汗位之后，加紧经略，三方用兵：

---

① 博穆博果尔又作奔博果尔、奔波果尔、博穆古里、博穆波果尔等，兹从《清太宗实录》。
② 《清太宗文皇帝实录》，第20卷，第25页，天聪八年十月庚戌，中华书局影印本，1985年，北京。

东指朝鲜　天聪元年（即天启七年，1627年）正月，皇太极命大贝勒阿敏等统帅大军三万余骑，东征朝鲜，过鸭绿江，下义州（今朝鲜新义州），陷平壤。与朝鲜先定"江华之盟"，后定"平壤之盟"①。皇太极谕曰："天佑我国，平服朝鲜，声名宣播。"②后金同朝鲜，订立"兄弟之盟"。崇德二年（即崇祯十年，1637年），清同朝鲜又订立"君臣之盟"。

南指明朝　天聪元年（1627年），皇太极乘平服朝鲜的锐气，亲自统帅大军，发动宁锦之战，以雪其先父宁远兵败之耻。但事与愿违，再兵败城下。他说："昔皇考太祖攻宁远，不克；今我攻锦州，又未克。似此野战之兵，尚不能胜，其何以张我国威耶！"③后皇太极于天聪三年、八年、十年，或亲自统军，或遣贝勒统兵，先后三次，迂道入塞，攻打、残毁明朝，抢劫、掳掠财富。同期，制造成红衣大炮，并取得大凌河之战的胜利。

西指蒙古　天聪年间，皇太极对蒙古的征抚，取得巨大的成功。天聪汗不仅绥服奈曼、敖汉、喀喇沁、内喀尔喀等部，而且三征察哈尔。皇太极对蒙古的主要成绩是，逼迫林丹汗西迁走死。随之，林丹汗的三位遗孀、子额哲及其众臣、部民，归降了后金。这标志着天聪汗皇太极统一了漠南蒙古。

皇太极对朝鲜、明朝、蒙古三个强敌，都取得重大胜利。为此，皇太极具文上告清太祖之灵曰："迺者，朝鲜素未输诚，今已称弟纳贡。喀尔喀五部，举国来归。喀喇沁、土默特以及阿禄诸部落，无不臣服。察哈尔兄弟，其先归附者半。后察哈尔汗携其余众，避我西奔，未至汤古忒部落，殂于西喇卫古尔部落打草滩地。其执政大臣，率所属尽来归附。今为敌者，惟有明国耳。臣躬承皇考素志，踵而行之，抚柔震叠，大畏小怀。未成之业，俱已就绪。伏冀神灵，始终默佑，式廓疆圉，以成大业。"④

其时，努尔哈赤、皇太极父子军政之影响，远达索伦地区。到天命末年、天聪初年，有些索伦等部落首领率众朝贡，到达沈阳。据《清太宗实录》记载：

① 阿敏"平壤之盟"《誓书》载于《清太宗实录》第2卷，第19页。但仅以《誓文》誊本于三月二十一日送朝鲜国王，故朝鲜《李朝仁祖实录》及《承政院日记》等朝鲜官方文书所阙载。

② 《清太宗文皇帝实录》，第3卷，第7页，天聪元年四月辛亥，中华书局影印本，1985年，北京。

③ 《清太宗文皇帝实录》，第3卷，第16页，天聪元年五月癸巳，中华书局影印本，1985年，北京。

④ 《清太宗文皇帝实录》，第20卷，第25—26页，天聪八年十月庚戌，中华书局影印本，1985年，北京。

天命十一年（1626 年）十二月二十四日，"黑龙江人来朝，贡名犬及黑狐、元狐、红狐皮、白猞狸狲、黑貂皮、水獭皮、青鼠皮等物"。

天聪元年（1627 年）十一月十八日，"萨哈尔察部落六十人来朝，贡貂、狐、猞狸狲皮"。

天聪五年（1631 年）六月二十一日，"黑龙江地方伊扎纳、萨克提、伽期纳、俄力喀、康柱等五头目，来朝"。七月初二日，"黑龙江地方虎尔哈部落，托思^①科、羌图礼、恰克莫、插球，四头目来朝，贡貂、狐、猞狸狲等皮"。

天聪七年（1633 年）六月二十四日，"东海使犬部落额驸僧格，偕其妻，率五十二人来朝，贡方物"。十一月初四日，"萨哈尔察部落之头目费扬古、满代，率四十六人来朝，献貂皮千七百六十九张。赐布二千六百三十匹"。

天聪八年（1634 年）正月初三日，"黑龙江地方羌图里、嘛尔干，率六姓六十七人来朝，贡貂皮六百六十八张"。五月初一日，"黑龙江地方头目巴尔达齐，率四十四人来朝，贡貂皮一千八百一十八张"。十月初九日，"索伦部长京古齐、巴尔达齐、哈拜、孔恰泰、吴都汉、讷赫彻、特白哈尔塔等，率三十五人来朝，贡貂、狐皮"。十月十八日，"阿禄毛明安部落来归，见上。设大宴，宴之。杨古海杜棱、胡棱都喇尔、吴巴海达尔汉巴图鲁、巴特玛额尔忻戴青、东卓尔台吉、阿布泰台吉等，献貂裘、马、驼，酌纳之"。十二月初六日，"黑龙江地方杜莫讷、南地攸、贾尔机达、喀拜、郭尔敦，率从者六十九人；松阿里地方摆牙喇氏僧格额驸、喇东格，率从者五十人，来朝，贡貂皮"。

皇太极认为，尽管黑龙江地带许多部落首领到沈阳朝贡，但是还有不少部落不向金国朝贡称臣，应准备向黑龙江地区大规模进兵。皇太极在汗宫中殿宴请嘛尔干等一行时，透露出上述信息。史载，皇太极谕之曰："虎尔哈慢不朝贡，将发大兵往征。尔等勿混与往来，恐致误杀。从征士卒，有相识者，可往见之。此次出师，不似从前兵少，必集大众以行也。"谕毕，对嘛尔干、羌图里等进行赏赐^②。

本来，皇太极可以在第二次迂道攻明得胜之后，旋即用兵索伦。然而，天聪八年（1634 年）五月，发生突然事件。皇太极在率军第二次入塞攻明前，派伊拜等前往科尔沁噶尔珠塞特尔等部落调兵，但噶尔珠塞特尔等拒从，并声言要征讨索伦部，收取贡赋，以便自给。皇太极闻报，采取三项措施：一是争取科尔沁部

---

① 《沙俄侵华史》，第 1 卷第 5 页，作"黑"，疏误。

② 《清太宗文皇帝实录》，第 17 卷，第 23 页，天聪八年二月己巳，中华书局影印本，1985 年，北京。

众。遣巴克什希福及伊拜，往谕科尔沁土谢图济农等曰："法律所载，叛者必诛。尔科尔沁贝勒，若获噶尔珠塞特尔等，欲诛则诛之，若不诛而欲以之为奴者听。"①二是派兵前往追击。调科尔沁兵土谢图济农巴达礼、扎萨克图杜棱、额驸孔果尔等，率兵前往追击。三是命巴尔达齐带兵阻击。巴尔达齐从命，"恐见袭急归，护其国"②。此役出兵，获得胜利。十月初九日，巴尔达齐在噶尔珠塞特尔等被击败后，再次到盛京朝贡，"索伦部长京古齐、巴尔达齐、哈拜、孔恰泰、吴都汉、讷赫彻、特白哈尔塔等，率三十五人来朝，贡貂、狐皮"③。

时在索伦地区，有已朝贡者，有未朝贡者，亦有观望者。皇太极为了完全控制索伦地区，避免蒙古势力渗入，获取大量兽皮，俘降更多人口，决定对黑龙江流域诸部，特别是上游索伦地区，征抚兼施，慑服诸部，宣扬国威，实现统一。

二

清太宗皇太极先派军远征黑龙江地域，拉开经略索伦诸部的序幕。

天聪八年即崇祯七年（1634 年）十二月初十日，皇太极命梅勒章京霸奇兰、甲喇章京萨穆什喀等，"率章京四十一员④、兵二千五百人，往征黑龙江地方"⑤。大军出行前，皇太极发布谕旨，明确指出：第一，攻心为上。攻略之时，向其宣明："尔之先世，本皆我一国之人，载籍甚明。尔等向未之知，是以甘于自外。我皇上久欲遣人，详为开示，特时有未暇耳。今日之来，盖为尔等计也。"第二，讲求策略。"俘获之人，须用善言抚慰。饮食甘苦，一体共之。则人无疑畏，归附必众"⑥。第三，重用向导。请当地屯长喀拜、郭尔敦等为引路向导，"经行道路，询彼自知"，而"其应略地方，须问向导人"⑦。第四，严明纪律。此次远征，"奋力直前，

---

① 《清太宗文皇帝实录》，第 18 卷，第 23 页，天聪八年五月戊申，中华书局影印本，1985 年，北京。

② 黄维翰：《黑水先民传·巴尔达齐》，第 11 卷，第 4 页，崇仁黄氏刻本，1923 年，上海。

③ 《清太宗文皇帝实录》，第 20 卷，第 21 页，天聪八年十月壬辰，中华书局影印本，1985 年，北京。

④ 《清太宗文皇帝实录》，天聪九年五月丙辰作"章京四十四员"。

⑤ 《清太宗文皇帝实录》，第 21 卷，第 9 页，天聪八年十二月壬辰，中华书局影印本，1985 年，北京。

⑥ 《清太宗文皇帝实录》，第 21 卷，第 10 页，天聪八年十二月壬辰，中华书局影印本，1985 年，北京。

⑦ 《清太宗文皇帝实录》，第 21 卷，第 11 页，天聪八年十二月壬辰，中华书局影印本，1985 年，北京。

慎勿惮劳,而稍怠也"。大军往返索伦地方,必须"结队而行,不可分散"。第五,规定路线。选择最佳进军与返回的路线,以免路遇不测。第六,意义重大。天聪汗派军征抚索伦,主要是宣扬汗威,拓展疆土,增加人口,获取兽皮。魏源在《圣武记》中言:"夫草昧之初,以一城一旅敌中原,必先树羽翼于同部。故得朝鲜人十,不若得蒙古人一;得蒙古人十,不若得满洲部落人一。族类同,则语言同,水土同,衣冠、居处同,城郭、土著、射猎、习俗同。"①

皇太极谕毕,命贝勒萨哈廉、杜度等官,送霸奇兰、萨穆什喀等于二里外。按旗分列,简选士卒,阅器械,壮军威。而后,向出征诸将,宣读敕谕。出征大军,拔营起行。

由右翼五旗主帅霸奇兰、左翼五旗主帅萨穆什喀等,统领章京四十余员、兵二千五百人,以索伦部屯长喀拜、郭尔敦等人为向导,跋山涉水,进展顺利。许多屯寨,纷纷归附。后金军取得首次进兵索伦地区的初步胜利。天聪九年(1635年)四月十四日,霸奇兰等将领派官赍书奏捷云:"收服编户壮丁二千四百八十有三,人口共七千三百有二。所有牲畜,马八百五十六、牛五百四十三、驴八。又俘获妇女、幼稚一百十六人,马二十四、牛十七,及貂皮、狼皮、狐皮、猞狸狲皮,并水獭、骚鼠、青鼠、白兔等皮三千一百四十有奇,皮裘十五领。"②五月初六日,霸奇兰等回到盛京,举行庆典。天聪汗御殿,凯旋诸臣、将士朝见。次招降二千人叩见。次索伦部落朝贡头目巴尔达齐等叩见。然后,举行较射,并设大宴。大军班师之后,叙出征诸臣功。初七日,皇太极对招降的七千三百人,俱赐房屋、田地、衣食、器皿等物。如此厚待,于归附者,备受感召,作用巨大。

是役,史称"黑龙江之役"。皇太极在给朝鲜国王李倧的文书中,称"黑龙江之役,收获万余"③。皇太极派军队到索伦地区,进行黑龙江之役,取得重要收获,产生重大影响。后金出兵索伦的征抚,巴尔达齐的投顺,索伦地区的塞布奇屯、噶尔达苏屯、戈博尔屯、额苏里屯、阿里捞屯、克殷屯、吴鲁苏屯、榆尔根屯、海轮屯、固浓屯、昆都轮屯、吴兰屯等先后朝贡,归顺后金。

黑龙江之役以后,该地方部落首领纷纷到盛京朝贡。崇德二年(1637年)二

---

① 魏源:《圣武记》,第1卷,第9页,上海中华书局据古微堂原刻本校刊线装本。

② 《清太宗文皇帝实录》,第23卷,第5页,天聪九年四月癸巳,中华书局影印本,1985年,北京。

③ 《清太宗文皇帝实录》,第23卷,第22页,天聪九年六月甲午,中华书局影印本,1985年,北京。

月十七日，黑龙江地方额苏里屯①内，俄伦扎尔固齐等率九人至盛京，奏言："额苏里屯东，约六日程，有从未通我国者三十九屯，今欲来贡，不知纳贡礼仪，求我等同皇上使臣一人至彼，即备方物，随使臣入贡。为此特遣人来，其所献之物，貂、狐皮二百有六，貂、狐衣服七领。"②十二月初一日，黑龙江地方羌图礼等一百二十二人，到盛京贡貂皮。同日，遣黑龙江地方扈育布禄、纳尔开、巴尔达齐弟额讷布等，六十人返归部落。崇德三年（1638年）正月二十日，赐黑龙江朝贡羌图礼等一百一十四人，蟒衣、帽靴、鞓带等物，有差。四月二十二日，席北地方阿拜、阿闵来朝，贡貂皮。

七月二十三日，皇太极派兵征伐额赫库伦地方。十月十二日，初未入贡的黑龙江精格里河（精奇里江）浑秦屯内居住扈育布禄，亦率五人到盛京朝贡，献貂皮。十一月二十二日，索伦部落透特等三人，到盛京朝贡貂皮。

三

索伦是黑龙江上中游诸部的一个泛称，是索伦（鄂温克）、达斡尔（达呼尔）、虎尔哈、毛明安（茂明安）、鄂伦春等部族的总称。许多部落世代居住黑龙江地域，其"不问部族，概称索伦。而黑龙江人，居之不疑，亦雅喜以索伦自号。说者谓'索伦骁勇闻天下，故藉其名以自壮'"③。随着后金实力不断强大，归附的部落，陆续到盛京。皇太极在崇德年间进一步经略索伦，绥服不坚定的部落首领，拓展疆域，降服人口，收纳兽皮，巩固统治。

在黑龙江索伦部诸首领中，最为著名的是两位头人：一位是巴尔达齐，另一位是博穆博果尔。他们由于对待清朝皇帝态度的差异，得到的结果，却完全相反。

巴尔达齐，天聪朝时，四次朝贡。天聪八年（1634年）五月和十月，黑龙江萨哈尔察地方索伦头目巴尔达齐，两次率人到达盛京，贡献貂皮。天聪九年（1635年）四月二十三日，黑龙江索伦部落头目巴尔达齐，率二十二人来朝，贡貂、狐皮等物。皇太极命礼部承政满达尔汉，迎于五里外，设宴宴之。巴尔达齐在盛京住留一个多月。六月初九日，皇太极"赐萨哈尔察部落来贡貂狐皮头目巴尔达齐、

---

① 额苏里屯，位于今爱辉（瑷珲）黑龙江北岸西北八十余里处，今俄罗斯境内。见《盛京吉林黑龙江等处标注战迹舆图》第四排之四（[日]和田清据大连满铁图书馆藏影印本，1935年）。

② 《清太宗文皇帝实录》，第34卷，第10页，崇德二年二月丁亥，中华书局影印本，1985年，北京。

③ 何秋涛：《朔方备乘》，第2卷，第1页，宝善书局石印本，光绪七年（1881年）。

额内布、萨泰等三人，蟒缎、朝服、衣帽、玲珑鞓带、鞍马、缎布有差。其从役六十三人，各衣一袭"。巴尔达齐于皇太极，"倾心内附，岁贡方物"①。皇太极对巴尔达齐的归顺，十分重视，倍加宠信。天聪汗皇太极以联姻的手段，笼络来归的巴尔达齐。天聪十年（1636 年）初，皇太极将皇室格格给巴尔达齐为妻，索伦头目巴尔达齐成为后金的额驸。同年四月初六日，"索伦部萨哈尔察地方额驸巴尔达齐，率十四人来朝，贡貂皮"②，是为巴尔达齐被招为额驸后，首次到盛京。巴尔达齐归附后金，受到皇太极的信赖，后来成了清朝索伦各部落的大首领③。索伦部首领巴尔达齐在清军同博穆博果尔的斗争中，起了特殊重要的作用。

额驸巴尔达齐，在崇德朝时，四次亲自朝贡，四次遣官朝贡。崇德二年（1637年）十月十二日，"黑龙江地方巴尔达齐，率五十七人，贡貂皮。俱令礼部官迎宴之"。十月三十日，"黑龙江地方额驸巴尔达齐，遣六十二人，来贡貂皮"。十二月初一日，"遣巴尔达齐弟额讷布等，六十人归国。赐宴，遣之"。崇德三年（1638年）五月初五日，"遣萨哈尔察部落额驸巴尔达齐，偕所尚公主归。赐衣帽、玲珑撒袋、弓矢、鞍辔、驼马、帐房等物。仍设宴，饯巴尔达齐于礼部"。十一月二十二日，"黑龙江额驸巴尔达齐弟萨哈连等五十一人来朝，贡貂皮。遣官迎于演武场，赐宴，入城"。崇德五年（1640 年）十月十五日，"萨哈尔察部落额驸巴尔达齐，率三十六人来朝，贡貂、狐等物"。崇德六年（1641 年）正月初一日，皇太极率诸王贝勒等祭堂子，赐大宴，额驸巴尔达齐行庆贺礼。二月二十日，"遣额驸巴尔达齐及所尚格格，并额讷布、钟嫩等三十三人还。赐各色衣服、帽靴、被褥、银器，随侍女子、帐房、鞍马、甲胄、彩缎、文绮等物，仍赐宴于馆舍"。十二月十三日，"萨哈尔察部落额驸巴尔达齐遣喇库等，来贡貂皮。赐宴，赏衣帽、缎布等物有差"。崇德八年（1643 年）五月十一日，"黑龙江额驸巴尔达齐来朝，遣礼部官迎至北演武场。赐宴，入城"。七月三十日，"赐黑龙江额驸巴尔达齐、公主及其从人，宴六次。仍各赐鞍马、蟒服、缎衣、帽靴、缎布、银器等物有差"。巴尔达齐不仅成为皇家之亲戚，而且成为清朝之干城。博穆博果尔则与巴尔达齐不同。

博穆博果尔，是索伦部乌鲁苏穆丹屯长，精于骑射，骁勇善战，才干超群，

---

① 《一等阿思哈番巴尔达齐碑》拓片，北京市文物研究所藏。

② 《清太宗文皇帝实录》，第 28 卷，第 11 页，天聪十年四月庚辰，中华书局影印本，1985 年，北京。

③ 《沙俄侵华史》第 1 卷第 55 页载："巴尔达齐城的遗址恰好位于从托木河口至结雅河口中途的谢米奥杰尔克村附近。见《阿穆尔州考古图资料》，载《阿穆尔州地志博物馆与方志学会论丛》第 3 册、第 24 页。"

势力强大。时乌鲁苏穆丹、杜拉尔、敖拉、墨尔迪勒、布喇穆、涂克冬、纳哈他等部落，形成部落联盟，其首领就是博穆博果尔①。

先是，崇德二年（1637年）闰四月十二日，博穆博果尔到盛京，向清廷朝贡。《清太宗实录》记载："黑龙江索伦部落博穆博果尔，率八人来朝，贡马匹、貂皮。"②是为博穆博果尔向清廷朝贡之始。博穆博果尔受到崇德帝皇太极的隆重款待，驻留盛京，时近两月。六月初五日，博穆博果尔等离别盛京，返还故乡。行前，皇太极予博穆博果尔"赐以鞍马、蟒衣、凉帽、玲珑鞓带、撒袋、弓矢、甲胄、缎布等物有差"③。这些贵重物品，在当时算是最高一级的赏赐。

崇德三年（1638年）十月十七日，博穆博果尔等再次到盛京朝贡。《清太宗实录》记载："黑龙江博穆博果尔、瓦代、噶凌阿等来朝，贡貂皮、猞狸狲等物。"④是为博穆博果尔第二次到盛京朝贡。同年十二月初五日，博穆博果尔受到崇德帝与七位贝勒的分别宴请。这八次盛宴，是博穆博果尔受到的最高礼遇。参加此宴者，有黑龙江地域各部落首领九十二人。《清太宗实录》记载："黑龙江额驸巴尔达齐弟萨哈莲、户尔布尔屯费扬古、俄勒屯吴地堪、吴鲁苏屯莽古朱等五十一人，索伦部落博穆博果尔、透特等九人，虎尔哈部落克宜克勒氏达尔汉额驸等十一人，虎习哈礼氏纳木达礼等十人，巴牙喇氏满地特喀下二人，布克图礼等五人，赖达库等四人，朝见。赐宴。仍命七家，各宴一次。"⑤

索伦部落重要首领博穆博果尔，两年之间，两到盛京朝觐崇德帝，并贡献方物。博穆博果尔在盛京沈阳，既看到清帝的权势与威严，也窥到清廷的内情与虚实。于是，博穆博果尔对皇太极产生若附若离、亦亲亦疏的复杂心理。皇太极为巩固对黑龙江地域的控制，也为完全降服博穆博果尔，"虑其势盛，不可制"，便对索伦部发动军事征讨。

崇德四年（1639年）十一月初八日，皇太极命索海、萨穆什喀等，率领官属

---

① 《黑龙江志稿》，第54卷，《博穆博果尔传》，黑龙江人民出版社，1992年，哈尔滨。

② 《清太宗文皇帝实录》，第35卷，第3页，崇德二年闰四月庚戌，中华书局影印本，1985年，北京。

③ 《清太宗文皇帝实录》，第36卷，第8页，崇德二年六月壬寅，中华书局影印本，1985年，北京。

④ 《清太宗文皇帝实录》，第44卷，第10页，崇德三年十月丙午，中华书局影印本，1985年，北京。

⑤ 《清太宗文皇帝实录》，第44卷，第24页，崇德三年十二月癸巳，中华书局影印本，1985年，北京。

兵丁，往征索伦部落①。多罗贝勒多铎、固山额真多罗额驸英俄尔岱，传崇德帝谕曰："尔等师行，所经屯内，有已经归附纳贡之屯，此屯内又有博穆博果尔取米之屯。恐尔等不知，误行侵扰。特开列屯名、数目付尔，毋得违命，骚扰侵害。行军之际，宜遣人哨探于前，防护于后。加意慎重，勿喧哗，勿参差散乱，勿忘纪律。尔等此行，或十八牛录新满洲，或添补缺额牛录之新满洲，各固山额真、梅勒章京、甲喇章京、牛录章京，详加查阅。视其有兄弟及股实者，令从征。尔等亦应亲加审验。左翼主将萨穆什喀、副将伊孙，右翼主将索海、副将叶克书，或两翼分行，则各听该翼将令；或同行，则总听两翼将令。凡事俱公同酌议行之。"②

清朝出兵黑龙江索伦部落，从皇太极的"谕旨"及作战经过进行分析，可以看出：

第一，出师目的。清军在黑龙江索伦地域，主要征附"已经归附纳贡之屯"中那些"博穆博果尔取米之屯"。

第二，区别对待。清军所到索伦地带、所经村屯，分为两类：一类是"已经归附纳贡之屯"，另一类是"博穆博果尔取米之屯"。清军要严加区别，而不要误行侵扰"已经归附纳贡之屯"。

第三，明确指挥。清军分为左右两翼大军，两翼同行之时，由两翼主将共同指挥；两翼分行之时，由各该翼主将指挥。重大事宜，公同议商。

第四，加意谨慎。清军远离后方，深入索伦地区，应当"哨探于前，防护于后"，加意慎重，严守纪律。

索海、萨穆什喀等"领旨"之后，统率清军，经过四个月的艰苦行军与顽强作战，取得一些战果。崇德五年（1640年）三月初八日，萨穆什喀、索海等遣官呈送军报。清军进入索伦地区后，主要在雅克萨、铎陈、乌库尔、阿萨津、多金③诸城堡及村屯，同博穆博果尔所属军民争战。清军在忽麻里河（今呼玛尔河）分兵，分道前进，行四十日，而后会攻。清军首战雅克萨城，用火攻，克其城。二战兀库尔城，力战一日，遂克取之。三战博穆博果尔，其兵六千，兵锋甚锐，突

① 魏源《圣武记·开国龙兴记一》作"五年，遣穆什哈等征索伦"云。误，应作崇德四年十一月辛酉（初八日）。

② 《清太宗文皇帝实录》，第49卷，第7—8页，崇德四年十一月辛酉，中华书局影印本，1985年，北京。

③ 雅克萨城，《盛京吉林黑龙江等处标注战迹舆图》第五排之四：位于黑龙江北岸。今名阿尔巴津，在俄罗斯境内。阿萨津（阿撒津）、铎陈二城，在黑龙江北岸，今俄罗斯境内；乌库尔、多金两城，在黑龙江南岸，今中国一侧。

袭正蓝旗；索海等见敌众已寡，布设伏兵，杀敌甚众；攻破博穆博果尔大营，博穆博果尔逃遁。四战铎陈、阿萨津二城，强攻不下，设伏打援，略得小胜。五战挂喇尔屯木栅，败屯栅内索伦兵五百。清军共获六千七百零四名口①。此次战果，战报疏云："共获男子三千一百五十四人、妇女二千七百一十三口、幼小一千八十九口，共六千九百五十六名口；马四百二十四、牛七百有四。又先后获貂、猞狸狲、狐、狼、青鼠、水獭等皮共五千四百有奇，貂、猞狸狲、狐、狼皮等裘共二十领。"②后将所获，分隶八旗。

此次皇太极进兵索伦地区，得到额驸巴尔达齐的内应与支援。当黑龙江"南北各城屯俱附"博穆博果尔之时，巴尔达齐"审废兴，明去就，怀忠不二，以庇其族"③。巴尔达齐率领所属村屯人马，"坚壁待王师"，寻找时机，配合清军。《清太宗实录》记载："额驸巴尔达齐，于三月十八日来会云：惟我多科屯人，未曾附逆。"④黑龙江萨哈尔察额驸巴尔达齐，为清军统一索伦，起了积极作用，作出一定贡献。

此次出征，没有实现作战目标，没有统一索伦地区，也没有擒获博穆博果尔。皇太极为此，于七月四日惩处相关官员⑤。

四

皇太极对索伦博穆博果尔地区用兵，虽取得一定战果，但博穆博果尔未擒获。皇太极决定再次出兵索伦，二征博穆博果尔。

崇德五年（1640 年）七月二十七日，皇太极遣席特库、济席哈等，率护军并征外藩蒙古官属兵丁，北征索伦部落⑥。行前，皇太极派内大臣巴图鲁詹、理藩院

① 《清太宗文皇帝实录》，第 51 卷，第 8—10 页，崇德五年三月己丑，中华书局影印本，1985年，北京。
② 《清太宗文皇帝实录》，第 51 卷，第 14—15 页，崇德五年三月乙巳，中华书局影印本，1985年，北京。
③ 黄维翰：《黑水先民传·巴尔达齐》，第 11 卷，第 5 页，崇仁黄氏刻本，1923 年，上海。
④ 《清太宗文皇帝实录》，第 51 卷，第 10 页，崇德五年三月己丑，中华书局影印本，1985 年，北京。
⑤ 《清太宗文皇帝实录》，第 52 卷，第 7—12 页，崇德五年七月癸未，中华书局影印本，1985年，北京。
⑥ 魏源《圣武记·开国龙兴记一》作"六年，并征蒙古兵，征已降复叛之索伦博木果"云。误，"征蒙古兵"事在崇德五年七月丙午（二十七日）。

参政尼堪、副理事官纽黑，传谕外藩蒙古："所征之官属兵丁，俱会于内齐所居地方。悉令较射，选其壮勇者，令席特库等，将之以行。其从征官属兵丁之数，敖汉、奈曼、吴喇忒、吴本下巴克巴海、内齐、桑噶尔下穆章，及四子部落兵，共二百四十名。令益尔公固、图哈纳、绰隆为向导。其从役官属兵丁，驼马、甲胄、器械、糗粮等物，俱命细加检阅，遣之。"①

此次出兵，特点鲜明：第一，满官统领。派八族满洲梅勒章京席特库、济席哈为统帅，及护军四十人充机动。第二，用蒙古兵。征调蒙古敖汉、奈曼、吴喇忒、扎鲁特、四子部落等官属兵丁。第三，精选壮勇。蒙古兵二百四十名，先行较射，优者选壮，壮者选勇，勇者选精。最后选取外藩蒙古兵三百五十人，另有满洲护军四十人，共三百九十人。第四，选择路线。从蒙古北边，绕路包抄，往追击之。第五，派出向导。以益尔公固、图哈纳、绰隆熟悉路径，派为向导。第六，做好后勤。诸如驼马、甲胄、器械、军粮等，认真准备，细加检查。第七，师行机密。此次行军计划，就是郑亲王济尔哈朗、睿亲王多尔衮、肃亲王豪格、英郡王阿济格、颖郡王阿达礼、贝勒多铎等，都在事后与闻，其先均不预知。第八，巧施妙计。事后，皇太极说："彼时朕已定计，欲令其北遁，以便擒获。故阳言我军将于黑龙江地方牧马，必擒博穆博果尔。"②皇太极用"声东击西"之谋，虚张声势，网开一面，诱使博穆博果尔"北遁"，以便被席特库等伏兵截击。

清军在席特库、济席哈统领下，没有直线指向索伦，而是从蒙古北边往追之。博穆博果尔闻讯，率众"北遁"，恰中皇太极之计。席特库、济席哈等北行两个月零十三日，到达甘地，追获博穆博果尔之弟及其家属。又前行十四日，到达齐洛台（今俄罗斯赤塔）地方，追获博穆博果尔及其妻子家属。十二月十三日，出征索伦部落席特库、济席哈遣官报捷："于甘地，获男子一百七十四名，斩十一人，死者七人，逃一人。于齐洛台地方，获博穆博果尔，及男子八十人，斩二人，死者二人，共计见存二百三十一人，见在妇女、幼稚共七百二十五名口。二处共得马七百一十七匹（今止存六百五十匹）、牛一百二十七头。"③此事，《清太宗实录》记载："命席特库、济席哈，率外藩蒙古兵三百五十人，从蒙古北边，往追击

① 《清太宗文皇帝实录》，第 52 卷，第 22 页，崇德五年七月丙午，中华书局影印本，1985 年，北京。

② 《清太宗文皇帝实录》，第 53 卷，第 21 页，崇德五年十二月庚申，中华书局影印本，1985 年，北京。

③ 《清太宗文皇帝实录》，第 52 卷，第 20 页，崇德五年十二月己未，中华书局影印本，1985 年，北京。

之。席特库等越两月十三日，至甘地，获其弟及家属。又越十四日，至齐洛台地方，遂获博穆博果尔，及其妻子家属。共男妇幼稚九百五十六名口，马牛八百四十四。"[1]

崇德六年（1641 年）正月十六日，席特库、济席哈率八旗护军及外藩蒙古兵，带着博穆博果尔[2]等，凯旋盛京，受到欢迎。翌日叙功，赏赉有差[3]。

黑龙江上游地区，除索伦部落外，还有毛明安部落等。皇太极统一索伦部前后，又收服毛明安部落。毛明安部落住居于贝加尔湖以东、额尔古纳河以西，今满洲里以北，东邻索伦，在赤塔和尼布楚（今涅尔琴斯克）一带石勒喀河及其支流地方。早在天聪八年（1634 年）十月十八日，"阿禄毛明安部落来归，见上。设大宴宴之。杨古海杜棱、胡棱都喇尔、吴巴海达尔汉巴图鲁、巴特玛额尔忻戴青、东卓尔台吉、阿布泰台吉等，献貂裘、马、驼，酌纳之"[4]。崇德二年（1637 年）五月初二日，阿赖达尔汉追毛明安下逃人，直追至使鹿部落喀木尼汉地方，获男子十八人、妇女十一口而归。崇德三年（1638 年）三月二十四日，毛明安部落巴特玛同蒙古亲王、额驸等，受到皇太极赏赐，被赐"鞍马、貂裘、衣服等物。仍赐宴，遣归"[5]。毛明安部归附清朝后，许多壮丁被编入八旗。崇德七年（1642 年）九月，叙攻克塔山功，"毛明安下吴尔齐台吉""毛明安下阿敏台吉"等都受到皇太极的赏赐。

综上，皇太极对黑龙江上游地区发动大规模的军事进攻，主要有四次：第一次，天聪八年（1634 年）十二月初十日，天聪汗皇太极命梅勒章京霸奇兰、甲喇章京萨穆什喀等，率军进攻黑龙江地域，其原因是索伦等"慢不朝贡"，其导火索是蒙古噶尔珠塞特尔等"声言要前往征讨索伦部，收取贡赋，以便自给"。其结果是，后金军大胜，朝贡者益众。第二次，崇德四年（1639 年）十一月初八日，皇

① 《清太宗文皇帝实录》，第 53 卷，第 21 页，崇德五年十二月庚申，中华书局影印本，1985 年，北京。

② 《清太宗文皇帝实录》崇德六年四月甲寅记载萨穆什喀以获罪辩奏："臣率兵五十人，实曾战败博穆博果尔。方战之时，伏兵适至。索海、谭布、拜等同党，言系伊等所击败，而以臣为败奔，加之以罪。今有博穆博果尔，请加质问。"据此，知博穆博果尔已被带到盛京。

③ 《清太宗文皇帝实录》，第 54 卷，第 10 页，崇德六年正月癸巳，中华书局影印本，1985 年，北京。

④ 《清太宗文皇帝实录》，第 20 卷，第 23 页，天聪八年十月辛丑，中华书局影印本，1985 年，北京。

⑤ 《清太宗文皇帝实录》，第 41 卷，第 7 页，崇德三年三月丁亥，中华书局影印本，1985 年，北京。

太极命索海、萨穆什喀等，率领官属兵丁，往征索伦部落，主要打击博穆博果尔。第三次，崇德五年（1640年）七月二十七日，皇太极命席特库、济席哈等，率护军并征外藩蒙古官属兵丁，东征索伦部落，擒获博穆博果尔，取得征抚索伦的胜利。第四次，崇德八年（1643年）三月十七日，皇太极命护军统领阿尔津、哈尔噶等，率将士往征黑龙江虎尔哈部落①，获得村屯、人口、貂皮、马牛等。索伦部落、毛明安部落等臣服清朝表明，贝加尔湖以东、额尔古纳河以西、大兴安岭以南广大地区，都归于清朝版图。

五

皇太极远征索伦博穆博果尔之战，历来学者普遍认为：这是一场平叛战争，博穆博果尔则是索伦叛乱之首。这个"叛"字，最早见于《清太宗实录》载皇太极谕旨："博穆博果尔，自叛后抗拒我军。彼时朕已定计，欲令其北遁，以便擒获。"② 魏源在《圣武记》中论道：崇德"六年③并征蒙古兵，征已降复叛之索伦博木果"④。何秋涛的《朔方备乘》⑤、萧一山的清史著作⑥，均踵袭此说。《简明清史》中认为皇太极"坚决反对博穆博果尔的叛乱行径"⑦。《清代全史》也认为"崇德四年，博穆博果尔发动武装叛乱"⑧。《清朝开国史略》认为皇太极用兵索伦是"镇压博穆博果尔反叛"⑨。

本文经过考辨史实后认为：皇太极用兵索伦，其性质是建立在索伦地区的统治，而不是平定索伦博穆博果尔的叛乱。

第一，博穆博果尔的索伦本不属于清。索伦"本辽裔，游牧精奇尼江"⑩。索伦

① 黑龙江虎尔哈、索伦常混称，这里也包括索伦。
② 《清太宗文皇帝实录》，第53卷，第20页，崇德五年十二月庚申，中华书局影印本，1985年，北京。
③ 魏源此处记载错误。皇太极二征博穆博果尔，是在崇德五年七月（丙午）二十七日发兵，同年十二月（己未）十三日获捷，翌年正月（壬辰）十六日大军凯旋。
④ 魏源：《圣武记》，第1卷，第8页，上海中华书局据古微堂原刻本校刊线装本，1920—1936年，上海。
⑤ 何秋涛：《朔方备乘》，第2卷，第4页，宝善书局石印本，光绪七年（1881年）。
⑥ 萧一山：《清代通史》，上卷，第42页，商务印书馆，1923年，上海。
⑦ 戴逸主编：《简明清史》，第1册，第93页，人民出版社，1980年，北京。
⑧ 李洵、薛虹：《清代全史》，第1卷，第323页，辽宁人民出版社，1991年，沈阳。
⑨ 李鸿彬：《清朝开国史略》，第233页，齐鲁书社，1997年，济南。
⑩ 黄维翰：《黑水先民传·博穆博果尔》，第10卷，第7页，崇仁黄氏刻本，1923年，上海。

有悠久的历史，是黑龙江上游地域的一个"洞兕虎、迹禽兽"，骁勇强悍、娴于骑射的部落。后隶金、元、明，在明朝索伦隶属于奴儿干都司。清朝兴起后，其势力远播于精奇里江索伦部。由是，清朝同索伦开始发生政治、经济、军事、贸易的关系。

第二，博穆博果尔曾同皇太极合作。在《清太宗实录》中，首见博穆博果尔的记载，是在崇德二年（1637年）闰四月十二日："黑龙江索伦部落博穆博果尔，率八人来朝，贡马匹、貂皮。"① 同年六月初五日，皇太极赏赐来朝的博穆博果尔等人："是日，遣来朝索伦部落博穆博果尔、褚库尼等还，赐以鞍马、蟒衣、凉帽、玲珑鞓带、撒袋、弓矢、甲胄、缎布等物有差。"② 这说明当时博穆博果尔同皇太极的关系是正常而友善的。

第三，博穆博果尔予皇太极以支持。清军在索伦地区追击喀木尼汉部落叶雷时，博穆博果尔给以协助。据记载：清军托果代追捕叶雷"至博穆博果尔处，率博穆博果尔追之。行一月追及，留博穆博果尔，离一程地驻宿。尔率十人，乘夜步行潜入，驱出叶雷散马，并所系马十三匹，袭而取之，共获马一百七十匹而还。行二十日，复至博穆博果尔处。托果代已率左翼七人先返。尔又率十人，往约会之地，历十七昼夜，追及吴巴海、席特库，同行至温多河，追获逃人叶雷等，皆杀之"③。这表明博穆博果尔同清军不是敌对的。

第四，博穆博果尔两次到盛京朝贡。博穆博果尔于崇德二年（1637年）四月十二日，首次到盛京朝贡，六月初五日返还。崇德三年（1638年）十月十七日，第二次到盛京朝贡。十二月初五日，博穆博果尔在崇政殿受到接见，三十日受到赏赐。但第二年十一月，皇太极就发兵远征索伦。其间不到一年，不能由此说博穆博果尔"拒绝归顺清廷，不再来沈阳朝贡"。所谓博穆博果尔"已降复叛"，此条理由，没有史据。

第五，博穆博果尔征收官屯之米。索伦部落已经朝贡清朝，而在其诸屯中，"又有博穆博果尔取米之屯"。博穆博果尔向清纳贡仅两年，仍有向其"取米"的传习。皇太极可以将此作为征讨博穆博果尔的理由，但不足以成为其"叛乱"的

① 《清太宗文皇帝实录》，第35卷，第3页，崇德二年闰四月庚戌，中华书局影印本，1985年，北京。

② 《清太宗文皇帝实录》，第36卷，第8页，崇德二年六月壬寅，中华书局影印本，1985年，北京。

③ 《清太宗文皇帝实录》，第36卷，第6页，崇德二年六月辛丑，中华书局影印本，1985年，北京。

依据。事实上，博穆博果尔的确自己感到力量强大，显然有"不驯"之表现。

第六，博穆博果尔所谓"发动叛乱"。博穆博果尔到盛京朝贡，或是贸易行动，或是友善往来，抑或兼而有之。博穆博果尔流露出他对清廷的轻视和不驯。皇太极在其第一次派军队出征前的谕旨中，并没有宣谕博穆博果尔有"叛乱"的罪名。他在第二次派军队出征前的谕旨中，说"叛后抗拒我军"是给出征博穆博果尔一个政治理由。但从大量史料可知，没有博穆博果尔叛乱的史实。

第七，皇太极发兵索伦是因为：其一，在已经归附纳贡之屯中，不许有"博穆博果尔取米之屯"。博穆博果尔向其所属村屯"取米"，就是征收"贡赋"。而征收"贡赋"，就是管辖或统治权力的象征。其二，皇太极对博穆博果尔，"虑其势盛，不可制"①，而发兵征讨，以显示皇威。其三，皇太极已经在对朝鲜、蒙古、明朝作战中取得胜利，更要将黑龙江流域（包括索伦部）完全置于清朝管辖之下。

第八，博穆博果尔并不对清构成威胁。皇太极出兵征讨博穆博果尔，是因为博穆博果尔"雄于诸部"，且"势散而力不厚"②，既有征讨之必要，又有取胜之可能。皇太极出兵索伦之前，索伦并未臣服于后金—清。天聪八年（1634年），后金军远征索伦之后，巴尔达齐与博穆博果尔等都到盛京朝贡。他们二人有所不同：巴尔达齐——既向皇太极朝贡称臣，又将其所属村屯向清"纳贡"；博穆博果尔——既向皇太极朝贡，又在其所属村屯"取米"。所以，皇太极出兵索伦，主要不是"平叛"，而是令其"纳贡"，也就是建立统治。此举遭到博穆博果尔等索伦大小头领的反抗，皇太极派兵平息博穆博果尔的反抗。第一次出兵，有得有失，没有擒获博穆博果尔，恐怕留下祸根。第二次出兵，捉获博穆博果尔，事态平息。

清太宗皇太极两次用兵远征索伦部落，其旨在于确立在黑龙江上游地域对索伦部的管辖。统一索伦，确立统治，正面意义，十分重大。魏源评论道："天命间，大兵虽一度至黑龙江下游（即混同江），未尝至索伦。天聪、崇德，始臣绝域，际东北海。于是，辽、金部落，咸并于满洲矣！"③

至此，清完成对黑龙江上游索伦地区的统一。皇太极对黑龙江广大地域实行有效的、有特色的管理。第一，迁民盛京。第二，编入八旗。第三，设官镇守。

---

① 《黑龙江志稿》，第54卷，《博穆博果尔传》，黑龙江人民出版社，1992年，哈尔滨。
② 黄维翰：《黑水先民传·博穆博果尔·论曰》，第10卷，第7页，崇仁黄氏刻本，1923年，上海。
③ 魏源：《圣武记》，第1卷，第8页，上海中华书局据古微堂原刻本校刊线装本，1920—1936年，上海。

第四，定期朝贡。第五，貂皮贸易。第六，派官管理。

皇太极统一黑龙江上游索伦地区的战略意义在于：其一，黑龙江上游地区，完全纳入清朝版图。这是继辽、金、元、明以来，对黑龙江上游地区（索伦、毛明安等）实行最为有效的管辖。其二，索伦诸部归附人口，均被编入满洲八旗，扩充了兵源，增强了军力，成为清军一支劲旅。其三，拓展了清朝在东北的基地范围，增强了同明朝对抗的实力。其四，索伦地区成为日后顺治、康熙朝抗御沙俄入侵的前沿阵地，并为后来雅克萨保卫战和签订《尼布楚条约》准备了条件。后来何秋涛在《朔方备乘·圣武述略》中曰："自索伦部既平，而俄罗斯国，亦以是时略地而东。遂于顺治年间，窃据雅克萨地，侵扰索伦等部，垂四十年。赖我圣祖仁皇帝，庙谟先定，筑城运粮，屡奏克捷。察罕汗上书请和，立石定界。索伦诸部，遂得并臻清谧。而黑龙江之建为省会，肇基于此。"[1]

努尔哈赤、皇太极父子在统一东北的整个过程中，取得前无古人的业绩。崇德七年（1642年）六月初三日，皇太极致崇祯帝书曰："予缵承皇考太祖皇帝之业，嗣位以来，蒙天眷佑，自东北海滨，迄西北海滨，其间使犬、使鹿之邦，及产黑狐、黑貂之地，不事耕种、渔猎为生之俗，厄鲁特部落，以至斡难河源，远迩诸国，在在臣服。"[2]

皇太极上述的这段话，概括地说明了清初的东北疆域。这表明，经过努尔哈赤、皇太极父子两代半个世纪奋争，终于把原属明朝的奴儿干都司、辽东都司以及漠南蒙古管辖区域，东北起库页岛（今萨哈林岛），东临鄂霍次克海，西北迄贝加尔湖，南至长城（辽西到宁远），西南到宣府、大同边外，西达青海，北跨外兴安岭[3]，全部置于清朝管辖之下。

天命、天聪、崇德三朝，前后五十年的时间，努尔哈赤、皇太极父子逐步统一了黑龙江流域及其支流乌苏里江以东沿海地区，继辽、金、元、明之后，重新统一了这一广大地区并对其建立军政之有效管辖。而经略[4]索伦地区，主要是在崇德年间。魏源在《圣武记》"开创"篇里论道："崇德而后，与东北之鄂伦春，奔走疏附，后先御侮，是为黑龙江之兵。自索伦骑射闻天下，于是后编八旗之达瑚

---

① 何秋涛：《朔方备乘》，第1卷，第1页，宝善书局石印本，光绪七年（1881年）。

② 《清太宗文皇帝实录》，第61卷，第3页，崇德七年六月辛丑，中华书局影印本，1985年，北京。

③ 俄罗斯学者格·瓦·麦利霍夫的《满洲人在东北》一书中，说黑龙江流域及滨海地区各部落，"既不是满洲国的藩属，也不是它的臣民"云云。此说，没有史据，实属臆断。

④ 《晋书·袁乔传》："夫经略大事，故非常情所具，智者了于胸心，然后举无遗算耳！"

尔（达斡尔）、鄂伦春等部，世皆'索伦'呼之。而吉林一军，则但知为新满洲矣。'女真兵满万不可敌'。况倾东北海之精锐，殚两神圣之训练，夫何敌于天下！"[1]

　　天命汗努尔哈赤、崇德帝皇太极父子，以整个东北地区为基地，以八旗满洲为骨干——囊括东北黑龙江地域"索伦"之悍勇精锐，编制八旗蒙古之铁骑劲旅，创设八旗汉军之火器重军，合成八旗满洲、八旗蒙古、八旗汉军，与明朝争雄，同农民军角逐[2]，为最终定鼎中原创造了条件。

① 魏源：《圣武记》，第 1 卷，第 9 页，中华书局点校本，1984 年，北京。

② 朱诚如主编：《清朝通史·太宗朝》，第 3 卷，第 581 页，紫禁城出版社，2003 年，北京。

顺治继位之谜新解

【题记】本文《顺治继位之谜新解》，发表于台湾《历史月刊》2003 年 12 月号。文中对清史界传统看法即多尔衮首议顺治继位说，根据朝鲜文献《沈阳状启》和《清世祖（顺治）实录》等文献记载，提出系由郑亲王济尔哈朗首议福临继位之新见。

清太宗皇太极因患中风而猝死之后，皇位继承在肃亲王豪格同睿亲王多尔衮之间角逐，结果皇位却由第三者——六岁的福临继承。六岁福临继位，谁是经始议者？这是个清朝历史之谜。既往论者，多认为出自睿亲王多尔衮之首议。笔者提出另一粗浅看法，试做顺治继位之谜新解。

一

当代清史学界关于福临继位首议者的论述，王思治教授在《清代皇位继承制度嬗变与满洲贵族间的矛盾》论文中阐述，多尔衮在议立皇位继承的关键时刻，提出让皇九子福临继承皇位。他论述道：

> 索尼与鄂拜进入殿内，首先发言，声称定立皇子，多尔衮命其暂时退下，阿济格、多铎劝多尔衮即帝位。多尔衮犹豫未允，多铎即毛遂自荐说："若不允，当立我，我名在太祖遗诏。"多尔衮不同意，说："肃亲王（豪格）亦有名，不独王也。"代善提出：豪格"帝之长子，当承大统"。以代善的地位和两红旗的支持，豪格以为大局已定，辞让表示谦恭，等待劝进，虎口（豪格）曰："福少德薄，非所堪当！"这颇像乃父

皇太极当年被议立时所说"吾凉德，惧不克负荷也"。待众人"坚请不已，然后从之"。其所言显系固套。旋即"固辞退去"故作姿态，以效乃父。豪格离去后，多铎又提出："不立我，当立礼亲王。"代善说："吾以帝（皇太极）兄，常时朝政，老不预知，何可参与此议乎？"又说："睿亲王若允，我国之福，否则当立皇子。我老矣！能当此位耶？"代善的话面面俱到，但其倾向于立皇子之意则甚明。会上各执一词，各有所立，"定策之议，未及归一。帝之手下将领（黄旗大臣）之辈佩剑而前，曰：'吾属食于帝，衣于帝，养育之恩与天同大，若不立帝之子，则宁死从帝于地下而已！'"以武力胁迫多尔衮拥立皇子，否则将以死相拼。八旗中除多尔衮兄弟所将两白旗支持自己外，两黄旗之重要带兵将领、代善（两红旗）都明确支持豪格，镶蓝旗济尔哈朗内心实则支持拥立皇子。力量对比不利于多尔衮的严峻形势，如若强自为君，势必爆发满洲贵族内部的大厮杀。多尔衮当机立断，立福临，由己摄政，而黜政敌豪格。[①]

王思治先生认为："多尔衮当机立断，立福临，由己摄政，而黜政敌豪格。"于是，睿亲王多尔衮的"这一方案为众人接受"。

周远廉教授在《顺治帝传》专著中，关于福临继位问题，有一段论述：

这时聪睿绝顶的睿亲王多尔衮迅速地思考对策。形势已很明显，自己若要坚持登基，白黄四旗必然火并。胜负很难预料，且即使侥幸战胜对方，四旗将士将大量死于血泊之中，八旗劲旅必然元气大伤，十几年来拼死厮杀争取到的即将进军中原的有利局面便会彻底丧失，代价太大了。但若屈服于黄旗大臣的压力，尊豪格为君，自己多年以来梦寐以求地要夺回被兄长太宗抢走的君汗之位，就毁于一旦，又太可惜了。怎样才能两全其美，既不致引起白黄四旗火并，又不影响掌权的利益？他突然从"必立皇子"四字中找到了解决问题的关键，立即宣布：黄旗大臣的建议，是正确的。肃王既然退让，"无继统之意"，那就立先帝之子福临，不过他年龄还小，"八高山军兵，吾与右真王分掌其半，左右辅政"，

---

① 王思治：《清代皇位继承制度嬗变与满洲贵族间的矛盾》，《满学研究》第3辑，民族出版社，1996年，北京。

待幼君年长之后，"当即归政"，众赞同，遂定议。①

周远廉先生也认为：睿亲王多尔衮首先找到了解决问题的关键，立先帝之子福临，自己与济尔哈朗，左右辅政，众皆赞同，由是定议，福临继位。

李洵、薛虹教授在《清代全史》第一卷里，论述皇太极遗位继承的大衙门会议时，就福临继位问题阐述道：

> 选定皇位继承人问题，经过一番纷争之后，结果是出现了一种类似折衷〔中〕的方案。即选定皇太极的第九子，年仅六岁的福临继位。同时决定，由济尔哈朗与多尔衮二人辅政。这个方案基本上是由多尔衮提出的。②

李、薛二位先生做出了福临继位始议者的论断："这个方案基本上是由多尔衮提出的。"

李鸿彬教授在《孝庄文皇后》一文中，也认为是多尔衮提出让福临继位：

> 当时在诸王中有力量争夺皇位的是睿亲王多尔衮和皇太极的长子肃亲王豪格，两者之间斗争激烈。最后多尔衮感到势单力薄，暂时作了让步，提出立年方六岁的福临为帝。"八高山（即固山）军兵，吾与（右）真王（即济尔哈朗）分掌其半，左右辅政，年长之后，当即归政。"③

李鸿彬先生的结论是："最后多尔衮感到势单力薄，暂时作了让步，提出立年方六岁的福临为帝。"

此外，李格在《关于多尔衮拥立福临问题的考察》中认为：多尔衮于皇太极死后满洲贵族集团面临分裂的紧急关头，"断然决策，拥立福临"④；张玉兴在《多尔衮拥立福临考实》中也认为：皇太极突然逝世，由谁来继位，成了大问题；多

---

① 周远廉：《顺治帝传》，吉林文史出版社，1993年，长春。
② 李洵、薛虹主编：《清代全史》，第1卷，辽宁人民出版社，1991年，沈阳。
③ 李鸿彬：《孝庄文皇后》，王思治：《清代人物传稿》，第1卷，中华书局，1984年，北京。
④ 李格：《关于多尔衮拥立福临问题的考察》，《清史论丛》，第2辑，中华书局，1980，北京。

尔衮随机应变,"而成为拥戴元勋"①。上述两篇关于福临继承皇位的专题论文都认为:福临之所以继承皇位,睿亲王多尔衮是拥戴的元勋。

以上六例,充分说明:当代清史界比较普遍地认为,拥立福临继位之议,出自睿亲王多尔衮。

二

按照清太祖努尔哈赤规定的皇位继承《汗谕》,由满洲八旗贵族共议嗣君。时亲王、郡王共有七人:礼亲王代善、郑亲王济尔哈朗、睿亲王多尔衮、肃亲王豪格、英郡王阿济格、豫郡王多铎和颖郡王阿达礼。那么,拥立福临继位的首议出自谁呢?

第一,出自多尔衮之议辨析。认为福临继位之议,出自多尔衮的学者,其主要依据是朝鲜《沈阳状启》或《沈馆录》中的一段记载。为了便于分析,全文征引如下:

> 秘密状启,十四日,诸王皆会于大衙门,大王发言曰:"虎口,帝之长子,当承大统云。"则虎口曰:"福少德薄,非所堪当!"固辞退去。定策之议,未及归一。帝之手下将领之辈,佩剑而前,曰:"吾属食于帝,衣于帝,养育之恩与天同大,若不立帝之子,则宁死从帝于地下而已。"大王曰:"吾以帝兄,常时朝政,老不预知,何可参于此议乎?"即起去。八王亦随而去。十王默无一言,九王应之曰:"汝等之言是矣。虎口王既让退出,无继统之意,当立帝之第三(应作九)子。而年岁幼稚,八高山军兵,吾与右真王,分掌其半,左右辅政,年长之后,当即归政。"誓天而罢云。②

上述《秘密状启》,时间记为癸未年即崇德八年(1643 年)八月二十六日,就是

---

① 张玉兴:《多尔衮拥立福临考实》,《故宫博物院院刊》,1984 年第 1 期。

② 《沈馆录》,第 6 卷,《辽海丛书》,辽沈书社影印本,1985 年,沈阳;又《沈阳状启》,辽宁大学历史系刊印本,1983 年。

大衙门①秘密会议后的第十二天。文中的"大王"为礼亲王代善,"虎口"为肃亲王豪格,"八王"为英郡王阿济格,"九王"为睿亲王多尔衮,"十王"为豫郡王多铎,"右真王"即"兀真王",为郑亲王济尔哈朗,"帝之第三(应作九)子"为福临。

在上述的引文中,有两句重要的话,不应该被忽视,而应当受重视。这就是:"九王应之曰"和"汝等之言是"十个字。在整段文字中,"九王应之曰"——此前为议论,此后为结论;"汝等之言是"——承上而启下,接前而转后。其中包含了三层意思:

其一,"九王应之曰",就是说在九王多尔衮发表当立帝之第九子福临以前,诸王们有一番议论,而被《秘密状启》的作者,或出于重点在启报新君为谁而省略繁文,或对当时秘议不甚了了而断简阙载,不管出于何种原因,其前都有一番争论。因是最高机密会议,外人不可得知其详,这段记载,十分可贵,有所罅漏,不必苛责。

其二,"汝等之言是",就是说在九王多尔衮发表当立帝之第九子福临以前,诸王们有人提出立福临,故多尔衮才"应之""是之",否则何应之有、何是之言!上述《秘密状启》,记于当时盛京。《状启》记载疏略,"汝等之言"断简,于是给人一种信息误导,似乎福临继位是由多尔衮提出的。睿亲王多尔衮权势倾朝,功劳归于己,罪祸嫁于人,这样,多尔衮就"翊戴拥立,国赖以安"②,把拥立福临的

---

① 大衙门,多书文作崇政殿。金毓黻先生在《沈馆录·叙》中认为:"大衙门为清帝朝会治事之所,盖即后来之大政殿,原称为笃恭殿,《盛京通志》谓崇政殿旧名笃恭殿,此殊不然。《东华录》天聪十年四月丁亥,定宫殿名大殿为笃恭殿,正殿为崇政殿。笃恭殿盖为大政殿之旧名。"查《清太宗实录》记载:天聪十年四月丁亥,定宫殿名:正殿为崇政殿,大殿为笃恭殿。皇太极于崇德八年八月庚午(初九日)死。辛未(初十日)其梓宫奉安在崇政殿。诸王贝勒大臣朝夕哭临三日。七日又哭临祭奠。崇政殿连续斋戒七昼夜。蒙古诸王、三顺王等,也到崇政殿焚香致哀。大衙门会议在皇太极死后第五天举行,时皇太极死后未满七日,尚在昼夜斋戒之期内。严肃而机密的诸王大臣皇位继承会议,在崇政殿大殿举行,既与史实不符,也与情理不合。《清史稿·索尼传》记载:皇太极死后五日即十四日,"黎明,两黄旗大臣盟于大清门,令两旗巴牙喇兵张弓挟矢,环立宫殿,率以诣崇政殿。诸王大臣列坐东西庑"云云。2001年9月22日,值纪念沈阳故宫博物院建院七十五周年之际,笔者由冯秋雁副研究馆员陪同,重新察看了崇政殿及其庑殿。崇政殿五间、三进,其东西分别为左翊门、右翊门各三间、一进。其东侧原为一层、三间庑殿,西侧原为二层、七间庑殿。乾隆八年(1743年)将东西庑殿加以改建——东为飞龙阁、西为翔凤阁,均为两层、五间、三进。其时崇政殿正中安设宝座,一侧安放皇太极梓宫灵堂,另一侧无法举行诸王大臣最高军国机要会议。是知议商皇太极遗位继承的大衙门会议不是在崇政殿的大殿,而是在崇政殿的庑殿,诸王大臣列坐举行。八月二十六日,顺治帝登极大典则是在笃恭殿即大政殿前举行。

② 《清世祖章皇帝实录》,第9卷,顺治元年十月甲子,中华书局影印本,1985年,北京。

功劳归于自己。

其三，"九王应之曰"与"汝等之言是"，萧一山先生《清代通史》在转述上面引文时，做了通俗节录："睿亲王多尔衮曰：诸将之言是也。豪格既退让无续继意，则当立帝之三子福临，若以为年稚，则吾与郑亲王济尔哈朗分掌其半，以左右辅政，年长之后，再当归政。因誓天而散，福临方六岁云。"① 这里虽省略"九王应之曰"，却将"汝等之言是"诠释为"诸将之言是也"。

上面"九王应之曰"和"汝等之言是"中，其"应"的是什么？其"是"的又是什么？细加分析，共有四点：一是，豪格退让，无意继统；二是，拥立福临，嗣承皇位；三是，福临年幼，郑、睿辅政；四是，幼主年长，当即归政。

由上可见，福临继位之议，出自多尔衮，直接史料，未见一条②；所引《沈阳状启》之记载，含糊其词，且存疑点。

第二，出自代善之议解析。皇太极死后，各旗力量都在或明或暗地进行活动。此事，《清史列传·索尼传》和《清国史·索尼传》均阙载，而《清史稿·索尼传》有详述："太祖崩后五日，睿亲王多尔衮诣三官庙，召索尼议册立。索尼曰：'先帝有皇子在，必立其一，他非所知也。'是夕，巴牙喇纛章京图赖诣索尼，告以定立皇子。黎明，两黄旗大臣盟于大清门，令两旗巴牙喇兵张弓挟矢，环立宫殿，率以诣崇政殿。"在崇政殿配殿议商册立的大衙门会议，由礼亲王代善主持。会上，英郡王阿济格、豫郡王多铎劝其胞兄睿亲王多尔衮即帝位，多尔衮犹豫未允，豫郡王多铎曰："若不允，当立我。"睿亲王不允。多铎又曰："不立我，论长当立礼亲王。"礼亲王代善曰："睿亲王若允，我国之福。否则当立皇子，我老矣，能胜此耶！乃定议奉世祖即位。"③ 礼亲王代善是议商嗣君诸王会议的重要政治力量。因为：代善是清太祖努尔哈赤次子（长子褚英已死），春秋六十一，花甲老翁，在宗室中年龄最长、有着家长的地位，此其一。代善在皇太极崇德朝为大贝勒、和硕礼亲王，被朝鲜称为"大王"，此其二。代善为正红旗的旗主贝勒，有军事实力，此其三。代善的子孙掌镶红旗，此其四。代善召集诸王大臣会议，议立嗣君，此其五。代善率领诸王、大臣、贝勒等以福临继位盟誓告天，此其六。所以，代善

① 萧一山：《清代通史》，上卷，商务印书馆，1923年，上海。又，"帝之三子福临"，"三"应作"九"。

② 《清世祖章皇帝实录》，第56卷，顺治八年四月戊午载冷僧机奏言"两旗大臣原誓立肃亲王为君，睿王主立皇上"云云，只能说明多尔衮曾主张立福临，而不能证明多尔衮首议立福临。

③ 《清史稿·索尼传》，第249卷，中华书局标点本，1976年，北京。

在议立嗣君的诸王会议上有着举足轻重的影响。但是，代善知己知彼，圆融平和，进退有度，主动谦让，以"我老矣，能胜此耶"，或"常时朝政，老不预知，何可参于此议"而坚辞。所以，定议奉福临之继位，并非出自代善首议。从代善坚决辞让、圆融建言、退席避锋与未行摄政四事可以反证，其并未首议福临继位。

第三，出自豪格之议诠析。肃亲王豪格继承皇位的有利条件是：豪格为皇太极长子，三十五岁（比多尔衮年长三岁），正值壮年，有文韬武略，也有显赫战功，此其一。豪格的十一位弟弟中，有七位在世：四阿哥叶布舒十七岁[①]，五阿哥硕塞十六岁[②]，六阿哥高塞七岁，七阿哥常舒七岁，九阿哥福临六岁，十阿哥五岁，十一阿哥博穆博果尔三岁，六、七、九、十、十一阿哥都年龄较小，此其二。豪格人才出众，史称他"容貌不凡、有弓马才"，"英毅、多智略"，此其三。豪格在太祖时因军功被封为贝勒，太宗即位后又因军功被晋为和硕贝勒，崇德元年（1636年）皇太极即皇帝位后，再被封为和硕肃亲王兼摄户部事，此其四。豪格有两黄旗贝勒大臣的支持，其父皇太极生前亲掌正黄、镶黄和正蓝三旗，而两黄旗和正蓝旗大臣拥护豪格继位，此其五。豪格有济尔哈朗支持，还有众大臣拥护，如开国五大臣中额亦都、费英东、扬古利的子弟侄孙多是两黄旗的勇将，都拥戴豪格，此其六。但是，肃亲王豪格既不善上（故作虚套），也不善让（真正辞让），或者说既不知上，也不知让，"因王性柔，力不能胜众"[③]。大清皇位，失之交臂。从豪格或因故套谦恭或由愤懑退席与未行摄政两事，可以反证其并未首议福临继位。

第四，出自其他诸王之议考析。参加大衙门会议的其他诸王还有英郡王阿济格、豫郡王多铎和颖郡王阿达礼。前已分析，英郡王阿济格主张立胞弟多尔衮，豫郡王多铎也主张立胞兄多尔衮。史载：英郡王阿济格、豫郡王多铎等"跪劝睿王，当即大位"[④]。甚至说："若立肃王，我等俱无生理！"豫郡王多铎还提出"当立我"即立自己，他们兄弟不会、也没有提出拥立福临继位，至于多罗颖郡王阿达礼，为代善第三子萨哈廉（萨哈璘）之长子，以父死袭郡王，萨哈廉多军功，与议政，掌礼部，同多尔衮亲近。其子阿达礼多有战功，附多尔衮，管礼部，与议政。阿达礼在皇太极死后，谋立多尔衮继位。阿达礼、硕托（代善次子）往来

---

① 中国第一历史档案馆藏《玉牒》第 118 册载：清太宗第四子叶布舒，生于天聪元年十月十八日子时，即 1627 年 11 月 25 日。

② 中国第一历史档案馆藏《玉牒》第 118 册载：清太宗第五子硕塞，生于天聪二年十二月二十四亥时，即 1629 年 1 月 17 日。

③ 《清世祖章皇帝实录》，第 4 卷，顺治元年四月戊午朔，中华书局影印本，1985 年，北京。

④ 《清世祖章皇帝实录》，第 63 卷，顺治九年三月癸巳，中华书局影印本，1985 年，北京。

于代善、多尔衮、济尔哈朗之间，谓"众已定议，立和硕睿亲王矣"①！结果阿达礼以"扰政乱国"罪，被当夜"露体绑缚""即缢杀之"②。阿达礼之母、硕讬之妻，也同时被缢杀。

此事《清史稿·萨哈璘传附阿达礼传》载："太宗崩，（阿达礼）坐与硕讬谋立睿亲王，谴死。"③这件事情发生在礼亲王代善会集诸王贝勒等为福临继位而"共立誓书、昭告天地"之后两天，所以就排除多罗颖郡王阿达礼首议福临继位之可能。

除上之外，剩下的就是郑亲王济尔哈朗。

<h2 style="text-align:center">三</h2>

拥立福临继承皇位之议，出自郑王济尔哈朗，依据史料，阐述如下。

第一，四大亲王态度。当时最有影响的四位和硕亲王——礼亲王代善抱明哲保身态度，以年老多病为由，不想卷进这场政治漩涡里面；肃亲王豪格与睿亲王多尔衮角立，互不相让，双方僵持；郑亲王有特殊地位。崇德七年（1642年）十月二十日，皇太极"圣躬违和，肆大赦"。二十七日，皇太极原躬自裁断的机务，"今后诸务可令和硕郑亲王、和硕睿亲王、和硕肃亲王、多罗武英郡王会议完结"④。郑亲王济尔哈朗位居睿亲王多尔衮、肃亲王豪格和多罗武英郡王阿济格之上。郑亲王济尔哈朗是努尔哈赤胞弟舒尔哈齐之子。在这场宫廷斗争中扮演着重要的政治角色，比较超脱而能起协调作用。因为：一则，济尔哈朗虽是舒尔哈齐之第六子，但自幼为伯父努尔哈赤养育宫中；二则，济尔哈朗小皇太极七岁，两人情谊如同胞；三则，阿敏被夺旗后，济尔哈朗成为镶蓝旗的旗主贝勒；四则，济尔哈朗屡经疆场，军功显赫；五则，济尔哈朗年四十五，序齿仅亚于代善，比多尔衮年长十三岁；六则，济尔哈朗受清太宗信任倚重，被封为和硕郑亲王；七则，济尔哈朗位居"四王会议"之首；八则，济尔哈朗既是多尔衮的兄长，又是豪格的叔辈，便于两方协调；九则，济尔哈朗表面憨厚而内心机敏，在关键时刻提出重要政议。所以，郑亲王济尔哈朗在大衙门议商皇位继承而陷于僵局之时，提出了一个折中方案——让既是皇子、又不是豪格的福临继位。

---

① 《清世祖章皇帝实录》，第1卷，崇德八年八月丁丑，中华书局影印本，1985年，北京。
② 《沈阳状启》，癸未年八月二十六日，辽宁大学历史系刊印本，1983年，沈阳。
③ 《清史稿·诸王二》，第276卷，第8990页，中华书局标点本，1976年，北京。
④ 《清太宗文皇帝实录》，第63卷，崇德七年十月甲子，中华书局影印本，1985年，北京。

第二，济尔哈朗辅政。郑亲王济尔哈朗因倡立福临继位之功，而得到担任辅政^①亲王的政治回报，且其位次在睿亲王多尔衮之前，辅政^①亲王的政治地位，较和硕亲王更高一层。当时为何不由代善、豪格，而由济尔哈朗辅政？显然，代善在这场严重而激烈的政治斗争中，没有作出有利于胜利一方的贡献。豪格则与多尔衮对立，如二人同时辅政，会出现两虎相争的局面。至于济尔哈朗，有学者解释说，多尔衮拉济尔哈朗辅政，是因为他"非属皇室直系，当然无法与多尔衮并肩，也决不会与之争夺权势"。在宫廷激烈斗争态势下，济尔哈朗出任辅政王，既不是情愫之事，也不是因其弱势，而是政治势力角逐的结果。愚以为，济尔哈朗之所以为辅政王，主要原因是：一则，原有"谋立肃王为君，以上（福临）为太子"之私议，当肃亲王继位受阻，退而求其次就是拥立福临。二则，他提出了福临继位这一折中方案，侄子继统，皇叔辅政，理所当然，众王接受。三则，他因私下表示拥立豪格^②，而为两黄旗大臣所认同。四则，他同代善父子无恶，而为两红旗王大臣所认允。五则，他非帝统血胤，对多尔衮兄弟构不成政治威胁，而为两白旗三王及其大臣所接受。六则，他执掌镶蓝旗并同正蓝旗有历史渊源。而能够为两蓝旗大臣所服从。综上所述，可以说，济尔哈朗是当时皇位继承矛盾对立两方最合适的协调者——史载：肃亲王豪格派何洛会、扬善同郑亲王密商，两黄旗大臣曰："定立我为君，尚须尔议。"济尔哈朗回答道：睿亲王多尔衮"尚未知，待我与众商之"^③。这说明郑亲王济尔哈朗同争位角力的两方都能对话，他不仅有可能，而且实际上提出协调矛盾双方的方案，而首议拥立福临继位。在这里，附论立福临的一个理由。皇太极死时，除其长子豪格和九子福临外，还有六位在世：四阿哥叶布舒十七岁和五阿哥硕塞十六岁，均已成年，若立为君，无须辅政；六阿哥高塞和七阿哥常舒虽均比福临年长一岁，但其生母皆为庶妃；十阿哥韬塞不仅年幼，且其生母氏族不明，地位更低；十一阿哥博穆博果尔虽生母为麟趾宫贵妃，但年仅三岁，又太幼小。然而，皇九子福临在年龄长幼与生母身份方面均占优势：福临年龄不算太大（太大不便摄政），也不算太小；其生母博尔济吉特氏既是孝端文皇后之侄女，又是永福宫庄妃，所以，仅从当时年龄与其生母身份来说，拥立

---

① 崇德八年（1643年）八月乙亥（十四日）大衙门会议上，公议由皇九子福临继承皇位，而由郑亲王济尔哈朗和睿亲王多尔衮辅政。但是《清世祖章皇帝实录》第2卷崇德八年十二月乙亥（十五日）记载"摄政和硕郑亲王济尔哈朗、和硕睿亲王多尔衮定议"云云。这是《清世祖章皇帝实录》出现"摄政王"之始。后来多尔衮和济尔哈朗由辅政王而成为摄政王。

② 《清国史·索尼传》，第37卷，中华书局影印本，1993年，北京。

③ 《清世祖章皇帝实录》，第37卷，顺治五年三月己亥，中华书局影印本，1985年，北京。

福临当是皇子中除豪格之外的最佳选择。但是，济尔哈朗拥立福临后，于顺治四年（1647年）二月被多尔衮罢其辅政王，一年后又被多尔衮降为郡王。这是多尔衮对济尔哈朗不拥立自己而拥戴福临的一个政治报复，也是多尔衮独揽朝纲的一项举措。

第三，睿王权衡利弊。睿亲王多尔衮在两黄、两红和两蓝六旗不支持的情势下，若自己强行登极，只有两白旗支持，明显不占优势，还势必引起两白旗与两黄旗的火拼，其后果可能是两败俱伤。解决皇位继承难题的途径不外三条：一是强自为君，得不到两红、两蓝旗的赞同，还会引发两黄旗的强烈反对；二是让豪格登极，自己既不甘心，还怕遭到豪格报复；三是让年幼的皇子福临继位，而自己同济尔哈朗辅政，可收一石三鸟之利——打击豪格、摄政掌权、避免内讧。显然，在上述三种解决办法中，以第三种解决办法比较切实可行，两黄、两白、两红、两蓝各方都可以接受。睿亲王多尔衮，能识时务，聪睿机智，权衡利弊后回应说：我赞同黄旗大臣"立皇子"的意见，而肃亲王豪格既然没有继统之意，所以就立先帝第九子福临；但他年龄还小，由郑亲王和我辅政，待新君年长之后"当即归政"。众赞同，议遂定。

第四，顺治帝的肯定。福临当时尚在冲龄，不了解继位政争内幕，后来逐渐知道当年的故事。待多尔衮病死，自己亲政之后，即对皇叔济尔哈朗表彰其当年功绩，赐予其金册金宝。对此，《清世祖实录》记载：

> 我太祖武皇帝肇造鸿基，创业垂统，以贻子孙。太宗文皇帝继统，混一蒙古，平定朝鲜，疆圉式廓，勋业日隆。及龙驭上宾，宗室众兄弟，乘国有丧，肆行作乱，窥窃大宝。当时尔与两旗大臣，坚持一心，翊戴联躬，以定国难。……睿王心怀不轨，以尔同摄朝政，难以行私，不令辅政，无故罢为和硕亲王。及朕亲政后，知尔持心忠义，不改初志，故锡以金册、金宝，封为叔和硕郑亲王。[①]

上面顺治帝福临明确谕示：济尔哈朗在诸王议立自己为帝时，有首议之功。福临的这番话，说出了当时的内情。郑亲王之功，在拥立福临。细分析，有八则：一则，册文中明白清楚地说：当太宗皇帝去世国丧之时，"宗室众兄弟，乘国有丧，

---

① 《清世祖章皇帝实录》，第63卷，顺治九年二月庚申，中华书局影印本，1985年，北京。

肆行作乱，窥窃大宝"。这显然指的是皇叔睿亲王多尔衮、英郡王阿济格、豫郡王多铎和皇侄颖郡王阿达礼。二则，在这宗社危难之时，是谁站出来翊戴福临继位呢？册文里没有提代善，没有提豪格，也没有提多尔衮，与会的四大亲王除前三人外，剩下的只有济尔哈朗。三则，册文又明白清楚地说："当时尔与两旗大臣，坚持一心，翊戴朕躬，以定国难。"在这里，"尔"即济尔哈朗，在大衙门议立嗣君的最高贵族会议上，倡言"翊戴朕躬，以定国难"。四则，在上文，"两旗大臣"即两黄旗大臣。他们没有出席大衙门议立嗣君的最高贵族会议，索尼与鳌拜虽与会，但会议刚开始不久因抢先发言就被多尔衮勒令退席，只能在会外起策应作用。五则，郑亲王济尔哈朗翊戴福临的倡言，得到礼亲王代善、肃亲王豪格等的赞同。六则，于是，睿亲王多尔衮才"应之"、才赞同，即《沈阳状启》中"九王应之曰"和"汝等之言是"的记载。七则，至于顺治元年（1644 年）十月，为多尔衮"建碑立绩"，那是摄政睿亲王自我表彰所为。八则，顺治帝对其他的亲王、郡王，在决定自己继位的功绩上，都没有进行过表彰，只对济尔哈朗表彰此事。这就透露出当时重要的政治机密：在大衙门议立嗣君的最高贵族会议上，济尔哈朗首先"翊戴朕躬，以定国难"。总之，顺治帝亲自给摄政郑亲王济尔哈朗金册、金宝，封他为皇叔和硕郑亲王，对其为自己继位的功绩进行表彰，这从一个侧面证明济尔哈朗在大衙门诸王贝勒会议上拥立福临继位的特殊历史功勋。

第五，王公大臣同誓。礼亲王代善、郑亲王济尔哈朗、睿亲王多尔衮、肃亲王豪格、英郡王阿济格、豫郡王多铎、颖郡王阿达礼等十九位王公共同誓书、昭告天地："不幸值先帝升遐，国不可无主，公议奉先帝子（福临），缵承大位，嗣后有不遵先帝定制，弗殚忠诚，藐视皇上幼冲，明知欺君怀奸之人，互徇情面，不行举发，及修旧怨，倾害无辜，兄弟谗害，私结党羽者，天地谴之，令短折而死。"[1]八旗大臣阿山等也立誓要竭诚事君。郑、睿二王，特立誓辞："今公议以济尔哈朗、多尔衮，辅理国政。我等如有应得罪过，不自承受，及从公审断，又不折服者，天地谴之，令短折而死。"以上三份誓词，都有"公议"二字，表明是经过王贝勒大臣会议集体决定的。济尔哈朗拥立福临继承皇位之议，最后得到诸亲王、郡王、贝勒等王公大臣的认同。

综上所述，郑亲王济尔哈朗在大衙门诸王皇位继承会议上，鉴于豪格与多尔衮争夺皇位陷于僵局，能从大局出发，平衡各旗利益，提出折中方案，首议由福

---

① 《清世祖章皇帝实录》，第 1 卷，崇德八年八月乙亥，中华书局影印本，1985 年，北京。

临继承皇位，得到多尔衮的回应，也得到诸王贝勒公议。清太宗皇太极遗位争夺的结果，既不是角力一方的肃亲王豪格，也不是角力另一方的睿亲王多尔衮，而是由第三者——六岁的福临继承。福临缵承皇位，是当时政治与军事、帝胤与血缘、智谋与达变、明争与暗斗，诸种因素相互斗争与相互均衡的结果。这个方案与结果，对于四位和硕亲王来说——于礼亲王代善无利无弊，于睿亲王多尔衮有利有弊，于肃亲王豪格无利有弊，于郑亲王济尔哈朗则有利无弊。所以，皇太极遗位由福临继承，得益最大的四个人是：福临、孝庄太后[①]、济尔哈朗和多尔衮。

从此，在清代史、满洲史上开了一个幼童继承皇位的先例。由此，清朝皇位与皇权，产生分离的状态。其后有八岁的康熙、六岁的同治、四岁的光绪和三岁的宣统继承皇位，在清入关后的十帝中竟占了五位，也都是皇位与皇权分离。稚童继位，或为亲贵摄政辅政，或为皇太后垂帘听政，论其影响，可谓深远！

《清史稿·诸王列传》论曰：大清皇朝，亲贵用事，"以摄政始，以摄政终"。六龄稚童福临继位，二王摄政，燕京定鼎；三龄幼童溥仪继位，醇王摄政，清祚覆亡。"论者谓有天焉，诚一代得失之林也"[②]。

---

　　① 高阳：《清朝的皇帝（一）》载："世祖可能为多尔衮的私生子"，"至于选立六岁的福临继承皇位，自然是由于孝庄太后之故"云云。此为小说家言。

　　② 《清史稿·诸王列传一·景祖诸子传》，第215卷，第8936页，中华书局标点本，1976年，北京。

康熙：千年一帝

【题记】本文《康熙：千年一帝》，其发轫之作为《评康熙帝》，草于1963年下放劳动在南口农场值夜班的田野草棚里。后于上世纪六十年代被压未发。林彪事件后，《北京师范学院学报》要去文稿，因当时情势责编并未征求作者意见，对文章加上"穿靴戴帽"文字发表。后收入拙集《燕步集》出版。时过五十年矣，学界变化很大，再做修订，以《康熙：千年一帝》载入本集，该论文收入《康熙大帝与太阳王路易十四特展集》，于2011年在台北故宫博物院出版。

一　三种评价

康熙帝的历史评价，古今中外，众说纷纭。概括说来，主要有十：

第一种观点，对康熙帝历史功过、对康熙朝历史地位，清朝人的评价是赞扬的。清朝皇廷对康熙帝的评价，集中反映在其谥号、庙号上："大清圣祖合天弘运文武睿哲恭俭宽裕孝敬诚信中和功德大成仁皇帝"[1]，共二十九个字[2]。这是对康熙皇帝的最高评价。康熙帝于康熙六十一年（1722年）十一月十三日宾天后，雍正帝二十日在大行皇帝梓宫前即皇帝位的当日，命礼部议"尊谥"。二十四日，雍正帝谕曰："我皇考大行皇帝，缵继大统，旧典本应称宗，但经云'祖有功而宗有德'，我皇考鸿猷骏烈，冠古轹今，拓宇开疆，极于无外。且六十余年，手定太平，德洋恩溥，万国来王。论继统则为守成，论勋业实为开创。朕意宜崇祖号，方副丰

---

[1]《清高宗纯皇帝实录》，第14卷，乾隆元年三月乙巳，中华书局影印本，1985年，北京。

[2]《清史稿·圣祖本纪一》开宗文曰"圣祖合天弘运文武睿哲恭俭宽裕孝敬诚信功德大成仁皇帝"，在"诚信"之下脱"中和"二字。

功。"① 因命诸王大臣等,会同九卿詹事科道、文六品以上、武四品以上,详考旧章,从公确议。二十八日,众议:谥号突出"仁",庙号突出"圣祖"。其仁,《礼记》云:"为人君,止于仁。"同心合词,恭上尊称,庙号为"仁皇帝"。其圣祖,古有三祖之例,谥义帝王功业隆盛得称祖,因谓:"惟圣字,可以赞扬大行皇帝之峻德;惟祖号,可以显彰大行皇帝之隆功。"所以,尊谥仁皇帝,庙号曰圣祖。雍正帝持针刺中指出血,将奏内"圣祖"二字圈出,康熙帝的尊谥和庙号遂定②。

第二种观点,清史馆纂修者的评价。《清史稿·圣祖本纪三》论曰:"圣祖仁孝性成,智勇天锡。早承大业,勤政爱民。经文纬武,寰宇一统。虽曰守成,实同开创焉。圣学高深,崇儒重道。几暇格物,豁贯天人,尤为古今所未觏。而久道化成,风移俗易,天下和乐,克致太平。其雍熙景象,使后世想望流连,至于今不能已。《传》曰:'为人君,止于仁。'又曰:'道盛德至善,民之不能忘。'于戏,何其盛欤!"③ 这比《清高宗纯皇帝实录》对康熙帝的评价略低一些,如没有"合天弘运""文武睿哲""诚信中和""功德大成"等字样。

第三种观点,康熙帝自我评价。他晚年自我评价说:"朕自幼强健,筋力颇佳,能挽十五力弓,发十三握箭,用兵临戎之事,皆所优为。然平生未尝妄杀一人,平定三藩,扫清漠北,皆出一心运筹。户部帑金,非用师赈饥,未敢妄费,谓此皆小民脂膏故也。所有巡狩行宫,不施彩绘,每处所费,不过一二万金,较之河工岁费三百余万,尚不及百分之一。幼龄读书,即知酒色之可戒,小人之宜防,所以至老无恙。"又说:"朕之生也,并无灵异;及其长也,亦无非常。八龄践祚,迄今五十七年,从不许人言祯符瑞应……惟日用平常,以实心行实政而已。"④ 康熙帝的行为,换而言之,没有功劳,也有苦劳。这种评价与清人不乏溢美之词的赞语相比,既更为谦逊,也更为中肯。

第四种观点,辛亥反满派学者的观点,对康熙帝、对康熙朝的历史是否定的,主要的论点说康熙朝是"封建专制"。封建君主专制从秦始皇起,到宣统帝止,期间二千一百三十二年,三百多位君主,不可一概而论,不可不加分析。历史上的

① 《清世宗宪皇帝实录》,第1卷,康熙六十一年十一月乙巳二十四日,中华书局影印本,1985年,北京。

② 《清世宗宪皇帝实录》,第1卷,康熙六十一年十一月己酉二十八日,中华书局影印本,1985年,北京。

③ 《清史稿·圣祖本纪三》,第8卷,第305页,中华书局标点本,1976年,北京。

④ 《清圣祖仁皇帝实录》,第275卷,康熙五十六年十一月辛未,中华书局影印本,1985年,北京。

"文景之治""贞观之治""洪宣之治"等，也都是"封建专制"。因此，以"封建专制"而全部否定康熙帝功绩、否定康熙盛世历史的观点是值得商榷的。

第五种观点，二十世纪九十年代初，香港回归之前，香港大学要做一个历史研究课题：论黄金时代——康乾盛世。时拟成立一个由香港、北京两方面学者合作的课题组。但课题组主持人说：这个课题要立项，需要经过一个专家委员会审议通过。结果没有被通过，其理由是——康乾时代不是历史的盛世，而是专制黑暗时代。这就启发人们思考一个严肃的课题：康熙朝的历史地位怎样评价？

第六种观点，论者虽认同康熙朝是"辉煌"，却是"落日的辉煌"。这个提法有道理，但值得深究。所谓日升日落，虽可用来喻指兴盛衰亡，但应当有明确的本体。如将讨论限定于清朝，康熙时期将清朝推向了盛世，恰如旭日向中天攀升，显然不能算"落日"。而如将讨论扩展到两千多年的皇朝史，那么所谓"落日"，就是喻指皇朝社会走向没落的历史大势。清朝处于中国皇朝序列的末端，从宏观上当然带有皇朝社会衰落的色彩。但是，中国皇朝社会的衰落，并不自清朝始，更非自康熙始；中国与世界差距的迅速拉大，更不全是、且主要不是康熙帝的历史责任。

第七种观点，耶稣会士的评价。法国耶稣会士白晋在给其国王路易十四题名为《康熙帝传》的报告中说："他是自古以来，统治天下的帝王当中最为圣明的君主。"又说：康熙帝不仅在"国内享有绝对的尊严，而且以其具有高尚而贤明的品德、丰富的阅历以及非凡的见地和诚意，受到邻近各国国民的尊敬和颂扬，他在亚洲的所有地方是赫赫有名的"[1]。

第八种观点，康熙五十二年（1713年）三月三十日，朝鲜谢恩兼冬至使金昌集、尹趾仁向其国王报告时，评价康熙帝说："清皇节俭惜财，取民有制，不事土木，民皆按堵，自无愁怨。"[2]

第九种观点，"文化大革命"时期造反派观点，认为康熙皇帝是封建地主阶级的总代表，是封建社会最大的剥削者、寄生虫，是人民的罪人、民族的罪人。对康熙帝、康熙朝的历史予以全面否定。

第十种观点，赞成《清史稿·圣祖本纪三》"论曰"中的部分论断："早承大业，勤政爱民。经文纬武，寰宇一统。虽曰守成，实同开创焉。"这二十五个字的评价，

---

① ［法］白晋：《康熙皇帝》，赵晨译，第2页、第63页，黑龙江人民出版社，1981年，哈尔滨。

② 《李朝肃宗大王实录》，第53卷，三十九年（康熙五十二年）三月丁未三十日，日本学习院东洋文化研究所，1959年，东京。

还是比较符合历史的。康熙帝及其子雍正帝、孙乾隆帝时期的版图，东濒大海，南及曾母暗沙，西接葱岭，西北到巴尔喀什湖，北达贝加尔湖以东、外兴安岭以南，东北至库页岛（今萨哈林岛），总面积约一千四百万平方公里，是当时世界上幅员最为辽阔、人口最为众多、军事最为强盛、实力最为雄厚的大帝国。康熙大帝吸收了中华多民族的、西方多国家的、悠久而又新近、博大而又深厚的文化营养，具有其时最高的文化素养。这为他展现雄才大略、帝王才气，实现国家一统、宏图大业，陶冶了性格，开阔了视野，蓄聚了智慧，奠定了基础。康熙大帝奠下了清朝兴盛的根基，开创出康熙盛世的大局面。

说康熙帝是中国皇朝史上的千年一帝，不仅指其历史功业，而且含其个人品格。康熙皇帝的个人品格，在中国封建社会后段一千年九十位君主中，内圣外王，修养品格，严于律己，可谓仅见；天性好学，手不释卷，性情仁孝，兼俱智勇，为政勤慎，敬天恤民，崇儒重道，博学精深，几暇格物，学贯中西，八拒尊号，知行知止。一个以满洲语为其母语的皇帝，其汉文书法，其汉文诗篇（一千一百四十七首诗），便是康熙帝人格与学养的一个例证。

目前学术界对康熙帝、康熙朝历史的评价，主要有三种观点：康熙朝的历史是中国皇朝社会一个黑暗的时期；康熙朝的历史是中国皇朝社会一个盛世的时期；康熙朝是在中国皇朝史上一个落日辉煌的时期。

古今中外的伟大人物，都有其杰出的过人之处，也都有其突出的历史贡献。康熙帝以其才华与天赋，智慧与胆识，勤政与谦虚，好学与著述，顽强与坚韧，宽容与简约，在人生旅途中，克服诸多艰难，完成重大使命。康熙帝的文治与武功，学养与行事，都令人称道，也都有特殊贡献。他幼年登极，以智取胜，亲掌朝纲；他崇儒重道，治理中国；他奖励农桑，蠲免田赋；他重视治河，兴修水利；他重视士人，协和满汉；他提倡学术，编纂群书；他勤奋好学，工于诗书；他平定三藩，巩固中原；他重用施琅，统一台湾；他悉心筹划，打败俄军；他善抚蒙古，安定北边；他进兵安藏，加强管理——这是两千年帝王文治武功所罕见的。

我个人观点，不提"雍正盛世"，因为雍正朝十三年，时间太短；也不提"乾隆盛世"，因其"持盈保泰"[①]，无视西方进步，不做社会改革，在国内外争议较大；而认为康熙帝是中国皇朝史上的千年一帝，康熙朝是中国皇朝史上的"康熙盛世"。

我的论点的主要依据，是康熙帝的历史贡献。

---

① 《清高宗纯皇帝实录》，第 1223 卷，乾隆五十年正月丙寅，中华书局影印本，1986 年，北京。

二 主要贡献

康熙帝（1654—1722 年），姓爱新觉罗，名玄烨，是清朝自努尔哈赤起第四代君主、清入关后第二任君主。他八岁继位，在位六十一年。其间，曾经先后智擒权臣、平定三藩、收复台湾、打败帝俄，还有绥服蒙古、抚安西藏，武功盛极一时，前朝无人可比。他重视个人修养，好学习武，敬孝仁爱，手不释卷，克己修身。他又能重视学术、弘扬文化、编纂图书、奖励学者，文治上的成就也很高。他毕竟还是中国历史上难得的皇帝，占有历史伟人之地位。

康熙帝六十一年的君主生涯，对中国历史和世界文明的发展，作出重大贡献。就其贡献而言，概括说来，主要有五——中华版图奠定、民族关系稳定、中华文化承续、经济恢复发展、社会秩序安定。

第一，中华版图奠定。打开中国地图和东亚地图，看看康熙时的清朝疆域。

在东南，征抚台湾，金瓯一统。明天启四年（1624 年），荷兰人侵占台湾。顺治十八年十二月十三日（1662 年 2 月 1 日）①，郑成功从荷兰人手中收复台湾。郑成功死后，儿子郑经奉南明正朔。康熙二十二年（1683 年），康熙帝抓住郑经死后，其子郑克塽年幼、部属内讧、政局不稳的时机，以施琅为福建水师提督，文武兼施，征抚并用，率军统一了台湾。设台湾府，隶属于福建。台湾府下设三县——台湾县（今台南）、凤山县（今高雄）、诸罗县（今嘉义）。派总兵官一员，率官兵八千，驻防台湾。从而加强了清廷对台湾的管辖，并促进了台湾经济文化的发展。

在东北，抵御外侵，缔结和约。黑龙江地域在努尔哈赤和皇太极时已经逐渐归属清朝。清军入关后，沙俄东进侵入中国黑龙江流域地区，占领雅克萨（今阿尔巴津）、尼布楚（今涅尔琴斯克）、呼玛尔（今呼玛）等城。康熙帝统一台湾后，调派军队进行两次雅克萨自卫反击战，取得胜利。康熙二十八年（1689 年），同

---

① 《辞海》（上海辞书出版社，2010 年，上海）"郑成功"释文："康熙元年（1662 年）二月一日，荷兰总督揆一投降，台湾重回祖国怀抱。"这种说法有欠缺：其一，二月一日应是阳历，而不是阴历；其二，1662 年 2 月 1 日，实际上是顺治十八年十二月十三日。康熙元年正月初一日应是 1662 年 2 月 18 日。事情虽发生在 1662 年 2 月 1 日，却是顺治十八年十二月十三日，本月末为二十九日，这时距康熙元年元日还有 16 天。因此，从帝王纪年方面，说郑成功收复台湾在顺治十八年（1661 年）可以，说郑成功收复台湾在康熙元年（1662 年）不可以；从公元纪年方面，说郑成功收复台湾在 1662 年可以，说郑成功收复台湾在 1661 年不可以。

俄国在尼布楚签订《中俄尼布楚条约》，规定：格尔毕齐河、额尔古纳河以东至海，外兴安岭以南，整个黑龙江流域、乌苏里江以东到海地域（包括库页岛）土地，归中国所有。康熙帝设立黑龙江将军衙门、吉林乌喇将军衙门，加强了对黑龙江地区和乌苏里江地区的管辖，初步奠定后来黑龙江和吉林等行省的规模。

在正北，会盟多伦，善治蒙古。努尔哈赤和皇太极解决了漠南蒙古问题，康熙帝则进一步解决漠北蒙古、初步解决漠西蒙古的问题（后雍正和乾隆解决漠西蒙古问题）。从秦汉匈奴到明朝蒙古，两千年古代社会史上的北疆难题，到康熙帝时才算真正得解。康熙帝说："昔秦兴土石之工，修筑长城。我朝施恩于喀尔喀，使之防备朔方，较长城更为坚固。"[1] 秦汉以来，长城是中原农耕民族用来防御北方南进势力的屏障；康熙之后，蒙古是中华各民族防御沙俄南进的长城。

在西北，三次亲征，败噶尔丹。康熙帝先后三次亲征，遏制噶尔丹势力东犯，不仅稳定了漠北喀尔喀蒙古局面，也稳定了漠南内蒙古的社会，更有利于中原地区的社会安定。

在西南，进兵高原，安定西藏。清初，顺治帝册封达赖喇嘛，康熙帝又册封班禅额尔德尼，西藏已经完全归属于清朝。康熙帝派兵平定西部蒙古势力对西藏的扰犯，维护西藏的社会安定。

康雍乾盛清时的版图，东濒大海，东南包括台湾，南及曾母暗沙，西南到喜马拉雅山，西接葱岭，西北到巴尔喀什湖，北达贝加尔湖、外兴安岭，东北至库页岛（今萨哈林岛），后乾隆帝底定新疆，总面积约一千四百万平方公里。特别是对满、蒙、疆、藏、台地区，完全置于清廷长期、全面、有效、稳固的管辖之下。清康熙朝是当时世界上幅员最为辽阔的大帝国。

康熙朝国家一统，国力强盛，周边国家没有出现威胁，也没有出现动荡，仅有的俄国侵犯亦被击退。这既是康熙帝治国的功绩，也是康熙盛世的表现。

第二，民族关系稳定。清代民族关系，从康熙朝开始，是中国皇朝史上最好的时期。在东北，打败俄国的侵略，解决并巩固了自辽河到黑龙江流域各民族的问题。东北的达斡尔、索伦（鄂温克）、鄂伦春、赫哲、锡伯等，前代所谓的"边徼"之野，在清朝则成为"龙兴之地"。在北方，中国自秦、汉以来，匈奴一直是中央王朝北部的边患。明代的蒙古问题，始终未获彻底解决，"边境之祸，遂与明终始云"[2]。己巳与庚戌，蒙古军队两次攻打京师，明英宗皇帝甚至成为蒙古瓦剌部

---

[1] 《清圣祖仁皇帝实录》，第151卷，康熙三十年五月壬辰，中华书局影印本，1985年，北京。

[2] 《明史·鞑靼传》，第327卷，中华书局校点本，1974年，北京。

的俘虏。清朝兴起后，对蒙古采取了既完全不同于中原汉族皇帝、也不同于金代女真皇帝的做法，先后绥服了漠南蒙古、漠北喀尔喀蒙古、漠西厄鲁特蒙古。清朝对蒙古的绥服，"抚驭宾贡，夐越汉唐"[1]。在西北，对南、北疆维吾尔族、哈萨克族、蒙古族等统一。在西南，进兵安藏，加强了对西藏的统治。后乾隆《钦定西藏章程》设驻藏大臣，在西藏驻军，册封达赖喇嘛和班禅额尔德尼，设立金奔巴瓶制度；西南云、贵、川的苗、瑶、彝等，改土归流，加强了对这个地区民族的管理。清朝实现了中国皇朝史上多民族国家新的协和。

康熙朝国家一统、国力强盛，多民族协和在一个中华民族大家庭中，没有出现大的民族动荡、大的民族分裂。这既是康熙帝治国的功绩，也是康熙盛世的表现。

第三，中华文化承续。清朝帝王为了钳制知识分子的思想、镇压异端、打击政敌，实行文字狱。清代文字狱始于顺治、康熙，发展于雍正，大行于乾隆，约计百起。康熙帝亲政后重大文字狱，主要有一起即《南山集》案。这是应当批评的。在文化方面，康熙帝主要有几件事情：其一，兴文重教，编纂典籍。他重视文化教育，主持纂修了《康熙字典》《古今图书集成》《佩文韵府》《律历渊源》《全唐诗》《清文鉴》《皇舆全览图》等，总计六十余种，二万余卷。特别值得一提的是，康熙帝下令在熙春园设"古今图书集成馆"，用铜活字印刷了一万卷、一亿六千余万字的《古今图书集成》[2]。于雍正初，最后完成。其二，移天缩地，兴建园林。康熙帝先后兴建畅春园、避暑山庄、木兰围场等，雍正、乾隆又兴修或扩修"三山五园"——香山静宜园、玉泉山静明园、万寿山清漪园（后改名颐和园）、畅春园和圆明园等，将中国古典园林艺术推向高峰。其三，引进西学，学习科技，设立被誉为皇家科学院的蒙养斋等。李约瑟博士称康熙帝为"科学的皇帝"。康熙帝同法国路易十四、俄国彼得大帝等，都有文化往来与交流。

世界四大文明古国——古埃及、古巴比伦、古印度和古中国，其中古埃及、古巴比伦、古印度的文明都中断了，中华文明在清朝不仅得到薪火传承，而且延续活力。

康熙朝国家一统、国力强盛，中华文化在交融中传承、在曲折中发展。这既是康熙帝治国的功绩，也是康熙盛世的表现。

① 《清史稿·藩部列传一》，第518卷，中华书局标点本，1977年，北京。
② 苗日新：《熙春园·清华园考：清华园三百年记忆》（增订本），清华大学出版社，2010年，北京。

　　第四，经济恢复发展。清军入关后，最大的弊政，莫过于圈占土地，也就是跑马占田，任意圈夺。康熙帝颁令，停止圈地，招徕垦荒，重视耕织，恢复生产。治理黄河、淮河、运河、永定河，并兴修水利。培育新的稻种，取得很大成绩。康熙四十八年（1709 年）十一月，户部库存银五千万两，"时当承平，无军旅之费，又无土木工程，朕每年经费，极其节省，此存库银两，并无别用。去年蠲免钱粮至八百余万两，而所存尚多"云云①。上年十二月，征银二千七百八十万四千五百五十三两，加上课银二百九十五万零七百二十八两，共征银三千零七十五万五千二百八十一两②。康熙帝既使户部库储充盈，又强调藏富于民——减免天下钱粮共达五百四十五次之多，其中普免全国钱粮三次，计银一亿五千万两。

　　康熙朝国家一统、国力强盛，社会经济在经过战乱、灾荒后，有所恢复，也有所发展。这既是康熙帝治国的功绩，也是康熙盛世的表现。

　　第五，社会秩序安定。康熙朝社会安定，主要是指康熙二十二年（1683 年）统一台湾之后，虽然社会矛盾也有，民族纠纷也有，但没有大的、严重的社会动荡。康熙帝很幸运，他生活的后四十年，中国社会处于由乱到治、由弱到强、由分到合、由动到静的历史时期。原有的社会冲突、原有的动乱能量已经释放殆尽，新的社会冲突、新的民族动乱能量还没有积聚起来。康熙朝的社会安定，兹举三个例子：

　　（1）从康熙二十一年（1682 年）到六十一年（1722 年），中原地区四十年间，没有大的厮杀争战，没有大的社会动荡，也没有大的社会危机。在中国两千多年皇朝史上，统一王朝皇帝在位四十年以上的皇帝，只有六位：汉武帝在位五十四年，但有天汉民变；唐玄宗在位四十四年，但有安史之乱；明世宗嘉靖帝在位四十五年，但有庚戌之变；明神宗万历帝在位四十八年，但有萨尔浒大战；清圣祖康熙帝在位六十一年，中原地区无大乱；清高宗乾隆帝在位六十年，但有王伦起义。所以，自秦始皇到宣统帝，在位期间中原地区连续四十年无战争的，只有康熙帝一朝。

　　（2）秋决死刑数字比较少。秋决死刑的案件，康熙十二年（1673 年），"死犯共有八十余名"③。后来"决一年之罪犯，减至二三十人"④。康熙十六年（1677 年），

---

① 《清圣祖仁皇帝实录》，第 240 卷，康熙四十八年十一月丙子，中华书局影印本，1985 年，北京。
② 《清圣祖仁皇帝实录》，第 235 卷，康熙四十七年十二月是岁，中华书局影印本，1985 年，北京。
③ 《清代起居注册·康熙朝》，康熙十二年三月十一日辛巳，中华书局影印本，2009 年，北京。
④ 《清代起居注册·康熙朝》，康熙四十五年十二月三十日甲寅，中华书局影印本，2009 年，北京。

终岁断狱死刑，"不过十数人焉"①！当时的全国人口，当在一万万以上。当时全国设18个省，包括直隶、江苏、安徽、山东、山西、河南、陕西、甘肃、福建、浙江、江西、湖广、偏沅、四川、广东、广西、云南、贵州（以康熙六十年为例）。平均每省每年死刑不到一人。对于一个上亿人口大国来说，一年死刑十余人，数字算是很少。这就说明：当时社会，相当安定。

（3）康熙帝多次四方出巡。他三次东巡、六次南巡、五次西巡、三次北征，还四十八次去木兰秋狝、五十三次到避暑山庄。试想：如果社会动荡，康熙帝四方出巡，则是不可能的。如康熙帝第五次南巡途经山东，民众扶老携幼，随舟拥道："夹岸黄童白叟，欢呼载道，感恩叩谢者，日有数十万。"②又如到江南，史书载：自古帝王不惮跋涉之劳、为民阅视河道，现场指示，亘古未有；缙绅士民，数十万人，欢声雷动，夹岸跪迎③。以上两则史料，难免有官员组织民众夹道欢呼以博得圣上喜欢，也难免有官方夸大舆情的现象④，但可以透露当时社会比较安定。

康熙朝国家一统、国力强盛、民族协合、文化发展，社会秩序比较安定。这既是康熙治国的功绩，也是康熙盛世的表现。

"盛世"的"盛"是强盛、繁盛、兴盛的意思。康熙朝的后四十年，在中国皇朝史上，确是一个相对兴盛、强盛、繁盛的局面——"兴"，当时是东亚兴隆的帝国；"强"，当时是世界上强大的帝国；"繁"，当时是比欧洲国家繁荣的帝国。

概括地说，康熙帝超越前人的重大贡献是，在中华两千多年皇朝史上，实现了中原农耕文化、西北草原文化、东北森林文化和西部高原文化的空前大融合。

但是，康熙大帝有缺憾、也有缺失，有疏误、也有错误。这主要表现在五个问题上：于皇位传承，立之过早，立而废，废而立，立而再废，晚年失之于当断未断；于八旗制度，也想改革，改而停，停而改，改而再停，晚年失之于当改未改；于满汉关系，企望合协，亲满洲，疏汉人，合而未协，晚年失之于当协未协；于吏制管理，向往仁善，扬清官，惩贪官，惩而不严，晚年失之于当严未严；于海洋文化，预见外患，严海禁，闭而开，开而再闭，晚年失之于当开未开。这更

① 《清代起居注册·康熙朝》，康熙十六年十二月三十日壬申，中华书局影印本，2009年，北京。
② 《清圣祖仁皇帝实录》，第219卷，康熙四十四年三月己亥，中华书局影印本，1985年，北京。
③ 《清圣祖仁皇帝实录》，第219卷，康熙四十四年三月己未和庚子条，中华书局影印本，1985年，北京。
④ 李斗《扬州画舫录》记载：乾隆帝南巡到扬州时，"两岸支港汊河，桥头村口，各安卡兵，禁民舟出入。纤道每里安设围站兵丁三名。令村镇民妇，跪伏瞻仰。于应回避时，令男子退出村内，不禁妇女。"这说明："舟车所经"是要戒严的，"桥头村口"是有警跸的，"夹道跪迎"是有组织的。

加导致其儿孙们主宰的大清帝国，以"天朝大国"自诩，持泰保盈，固步自封，逐渐走向衰落。

总上，康熙帝虽有缺失与过失，康熙朝虽有矛盾与危机，但总体而言，康熙帝确是中国皇朝史上的千年一帝。

三 千年一帝

康熙帝能够成为千年一帝，是因为遇到了一个大"天时"。小天时决利钝，大天时出明君。

在国内，康熙帝遇到的"天时"，有四个特点：

第一，金瓯需要一统。从明万历十一年（1583 年）努尔哈赤起兵，到康熙二十二年（1683 年），南明最后的象征——台湾郑氏延平郡王郑克塽归清，整整百年。这一百年间，中华大地一直处于战争和分裂状态，人民最重要的历史期待是什么？作为帝王，最重要的历史使命又是什么？答案都是重新实现金瓯一统。

第二，民众需要富裕。战争的破坏，社会的动荡，灾害的降临，给人民生命财产造成了巨大损失：在北方，"一望极目，田地荒凉"；在中原，"满目榛荒，人丁稀少"；在江南，"荒凉景象，残苦难言"；在湖广，"弥望千里，绝无人烟"；在四川，"民人死亡，十室九空"。就全国而言，国库空虚，民生凋敝，田土抛荒，路暴白骨，村无炊烟，户无鸡鸣。民要富，家要兴，族要盛，国要强。

第三，文化需要融合。自努尔哈赤以"七大恨"告天，打着反抗民族压迫旗帜对抗明朝，到康熙帝即位，再到吴三桂反叛，满汉之间，文化差异，异常凸显，冲突不断。满洲统治者在统一中国的过程中，曾经实行镇压和屠杀的政策。流传到现在的"扬州十日""嘉定三屠""江阴抗清"等故事，就反映了这种暴政和由此引发的汉族军民的强烈反抗。特别是多尔衮摄政以后，在中原地区普遍推行剃发、易服、圈地、占房、投充、捕逃"六大弊政"，更激化了族群矛盾和文化冲突。

第四，天下需要太平。一百年间，地不分南北，族不分夷夏，人不分老幼，民不分贫富，都蒙受着战乱、屠杀、大旱、水患、瘟疫、地震等灾难。黎民百姓，背井离乡，饥寒交迫，奔波流离，历尽苦难，饱经沧桑，他们最渴望天下太平。而实现金瓯一统、民众富裕、文化融合、天下太平的民众百年梦想，既是康熙大帝的责任，也是康熙大帝的荣光。

同时，从中国历史规律来看，大乱之后往往有大治，短命天子之后往往有寿君皇帝。明末清初，数十年战乱，给康熙大帝提供了一个做明君的历史机会；从满洲贵族集团来看，康熙帝正好处在从"打江山"到"坐江山"的转变——满洲虽占有中原大地，却没有坐稳江山，如果不能恰当处理满汉民族关系，而使族群矛盾激化，有可能会重蹈元朝最后被赶回漠北的历史悲剧。而如能缓和各种矛盾，成功实现"转型"，而其"守成"之功，实同"开创"之业。

这些就是康熙皇帝成为一代"大帝"的重要"天时"条件。康熙帝利用了有利条件，做出历史功绩。那么，怎样评价康熙帝的历史地位呢？

中国有确切文字记载的历史有三千多年。秦王嬴政二十六年（前221年），嬴政自以为"德高三皇、功过五帝"，自称始皇帝，从此中国开始有了皇帝；到清宣统三年（1911年），辛亥革命推翻清朝，帝制被废除。这段历史有一个特点，就是有皇帝。我将这段历史称作中国皇朝历史。中国皇朝历史，总算为二千一百三十二年。

这二千一百三十二年的皇朝历史，有多少位皇帝呢？有人统计共三百四十九位皇帝，康熙帝让他的大臣统计奏报说二百一十一位皇帝，再加上自康熙到宣统九位，共二百二十位。其统计数字之差异，主要是源于标准不同，这可以不管。我们重在思考这二千一百三十二年皇朝的历史。

中国两千多年皇朝历史，大体可以分作前后两段。前一段一千年，中国的政治中心主要是在西安。其间政治中心经常东西摆动——秦在咸阳，西汉在长安，东汉在洛阳，唐在长安等，但摆动中心在西安。其间，出现文景之治（文帝在位二十三年，景帝在位十六年）、贞观之治（唐太宗在位二十三年）。《旧唐书·太宗本纪下》史臣曰："千载可称，一人而已。"[①] 后一段一千年，中国的政治中心主要是在北京。其间政治中心经常南北摆动——辽上京在临潢（今内蒙古巴林左旗菠萝城），金都先在上京（今黑龙江哈尔滨阿城区）、后在中都（今北京），明都先在金陵（今江苏南京）、后在北京，清都先在盛京（今辽宁沈阳）、后在北京，就是从今哈尔滨往南，经沈阳、北京、开封、南京，到杭州，但摆动中心在北京。从上述可以看出一个有意思的历史现象：中国两千多年帝国历史政治中心的摆动，先是东西摆动，后是南北摆动，从而呈现出大"十"字形变动的特点。

就其后一千年来说，辽、北宋、金、南宋、西夏、元、明、清八朝，共九十帝，一个重要的特点是国内的民族纷争与融合。辽—契丹、金—女真、西夏—党

---

① 《旧唐书·太宗本纪下》，第3卷，第63页，中华书局校点本，1975年，北京。

项、元—蒙古、清—满洲，八朝中有五朝是少数民族建立的。明朝虽然是汉族人建立的，但朱元璋以"驱逐胡虏、恢复中华"[①]为号召，结果又被"胡虏"所替代。

这里有一个很有意思的历史现象。辽、北宋、金、南宋、元、明、清七朝，共有皇帝八十位。这七朝都有一个民族融和的问题。辽朝与北宋对峙，金朝与南宋对峙，元朝取代金朝，都是民族问题。朱元璋是汉人，他的口号是"驱逐胡虏、恢复中华"，带有浓厚的民族色彩。满洲以"七大恨告天"的民族旗号起兵，取代了明朝；民国孙中山先生又以"驱除鞑虏、恢复中华"[②]为纲领而推翻满洲人建立的清朝。

从辽太祖耶律阿保机神册元年（916年），到清宣统三年（1911年），总算一千年。折腾来，折腾去，都离不开"民族"二字。

现在回到本题——对康熙帝的评价问题。

先从纵向比较　中国自辽金以降，千年以来，有九十帝。辽九帝、金十帝与北宋九帝、南宋九帝，半壁山河，西夏十帝偏隅一方，凡四十七帝，均不足论。元朝十五帝，太祖成吉思汗，一代天骄，打下基业，武功伟绩，略输文采，并未一统，更无盛世。元世祖忽必烈，在位二十四年，定鼎大都，武功赫赫，文治稍逊，也无盛世。其他诸帝，均不足论。明朝十六帝，太祖朱元璋，推翻元朝，一统天下，功绩很大；但是，冤案烦苛，史多讥评。明成祖朱棣，雄才大略，迁都北京，派郑和下西洋，派亦失哈下奴尔干，设奴儿干都司，然"靖难"之举，史称之为"篡"；蒙古难题，六次北征，死于道途，抱恨归天。所谓"洪宣"之治，洪熙在位一年，宣德在位十年，都没有形成盛世的局面。至于清朝，共十二帝，可以提及的是"三祖三宗"——清太祖努尔哈赤、世祖顺治、圣祖康熙、太宗皇太极、世宗雍正、高宗乾隆。"三宗"自然位在"三祖"之下。仅以"三祖"而论，清太祖努尔哈赤奠基清朝，未入主中原。顺治帝虽迁都燕京，英年早逝，后期荒唐。算来算去，自辽以降，约一千年，康熙帝的前述五大贡献，及其个人品格，迈越古人，千年以来，谁能与比？千年一帝，首推康熙！

再从横向比较。其时，清朝的四邻国家，比较和睦。东面的朝鲜，皇太极时已经向清朝纳贡称臣，其国王受清帝册封。西面的哈萨克、阿富汗都比清朝经济

---

①　《明太祖实录》，第26卷，吴王元年（元至正二十七年）十月丙寅，台北中研院历史语言研究所校勘本，1962年，台北。

②　《中国同盟会总章》第二条，载《中国近代史资料丛刊·辛亥革命（二）》，第7页，中国史学会编，上海人民出版社、上海书店出版社，2000年，上海。

落后，更没有形成气候。南面的越南、泰国、缅甸、马来亚、菲律宾、爪哇等，都比清朝落后、弱小。西南的印度，处于莫卧儿帝国时期，受喜马拉雅山阻隔，也没有同清朝发生纠纷与摩擦。清朝北面和东面后来的两大强敌——俄国和日本，在康熙时期都还没有崛起，俄国废除农奴制是在 1861 年（清咸丰十一年），日本明治维新则在 1868 年（清同治七年），都是在康熙朝以后。虽然俄国有些小的动作，但都被击败，没有形成大的威胁。

此时的"西方"，经济方面，工业革命还远没有开始（1765 年哈格里夫斯发明珍妮纺织机，被公认为工业革命的先声，已是康熙帝的孙子弘历乾隆三十年的事）；文艺复兴以来的欧洲新科技，在明末已经传入一些，康熙帝本人也比较重视学习，但对生产影响重大的科技突破（如蒸汽机的改良等）都发生在康熙朝之后；政治方面，其时欧洲处于民族国家形成时期，主要大国都实行君主制，只有英国在 1688 年（康熙二十七年）"光荣革命"后确立了君主立宪制。但那时英国的力量还基本达不到中国，也没有其他国家效仿英国政体，大英帝国的海上霸主之梦更是迟至 19 世纪才实现。至于美利坚合众国，则是康熙帝死了半个多世纪以后才建立的。所以说，给康熙帝扣上"丧失学习西方、富国强兵机遇"的帽子，是不太公平的。

康熙时代，英国尚未工业革命，而法国大革命和美利坚独立，都是乾隆朝的事。俄国和日本的崛起，都在 19 世纪中叶。俄国的彼得大帝，法国的路易十四，与康熙同时代，他们都是当时世界上的伟大君主。但是，康熙朝是当时世界上幅员最为辽阔、人口最为众多、经济最为雄厚、文化最为昌盛、军力最为强大的大帝国。康熙大帝不仅是中国历史上的千年一帝，而且是世界历史上一位伟大的君主。

但是，康熙帝国有内在矛盾吗？有。有潜存危机吗？也有。康熙帝晚年谕曰："海外如西洋等国，千百年后，中国恐受其累。此朕逆料之言。"[①] 虽康熙帝预见可贵，但他没有在政策上、制度上做出安排。康熙帝留下的缺憾，致使其儿孙们主宰的大清帝国，和西方列强的差距愈拉愈大。

综上，无论就中国历史作纵向比较，或就世界历史作横向比较，都可以说康熙大帝是中国皇朝史上的千年一帝，也是世界历史上的千年名君。他同当时俄国彼得大帝、法国太阳王路易十四，同列世界伟大的君主。

---

① 《清圣祖仁皇帝实录》，第 270 卷，康熙五十五年十月壬子，中华书局影印本，1985 年，北京。

明珠论

【题记】本文《明珠论》，系为 1985 年在大连举行的国际清史学术研讨会所提交的论文。文中就明珠所处历史条件与社会环境，从民族与家族、旗分与派别、武将与文臣、国君与权相等层面，分析清初百年历史演变及明珠功过是非。发表于《满族研究》1987 年第 1 期。收入本集时做了个别文字修改。

在评价历史人物时，要确定纵的和横的两个坐标。纵的坐标是指历史人物所处的历史条件，横的坐标是指历史人物所处的社会环境。这两个坐标的交叉，予历史人物以重要的影响；而历史人物表现出来的主观能动性，又影响着历史的发展。

清代名君康熙帝的权相明珠，有辅君开拓一朝新政之功；但旧史及前论多对其抑功扬过，均不足为训。以往对明珠的偏颇评价，是由于未能从纵的和横的坐标去分析，即未能对其进行历史与社会的层次分析，尤未能对其作民族的、家族的、旗分的和派别的分析，因而顾此失彼，捉襟见肘。

本文以明珠为例，着重从民族与家族、旗分与派别的分析入手，就明珠的评价及清初百年社会发展趋势以及与之相关诸问题，略作阐述。

一

历史人物的社会活动，既要有纵向历史条件的坐标，又要有横向社会环境的坐标。在这纵横坐标组成的历史舞台上，展现自己所扮演的角色。

明珠政治活动的历史条件，要做纵向的考察。自明万历十一年（1583 年），努尔哈赤起兵，至清康熙二十二年（1683 年），玄烨收复台湾，整整一百年。这一百年间，统一多民族的封建中央集权国家，由统一而发生分裂，又由分裂而走向统一。民族战争、农民战争、捍卫民族独立战争、统治集团内部战争，此起彼伏，相互交错。社会的稳定局面受到战争的震荡，社会的发展车轮又在战争震荡中前进。这场巨大的社会变动，其时间、其规模、其深度、其层次，都超过了元明时期。西方与东方、塞北与江南、民族与阶级、文官与军人、皇帝与贵胄，开明与守旧，一句话，各种政治集团和社会力量，都在社会动荡的漩流中，互相冲击，反复较量，或升腾，或沉降。

在上述百年间，以满洲历史发展线索而言，大体上经历了三个阶段：其一为统一内部，立权自固。由努尔哈赤起兵至建立后金的三十余年间，建州朝贡明廷，统一女真，绥服蒙古，结好朝鲜，发展生产，积聚力量，创建八旗，制定满文，形成满族共同体。其二为统一关外，反抗明朝。后金汗黄衣称朕，同明抗争，先立足辽左，后伺机叩关。在天命、天聪、崇德三朝的近三十年间，后金最大的贡献是接管了明辽东都司和奴儿干都司的辖地，绥服漠南蒙古，重新统一整个东北地区。虽然八旗军多次入关扰明，但终未改变明主金客的政治格局。其三为统一中国，巩固皇权。李自成农民军攻占北京，推翻明朝，为清军入关提供了历史契机。从清军入关至收复台湾的近四十年间，清基本实现国家统一，后又多次用兵边陲，奠定了统一多民族封建国家的版图。

在满洲历史发展中，叶赫那拉氏家族与建州爱新觉罗氏家族之间亲与仇的矛盾，是制约和影响明珠政治活动的一个历史因素。明珠的始祖为明海西女真叶赫部长星根达尔汉："灭呼伦国内纳喇姓部，遂居其地，因姓纳喇。后移居叶赫河，故名叶赫。"[①] 星根达尔汉五传至太杵，太杵有二子——清佳努和扬佳努，皆称贝勒，各据山城，能声气相通，与哈达争雄。清太祖努尔哈赤早年从明辽东总兵李成梁帐下走脱，途经叶赫部，贝勒扬佳努以爱女许之。史载："太祖如叶赫国。时上脱李成梁难而奔我，贝勒仰佳努识上为非常人，加礼优待。"[②] 后努尔哈赤迎娶之，生皇太极。清皇室爱新觉罗氏与叶赫那拉氏始结为懿亲。清佳努和扬佳努死后，其子布寨和纳林布禄分别继为贝勒。但在叶赫与建州的战争中，努尔哈赤杀死叶赫贝勒布寨。布寨被杀后，"北关（叶赫）请卜酉（布寨）尸，奴酋（努尔哈赤）剖其半归之。于是北关遂与奴酋为不共戴天之仇"[③]。叶赫另一贝勒纳林布禄见兄被

---

① 《满洲实录》，第 1 卷，辽宁通志馆影印本，1930 年，沈阳。
② 《叶赫国贝勒家乘》，清钞本，第 2 页，国家图书馆善本部藏。
③ 《明神宗实录》，第 528 卷，第 12 页，万历四十三年正月乙亥，台北中研院历史语言研究所校勘本，1962 年，台北。

杀，愤郁成疾，后来死去①。后建州进攻叶赫，破其两山城，杀死布寨之子布扬古贝勒和纳林布禄之弟金台石贝勒。金台石身死城陷，其子倪迓汉随叶赫部民被迁至建州，后任佐领。倪迓汉于顺治三年（1646）死，其子明珠在顺治朝亦未受重用。明珠家族与清朝皇室既为懿亲，又结世仇，这予明珠的政治生涯及其政治活动以重要的影响。

康熙中另一权相索额图则与明珠相反，他的哈达赫舍里氏家族与建州爱新觉罗氏家族之间只亲无仇，也是制约和影响索额图政治活动的一个历史因素。索额图的父祖索尼、硕色，早在努尔哈赤时携家归附。后硕色直文馆，索尼官一等侍卫。索尼为清初五朝重臣，两辅幼主。皇太极死后抢攘之际，多尔衮诣三官庙，召索尼议册立。索尼以"先帝有皇子在，必立其一，他非所知也"②，而严拒多尔衮对皇位的涎贪。索尼与图赖等"不惜性命，戮力皇家"。经过激烈争执，议立福临即位。索尼等又盟于三官庙，誓辅幼主。顺治帝死，遗诏年八岁的玄烨继承皇位，以索尼与苏克萨哈、遏必隆、鳌拜共同辅政。索尼辅理政务，毕殚忠悃，奏请康熙帝亲政，被授为一等公。索尼子领侍卫内大臣噶布喇之女，为康熙帝孝诚仁皇后。孝诚仁皇后生子胤礽，受命立为皇太子。索额图家族于清皇室既为勋臣，又结懿亲，这不仅予索额图的政治生涯，而且予明珠的政治活动以重要的影响。

同明珠政治活动密切相关的满洲旗分政治地位变化，在这里也略作历史的考索。满洲旗分的政治地位，已先后经过五次大的变动。第一次是天命十一年（1626年），努尔哈赤死后，诸子争夺汗位。皇太极袭受汗位，亲掌两黄旗；代善在汗位角逐中失败，所掌正红旗及其子岳讬所掌镶红旗处于劣势。这是一次满洲的黄旗对红旗的胜利。第二次是崇德八年（1643年），皇太极死后，"国势抢攘无主，宗室昆弟各肆行作乱，争窥大宝"③。这在满洲旗分上，主要表现为皇太极的两黄旗与多尔衮（正白旗）及其同母弟多铎（镶白旗）的两白旗之争。为定立皇位，两黄旗大臣在议立新汗会议之日的黎明时，盟誓于盛京大清门，并派两黄旗巴牙喇兵张弓挟矢，环立宫殿。因黄、白两方实力相埒，又各自让步，由福临登极，多尔衮摄政，两黄旗与两白旗暂时势相均衡。第三次是顺治七年（1650年），多尔衮死（其同母弟多铎于上年死去），翌年定多尔衮罪，两白旗受到沉重打击。后正白旗归皇帝自将，连同其原自将的两黄旗，称为上三旗。第四次是顺治十八年（1661

---

① 《正白旗满洲叶赫纳喇氏宗谱》，不分卷，同治庚午年（1870年）钞本。
② 《清史稿·索尼传》，第249卷，第9672页，中华书局标点本，1977年，北京。
③ 《索尼诰封碑文》拓片。

年），福临死，遗诏索尼（正黄旗）、苏克萨哈（正白旗）、遏必隆（镶黄旗）、鳌拜（镶黄旗）四臣辅政。虽然上三旗大体维持均衡局面，但辅臣的争斗也在上三旗中进行。第五次是康熙八年（1669 年），下诏逮治鳌拜，并下遏必隆狱，镶黄旗受到严重打击。正白旗辅臣苏克萨哈已先死。于是从康熙十六年（1677 年）至二十七年（1688 年），在满洲大学士中，除觉罗勒德洪外，出现正黄旗独占的局面。这个时期朝廷权臣之争，便在满洲正黄旗内以明珠为代表的叶赫那拉氏家族，同以索额图为代表的哈达赫舍里氏家族之间展开。

　　明珠与索额图虽然都隶属满洲正黄旗，又都同清皇室结为懿亲，但他们分属于叶赫那拉氏和哈达赫舍里氏两个不同的家族。这两个家族同清皇室有着不同的历史渊源关系和现实利害关系。这就使明珠与康熙帝、索额图与康熙帝以及明珠与索额图之间的关系，呈现出异常的复杂性。康熙帝与明珠、索额图三方面的关系，不是简单的三角形关系，而是以康熙帝为主体，以明珠和索额图为两个侧翼，从而形成康熙中期，康熙帝与权相明珠和索额图的"一体两翼"关系。这种关系又同当时各种社会矛盾相联结，受着阶级矛盾与民族矛盾的影响和制约，组成康熙中期错综复杂社会矛盾的网络。在当时的社会环境中，上述复杂矛盾表现尤为突出。

　　明珠政治活动的社会环境，要做横向的考察。康熙帝登极后，"康熙初叶，主少国疑"①，四臣辅政，鳌拜专恣。康熙帝稍长之后，摆在其御案上的主要课题是，废去辅臣，亲御政事。康熙帝欲废鳌御政，当时只能从上三旗中寻找政治力量。其时四辅臣中，鳌拜与遏必隆属满洲镶黄旗，苏克萨哈属满洲正白旗，索尼属满洲正黄旗。鳌拜结党遏必隆，矫旨绞死苏克萨哈后，不仅直接威胁索尼哈达赫舍里氏家族的利益，而且严重影响满洲正黄旗的利益。康熙帝擒捕辅臣鳌拜、遏必隆，便依靠满洲正黄旗哈达赫舍里氏家族的支持。康熙八年（1669 年），索尼已死，索尼第三子②、皇后之叔③、一等侍卫索额图，为着其赫舍里氏家族和满洲正黄旗的利益，辅助康熙帝擒捕权臣鳌拜。索额图虽在客观上打击了以鳌拜和遏必隆为首的满洲镶黄旗贵族保守势力，自应肯定其积极作用；但索额图在本质上，并未脱出满洲正黄旗贵族中保守势力的窠臼。

　　自康熙帝擒鳌拜御政后，清廷面临着极复杂、多层次的社会矛盾。主要表现

　　① 《清史稿·徐元文传》"论曰"，第 250 卷，第 9780 页，中华书局标点本，1976 年，北京。
　　② 《清史稿·索额图传》载，"索额图为索尼第二子"，误。
　　③ 《清史稿·后妃列传》载，"索尼孙领侍卫内大臣噶布喇"，误。噶布喇为索尼之子。

为：西方殖民东渐与清朝固疆自囿、坚持国家统一与听任地方分裂、崇尚"国语骑射"与吸收汉族文化、继续圈占土地与恢复农业生产、沿袭尊满抑汉与实行重满用汉、君主强化集权与朝臣广结党羽的矛盾等。以上六个方面的重大问题，都需要明确而适时地作出决策。当时康熙帝身边的辅臣索额图与明珠，所起的历史作用并不完全一样。明珠力辅青年君主康熙帝，作出重大正确决策，并组织付诸实施。相反，索额图在协助康熙帝擒鳌拜御政（其积极作用前文已作评述）后，自恃亲贵，因循守旧，怙权贪纵，骄愚恣横，除签订《尼布楚条约》外，多与明珠政见相左。

明珠利用其历史条件及社会环境，作为康熙帝的辅臣，审时度势，勤敏政事，为开拓一朝新政，作出了重要的贡献。

二

康熙帝在清廷定鼎北京后的第二十六年，逮治鳌拜，御理政事。康熙帝亲政时年仅十四岁，明珠则比康熙帝年长十九岁。明珠的主要贡献在于，辅佐青年君主康熙帝，力除因循，洗刷积弊，实现清初政策转变，开拓熙朝新政，为清朝中期的"盛世"奠下基础，是一位杰出的政治家。

从顺治帝定鼎北京至康熙帝亲御政事，清朝经历了三个重要时期：其一为多尔衮摄政时期。多尔衮率军入关，迁鼎燕京，推翻弘光，统一中原，但制定了一些错误的治策。其二为顺治帝亲政时期。顺治帝年纪尚轻，虽力图"清赋役以革横征，定律令以涤冤滥"[①]；但仍未摆脱陈见，施行宏猷大政。其三为四辅臣执政时期。鳌拜等墨守成规，率守旧章，满汉不协，未布新政。以上三个时期，清廷均未能实施重大策略转移，使得积存的问题日多益重。

在康熙中，明珠为相。康熙帝称其"凤阁清才，鸾台雅望。典章练达，服勤匪懈于寅恭；器识渊凝，顾问时资于靖献。属在论思之地，参机务之殷繁。每抒钦翼之忱，佐经猷于密勿"[②]。并称赞明珠能"启乃心以沃朕心"。[③]虽然诰封碑文难避溢美之辞，但从中可以看出明珠在辅助康熙帝实现重大政策转变中的特殊作用。这主要表现在：

---

① 《清史稿·世祖本纪二》，第 5 卷，第 164 页，中华书局标点本，1976 年，北京。

② 《明珠及妻觉罗氏诰封碑文》拓片。

③ 《明珠及妻觉罗氏诰封碑文》拓片。

主撤三藩　明季清初，吴、尚、耿降清后，统兵入关，南进中原，分镇滇、粤、闽。康熙初大规模抗清斗争平息后，三藩拥兵自重，成为政治赘疣。四辅臣柄政时，未能加以割除。清廷最怕汉官结成与满洲贵族相抗衡的军事政治集团，三藩撤与不撤，是摆在康熙帝亲政后御案上最严重的课题。平南王尚可喜疏请撤藩，归老辽东。耿精忠、吴三桂继请。康熙帝召诸大臣征询方略：廷臣多主不可撤，大学士索额图尤力；独兵部尚书明珠、户部尚书米思翰和刑部尚书莫洛等主撤。撤与不撤两议同上，康熙帝以"今日撤亦反，不撤亦反，不若先发"①，因诏许明珠等撤藩之议。不久，吴三桂倡反，耿精忠与尚之信同应。索额图以撤藩激变，请诛主议撤藩诸臣，诏不许。康熙帝以明珠力主撤藩称旨，后授其为武英殿大学士。明珠与王熙同掌兵部，日理军机，运筹帷幄，奏报军情，票拟谕旨，为削平三藩作出了重要贡献。

重满用汉　清军入关后，推行剃发、易服、圈地、占房、投充和捕逃六大弊政，满、汉民族矛盾一度紧张。清初在中央衙署中，极力保持满洲贵族特权。六部尚书，概为满员。顺治五年（1648年），多尔衮始设六部汉尚书，但部务由满尚书主持，汉尚书"相随画诺，不复可否"②。顺治帝亲政后，"各衙门奏事，但有满臣，未见汉臣"③。他将主张"留发复衣冠，天下即太平"④的汉大学士陈名夏处死，是对汉官的一个政治打击。四辅臣秉政时，汉官地位未见改善。其时官缺，分满洲、蒙古、汉军和汉员四种。偌大的汉族，其官缺仅占四分之一，且多非重官要职。到康熙十二年（1673年），吴三桂在云南举兵，杨起隆在京师起事，都带有鲜明的民族色彩。康熙帝谕称："朕于满汉内外，总无异视。"⑤他不仅遣御医为满洲大臣治病，还派侍卫率御医到汉官、礼部尚书龚鼎孳家为其治病⑥，以示满汉一体。明珠协佐康熙帝在平定三藩之乱过程中，缓和满汉矛盾，重用汉族官员：开博学鸿儒，修撰《明史》，设南书房，起居注官增加汉员，内阁学士增设汉官等。特别是汉大学士王熙、李霨、冯溥和杜立德，三藩事起，参预机务。王熙专管秘本，"汉臣与闻军机自熙始"⑦。李霨则宿值内阁，"上命将出征，凡机密诏旨，每口

① 《清史稿·明珠传》，第269卷，第9992页，中华书局标点本，1977年，北京。
② 赵翼：《簷曝杂记》，第2卷，中华书局校点本，1982年，北京。
③ 《清世祖章皇帝实录》，第71卷，顺治十年正月庚午，中华书局影印本，1985年，北京。
④ 《东华贰臣传·陈名夏传》，第11卷，国史馆原本，琉璃厂荣锦书坊刻本。
⑤ 《康熙起居注册》，康熙十一年八月十二日，中华书局影印本，2009年，北京。
⑥ 《康熙起居注册》，康熙十一年六月二十日，中华书局影印本，2009年，北京。
⑦ 《清史稿·王熙传》，第250卷，第9694页，中华书局标点本，1977年，北京。

授霈起草,退直尝至夜分,或留宿阁中"①。明珠秉政时,能体察康熙帝旨意,摆脱满臣傲视汉臣旧习,多结纳汉族士大夫,尽力笼络汉族官员。康熙二十年(1681年),吏部题补镶蓝旗张吉午为顺天府尹,因明珠阻谏而罢,后明珠同汉大学士会议由庶吉士出身的汉人熊一潇补缺获准,即是明珠重汉臣、选汉官的一例。虽然索额图门下也不乏南方汉族官员文士,明珠府下亦聚集一批满洲军事贵族,但总的说来,明珠在汉族官员文士中、特别是在南方汉族官员文士中的关系网络,较索额图更广、更密。

崇文重教 清崛兴辽左,以武力定中原。满洲重武轻文,崇尚骑射。从努尔哈赤起兵至清军入关,辽东地区的战争已延续了六十年。而中原地区的战争,从陕北王二首义至削平三藩之乱,也已五十五年。尔后至白莲教起义前的一百多年间,战争多发生在边疆,中原腹地几乎没有大的战争。因此,康熙初期的中原地区处于战争向和平转化的时期。早在平定三藩之战进行中,康熙帝即指出:"今四方渐定,正宜修举文教之时。"②虽大多满洲军事贵族不能适应这一转变,明珠却独执先鞭。明珠在满洲正黄旗中,其政治势力与军事实力,均不能同索额图相比。他要在朝中自固,只有扬长避短,以文胜武,学习汉族文化,结交汉族官员。这也是明珠适应时势所需要,为康熙帝所信任的重要原因。明珠于康熙十年(1671年)二月,充经筵讲官。后他同王熙进讲《书经》中《无教逸欲有邦》之章③,正表明其具有高深的经学素养。明珠的府邸,成为当时京师满汉文化交流的一个熔炉。他的长子纳兰性德,交结朱彝尊、姜宸英、顾贞观、严绳孙、陈维崧等文坛名流④,所作《纳兰词》成为清代词苑的奇葩。他的次子揆叙,"年八岁,受业于吴江孝廉吴兆骞,读四子经书"⑤。后官翰林院掌院学士,充经筵讲官,仍于退朝之暇,手不释卷,"咿唔不休"⑥。他的三子揆方,广求书籍,无所不读,"穷日夜,废寝食,句栉字比,钩棘锄芜,无剩余而后已"⑦。明珠则交接徐乾学、徐元文、高士奇、王鸿绪等博学硕儒。明珠的相府一时成为汉族儒士诗酒文会之所。其子纳兰性德死后,赠哀辞者满洲八旗和蒙古八旗竟无一人,而江南、浙江、山东籍者却

---

① 《清史稿·李霈传》,第 250 卷,第 9686 页,中华书局标点本,1977 年,北京。
② 《康熙起居注册》,康熙十六年三月十四日,中国第一历史档案馆藏。
③ 《康熙起居注册》,康熙十二年八月二十二日,中国第一历史档案馆藏。
④ 《通议大夫一等侍卫佐领纳兰君墓志铭》拓片。
⑤ 《皇清诰授文端揆公墓志铭》拓片。
⑥ 《皇清诰封一品夫人揆文端公元配永母耿太夫人墓志铭》拓片。
⑦ 《皇清诰封和硕额驸纳兰揆公墓志铭》拓片。

占百分之八十四点六 ①。明珠镂赎流人吴兆骞，士尤称之。以上事实说明，明珠辅
助康熙帝裁汰大批满洲旧军事贵族，起用一批满洲新文职官员，为促进满族吸收
汉族文化作出了可贵的贡献。

统一台湾 康熙帝削平三藩后，台湾问题又摆在议事日程上。于台湾，廷议
有两大争论：第一是，台湾要不要统一。廷议咸谓"海洋险远，风涛莫测，驰驱
制胜，难计万全"②。康熙帝力排众议，决意命将出师，统一台湾。其时大学士索额
图已去职，明珠辅协大政，赞同并执行康熙帝统一台湾的决策。果然，师出告捷，
台湾统一。第二是，台湾要不要设官镇守。朝廷中一种意见认为，台湾为弹丸之
地，宜"迁其人，弃其地"。但施琅疏称：台湾虽在外岛，实关四省要害 ③，"弃之
必酿成大祸，留之诚永固边疆"。疏下廷议，仍未能决。大学士李霨奏言："弃其
地，恐为外国所据；迁其人，虑有奸宄生事。"④遂允施琅在台湾设官镇守之请。
明珠在台湾问题上，筹虑赞画，襄成大业。此外，明珠在康熙帝三次用兵西北中，
或参赞军务、或督运军饷、或随驾扈从，均为国家统一报效微劳。

抗御外敌 清军入关后，沙俄军在黑龙江流域不断扰犯。康熙帝东巡时，谕
宁古塔将军巴海曰：于罗刹贼寇，"尤当加意防御，操练士马，整备器械，毋堕狡
计"⑤。台湾统一之后，康熙帝命明珠之子、侍卫纳兰性德，随同副都统郎坦等以捕
鹿为名，"详视陆路近远，沿黑龙江行围，径薄雅克萨城下，勘其居址形势"⑥。纳
兰性德归京后，将雅克萨之行考察实情，详陈相父，面奏庙堂。康熙帝决策，用
兵徼北，一举获胜。及雅克萨捷报驰至，康熙帝由京师往避暑山庄行幄，纳兰性
德已死六日。康熙帝因其尝有劳于是役，"遣中使拊其几筵，哭而告之"⑦。明珠身
居相位，坚决维护国家主权和领土完整，反抗西方殖民侵略，是位爱国者。

用辅治河 御史郭琇疏劾明珠与靳辅交结，支持靳辅培高家堰，阻挠于成龙
浚海口。治河及漕务事关"天庾玉粒"及国民生计，不能稍息。康熙帝尝言："朕
听政后，以三藩及河务、漕运为三大事，书宫中柱上。"⑧明珠既主议撤藩，又谏

---

① 参见拙文《清初满汉文化交流的新篇章》，《北京社会科学》，1986 年第 1 期。
② 《清史列传·施琅传》，第 9 卷，上海中华书局，1928 年，上海。
③ 《清史稿·施琅传》，第 260 卷，第 9867 页，中华书局标点本，1977 年，北京。
④ 《清史列传·李霨传》，第 7 卷，上海中华书局，1928 年，上海。
⑤ 《康熙起居注册》，康熙十年十月十四日，中国第一历史档案馆藏。
⑥ 《清圣祖仁皇帝实录》，第 104 卷，康熙二十一年八月庚寅，中华书局影印本，1985 年，北京。
⑦ 纳兰性德：《通志堂集》，第 19 卷，上海古籍出版社影印本，1979 年，上海。
⑧ 《清史稿·靳辅传》，第 279 卷，第 10122 页，中华书局标点本，1977 年，北京。

任靳辅治河。早在康熙七年（1668年），即康熙帝亲政后第二年，明珠受命阅淮、扬河工，议复兴化白驹场旧闸，凿黄河北岸引河。称旨，授刑部尚书。靳辅于康熙十六年（1677年）任河道总督，到任之后，周度水势，博采众议，日上八疏。他堵决口，开中河，使明末清初"决裂之河，八载修复"[①]。但康熙二十四年（1685年），靳辅和于成龙就屯田、下河二事，意见相左，廷辩不决。御史郭琇、陆祖修交章劾辅，并及陈潢，甚至以舜殛鲧相比。靳辅罢职，陈潢坐谴。康熙二十八年（1689年），康熙帝南巡视河后谕曰："朕南巡阅河，闻江、淮诸处百姓及行船夫役，俱称颂原任总河靳辅，感念不忘。且见靳辅疏理河道及修筑上河一带堤岸，于河工似有成效，实心任事，克著勤劳。前革职属过，可照原品致仕官例，复其从前衔级。"[②]康熙帝肯定了靳辅治河功绩，纠正了对靳辅的不当处置。后于成龙任河督，仍循靳辅治河方略。康熙帝问于成龙曰："尔尝短靳辅，谓减水坝不宜开，今果何如？"成龙曰："臣彼时妄言，今亦视辅而行。"[③]可见郭琇以靳辅治河事参劾明珠，当属置喙之言。

在康熙朝前期，随着抵御外侵的胜利，国家统一的发展，满汉矛盾的和缓，文教之业的初兴，明珠的政治抱负逐步实现，其官职也同步晋升，"初任云麾使，二任郎中，三任内务府总管，四任内弘文院学士，五任加一级，六任刑部尚书，七任都察院左都御史，八任都察院左都御史、经筵讲官，九任经筵讲官、兵部尚书，十任经筵讲官、兵部尚书、佐领，十一任经筵讲官、吏部尚书、佐领，十二任加一级，十三任武英殿大学士兼礼部尚书、佐领，加一级，十四任今职"[④]。今职即太子太傅、武英殿大学士兼礼部尚书、佐领，加一级。明珠的官职臻于极点。

但是，月盈则亏，物极必反。郭琇弹章一上，明珠即被罢相。

三

郭琇的弹章，康熙的旨意，乾隆的上谕，成为清朝官方对明珠的政治结论。由此瑕瑜互掩，真相难辨，未能予明珠以公正的历史评价。

对明珠功绩的全面否定，始自于御史郭琇的劾疏。康熙二十七年（1688年），

---

① 《魏源集·筹河篇上》，中华书局校点本，1983年，北京。

② 《康熙起居注册》，康熙二十八年三月二十一日，中国第一历史档案馆藏。

③ 《清史稿·于成龙传》，第279卷，第10126页，中华书局标点本，1977年，北京。

④ 《明珠及妻觉罗氏诰封碑文》拓片。

郭琇劾斥大学士明珠罪状八款：指挥票拟，轻重任意；市恩立威，挟取货贿；结党连羽，戴德私门；督抚缺出，辗转贩鬻；学道员缺，取贿预定；交结荩辅，靡费河银；考选科道，订约牵制；柔言甘语，阴行鸷害[①]。此疏的真谛所在，康熙帝虽御门宣示千余言的长谕[②]，也未能加以言明。

诚然，郭琇劾斥明珠贪黩，当为属实。贪黩是封建官员的普遍现象，但有的官员能苦节自励，一介不取。知府陈鹏年死后，"室如悬磬"[③]，御史龚翔麟归里后，"贫至不能举火"[④]；河督杨方兴"所居仅蔽风雨，布衣蔬食，四壁萧然"[⑤]；两江总督兼摄江苏、安徽两巡抚事于成龙卒时，室内"惟笥中绨袍一袭，床头盐豉数器而已"[⑥]。明珠与上述官员相比，显得贪婪、奢靡。但明珠的被劾，主要不是由于贪黩，而是有着复杂的政治背景。

御史郭琇疏参大学士明珠，是康熙朝政治斗争的产物。前已论及，从康熙十六年（1677 年）至二十七年（1688 年），朝廷斗争主要在满洲正黄旗内进行。康熙八年（1669 年），康熙帝在索额图协助下擒鳌拜御政，旋授索额图为大学士。索额图兄噶布喇为一等公、领侍卫内大臣，其女为孝诚仁皇后，即皇太子胤礽的生母。索额图之弟法保袭一等公，弟心裕为一等伯。又与朝士李光地等相结。哈达赫舍里氏为清初五朝重臣，百年望族，满门勋贵，气势熏灼。左都御史魏象枢值京师大地震之机，密陈索额图怙权贪纵劣迹。康熙帝仅书"节制谨度"榜赐戒。康熙帝以明珠能"佐经猷""抒钦翼"，并为着保持朝廷相位天平的均衡，康熙十六年（1677 年），授明珠为武英殿大学士。后明珠长子纳兰性德任一等侍卫，"御殿则在帝左右，从扈则给事起居"[⑦]。次子揆叙任经筵讲官、翰林院掌院学士。三子揆方娶康熙帝第九子允禟之女觉罗氏为妻[⑧]。明珠因其家族同清皇室有世仇，为同索额图争局，便"务谦和，轻财好施，以招来新进"[⑨]，并笼络汉族官员文士，与徐乾学等交结。于是，朝中在满洲正黄旗内，逐渐形成以明珠为首的叶赫那拉氏家族同以索额图为首的哈达赫舍里氏家族的角立。

① 蒋良骐：《东华录》，第 14 卷，清木刻本。
② 《康熙起居注册》，康熙二十七年二月初九日，中国第一历史档案馆藏。
③ 《清史稿·陈鹏年传》，第 277 卷，中华书局标点本，1977 年，北京。
④ 《清史稿·龚翔麟传》，第 282 卷，中华书局标点本，1977 年，北京。
⑤ 《清史稿·杨方兴传》，第 279 卷，中华书局标点本，1977 年，北京。
⑥ 《清史稿·于成龙传》，第 277 卷，中华书局标点本，1977 年，北京。
⑦ 福格：《听雨丛谈》，第 1 卷，中华书局校点本，1984 年，北京。
⑧ 《皇清册封郡主觉罗氏墓志铭》拓片。
⑨ 《清史稿·明珠传》，第 269 卷，中华书局标点本，1977 年，北京。

康熙朝的廷争，从始议撤藩至"龙御宾天"，忽隐忽现，时急时缓，前后进行了半个世纪。这场斗争的重要题目是康熙朝的重大治策和皇位继承，始终同明珠与索额图有着密切的关系。康熙朝的廷争在擒鳌拜御政之后，大体上经历了三次浪潮。

正黄旗内，索、明相争，是康熙朝廷争的第一次浪潮。这次浪潮从康熙十二年（1673 年）索额图请诛建议撤藩者明珠等为始，至康熙二十七年（1688 年），明珠被罢去大学士为止，其间长达十五年。康熙朝中满洲正黄旗大臣以权位相尚者，只有索额图与明珠。他们植党竞权，遇事抵牾，互相讦告，暗自争局。特别是索额图集团，在康熙十四年（1675 年）胤礽被立为皇太子后，朋比徇私，更加贪黩。康熙十八年（1679 年），魏象枢泣陈索额图罪状后，翌年解索额图大学士任。后夺索额图内大臣、议政大臣、太子太傅，并夺法保一等公及心裕官。康熙四十二年（1703 年），以索额图"结党妄行，议论国事"罪，命幽禁之。并命严锢党附索额图诸臣，又命诸臣同祖子孙在部院者皆夺官。康熙帝谕称："索额图诚本朝第一罪人也！"①以索额图为首的满洲贵族保守势力，受到沉重的打击。但是，康熙帝去掉索额图一翼后，不能保持满洲正黄旗政治权力的平衡。索额图余党更加攻击明珠。讲官德格勒在时值天旱，侍讲《易》时，借机语斥明珠即为一例。前述郭琇弹劾明珠，书载"实由乾学受圣祖密旨"②。可见康熙帝罢明珠大学士，其目的之一是为着保持满洲正黄旗内政治权力的均衡。索额图和明珠罢相后，廷争仍在继续进行。

康熙御前，朝士相争，是康熙朝廷争的第二次浪潮。这次浪潮从康熙二十七年（1688 年），谕责日讲起居注官徐乾学为始，至康熙四十七年（1708 年），废皇太子胤礽为止，是索额图同明珠斗争的继续。这个时期廷争的鲜明特点，是在康熙帝身边儒臣中展开。先是李光地依媚索额图，亲附皇太子胤礽，得君最专。康熙帝称李光地"朕知之最真，知朕亦无过李光地者"③。而徐乾学、高士奇、王鸿绪则依恃明珠，入直南书房。徐乾学与弟元文、秉义，先后皆以鼎甲显仕，又轻财好施，交游甚广。时徐乾学、王鸿绪、高士奇三家并称，结亲联谊，通籍词林。"徐乾学与学士张英日侍左右，凡著作之任，皆以属之"④，并值经筵。高士奇以明

① 《清史稿·索额图传》，第 269 卷，中华书局标点本，1977 年，北京。
② 邓之诚：《清诗纪事初编》，第 6 卷，上海古籍出版社，1984 年，上海。
③ 《清史稿·李光地传》，第 262 卷，中华书局标点本，1977 年，北京。
④ 《清史稿·徐乾学传》，第 271 卷，中华书局标点本，1977 年，北京。

珠荐，供奉内廷，书写密谕，后为侍读，充起居注官。然而，明珠与索额图所不同的一点是，索额图的羽翼主要为满洲军事贵族（也笼络一些汉族官员文士），明珠在满洲军事贵族中的势力不如索额图，但在朝廷汉族官员文士中，却较索额图有更大的优势。满洲军事贵族害怕汉族朝士结成与其相抗衡的势力集团，严加注视。所以明珠罢相后，徐乾学、王鸿绪、高士奇等先后被劾，解任休致。虽然他们后来以修书竟业，但不能入直禁廷，参预机要。李光地则在索额图罢相后，劾章丛集，后被解任；虽又起复，也不预机务。上述朝士的升免，除了他们卷入二相之争外，还有一个时代的原因，就是清廷在削平三藩和统一台湾时，调整政策，重汉崇儒，一批汉儒应运而兴。但在平定三藩和统一台湾后，清廷政权巩固，满洲军事贵族势力重新上升，他们对汉族朝士的显赫地位不满，倾其力以排之。主张重汉崇文的明珠，其宦海浮沉，亦与之相关。然而，前述朝士被挤下政治舞台，同皇储争夺也不无关系。

庙堂之上，皇子相争，是康熙朝廷争的第三次浪潮。这次浪潮从康熙四十七年（1708 年），废皇太子胤礽为始，至康熙六十一年（1722 年），康熙帝死为止。康熙三十七年（1698 年），分封皇长子胤禔、三子胤祉、四子胤禛、五子胤祺、七子胤祐、八子胤禩等为王、贝勒。受封诸皇子内结亲贵，外招门客，植党暗争，谋夺嗣位。索额图为皇太子派，罢相后活动愈力。明珠则为非皇太子派，罢相后其子揆叙等极力谋废太子胤礽。其他皇子也结派攻击胤礽。康熙四十七年（1708 年），康熙帝到木兰秋狝，行次布尔哈苏台，宣布废皇太子胤礽，谕称："从前索额图欲谋大事，朕知而诛之，今胤礽欲为复仇。朕不卜今日被鸩、明日遇害，昼夜戒慎不宁。"[1] 康熙帝且谕且泣，至于仆地。太子既废，仍愤懑不已，六夕不安寝。二阿哥胤礽之废，揆叙与阿灵阿攘为己力。胤礽废后，胤禩谋代立。皇子胤禟、胤䄉、胤禵、大臣阿灵阿、揆叙、王鸿绪等，皆附胤禩。同年冬，诏诸大臣保奏储贰，"鸿绪与内大臣阿灵阿、侍郎揆叙等谋，举皇子允禩"[2]，受到切责。可见明珠及其子揆叙等是皇子胤禩派。胤禩蓄意大位，谋害胤礽，事发后，被锁禁。胤禟、胤禵等入为营救。康熙帝大怒，出佩刀将诛胤禵；赖胤祺跪抱苦劝而止。后康熙帝谕称："日后朕躬考终，必至将朕躬置乾清宫内，尔等束甲相争耳！"[3] 上述且谕且泣，愤懑仆地，怒拔佩刀，灵前束甲，这是一幅多么残酷而黑暗的争夺

---

① 《清史稿·诸王列传六》，第 220 卷，中华书局标点本，1976 年，北京。
② 《清史稿·王鸿绪传》，第 271 卷，中华书局标点本，1977 年，北京。
③ 《清圣祖仁皇帝实录》，第 335 卷，康熙四十七年十月丙午，中华书局影印本，1985 年，北京。

嗣君的图画！后皇太子废而立，立而复废。宰辅、枢臣、朝士、皇子，互相结党，彼此陷害。立太子，弊百端。后乾隆帝谕曰："一立太子，众见神器有属，幻起百端。弟兄既多所猜嫌，宵小且从而揣测。其懦者献媚逢迎以陷于非，其强者设机媒蘖以诬其过，往往酿成祸变。遂致父子之间，慈孝两亏，家国大计，转滋罅隙。"[①] 这场斗争至雍正帝即位后，仍余波未息。故他后来实行秘密建储之制。

综观同明珠评价攸关的康熙朝廷争，呈现出阶段性、层次性、多元性和复杂性。所谓阶段性，即廷争的第一次浪潮，宰辅明珠与索额图，在削平三藩、满汉关系、修举文教、用人臧否等方面，有所争执，多相角立。就其对待重大治策的态度而言，明珠代表满洲贵族开明派，索额图则代表满洲贵族保守派。廷争的第二次浪潮，与二人相关联的朝士被解任，特别是同明珠相联系的许多朝士被解职。像明珠荐入内廷的高士奇，康熙帝"得士奇，始知学问门径"[②]，士奇也被劾解任修书。这些虽然各有其自身的原因，但表明满汉关系出现一个历史涠漩。廷争的第三次浪潮，则纯属于统治集团内部的储贰之争，于国计，于民生，无大关碍。所谓层次性，即廷争由旗分，而家族，而外朝，而内廷，而东宫，最后连皇帝本人也被牵入，无力自拔，悲愤宾天。所谓多元性，即初由满洲正黄旗内明珠与索额图两派的争局，衍变为包括满洲、汉官、觉罗、宗室在内的纷争，后来胤礽、胤禛、胤禩等各自结党，表现了多元性。所谓复杂性，即廷争的成员，时有变换，更迭组合。今日的朋友，可能成为明日的敌人，而昨日的敌人，又成为今日的朋友。徐乾学初攀明珠得登高位，后见明珠将败便嗾郭琇疏劾明珠就是佳证。

综上，明珠作为清康熙朝的名相，在错综复杂的历史条件与社会环境中，初政能小心谨慎，勤敏练达，显露了非凡的政治才干。继而辅佐青年君主康熙帝，顺应历史趋势，调整重大治国之策；抵御外来侵扰，维护中华民族尊严，力削割据势力，发展封建国家统一；摆脱满洲陈见，提高汉族朝士地位；摆脱轻文旧俗，促进满汉文化交流；举荐信用贤能，兴修水利发展生产。罢相后任内大臣二十年，仍备顾问，劳绩西北。尽管明珠有其应劾之过，但是，明珠辅佐康熙帝，开拓康熙朝新政，奠下康雍乾百年"盛世"基石，其功绩是应当肯定的。明珠不愧是中国皇朝社会史上的名相，清代杰出的满族政治家。

---

① 《清高宗纯皇帝实录》，第1067卷，乾隆四十三年九月丁未，中华书局影印本，1986年，北京。
② 《清史稿·高士奇传》，第271卷，中华书局标点本，1977年，北京。

于谦六百年祭

【题记】本文《于谦六百年祭》，系 1998 年值于谦诞辰六百年之际，在杭州举行的于谦研究学术讨论会上提交的论文，载于《于谦研究》第一辑，中国文史出版社，1998 年。

于谦（1398—1457 年），字廷益，号节庵，浙江钱塘（今杭州）人，官至兵部尚书。于谦同里后学孙高亮在章回体小说《于少保萃忠全传》的第五回，以于谦观石灰窑所感，口占七绝《石灰吟》①一首。《石灰吟》映现于谦生命历程有着四种境界，这就是："千锤万击出深山，烈火焚烧若等闲。粉骨碎身全不惜，要留清白在人间。"

一

于谦同许多英雄杰烈一样，在其登上历史舞台之前，都要经过一番艰苦磨炼，方能横空出世，扮演人杰角色。于谦是读书人，苦读——"千锤万击出深山"，是于谦生命历程的第一种境界。

于谦出生于仕宦之家，祖父做过兵部主事，父亲则"隐德不仕"。乃祖乃父诚信忠直、鄙污轻财的品格，予少年于谦以极大熏陶。

---

① 孙高亮：《于少保萃忠全传》，第五回，道光十五年刻本，北京图书馆善本部藏。但于谦《忠肃集》（四库全书本）第 11 卷载其诗：杂体 60 首、五绝 40 首、五律 46 首、七律 193 首、七绝 71 首，共 410 首；于谦《节庵存稿》（成化刻本）载其诗：杂体 61 首、五律 46 首、七律 195 首、五绝 40 首、七绝 172 首，共 414 首；于谦《于肃愍公集》（嘉靖刻本）载其诗：杂体 73 首、五律 61 首、七律 346 首、五绝 53 首、七绝 87 首，共 620 首。《忠肃集》《四库全书》《节庵存稿》（成化本）和《于肃愍公集》（嘉靖本）均阙《石灰吟》。

少年英才，志向高远。一个人在少年时期养成的素质——优良素质福益终身，劣弱素质祸殃一生。于谦在六岁时随家人清明扫墓，路过凤凰台，其叔口占："今日同上凤凰台"；于谦对曰："他年独占麒麟阁"。一日塾中读书，学友因淘气，塾师要惩戒。于谦请作联对，免受责罚。先生曰："手攀屋柱团团转"；于谦对："脚踏楼梯步步高"。先生又曰："三跳跳落地"；于谦再对："一飞飞上天"。他聪颖机智，以联对代罚。少年于谦，不惧官宦。他十岁那年正旦，红衣骑马穿巷，往长亲家贺岁。于谦刚从巷中冲出，不料撞上杭州巡按。巡按问道："小子何敢冲吾节导？"于谦回答："良骥欲上进而难收，正望前程耳。"巡按见其出言不凡，便让他应对："红衣儿骑马过桥"；于谦对曰："赤帝子斩蛇当道。"巡按惊异，赏银十两[1]。他虽年少，却抱负远大，立下志向，信守名节："自是书生守名节，莫惭辜负指迷人"[2]。悟到真谛，终生不渝。

晶清高节，题赞铭志。叶盛《于少保文山像赞》记载：郎中张遂持文山像求题，像上有于少保赞辞。赞辞八十八字，全文照录如下："呜呼文山，遭宋之季。殉国忘身，舍生取义。气吞寰宇，诚感天地。陵谷变迁，世殊事异。坐卧小阁，困于羁系。正色直辞，久而愈厉。难欺者心，可畏者天。宁正而毙，弗苟而全。再向南拜，含笑九泉。孤忠大节，万古攸传。我瞻遗像，清风凛然。"[3]上文又云："于公座侧，悬置此像，数十年如一日。"于谦为爱国英雄文天祥画像所题写的赞辞志在君民，不为身计，宁正而死，不苟而活——大志大勇，高风亮节，笔墨坦露，英雄气概。

勤奋好学，足不出户。于谦不仅聪颖，而且勤奋，"少读书，手不释卷，过目辄成诵"[4]。他读经书，疏通大旨，见解精辟，语惊四座。他十二岁时，寄住慧安寺，专心读经书。十六岁时，又读书于吴山三茅观。十七岁时，乡试不第，遭到挫折。一个人，在挫折面前，是挺进，还是退缩？这是英雄与懦夫在性格上的分水岭。于谦在挫折和失败面前，不服输，不气馁，学益笃，志更坚。于谦后来回忆自己苦读的经历时说："我昔少年时，垂髫发如漆。锐意取功名，辛苦事纸笔。"[5]史书也记载他发奋读书的情景：面壁读书，废寝忘食，"濡首下帷，足不越户"。二十

① 参见孙高亮：《于谦全传》，浙江人民出版社，1981年，杭州。

② 于谦：《读悟真篇》，《于肃愍公集》，第6卷，明嘉靖刻本，北京图书馆善本部藏。

③ 叶盛：《水东日记》，第30卷，第297—298页，中华书局校点本，1980年，北京。

④ 《皇明大政记》，第17卷，载郑晓：《吾学编》，第69卷，第1叶，明万历二十七年（1599年）刻本，北京图书馆善本部藏。

⑤ 于谦：《忆老婢》，《于肃愍公集》，第1卷，第22页，明嘉靖刻本，北京图书馆善本部藏。

年寒窗，千锤万击，二十四岁考中进士。一个读书人，一个平常人，不历炼千锤万击，不经过刻苦攻读，是不能金榜题名的。

古今中外，英烈雄杰，只有经受千锤万击，磨炼慷慨刚毅大志，学养聪明才智，陶冶优良素质，才能登上历史舞台，做出一番恢宏事业。

于谦考中进士，表明他走出深山，迈入仕途，生命跨进一种新的境界。

二

于谦同许多英雄杰烈一样，在其登上历史舞台之时，都要经过一番艰苦磨炼，方能惊世骇俗，炼化成为人杰。于谦是官宦，清官——"烈火焚烧若等闲"，是于谦生命历程的第二种境界。

于谦从二十四岁中进士，到五十岁丧父（翌年丧母），其间二十六年，是他居官清正廉明、心受"烈火焚烧"的时期。贪官当道，做清官不仅要严于正身律己，而且要严防群小诬谤。明代另一位保卫京师的民族英雄袁崇焕有段名言："勇猛图敌，敌必仇；振刷立功，众必忌。况任劳之必任怨，蒙罪始可有功。怨不深，劳不厚；罪不大，功不成。谤书盈箧，毁言日至，从来如此。"① 在众人皆贪我独清之时，谤书盈箧，毁言日至，自古至今，概莫能外。所以，专制时代，做个清官，既要净化自我，更要战胜群魔。于谦为官、任事，志在抚民、锄殄："豺狼当道须锄殄，饿殍盈岐在抚巡"②；"寄语郎官勤抚字，循良衣钵要人传"③。他在河南，屡布大政，生平《行状》，列举十端：劝籴粮米，备物堰水，减价粜卖，诚祷祈雨，税粮折色，种树凿井，分豁差遣，修筑堤岸，抚赈流民，减征粮布④。于谦任官江西、河南、山西时⑤，昭雪冤囚、兴修水利、疏解流民、落狱论死，都是在烈火中焚烧

---

① 《明熹宗实录》，第 75 卷，天启六年八月丁巳，台北中研院历史语言研究所校勘本，1962 年，台北。

② 于谦：《二月初三日出使》，《忠肃集》，第 11 卷，第 77 叶，《景印文渊阁四库全书》本，台湾商务印书馆，1986 年，台北。

③ 于谦：《过中牟鲁恭祠》，《忠肃集》，第 11 卷，第 4 叶，《景印文渊阁四库全书》本，台湾商务印书馆，1986 年，台北。

④ 《于谦行状》载述："公在河南，屡布大政。其一，劝籴粮米；其二，备物堰水；其三，减价粜卖；其四，摅诚祈祷；其五，税粮折请；其六，种树浚井；其七，分豁差遣；其八，修筑堤岸；其九，抚赈流民；其十，减征粮布。"见《忠肃集·附录》，第 5—6 叶，《景印文渊阁四库全书》本，台湾商务印书馆，1986 年，台北。

⑤ 《成化山西通志》，第 8 卷，第 35 叶，明成化十一年（1475 年）刻本，北京图书馆善本部藏。

其身。

第一，昭雪冤囚，疏劾贪官。永乐十九年（1421 年）于谦成进士，宣德元年（1426 年）选授山西道监察御史。后出使湖广，返京复命，疏劾贪功冒杀将吏，永乐帝下旨切责之。他守按江西，轻骑简从，遍历所部，延访父老，清理积案，厘革乡民之疾苦，平反冤狱以百数，"雪冤囚，数百人"[1]。他疏奏陕西官校，掠民为害，诏遣御史，捕之问罪。他在山西，令"尽夺镇将私垦田为官屯，以资边用。威惠流行，太行伏盗皆避匿"[2]。他劾治"王府之以和买害民者，一道肃然"[3]。他还不避权贵，清理官船货匿私盐者，河道以清。他巡抚地方时，办理个案，惩处贪吏，疏解积困，救民水火，"然公持重，不苟为名，凡所规画，莫不计久远"[4]。不图急功近利，而求造福一方。按惩贪官，为民雪怨，"一方若涤，颂声满道"[5]。

第二，咨访民隐，兴修水利。于谦巡抚河南、山西，这是两个多灾的地区。以河南为例，非旱即涝，遇上河决，汪洋千里，灾民遍野。山西也是十年九旱，北边兵荒，黎民受苦。于谦上任后，"遍历诸州县，察时所急、事所宜兴革，即草言之，一岁章数上"[6]。他还奏免山西山陵役夫一万七千余人。宣正年间，黄河屡决。如宣德六年（1431 年），于谦疏奏：开封等府，"夏秋水溢，田多淹没"[7]。于谦殚心竭虑，治理河患。《明史》本传记载："河南近河处，时有冲决。谦令厚筑堤障，计里置亭，亭有长，责以督率修缮。并令种树凿井，榆柳夹路，道无渴者。"[8]据方志记载：黄河决，噬汴堤，"谦躬至其地，解所服衣以塞决口"[9]。水退民安，民众

———————

① 《江西通志》，第 58 卷，第 6 叶，《景印文渊阁四库全书》本，台湾商务印书馆，1986 年，台北。

② 《明史·于谦传》，第 170 卷，第 4544 页，中华书局校点本，1974 年，北京。

③ 倪岳：《神道碑》，《忠肃集·附录》，《景印文渊阁四库全书》本，台湾商务印书馆，1986 年，台北。

④ 王源：《居业堂文集》，第 1 卷，第 5 页，上海商务印书馆，1936 年，上海。

⑤ 王世贞：《弇州山人续稿》，第 207 卷，第 12 叶，明刻本，北京图书馆善本部藏。

⑥ 《山西通志》，第 85 卷，第 6 叶，《景印文渊阁四库全书》本，台湾商务印书馆，1986 年，台北。

⑦ 《明宣宗实录》，第 76 卷，宣德六年二月戊午，台北中研院历史语言研究所校勘本，1962 年，台北。

⑧ 《明史·于谦传》，第 170 卷，第 4544 页，中华书局校点本，1974 年，北京。

⑨ 《嘉靖河南通志》，第 24 卷，第 18 叶，明嘉靖三十四年（1555 年）刻本，北京图书馆善本部藏。

怀念。今开封城北辛庄尚有于谦督造的"镇河铁犀"[1]，是其督率民众治理黄河的历史铁证。

第三，赈灾免赋，疏解流民。宣德间，河南、山西等地灾荒，于谦受命为巡抚御史。他处理国家与农民的关系时，是两者利益兼顾，而不是益上损下。宣德十年（1435 年），于谦疏奏："河南连岁灾伤，人民艰食，乞减半取之。"获允[2]。正统六年（1441 年），他疏请开官仓、济穷民："今河南、山西，积谷各数百万。请以每岁三月，令府、州、县报缺食下户，随分支给。先菽秫，次黍麦，次稻。俟秋成偿官，而免其老疾及贫不能偿者。"其州、县官吏秩满当迁，"而预备粮储未完者，不得离任"[3]。未完成任务者，不得异地做官。此疏诏行之。时山东、陕西流民，携家带眷，就食河南，二十余万。此事处理不当，或会酿成民变。于谦行事慎重，妥善对待：一是请发官仓积粟赈济，二是奏令布政使授给田、牛、种，三是抚籍立乡都十万余户，四是请乡里有司监察之。由是，化解流民，定籍耕农，疏缓民瘼，安定社会。

第四，得罪宦官，落狱论死。于谦为官正直，上不贿要，下不纳赂。他每入京议事时，人问其何不囊金银、带土物，贿赂当路耶？谦笑而举其两袖曰："吾惟有清风而已。"汴人诵其见志之诗，曰："手帕蘑姑[4]与线香，本资民用反为殃。清风两袖朝天去，免得闾阎话短长。"[5]《明史》本传亦载：于谦"每议事京师，空橐以入，诸权贵人不能无望"。他痛恨贪官污吏，将其比作吞食民羊的虎狼。其《犬》

---

① 于谦撰《铁犀铭》："百炼玄金，熔为金液。变幻灵犀，雄威赫奕。镇厥堤防，波涛永息。安若泰山，固如磐石。水怪潜形，冯夷敛迹。城府坚完，民无垫溺。雨顺风调，男耕女织。四时循序，百神效职。亿万闾阎，措之枕席。惟天之休，惟帝之力。尔亦有庸，传之无极。"（《嘉靖河南通志》第 41 卷，明嘉靖三十四年 [1555 年] 刻本）。

② 《明宣宗实录》，第 3 卷，宣德十年三月辛巳，台北中研院历史语言研究所校勘本，1962 年，台北。

③ 余继登：《典故纪闻》，第 11 卷，第 197 页，中华书局校点本，1981 年，北京。

④ 郎瑛：《七修类稿》，第 13 卷，《于肃愍诗》云："手帕蘑菇及线香，本资民用反为殃。清风两袖朝天去，免得乡间话短长。"瑛为谦同里，而比谦稍晚。《辞海》清风两袖条载："于少保（谦）尝为兵部侍郎，巡抚河南，其还京日，不持一物，人传其诗云：'绢帕蘑姑与线香，本资民用反为殃。清风两袖朝天去，免得闾阎话短长。'"

⑤ 《嘉靖河南通志》，第 24 卷，第 18 叶，明嘉靖三十四年刻本。又见于谦同里郎瑛《七修类稿·于肃愍诗》，但其末句略有不同，为"免得乡间话短长"；另见《万历杭州府志》，但其末句亦略有不同，为"免得闾阎说短长"。另见叶盛：《水东日记·于节庵遗亭》，第 5 卷，第 56 页，中华书局，1980 年，北京。

诗云："于今多少闲狼虎，无益于民尽食羊。"[1] 好人谋事，小人谋人。谋人者怠于任事，谋事者疏于防身。古往今来，莫不如此。于谦在朝在省，革积弊[2]，立新章，执法严，敢赜决，得罪了一些人。"太监王振持权势，以谦无私谒，属言官廷劾谦怨望"[3]。于谦遭到诬奏，下狱论死。但山西、河南"吏民伏阙上书，请留谦者以千数，周、晋诸王亦言之，乃赦谦以大理寺少卿复往巡抚"[4]。后得释，迁京官。一个官员不为民做点实事好事，百姓是不会伏阙恳留的。

于谦之为官、为人，恤民公廉，品行高洁，"不以一己之利为利，而使天下受其利；不以一己之害为害，而使天下释其害"[5]。正如元好问在《薛明府去思口号》中所说："能吏寻常见，公廉第一难。"于谦之所以能居官公廉，是缘于他"不辞辛苦出山林"，走出书斋，踏上仕途，便立下《咏煤炭》中的官箴偈言："但愿苍生俱饱暖。"他一生清素，廉洁方正，"食不重味，衣不重裘，乡庐数椽，仅蔽风雨，薄田数亩，才供饘粥"[6]。籍没之时，家无余赀。他步入仕途，众醉独醒，官场生涯，险象环生。二十年官宦，洁不同污，烈火焚烧，视若等闲。一个做官人，不经烈火焚烧其身，不能成为公廉清官。

古今中外，英烈雄杰，不经过烈火焚烧，不经受三灾八难，不能战胜群魔，也就不能成佛。

于谦成为清官，百姓景仰，建祠祀之，表明他将承担大任，生命升华到一种新的境界。

三

于谦同许多英雄杰烈一样，在其登上历史舞台之巅前，都要经过一番艰苦淬

---

① 林寒、王季编选：《于谦诗选》（修订增补本），第110页，浙江人民出版社，1982年，杭州。又郎瑛《七修类稿》第37卷引述《桑》《犬》二诗之后论说，意二诗不类于公本集之句，予问之先辈云云，"或曰《犬》诗乃先正李时勉者，未知孰是"。

② 《于节庵疏》第4卷《教习功臣子孙疏》载："国家隆古崇德报功之典，凡勋臣之家前代既加褒锡，后世子孙得以承袭爵禄，或遇蒙任使管理军务。然彼皆出自膏粱，素享富贵，惟务安佚，不习劳苦。贤智者少，荒怠者多。当有事之际，辄欲委以机务，莫不张惶失措，一筹莫展。不惟有负朝廷恩遇之隆，抑且恐误天下要切之事。评其所自，皆平日养成骄惰，不学无术之所致也。"

③ 查继佐：《罪惟录》，第11卷上，第1635页，浙江古籍出版社，1986年，杭州。

④ 《山西通志》，第85卷，第7叶，《景印文渊阁四库全书》本，台湾商务印书馆，1986年，台北。

⑤ 黄宗羲：《明夷待访录·原君》，第1页，中华书局，1981年，北京。

⑥ 张瀚：《松窗梦语》，第7卷，第129—130页，中华书局校点本，1985年，北京。

炼，方能锋利坚刚，成为人杰。于谦官尚书，彻悟——"粉骨碎身全不惜"，是于谦生命历程的第三种境界。

于谦临大事，决大议，毅然果断，莫可夺志。他生命中的最大考验是遇上"两变"——"土木之变"和"夺门之变"（后节论述）。蒙古瓦剌部首领也先（额森）崛兴，其权力所控，西起阿尔泰山，东达鸭绿江边，成为全蒙古的大汗。也先骄横，屡犯塞北。正统十四年（1449年）八月，他率骑大举南犯，兵至大同。瓦剌兵所过之处，剽掠人畜，"草房焚烧，人迹萧疏，十室九空"[1]。时明朝已走过洪武、永乐、洪熙、宣德的兴盛期。但明英宗年轻气盛，在有着"父亲、母亲、老师、朋友、保姆"五重身份的太监王振怂恿下，不察敌情，毫无准备，率五十万大军，御驾亲征。师至土木，全军覆没[2]。明英宗被俘，王振等皆死，"官军人等死伤者数十万"[3]。败兵裸祖，争竞奔逸，"相蹈藉死，蔽野塞川"[4]。这在中国历史上，空前绝后。朝鲜李朝世宗李裪也认为："中国之变，千古所无。"[5]败报传京，举朝大震。留守京师的兵部侍郎于谦，在社稷兴亡、民族盛衰之际，显出大智大勇、英雄壮色。于谦在历史转折关头，"得失纷纷随梦蝶，公私扰扰付蛙鸣"[6]，不计得失，不顾安危，大义凛然，勇担重任，内总机宜，外修兵政，"保固京师，奠安社稷"[7]。

第一，斥迁都，惩阉奴。英宗被俘，国中无主，君出房入，朝野惶惧。在廷议战守之策时，"群臣聚哭于朝"，人心惶惶，明祚危危。侍讲徐珵（有贞）言："天命已去，惟南迁可以纾难。"[8]于谦恸哭[9]斥曰："言南迁者，可斩也！京师天下

① 于谦：《兵部为备边保民事疏》，《忠肃集》，第1卷，第15叶，《景印文渊阁四库全书》本，台湾商务印书馆，1986年，台北。

② 陈学霖教授《李贤与"土木之变"史料》考证："李贤以御史扈从，在大军起行不数日，已察觉形势不利，大难临头，曾与三数同僚谋议，雇用一武士捽杀主谋宦官王振，然后班师回朝。此计虽未实现，但深具意义，对整个事件极为重要，宜为史官大书于篇。不过，近人对此事的认识却为夏燮《明通鉴》贻误，因为夏氏误书其主谋为吏部尚书曹鼐，张冠李戴，湮没李贤的功劳，影响后人视听。"上文揭载于《明代人物与传说》，香港中文大学出版社，1977年，香港。

③ 《明英宗实录》，第181卷，正统十四年八月壬戌，台北中研院历史语言研究所校勘本，1962年，台北。

④ 谷应泰：《明史纪事本末》，第32卷，第474页，中华书局校点本，1977年，北京。

⑤ 《李朝世宗实录》，第126卷，三十一年十月乙丑，日本学习院东洋文化研究所，1959年，东京。

⑥ 于谦：《连日灯花鹊噪漫成》，《忠肃集》，第11卷，第44叶，《景印文渊阁四库全书》本，台湾商务印书馆，1986年，台北。

⑦ 陆容：《菽园杂记》，第4卷，第45页，中华书局，1985年，北京。

⑧ 《明史·徐有贞传》，第171卷，第4561页，中华书局校点本，1974年，北京。

⑨ 郑晓：《吾学编》，第69卷，第3叶，明万历二十七年（1599年）刻本，北京图书馆善本部藏。

根本，一动则大势去矣，独不见宋南迁乎！"①众是其言，守议乃定。在朝堂之上，廷臣议请族诛王振，振党马顺抗辩，相互击打，朝班大乱。郕王疑惧，欲避退，大臣亦多敛避。时"谦坚立不动，掖王且留，请降旨宣谕顺罪应死"②！于是，王宣谕曰："顺等罪当死！"众官激情渐稳定③，于谦袍袖，为之尽裂。以上两事，见其胆识，时于谦仅为贰卿。明大学士叶向高评论道："当其时，举朝仓皇，莫知为计。至倡南迁之议，而忠肃公以一贰卿，奋然当祸变之冲，独任天下之重，力排邪说，尊主重皇"④，国体弥尊，宸枢再奠。

第二，立新君，主战守。英宗被俘，社稷危难。"上北狩，廷臣间主和，谦辄曰：'社稷为重，君为轻。'"⑤于谦等拥立郕王即位，是为景泰帝。于谦为兵部尚书⑥，主持京师防守大计。他精心备战：分派官将，严守九门；缮备器械，简兵补卒；支出仓粮，坚壁清野⑦。他提督各营军马，列阵九门外，抵挡瓦剌也先来兵。他移檄切责主和者，由是"人人主战守，无敢言讲和者"⑧。他申约束、严军令："临阵，将不顾军先退者，斩其将；军不顾将先退者，后队斩前队。"⑨军纪为之肃然，军威因之大振。

第三，督军民，卫京师。十月，也先率军，挟持英宗，兵临北京城下。于谦"躬擐甲胄，率先士卒，以死自誓，泣谕三军"⑩。官兵皆受感奋，勇气百倍，矢志"捐躯效死，以报国恩"⑪。于谦提督各营军马，镇于九门，奋力御守。明军在德胜门、西直门、彰义门先后分别击败瓦剌军。也先弟孛罗和平章卯那孩中炮死。也

---

① 《明史·于谦传》，第170卷，第4545页，中华书局校点本，1974年，北京。
② 《嘉靖浙江通志》，第46卷，第28叶，明嘉靖年间刻本，北京图书馆善本部藏。
③ 《明英宗实录》，第181卷，正统十四年八月戊辰，台北中研院历史语言研究所校勘本，1962年，台北。
④ 叶向高：《于忠肃公集·序》，《于忠肃公集》卷首，明万历年间刻本，收入《武林往哲遗著丛书》，中国科学院图书馆藏。
⑤ 谷应泰：《明史纪事本末》，第22卷，第458页，中华书局校点本，1977年，北京。
⑥ 李贽：《太傅于忠肃公》，《续藏书·经济名臣》，第15卷，第307页，中华书局，1959年，北京。
⑦ 何良俊《四友斋丛说》第6卷载："己巳之变，议者请烧通州仓以绝虏望。于肃愍曰：国之命脉，民之膏脂，顾不惜耶！传示城中有力者恣取之。数日粟尽入城矣。"
⑧ 《明史·于谦传》，第170卷，第4547页，中华书局校点本，1974年，北京。
⑨ 《明史·于谦传》，第170卷，第4546页，中华书局校点本，1974年，北京。
⑩ 《万历杭州府志》，第77卷，第2叶，明万历七年（1579年）刻本，北京图书馆善本部藏。
⑪ 于谦：《兵部为边务事疏》，《忠肃集》，第2卷，第31叶，《景印文渊阁四库全书》本，台湾商务印书馆，1986年，台北。

先又移军京师北土城，"居民皆升屋，以砖瓦掷之"[1]，号呼击寇，哗声动天。军民合力，奋勇打拼，激战数日，击退瓦剌，取得京师保卫战的胜利。景泰元年（1450年）春夏间，败瓦剌军于万全，并加强了居庸、大同、宣府的御守。也先兵攻不胜，用间不逞，始有送还英宗之意。

第四，迎英宗，设京营。是否迎回英宗，于谦处境两难：朝臣意见不一，景泰帝亦不悦。于谦从大局着眼，劝景泰帝奉迎太上皇。景泰帝勉强言曰："从汝，从汝！"[2]《明史》本传载：上皇归，"谦力也"。这是对当时舆论界认为于谦反对迎归英宗的辩驳。朱祁镇回京，被安置于南宫[3]。"一时君臣自信，旧君决无反正之理"，但是，"嫌积衅开，恨深仇巨"[4]，易位之变，埋下祸根。于谦为加强皇都卫戍，改革京营旧体制，设立团营之制。先是，永乐帝迁都北京后，逐渐健全京军三大营，即五军营（肄营阵）、三千营（肄巡哨）、神机营（肄火器）。但土木之败，京军败没几尽。于谦认为传统军制弊病在于：三大营各为教令，不相统一，临期各地调拨，兵将互不相识。这种军队，不能适应新形势御敌之需。他整顿军伍，严肃军纪[5]，加强卫戍，奏设京营。于谦奏请："于诸营选胜兵十万，分十营团练。"[6]其意义在于：一是统一指挥，二是选拔精锐，三是严密组织，四是分明责任，五是兵将相习，六是严明号令。京营之制，由此一变。《明史·兵志》说："于谦创立团营，简精锐，一号令，兵将相习，其法颇善。"但是，英宗复辟，于谦死，团营罢。后复之，旋又罢。尔后，京营腐败，武备废弛，京营之军："官多世胄纨绔，平时占役营军，以空名支饷，临操则肆集市人，呼舞博笑而已。"临阵时，"驱出城门，皆流涕不敢前，诸将领亦相顾变色"[7]。京营军制的腐败，后来在嘉靖庚戌之役和崇祯己巳之役，先败于蒙古军，后败于满洲军，就是两个例证。

---

[1] 《明英宗实录》，第184卷，正统十四年十月辛酉，台北中研院历史语言研究所校勘本，1962年，台北。

[2] 朱国祯：《涌幢小品》，第20卷，第5页，上海进步书局，1936年，上海。

[3] 沈德符：《万历野获编》，英宗"先以正统十四年八月十五日壬戌车驾北狩，至次年八月十五日丙戌还京。凡蒙尘恰一年，不差一日。自是居南宫者七年，以天顺元年正月十七日壬午复辟登极，至天顺八年正月十七日己巳晏驾，前后不差一日"。见同书第1卷，第21页，中华书局点校本，1959年，北京。

[4] 周复俊：《泾川诗文集》，第6卷，第56叶，明万历二十年（1592年）刻本，北京图书馆善本部藏。

[5] 于谦：《兵部为整点军伍疏》《兵部为禁约操军疏》，《忠肃集》，第5卷、第41叶，第6卷、第11叶，《景印文渊阁四库全书》本，台湾商务印书馆，1986年，台北。

[6] 《明史·兵志一》，第89卷，第2177页，中华书局校点本，1974年，北京。

[7] 《明史·兵志一》，第89卷，第2179页，中华书局校点本，1974年，北京。

于谦保卫京师的历史意义，查继佐将其比作朱棣的靖难之役："而谦之再造，更光于靖难。"[1]此论偏隘。前者仅囿于帝统血胤的承续，后者则干系民族文化的盛衰。袁裘则论曰："于公以一书生，砥砺狂澜，屹然不动，坐使社稷，危而复安。观其分守九门，移营城外[2]，坚壁清野，三鼓士气，空房设伏，诱败敌骑[3]。而丧君有君，庙算无失，专意战守，罢黜和议，计擒喜宁，芟除祸本。故能返皇舆于绝漠，正帝座于黄屋。谋国之善，古未闻也。"[4]同上评论，如出一辙，黄宗羲在《明夷待访录》中揭示："盖天下之治乱，不在一姓之兴亡，而在万民之忧乐。"于谦率领中原军民，抗击瓦剌也先南犯，其历史意义在于：不仅是维护大明社稷、保卫皇都北京，而且是捍卫农耕文明、抵御草原文化侵扰。于谦保卫京师之业绩，实践了其文山像赞辞："衣间别有文山句，千载令人拭泪看。"[5]一介书生，一个官员，不经粉身碎骨的考验，焉能成为英烈豪杰。

古今中外，不经过大悲大劫，不身历大苦大难，绝不能建树大功大业，盖不能成就千古英烈。

于谦成为勋臣，国之栋梁，百姓景仰，但是，泰极否来，月盈则亏，他的生命又升入一种新的境界。

四

于谦同许多英雄杰烈一样，在其退出历史舞台之后，都要经过长期历史检验，受得历史检验者，永留清白在人间，成仁取义薪火传。于谦身后谥忠肃，成仁——"要留清白在人间"，是于谦生命历程的第四种境界。

于谦真正经受粉身碎骨的考验，是明英宗朱祁镇的土木之变（前文已述）和夺门之变。夺门之变是一场惊心动魄的死生之争。与谋者徐珵改名有贞，临事诀

---

[1] 查继佐：《罪惟录》，第11卷上，第1368页，浙江古籍出版社，1986年，杭州。

[2] 《明英宗实录》正统十四年十月丙辰载："赖有盔甲军士但不出城者斩。是时有盔甲者仅十之一云。"

[3] 《康熙钱塘县志》，第18卷，第4叶，清康熙五十七年（1718年）刻本，北京图书馆善本部藏。

[4] 谈迁：《国榷》，第32卷，第2024页，中华书局影印本，1958年，北京。

[5] 于谦：《和何知州交趾死节韵》，《忠肃集》，第2卷，第31叶，《景印文渊阁四库全书》本，台湾商务印书馆，1986年，台北。

别家人曰："事成，社稷之福；不成，家族之祸。去矣！归耶，人；不归，鬼！"①
有论者曰：于谦应在徐有贞、石亨等发动政变之前，将其阴谋粉碎，党羽一网打
尽。于谦是一位受儒家思想教育的人，忠君是其基本的理念。他当时的处境是，
一仆四主——朱祁镇及其太子见深和朱祁钰及其太子见济，左右不是，前后为难，
易主易储，难以两全。朱祁镇复辟成功后，如何处置于谦？政治斗争是残酷的，
既然是"夺门"，又要称"迎驾"②。徐有贞说："不杀于谦，今日之事无名。"③于谦
无罪，以"意欲"两字成狱，定谳谋逆，被处死刑。于谦成了朱祁镇和朱祁钰兄
弟皇位争夺的替罪羊。朱祁镇是太上皇，朱祁钰则是今上，二者你死我活，于谦
站在何方？屠隆论曰：于谦"顾念身一举事，家门可保，而两主势不俱全；身死
则祸止一身，而两主亡。方徐、石兵夜入南城，公悉知之，屹不为动，听英宗复
辟，景庙自全，功则归人，祸则归己。公盖可以无死，而顾以一死，保全社稷者
也"④。此种评论，颇中肯綮。在当时历史条件下，言干天位，事关社稷，于谦作为
一位正统高级知识官员，其最佳的选择只能是舍生取义，杀身成仁。正如陈继儒
所言，于公"敢于任死，而闷于暴名"。做社稷之忠臣，结社稷之正局。此非豪杰
之勇，实乃大贤之仁。这从于谦的政治理念、生命价值、道德情操、处世原则四
个方面可以得到诠释。

于谦的政治理念是，重社稷，爱苍生。他以"功在朝廷，泽被生民"⑤作为人
生的旨归。一个英雄的生命源泉，必有高尚之爱。爱之愈深，情操愈洁；爱之愈
广，品格愈高。于谦虽出生于官宦世家，家风勤俭清励，乃父清介不仕，故经济
并不宽裕。他的《祭亡妻》文云："吾家素贫，日用节俭"⑥，仅为中产，当属实情。

---

① 郎瑛：《七修类稿》，第 13 卷，第 190 页，中华书局，1959 年，北京。但其标点"去矣归耶，
人不鬼归"，错断，盖误。夏燮《明通鉴》第 27 卷、第 1089 页："有贞焚香祝天，与家人诀，曰：'事
成社稷利，不成门族，祸归人不归，鬼矣。'"引文见中华书局 1959 年版。此段标点有误，似应作："有
贞焚香祝天，与家人诀曰：'事成，社稷利；不成，门族祸。归，人；不归，鬼矣！'"

② 《明史·李贤传》载："及亨得罪，帝复问贤'夺门'事。贤曰：'迎驾'则可，'夺门'岂可示
后。天位乃陛下固有，夺即非顺。……帝悟曰：'然。'"

③ 王源：《居业堂文集》，第 1 卷，第 10 页，上海商务印书馆，1936 年，上海。

④ 谈迁：《国榷》，第 32 卷，第 2025 页，中华书局影印本，1958 年，北京。又，礼部尚书姚夔
后将其议稿出示于郎中陆昶，昶再言及王锜。锜著《寓圃杂记·英宗复辟》载述其事。

⑤ 于谦：《赵尚书诗集·序》，《忠肃集》，第 11 卷，第 1 叶，《景印文渊阁四库全书》本，台湾
商务印书馆，1986 年，台北。

⑥ 于谦：《祭亡妻淑人董氏文》，《忠肃集》，第 12 卷，第 18 叶，《景印文渊阁四库全书》本，台
湾商务印书馆，1986 年，台北。

他居官"门第萧然,不容私谒"①。他节俭的生活,朴素的思想,比较贴近平民,也容易怜悯百姓。仅据《忠肃集》粗略统计,他写下三十四首悯农诗,占其诗作总数的近百分之十。诸如《田舍翁》《采桑妇》《收麦诗》《悯农》以及《喜雨》之作等。其《田舍翁》云:

> 可怜憔悴百年身,暮暮朝朝一盂粥。
> 田舍翁,君莫欺。
> 暗中腹剥民膏脂,人虽不语天自知。②

其《悯农》诗亦云:

> 无雨农怨咨,有雨农辛苦。
> 农夫出门荷犁锄,村妇看家事缝补。
> 可怜小女年十余,赤脚蓬头衣蓝缕。
> 提篮朝出暮始归,青菜挑来半沾土。
> 茅檐风急火难吹,旋爇山柴带根煮。
> 夜归夫妇聊充饥,食罢相看泪如雨。
> 泪如雨,将奈何。有口难论辛苦多。
> 嗟尔县官当抚摩。③

这是于谦能够成为廉洁清官的灵魂写照。这般高尚之人,不趋炎邀利,不乘时迎合,重名节,轻财帛。

于谦的生命价值是重名节,轻财帛。他的《无题》诗略云④:

> 名节重泰山,利欲轻鸿毛。
> 所以古志士,终身甘缊袍。

---

① 《明英宗实录》,第 274 卷,天顺元年正月丙寅,台北中研院历史语言研究所校勘本,1962 年,台北。

② 于谦:《田舍翁》,《忠肃集》,第 11 卷,第 8 叶,《景印文渊阁四库全书》本,台湾商务印书馆,1986 年,台北。

③ 于谦:《悯农》,《于节庵诗集》,第 1 卷,第 13 叶,明刻本,北京大学图书馆善本室藏。

④ 于谦:《无题》,《于肃愍公集》,第 1 卷,第 20 叶,明嘉靖刻本,北京图书馆善本部藏。

胡椒八百斗，千载遗腥臊。

一钱付江水，死后有余褒。

苟图身富贵，腹剥民脂膏。

国法纵未及，公论安所逃。

　　于谦淡泊名利，冀求清白，尝以"清风一枕南窗卧，闲阅床头几卷书"①自慰。他一心任事，不怕丢官："好在故园三亩宅，功成身退是男儿"②。他不摆官谱，为政清廉："因葬亲徒步还乡，不烦舆传"③。他生活简朴，衣食清素："衣无絮帛，食无兼味"④。他笑看长生，安于清贫："修短荣枯天赋予，一官随分乐清贫"⑤。他爱民如子，看重清名："有司牧民当体此，爱养苍生如赤子。庶令禄位保始终，更有清名播青史。剥民肥己天地知，国法昭昭不尔私。琴堂公暇垂帘坐，请诵老夫收麦诗。"⑥于谦重视国法，爱养苍生，珍重名节，轻薄利欲，体现了其高尚的情操。

　　于谦的道德情操是志高远，内自省。于谦有远大的目标，宽广的襟怀。他念苍生，悯农夫，这在明朝腐败官场中是十分可贵的。他以诗词表述自己的念农情怀："好挽银潢作甘雨，溥沾率土润苍生"⑦；"安得天瓢都挽取，化为甘雨润苍生"⑧。他希望自己能有一把天瓢，挽取银河之水，化作甘霖，滋润禾苗，获得丰年，乐安苍生。于谦以儒家内省，严于律己，不断反思。人之所以犯错误，多源于自是自私，而鲜于自察自省。据初步统计，于谦反思的诗如《自叹》四首、《自咎》四首、《初度》四首，都充满了自律、自省、自责、自咎的可贵精神。这种内心自省，不仅净化灵魂，而且趋近自然。

　　于谦的处世原则是分善恶，辨正邪。君子与小人，水火不相容。明永乐十九年（1421年），于谦同科进士刘球，官翰林侍讲，以直谏，触王振。振大怒，下球狱，属太监马顺杀之。"顺深夜携一小校至球所。球方卧，起立，大呼太祖、太

---

　　① 于谦:《初度》,《忠肃集》,第 10 卷,第 39 叶,《景印文渊阁四库全书》本,台湾商务印书馆,1986 年,台北。

　　② 于谦:《还京述怀》,《忠肃集》,第 11 卷,第 40 叶,《景印文渊阁四库全书》本,台湾商务印书馆,1986 年,台北。

　　③ 《万历杭州府志》,第 77 卷,第 6 叶,明万历七年（1579 年）刻本,北京图书馆善本部藏。

　　④ 尹守衡:《明史窃》,第 51 卷,明崇祯十年（1637 年）刻本,台北"中央图书馆善本部"藏。

　　⑤ 于谦:《初度日》,《于肃愍公集》,第 3 卷,第 10 叶,明嘉靖刻本,北京图书馆善本部藏。

　　⑥ 于谦:《收麦诗》,《于节庵诗集》,第 1 卷,第 14 叶,明刻本,北京大学图书馆善本室藏。

　　⑦ 于谦:《晋祠祷雨晓行》,《于肃愍公集》,第 3 卷,第 11 叶,明嘉靖刻本,北京图书馆善本部藏。

　　⑧ 于谦:《春水》,《于肃愍公集》,第 3 卷,第 6 叶,明嘉靖刻本,北京图书馆善本部藏。

宗。颈断，体犹直。遂支解之，瘗狱户下"①。于谦敬仰他的同年，作《刘侍讲画像赞》②。其文曰：

> 铁石肝肠，冰玉精神。超然物表，不浼一尘。古之君子，今之荩臣。才足以经邦济世，学足以尊主庇民。持正论以直言，遭奸回而弗伸。获乎天而不获乎人，全其道而不全其身。……噫，斯人也，正孔、孟所谓取义成仁者欤！

上述赞辞，像面镜子，映照出一位英烈的崇高形象：铁石肝肠、冰玉精神，全其天道，不顾尔身，舍生取义、杀身成仁，伟哉烈哉，忠肃于谦！

人生于自然，死归于自然。于谦借煤炭喻人生："但愿苍生俱饱暖，不辞辛苦出山林。"③煤炭是无私的，它的出山，为着人间的温暖。于谦又借孤云喻人生："大地苍生被甘泽，成功依旧入山林。"④天云也是无私的，它造福万民后，不求报答，遁入山林。于谦说："人生不满百，常为千岁计。图利与求名，昂昂争意气。昼营夜复思，顾恐力弗至。一旦寿命终，万事皆委弃。"⑤于谦遭诬，虽死犹生，后世民众，立祠景仰。河南父老，建庇民祠祀之⑥。帝都北京，"公被刑日，阴霾翳天，京师妇孺，无不洒泣"⑦。后将其故居改祠，堂三楹，中塑公像，春秋享祭⑧。颂云："庙

---

① 《明史·刘球传》，第162卷，第4406页，中华书局校点本，1974年，北京。

② 于谦：《刘侍讲画像赞》，《于肃愍公集》，第8卷，第1叶，明大梁书院嘉靖丁亥（1527年）刻本（清光绪重刻本），中国科学院图书馆藏。

③ 于谦：《咏煤炭》，《忠肃集》，第11卷，第45叶，《景印文渊阁四库全书》本，台湾商务印书馆，1986年，台北。

④ 于谦：《孤云》，《于肃愍公集》，第6卷，第1叶，明嘉靖刻本，北京图书馆善本部藏。

⑤ 于谦：《无题》，《于节庵诗集》，第1卷，第14叶，明刻本，北京大学图书馆善本室藏。

⑥ 《嘉靖河南通志》，第18卷，第8—9叶，明嘉靖三十四年（1555年）刻本，北京图书馆善本部藏。该志记载："庇民祠在府治西，祀侍郎于谦。成化中，汴父老建，即公之寓廊所也。正德十年重修，每岁春秋有司致祭。"李梦阳记注曰："开封城马军衙桥西，故有于少保祠云。初，公以定倾保大之功，居无何而死。于是天下人闻公死，咸惊而疑，而涕泣，语曰：鹭鹚冰上走，何处觅鱼嗛。而公前巡抚河南时，实廨马军衙桥西，而梁父老于是闻公死咸涕泣，日相率潜诣公廨为位哭奠焉。会纯皇帝立诏曰：少保谦冤，宥其家而遣（官）祭其墓。乃梁父老则又咸涕泣相率私起祠故廨，傍祠公伏腊忌。梁父老则把香曳筇跂履若少壮，咸翼如不期而至，稽首祠下哭，填门塞户！又敬皇帝立诏曰：少保谦特进光禄大夫、柱国、太傅，谥肃愍，立祠岁春秋礼之。而曰旌功祠焉。于是梁父老则又咸涕相率数百千人诣阙门伏诉：少保谦前兵部侍郎时巡抚功云，愿立祠如杭祠，不报。而梁父老归，伏腊忌岁，乃聚哭公于私祠，今三十年余矣！"

⑦ 孙承泽：《春明梦余录》，第22卷，第14叶，广陵古籍刻印社，1990年，扬州。

⑧ 《日下旧闻考》，第46卷，第720页，北京古籍出版社，1981年，北京。

食帝城东,巍峨天人表。"① 京师于少保祠② 成为北京历史文化胜迹③。在杭州,于谦祠墓,受到景仰。明宪宗成化帝在追录于少保时,借用李荐之语:"皇天后土,鉴生平忠义之心;名山大川,还万古英灵之气。"④ 超然物外,一身正气。明孝宗弘治帝以于谦"能为国家建大议、决大事而成非常之功",谥曰"肃愍"⑤,祠额曰"旌功"⑥。明神宗万历帝以于谦"有鞠躬报国之节,有定倾保大之勋",改谥曰"忠肃"⑦。后又"祠于谦'忠节'"⑧。于谦被尊称为"于忠肃公"⑨。

古今中外,英烈雄杰,经过大苦大悲,大劫大难,成就大义大仁,大智大贤,受到百姓景仰,万民颂传,载诸历史典籍,千古不朽。中国历史上的岳飞、文天祥、于谦、袁崇焕等都是如此。他们的人生,都经历了千锤万击、烈火焚烧、粉骨碎身的三种境界,最后升华为第四种境界——留下清白在人间,完善人格,史册永垂,为中华文明,为人类正义,增加新的财富,增添新的光彩。于谦"要留清白在人间",是他留给中华民族优秀文化遗产中最重要的精神财富,即:其品清介,清励忠介;其性清鲠,清素骨鲠;其官清廉,清正公廉;其人清白,清芬洁白。于谦像一颗明星从天庭中陨落,划破黑夜的长空,给人间带来光明。于谦之

---

① 刘侗、于奕正:《帝京景物略》,第2卷,第51页,北京古籍出版社,1980年,北京。

② 查慎行《人海记》(清钞本)上卷载:"崇文门内旧有于忠肃公祠,万历乙未二月己未敕建。额曰'忠节'。本朝顺治中,公之像被毁。吾邑人谈孺木作《吊于太傅祠文》以悯之。今相传为京师城隍神。"

③ 京师于少保祠,清初孙承泽《春明梦余录》载其"在崇文门内东裱背巷,公故赐宅也。祠三楹,祀少保兵部尚书于谦,塑公像危坐,岁春秋遣太常官致祭。"朱一新《京师坊巷志稿》载:"于忠肃祠,万历乙未二月己未敕建。顺治中,公像被毁。"乾隆中,励宗万奉命对京城古迹做调查,其《京城古迹考》云:"乃遍访故巷,悉为居民,求所谓忠肃祠者,皆曰不知。"清末,震钧《天咫偶闻》载:"于忠肃祠,在裱背胡同,芜废已久,近始重修,浙人逢春秋闻,居为试馆。"1984年5月24日,北京市人民政府决定"于谦祠"为北京市重点文物保护单位,其址今为北京市东城区西裱褙胡同23号。

④ 孙承泽:《天府广记》,第9卷,第104页,北京古籍出版社,1984年,北京。

⑤ 《明孝宗实录》,第33卷,弘治二年十二月辛卯,台北中研院历史语言研究所校勘本,1962年,台北。

⑥ 赵其昌主编《明实录北京史料》(北京古籍出版社)第581页,引录《明孝宗实录》弘治二年十二月辛卯于谦条,脱"愍"字;《明神宗实录》万历十七年十二月丙子于谦条,缺漏。

⑦ 《明神宗实录》,第218卷,万历十七年十二月丙子,台北中研院历史语言研究所校勘本,1962年,台北。

⑧ 《万历邸钞》,中册,第882页,万历二十三年二月,广陵古籍刻印社,1991年,扬州。

⑨ 人民文学出版社1988年出版孙一珍校点的《于少保萃忠全传》,书首页有于谦画像一幅,像下题"于肃公像"。于谦死后,弘治二年(1489年)谥"肃愍",万历十七年(1589年)改谥"忠肃"。所以,于谦画像下题"于忠肃公像"为是,而题"于肃公像"为错。

死，程敏政曰："主于柄臣之心，和于言官之口，裁于法吏之手。"①有人称此话为公论，愚实以为不然。应当说，于谦以伟功取奇祸，死于英宗之意。在帝制时代，君为主，臣为客。黄宗羲于历明清甲乙之际，睹君主专制腐败，因之痛言："为天下之大害者，君而已矣！"②在君主专制时代，柄臣、言官、法吏、阉宦，都是皇帝的奴才和鹰犬。有了主子的隐示，他们便幸于迎合，钟于忌贤，趋炎阿附，乘时邀利。应当说，于谦之冤死，主于英宗之心，出于佞臣之谋，行于群小之诬，裁于污吏之手。真乃"此一腔血，竟洒何地！"③冤死西市，苍天悲泣。黄宗羲曾言："杀其身以事其君，可谓之臣呼？曰：否！"然而，对于谦不能做超越时代的苛求。

于谦生命历程的四种境界，是其留给后人的精神财富。于谦之死，不仅是于忠肃公的个人悲剧，而且是中华文明的一场悲剧。于谦以陨星的悲鸣，给予世界这个烛笼——虽去一条骨，却增一路明。

① 《于忠肃集补遗》，《李卓吾评于节集》，"补遗卷"，第18叶，明刻本，北京大学图书馆善本室藏。
② 黄宗羲：《明夷待访录·原君》，第2页，中华书局，1981年，北京。
③ 于慎行：《穀山笔麈》，第3卷，第23页，中华书局校点本，1984年，北京。

论戚继光

【题记】本文《论戚继光》，系 1987 年为纪念戚继光逝世四百周年，在山东蓬莱举行首届戚继光学术研讨会上提交的论文，收入《戚继光研究论集》，知识出版社，1989 年。

戚继光（1528—1588 年），山东蓬莱人，是明代伟大的军事家、杰出的民族英雄。时值戚继光逝世四百周年，同里先贤，光被后学，撰写拙文，以作纪念。

一

社会需要、个人才智、历史机遇——三者的交错联结与有机统一，是一个历史人物在社会舞台上演出喜剧或悲剧的历史原因。戚继光一生中的功业与孤独、有幸与不幸，都应当在这里探索历史的答案。

《明史·戚继光传》赞曰："戚继光用兵，威名震寰宇。然当张居正、谭纶任国事则成，厥后张鼎思、张希皋等居言路则废。"[①] 诚然，戚继光的戎绩与进退，同张居正、谭纶至为攸关。但戚继光先戍蓟"防虏"，后赴浙"御倭"，其时张居正并未当国，谭纶则初官知府。《明史·戚继光传》的撰者，过言党争之事。应将戚继光置于错综复杂的历史网络中，进行多层次、多角度的历史考索。

倭盗骚扰海疆，明廷决意御倭，为戚继光施展才智提供了一座军事舞台。

中国自近世以来，不断受到外来势力的侵略。这是中华民族文明史上从未出现过的新困扰。早在十四世纪初，倭盗从海上袭扰我国北部和东部沿海地区。元

---

① 《明史·戚继光传》，第 212 卷，第 5627 页，中华书局校点本，1974 年，北京。

末，"倭人连寇濒海郡县"①，火城市，杀吏民，为害匪浅。明初，"倭数寇海上，北抵辽，南讫浙，濒海郡邑多被害"②，给沿海居民生命与财产造成惨重损失。尔后，西班牙、葡萄牙、荷兰等殖民者，从海上向我国东南与中南地区，俄国从陆上向我国东北与西北地区，进行殖民掠夺与扩张。特别是在明中后期、明清之际和清中后期，沿海地区受到三次大的殖民海盗骚扰。在反对外来侵略势力的斗争中，出现了以明代戚继光与郑成功、清代萨布素与林则徐为代表的民族英雄。戚继光则是中华民族发展史上最早反抗外来侵略的著名民族英雄。戚继光以御倭而显名，但明代的倭患需略作分析。

明代的倭患，似可分为前、中，后三期。前期即明初，日本群藩割据，战乱不已。战败的流浪武士与贪婪商人，到中国沿海城乡抢掠粮食和财物，并劫掠人口，作为奴隶③。其时明朝国力强盛，在沿海设置卫所，以资防倭④。并屡挫倭犯，未酿成大患。如永乐十七年（1419年），辽东总兵官刘江在望海埚大败倭盗，斩首千余，生擒数百，"自是海上数十年，民各安业"⑤。

后期即万历朝，日本丰臣秀吉于万历二十年（1592年），派二十万大军侵略朝鲜，"攻陷王京，掠占平壤，生民涂炭，远近骚然"⑥。倭患殃及中国，据朝鲜史书载述掳倭供言：日军"先陷朝鲜，入据其地，然后仍犯中国"⑦。明廷鉴于同朝鲜为"唇齿之国，有急当相救"⑧，出兵朝鲜，援朝抗倭。战争历时七年，以日本失败而告终。明朝前期和后期的倭患，其共同点是，同为日人肇起骚乱，又均以日人为成员；其不同点是，前者由中国地方军民，在中国沿海地区展开抗倭斗争，后者则由明廷派出军队，在异国朝鲜土地上进行御倭战争。这两期抗倭，受时势、地域和社会等因素的制约，虽不乏骁勇战将，但未铸成伟大的军事家。

明代中期的倭患，以嘉靖朝为甚。这是因为：永乐帝迁鼎燕京，边防重北轻南，东南防务空虚；东南沿海地区经济实力日增，商品经济发展，而明廷又采取

---

① 《元史·顺帝本纪九》，第 46 卷，中华书局校点本，1976 年，北京。
② 《明史·刘荣传》，第 155 卷，中华书局校点本，1974 年，北京。
③ 洪平健：《日本历史的发展》，《史学专刊》，第 1 卷，第 4 期，国立中山大学出版部，1936 年，广州。
④ 《明会典》，第 105 卷，商务印书馆《万有文库》排印本，1936 年，上海。
⑤ 查继佐：《罪惟录·刘江传》，第 19 卷，浙江古籍出版社，1986 年，杭州。
⑥ 《李朝宣祖实录》，第 42 卷，二十六年九月己未，日本学习院东洋文化研究所，1959 年，东京。
⑦ 《李朝宣祖实录》，第 40 卷，二十六年七月辛酉，日本学习院东洋文化研究所，1959 年，东京。
⑧ 《李朝宣祖实录》，第 27 卷，二十五年六月乙卯，日本学习院东洋文化研究所，1959 年，东京。

禁海和劫杀①的错误政策；明朝在己巳、丁丑和庚戌三变后元气大伤，日趋衰落，军备废弛；日本列岛群雄割据，浪人以岛为巢，登岸肆掠，真倭与假倭相勾结——"各岛诸倭岁常侵掠，滨海奸民又往往勾之"②。自正统以降，逐渐酿成倭患。正统四年（1439 年）史载：

> 是年，寇大嵩，入桃渚，官庚民舍，焚劫一空。驱掠少壮，发掘塚墓。束婴竿上，沃以沸汤，视其啼号，拍手笑乐。捕得孕妇，卜度男女，刳视中否，为胜负饮酒。荒淫秽恶，至有不可言者。积骸如陵，流血成川。城野萧条，过者陨涕。③

至嘉靖朝中期，酿成倭患大祸。"自鲁迄粤，海疆糜沸，江浙受祸尤酷"④：略扬州，杀同知，居民遭焚劫；薄苏州，城门闭，乡民绕城哭⑤。受倭患的城镇，"四郊庐舍，鞠为煨烬；千队貔貅，空填沟壑。既伤无辜之躯命，复浚有生之脂膏。闻者兴怜，见者陨涕"⑥。遭倭难的地区，"兵火之后，百姓流移。死者未葬，流者未复。蓬蒿塞路，风雨晦明。神号鬼泣，终夜不辍"⑦。浙东浙西，江南江北，滨海千里，同时告警，倭帆所指，皆为残破。因此，抗倭既是明廷维护皇权的需要，也是民众谋求生存的愿望。戚继光在浙、闽的抗倭，受到明廷的重视，也得到百姓的支持。这就为戚继光在抗倭中贡献才智准备了历史的条件。

蒙骑屡破长城，明廷加强御守，为戚继光施展才智提供了又一座军事舞台。明代的蒙古贵族，不断地骚扰北边，内犯中原，正统之后，尤为剧烈。《明史·鞑靼传》载："当洪、永、宣世，国家全盛，颇受戎索，然畔服亦靡常。正统后，边备废弛，声灵不振。诸部长多以雄杰之姿，恃其暴强，迭出与中夏抗。"⑧正统己巳之变与嘉靖庚戌之变，皇帝被俘，京师被困，明之防务，重在北边。在东南沿海

① 《清圣祖仁皇帝实录》，第 141 卷，康熙二十八年八月戊子，中华书局影印本，1985 年，北京。
② 《明史·日本传》，第 322 卷，中华书局校点本，1974 年，北京。
③ 《嘉靖东南平倭通录》，附录二，《国朝典汇》，台湾学生书局据台湾"中央图书馆"藏善本影印，1965 年，台北。
④ 《嘉靖东南平倭通录·柳跋》，神州国光社，1946 年，上海。
⑤ 《明史·任环传》，第 205 卷，中华书局校点本，1974 年，北京。
⑥ 采九德：《倭变事略·序》，《中国历史研究资料丛书》，上海书店出版社，1982 年，上海。
⑦ 玉垒山人：《金山倭变小志》，不分卷，《中国历史研究资料丛书》，上海书店出版社，1982 年，上海。
⑧ 《明史·鞑靼传》，第 327 卷，中华书局校点本，1974 年，北京。

倭平之后，北部防务，益加突出，"天下之大患，莫重于边防"①。北边防务，重点在蓟，"今之边务，莫重于蓟"②。隆庆元年（1567年），嘉靖帝采纳给事中吴时来之言，调总兵官戚继光北上守蓟。

在戚继光守蓟的十六年间，恰逢诸多历史机缘。第一，蒙古走向割据衰落，满洲尚未统一崛兴，时处嘉靖庚戌攻扰京师后与崇祯己巳攻打京师前的北骑南犯低潮之际。第二，明廷采纳宁夏巡抚王崇古之议③，诏封俺答汗为顺义王，开辟贡市。万全等地开市之日，店贾交易，"铺沿长四五里许"④，北边形势，为之一变。第三，张居正当国，谭纶主戎政，究心军谋，委任责成，使其动无掣肘，事克有济。第四，蓟镇与辽东，"表里相依，不啻唇齿"。戚继光戍蓟门设严守固，李成梁镇辽东屡奏大捷，内外配合，遥相呼应⑤。上述的有利因素，为戚继光守蓟功成促合了历史的机遇。

但是，在平倭与守蓟的两座军事舞台上，戚继光之所以能比同时代人扮演更雄壮的角色，还有其自身的原因。

戚继光的始祖戚详，曾随朱元璋起兵，从戎近三十年，攻战阵亡。明廷为追念戚详开国之功，授其子斌为明威将军，世袭登州卫指挥佥事⑥。斌子珪，珪子谏，谏子宣，宣无子，弟宁娶阎氏生子景通即继光之父。从明初起，倭盗不断骚扰山东沿海州县，登州卫成为海防重地。明在登州设置七所，军官百余人，军兵三千二百余名⑦。戚家自斌至继光，任登州卫指挥佥事共历六世，约一个半世纪。继光之父景通曾历大宁都司掌印，坐京师神机营副将，并以都指挥佥事督备倭诸军事。景通喜读书，不阿附，"常席地读书，当暑不辍"⑧，刘瑾时，"部戍卒践更京师，瑾阴遗之席帽，约曰：'着此帽为刘景通。'不肯着，为黄冠遁去"⑨。景通教子极严，尝以"绮疏四户"、"綦履锦衣"诟诫之，并教育其读书立志，报效社稷。景通晚年，"画策备胡，累数百牍"⑩，究心边事，颇有撰述。景通忠介清廉，死后"家徒

---

① 《张给谏奏议一》，《明经世文编》，第364卷，中华书局影印本，1962年，北京。

② 汪道昆：《蓟镇善后事宜疏》，《明经世文编》，第337卷，中华书局影印本，1962年，北京。

③ 《明史·王崇古传》，第222卷，中华书局校点本，1974年，北京。

④ 《万历宣府镇志》，第20卷，万历二年（1574年）增刻本，北京图书馆藏（胶片）。

⑤ 《明史·李成梁传》，第238卷，中华书局校点本，1974年，北京。

⑥ 《戚少保年谱耆编》，第1卷，崇勋祠重刻本，道光二十七年（1847年），福建仙游。

⑦ 《筹海图编》，第7卷，明嘉靖四十一年（1562年）刻本。

⑧ 《汪太函集》，第27卷，明万历辛卯年（1591年）刻本。

⑨ 查继佐：《罪惟录》，第19卷，浙江古籍出版社，1986年，杭州。

⑩ 李贽：《续藏书·都司戚公传附子继光传》，第14卷，中华书局，1959年，北京。

四壁，惟遗川扇一柄"，贫至其遗孀告贷襚殓。戚景通于军事理论之造诣，戎事实践之丰富，经史艺文之渊博，居官做人之清介，均予戚继光以重要的影响。

天启初，山东总兵沈有容尝言：戚继光以"世胄起家，得读父书，所谓将门出将，故师出以律"①。戚继光出身于将门，幼时读书之余，则"融泥作基，剖竹为杆，裁色楮为旌旗，聚瓦砾为阵垒，陈列阶所，研究变合，部伍精明，俨如整旅，居然蛇鸟之势，而绰有风云之状"②。他日金鼓旗帜之节，营伍奇正之方，兹已斑斑微露。稍长性倜傥，负奇气，"不求安饱，笃志读书"，习兵法武备，"通经史大义"③。他严于律己，尝书"十四戒"④置于座右，并乡试中武举。青少年时的经历，将门家风的熏陶，为戚继光后来事业的成就，准备了重要的条件。

戚继光先祖世袭登州卫指挥佥事，他生长于山东蓬莱水城，自幼受海洋文化熏陶，知风信，识潮汐，习波涛，明舟师，更了解沿海民众甘苦，又具有训练水兵经验。他的《纪效新书》（十八卷本）有《治水兵篇》，其《纪效新书》（十四卷本）则有《陆兵舟行解》《船艍》《舟师号令》《水操解》《发舡号令》《行泊号令》《夜行号令》《水战号令》《潮汐歌》《太阳歌》《寅时歌》《潮信歌》《风涛歌》《水兵陆操号令》十四节。他率军在沿海抗倭战争中，陆兵水兵，步车战船，两栖作战，彼此转换，相互配合，展现优长。这是戚继光在浙、闽沿海抗倭，铸成伟大英雄的又一个重要的条件

"封侯非我意，但愿海波平"⑤。戚继光利用了时代的条件与机遇，秉承父祖遗志，萦念民苦国忧，胸怀壮志，气概博大，登上荡平海波、御守蓟门的军事舞台。

二

戚继光"飙发电举，屡摧大寇"⑥，在抗倭战争中立下千古不朽的功勋。

在嘉靖朝的御倭战争中，戚继光的行动同东南沿海抗倭形势相联系，而东南沿海抗倭的形势又同朝廷政局相联系。嘉靖帝自二十一年（1542年）"壬寅宫变"后，移居西苑永寿宫（后改名万寿宫），不入大内，不御朝政。大学士严嵩无他才

---

① 《戚少保年谱耆编·沈序》，卷首，崇勋祠重刻本，道光二十七年（1847年），福建仙游。
② 《戚少保年谱耆编》，第1卷，崇勋祠重刻本，道光二十七年（1847年），福建仙游。
③ 《明史·戚继光传》，第212卷，中华书局校点本，1974年，北京。
④ 《止止堂集·愚愚稿上》，第4卷，清光绪十四年（1888年）山东书局重刊本。
⑤ 《止止堂集·横槊稿上》，第1卷，清光绪十四年（1888年）山东书局重刊本。
⑥ 《明史·戚继光传》，第212卷，中华书局校点本，1974年，北京。

略，"惟一意媚上，窃权罔利"①，并遍引私人，官居要职。赵文华以附嵩，受命总督江浙诸军事。御倭事权不一，战抚不定，用人失当，功罪倒衡。巡抚浙江兼提督浙、闽海防军务的朱纨，虽屡获大捷，却遭谗下狱，自"制圹志，作俟命词，仰药死"②。都指挥卢镗虽获战功，因坐朱纨事系狱③。巡抚浙江兼提督军务王忬，上方略、整军旅、破倭犯、见成效，但被调任，"浙复不宁矣"④。总督张经败敌于王江泾，因怠慢赵文华而落狱，巡抚李天宠亦下狱，俱被斩首，"天下冤之"⑤。南直巡抚曹邦辅以获捷被谪戍⑥，甚至总兵俞大猷也因捷遭诬下狱，赖友人密资严世蕃方解狱戍边⑦。出力任事之臣，落狱、受戮；弄权谄媚之流，却得宠、晋官。赵文华不知兵，上平倭患七事，"首以祭海神为言"⑧，并饰奏"江南清晏"，竟官至总督、尚书。从而使得东南沿海倭患伏而复起，愈演愈烈。

倭患不仅祸及东南沿海居民，而且危及漕运。明代都城在北京，而经济重心在江南，"天下财赋，大半取给东南"⑨。明朝中期，"河、淮以南，以四百万供京师"⑩。漕运自江而淮而黄，终至京师。漕运梗阻，殃及京城。倭盗骚扰江、浙一带，影响明廷的财赋与漕运。如"倭至扬州，营于湾头镇数日。逆犯高邮，入宝应，信宿而去。突犯淮安，掠民船四十余艘，旋复入宝应，烧毁官民廨舍，掘县北土坝，泄上河水入，乃驾舟溯东乡，由盐城至庙湾，入海居数日，开洋东遁"⑪。倭盗滋扰杭、苏、宁、淮、扬等地带，明廷的陵寝、留都、赋源和运道，同时告急。以抚、以贿⑫消弭祸乱的主张，不得人心，遭到摒弃。因此，面对倭患危急态势，只能作出一种回答：抗御倭寇，卫国保民。戚继光就是在这样的情势下，开始受命抗倭的。他在平倭十五年间，可分作备倭山东、至浙练军、抗倭浙江和援闽御倭四个时期。

———

① 《明史·严嵩传》，第 308 卷，中华书局校点本，1974 年，北京。
② 《明史·朱纨传》，第 205 卷，中华书局校点本，1974 年，北京。
③ 《明史·卢镗传》，第 212 卷，中华书局校点本，1974 年，北京。
④ 谷应泰：《明史纪事本末》，第 55 卷，中华书局校点本，1977 年，北京。
⑤ 《明史·张经传》，第 205 卷，中华书局校点本，1974 年，北京。
⑥ 《明史·曹邦辅传》，第 205 卷，中华书局校点本，1974 年，北京。
⑦ 《明史·俞大猷传》，第 212 卷，中华书局校点本，1974 年，北京。
⑧ 《明史·赵文华传》，第 308 卷，中华书局校点本，1974 年，北京。
⑨ 孙承泽：《山书》，第 7 卷，清钞本。
⑩ 谷应泰：《明史纪事本末》，第 24 卷，中华书局校点本，1977 年，北京。
⑪ 《嘉靖东南平倭通录》，不分卷，台湾学生书局据台湾"中央图书馆"藏善本影印，1965 年，台北。
⑫ 《明史·阮鹗传》，第 205 卷，中华书局校点本，1974 年，北京。

备倭山东，海疆肃靖　嘉靖三十二年（1553 年）六月，戚继光"进署都指挥金事，督山东备倭事"①。其时，倭犯重点在浙江。浙江王忬去职，张经与李天宠下狱。赵文华以祷祀东海镇倭寇之猖獗兼督察沿海军务而至浙，凌轹官吏，公私告困，外患内扰，益无宁日。但山东所受干扰较少，戚继光得以施展才能。他熟悉海情、倭情。早在宣德八年（1433 年），其高祖戚珪即上言备倭事：

> 初山东缘海设十卫、五千户所，以备倭寇。其马步军专治城池器械，水军专治海运。后调赴京操备、营造，军士已少。而都指挥卫青，复聚各卫马步水军，于登州一处操备。遇夏分调，以守文登、即墨诸处，及秋夏聚。若倭寇登岸，守备空虚，无以御敌；且倭船肆掠，无分冬夏，仓卒登岸，而官军聚于一处，急难策应。请以原设捕倭马步水军，各归卫所，如旧守备，且习海运，遇有警急，相互援应，则刍粮免于虚费，军民两便。②

疏上，命山东三司及巡按御史计议以闻。戚继光缵承先世历代御倭、治军、海运经验，设署于登州（今山东蓬莱）太平楼前③。他振饬营伍，整刷卫所，清理钱粮④，严明纪律，惩治闾里豪强，巡察海上营卫，所辖海疆平静，御倭卓有成绩。御史雍焯疏荐言："海防之废弛料理有方，营伍之凋残提调靡坠。谋猷允济，人望久孚。"⑤由是，调任浙江都司金书。

浙戎初挫，募练新军　嘉靖三十四年（1555 年）七月，戚继光转浙江都司，管屯局事。翌年七月，进分守宁、绍、台三郡参将⑥。后赵文华再视师至浙，凌胁百官，搜括库藏，"外寇未宁，内扰益甚"⑦。东南倭患之火又呈炽势。他虽获龙山、缙云等小捷，但形势不利，兵不颐使，攻不克，坐免官，戴罪办倭，立功复官。挫折与困惑使戚继光认识到："今军书警报，将士忧惶，徒将流寄杂兵应敌，更取

----

① 《戚少保年谱耆编》，第 1 卷，崇勋祠重刻本，道光二十七年（1847 年），福建仙游。

② 《明宣宗实录》，第 99 卷，宣德八年二月甲辰，台北中研院历史语言研究所校勘本，1962 年，台北。

③ 1978 年 10 月纪念戚继光逝世四百周年学术讨论会开幕式即在复建太平楼前举行。

④ 《明代辽东档案汇编》，下册，第 1156 页，辽宁省档案馆藏。

⑤ 《戚少保年谱耆编》，第 1 卷，崇勋祠重刻本，道光二十七年（1847 年），福建仙游。

⑥ 《新建敌台碑记》，浙江省临海市博物馆录示碑文。

⑦ 谷应泰：《明史纪事本末》，第 55 卷，中华书局校点本，1977 年，北京。

福、广舟师驱而陆战，兵无节制，卒鲜经练，士心不附，军令不知。况又赤体赴敌，身无甲胄之蔽，而当惯战必死之寇；手无素习之艺，而较精钴巧熟之技。且行无赍粮，食无炊爨，战无号令，守无营壁，其何以御寇？"① 于是，戚继光找到了一件克敌制胜的法宝——募练新兵。嘉靖三十六年（1557年）二月，戚继光违众排纷，上《练兵议》。议获准后，招募绍兵，经过训练，军容咸整；但兵员素质差，怯于短刃格斗。两年后，他再上《练兵议》，请招募金华、义乌矿工、农民等入伍，得到总督胡宗宪的支持。这支新军：

> 其选编之法，凡城居者不用，尝败于敌者不用，服从官府者不用，得四千余人。其前绍兵弊习，一切反之，遂以成军。练之期月，皆入彀。再易月，而偏部中法，无不以一当百也。②

戚继光招募新军获得成功，为他在浙平倭奏捷铸成了利剑。

抗倭浙江，战功卓著 戚继光在浙平倭，除募练"戚家军"外，还需有利的抗倭态势。先是，给事中孙濬上言，防倭诸臣事权不一，牵掣靡定，迄无成功。廷准兵部覆奏："诸臣职守：督察主竭忠讨寇，实核布闻；总督主征集官兵，指受方略；巡抚主督理军务，措置粮饷；总兵主设法教练，身亲临阵。"③ 后胡宗宪为总督，赵文华得罪死。宗宪贿斩徐海、诱擒汪直，平之④。浙江平倭形势发生变化。这为戚继光抗倭告捷提供了有利的条件。戚继光率领"戚家军"在浙抗倭的突出成绩是台州大捷。嘉靖四十年（1561年）夏，倭盗船数百艘、一二万人犯台州（今临海），分侵州治滨海之新河⑤、桃渚、健跳和隘顽诸所。依总督胡宗宪部署，戚继光以"敌众我寡"⑥之兵，分路应策，并力合击，先讨敌大股，后依次歼除。他急趋宁海，扼"三面阻山、一面滨海"⑦的桃渚，败之龙山。倭分流七百余兵突袭新河。时城内空虚，戚继光夫人令"城守士卒及妇女，悉假兵装，布列城上，

① 《戚少保年谱耆编》，第1卷，崇勋祠重刻本，道光二十七年（1847年），福建仙游。
② 《戚少保年谱耆编》，第1卷，崇勋祠重刻本，道光二十七年（1847年），福建仙游。
③ 谷应泰：《明史纪事本末》，第55卷，中华书局，1977年，北京。
④ 《明史·胡宗宪传》，第205卷，中华书局校点本，1974年，北京。
⑤ 《大参戎南塘戚公表功记》，碑藏浙江省临海市东湖小瀛洲，临海市博物馆见示碑文。
⑥ 《光绪台州府志》，第29卷，光绪二十三年（1897年）修，民国铅印本，首都图书馆藏。
⑦ 《康熙临海县志》，第2卷，清康熙二十二年（1683年）刻本，故宫博物院图书馆藏。

旌旗丛密,铳喊齐哄"①。敌疑未敢近城——演出一场"空城计"。戚继光率师回救,敌又乘虚袭台州。他身先士卒,手歼其酋,获花街之捷,败敌汨没瓜邻江②波底。"戚家军"又在健跳、隘顽,水陆并击,奇正相合,各路相继败敌。是役,历时四十天,先后九战皆捷,共斩俘四千一百余人,释系男妇八千余人,缴获器械无算,"所响以全取胜"③。"戚家军"班师入府城,"老稚士女欢呼,自以为罹毒以来,无如此捷大快也"④!这是戚继光在浙平倭中最为辉煌之役,由此,"戚家军"遐迩闻名。

福建御倭,连获三捷 浙东倭平,闽中告急。戚继光率"戚家军"转师福建,横屿、平海、仙游等屡相告捷。其时,浙闽总督胡宗宪因书通严嵩子世蕃被劾下狱,后"竟瘐死"⑤。但谭纶再起为福建巡抚⑥,二人上下协和。继光在闽抗倭,得展其才。嘉靖四十一年(1562年),倭盗大举犯闽,戚继光师至宁德。距城十里海中的横屿,倭踞三年,结营其中,潮长成海,潮退为泥。八月初八日,戚继光值潮退,督兵"阵列鸳鸯,负草填泥,匍匐而横进"⑦。抵岸后,戚兵南北夹击,背水血战;倭盗据城拒守,拼死顽抗。戚军力拔重城,焚其巢居,"如奔雷迅电,立见扫除"⑧,涨潮前回师。九月,捣牛田,夺林墩⑨,入兴化,勒石镌铭于平远台。四十二年(1563年),倭于上年破兴化府(今福建莆田),至是又据平海卫。是为倭犯以来首陷府城,远近震动。巡抚谭纶令参将戚继光将中军,广东总兵刘显为左军,福建总兵俞大猷为右军,合攻兴化前哨之平海。戚军先登,左右军助击⑩,克收全捷,擒斩二千四百五十一级,释还被掠者三千余人,妇女裸跣者给衣布而遣之。兴化亦复。四十三年(1564年),戚继光战仙游,用寡击众,以正为奇,破重围,收全捷。是役,"盖自东南用兵以来,军威未有若此之震,军功未有若此之奇也"⑪。戚继光晋总兵官,后与俞大猷战南澳,败吴平。至嘉靖末,东南沿海,"倭患始

① 《戚少保年谱耆编》,第2卷,崇勋祠重刻本,道光二十七年(1847年),福建仙游。
② 《明史·戚继光传》作"瓜陵江"。
③ 李贽:《续藏书·都司戚公附子继光传》,第14卷,中华书局,1959年,北京。
④ 《筹海图编》,第9卷,明嘉靖四十一年(1562年)刻本。
⑤ 《明史·胡宗宪传》,第205卷,中华书局校点本,1974年,北京。
⑥ 《明史·谭纶传》,第222卷,中华书局校点本,1974年,北京。
⑦ 《戚少保年谱耆编》第3卷、《明史·戚继光传》作"人持草一束,填壕进","壕"似应为"泥"字。
⑧ 《闽书·武军志》,第67卷,明刻本,北京图书馆善本部藏。
⑨ 《戚少保年谱耆编》,第6卷,崇勋祠重刻本,道光二十七年(1847年),福建仙游。
⑩ 《明史·刘显传》,第212卷,中华书局校点本,1974年,北京。
⑪ 《谭襄敏公奏议》,第2卷,明刻本,北京图书馆善本部藏。

息"①。

戚继光在鲁、浙、闽、粤的抗倭，具有历史的正义性与民族性。或言史载"真倭十之三，从倭十之七"②，以此认为这是一场国内战争。实为不然。其一，上述《明史·日本传》引文前有地域限制，即太湖以北地区。其二，上述引文前有"大抵"二字，仅概略言之。其三，真倭为主，所俘大隅岛主之弟辛五郎等献首京师，蒋洲在倭中谕山口、丰后二岛主源义长、源义镇放还被掠人口而具方物入贡，即是例证。其四，汉人为从，所掠人口，"男则导行、战则令先驱，妇人昼则操茧、夜则聚而淫之"③，当然也有甘心助纣为虐者。其五，掳掠子女送回日本，即"以所掠象、奉、泰、宁子女，附舟于巢，髡首跣足，定拟次年归国"④。所以，解民于倒悬、救民于水火的御倭战争，其性质是一场在中国土地上进行的，反抗早期外来侵略的正义战争。戚继光在这场长达十五年的御倭斗争中，铸成为中华民族的民族英雄。

三

戚继光"边备修饬，蓟门宴然"⑤，在守边中有着重要的功绩。

先是自正统瓦剌部也先犯京师，边防独重宣与蓟。也先死后，瓦剌势力转衰，退至天山南北。后鞑靼部兴起，西败瓦剌部，东破兀良哈，驻帐河套，统一蒙古诸部。巴图猛克登鞑靼汗位，即达延汗。达延汗之孙俺答汗，兵精马强⑥，对明不满，庚戌之变，叩薄都城。尔后，明之边防，独重蓟镇。戚继光守蓟，可分为嘉靖、隆庆、万历三个时期。

嘉靖中期，五戍蓟门　嘉靖二十七年（1548 年），戚继光受命戍守蓟门，至离任赴浙，历时五年。蓟门之危，在于俺答："攻蓟镇墙，百道并进。警报日数十至，京师戒严。"⑦明大学士夏言、兵部尚书丁汝夔、总督三边侍郎曾铣和保定巡抚杨守谦，皆因俺答兵事诛斩或论死；总兵张达、林椿、李涞、岳懋等，亦俱因俺答犯

① 谷应泰：《明史纪事本末》，第 55 卷，中华书局校点本，1977 年，北京。

② 金安清：《东倭考》，不分卷，《中国历史研究资料丛书》，上海书店出版社，1982 年，上海；又见《明史·日本传》。

③ 采九德：《倭变事略》，不分卷，《中国历史研究资料丛书》，上海书店出版社，1982 年，上海。

④ 《戚少保年谱耆编》，第 2 卷，崇勋祠重刻本，道光二十七年（1847 年），福建仙游。

⑤ 《明史·戚继光传》，第 212 卷，中华书局校点本，1974 年，北京。

⑥ 王世贞：《北虏始末志》，《明经世文编》，第 332 卷，中华书局影印本，1962 年，北京。

⑦ 《明史·鞑靼传》，第 327 卷，中华书局校点本，1974 年，北京。

边死之。嘉靖二十九年（1550年），俺答率骑①，逼蓟州塞，入古北口，进犯京师。这是明代北京自己巳"土木之变"后，所遇到最大的困扰。艰难的环境，使懦弱者怯缩，更使坚毅者刚强。时值戚继光会试京都，而京都九门戒严。他先在蓟镇，以京蓟唇齿，蓟无劲兵，著《备俺答策》，博得当道者的称赞。他这时又充"北京九门旗牌"，条陈《御虏方略》，部当其议②，命刊以闻。俺答兵退之后，边势仍极紧张。他回戍蓟门，著《马上作》云："南北驱驰报主情，江花边月笑平生。一年三百六十日，多是横戈马上行。"③他年资英锐，耻同流俗，慷慨不羁之怀，勇往直前之概，抒成诗意，凝于笔端。戚继光在戍蓟期间，虽未与敌握刃格斗、马颈相交，却能奉职跋涉关隘、遍察军情，故得好评。兵部主事计士元疏荐云："留心韬略，奋迹武闱。管屯而俗弊悉除，奉职而操守不苟。才猷虎变，当收儒将之功；意气鹰扬，可望干城之寄。"④戚继光后南调平倭，终于练就干城之材。前述戎历，既为他嘉靖平倭，又为他隆庆守蓟，做了重要准备。

隆庆戍蓟，练兵修台 隆庆元年（1567年），戚继光受命北调，镇守蓟门。翌年入京，遭忌任神机营副将，寻改总理蓟、昌、辽、保练兵事务，节制四镇。在戚继光南戎的十五年间，北部边防，岁无宁日。先是嘉靖四十二年（1563年），北骑大掠顺义，京师戒严。隆庆元年（1567年），蓟镇告警，京师震动。明廷"增兵益饷，骚动天下。复置昌平镇，设大将，与蓟相唇齿。犹时蹂内地，总督王忬、杨选并坐失律诛。十七年间，易大将十人，率以罪去"⑤。形势严峻，重任在肩，戚继光荷圣命，赴蓟门，镇守京师北边。

蓟镇，"拱护陵寝，锁钥畿甸，所以保障万年根本之地，如人身之头目腹心是也"⑥。戚继光莅职后，兢兢业业，频频上疏，论形势、议弊失、辩请兵、分路协、明阵法、练营伍、严纪律、信赏罚、筑边墙⑦、建敌台、募南兵、修营房、买军马、备征饷、谕将士、恤病伤，设车营、增鹿角、办火器、筹武学等。他虽志气甚锐，但"纷纷掣肘，精神已减，至于病作"⑧，后上言兼摄事权。隆庆三年（1569年）

---

① 《戚少保年谱耆编》，第11卷，崇勋祠重刻本，道光二十七年（1847年），福建仙游。
② 黄道周：《广名将传》，第20卷，书目文献出版社，1986年，北京。
③ 《止止堂集·横槊稿上》，第1卷，清光绪十四年（1888年）山东书局重刊本。
④ 《戚少保年谱耆编》，第1卷，崇勋祠重刻本，道光二十七年（1847年），福建仙游。
⑤ 《明史·戚继光传》，第212卷，中华书局校点本，1974年，北京。
⑥ 《戚少保年谱耆编》，第7卷，崇勋祠重刻本，道光二十七年（1847年），福建仙游。
⑦ 《修长城边墙碑记》，北京图书馆善本部藏拓片。
⑧ 《戚少保年谱耆编》，第6卷，崇勋祠重刻本，道光二十七年（1847年），福建仙游。

二月，命戚继光以总理兼镇守蓟州、永平、山海等处督帅十二路军戎事。他兼摄事权后，创议建台①。明自洪武以降，边墙虽修，敌台未建。京师御守在边，而守边在台。继光巡行塞上，奏《请建空心台疏》："御戎之策，惟战守二端。除战胜之事，别有成议外；以守言之，东起山海，西止镇边地方，绵亘二千余里，摆守单薄，宜将塞垣稍为加厚，二面皆设垛口。计七八十垛之间……即骑墙筑一台，如民间看家楼。高五丈，四面广十二丈，虚中为三层：可住百夫，器械、粮、设备具足；中为疏户以居；上为雉堞，可以用武。虏至即举火出台上，瞰虏方向高下，而皆以兵当埤。……如此则边关有磐石之固，陛下无北顾之忧矣。"② 疏上，议准。至隆庆五年（1571年）八月，台工基本告成，蓟、昌二镇共建台一千零一十七座③。后又增建，至翌年十一月，共建台一千二百余座④。墩台耸立，精坚雄壮，二千余里，声势连接，其建台之举，垂永世之功⑤。他兼摄事权后，还募练南兵，"浙兵三千至，陈郊外。天大雨，自朝至日昃，植立不动。边军大骇，自是始知军令"⑥。蓟门军容由是为九边之冠。

在戚继光镇蓟的隆庆年间，京师未警，蓟门晏安。这主要由于戚继光勤职戎守。戚帅除在隆庆二年（1568年）冬，拒长昂、董狐狸于青山口外，几未同北骑接战。但他间暇练兵筑台，按期告成，边备益为坚固，北骑未敢轻犯。蓟门未警，除上述原因外，还有三个因素：其一，俺答封贡。隆庆四年（1570年），俺答内讧，其孙把汉那吉降。明廷以此为契机，调整三十余年斩使绝贡之策，封俺答为顺义王，纳款贡市，得以乘暇修备。其二，动无掣肘。戚继光在蓟，有"钧台破格知遇于上，总督为知己忧焦于外，抚院幸同乡无猜嫌"⑦，三端鼎合而一，得以施展所为。其三，成梁镇辽。漠南蒙古东面诸部，不相统一；辽东总兵李成梁屡获大捷，从关外牵制蒙骑南犯。综上，内因与外因，主观与客观，诸多因素，相为统一，从而使戚继光在隆庆年间守蓟，舒展才能，获得成功。

万历镇蓟，修墙著书 隆庆帝死，万历帝立，戚继光进入他守蓟的第三个时期，共十年零二个月。他在此间，第一，稍历战阵。万历初，蒙古朵颜、土蛮常

---

① 《止止堂集·横槊稿上》，第1卷，清光绪十四年（1888年）山东书局重刊本。
② 《戚少保文集三》，《明经世文编》，第348卷，中华书局影印本，1962年，北京。
③ 《戚少保年谱耆编》，第9卷，崇勋祠重刻本，道光二十七年（1847年），福建仙游。
④ 万历三年二月，敌台增至一千三百三十七座。见《戚少保年谱耆编》，第11卷。
⑤ 汪道昆：《边务疏》，《明经世文编》，第338卷，中华书局影印本，1962年，北京。
⑥ 《明史·戚继光传》，第212卷，中华书局校点本，1974年，北京。
⑦ 《戚少保年谱耆编》，第7卷，崇勋祠重刻本，道光二十七年（1847年），福建仙游。

为北患。万历元年（1573 年），戚继光相继获挈子谷、桃林和窟窿台三捷。翌年，朵颜部长秃受其兄董狐狸、侄长昂意入犯，为戚继光所获。董狐狸与长昂叩关请罪。继光与总督刘应节等议，允释长秃，许其通贡；还掠边民，"攒刀设誓"。经继光在镇，朵颜部不敢犯蓟门。万历七年（1579 年）土蛮犯辽东，他率师往援取胜。第二，增台修墙。蓟镇之守，所最要者，一为修台，一为修墙①。修台，初工告成，只在增建；修墙，工程浩繁，所费甚巨。万历四年（1576 年），于长城"始有折旧修新之议。新墙高广，皆以三合土筑心，表里包砖，垛口纯用灰浆，与边腹砖城，比坚并久"②。二千里间，分期修新，在古北、黄花两镇，增台、修墙为先。这是明代自徐达经略以来二百余年未有的大工程。戚继光创议修工，亲自督察，独任其事，备极劳瘁。第三，操练营伍。戚继光长于练兵，善于练兵，凡营伍、阵列、分合、应援、号令、赏罚、破格、握算等不胜枚举，节制精明，器械锋利，并多次大阅，卓著成效。第四，著书立说。他切合实际，总结经验，著《练兵实纪》（详后文）。他又值戎暇之机，览山川险隘，游湖泉胜境③，帐灯撰文，马上赋诗，"著作甚盛"④，"几于充栋"⑤，并著《止止堂集》。

一代名将戚继光戍蓟先后二十一年，而在镇蓟的十六年中，练南兵与建敌台⑥，是其两件得意之作。他有幸的是，修新台墙，固若金汤，部伍整肃，蓟门泰安；不幸的是，未历大阵，展示军容，因功遭忌，心怀不畅。他说：操练营伍，"方期一战，以报主恩，在其时矣，乃计出塞，或援辽以试。状上，政府不主之。虏竟亦不犯蓟，徒有封拜之具，无可措手之会"⑦。是为大将内心的悲苦。他的悲苦还表现在被小人计算。小人像影子总跟着君子转，所以"阴在阳之内，不在阳之对"。戚继光还遭到争者、忌者、异者和怪者之龃龉。张居正死后六个月，他被谗改调广东。戚继光拖着垂暮之体、伤病之躯，以未能在蓟结局为憾，受命南行。他的一首七绝《病中偶成》云：

风尘已老塞门臣，欲向君王乞此身。

---

① 《春防分修黄花镇本镇关边墙碑记》拓片，北京图书馆善本部藏。
② 《戚少保年谱耆编》，第 11 卷，崇勋祠重刻本，道光二十七年（1847 年），福建仙游。
③ 《戚继光白龙潭诗并序》，北京图书馆善本部藏拓片。
④ 董承诏：《戚大将军孟诸公小传》，《重订批点类辑练兵诸书》。
⑤ 《重订批点类辑练兵诸书·吴序》，卷首，明天启二年（1622 年）董承诏刻本。
⑥ 《练兵实纪杂集·敌台解》，第 6 卷，明万历二十五年（1597 年）刻本，现藏南京图书馆。
⑦ 《戚少保年谱耆编》，第 12 卷，崇勋祠重刻本，道光二十七年（1847 年），福建仙游。

一夜零霜侵短鬓，明朝不是镜中人。①

他在惆怅与悲冷的思绪中赴粤半载后，上引告疏，又过半年，旨准归里。但戚继光得以骨骸还里，苟完名节，尚可自慰矣。

四

万历十五年十二月初八日（1588 年 1 月 5 日），"鸡三号，将星殒"②，明代伟大的军事家戚继光去世，享年六十春秋。

伟大的军事家戚继光，自十七岁袭职从戎，至五十八岁告病引退，历事三朝，征战四十二年，驰驱南北，水陆兼及，身经百战，屡建大功，声誉传华夏，威名震域外，在中国古代军事史上占有重要的地位。他临终前半年，总结自己的征战经历道：

> 三十年行间，先后南北水陆大小百余战，未尝遭一劫，馘倭首殆万计，覆之水火者以数万计，土贼平者殆十余万，返我俘掳无能数计。凡兵临妄杀被掳、动人一物者，皆立诛之。救一生命，赏金五钱，不乐战胜而乐俘归，未敢费先世之积也。部曲起家为大将者十人，内围玉者五人；副总、参、游而下，无虑百计；得卫、所世官者数百计。东南数省离任后，为尸祝庙宇者不可数计。离蓟塞今复四祀而起宏宇崇祀者亦比比。③

上述戚继光的自我评估，只述其戎事战绩，未语其军事著作。客观地评价戚继光，还要考虑他的军事论著在中国古代军事史上的位置等因素。

我国是一个历史悠久、幅员辽阔、人口众多、民族繁盛的大国，历史上战争规模之大、次数之多、争局之激烈、情势之复杂，为世界古代历史所罕见。长期而剧烈的战争，既培育出骁勇将帅，又凝晶出军事著作。《四库全书总目·子部·兵家类》正目收兵书二十部，戚继光的《纪效新书》和《练兵实纪》被收录，占其

---

① 《止止堂集·横槊稿上》，第 1 卷，清光绪十四年（1888 年）山东书局重刊本。
② 汪道昆：《孟诸戚公墓志铭》，《汪太函集》，第 59 卷，明万历辛卯（1591 年）刻本。
③ 《戚少保年谱耆编》，第 12 卷，崇勋祠重刻本，道光二十七年（1847 年），福建仙游。

所收兵书总数的十分之一。且一人被著录两部，是为本目所仅见。我国的兵书，风后以下，皆出依托，《孙子》为古代兵书之祖。秦汉以降，隋代之前，兵书或系佚名伪托之卷，或为后人撮拾之作，或为儒士辨谬之著，不可深论。唐代《李卫公问对》，疑为宋人掇拾之作；《太白阴经》著者李筌，入山访道，蒙上仙气，且"其人终于一郡，其术亦未有所试"。宋代四部兵书，其撰者或未娴将略，或汇前人之说，或评论古人之作，或囿于一城一障而未成大家手笔。至于明代五部兵书，唐顺之著《武编》，其人一战而几为敌困，被讥为"纸上之谈"。何良臣之《阵记》、郑若曾之《江南经略》，虽均为平倭之书，然二人《明史》未列传，其名不显，与戚继光层次不同，亦当别论。上面简析《四库全书总目》卷九九所录二十部兵书，虽其所著录未尽合理，但从一个侧面可以看出戚继光的《纪效新书》和《练兵实纪》，在中国古代军事思想史上所占的重要位置。

伟大的军事家戚继光所著《纪效新书》与《练兵实纪》，突出"新""实"二字，这是他军事思想的两个闪光点。戚继光所处的嘉、隆、万三朝，朝政日益腐败，社会危机四伏。文武官员多浑噩混冥，阿谀媚上，侈谈大言，以娱朝廷。理学"天不变道亦不变"的教条禁锢头脑，王守仁的心学又笼罩士林。他说："物理不外吾心，外吾心而求物理非物理矣。"[1] 这就摆错了心与理、主观与客观的关系。戚继光从戎马实践中认识到，一切泥法与唯心的东西，都必然在对敌交锋中碰壁。他说兵事必须真实，不可虚戏：兵士习弄虚套，将军务弄虚欢，一遇敌来，不能实战，只有失败。戚继光以"新"对泥旧，以"实"对唯心，勇于创革，敢于实践，从而使其在军事理论与军事实践中，取得了超越同时代人的卓越成就。他所著的《纪效新书》与《练兵实纪》，则是这一成就的记录。

《纪效新书》是戚继光的发愤之作。司马迁尝言，"人皆意有所郁结，不得通其道"[2] 而著书立说。戚继光也是这样，他说，"岁丁巳，幸有舟山之役，三折肱始得其彀，三易其人始成，遂著《纪效新书》，俾共习之"[3]。丁巳即嘉靖三十六年（1557年），他在舟山岑港受挫，遂发愤募兵、著书。至三十九年（1560年）正月，"创鸳鸯阵，著《纪效新书》"[4]。他说："夫曰纪效，明非口耳空言；曰新书，所以

---

① 黄宗羲：《明儒学案》引《传习录》，世界书局本，民国二十年（1936年），上海。

② 《史记·太史公自序》，第130卷，中华书局校点本，1959年，北京。

③ 《戚少保年谱耆编》，第12卷，崇勋祠重刻本，道光二十七年（1847年），福建仙游。

④ 《戚少保年谱耆编》，第1卷，崇勋祠重刻本，道光二十七年（1847年），福建仙游。

明其出于法，而不泥于法，合时措之宜也。"① 可见戚继光以其书的"新"与"实"而自况。其时谈兵之家，"往往捃摭陈言，横生鄙论，如汤光烈之掘穿藏锥，彭翔之木人火马，殆如戏剧"②。《纪效新书》则不然，其说皆为阅历有验之言③。全书分束伍、操令、阵令、谕兵、法禁、比较、行营、操练、出征、长兵、牌筅、短兵、射法、拳经、诸器、旌旗、守哨和水兵十八篇，内容广博，不乏新见。诸如创练浙兵、鸳鸯阵法、节制营伍、武器配置、新型舰船和水兵治制等，都对古代军事历史发展作出了新的贡献。《纪效新书》源自戎旅，又用于兵阵，先鲁、次浙、复闽、再粤，所战皆验，倭平而安。

《练兵实纪》也是戚继光的发愤之作。他莅镇后，多所建树，"致有飞语上达宸听，数滨斛氏之危，乃著《练兵实纪》"④。戚继光受三镇练兵，但"蓟边兵政废弛已久，一切营伍行阵、志趣识见，类皆延袭旧套，是以将不知兵，兵无节制，已非一日"⑤。他既始终以练兵为本，便师取兵籍中的精华，总结南北兵事经验，依照蓟镇实情，著《练兵实纪》。书分练伍法、练胆气、练耳目、练手足、练营阵，终之以练将，篇篇精彩，练将尤精。"将者，三军司命"⑥；将之于兵，犹如人之心与身⑦。故兵家历来重练将，兵书有《将苑》、《将鉴》、《将纪》和《将略》等可为明证。但戚继光的《练将》，练将的德、才、学、艺，重在将德。此篇声色害、货利害、刚愎害、胜人害、逢迎害、委靡害、功名害等二十六条，其中二十四条讲的是将德。这是一篇著名的《将箴》。戚继光既重练将，又重练兵。练兵之要在实："教兵之法，美观则不实用，实用则不美观。"⑧ 书以"实纪"为名，旨在征于实用。在实际中练的兵将，万众一心，节制精明。他在蓟练兵，"练至八载，将士实无二心，而有死心。登坛则大将之威仪，卓有可观。其车营十二，精甲十万，可联营数十里，指呼如一人之牧羊群，絜长度短，至无隙漏"⑨，攻无不克，战无不胜。其

① 《纪效新书·自序》，卷首，《景印文渊阁四库全书》本，台湾商务印书馆，1986年，台北。
② 《四库全书总目·阵纪提要》，第99卷，中华书局影印本，1965年，北京。
③ 《四库全书总目·纪效新书提要》，第99卷，中华书局影印本，1965年，北京。
④ 《戚少保年谱耆编》，第12卷，崇勋祠重刻本，道光二十七年（1847年），福建仙游。
⑤ 《练兵实纪·公移》，卷首，万历二十五年（1597年）刻本，现藏南京图书馆。
⑥ 《练兵实纪杂集三·将官到任宝鉴》，第3卷，万历二十五年（1597年）刻本，现藏南京图书馆。
⑦ 《练兵实纪杂集一·储将》，第1卷，万历二十五年（1597年）刻本，现藏南京图书馆。
⑧ 《四库全书总目·练兵实纪提要》，第99卷，中华书局影印本，1965年，北京。
⑨ 《戚少保年谱耆编》，第12卷，崇勋祠重刻本，道光二十七年（1847年），福建仙游。

法"后多遵用之"①。戚继光的选兵练兵,实践与理论相结合,达到了我国古代军事史上的高峰。戚继光于兵事多有建树,《明史·兵志》在四处肯定了他在练伍、台墙、车营和舰船等方面的新贡献。他于战略战术也多有新见,巧妙运用,诸如大创尽歼、水陆配合、迅击速决和算定而战②等,不胜枚举。

综上,戚继光在《纪效新书》和《练兵实纪》中闪出"新"与"实"的思想光华,使其在军事理论上有了新发明,在军事实践上作了新贡献。有人说:中国古代十大兵书,戚继光所著占其二。中国古代大兵书为哪几部尚可讨论,但这说明戚继光在军事史上的地位。在我国古代军事史上,著名将领多无兵书,兵书著者又多非名将。自秦汉迄明季,近两千年间,我国著名将领而有著名兵书,唯戚继光一人。他既出身将门,躬历百战,显名于世;又勤于总结,撰著兵书,垂诸于后。戚继光其人,为民族之精英;其书,为传世之佳作。可以得出一个结论:戚继光是我国古代伟大的军事家。

① 《明史·兵志四》,第 92 卷,中华书局校点本,1974 年,北京。
② 《练兵实纪杂集·登坛口授》,第 4 卷,万历二十五年(1597 年)刻本,现藏南京图书馆。

论袁崇焕

【题记】本文《论袁崇焕》，为 1984 年在广西藤县举行的首届袁崇焕学术研讨会上提交的论文，载于莫乃群主编的《袁崇焕研究论文集》，广西民族出版社，1984 年。

今年是明代杰出的军事家、抗御后金的民族英雄袁崇焕诞生四百周年。

袁崇焕（1584—1630 年），字元素，号自如，祖籍东莞，落籍藤县，曾居平南。崇焕官至督师，抗战八年，"杖策必因图雪耻，横戈原不为封侯"[①]，只念社稷安危，不计个人荣辱。他身戎辽事，忠于职守，其"父母不得以为子，妻孥不得以为夫，手足不得以为兄弟，交游不得以为朋友"[②]，体现了高尚的爱国精神。这是袁崇焕留给后人重要的精神财富。

本文就袁崇焕辽事活动的历史条件、军功业绩及其含冤死因等问题，提出浅见，以冀教正。

一

列宁在《什么是"人民之友"以及他们如何攻击社会民主主义者？》一文中说："历史必然性的思想也丝毫不损害个人在历史上的作用，因为全部历史正是由那些无疑是活动家的个人的行动构成的。在评价个人的社会活动时会发生的真正问题是：在什么条件下可以保证这种活动得到成功呢？有什么东西能担保这种活

[①] 袁崇焕：《边中送别》，《袁督师事迹》，道光三十年（1850 年）南海伍氏粤雅堂刻本。

[②] 程本直：《漩声记》，载《袁督师事迹》，道光三十年（1850 年）南海伍氏粤雅堂刻本。

动不致成为孤立的行动而沉没于相反行动的汪洋大海中呢？"① 这就启示人们，在评价历史人物的活动时，既要分析保证其活动成功的历史条件，又要分析造成其活动失败的历史因素。作为明代杰出军事家、民族英雄的袁崇焕，不仅有羽书奏捷的欢乐，而且有落狱磔死的悲苦。归根结蒂，袁崇焕是一位悲剧式的英雄人物。这自然有其历史条件。

中国自明万历十一年（1583 年）努尔哈赤起兵，至清康熙二十二年（1683 年）玄烨统一台湾的整整一百年间，是处于外敌入侵、民族纷争、阶级搏斗、九鼎频移的历史巨变时代。在这一历史时期，西方在资本原始积累的基础上，资本主义生产方式逐渐发展，先后发生了尼德兰资产阶级革命和英国资产阶级革命。此后，西方各国逐步地建立起资本主义的社会秩序。资产阶级争得自己的阶级统治地位还不到一百年，"它所造成的生产力却比过去世世代代总共造成的生产力还要大，还要多"②。然而，中国却处于连绵不断的国内战争时期。满洲兴起，农民起义，清军入关，抗清斗争，三藩之乱，统一台湾，经过百年的战争与整合，激进与洄漩，中华民族重新统一，形成一个强大的清朝帝国。清代这个统一的多民族的封建帝国的起点，是努尔哈赤的勃兴。

袁崇焕生活时代的一个特点是满洲崛兴辽东。万历十一年（1583 年），女真首领努尔哈赤以父塔克世"遗甲十三副"③ 起兵，是中国十六世纪最重大的政治事件之一。努尔哈赤起兵后，统一建州女真，吞并扈伦四部，征抚东海女真，降附黑龙江女真，绥服漠南蒙古，结好东邻朝鲜，创建八旗制度，主持制定满文。万历四十四年（1616 年），努尔哈赤为"（安巴）庚寅汗"即"（大）英明汗"④，黄衣称朕，建立后金，指明朝为南朝⑤。万历四十六年即天命三年（1618 年），后金汗努尔哈赤以"七大恨"⑥告天，随后计袭抚顺，智取清河。败报迭至，明廷震惊。翌年，明派杨镐为经略，率十一万大军，号称四十七万，兵分四路，分进合击，进攻后金政治中心赫图阿拉。但明军初动，师期已泄。努尔哈赤采取"恁他几路来，

---

① ［苏］列宁著：《列宁全集》，第 1 卷，第 139 页，人民出版社，1955 年，北京。
② ［德］马克思等著：《马克思恩格斯全集》，第 4 卷，第 471 页，人民出版社，1953 年，北京。
③ 《清太祖武皇帝实录》，第 1 卷，癸未年（万历十一年）五月，台北广文书局影印本，1970 年，台北。
④ 《满文老档·太祖》，第 5 卷，天命元年正月壬申朔。
⑤ 王在晋：《三朝辽事实录》，第 1 卷，江苏省立国学图书馆藏本。
⑥ 《清太祖高皇帝实录》，第 5 卷，天命三年四月壬寅，中国第一历史档案馆。

我只一路去"①的策略，集中兵力，以逸待劳，逐路击破明军的攻剿，取得萨尔浒大捷。后金军接着占开原，据铁岭。天启元年（1621年），后金兵东犯，破沈阳、陷辽阳。辽阳是明朝辽东的首府，辽阳的失陷，标志着明在辽东统治的结束。随即辽河以东七十余城堡全为后金占领。天启二年（1622年），后金军又进犯河西，占领广宁。明辽东经略王在晋说：

> 东事一坏于清、抚，再坏于开、铁，三坏于辽、沈，四坏于广宁。初坏为危局，再坏为败局，三坏为残局，至于四坏则弃全辽而无局，退缩山海，再无可退。②

明军失陷广宁，丢掉全辽，退缩山海，无局可守。这就是袁崇焕荷任辽职时王在晋所分析的辽东形势。

但是，上述辽东形势的出现，是明代辽东地区历史发展的必然结果。在东北地区，居住着女真等少数民族。明廷除加强对女真等族的管辖外，还采取"分其枝，离其势，互令争长仇杀"③的政策。明朝封建统治者对女真等族所实行的民族分裂和民族压迫政策，必然引起女真人的反抗。所以，明朝后期主昏政暗，国力衰弱，边备废弛，将骄卒惰，以努尔哈赤为首的女真人乘机起兵反明。然而，明朝与建州的纠纷尽管都是中华民族内部的矛盾，这里也有个是非问题。明朝与建州的战争，有进犯与防御、侵扰与抵抗、非正义与正义的区别。大体说来，明朝与建州的战争，可以分作前后两期：前期女真军事贵族反抗明廷民族分裂与民族压迫的战争，是正义的战争；后期女真军事贵族掠夺明朝土地、人口、财畜的战争，则是非正义的战争。袁崇焕从天启二年即天命七年（1622年）至崇祯二年即天聪三年（1629年）任辽职的八年间，加强防戍，守卫宁远，议营救十三山难民，抗击后金军南犯，维护长城内外汉族等民族的利益，其所进行的战争，完全是正义的战争。这场正义的战争，为袁崇焕成为军事家和民族英雄提供了历史的前提。

袁崇焕生活时代的又一个特点是社会矛盾尖锐。明末以皇帝、宗室、宦官、勋戚为主体的皇家官僚地主集团，是当时社会上最反动腐朽的大地主集团。袁崇

---

① 傅国：《辽广实录》，上卷，人民大学出版社，1984年，北京。

② 《明熹宗实录》，第20卷，天启二年三月乙卯，台北中研院历史语言研究所校勘本，1962年，台北。

③ 《神庙留中奏疏汇要》兵部类，第1卷，明钞本，北京图书馆善本部藏。

焕身历万历、泰昌、天启、崇祯四朝，至他任辽职时，明祚已传十五代，纪纲败坏，积弊深重，中空外竭，危机四伏。本文不拟全面论述明末社会矛盾，仅对其财政支绌略作侧面分析。《明史·食货志》载："国家经费，莫大于禄饷。"在诸禄之中，举宗禄为例。明制宗藩世世皆食岁禄，然天潢日繁，奸弊百出。御史林润言：

> 天下之事，极弊而大可虑者，莫甚于宗藩禄廪。天下岁供京师粮四百万石，而诸府禄米凡八百五十三万石。以山西言，存留百五十二万石，而宗禄三百十二万；以河南言，存留八十四万三千石，而宗禄百九十二万。是二省之粮，借令全输，不足供禄米之半，况吏禄、军饷皆出其中乎？[1]

虽郡王以上，犹得厚享；但将军以下，多不能自存，饥寒困辱，号呼道路。

在诸饷之中，举三饷为例。御史郝晋言：

> 万历末年，合九边饷止二百八十万。今加派辽饷至九百万；剿饷三百三十万，业已停罢；旋加练饷七百三十余万。自古有一年而括二千万以输京师，又括京师二千万以输边者乎？[2]

以上宗禄和边饷两例说明，明廷竭天下之力，以供禄饷，致财尽民穷，帑藏匮绌，海内困敝，明社将倾。其时社会矛盾的表现，譬之一身，中原为腹心，西北与东北为肩臂；腹心先溃，肩臂立危。先以东北地区为例，明统治者对辽民剜肉剥肤，啄骨吸髓，迫使大量汉人进入建州地区：

> 建州彝地有千家庄者，东西南北周回千余里，其地宽且肥。往年辽、沈以东，清河、宽奠等处，与彝壤相接，其间苦为徭役所逼者，往往窜入其中，任力开垦，不差不役，视为乐业。彝人利其薄获，阳谓天朝民也，相与安之，而阴实有招徕之意。然矿税未行，人重故土，去者有禁，就者有限，即官司有事勾摄，犹未敢公然为敌也。乃今公私之差，日增

---

① 《明史·食货志六》，第82卷，中华书局校点本，1974年，北京。
② 《明史·食货志二》，第78卷，中华书局校点本，1974年，北京。

> 月益，已不自支，而矿税之征，朝加夕添，其何能任！况在此为苦海，
> 在彼为乐地。彼方为渊为丛，民方为鱼为雀，而我为獭为鹯。以故年来
> 相率逃趋者，无虑十万有余。[1]

辽民为鱼为雀，建州为渊为丛，而明朝统治者却是为獭为鹯。

辽民逃入建州，社会矛盾激化民族矛盾；辽左连年用兵，民族矛盾又激化社会矛盾。万历末年巡按张铨说："竭天下以为辽，辽未必安，而天下先危。"[2] 其后御史顾慥又说："竭全宇以供一隅，今年八百万，明年八百万，臣恐财尽民穷，盗贼蜂起，忧不在三韩，而在萧墙之内也。"[3]

再以西北地区为例。陕西北部，地瘠民穷，科敛过重，"户口萧条，人烟稀少"[4]。明加辽饷，前后三增，至天启七年即天聪元年（1627 年），加派于陕西省，为银二十六万三千六百一十三两[5]。又值连年灾荒，至人相食。天启六年即天命十一年（1626 年）八月，陕西发生纪守司等小股农民起义。翌年，陕西大旱，澄城知县张斗耀，"催科甚酷，民不堪其毒。有王二者，阴纠数百人，聚集山上，皆以墨涂面"[6]，冲入县衙，将斗耀砍死[7]，聚众举义。崇祯元年即天聪二年（1628 年），全陕"连年凶荒，灾以继灾"[8]。继王二首义之后，王嘉胤起府谷，不沾泥起西川，王自用起延川，王左挂起宜川，高迎祥起安塞[9]，举义之火，势如燎原。第二年，当袁崇焕入援京师时，陕西义军风驰电掣，纵横全省，致明廷惊叹"全陕无宁宇矣"[10]！各路"勤王之师"，因粮饷无着，相继中途哗变。如山西巡抚耿如杞统五千援军，哄然溃归；甘肃巡抚梅之焕所统援兵，哗变逃归；延绥总兵吴自勉带领之师，溃走陕西。许多溃兵相继参加了农民义军。

上述可见，明末社会矛盾与民族矛盾交互激化，是导致袁崇焕悲剧结局的重

---

① 何尔健：《按辽御珰疏稿·直陈困惫》，何兹全、郭良玉校编本，中州书画社，1982 年，郑州。
② 《明神宗实录》，第 594 卷，万历四十八年五月己卯，台北中研院历史语言研究所校勘本，1962 年，台北。
③ 《明熹宗实录》，第 1 卷，泰昌元年九月丁亥，台北中研院历史语言研究所校勘本，1962 年，台北。
④ 民国《续修陕西通志稿》，第 86 卷，民国二十三年（1934 年）铅印本，西安。
⑤ 毕自严：《度支奏议·题复加派数目疏》，明崇祯刻本，北京图书馆善本部藏。
⑥ 文秉：《烈皇小识》，第 2 卷，上海书店出版社，1982 年，上海。
⑦ 金日升：《颂天胪笔》，第 21 卷，明崇祯二年（1629 年）刻本。
⑧ 孙承泽：《山书》，第 1 卷，清钞本。
⑨ 吴伟业：《鹿樵纪闻》，下卷，《中国内乱外祸历史丛书》本，神州国光社，1936 年。
⑩ 吴伟业：《绥寇纪略》，第 1 卷，《丛书集成》本，商务印书馆，1936 年，上海。

要社会因素。袁崇焕被起用为蓟辽督师后，面奏"五年复辽"方略，以解天下倒悬之苦。但辽东之局，建州蓄聚，四十余年，原不易结；而中原地区，财竭民穷，义旗遍举，势成燎原。明廷腹心早溃，肩臂已危，辽东陕北，首尾难顾。袁崇焕已经失去辽东取胜的经济前提与社会基础，其"五年之略"，难以按期责功，报之寸磔非刑。

袁崇焕生活时代的另一个特点是明末党争激烈。随着明末民族矛盾与社会矛盾日益激化，明统治者更加腐败，朝政日弛，臣工水火，议论角立。万历十七年（1589年）后，朱翊钧怠于政事，二十余年不临朝议政。朱赓为首辅三年，未曾见帝一面，疏奏屡上，十不一下。时"政权不由内阁，尽移于司礼"[1]。朱赓死后五年间，内阁惟叶向高一人[2]，杜门者已三月，六卿只赵焕，户、礼、工三部亦各只一侍郎，都察院八年无正官，原额给事中五十人、御史百一十人，其时皆不过十人。"在野者既赐环无期，在朝者复晨星无几"[3]。于是，大小臣工，日相水火，党人势成，清流逐尽。

天启初，东林党人柄政。天启二年即天命七年（1622年），东林党人御史侯恂以袁崇焕"英风伟略"[4]，加以疏荐，袁被擢为兵部职方司主事。袁崇焕虽非东林党人，却倾向于东林，他的座师韩爌等都是东林党。同年二月，东林党魁孙承宗为兵部尚书兼东阁大学士，预机务。八月，命大学士孙承宗督师。后孙承宗巡边，支持袁崇焕守宁远之议。翌年九月，孙承宗决守宁远，命袁崇焕等营筑宁远城，期年竣工，遂为关外重镇。但是，天启四年即天命九年（1624年）正月，阉党顾秉谦、魏广微入阁，后魏忠贤提督东厂。"自秉谦、广微当国，政归忠贤"[5]。六月，杨涟等疏劾魏忠贤二十四大罪，东林党与阉党公开冲突。不久，杨涟、左光斗被削籍，东林党人被逐一空，阉党专政。阉党决心惩治熊廷弼等，以张威固势。顾大章说："熊、王之案，诛心则廷弼难末减，论事则化贞乃罪魁。"[6]但阉党不甘心，诬其贿东林党求免，终将熊廷弼杀死，并传首九边。随之，孙承宗以不阿附阉党而被迫去职，换以阉党高第为经略。高第令尽撤锦州等城守具，驱屯兵、屯民入

① 《明史·朱赓传》，第219卷，中华书局校点本，1974年，北京。
② 《明史·宰辅年表二》，第20卷，中华书局校点本，1974年，北京。
③ 《明史·赵焕传》，第225卷，中华书局校点本，1974年，北京。
④ 《明熹宗实录》，第18卷，天启二年正月甲子，台北中研院历史语言研究所校勘本，1962年，台北。
⑤ 《明史·顾秉谦传》，第306卷，中华书局校点本，1974年，北京。
⑥ 文秉：《先拨志始》，《中国历史研究资料丛书》本，上海书店印行，1982年，上海。

关。袁崇焕力争兵不可撤，决心"独卧孤城，以当虏耳"①。后袁崇焕虽连获宁远和宁锦两捷，终因被魏党所恶而引疾去职。

崇祯初，魏忠贤被赐死，阉党谋团受到打击，东林党人再次柄政。袁崇焕被起用为蓟辽督师。魏忠贤伏诛，"忠贤虽败，其党犹盛"②；颁钦定逆案，"案既定，其党日谋更翻"③。阉党谋翻案，先攻辅臣刘鸿训，刘被遣戍，东林开始失势。崇祯二年即天聪三年（1629年），后金军攻打京师，袁崇焕下狱。魏忠贤遗党温体仁、王永光等"群小丽名逆案者，聚谋指崇焕为逆首，龙锡等为逆党，更立一逆案相抵"④。翌年八月，袁崇焕被杀。寻，钱龙锡也被逮下狱，后遣戍。韩爌、李标、成基命等先后"致仕"，东林党内阁倒台。

在袁崇焕任辽事的九年间，正是明末党争最激烈的时期。明末辽东三位杰出的统帅熊廷弼、孙承宗、袁崇焕，都在东林党与阉党斗争中，因阉党的掣肘、干扰、排陷，或传首九边，或遭劾辞职，或寸磔于市。但是，东林党与阉党的斗争互有消长。袁崇焕的擢用、建功、告归、磔死，无不与东林党同阉党的斗争相联系。所以，袁崇焕在辽事上的建功与蒙辱，除受到民族矛盾和社会矛盾这两个因素的影响外，还受到东林党与阉党之争的制约。

袁崇焕生活时代的再一个特点是西方科技传入。西方殖民者借助大炮进行扩张，嘉靖初佛朗机炮传入中国，"然将士不善用"⑤。谭纶指出："中国长技，无如火器。"⑥万历十年（1582年）耶稣会士利玛窦来华，其后艾儒略、邓玉涵、汤若望、罗亚谷、阳玛诺等也相继来华。他们传来西方天文、数学、地学、机械、火器等科技知识。明臣徐光启、李之藻等力排徐如珂、沈㴶等愚顽之见，推崇西学，从事翻译和研究。明失陷辽阳，徐光启"力请多铸西洋大炮，以资城守"⑦。后明廷以数万金调"澳夷"至京教习制作西洋大炮。茅元仪受李之藻嘱，"亲叩夷，得其法"⑧。后袁崇焕将运至关外的红夷大炮，安设于宁远城四面，并派家人罗立、通判金启倧等学习燃放。后金军力攻宁远，"城中用红夷大炮及一应火器诸物，奋勇焚

① 周文郁：《边事小纪》，第1卷，《玄览堂丛书续集》本，南京国立中央图书馆影印本，民国三十六年（1947年），南京。
② 《明史·刘鸿训传》，第251卷，中华书局校点本，1974年，北京。
③ 《明史·阉党列传》，第306卷，中华书局校点本，1974年，北京。
④ 《明史·钱龙锡传》，第251卷，中华书局校点本，1974年，北京。
⑤ 《明史·外国六》，第325卷，中华书局校点本，1974年，北京。
⑥ 谭纶：《战守长策事疏》，《明经世文编》（四），中华书局影印本，1962年，北京。
⑦ 《明史·徐光启传》，第251卷，中华书局校点本，1974年，北京。
⑧ 茅元仪：《督师纪略》，第20卷，北京图书馆善本部藏。

击,前后伤虏数千"①,致努尔哈赤大败而回。袁崇焕使用西方科技传入而购进的红夷大炮,成为其夺取宁远和宁锦两捷的重要因素。

前述民族矛盾激化,社会矛盾尖锐,朋党之争酷烈,西方科技传入,及其错综复杂的关系,是袁崇焕宦海浮沉的客观因素。但袁崇焕自身的经历,则是其辽事功业的主观因素。袁崇焕万历三十四年(1606 年)举于乡②。万历四十七年即天命四年(1619 年)成进士③,后官邵武县令。他作为一名下级封建官员,能体恤民情,"明决有胆略,尽心民事,冤抑无不伸;素趫捷有力,尝出救火,著靴上墙屋,如履平地"④,是一位清官。他虽身居八闽,却心系辽事,"日呼一老兵习辽事者,与之谈兵"⑤。天启二年即天命七年(1622 年)大计至京,他单骑出阅边塞,关心社稷兴亡。所以,尖锐的民族矛盾激发了他的爱国热忱,促其弃文从戎,任职辽事。但是,袁崇焕对明末民族矛盾、阶级关系、朋党之争和西学东渐的复杂性认识不足,凭颇热肝肠与个人才智,杖策雪耻、图复全辽。上述诸种矛盾及其变化,既为他铸成英雄塑像,又使他扮演悲剧角色。

二

明代杰出的军事家袁崇焕,重建一支辽军,组成一条宁锦防线,提出一套军事原则,指挥三次重大战役,在军事理论与军事实践上均做出了可贵的贡献。

袁崇焕重建了一支辽军。明朝辽东军队在明代初期和中期,对抵御蒙古和女真贵族骑兵的"骚掠"和"犯抢",入援朝鲜抗击倭军侵略,俱起过重要作用。但万历后期以降,辽军将贪、兵惫、饷缺、马羸、器窳、甲敝,边备废弛,日益腐败。万历四十七年即天命四年(1619 年)以后,明军陷城失地,将奢卒掠,"将不习于斗而习于奢,卒不善于攻而善于掠"⑥。明军如乱絮纷丝,似乌合之众,兵无

① 《明熹宗实录》,第 68 卷,天启六年二月甲戌朔,台北中研院历史语言研究所校勘本,1962年,台北。
② 《崇祯梧州府志》,第 13 卷,明崇祯四年(1631 年)刻本,清钞本,北京图书馆善本部藏。
③ 《万历己未科进士题名碑记》,碑藏北京首都博物馆。
④ 《乾隆邵武府志》,第 15 卷,清乾隆三十五年(1770 年)刻本,故宫博物院图书馆藏。
⑤ 夏允彝:《幸存录》,上卷,清钞本,北京图书馆善本部藏。
⑥ 《明熹宗实录》,第 75 卷,天启六年八月乙卯,台北中研院历史语言研究所校勘本,1962 年,台北。

纪，饷不清，"且有缚镇杀抚之事"①。袁崇焕要抵御后金军南犯，画程复辽，当务之急是改造和重建辽军。

第一，选将。他按兵之多寡设官，按官之德才择将，遴选赵率教、祖大寿、何可纲等五十员将领，皆获旨允。如赵率教分数明白、纪律精详、猷略渊远、著数平实，祖大寿英勇矫捷、腔子玲珑且与士卒通肺腑、同甘苦，何可纲不破公钱、不受私馈、敝衣粝食、韬钤善谋。袁崇焕与三将倚为股肱，誓与始终②。

第二，精兵。他汰冗卒，补新兵。"请以十万五千官兵，汰为八万，以二万留关内，六万布关外"③。袁为带兵之人，悉知兵多而自稳。但他汰冗兵不仅可减轻各省征调转输之苦，而且能使部伍"焕然一新，数万之兵而有一二十万之用"④。他并以广西狼兵、关外辽兵，充实辽伍，组成辽军。

第三，措饷。明军缺饷，数月不发，激起兵变，吊捶抚臣。他起复后，仅在崇祯元年即天聪二年（1628年）下半年，即几乎无月不请饷催饷。

第四，治械。明军失陷清、抚后，军士"弓皆断背断弦，箭皆无翎无镞，刀皆缺钝，枪皆顽秃"⑤。袁崇焕疏请工部制造器械，将监督、主事、匠役等名勒上，"倘造不如法，容臣指名参核"⑥。又请工部所制甲械，依祖大寿式，交关内外分造，并极力运用新造西洋大炮。

第五，赏勇。"战争为最危险的领域，所以勇气是超越一切事物之上而成为战士的第一素质"⑦。袁崇焕在守宁远时，置银于城上，"有能中贼与不避艰险者，即时赏银一锭。诸军见利在前，忘死在后，有面中流矢而不动者，卒以退虏"⑧。他既赏勇敢，又罚贪怯，平素驭军最严格，以便法行而实施。

总之，袁崇焕在选将、汰冗、征召、饷粮、炮械、训练、军纪等方面极为严

---

① 《崇祯长编》，第 25 卷，崇祯二年八月乙卯，台北中研院历史语言研究所校勘本，1962 年，台北。

② 《崇祯长编》，第 12 卷，崇祯元年八月丙辰，台北中研院历史语言研究所校勘本，1962 年，台北。

③ 《明熹宗实录》，第 68 卷，天启六年二月戊戌，台北中研院历史语言研究所校勘本，1962 年，台北。

④ 《明熹宗实录》，第 71 卷，天启六年五月庚申，台北中研院历史语言研究所校勘本，1962 年，台北。

⑤ 熊廷弼：《熊襄愍公集》，第 3 卷，清道光二十一年（1841 年）刻本。

⑥ 佚名：《今史》，第 4 卷，清刻本。

⑦ [德] 克劳塞维茨：《战争论》（精华）中译本，第一章第二节，商务印书馆，1978 年，北京。

⑧ 《明熹宗实录》，第 70 卷，天启六年四月己亥，台北中研院历史语言研究所校勘本，1962 年，台北。

肃，从而重建一支在适当的时间和地点同后金兵进行殊死搏斗的辽军。

袁崇焕建成了一条宁锦防线。先是，明军在辽东，熊廷弼设三方布置策，未能实施而兵败身死；王化贞沿辽河设一字形防线，广宁兵败而身陷图圄；孙承宗策划关外防线，戎业未竟而愤然告归。明诸将于后金军的进攻，罔敢议战守，"议战守，自崇焕始"①。袁崇焕议辽东战守有个过程。他在宁远之战前，他主要营筑并坚守宁远。宁远之捷表明，明军"文武将吏，从此立脚"②。在宁锦之战前，他主要缮守锦州等城。宁锦之捷表明，宁锦防线初步确立。在保卫京师之战前，袁督师为结五年复辽之局，重新部署关外防线，建成锦州、宁远、关门防御体系，并着手整顿蒙古和东江两翼。袁崇焕所建宁锦防线，包括"一体两翼"。"一体"即纵向，由总兵赵率教驻关门，为后劲；自率中军何可纲驻宁远，以居中；总兵祖大寿镇锦州，为先锋③。其军队则分为马兵、步兵、车兵、水兵，计二十四营。各将领画地信守，缓急相应，且筑且屯，亦守亦战，逐步而前，更迭进取，战则一城接一城，守则一节顶一节。"两翼"即横向，其左翼为蒙古拱兔等部，采取"抚西虏以拒东夷"④的策略；其右翼为东江，实行斩帅抚众、整顿部伍，以挠敌后的措施。这就是袁崇焕所建辽东"一体两翼"的十字形防线。袁崇焕辽东宁锦主体防线的建成，阻挡了后金军的南进。然而其两翼未成，东江一翼杀毛文龙后未及整顿而含冤身死；蒙古一翼，亦未能如愿，致皇太极绕道蒙古，破塞入犯，兵指京师。然而，袁崇焕倚靠重建的辽军，守御宁锦防线，堵御后金军八年之久不得逾越南进，其功不可泯。在袁崇焕身后，祖大寿得以其余威振于边，辽军守御的宁锦防线仍坚不可摧。直至崇祯十五年（1642年）锦州才被攻陷，而宁远、关门则几于明祚同终。

袁崇焕提出了一套军事原则。这些重要的军事思想和原则是：

第一，"守关外以御关内"的积极防御方针。袁崇焕在任宁前兵备佥事时，经略王在晋议筑重城八里铺，退守山海关。崇焕以为非策，人微言轻，力争不得，奏记首辅叶向高。寻孙承宗行边纳其主守宁远之议，营筑宁远。后高第又谓关外

① 《明史·袁崇焕传》，第259卷，中华书局校点本，1974年，北京。
② 《明熹宗实录》，第70卷，天启六年四月辛卯，台北中研院历史语言研究所校勘本，1962年，台北。
③ 《崇祯长编》，第12卷，崇祯元年八月丙辰，台北中研院历史语言研究所校勘本，1962年，台北。
④ 《明熹宗实录》，第75卷，天启六年八月丁巳，台北中研院历史语言研究所校勘本，1962年，台北。

必不可守，尽撤锦州等城守具，驱屯兵屯民入关，独崇焕孤守宁远不从命。所以关外宁锦防线的建立，是袁崇焕"守关外以御关内"积极防御方针实施的结果。

第二，"以辽人守辽土，以辽土养辽人"的战略原则。大学士孙承宗曾言："无辽土何以护辽城？舍辽人谁与守辽土？"[1]这个问题的提出，是因为从关内调募之兵将出戍数千里以外，"兵非贪猾者不应，将非废闲者不就"[2]，即调募往辽东的兵将，非但不能为辽援而且为辽扰。袁崇焕深悉调募守辽之弊，他说："宁远南兵脆弱，西兵善逃，莫若用辽人守辽土。"[3]袁崇焕敢于陈其弊，破成议，疏请撤回调兵，招辽人填补，以得两利。他奏请主张"辽人复辽，此其首选"[4]的祖大寿任总兵官，统率辽人以守辽土，即为突出一例。他不但要以辽人守辽土，而且要以辽土养辽人。袁崇焕简述"以辽土养辽人"，行则有"七便"，否则有"七不便"[5]。对于一个军事统帅来说，其最高境界就是政策。通过选辽兵实辽伍，屯辽土养辽人的政策，足见袁崇焕卓识深谋，迥出流辈。而这一政策的指导思想则是"以辽东护神京，不以辽东病天下"[6]。

第三，"守为正著，战为奇著，款为旁著"的策略原则。守、战、款三者，包涵着防御与攻击、战争与议和两对既相区别又相联系的范畴。以攻击与防御来说，攻击是重要的战争形式，防御也是重要的战争形式。攻击或防御的选择，依时间、地点和双方力量对比而定。其时，"夷以累胜之势，而我积弱之余，十年以来站立不定者，今仅能办一'守'字，责之赴战，力所未能"[7]。这里的守，是积极的防守。彼强己弱，以守为主，以攻为辅，即守为正着，战为奇着。尽管阉党指斥他的积极守御为"暮气"，但在不具备以攻击为主的条件下，他仍坚守这一原则。另以战

---

① 《明熹宗实录》，第 40 卷，天启三年闰十月丁亥朔，台北中研院历史语言研究所校勘本，1962年，台北。

② 《明熹宗实录》，第 79 卷，天启六年十二月丁未，台北中研院历史语言研究所校勘本，1962年，台北。

③ 《明熹宗实录》，第 68 卷，天启六年二月戊戌，台北中研院历史语言研究所校勘本，1962年，台北。

④ 《崇祯长编》，第 12 卷，崇祯元年八月丙辰，台北中研院历史语言研究所校勘本，1962年，台北。

⑤ 《明熹宗实录》，第 78 卷，天启六年十一月乙未，台北中研院历史语言研究所校勘本，1962年，台北。

⑥ 《明熹宗实录》，第 71 卷，天启六年五月庚申，台北中研院历史语言研究所校勘本，1962年，台北。

⑦ 《明熹宗实录》，第 84 卷，天启六年五月甲申，台北中研院历史语言研究所校勘本，1962年，台北。

争与议和来说，为着政治目的实现，战争与议和只是两种不同的手段。袁崇焕为了实施政策和夺取胜利，不但敢于并善于防守和攻战，而且敢于并善于议和。袁崇焕能依具体条件，将守、战、和三者，加以巧妙地运用，可防则守，可攻则战，可和则议，表现出军事策略思想的主动性和灵活性。

第四，"凭坚城、用大炮"的战术原则。后金军是一支以骑兵为主的军队。铁骑驰突、野战争锋为后金军所长，但皮弦木箭、短刀钩枪，射程近，威力弱，又为后金军所短。相反，平原作战、摆列方阵、施放火铳、行动速率，为明军所短。而坚城深堑、火器洋炮，又为明军所长。袁崇焕总结明朝与后金战争的历史经验，第一个提出"虏利野战，惟有凭坚城以用大炮一著"①。后金的骑兵、弓箭，在明军坚城、大炮之下，以短击长，反主为客，犯下兵家大忌。宁远大捷是袁崇焕"凭坚城、用大炮"战术原则的典型战例。

上述由积极防御方针和战略、策略、战术原则等组成的袁崇焕的军事思想是极为丰富的。他不仅在战争实践中总结出军事思想理论，而且亲自指挥了重要战役。

袁崇焕指挥了著名的宁远、宁锦和保卫京师等重大战役。

宁远之战。天启六年即天命十一年（1626年）正月，后金汗努尔哈赤值明辽东经略孙承宗易为高第之机，亲率六万大军至宁远，悉锐一攻。他自犯其"攻城必操胜算而后动"之典则，结果遭到致命打击。袁崇焕获宁远之捷，有其政治与军事、策略与武器、思想与指挥②等六个方面的因素。但论者或谓"此系红夷大炮之威力"；或谓"在人心之齐，不在枪炮之多"③。至于红夷大炮，有人认为，"查红夷炮，明军使用已久，萨尔浒之战各军皆用之。萨尔浒战役之后，后金军将明军之红夷炮，用以攻打沈阳、辽阳，故两方皆常使用红夷炮"④。据《明史》载，嘉靖二年（1523年），逐寇于广东新会西草湾，敌遁，明军得其炮，即名为佛朗机炮，汪鋐进之朝。嘉靖九年（1530年），汪鋐疏请依其式铸制，旨允，"火炮之有佛朗机自此始"⑤。但将士不善用。至"天启、崇祯间，东北用兵，数召澳中人入都，

① 《明熹宗实录》，第79卷，天启六年十二月庚申，台北中研院历史语言研究所校勘本，1962年，台北。
② 参见拙著《努尔哈赤传》，文史哲出版社，第339—340页，1992年版，台北。
③ 《天聪朝臣工奏议》，中卷，辽宁大学历史系编，铅印本，1980年，沈阳。
④ 《中国历代战争史》，第15册，第161页，黎明文化事业股份有限公司出版，1979年，台北。
⑤ 《明史·外国列传六·佛朗机》，第326卷，中华书局校点本，1974年，北京。

令将士学习"①,购进洋炮,时称红夷大炮。袁崇焕将红夷大炮用于宁远保卫战。其使用方法,据云:

> 在袁崇焕指挥之下,使用沉着,瞄准精确,加以炮位安置适当,炮手训练精良,懂得敌人习惯战法,选定适当的时机射击,故一炮发出即开出一条血渠。是其炮位甚低,炮口正对来攻之敌也。亦即是城中穿穴于城墙根而推炮口至墙表皮位置,临发射之时始穿城成孔向外射击也,故有此等奇袭射击之效。惟使用之炮同是旧日之炮,用炮之人亦是旧日之人,所对之敌仍是旧日之敌,所不同者即在于发射时机与使用方法而已。实则只是昔日不曾想,于今想出实用之而已。②

实际上,袁崇焕所用之炮,炮身长、威力大,并非旧日之炮;所用之人,为罗立、金启倧,也非旧日之人;所用之法,将炮牵引至城上,而不是置于城墙穿穴之中,亦非旧日之法。明军在萨尔浒之战中使用的洋炮,为身短体轻、火力较弱的佛朗机炮;而在宁远之战中使用的洋炮,为身长体重、火力强大的红夷大炮。所以,将红夷大炮用于守城并取得射击之效,实由袁崇焕为始。

对红夷大炮在宁远之战中的作用应取分析的态度,否认或夸大红夷大炮在宁远之战中的作用都是不符合历史实际的。大量历史事实表明,红夷大炮是袁崇焕在宁远之战中克敌制胜的重要因素,但不是唯一因素。

那么,宁远之战明军获胜的主要因素是什么呢? 在明军获胜的诸因素中,如民心、士气、军事、策略、坚城、大炮、天时、地利等,都只有同袁崇焕的指挥相联系,并通过其运筹帷幄才能产生作用。在明军与后金军宁远决死生成败之际,"克敌在兵,而制兵在将;兵无节制则将不任,将非人则兵必败"③。萨尔浒之战的杨镐、沈辽之战的袁应泰、广宁之战的王化贞,都因将非其人而兵败。可以说,袁崇焕的正确指挥,是宁远之战明军获胜的主要因素。

宁锦之战。天启七年即天聪元年(1627年)五月初六日,皇太极亲率诸贝勒将士起行往攻锦、宁。其时明祚以榆关为安危,榆关以宁远为安危,宁远又以锦

① 《明史·外国列传七·意大里亚》,第326卷,中华书局校点本,1974年,北京。
② 《中国历代战争史》,第15册,第161页,黎明文化事业股份有限公司出版,1979年,台北。
③ 《明太祖实录》,第31卷,洪武元年四月乙酉,台北中研院历史语言研究所校勘本,1962年,台北。

州为安危。袁崇焕决心坚守宁、锦,"战则死战,守则死守"①。他命赵率教镇锦州,自坐守宁远,并"已令舟师绕后,复令西虏声援"②。十一日,后金军围锦州城。翌日,皇太极一面遣使至锦州城守太监纪用等处复书,称"或以城降,或以礼议和"③;一面派兵攻城。明军炮火矢石俱下,后金军后退五里扎营④。皇太极兵攻锦州半月不下,命兵士于锦州城外凿三重濠,留兵困之;自己亲率三大贝勒代善、阿敏、莽古尔泰等进攻宁远。是役,《三朝辽事实录》载袁崇焕疏言:

> 十年来尽天下之兵,未尝敢与奴战,合马交锋。今始一刀一枪拼命,不知有夷之凶狠骠悍。职复冯堞大呼,分路进追。诸军忿恨此贼,一战挫之。⑤

《两朝从信录》亦载:"参将彭簪古三次用红夷大炮,击碎奴营大帐房一座、四王子伪白龙旗,奴兵死者甚众。"⑥清官书所记宁远一役,其"贝勒济尔哈朗、萨哈廉及瓦克达俱被创"⑦。

皇太极攻宁一日,军受重创,回师锦州,再攻锦州南城。明军记载:"奴贼提兵数万蜂拥以战。我兵用大炮与矢石打死奴贼数千,中伤数千,败回营去,大放悲声!"⑧后金军围攻锦州二十五日,双方战斗异常激烈,"逆奴围锦州,大战三次,小战二十五次,无日不战"⑨。皇太极攻宁锦不克,愤愧地说:"昔皇考太祖攻宁远,不克;今我攻锦州,又未克。似此野战之兵,尚不能胜,其何以张我国威耶!"⑩明军打败后金军对宁远、锦州的进犯,获"宁锦大捷"⑪。

---

① 《明熹宗实录》,第84卷,天启七年五月戊辰,台北中研院历史语言研究所校勘本,1962年,台北。
② 《明熹宗实录》,第84卷,天启七年五月丙戌,台北中研院历史语言研究所校勘本,1962年,台北。
③ 《清太宗文皇帝实录》,第3卷,天聪元年五月丁丑,中华书局影印本,1985年,北京。
④ 《满文老档·太宗》,第5卷,天聪元年五月丁丑。
⑤ 王在晋:《三朝辽事实录》,第17卷,江苏省立国学图书馆藏本。
⑥ 沈国元:《两朝从信录》,第34卷,明崇祯刻本,国家图书馆善本部藏。
⑦ 《清太宗文皇帝实录》,第3卷,天聪元年五月癸巳,中华书局影印本,1985年,北京。
⑧ 沈国元:《两朝从信录》,第34卷,明崇祯刻本,国家图书馆善本部藏。
⑨ 沈国元:《两朝从信录》,第34卷,明崇祯刻本,国家图书馆善本部藏。
⑩ 《清太宗文皇帝实录》,第3卷,天聪元年五月癸巳,中华书局影印本,1985年,北京。
⑪ 《明熹宗实录》,第87卷,天启七年八月乙未,台北中研院历史语言研究所校勘本,1962年,台北。

宁锦之役皇太极有三个错误：于时间，酷暑兵疲，驱师西进，触犯兵家所讳；于空间，以骑攻城，以矢制炮，重蹈其父故辙；于方法，先锦后宁，弃宁攻锦，自吞分兵毒果。相反，辽东巡抚袁崇焕却值后金军有事江东之机，修缮城池，训练士马，治炮备饷，抚赏蒙古。结果，袁崇焕凭城用炮，以逸待劳，反客为主，以长制短，打败皇太极军，建成宁锦防线。

京师之战。崇祯二年即天聪三年（1629 年）十月，皇太极发兵攻明，其借口之一是明朝不予议和、通市。他说：

> 从前遣白喇嘛向明议和，明之君臣，若听朕言，克成和好，共享太平，则我国满、汉、蒙古人等，当采参开矿，与之交易。若彼不愿太平，而乐于用兵，不与我国议和，以通交易，则我国所少者，不过缎帛等物耳。我国果竭力耕织，以裕衣食之源，即不得缎帛等物，亦何伤哉。我屡欲和，而彼不从，我岂可坐待，定当整旅西征。[1]

二十六日，后金军破龙井关和大安口，寻陷遵化、略通州。袁崇焕闻警，"心焚胆裂，愤不顾死，士不传餐，马不再秣"[2]，日夜兼驰，回救京师。袁崇焕入蓟部署战守后，至河西务集诸将会议进取。诸将多云宜径趋京师，以先根本。周文郁等谓："大兵宜向贼，不宜先入都。"并建议横兵通州，与敌决战。袁崇焕欲"背捍神京，面拒敌众"。议者言："外镇之兵，未奉明旨，而径至城下，可乎？"袁督师斩钉截铁地说："君父有急，何遑他恤？苟得济事，虽死无憾！"[3]袁崇焕置自身生死于度外，其忠悃可嘉；但未奉明旨而入卫，其韬略有失。袁崇焕率九千骑兵驰京，露宿郊外，缺粮断薪，忍馁茹疲，背城血战，在广渠门与左安门挫败敌军，连获两捷。但袁崇焕于十二月初一日平台召对时，被下诏狱。保卫京师之战，尽管满桂等先后有德胜门与永定门两败，但由于袁崇焕统率辽军连获广渠门与左安门两捷，燕京赖以转危为安。后皇太极见京城难以攻陷，且"勤王之师"四集，令在安定门外和德胜门外留下两封议和书后[4]，率军撤出京师。

---

① 《清太宗文皇帝实录》，第 5 卷，天聪三年六月乙丑，中华书局影印本，1985 年，北京。
② 程本直：《白冤疏》，载《袁督师事迹》，清道光三十五年（1850 年）南海伍氏粤雅堂刻本。
③ 周文郁：《边事小纪》，第 1 卷，《玄览堂丛书续集》本，南京国立中央图书馆影印本，民国三十六年（1947 年），南京。
④ 《满文老档·太宗》，第 20 卷，天聪三年十二月壬申，中国第一历史档案馆藏。

综上，袁崇焕依靠全国人民的力量和辽军将士的奋战，首撄努尔哈赤的雄锋于宁远，再挫皇太极的锐气于宁锦，鼓舞了举朝上下的精神，振奋了关外辽军的士气，创建了明季辽东宁锦防线，阻塞了后金军由山海关入关的通道。特别是他在都门的双捷，不仅捍卫了北京的安全，而且终明之世后金军未敢再犯京师。袁崇焕以其卓越的军事思想和卓著的军事功绩表明，他是明代当之无愧的杰出军事家。

<h1 style="text-align:center">三</h1>

督师袁崇焕于崇祯二年即天聪三年（1629 年）十二月初一日，被下诏狱；翌年八月十六日，遭磔于市。《明史·袁崇焕传》载："自崇焕死，边事益无人，明亡征决矣！"① 但袁崇焕落狱与磔死的原因，是既相联系又相区别的；其谕定罪状与屈死原因，也是既相联系又相区别的。

袁崇焕落狱与磔死之因并不雷同，然官私史书常混而为一。如《清太宗实录》载，皇太极设间，寻"纵杨太监归。后闻杨太监将高鸿中、鲍承先之言，详奏明主。明主遂执袁崇焕入城，磔之"②。又如《廿二史劄记》载，皇太极设间后，阴纵杨太监去，"杨太监奔还大内，告于帝。帝深信不疑，遂磔崇焕于市"③。上举两例，前者或由于撰者为宣扬后金汗的聪睿，而将崇焕入狱、磔死盖归之于设间；后者或由于赵翼重在说明后金间计，而将崇焕入狱、磔死原因加以混淆。

崇祯帝在平台命将袁崇焕下狱时，曾"问以杀毛文龙今反逗留"④ 事，并未宣谕其"罪状"。事后谕各营和谕孙承宗两旨，其一旨称："朕以东事付袁崇焕，乃胡骑狂逞。崇焕身任督师，不先行侦防，致深入内地。虽兼程赴援，又钳制将士，坐视淫掠，其罪难掩，暂解任听勘。"⑤ 这道"谕旨"并未将其内在原因剖明。因在此前，崇祯帝曾对督师袁崇焕"三日五赐金币宣劳"⑥，所以袁崇焕下狱的真正原因在崇祯之世始终不清。明之士夫、明之清议，竟无有恕袁崇焕之冤者。直至修《明史》时，参校《清太宗实录》，方知此事始于皇太极设间。检天聪朝《满文老档》，

---

① 《明史·袁崇焕传》，第 259 卷，中华书局校点本，1974 年，北京。

② 《清太宗文皇帝实录》，第 5 卷，天聪三年十一月庚戌，中华书局影印本，1985 年，北京。

③ 赵翼：《廿二史劄记》，第 31 卷，中华书局，1984 年，北京。

④ 《明怀宗实录》，第 2 卷，崇祯二年十二月辛亥朔，台北中研院历史语言研究所校勘本，1962 年，台北。

⑤ 谈迁：《国榷》，第 90 卷，中华书局影印本，1958 年，北京。

⑥ 《崇祯实录》，第 3 卷，崇祯三年八月癸亥，台北中研院历史语言研究所校勘本，1962 年，台北。

仅记纵杨太监归,告以所听高、鲍之言,阙载其言内容 ①。《清太宗实录》却详载此事,云:

> 先是,获明太监二人,令副将高鸿中,参将鲍承先、宁完我、巴克什达海监守之。至是还兵,高鸿中、鲍承先遵上所授密计,坐近二太监,故作耳语云:"今日撤兵,乃上计也。顷见上单骑向敌,敌有二人来见上,语良久乃去,意袁巡抚有密约,此事可立就矣。"时杨太监者,佯卧窃听,悉记其言。②

皇太极于十一月二十七日设间,二十九日阴纵杨太监归。下月初一日,崇祯帝借召对议饷为名,在平台将袁崇焕下狱。

崇祯帝执捕袁崇焕,不仅限于上述一个原因。《纲目三编》析其原因为四,云:"崇焕千里赴援,自谓无罪。然都人骤遭兵,怨谤纷起,谓崇焕纵敌。朝士因前通和议,诬其引敌胁和。会我大清设间,谓与崇焕有成约。语闻于帝,帝信之,遂执下诏狱。"③ 可见,都人的责怨、朝士的诬陷、崇祯的刚愎、后金的设间,综为一个结果:袁崇焕被缚下狱。但上述各因素有内有外,有主有从。后金汗的设间和崇祯帝的误信,成为袁崇焕被下诏狱诸因素中的决定因素。

袁崇焕的谕定罪状与屈死之因也并不雷同。崇焕从下诏狱到遭非刑,历时八个半月。其间经过极为错综复杂的政治斗争。崇祯帝对袁崇焕的谕定罪状,尽管《今史》《崇祯朝记事》《幸存录》《崇祯实录》《崇祯长编》《国榷》《石匮书后集》《明季北略》和《明通鉴》等书所载文字略异,但其九派源一。诸如"既用束酋、阳导入犯","纵敌长驱、顿兵不战","援兵四集、尽行遣散","暗藏夷使、坚请入城"等,早已为史实和公论所否定,不需赘述。但"市米资盗""擅主和议"和"斩帅践约"等至今尚惑人耳目,故略作辨析。

所谓"市米资盗"。"抚虏拒奴"和"用虏攻奴"为明末统治者对漠南蒙古哈喇慎三十六家等部的"国策"。辽东督师王之臣请发银,以"驾驭诸虏,庶得操纵

---

① 《满文老档·太宗》,第19卷,天聪三年十一月庚戌,中国第一历史档案馆藏。
② 《清太宗文皇帝实录》,第5卷,天聪三年十一月戊申,中华书局影印本,1985年,北京。
③ 《资治通鉴纲目三编》,第19卷,清同治刻本。

如意"①,并获旨允。但崇祯二年即天聪三年（1629年）春,"夷地荒旱,粒食无资,人俱相食,且将为变"②。蒙古哈喇慎等部室如悬磬,聚高台堡,哀求备至,乞请市粟。袁崇焕先言:"人归我而不收,委以资敌,臣不敢也。"③他疏云:

> 惟蓟门陵京肩背,而兵力不加。万一夷为向导,通奴入犯,祸有不可知者。臣以是招之来,许其关外高台堡通市度命。但只许布米易柴薪,如违禁之物,俱肃法严禁,业责其无与奴通。④

各部首领指天立誓,不忘朝恩,愿以妻子为质,断不敢诱敌入犯蓟、辽。此疏目的在于"西款不坏,我得一意防奴"⑤。但疏入,奉旨:"著该督、抚,严行禁止。"⑥崇祯帝既绝哈喇慎等部活命之方,其岂肯坐以待毙? 果如袁崇焕在上疏中所预言:"我不能为各夷之依,夷遂依奴以自固。"哈喇慎各台吉纷纷投后金:

> 六月:"蒙古喀喇沁⑦部落布尔噶都戴青、台吉卓尔毕,土默特部落台吉阿玉石、俄木布、博罗等,遣使四十五人来朝,贡驼马彩缎等物,并以归附圣朝之意具奏。"⑧
>
> 八月:"遣喀喇沁部落苏布地杜稜归国,上御便殿,赐宴,厚赏之。"⑨
>
> 九月:"蒙古喀喇沁部落台吉布尔噶都来朝,贡币物。"⑩

哈喇慎等部归己而不收,委以资彼,其责任在崇祯帝。因此,"市米资盗"实为袁崇焕"莫须有"之一罪。

---

① 《明熹宗实录》,第70卷,天启六年四月己亥,台北中研院历史语言研究所校勘本,1962年,台北。
② 《明清史料》,甲编,第8本,第707页,中央研究院历史语言研究所刊印,1931年,上海。
③ 《明熹宗实录》,第72卷,天启六年六月戊子,台北中研院历史语言研究所校勘本,1962年,台北。
④ 《明清史料》,甲编,第8本,第707页,中央研究院历史语言研究所刊印,1931年,上海。
⑤ 《明熹宗实录》,第72卷,天启六年六月戊子,台北中研院历史语言研究所校勘本,1962年,台北。
⑥ 《明清史料》,甲编,第8本,第707页,中央研究院历史语言研究所刊印,1931年,上海。
⑦ 喀喇沁是哈喇慎的分支。
⑧ 《清太宗文皇帝实录》,第5卷,天聪三年六月丁卯,中华书局影印本,1985年,北京。
⑨ 《清太宗文皇帝实录》,第5卷,天聪三年八月庚申,中华书局影印本,1985年,北京。
⑩ 《清太宗文皇帝实录》,第5卷,天聪三年九月癸卯,中华书局影印本,1985年,北京。

　　所谓"擅主和议"。袁崇焕同后金"谋款"即议和，已著文《袁崇焕"谋款"辨》①，兹略作补充。在天启朝，袁崇焕于天启六年即天命十一年（1626年）九月二十八日，奏报努尔哈赤死于沈阳。翌日，又奏："臣正与经、督及内臣谋其能往者，万一此道有济，贤于十万甲兵。且乘是以观彼中虚实。臣敕内原许便宜行事，嗣有的音，方与在事诸臣会奏。"②疏入，旨称"阃外机宜，悉听便宜行事"。袁崇焕得旨后，始遣李喇嘛及都司傅有爵等三十四人至沈阳③。其后袁崇焕多次疏报，并屡奉谕旨。《明史·袁崇焕传》载："崇焕初议和，中朝不知。"此系撰者未细检《明熹宗实录》和《清太宗实录》，而为"擅主和议"说所羁绊。在崇祯朝，袁崇焕于平台受召对后两天，即疏言：辽事恢复之计，"以守为正著，战为奇著，款为旁著"④。旨称："悉听便宜从事。"

　　袁督师出镇行边后，皇太极频繁致书"议和"。以崇祯二年即天聪三年（1629年）为例，皇太极先后遣白喇嘛、郑伸、赵登科等致袁崇焕书六封，袁崇焕答书四封。这些往来信札为《明实录》和《清实录》所阙载，但保存于《旧满洲档》和《满文老档》中，现摘引如下。为"钦命出镇行边督师尚书袁"，"复汗帐下"书，第一书云："来书所言议和者，盖不忍两家之赤子屡遭锋镝也。汗之美意，天地鉴之。但和亦有道，非一言可定也。我帝继位以来，明哲果断，严于边务。若非十分详实，则不便奏闻。"⑤第二书云："辽东之人西来，坟墓皆在于彼，其心能不思先人之遗骨乎？因不合众意，我受之未便言，是以未奏于帝。……至铸印、封典之事，则非一言可尽也。"⑥这封信重申要恢复辽东土地、人口，并驳回其铸印、封典之请。第三书与上书同日到达，解释使臣久住之因。第四书云："惟十年战争，今欲一旦罢之，虽出大力，亦非三四人所能胜任，更非二三言所能了结。"⑦袁崇焕的上述书札，既不违背谕旨之意，更无擅主和议之嫌。因此，"擅主和议"实为袁崇焕"莫须有"之又一罪。

　　所谓"斩帅践约"。上已述及，袁崇焕同皇太极有"款议"，而无"款约"。既

----

①《光明日报·史学》，1984年6月6日。

②《明熹宗实录》，第76卷，天启六年九月戊戌，台北中研院历史语言研究所校勘本，1962年，台北。

③《清太宗文皇帝实录》，第1卷，天命十一年十月癸丑，中华书局影印本，1985年，北京。

④佚名：《今史》，第4卷，清刻本。

⑤《满文老档·太宗》，第16卷，天聪三年闰四月丁巳，中国第一历史档案馆藏。

⑥《满文老档·太宗》，第16卷，天聪三年七月丙戌，中国第一历史档案馆藏。

⑦《满文老档·太宗》，第17卷，天聪三年七月己亥，中国第一历史档案馆藏。

无"款约"，则无须"践约"。所以，"践约"与"斩帅"并不发生因果联系。袁崇焕"斩帅"的功过，迄今公论不定。本人拙见，将另文论述。"斩帅践约"之说，《国榷》载："至擅杀毛文龙，朝议谓践敌宿约。"① 《石匮书后集》也载：努尔哈赤死后，"崇焕差番僧喇嘛镏南木座往吊，谋以岁币议和。女真许之，乃曰'无以为信，其函毛文龙首来'"②。尔后，《明史纪事本末·补遗》载：崇焕再出，"无以塞五年平辽之命，乃复为讲款计。建州曰：'果尔，其以文龙头来。'崇焕信之"③。上述说法，朝鲜《荷潭录》亦载：后金汗"欲杀文龙，结于崇焕；费尽心机，今始幸得杀之"④。上引明末清初时之记载，使人如坠云雾中。

以上所载，第一，所谓"朝议"云云。明末门户水火，党争激烈，恩怨是非，尤为纠葛。"而崇焕之被谤，则于温体仁与钱龙锡门户相倾之旧套以外，又多一虚爱国者之张派脉兴，为清太宗反间所中，久而不悟。虽有正人，只能保钱龙锡之无逆谋，不敢信袁崇焕之不通敌"⑤。故而"朝议"既有阉孽之诬谤，也有正人之偾语，均不能作为袁崇焕"斩帅践约"之史据。第二，袁崇焕遣李喇嘛等往吊努尔哈赤丧，事在天启六年即天命十一年（1626年）十月，其时明朝与后金久不通使，双方隔阂颇深，态度谨慎，并未言及"岁币议和"之事，更未有"其函毛文龙首来"之记载⑥。第三，袁崇焕再起赴辽至毛文龙被杀，为时仅十个月，尚不存在"无以塞五年平辽之命"的忧虑。且从这段时间皇太极与袁崇焕往来书札中，得不出袁崇焕以毛文龙之头，换取同皇太极"讲款"的结论。第四，翻检《满文老档》，未见载录袁崇焕与皇太极杀毛文龙以求款之密约，也未见载述皇太极借袁崇焕尚方杀毛文龙之秘计，而《明实录》《清实录》以及所见明季内阁大库档案于此均无记载。第五，袁崇焕"斩帅践约"说，不仅崇焕同时人以为可信，至明亡后尚欲传为信史。于此，孟森言："《天启朝实录》中，多有毛文龙之罪状；至归恶崇焕以后，反以文龙为贤，谓文龙为建州所深忌，非杀文龙，必不能取信于建州。夫而后崇焕之杀文龙，乃与通敌胁和并为一事。此不必金邪为是言，贤者亦为是言，

① 谈迁：《国榷》，第91卷，中华书局影印本，1958年，北京。
② 张岱：《石匮书后集》，第10卷，中华书局校点本，1959年，北京。
③ 谷应泰：《明史纪事本末》，第4卷，中华书局校点本，1977年，北京。
④ [朝]李肯翊：《燃藜室记述》朝文本，第25卷，朝鲜古书刊行会本，大正元年（1911年），东京。
⑤ 孟森：《明清史论著集刊》上册，第24页，中华书局，1959年，北京。
⑥ 《清太宗文皇帝实录》，第1卷，天命十一年十月癸丑、十一月乙酉，中华书局影印本，1985年，北京。

是可恫矣！"[1] 因此，"斩帅践约"实为袁崇焕"莫须有"之另一罪。

由此可见，袁崇焕为崇祯帝所屈杀。然而，崇祯帝为何必杀袁崇焕？这需要从当时的历史环境中加以考察。

袁崇焕之死，既有其历史的偶然性，也有其历史的必然性。皇太极设间陷袁崇焕，为其屈死的偶然因素；崇祯初各种社会矛盾焦点聚于袁崇焕，则为其屈死的必然因素。袁崇焕曾预言：

> 盖勇猛图敌，敌必仇；振奋立功，众必忌。况任劳之必任怨，蒙罪始可以有功。怨不深，劳不厚；罪不大，功不成。谤书盈箧，毁言沓至，从来如此。[2]

后金的仇恨，都人的怨愤，中贵的不满，同僚的旧怨，阉孽的忌恚，崇祯的昏愦，一句话，袁崇焕被历史偶然性与历史必然性相纽结而造成了悲剧的结局。

后金的仇恨。袁崇焕先败努尔哈赤于宁远，又败皇太极于宁、锦，再败后金军于都门。后金欲打开山海关通道、夺占燕京、入居中原，其军事上的最大障碍就是袁崇焕。皇太极既然在战场上不能打败袁崇焕，便在政治上设计陷害他。袁崇焕疏言："况图敌之急，敌又从外而间之。"[3] 果然，崇祯帝庸而愎，为敌所用。袁崇焕在民族矛盾中，铸成为民族英雄；又在民族矛盾中，被寸磔而屈死。

都人的怨愤。自嘉靖庚戌年（1550年）至崇祯己巳年即天聪三年（1629年），都人八十年不见敌兵。皇太极兵薄城下，焚掠四郊，九门戒严，一日三惊。关厢居民，先受其害，牛羊粮柴，惨遭劫掠。城内市民，闻敌围城，昼夜惶恐，寝食不宁。上学者，不敢出门；患病者，不敢求医；嫁娶者，不能如期；殡葬者，不能出城。京师居民，谈敌色变，积恐成忿，怨气沸腾。京师传闻袁崇焕"通敌"、"胁和"，一时"难民忿祸，众喙漂山"[4]。都人不明真相，而将怨愤的怒火喷向袁崇焕。

中贵的不满。后金军入犯京畿后，恣意俘掠，曾两次将俘获牲畜分赏兵丁。又焚通州河内船千余艘[5]，京畿布散的皇庄及公主、宗室、勋臣、戚畹、中官庄

① 孟森：《明清史论著集刊》上册，第 20 页，中华书局，1959 年，北京。
② 沈国元：《两朝从信录》，第 31 卷，明崇祯刻本，国家图书馆善本部藏。
③ 佚名：《今史》，第 4 卷，清刻本。
④ 谈迁：《国榷》，第 91 卷，中华书局影印本，1958 年，北京。
⑤ 《清太宗文皇帝实录》卷五，天聪三年十二月丁丑，中华书局影印本，1985 年，北京。

田①，遭受后金军事贵族的蹂躏。文秉言："城外戚畹中贵园亭庄舍，为虏骑蹂躏殆尽，皆比而揭其状入告。"②李逊之亦言："郊外彻侯中贵之园囿坟墓，为虏兵践踏毁拆，各中贵因环诉督师卖好，不肯力战，上已心疑动矣。"③后金军事贵族铁骑践踏京畿地区，严重地损害了皇室、勋戚、缙绅、中官的利益，其一切怨恨倾泻于袁崇焕。

同僚的旧怨。袁崇焕矢心报国，性颇疏直，但未能妥善地处理同满桂等将领的关系。满桂"谋潜九地，勇冠万夫"④，筑守宁远，屡建殊勋。后满桂意气骄矜，与赵率教不和。寻崇焕与桂不谐，请调他镇。后在入卫京师时，桂先败于顺义，又败于德胜门，伤卧关帝庙，入休瓮城。但桂军违纪，嫁祸于"袁军"。及平台召对，"桂解衣示创"⑤，使崇祯帝对袁崇焕更加不信任。崇焕下狱，则命满桂总理援兵、节制诸将。

阉孽的忌恚。天启帝死，崇祯帝立，即正阉党罪，起用袁崇焕。崇祯初，东林党再次柄政，袁崇焕成为东林党依恃的长城。魏忠贤遗党王永光、高捷、袁弘勋、史䂮等，乘后金兵薄都门社稷之危，利用勋戚、朝士、缙绅和市民的不满，阿媚帝意，借袁崇焕议和、诛毛文龙作题目，指袁崇焕为逆首，并及曾主定逆案之辅臣钱龙锡，进而打击东林党。阁臣温体仁、吏部王永光图另立一案，以翻前局。致崇焕被磔死，钱龙锡遭遣戍，东林党阁臣先后去职，东林内阁被挤垮。

崇祯的昏聩。崇祯帝即位后，钦定"逆案"，整顿吏治，忧勤惕励，向望治平。但登极两载，后金兵叩都门。自建州兴起，经万历、泰昌、天启三朝，明虽屡次兵败、地失，但后金军从未入塞。后金军首次破塞犯阙，群情极郁，陵庙为惊。这对欲励精图治、慨然有为的崇祯帝是最沉重的打击。本来，后金军入犯京师是明廷腐败政治的一个必然结果，但崇祯帝把责任完全推给袁崇焕，称袁崇焕付托不效、纵敌长驱，致"庙社震惊，生灵涂炭，神人共忿，重辟何辞"⑥！因此，崇祯帝将后金的设间，都人的怨怼，朝士的愤懑，中贵的环诉，阉孽的诬谤，自身的愧赧，都集中到袁崇焕身上，命杀崇焕以"慰"庙社，磔崇焕以"谢"天下。

① 《明史·食货志一》，第77卷，中华书局校点本，1974年，北京。
② 文秉：《烈皇小识》，第2卷，《明季稗史初编》本，商务印书馆，民国元年（1912年），上海。
③ 李逊之：《崇祯朝记事》，第1卷，清光绪二十三年（1897年）武进盛氏据旧钞刊本。
④ 《明熹宗实录》，第70卷，天启六年四月己亥，台北中研院历史语言研究所校勘本，1962年，台北。
⑤ 《明史·满桂传》，第271卷，中华书局校点本，1974年，北京。
⑥ 谈迁：《国榷》，第91卷，中华书局影印本，1958年，北京。

袁崇焕成为都门受辱的替罪羊，明末党争的牺牲品。

诚然，袁崇焕是一位历史人物，有其历史的、社会的与民族的局限性，也有其军事失误和举措失当之处，但瑕不掩瑜。袁崇焕作为明代杰出的军事家和著名的民族英雄而永垂史册。

论宁远争局

【题记】本文《论宁远争局》，是受《故宫博物院院刊》钱晓云副主编特约，为纪念故宫博物院成立七十周年而作，发表于《故宫博物院建院七十周年特刊》，1995 年。

　　明朝与后金的宁远争局，已经发表论文多篇。但是，论者只论宁远之役而未论觉华之役，只论明朝宁远大捷而未论其觉华兵没，只论后金宁远兵败而未论其觉华大胜。这既未能全面地阐述此次争局的特质与全貌，又未能客观地阐析此次争局的意义与后果。故撰著本文，就宁远争局之态势与对抗、兵略与影响，分蘗六端，稽考史料，匡失补阙，总观论析。

一

　　宁远争局的历史活剧，演出于十七世纪二十年代的中国辽西地区。其时，后金崛兴，满洲八旗攻势凌厉；明廷衰朽，辽东明军败不能支；而东西两翼——朝鲜与蒙古，惧金疏明，亦难策应。宁远争局就是在这种态势下进行的。

　　满洲八旗所向披靡。辽东明军的劲敌是天命汗努尔哈赤统率的满洲八旗劲旅。努尔哈赤不仅是满洲民族杰出的首领，而且是明末清初伟大的统帅。万历十一年（1583 年），努尔哈赤以其父祖"遗甲十三副"起兵，相继整合了环围的女真各部。万历四十四年（1616 年），努尔哈赤建立后金，登极称汗[1]。他缔造了一支"攻则争先，战则奋勇，威如雷霆，势如风发，凡遇战阵，一鼓而胜"[2]的八旗军。天命

---

① 《满文老档·太祖》，第 5 册，天命元年正月，中华书局译注本，1990 年，北京。
② 《满洲实录》，第 4 卷，第 184 叶，中华书局影印本，1986 年，北京。

汗努尔哈赤依靠这支军队，于万历四十六年即天命三年（1618年），以"七大恨"告天，向明朝宣战，计袭抚顺①，智破清河②，旗开得胜，明廷震惊。庙堂决策攻剿，以杨镐为经略，调集十二万兵马，分兵四路合击后金都城赫图阿拉，结果被努尔哈赤率军逐路击破。这就是著名的萨尔浒之战③。以此为标志，辽东战局发生了根本性的变化：明辽军由战略进攻转为战略防御，后金军则由战略防御转为战略进攻。尔后，满洲八旗军频仍进击，势如破竹，下开原、占铁岭，取沈阳、陷辽阳，结束了明廷对辽东的统辖。继而进兵辽西，占领广宁，形成同明军争局宁远的态势。

明朝辽军逐节败退。在努尔哈赤八旗军的猛烈攻势面前，辽东明军丢城失地，损兵折将。尤在萨尔浒之败以后，明军更加溃不能支。明朝辽东经略王在晋概括其时形势道："东事离披，一坏于清、抚，再坏于开、铁，三坏于辽、沈，四坏于广宁。初坏为危局，再坏为败局，三坏为残局，至于四坏——捐弃全辽，则无局之可布矣！"④明朝辽军由驻镇全辽、布局分守，而变为丢弃全辽、无局可布之局面，其直接原因在于，武备废弛，兵伍腐败。这主要表现在：其一，主帅频移，方略屡变。明自抚顺失陷后的八年之间，先后七易主帅。战守方略，因人而异。经略、总兵，或战死，或贬谪，或去职，或落狱。与此相反，后金却形成以努尔哈赤为首的稳定帅将群体。其二，将骄兵惰，漫无纪律。军官上下欺诳，左右盘结，骄奢淫逸，占田贪饷。兵无粮饷，生活失计，竟至"辽卒不堪，胁众为乱"⑤，哗变围署，捶楚长官。与此相反，后金却诸将骁勇，兵强马壮，训练严格，军纪整肃。其三，军械缺损，后勤混乱。萨尔浒战前誓师演武场上，大将屠牛祭纛，刀锋不利，"三割而始断"⑥；官将驰马试槊，木柄蠢朽，槊头坠地。甚至出现操场阅兵，雇夫顶替，著布衫持木棍的杂乱局面。与此相反，后金"兵所带盔甲、面

① 《李朝光海君日记》，第127卷，十年闰四月甲戌，日本学习院东洋文化研究所，1959年，东京。
② 黄道周：《博物典汇》，第20卷，第18叶，明崇祯八年（1635年）刻本。
③ 阎崇年：《努尔哈赤传》（修订本）第八章《萨尔浒大战》，文史哲出版社，1992年，台北。
④ 王在晋：《三朝辽事实录》，第8卷，天启二年三月，江苏省立国学图书馆据私藏本影印，1930年，南京。
⑤ 《明史·食货志一》，第7册，第77卷，第185页，中华书局校点本，1974年，北京。
⑥ 王在晋：《三朝辽事实录》，第1卷，万历四十六年七月，江苏省立国学图书馆据私藏本影印，1930年，南京。

具、臂手,悉皆精铁,马亦如之"[1];出征之军,"盔甲鲜明,如三冬冰雪"[2]。所以,明朝辽军势颓兵弱,退守关门,形成了面临后金军进攻而孤守宁远争局的态势。

漠南蒙古离明靠金。漠南蒙古诸部,驻牧于明朝与后金之间,又在宁远左翼。其倾向于某一方,必使另一方腹背受敌。自隆、万以降,明廷采取和议、岁币、修墙、盟约等方式,同蒙古的关系得到调整;同时漠南蒙古诸部也在衰变分合,未再重演正统己巳、嘉靖庚戌因蒙古内犯而导致的京师危机。在满洲兴起后,明朝、后金、蒙古三方关系发生了新的变化。努尔哈赤以"蒙古与满洲,语言虽各异,而衣饰风习,无不相同,为兄弟之国"[3],并通过联姻、会盟、尊教、赏赐等策略,使科尔沁、内喀尔喀诸部臣服。明朝以增加岁币和缔结盟约,着力争取察哈尔部,实行"以西虏制东夷"之策。但是,明辽东巡抚王化贞驻守广宁,图借蒙古兵力,抵御后金进犯,结果企盼落空,痛哭弃城,狼狈而逃。尔后,漠南蒙古诸部,益加背明降金。《明史·鞑靼传》论道:"明未亡,而插先毙,诸部皆折入于大清。国计愈困,边事愈棘,朝议愈纷,明亦遂不可为矣!"[4]明廷未能"抚西虏"以"制东夷",形成了宁远争局更为严峻的态势。

朝鲜李朝惧金疏明。朝鲜不同于蒙古,它自洪武以降同明朝保持着友好关系。女真—满洲东邻朝鲜,朝鲜不愿意看到其势力强大。朝鲜曾三次大规模出兵建州,袭攻女真。第一次是宣德八年(1433年),朝鲜出兵建州,追袭建州首领李满住及其部民,致李满住"身被九创"[5]。第二次是成化三年(1467年),明朝与朝鲜,兵分两路,东西合击,攻袭建州,朝鲜军攻至建州首领董山屯寨,"焚其巢寨房屋一空"[6],董山亦被明朝杀害。第三次是万历四十七年即天命四年(1619年),朝鲜派元帅姜弘立统领万余兵马,参加明经略杨镐攻剿赫图阿拉之役,全军覆没,元帅被俘。此战以后,朝鲜更加惧怕天命汗努尔哈赤,又不得不接济明东江总兵毛文龙部[7],依违于明朝与后金之间。明廷意在联络朝鲜,牵制后金,使辽军同"丽

---

① 徐光启:《辽左阽危已甚疏》,《明经世文编》,第6册,第5381叶,中华书局影印本,1962年,北京。

② 《满洲实录》,第4卷,第165叶,中华书局影印本,1986年,北京。

③ 《满文老档·太祖》,第10册,天命四年六月,中华书局译注本,1990年,北京。

④ 《明史·鞑靼传》,第28册,第327卷,第8494页,中华书局校点本,1974年,北京。

⑤ 《李朝燕山君日记》,第19卷,二年十一月甲辰,日本学习院东洋文化研究所,1959年,东京。

⑥ 《明宪宗实录》,第47卷,成化三年十月壬戌,台北中研院历史语言研究所校勘本,1962年,台北。

⑦ 《东江疏揭塘报节抄》,第2卷,第12页,浙江古籍出版社,1986年,杭州。

兵声势相倚，与登、莱音息时通，斯于援助有济"①。努尔哈赤则意在：一方面实行"结好朝鲜之策"，往来贸易，互通有无；另一方面切断朝鲜与明朝的联系及其对毛文龙部的济援，以除后顾之忧。后来皇太极两次出兵朝鲜，结成所谓"兄弟之盟"。朝鲜虽可称为明朝患难之盟友，后金肘腋之隐忧，但因其惧于后金而疏于明朝，形成了宁远争局微妙的态势。

明廷中枢紊乱失衡。明朝辽东的局势是：八旗日盛，辽军日衰，蒙古不助，朝鲜不援。其根本原因在于朝廷腐败，使得宫内案起，朋党纷争，阉竖专横，内臣监军，文武失协，经抚不和。朝廷纪纲紊乱与机制失衡，所殃及辽事的明显事例，是孙承宗的去职和熊廷弼的冤死。熊廷弼在明军萨尔浒之败后，受命经略辽东。他整顿军队，修城治械，疏陈方略，布兵御守，迫使天命汗努尔哈赤将兵锋转向叶赫与蒙古。然而仅一年零三个月，熊廷弼便在党争中被罢免，其治辽方略亦随之夭折。明失陷沈、辽后，京师戒严，举国震惊，熊廷弼被再次起用。他虽建"三方布置策"，但终因朋党之争，经抚不和，含冤而死，"传首九边"②。颇有建树之大学士、辽东经略孙承宗，虽曾为天启帝侍讲，主持筑守宁远，整饬关外防务，颇有守辽成效，但因阉党排陷，而遭劾去职。兵戎大事，慎之又慎。如此翻云覆雨，岂能制敌御辽。

综上，宁远争局的攻方为天命汗努尔哈赤，亲自统帅，身先士卒，屡战屡胜，志在必克；守方为宁前道袁崇焕，官小秩微，初历战阵，督率军民，誓守孤城。因此，宁前道袁崇焕在朝廷腐败、面对强手、后无援兵、两翼失助、婴守孤城的情势下，同天命汗努尔哈赤进行了一场中国古代史上著名的宁远之战。

二

努尔哈赤率兵进攻宁远，袁崇焕统军死守孤城，于是展开了激烈的宁远争局。宁远争局的主战场在宁远城。

先是，天启五年即天命十年（1625年）八月，明山海总兵马世龙偷袭后金，兵败柳河。阉党乘隙起衅，以谄附阉党之兵部尚书高第，代孙承宗为辽东经略。高第上任伊始，便推行不谋进取、只图守关的消极防御策略，令弃关外城堡，尽

① 《明熹宗实录》，第13卷，天启元年八月庚午，台北中研院历史语言研究所校勘本，1962年，台北。

② 叶向高：《遯编》，第12卷，第2叶，美国国会图书馆藏本。

撤关外戍兵。

袁崇焕主张固守，据理力争，具揭言："兵法有进无退。锦、右一带，既安设兵将，藏卸粮料，部署厅官，安有不守而撤之（理）？万万无是理。脱一动移，示敌以弱，非但东奴，即西虏亦轻中国。前柳河之失，皆缘若辈贪功，自为送死。乃因此而撤城堡、动居民，锦、右动摇，宁、前震惊，关门失障，非本道之所敢任者矣！"[①]辽东经略高第撤防命令传至宁、前，宁前道袁崇焕斩钉截铁地道：

> 宁前道当与宁、前为存亡！如撤宁、前兵，宁前道必不入，独卧孤城，以当虏耳！[②]

于是，锦州、右屯、大凌河等城自行毁弃，守兵与屯民后退入关，广宁至山海关，四百里地域，仅余袁崇焕统兵防守之宁远孤城。

经略高第撤防之报，传至后金都城沈阳。后金攻陷广宁之后，已经蛰伏四年未动。努尔哈赤得知高第昏弱、辽军撤防的探报，认为时机已到，机不可失，便告天誓师，统率八旗，西渡辽河，进攻宁远。

天启六年即天命十一年（1626 年）正月十四日，善握时机的努尔哈赤，亲率六万精兵，号称二十万，挥师西进，往攻宁远。十六日，至东昌堡。十七日，渡辽河。随后，连陷右屯、大凌河、小凌河、松山、杏山、塔山和连山等七座空城，直扑宁远。

袁崇焕得报强敌临逼，后无援兵，部署守城：

第一，以城为依，坚壁清野。撤宁远城外围之中左所、右屯卫等处兵马及宁远城外守军，进入宁远城内防守；令尽焚城外房舍，转移城厢商民入城；粮仓龙宫寺等之贮粮，好米运至觉华岛，余皆焚毁；宁远城外不留一卒一民，使可用之兵民，全部集于城内；不剩一舍一粮，使后金八旗兵，无法持久作战。

第二，画城分守，布设大炮。宁远城守兵万余人，由宁前道袁崇焕任全局指挥，设令于钟鼓楼上；派满桂守东面并提督全城，祖大寿守南面，左辅守西面，朱梅守北面，各将划地分守，相机应援。撤城外之西洋大炮入城，将十一门西洋

---

① 王在晋：《三朝辽事实录》，第 15 卷，天启五年十月，江苏省立国学图书馆据私藏本影印，1930 年，南京。

② 周文郁：《边事小纪》，第 1 卷，第 19 叶，《玄览堂丛书续集》本，南京国立中央图书馆影印本，民国三十六年（1947 年），南京。

大炮①，制作炮车，挽设城上，备置弹药，教习演放。

第三，兵民联防，运送粮药。袁崇焕令通判金启倧，按城四隅，编派民夫，供给守城将士饮食。派卫官裴国珍，带领商民，鸠办物料，运矢石，送火药。命同知程维模率员稽查奸细，派诸生巡查街巷路口。所以，在辽东诸城中，"宁远独无夺门之叛民、内应之奸细"②。

第四，激励士气，严明军纪。袁崇焕将宁远军民"结连一处，彼此同心，死中求生，必生无死"③。他"刺血为书，激以忠义，为之下拜，将士咸请效死"④。又通令对阵前退缩者，径于军前诛之；溃而逃跑者，亦执而杀之。全体军民，同仇敌忾，与宁远，共存亡！

二十二日。袁崇焕守城部署甫定。翌日，努尔哈赤统率八旗军，穿越首山与窟窿山之间隘口，直薄宁远城下。

二十三日。八旗军进抵宁远后，努尔哈赤命距城五里，横截山海大路，布阵置兵安营，并在城北扎设汗帐。在发起攻城之前，努尔哈赤谕释被虏汉人回宁远，传汗旨，劝投降；但遭到袁崇焕的严词拒绝。袁崇焕答道："宁、锦二城，乃汗所弃之地，吾恢复之，义当死守，岂有降理！"⑤并命罗立等向城北后金军大营燃放西洋大炮，"遂一炮歼虏数百"⑥。努尔哈赤旋移大营而西，谕备战具，明日攻城。

二十四日。后金兵推楯车，运钩梯，步骑蜂拥攻城，万矢齐射城上。雉堞箭镞如雨注，城上悬牌似猬皮。后金集中兵勇攻打城西南角，左辅领兵坚守，祖大寿率军援应。明军用矢石、铁铳和西洋大炮下击。后金兵死伤惨重，又移攻南城墙。天命汗令在城门角两台间火力薄弱处凿城。明军掷礌石，发矢镞，投药罐，飞火球。后金兵前仆后继，冒死凿墙，前锋凿开高二丈余大洞三四处，宁远城受到严重威胁。时"袁崇焕缚柴浇油并搀火药，用铁绳系下烧之"⑦；又选十名健丁

---

① 《明熹宗实录》，第 68 卷，天启六年二月戊戌，台北中研院历史语言研究所校勘本，1962 年，台北。

② 《明熹宗实录》，第 68 卷，天启六年二月乙亥，台北中研院历史语言研究所校勘本，1962 年，台北。

③ 王在晋：《三朝辽事实录》，第 15 卷，天启六年正月，江苏省立国学图书馆据私藏本影印，1930 年，南京。

④ 《明史·袁崇焕传》，第 22 册，第 259 卷，第 6709 页，中华书局校点本，1974 年，北京。

⑤ 《清太祖武皇帝实录》，第 4 卷，第 8 叶，北平故宫博物院印本，1932 年，北平。

⑥ 茅元仪：《督师纪略》，第 12 卷，第 14 页，北京图书馆善本部藏。

⑦ 《明熹宗实录》，第 67 卷，天启六年正月辛未，台北中研院历史语言研究所校勘本，1962 年，台北。

绳下，用棉花火药等物烧杀挖城的后金兵。是日，后金官兵攻城，自清晨至深夜，尸积城下，几乎陷城。

二十五日。后金兵再倾力攻城。城上施放火炮，"炮过处，打死北骑无算"[①]。后金兵害怕西洋大炮，畏葸不前，其"酋长持刀驱兵，仅至城下而返"[②]。后金兵一面抢走城下尸体，运至城西门外砖窑焚化，一面继续鼓勇攻城。不能克，乃收兵。两日攻城，后金史称："共折游击二员，备御二员，兵五百。"[③]这应是被掩饰而缩小了的数字。

二十六日，努尔哈赤派兵继续攻城，袁崇焕则督兵奋勇坚守。袁崇焕军放西洋大炮，击伤后金军大头目。据辽东经略高第奏报："奴贼攻宁远，炮毙一大头目。用红布包裹，众贼抬去，放声大哭！"[④]张岱《石匮书后集》亦载："炮过处，打死北骑无算，并及黄龙幕，伤一裨王。北骑谓出兵不利，以皮革裹尸，号哭奔去。"[⑤]

努尔哈赤兵攻宁远，遭到惨败，遂怀忿恨："帝自二十五岁征伐以来，战无不胜，攻无不克，惟宁远一城不下，遂大怀忿恨。"[⑥]天命汗努尔哈赤一向刚毅自恃，誓以洗雪宁远军败之辱。他决心以攻泄忿，以焚消恨，以胜掩败，以戮震威。这正如明朝蓟辽总督王之臣所分析："此番奴氛甚恶，攻宁远不下，始迁戮于觉华。"[⑦]

于是，爆发了激烈的觉华争战。

三

觉华岛之役是后金军宁远城下兵败而衍化成的一场更为残酷的争战。宁远争局的主战场在宁远城，其分战场则在觉华岛。

觉华岛以其位置冲要、囤储粮料和设置舟师，而为明辽军所必守，亦为后金

① 张岱：《石匮书后集》，第 11 卷，第 91 页，中华书局校点本，1959 年，北京。

② 《明熹宗实录》，第 70 卷，天启六年四月辛卯，台北中研院历史语言研究所校勘本，1962 年，台北。

③ 《清太祖武皇帝实录》，第 4 卷，第 24 叶，台北故宫博物院藏本，广文书局影印，1970 年，台北。

④ 《明熹宗实录》，第 68 卷，天启六年二月丙子，台北中研院历史语言研究所校勘本，1962 年，台北。

⑤ 张岱：《石匮书后集》，第 11 卷，第 91 页，中华书局校点本，1959 年，北京。

⑥ 《清太祖武皇帝实录》，第 4 卷，第 9 叶，中华书局影印本，1986 年，北京。

⑦ 《明熹宗实录》，第 70 卷，天启六年四月辛卯，台北中研院历史语言研究所校勘本，1962 年，台北。

军所必争。

第一，觉华岛位置冲要。觉华岛[①]悬于辽东湾中，同宁远城相为犄角，居东西海陆中逵，扼辽左水陆两津。满洲勃兴后，大学士孙承宗出关巡视觉华岛，其奏报称：

> 又次日，向觉华岛，岛去岸十八里，而近过龙宫寺，地濒海而肥，可屯登岸之兵。次日，遍历洲屿，则西南望榆关在襟佩间，独金冠之水兵与运艘在。土人附夹山之沟而居，合十五沟，可五十余家。而田可耕者六百余顷，居人种可十之三。盖东西中逵，水陆要津，因水风之力，用无方之威，固智者所必争也。其旧城遗址，可屯兵二万。臣未出关，即令龙、武两营，分哨觉华。而特于山巅为台，树赤帜，时眺望。时游哨于数百里外，以习风汛曲折。[②]

孙承宗充分认识到觉华岛的军事地理价值，从而奏报："失辽左必不能守榆关，失觉华、宁远必不能守辽左"。其奏报得到旨允。于是，孙承宗既经营宁远城之兴筑与戍守，又经营觉华岛之囤粮与舟师。

第二，觉华岛囤储粮料。先是，明在辽东防务，向置重兵。其兵粮马料、军兵器械，或置于坚城，或储于海岛。笔架山、觉华岛为明辽东海上囤积粮料之重地。明失陷广宁后，城守重在宁远，粮储则重在觉华。觉华岛有一主岛和三小岛——今称磨盘岛、张山岛、阎山岛，共十三点五平方公里，其中主岛十二点五平方公里。主岛"呈两头宽、中间狭、不规整的葫芦状，孤悬海中"[③]。岛呈龙形，"龙身"为山岭，穿过狭窄的"龙脖"迤北，便是"龙头"。"龙头"三面临海，地势平坦，北端有天然码头，称鞑鞑口，停泊船只。在"龙头"的开阔地上，筑起一座囤储粮料之城。这座囤粮城，笔者踏勘，简述如下：

> 觉华岛明囤粮城，今存遗址，清晰可见。城呈矩形，南北长约五百

---

① 觉华岛，辽金时岛上高僧法名觉华，因以名岛。后因岛上菊花闻名，而改称菊花岛。今为辽宁省兴城市菊花岛乡。

② 《明熹宗实录》，第40卷，天启三年闰十月丁亥朔，台北中研院历史语言研究所校勘本，1962年，台北。

③ 安德才主编：《兴城县志》，第67页，辽宁大学出版社，1991年，沈阳。

米，东西宽约二百五十米，墙高约十米，底宽约六米。北墙设一门，通城外港口，是为粮料、器械运道之咽喉；南墙设二门，与"龙脖"相通，便于岛上往来；东、西墙无门，利于防守。城中有粮囤、料堆及守城官兵营房的遗迹，还有一条纵贯南北的排水沟。[①]

岛上所储的粮料，天启二年即天命七年（1622年）二月初一日，据杨嗣昌奏疏入告称：

> 照得：连日广宁警报频叠，臣部心切忧惧。盖为辽兵将平日贪冒，折色不肯运粮，以致右屯卫见积粮料八十余万石，觉华岛见积粮料二十余万石。……今边烽过河，我兵不利，百万粮料，诚恐委弃于敌，则此中原百万膏髓涂地，饷臣百万心血东流。[②]

时后金军占广宁，陷右屯，并从右屯运走粮食五十万三千六百八十一石八斗七升[③]，余皆焚毁。但觉华岛囤储之二十万石粮料，因在海岛，赖以犹存。

第三，觉华岛设置水师。明朝于觉华岛，在广宁未陷前，"独金冠之水兵与运艘在"。后孙承宗采纳阎鸣泰之议，以"觉华岛孤峙海中，与宁远如左右腋，可厄敌之用"[④]，便命祖大寿驻觉华。其任务有三：一为抚练归辽之人，以辽人守辽土；二为护卫岛上囤储之粮料、器械，供应陆上辽军所需；三为相机牵制南犯的后金军。后祖大寿被调至宁远，由游击金冠统领觉华岛之水师。时觉华岛与望海台两支水师互为犄角，牵制后金：

> 或妄意及海，则觉华岛之驻师，与望海台之泊船相控，而长鲸必授首于波臣；又或下关臣之精甲，进图恢复，则水师合东，陆师合北，水陆之间，奇奇正正，出没无端。[⑤]

---

① 笔者同解立红女士、安德才主任等实地踏查与亲自测量的记录。
② 杨嗣昌：《杨文弱先生集》，第4卷，第12叶，钞本，北京图书馆善本部藏。
③ 《满文老档·太祖》，第48册，天命八年三月二十四日，中华书局译注本，1990年，北京。
④ 孙铨：《孙文正公年谱》，第2卷，天启三年九月初八日，清乾隆年间孙尔然师俭堂刻本。
⑤ 谈迁：《国榷》，第86卷，第5258页，中华书局影印本，1958年，北京。

觉华岛水师的作用：一是守卫岛上之粮料、器械；二是配合陆师进图恢复；三是策应宁远之城守，"以筑八里者筑宁远之要害，更以守八里之四万当宁远之冲，与觉华岛相犄角，而寇窥城，则岛上之兵，傍出三岔，烧其浮桥，而绕其后，以横击之"[①]。

上述觉华岛以其位置冲要、囤储粮料和设置舟师，故必然引发一场血腥的争战。觉华争战是一场历史的悲剧[②]。

第一，觉华岛战前形势。先是，天启六年即天命十一年（1626年）正月二十五日，努尔哈赤攻宁远城不下，见官兵死伤惨重，便决定移师攻觉华岛。是夜，努尔哈赤一面派军队彻夜攻城，一面将主力转移至城西南五里龙宫寺一带扎营。其目的：一则龙宫寺距觉华岛最近，便于由陆地涉冰登岛；二则龙宫寺囤储粮料，佯装劫粮，声东击西。此计确实迷惑了明军，经略高第塘报可以为证：

> 今奴贼见在西南上，离城五里龙官[③]寺一带扎营，约有五万余骑。其龙官（宫）寺收贮粮囤好米，俱运至觉华岛；遗下烂米，俱行烧毁。讫近岛海岸，冰俱凿开，达贼不能过海。[④]

上述塘报，判断错误：后金军主力移动，以虚为实；龙宫寺粮囤无米，笑敌空扑；觉华岛凿冰设濠，敌骑无奈；明辽军指挥若定，静待捷音。但是，觉华岛明参将姚抚民等军兵，受到后金骑兵严重威胁。时值隆冬，环岛凿冰濠，长达十五里，阻挡后金骑兵突入，守卫岛上囤储粮料。然而，天气严寒，冰濠凿开，旋即冻结，复穿复合。姚抚民等率领官兵，"日夜穿冰，兵皆堕指"[⑤]。明辽军凿冰御守，后金军佯虚为实，双方都在为一场新的厮杀准备着。

第二，觉华岛争战残酷。二十六日，努尔哈赤一面派少量兵力继续攻打宁远

① 王在晋：《三朝辽事实录》，第10卷，天启二年七月，江苏省立国学图书馆据私藏本影印，1930年，南京。

② 以往论者，忽略此役。查《中国近八十年明史论著目录》和《清史论文索引》，均无著录觉华岛之役的专题论文。

③ 孙承宗于天启三年闰十月丁亥奏报巡历关外情形记为"龙宫寺"，下同，不注。

④ 《明熹宗实录》，第67卷，天启六年正月辛未，台北中研院历史语言研究所校勘本，1962年，台北。

⑤ 王在晋：《三朝辽事实录》，第15卷，天启六年正月，江苏省立国学图书馆据私藏本影印，1930年，南京。

城；一面命精锐骑兵突然进攻觉华岛。后金军由骁将武讷格率领满洲及蒙古骑兵
突然袭击觉华岛，《清国史·武讷格传》载：

> 武讷格，博尔济吉特氏，其先居叶赫。太祖高皇帝初，以七十二人
> 来归。后隶蒙古正白旗。武讷格有勇略，通蒙古及汉文，赐号"巴克什"。
> 癸丑年，从征乌拉有功，授三等男。天命十一年，大军围明宁远未下，
> 命分兵攻觉华岛。[①]

武讷格率蒙古骑兵及满洲骑兵，约数万人[②]，由冰上驰攻觉华岛。后金军涉冰
近岛，"见明防守粮储参将姚抚民、胡一宁、金观[③]，游击季善、吴玉、张国青，统
兵四万[④]，营于冰上。凿冰十五里为濠，列阵以车楯卫之"。[⑤]辰时，武讷格统领的
后金骑兵，分列十二队，武讷格居中，扑向位于岛"龙头"上的囤粮城。岛上明
军，"凿冰寒苦，既无盔甲、兵械，又系水手，不能耐战，且以寡不敌众"[⑥]；不虞
雪花纷飞，冰濠重新冻合。故后金军迅速从鞑鞯口登岸，攻入囤粮城，浓烟蔽岛，
火光冲天。旋即，转攻东山，万骑驰冲；巳时，并攻西山，一路涌杀。后金军的
驰突攻杀，受到明守岛官兵的拼死抵抗：

> 且岛中诸将，金冠先死，而姚与贤等皆力战而死。视前此奔溃逃窜
> 之夫，尚有生气。金冠之子，会武举金士麒，以迎父丧出关。闻警赴岛，
> 遣其弟奉木主以西，而率义男三百余人力战，三百人无生者。其忠孝全

---

① 《清国史·武讷格传》，第 5 册，第 3 卷，第 142 叶，嘉业堂钞本，中华书局影印本，1993 年，
北京。

② 后金军出师觉华岛之兵数，《清太祖高皇帝实录》作"吴讷格率所部八旗蒙古、更益满兵八
百"；《明熹宗实录》作"奴众数万"，又作四万，亦作"五万余骑"；《明史·袁崇焕传》作"分兵数万，
略觉华岛"。但是，天启二年即天命七年后金始设蒙古旗，至崇祯二年即天聪三年已有蒙古二旗，又至
崇祯八年即天聪九年始分设蒙古八旗，故其时并无八旗蒙古。

③ 《满洲实录》作"金冠"，"冠"为是，而"观"为误，且金冠时已死。

④ 觉华岛明军之兵数，《清太祖高皇帝实录》作"四万"；《明熹宗实录》作四营、七千余人。应
以后者为是。

⑤ 《清太祖高皇帝实录》，第 10 卷，天命十一年正月庚午，中华书局影印本，1986 年，北京。

⑥ 王在晋：《三朝辽事实录》，第 15 卷，天启六年正月，江苏省立国学图书馆据私藏本影印，
1930 年，南京。

矣！①

经一昼夜激战，二十七日，后金军全部回师。

第三，觉华岛争战结局。觉华争战的结局是：明守岛军覆没，后金骑兵全胜。此役，明朝损失极为惨重，四份资料可为史证：

其一，经略高第塘报：觉华岛"四营尽溃，都司王锡斧、季士登、吴国勋、姚与贤，艟总王朝臣、张士奇、吴惟进及前、左、后营艟百总，俱已阵亡"②。

其二，同知程维模报："虏骑既至，逢人立碎，可怜七八千之将卒，七八千之商民，无一不颠越糜烂者。王鳌，新到之将，骨碎身分；金冠，既死之㯐，俱经剖割。囤积粮料，实已尽焚。"③

其三，总督王之臣查报："贼计无施，见觉华岛有烟火，而冰坚可渡，遂率众攻觉华，兵将俱死以殉。粮料八万二千余（石）及营房、民舍俱被焚。……觉华岛兵之丧者七千有余，商民男妇杀戮最惨。与河东堡、笔架山、龙宫寺、右屯之粮④，无不焚毁，其失非小。"⑤

其四，《清太祖高皇帝实录》载："我军夺濠口入，击之，遂败其兵，尽斩之。又有二营兵，立岛中山巅。我军冲入，败其兵，亦尽歼之。焚其船二千余，并所积粮刍高与屋等者千余所。"⑥

此役，觉华岛上明军七千余人和商民七千余人俱被杀戮；粮料八万余石和舟船二千余艘俱被焚烧；主岛作为明关外后勤基地亦被破坏。同时，后金军亦付出代价，明统计其死亡二百六十九员名⑦。

---

① 《明熹宗实录》，第70卷，天启六年四月辛卯，台北中研院历史语言研究所校勘本，1962年，台北。
② 王在晋：《三朝辽事实录》，第15卷，天启六年正月，江苏省立国学图书馆据私藏本影印，1930年，南京。
③ 王在晋：《三朝辽事实录》，第15卷，天启六年正月，江苏省立国学图书馆据私藏本影印，1930年，南京。
④ 《明熹宗实录》天启六年正月庚午条载："右屯储米三十万石。"
⑤ 《明熹宗实录》，第70卷，天启六年四月辛卯，台北中研院历史语言研究所校勘本，1962年，台北。
⑥ 《清太祖高皇帝实录》，第10卷，天命十一年正月，中华书局影印本，1986年，北京。
⑦ 《明熹宗实录》，第70卷，天启六年四月辛卯，台北中研院历史语言研究所校勘本，1962年，台北。

四

宁远城之役，宁前道袁崇焕率军民固守关外宁远孤城，击败天命汗努尔哈赤统领的八旗军队的强攻，明称之为"宁远大捷"。宁远之役，明军获胜，其因诸多，拙著《努尔哈赤传》，已经做过详细的探讨。但是，袁崇焕自己总结为"以守胜也"①。明朝守军，获胜要诀，在于"守"字，守之要略，兹举九端，试做讨论。

守略——"守为正著，战为奇著，款为旁著"②，守、战、款相互制约，而立足于守。这是正确分析彼己态势后的积极防守战略。其时，"夷以累胜之势，而我积弱之余，十年以来站立不定者，今仅能办一'守'字，责之赴战，力所未能"③。明朝与后金，交战十载，溃不成军，元气大伤，无喘息之时，乏还手之力，即使重整旗鼓，只能立足于守。而防守可扬己之长，制敌之短。后金亦有人在《奏本》中分析，虽野地浪战明朝不如后金，但坚守城池后金不如明朝；其所占城池，必计袭智取，即里应外合④。这从侧面证明袁崇焕婴城固守战略之正确。他取婴城固守之策还有一个原因，即明朝与后金火器之差距。明自洪武、永乐起，军队便装备铳炮类火器，嘉靖、万历间两次引进西方先进火器，如佛朗机等，使军队装备水平得到飞跃。之后明军火器占到装备总量的一半以上，技术性能良好，运作方法简便。明军以坚固城池，合理布兵，完备设施，先进火器，得当指挥，必具有强大的防守能力。明朝中期于谦保卫北京之战已为明证。然而，后金八旗军以铁骑驰突为优势，其军械全部为冷兵器，如刀、弓、镞等。这类冷兵器用于骑兵野战，可借其强大冲击力而优胜于明朝步兵，但在坚城和大炮之下，实难以施展威力。

论及袁崇焕之守略，必然涉及守、战、款三者的关系。守、战、款三者，包含着防御与进攻、战争与议和这两组既相区别又相关联的范畴。以防御与进攻而言，正如袁崇焕所说，辽兵"战则不足，守则有余；守既有余，战无不足。不必

---

① 《明熹宗实录》，第70卷，天启六年四月己亥，台北中研院历史语言研究所校勘本，1962年，台北。

② 《明熹宗实录》，第81卷，天启七年二月辛酉，台北中研院历史语言研究所校勘本，1962年，台北。

③ 《明熹宗实录》，第84卷，天启七年五月甲申，台北中研院历史语言研究所校勘本，1962年，台北。

④ 参见《满文老档·太祖》，天命十一年三月十九日，中华书局译注本，1990年，北京。

侈言恢复,而辽无不复;不必急言平敌,而敌无不平"①。二者都是重要的作战形式,其选择,依时间、空间和交战双方力量对比而定。另以战争与议和而言,二者只是实现政治目标的不同手段。袁崇焕能依具体条件,不泥成法,将守、战、和加以巧妙地运用,可防则守,可攻则战,可和则议,表现出其军事策略思想的主动性与灵活性。

守地——不设在近榆关之八里铺,也不设在近沈阳之广宁城,而设在距关门不远,离沈阳不近之宁远。部署以宁远、锦州二城为支撑点的宁锦防线,从而"守关外以御关内"。其时,坚守之地选于何处,是关乎辽东全局乃至明朝生死存亡之要事。先是,经略熊廷弼建"三方布置策",主张重点设防广宁,部署步骑隔辽河而同据沈阳之后金对垒;巡抚王化贞则力主沿辽河设一字形防线,而重点防守广宁。不久,后金兵不血刃地获取广宁,熊廷弼壮志未酬兵败身死,王化贞亦身陷囹圄②。此时,经略王在晋又议在山海关外八里处筑重城,以守山海。时为宁前兵备佥事的袁崇焕,以其为非策,争谏不得,便奏记首辅叶向高。明廷派大学士孙承宗行边,孙承宗同王在晋"推心告语,凡七昼夜"③,王不听。承宗驳筑重城议,集将吏谋应守之地。阎鸣泰主觉华,袁崇焕主宁远,孙承宗支持崇焕之议。寻,孙承宗镇关门,决守宁远。

宁远地处辽西走廊中段,位于明朝重镇山海关和后金都城沈阳之间,恰好挡住后金军入关之路。史称其内拱严关,南临大海,居表里中间,几为天然形胜。且宁远背山面海,地域狭窄,形势险要,易守难攻。袁崇焕主守宁远之议得到督师孙承宗支持后,天启三年即天命八年(1623年)春,他受命往抚蒙古喀喇沁诸部,收复原为其占据的宁远迤南二百里地域。继而手订规划,亲自督责,军民合力,营筑宁远,使这一荒凉凋敝的宁远,变为明朝抵御后金南犯的关外重镇。

守城——守城之要,先在修城。孙承宗初令祖大寿筑宁远城,大寿且疏薄,不中程。于是,"崇焕乃定规制:高三丈二尺,雉高六尺,址广三丈,上二丈四尺"④。城墙加高增厚,坚固易守耐攻。城有四门:曰远安、永清、迎恩、大定,有城楼、瓮城,亦有护城河。城中心建钟鼓楼,两层,可居中指挥,凭高瞭望。袁崇焕修筑宁远城的创新在于:城墙四角各筑一座附城炮台,其三面突出墙外,既

---

① 《东莞五忠传》,上卷,第21—22页,《东莞县志》,民国十六年(1927年)铅印本。
② 王化贞后于崇祯五年(1632年)"始伏诛"。
③ 孙铨:《孙文正公年谱》,第2卷,天启二年,清乾隆间孙尔然师俭堂刻本。
④ 《明史·袁崇焕传》,第22册,第259卷,第6708页,中华书局校点本,1974年,北京。

便于放置大型火炮，又可以扩大射角，其射界能达到二百七十度。它消除了以往城堡凡敌至城下而铳射不及之缺陷，可远轰奔驰而来之骑敌，亦可侧击近攻城墙之步敌，从而充分发挥火炮之威力。

《兵法》曰："上兵伐谋，其次伐交，其次伐兵，其下攻城。攻城之法，为不得已。"[1] 袁崇焕凭借坚城，婴之固守，逼迫后金采用攻城下策，便不战而先胜后金汗一局。同时，坚城深堑，兵在城上，火器洋炮，婴城固守，恰是明辽军之长；驱骑攻城，刀弓剑戟，拥楯凿城，攻坚作战，则是后金军之短。因而，凭坚城与用大炮，这是袁崇焕积极防御方略的两件法宝。

守器——固守宁远不仅使用常规械具、火铳，而且运用红夷大炮。新型红夷大炮是袁崇焕赖以守卫宁远城之最锐利的武器。袁崇焕固守宁远，正值西方伴随着工业革命而实行火炮重大改良之时。英国新研制造的早期加农炮即红夷炮，具有"身管长、管壁厚、弹道低伸、射程远、命中精度高、威力大、安全可靠等优越性"[2]。随着西学东渐，以徐光启为代表的有识之士，最先认识到西洋火炮的价值。他于泰昌元年即天命五年（1620年），派张焘赴澳门向葡萄牙当局购买红夷大炮，尔后购进三十门西洋制造的红夷大炮。其中有十一门运送至关外宁远城。徐光启提出"以台护铳，以铳护城，以城护民"[3] 的原则。袁崇焕在宁远实行城设附台、台置大炮、以炮卫城、以城护民，与徐光启的上述原则相契合。同时，经葡萄牙炮师训练的火器把总彭簪古，也被调到宁远培训炮手。

在宁远之役中，袁崇焕不仅是中国第一个将红夷大炮用于守城作战的明辽军官将，而且独创了卓有成效的守城新战术。在努尔哈赤指挥后金军推着楯车蜂拥攻城时，彭簪古等率领火炮手在"城上铳炮迭发，每用西洋炮则牌车如拉朽"[4]。尔后在宁锦之战中，红夷大炮亦取得同样的效应。袁崇焕防守宁远、锦州的成功，使红夷大炮声名大噪。明廷因此封一门红夷炮为"安国全军平辽靖虏大将军"[5]，"管炮官彭簪古加都督职衔"[6]。这种红夷大炮，被誉为"不饷之兵，不秣之马，无

---

[1] 吴九龙主编：《孙子校释》，军事科学出版社，1990年，北京。

[2] 王兆春：《中国火器史》，第228页，军事科学出版社，1991年，北京。

[3] 徐光启：《徐光启集》，上册，第175页，中华书局，1963年，北京。

[4] 《明熹宗实录》，第70卷，天启六年四月辛卯，台北中研院历史语言研究所校勘本，1962年，台北。

[5] 《明熹宗实录》，第69卷，天启六年三月甲子，台北中研院历史语言研究所校勘本，1962年，台北。

[6] 《明熹宗实录》，第69卷，天启六年三月甲子，台北中研院历史语言研究所校勘本，1962年，台北。

敌于天下之神物"①。它后来得到大规模地仿造和更广泛地使用。在后金方面，鉴于努尔哈赤在宁远之战和皇太极在宁锦之战两度受挫，也于天聪五年即崇祯四年（1631年），仿造成第一门红衣大炮②，"自此凡遇行军，必携红衣大将军炮"③。可见，袁崇焕固守宁远率先使用西洋大炮，不但创造了别具一格的守城新战术，而且推进了古代火炮的发展，对以后战争产生了重要的影响。

守军——不用从关内招募之油滑兵痞，而"以辽人守辽土"，征辽兵，保家乡。即重新组建并训练一支以辽民为主体、兵精将强、含多兵种之守城军队。先是，大学士孙承宗提示"出关用辽人"，袁崇焕着力实施之。因为历史表明，自辽事以来，外省调募之兵将，出戍数千里以外，"兵非贪猾者不应，将非废闲者不就"④，或延期误时，裹足不前；或一触即溃，扰乱边事。正如袁崇焕所言，"宁远南兵脆弱，西兵善逃"⑤。而辽人正处于水深火热之中，熟谙地形，同仇敌忾，誓保乡土。袁崇焕敢于陈其弊，破成议，疏请撤回调兵，而招辽人填补，以得两利，奉旨允行。据袁崇焕统计，至崇祯元年即天聪二年（1628年），"实用之于辽者，合四镇官兵共计一十五万三千一百八十二员名，马八万一千六百零三匹"⑥。这支经过整编而新建的辽军，以辽人为主体，含步兵、骑兵、车兵、炮兵和水兵等多兵种。袁崇焕于宁锦之捷后指出："十年来，尽天下之兵，未尝敢与奴战，合马交锋；今始一刀一枪拼命，不知有夷之凶狠骠悍。"⑦连朝廷也首肯辽兵冲锋陷阵之英勇气概。

所以，宁远之捷表明，宁远城守军确是经过严格训练，敢于誓死拼杀，能够战胜后金铁骑的军队。尔后，宁锦和京师两捷再次表明，辽军确是明末的一支铁军。直至明亡，辽军都被公认是明军中唯一兵精将强的劲旅。

守饷——不仅依靠朝廷调运之粮料，而且实施"以辽土养辽人"之明策，安民乐土，垦荒屯田，兴农通商，裕粮助饷。明廷为解决关外粮饷，决定加派辽饷，

---

① 李之藻：《为制胜务须西铳乞敕速取疏》，《徐光启集》，上册，第178页，中华书局，1963年，北京。
② 红夷大炮，后金讳"夷"字而易之为"衣"字，故称"红夷大炮"为"红衣大炮"。
③ 《清太宗文皇帝实录》，第8卷，天聪五年十月壬子，中华书局影印本，1985年，北京。
④ 《明熹宗实录》，第79卷，天启六年十二月丁未，台北中研院历史语言研究所校勘本，1962年，台北。
⑤ 《明熹宗实录》，第68卷，天启六年二月戊戌，台北中研院历史语言研究所校勘本，1962年，台北。
⑥ 《崇祯长编》，第25卷，崇祯元年八月乙亥，台北中研院历史语言研究所校勘本，1962年，台北。
⑦ 王在晋：《三朝辽事实录》，第17卷，天启七年六月，江苏省立国学图书馆据私藏本影印，1930年，南京。

后数额高达白银六百余万两，成为社会的沉重负担和朝廷的一大弊政。天启六年即天命十一年（1626 年），袁崇焕陈奏，守城同时，实行屯田，就地取饷，以省转输。尔后，袁崇焕又上疏屯田，陈明"以辽土养辽人"，行则有"七便"①，否则有"七不便"②，奏请在辽军中实行且战且屯、且屯且守、以战促屯、以屯助守之举措。袁崇焕的上述主张实施后，辽西经济形势为之一变。至崇祯元年即天聪二年（1628 年），朝廷解拨辽东饷银，由通支本折色共六百余万两，减为四百八十余万两，实省饷银一百二十余万两。而辽军饷银充裕、粮料盈余，宁远被围，无缺粮饷之虞，锦州久围得解后，城中尚剩米三万数千石。

袁崇焕在辽东实施的屯田，分为军屯与民屯两种。军屯，且守且屯，所得粮料，以助军用；民屯，垦荒屯种，收取田租，以充军饷。实行屯田，军民两利。袁崇焕"以辽土养辽人"之策，足衣食，稳军心，安民情，坚守念，为其固守宁远、获取大捷奠定了物质基础。

守纪——严肃军纪，奖勇惩怯，率先示范，励众固守。袁崇焕所训练的辽军，尚勇敢，羞怯懦，纪律严明，部伍整肃。在平日操练时，即严格要求；在激烈战事中，更申明军纪。袁崇焕还破除"割级报功"之陈规。明军九边遇战，兵士争割首级，上报官长请赏，甚且杀民冒功。袁崇焕深鉴割级陋规，于未战之先，与诸将士约，惟尽歼为期，不许割首级，故将士得一意冲杀。废除"割级报功"的旧规，提高了军队的群体战斗力。

袁崇焕素重守纪之成效，在宁远大战中得以充分展现。在临战前，他滴血誓盟，激以忠义，死生与共，同城存亡。在激战中，他身赴阵前，左臂负伤，不下

① "七便"："计伍开屯，计屯核伍，而虚冒之法不得行，便一。兵以屯为生，可生则亦可世，久之化客兵为土著，而无征调之骚扰，便二。屯则人皆作苦，而游手之辈不汰自清，屯之即为简之，便三。伍伍相习，坐作技击，耕之即所以练之，便四。屯则有草、有粮，而人马不饥困，兵且得剩其草干、月粮，整修庐舍，鲜衣怒马，为一镇富强，便五。屯之久而军有余积，且可渐减干草、月粮以省饷，便六。城堡关连，有浍有沟，有封有植，决水冲树，高下纵横，胡骑不得长驱，便七。"（《明熹宗实录》，第 78 卷，天启六年十一月乙未，台北中研院历史语言研究所校勘本，1962 年，台北。）

② "七不便"："今日全辽兵食所仰藉者，天津截漕耳，国储外分，京庾日减，一不便。海运招商，那移交卸，致北直、山东为之疲累，二不便。米入海运，船户、客官沿海为奸，添水和沙，苦盖失法，米烂不堪炊，贱卖酿酒之家，而另市本色，有名无实，三不便。辽地新复，土无所出，而以数十年之坐食，故食价日贵，且转贩而夺蓟门之食，蓟且以辽窘，四不便。今调募到者，俱游手也，不以屯系之，而久居业世，倏忽逃亡，日后更能为调募乎？五不便。兵不屯则著身无所，既乏恒产，安保恒心？故前之见贼辄逃者，皆乌合无家之众也，六不便。兵每月二两饷，岂不厚？但不屯无粟，百货难通，诸物尝贵，银二两不得如他处数钱之用，兵以自给不敷而逃亡，七不便。"（《明熹宗实录》，第 78 卷，天启六年十一月乙未，台北中研院历史语言研究所校勘本，1962 年，台北）

火线，以之鼓励将士。为惩戒懦者，"橛前屯守将赵率教、山海守将杨麒，将士逃至者悉斩"[1]，军心稳定。为奖励勇者，置银于城上，对"有能中贼与不避艰险者，即时赏银一定（锭）。诸军见利在前，忘死在后，有面中流矢而不动者，卒以退虏"[2]。在战事后，他按军功大小，奏请叙赉；亦依怠怯轻重，实行惩处。后在京师保卫战中，袁督师统率的五千明辽军与后金军骑兵鏖战，后金军十一月二十七日，"攻外罗城南面，城上下炮矢击退之。辽将于永绥、郑一麟营，炮药失火，兵立火中不敢退。公当即给赏，每人二十金"[3]。此役，他还令将一偷食民家饼者斩首示众，以肃军纪。

守民——收集流民，卫土保家，兵民联防，盘查奸细。袁崇焕在固守宁远之实践中，善于收集流离失所的辽民，众志成城。在他经营下，辽西宁锦地区商民辐辏，恢复到数十万人。宁远城及其附近兵民达到五万家。这就巩固和充实了辽军御守宁远的民众基础。

在宁远之役中，实施兵民联防。战前，袁崇焕将城外百姓全部迁入城内，既使其得到守军保护安全住居，又使其处于与守军同生死共患难的境地。战中，宁远百姓参战，或登城拼杀，或运弹送饭，或巡逻街巷，或盘查奸细。当后金军攻城时，百姓拿出柴草、棉花，送兵士点燃投下城去焚烧敌人；献出被褥，给兵士装裹火药去烧杀敌军。由于兵民联防，巡城查奸，所以《明熹宗实录》载述道：在辽东争战诸城中，独宁远"无夺门之叛民，内应之奸细"[4]。袁崇焕作为中国十七世纪二十年代的军事家，能够看到并组织民众力量，兵民联防，共同御守，夺取胜利，实属难能可贵。

守将——戚继光《练兵实纪》言："将者，腹心也；士卒，手足也。"[5] 作战，兵士是躯体，官将是灵魂。选将、命将、练将、用将，是袁崇焕争局宁远的重要法宝。他选用的赵率教、满桂、何可纲、祖大寿四员大将等，都是其时一流将材。如赵率教固守锦州，袁崇焕固守宁远，取得"宁锦大捷"。曾驻守关门，兼统蓟镇

① 《明史·袁崇焕传》，第22册，第259卷，第6709页，中华书局校点本，1974年，北京。

② 《明熹宗实录》，第70卷，天启六年四月己亥，台北中研院历史语言研究所校勘本，1962年，台北。

③ 周文郁：《边事小纪》，第1卷，《玄览堂丛书续集》本，南京国立中央图书馆影印本，民国三十六年（1947年），南京。

④ 《明熹宗实录》，第68卷，天启六年二月乙亥，台北中研院历史语言研究所校勘本，1962年，台北。

⑤ 戚继光：《练兵实纪》，第9卷，《练将》，明万历刻本，北京图书馆善本部藏。

八路兵马。挂平辽将军印，在北京保卫战中，千里驰援，身死疆场。《明史》本传称"率教为将兼勇，待士有恩，勤身奉公，劳而不懈，与满桂并称良将。"满桂，蒙古族人，形貌威壮，忠勇绝伦，不好声色，与士卒同甘苦。袁崇焕向孙承宗申请，满桂到宁远，与其协心筑城，屹然成重镇。在宁锦之战中，率领骑兵，打开城门，背依城墙，面对强敌，奋勇拼搏，获取胜利。而在京师保卫战中，御守永定门，死在战阵中。何可纲，袁崇焕向朝廷推荐："可纲仁而有勇，廉而能勤，事至善谋，其才不在臣下。臣向所建竖，实可纲力，请加都督金事，仍典臣中军。"在坚守大凌河城危难之时，拒不投降，被掳出城外而杀，但"可纲颜色不变，亦不发一言，含笑而死"。祖大寿，宁远人，袁崇焕用他"以辽人守辽土"。袁崇焕身后，明辽军中坚是祖大寿，直至明亡，清军不能、不敢越宁远，进关门。为明辽军干城，但后投降清军，杀何可纲，为其污点。

宁远之役是满洲兴起以来，后金军与明辽军最激烈、最壮观的一场攻守战。攻方指挥努尔哈赤，自二十五岁起兵，戎马生涯长达四十四年，可谓久经沙场，征战必胜。他"在作战指挥艺术上，对许多军事原则——重视侦察、临机善断、诱敌深入、据险设伏、巧用疑兵、驱骑驰突、纵向强攻、横向卷击、集中兵力、各个击破、一鼓作气、速战速决、用计行间、里应外合等，都能熟练运用并予发挥"[1]。他统率八旗军，先后取得古勒山之役、哈达之役、辉发之役、乌拉之役、抚清之役、萨尔浒之役、叶赫之役、开铁之役、沈辽之役和广宁之役十次大捷，史称其"用兵如神"[2]，是一位优秀的军事统帅。但是，努尔哈赤率倾国之师进攻宁远城，却败在袁崇焕手下。

在宁远城攻守战中，明辽军获胜，后金军失败，原因固多，其中要著，是有袁崇焕这样杰出将领的指挥。袁崇焕以超卓的智慧、最新的火器、正确的兵略、精心的组织，击中敌军之要害，夺得争战之胜利。宁远之役的事实证明，袁崇焕的智慧比努尔哈赤的智慧，略高一品；袁崇焕的指挥比努尔哈赤的指挥，艺高一筹。袁崇焕是努尔哈赤的克星。袁崇焕固守宁远，在八年之间，方寸之地，精心任事，励节高亢，将"守"字做活，从而展现出一代军事家之雄才伟略，使其生命价值放射出斑斓光辉。

---

① 阎崇年：《论天命汗》，《袁崇焕研究论集》，文史哲出版社，1994年，台北。
② 《李朝光海君日记》，第144卷，十一年九月甲申，日本学习院东洋文化研究所，1959年，东京。

五

宁远争局的分战场，觉华岛之役，是古代战争史上因势而变、避实击虚、释坚攻脆、出奇制胜的典型范例。觉华岛之役，明辽兵全军覆没，后金兵大获全胜。其胜之因，其败之由，略举四端，试做讨论。

第一，天命汗释坚攻脆。从已见史料可知，努尔哈赤此次用兵，亲率倾国之师，长驱驰突，围攻宁远，志在必克。然而，事与愿违，围城强攻，兵败城下。天命汗蒙受自起兵以来最惨重的失败。但是，努尔哈赤在极端不利的困境里，在极度恼怒的情绪中，不馁不躁，沉着稳重，因敌情势，察机决断，释坚攻脆，避实击虚，扬长抑短，克敌制胜。《孙子兵法》云：

> 夫兵形象水，水之行，避高而趋下；兵之胜，避实而击虚。水因地而制行，兵因敌而制胜。故兵无成势，(水)[1]无恒形。能因变化而取胜者，谓之神。[2]

努尔哈赤从多年戎马经历中，深知《孙子兵法》中的上述用兵之道：水流必避高趋下，兵胜要避实击虚；水因地之倾仄而制其流，兵因敌之虚懈而取其胜；水无常形，兵无常势，临敌机变，方能取胜。他其时面临着两个可供选择的攻击点：一个是宁远城，另一个是觉华岛。宁远城明军城坚、炮利、将强、死守；觉华岛明军则兵寡、械差、将弱、虚懈。于是，努尔哈赤在宁远城作战失利的态势下，依据情势，临机决断，避其固守坚城之宁远城，捣其防守虚懈之觉华岛，突

---

[1] 《孙子兵法》各本作"兵无常势，水无常形。"但银雀山汉墓竹简《孙子兵法》，即汉简本《孙子兵法》作"兵无成执（势），无恒刑（形）"。吴九龙《孙子校释》曰："汉简本此句以'兵'为两'无'之主语，言兵既无常势，又无常形。唯上文一言'水之行避高而趋下'，又言'水因地而制行'，汉简本皆作'行'而不作'形'。故此句之'形'无'水'字，而将'行'字属之于'兵'。故今依汉简本，且无'水'字。"此注臆断也，因为：第一，银雀山汉简本《孙子兵法》，仅为汉代《孙子兵法》之一种版本，虽实属珍贵，却屡有衍、脱，此为一例，故不能据此孤证定谳。第二，各本俱有"水"字，不宜轻率删削。第三，"形"与"行"字在古汉语中，同音通假，故"形"字属之于"水"。第四，此段话凡四句：首句"水"与"兵"骈列，以"水"喻"兵"；次句亦"水"与"兵"骈列，亦以"水"喻"兵"；再句首为"故"字，即此句承上二句小结，亦应"水"与"兵"骈列，末句为结论。所以，"水"字砍删不当。

[2] 吴九龙主编：《孙子校释》，第102页，军事科学出版社，1990年，北京。

然驱骑驰击，猛捣虚懈之敌。致明人指出：其"共扎七营，以缀我军，不知其渡海也"①。甚至袁崇焕当时也做出"达贼不能过海"②的错误判断。然而，后金军统帅努尔哈赤利用严冬冰封的天时，又利用海岛近宁远海岸的地利，复利用官兵满腔愤恨的士气，再利用骑兵驰疾猛突的长技，乘觉华岛明军防守虚懈、孤立无援的境遇，出其不意，乘其之隙，围城袭岛，避实捣虚，集中兵力，铁骑冲击，硬打死拼，速战速决，全歼守军，获取全胜。

第二，后金军鼓勇驰击。明大学士孙承宗认为，后金劲旅不会从水上攻觉华岛："盖大海汪洋，虽可四达，而辽舟非傍屿不行。虏固不以水至，即以水亦望此心折。"③孙承宗断言后金不会以舟师从水上攻觉华岛，却未料后金会以骑师从冰上攻觉华岛。然而，经略王在晋虽误主建关外八里重城之议，但正确地指出觉华岛守军不能遏止陆路骑兵："岛驻兵止可御水中之寇，弗能遏陆路之兵。"④后金陆上之骑兵，速度快，极迅猛，机动灵活，冲击力大。因此，岛上之明朝水兵，对抗后金骑兵，是注定要失败的。后金骑兵巧用火攻——纵火焚烧粮囷、料堆、舟船；岛上守军未用火守——环岛沿冰濠线堆放柴木，设置火器，紧急之时，纵火燃柴，施放火器，化冰为濠，以阻敌军。结果，后金之兵，杀戮商民，烟火冲天，尸横遍岛。《明史·袁崇焕传》记载后金军登岛烧杀情状言：

> 我大清初解围，分兵数万，略觉华岛，杀参将金冠等及军民数万。⑤

上述记载，疏误两处：其一，金冠已先死，非后金兵所杀。《明熹宗实录》"岛中诸将，金冠先死"⑥；《三朝辽事实录》"金冠，既死之矟，俱经剖割"⑦，可为实证。

---

① 王在晋：《三朝辽事实录》，第15卷，天启六年正月，江苏省立国学图书馆据私藏本影印，1930年，南京。
② 《明熹宗实录》，第67卷，天启六年正月辛未，台北中研院历史语言研究所校勘本，1962年，台北。
③ 《明熹宗实录》，第40卷，天启三年闰十月丁亥，台北中研院历史语言研究所校勘本，1962年，台北。
④ 王在晋：《三朝辽事实录》，第10卷，天启二年七月，江苏省立国学图书馆据私藏本影印，1930年，南京。
⑤ 《明史·袁崇焕传》，第22册，第259卷，第6710页，中华书局校点本，1974年，北京。
⑥ 《明熹宗实录》，第70卷，天启六年四月辛卯，台北中研院历史语言研究所校勘本，1962年，台北。
⑦ 王在晋：《三朝辽事实录》，第15卷，天启六年正月，江苏省立国学图书馆据私藏本影印，1930年，南京。

其二，杀死岛上"军民数万"，张饰也，实际上杀戮兵民各七千余人。

第三，明觉华防守虚懈。明失广宁后，议攻守策略，应以守为主，无论城池，抑或岛屿，均应主守，而后谈攻。明廷赋予觉华岛水师的使命，着眼于攻，攻未用上，守亦虚懈。先是，广宁之役，频传警报，前车之鉴，应引为戒：

> 照得：河西警报频闻，山海防守宜急。臣等业经贮备粮料，具疏入告矣。昨接户科抄出户科都给事中周希令一疏，内言觉华等岛粮食，宜勒兵护民，令其自取无算，余者尽付水火。未出关小车与天津海运，不可不日夜预料速备等因。奉圣旨：该部作速议行。[①]

上引杨嗣昌疏稿为天启二年即天命七年（1622年）二月初六日，而后金军已于上月二十三日占领广宁，但兵锋未到觉华岛。同年十二月，岛上有游击金冠水兵一千二百七十六员名，参将祖大寿辽兵八百七十五员名[②]，共二千一百五十一员名。后祖大寿及其辽兵调出，又增加水兵，达七千余员名。这些水师，应重于防守，却防守虚懈。其主要表现为：一是觉华岛设防疏陋，守军力量薄弱，火器配置缺乏，后金骑兵强攻，不能拒敌坚守。二是囤粮城守军布置不当，守兵集于岛上山巅——东山与西山，距离囤粮城较远。驻兵虽可居高瞭望与下击，却不利于急救囤粮城之危。三是迷信于觉华天设之险，只虑及后金骑兵不能从水上来攻，而未料及后金骑兵会从冰上进攻；只虑及封海时可凿冰为濠，而未料及隆冬季节穿冰复合。四是觉华岛守军孤立无援，明廷制敌之策只设计岛上水师在城遇急时，出船兵，绕其后，截击取胜；未设计陆上步骑在岛遇急时，急救援，做策应，配合获胜。在后金骑兵攻岛之时，经略高第、总兵杨麒，坐视山海，拥兵失援。近岛之宁远，"崇焕方完城，力竭不能救也"[③]。由上，觉华岛防守虚懈，孤立无援，难以抵御后金军之突击。明军既侥幸于广宁之役觉华岛免遭兵火，又迷信于宁远之役觉华岛天设之险。然而，宁远不是广宁，历史不再重演。后金骑兵避宁远城之实，而击觉华岛之虚，致使觉华岛明军全部覆灭。

第四，明庙堂以胜掩败。明朝觉华岛兵败，胜败乃兵家常事，但吃一堑，需

---

① 杨嗣昌：《杨文弱先生集》，第4卷，第13叶，钞本，北京图书馆善本部藏。

② 《明熹宗实录》，第29卷，天启二年十二月丙戌，台北中研院历史语言研究所校勘本，1962年，台北。

③ 《明史·袁崇焕传》，第22册，第259卷，第6710页，中华书局校点本，1974年，北京。

长一智。明觉华兵败之后，蓟辽总督王之臣疏报称：

> 此番奴氛甚恶，攻宁远不下，始迁戮于觉华。倘宁城不保，势且长
> 驱，何有于一岛哉！且岛中诸将，金冠先死，而姚与贤等皆力战而死，
> 视前此奔溃逃窜之夫，尚有生气。①

诚然，奏报明军固守宁远之功绩，褒扬觉华死难官兵之英烈，昭于史册，典谟有据。但是，胜败功过，理宜分明，既不能以胜掩败，也不能以功遮过。王之臣身为蓟辽总督，对觉华岛兵败，未做一点自责。大臣既搪塞，朝廷则敷衍。明廷旨准兵部尚书王永光疏奏：

> 皇上深嘉清野坚壁之伟伐，酬报于前；而姑免失粮弃岛之深求，策
> 励于后。②

于是，满朝被宁远大捷胜利气氛所笼罩，有功将士，著绩封赏；伤亡军丁，照例抚恤；内外文武，增秩赐爵；厂臣阉宦，权位提升。但是，于明军觉华岛之败，朝廷、兵部、总督、经略、巡抚以至总兵，未从整体上进行反思，亦未从战略上加以总结，汲取教训，鉴戒未来。对待失败的态度，是吸收殷鉴，还是掩盖搪塞，这是一个王朝兴盛与衰落的重要标志。明廷失辽沈，陷广宁，杀熊廷弼，逮王化贞，只作个案处置，并未深刻反省。因而，旧辙复蹈，悲剧重演，一城失一城，一节败一节。结果，江山易主，社稷倾覆③。

总之，明朝与后金，宁远与觉华，其胜其败，影响深远。

六

宁远之争局，于明朝和后金，于当时和历史，产生了正负两面的深远影响。

打败后金进攻，影响历史进程　袁崇焕击败后金骑兵，守住宁远孤城。宁远

---

① 《明熹宗实录》，第 70 卷，天启六年四月辛卯，台北中研院历史语言研究所校勘本，1962 年，台北。

② 《袁崇焕资料集录》，上册，第 28 页，广西民族出版社，1984 年，南宁。

③ 阎崇年：《论觉华岛之役》，《清史研究》，1995 年第 2 期。

之役结束后，山西道御史高弘图疏言：

> 奴酋鸷伏，四年不动，一朝突至，宁远被围，举国汹汹。一重门限，岂是金汤？自袁崇焕有死地求生、必死无生之气，则莫不翕然壮之。然自有辽事，用兵八年不效，固未敢逆料其果能与贼相持、与城俱存否也。是以深轸圣怀，时切东顾。甫采盈庭之方略，辄得马上之捷书。然后知从前无不可守之城池，而但无肯守之人与夫必守之心。今崇焕称必守矣！况且出奇挫锐，建前此所未有，则又莫不翕然贤之。[1]

此役，由明廷得报，宁远被围，举国汹汹；及捷报驰至，京师全城，空巷相庆。宁远之捷是明朝从抚顺失陷以来的第一个胜仗，也是自"辽左发难，各城望风奔溃，八年来贼始一挫"[2]的一场胜仗。此役，清初人评论道："我大清举兵，所向无不摧破，诸将罔敢议战守。议战守，自崇焕始。"[3]这个评论并不过分。与其相反，宁远之役是努尔哈赤用兵四十四年来最为惨痛之失败。他虽获觉华岛之全胜，却不能掩饰其内心的悲愤，《无圈点老档》和清太祖三种《实录》，都沉痛地记载了天命汗的这一场悲剧。天命汗随之昼夜踌躇，辗转反思："吾思虑之事甚多：意者朕身倦惰而不留心于治道欤？国势安危、民情甘苦而不省察欤？功勋正直之人有所颠倒欤？再虑吾子嗣中果有效吾尽心为国者否？大臣等果俱勤谨于政事否？又每常意虑敌国之情形。"[4]袁崇焕是努尔哈赤的克星。一代天骄努尔哈赤，同年便在败辱悲愤中死去。明取得宁远之捷后，翌年又取得宁锦之捷，袁崇焕连获宁远与宁锦两捷，并经始与经营了宁锦防线。先是，明在辽东失陷辽阳镇，在辽西失陷广宁镇后，其陆路防御体系被后金军完全破坏。觉华岛兵败后，其海上防御体系也受到重大损失。明为阻遏后金军南犯，需在关外辽西走廊建立一道防御系统，这就是宁锦防线[5]。宁锦防线可概括为"一体两翼"。"一体"即纵向，南起山海关，

---

① 《明熹宗实录》，第 68 卷，天启六年二月丁丑，台北中研院历史语言研究所校勘本，1962 年，台北。

② 《明熹宗实录》，第 68 卷，天启六年二月乙亥，台北中研院历史语言研究所校勘本，1962 年，台北。

③ 《明史·袁崇焕传》，第 22 册，第 259 卷，第 6710 页，中华书局校点本，1974 年，北京。

④ 《清太祖武皇帝实录》，第 4 卷，第 25 叶，台北故宫博物院藏本，广文书局影印，1970 年，台北。

⑤ 阎崇年：《宁锦防线与宁锦大捷》，《袁崇焕研究论集》，文史哲出版社，1994 年，台北。

北至大凌河城，中间以前屯路城为后劲，宁远卫城为中坚，锦州卫城为前锋，又以所城、台堡作联络，负山阻海，势踞险要；配以步营、骑营、车营、锋营、劲营、水营诸兵种；置以红夷大炮、诸火炮等守具，备以粮料、火药；并屯田聚民，亦屯亦筑，且战且守，相机进取；从而形成沿辽西走廊纵深五百里之串珠式防御体系，遏敌南进，保卫辽西，御守关门，以固京师。"两翼"即横向，其左翼为蒙古拱兔等部，采取"抚西虏以拒东夷"的策略；其右翼为东江毛文龙部，整顿部伍，以扰敌后。袁崇焕部署的宁锦防线，其"两翼"虽未完全实现，但明军依其"主体"，堵御后金军不得逾越南进，长达二十二年之久。"在袁崇焕身后，祖大寿得以其余威振于边，辽军守御的宁锦防线仍坚不可摧。直到崇祯十五年即崇德七年（1642年）锦州才被攻陷；而宁远、关门，则几于明祚同终"[1]。

固守宁远要略，丰富兵坛智慧 袁崇焕固守宁远之要略，有别于马林之守而不防，袁应泰之守而不固，熊廷弼之守而不成，王在晋之守而不当，孙承宗之守而不稳；更不同李永芳之通敌失守，李如桢之玩忽于守，贺世贤之出城疏守，王化贞之攻而拒守，高第之弃而不守。袁崇焕之固守战略，保证了宁远城以至山海关屹然不动，直至明祚灭亡。袁督师既创造了重点城池防守的新型战术，又部署了关外完整的防御体系。尤其是他提出"凭坚城以用大炮"[2]，即以炮守城，以城护炮的新型战术，是中国古代守城战术的新突破。他顺应历史发展之趋势，及时将兵器进化的新成果应用于实战，从而为火器与冷兵器并用时代的城池攻防，提供了行之有效的独特战法，发展了中国古代战术学理论，是中国古代军事思想宝库中的新财富。上述战术由于已经受到宁远实战之检验，因而被普遍接受和采用。尔后在清朝前期战争中，利用火器强攻硬守之战屡见不鲜，使战争艺术呈现出新局面。

在固守宁远之役中，袁崇焕的表现堪称为雄胆卓识之典范。雄胆卓识，独立品格，是中华文明史上杰出政治家、军事家和民族英雄的宝贵品质。袁崇焕的胆识，一见于其单骑阅塞，国难请缨；二见于其夜行赴任，四鼓入城[3]；三见于其揭驳经略，主守宁远；四见于其严拒非议，坚守孤城。此役，天命汗率师进攻，御守之策，大端有二：经略高第主守榆关，兵部阎鸣泰则主守首山。高第虽主守城，

---

① 阎崇年：《论袁崇焕》，《袁崇焕研究论文集》，广西民族出版社，1984年，南宁。
② 《明熹宗实录》，第79卷，天启六年十二月庚申，台北中研院历史语言研究所校勘本，1962年，台北。
③ 《明史·袁崇焕传》，第22册，第259卷，第6707页，中华书局校点本，1974年，北京。

城却不在宁远，而在榆关。此策得遂，则关外辽西之地，尽为后金据有。榆关失去屏障，京师愈加危急。此将演为有明二百五十年来空前之危机。而正统己巳、嘉靖庚戌两役，仅蒙古骑兵悬军塞内，明廷尚有辽东完瓯。署兵部右侍郎阎鸣泰同高第相左，虽主在关外御守，却议将宁远城主力部署于首山。首山在宁远城东北，为护卫宁远孤城之蔽障，亦为控扼自沈阳来敌通道之咽喉。鸣泰画策坚守首山之疏言：

> 首山左近如笔架、皂隶等山险隘之处，俱宜暗伏精兵、火炮，以待贼来，慎勿遽撄其锋，惟从旁以火器冲其胁，以精兵截其尾；而觉华岛又出船兵遥为之势，乘其乱而击之，此必胜之著也。[1]

得旨："俱依拟著实举行。"此策如果得遂，则关外孤城宁远，必为后金据有。在萨尔浒之役中，杜松吉林崖兵败，刘綎阿布达里冈身殁，都是史证；在沈辽之役中，沈阳的贺世贤，辽阳的袁应泰，出城迎敌，堕计丧锐，亦是史证。这种以己之长为己之短，变彼之短为彼之长，而以己之短制彼之长——似可断言，必败无疑。袁崇焕既拒从辽东经略高第退守榆关之策，又拒依旨准兵部阎鸣泰出守首山之策。他不守山，而守城；守城不守榆关，而守宁远。凭坚城，用大炮，以己长，制彼短，孤城孤军，终获大胜。这是袁崇焕雄胆卓识、独立品格的节操之胜。袁督师雄胆卓识之智慧，丰富了中华思想之宝库。

征抚漠南蒙古，绕道攻打燕京　天命汗努尔哈赤军事触角南向宁远受挫缩回沈阳后，又将军事触角西向蒙古。派其子率兵过西拉木伦河征讨蒙古喀尔喀等部，先后共"获人畜五万六千五百"[2]。同年，努尔哈赤死，其子皇太极即汗位。皇太极于天聪元年即天启七年（1627 年），兵攻宁、锦，又遭失败。皇太极愤愧言："昔皇考太祖攻宁远，不克；今我攻锦州，又未克。似此野战之兵，尚不能胜，其何以张我国威耶！"[3]皇太极南进宁锦之役失败后，转注于漠南蒙古未服诸部。同年，他一面将供养的蒙古人等几万人口，因辽东大饥而"送去吃朝鲜的米谷"[4]；一面同

---

① 《明熹宗实录》，第 67 卷，天启六年正月丁卯，台北中研院历史语言研究所校勘本，1962 年，台北。

② 《清太祖高皇帝实录》，第 10 卷，天命十一年四月丙子至五月壬寅朔，华文书局，台北。

③ 《清太宗文皇帝实录》，第 3 卷，天聪元年五月癸巳，中华书局影印本，1985 年，北京。

④ 《旧满洲档译注》（太宗朝一），天聪元年十二月，台北故宫博物院印本，1977 年，台北。

蒙古敖汉部、奈曼部首领琐诺木杜稜、衮出斯巴图鲁等会盟①。次年（1628 年）二月，皇太极率军至敖木轮地方，击败察哈尔所属多罗特部；九月，率军征察哈尔"至兴安岭，获人畜无算"②。六年（1632 年）四月，再率军征察哈尔，后师至黄河，林丹汗走死于青海大草滩。九年（1635 年），后金军三征察哈尔，获"传国玉玺"，察哈尔部亡，统一漠南蒙古。后金统一漠南蒙古，摧毁了明朝自洪武以来经营二百多年的全辽西部防线，并使其政治和军事实力得到壮大，又为其绕道蒙古入关准备了条件。

后金两汗先后两次吞下败于宁锦防线的苦果后，皇太极总结经验教训道："彼山海关、锦州，防守甚坚，徒劳我师，攻之何益？惟当深入内地，取其无备城邑可也。"③由是，他在自身武器装备改善之前，不再正面强攻宁、锦，而是绕过宁锦防线，取道蒙古，破塞入内。崇祯二年即天聪三年（1629 年），天聪汗皇太极率军绕道蒙古，从大安口、龙井关入塞，攻打北京④。崇祯七年即天聪八年（1634 年），后金军入塞，蹂躏宣府、大同。崇祯九年即崇德元年（1636 年），清军⑤耀兵于京畿。崇祯十一年即崇德三年（1638 年），清军兵至山东，攻占济南，翌年还师。崇祯十四年即崇德六年（1641 年），清军再入山东，大肆掳掠而归。以上俱间道蒙古，破墙入犯，肆虐关内。与此同时，皇太极还进行火器研制和军制改革。

制造红衣大炮，变革八旗军制　天命汗努尔哈赤和天聪汗皇太极两败于宁、锦，原因之一是受红衣大炮所制。先是，后金军已缴获不少明军火器，因骑兵携带不便，又缺乏熟练炮手，而未能发挥其作用。宁锦败后，皇太极决心仿造西洋大炮。崇祯三年即天聪四年（1630 年），谕令汉官仿造红衣大炮。翌年正月，后金仿造的第一批红衣大炮，共十四门，在沈阳造成，定名为"天佑助威大将军"⑥。从此，满洲正式有了自制的红衣大炮。同年八月，皇太极用红衣大炮打援、围城、破堡，大炮所向，尽显神威，攻克大凌河城，降明将祖大寿，且缴获明军含红衣

---

① 《清太宗文皇帝实录》，第 3 卷，天聪元年七月己巳，中华书局影印本，1985 年，北京。
② 《清太宗文皇帝实录》，第 4 卷，天聪二年九月丁丑，中华书局影印本，1985 年，北京。
③ 《清太宗文皇帝实录》，第 6 卷，天聪四年二月甲寅，中华书局影印本，1985 年，北京。
④ 阎崇年：《论明代保卫北京的民族英雄袁崇焕》，《北京史论文集》，北京史研究会编印，1980 年，北京。
⑤ 皇太极于崇祯九年即崇德元年（1636 年），改元崇德，建国号清，故拙文于崇德元年始称清军，此前则称后金军。
⑥ 《清太宗文皇帝实录》，第 8 卷，天聪五年正月壬午，中华书局影印本，1985 年，北京。

大炮在内的大小火炮三千五百门[①]。后金制成红衣大炮，用之装备八旗军，引起军制变革。

后金第一批红衣大炮仿造成功后，满洲八旗设置新营，其名为"ujen cooha"，其音译为"乌真超哈"，意译为"重军"，即使用火炮等火器之炮兵。这些红衣大炮的督造官佟养性，被任命为昂邦章京，是为后金之第一位炮兵将领。乌真超哈的建立，标志着八旗军制史上的一次重要变革：

> 乌真超哈的建立，是满洲八旗军制的重要变革。在这之前，八旗以骑兵为主，兼有步兵；而建立乌真超哈，标志着后金军队已经是一支包括骑兵、炮兵和步兵多兵种的军队。就作战而言，既擅野战，又可攻坚，炮兵的火力与骑兵的冲击力、机动性得到良好结合；就训练而言，亦由单一的骑兵训练而为骑兵与炮兵、步兵合成训练。因而，乌真超哈的建立，标志着满洲八旗摆脱了旧军制的原始性，是一项重大进步。[②]

以上四条讨论，从中可以看出：宁远争局对于明朝与后金、明辽军与八旗军所产生的影响是双向而深远的。

综上，明清甲乙之际，双方争局宁远。斯胜斯败，乃盛乃衰，都产生了极为深远的历史影响。但是，宁远争局的历史价值，留给后人的精神财富，不仅是攻坚与守城的打拼场景，不仅是焚烧与厮杀的悲壮画面，不仅是仇恨与愤怒的民族卷轴，也不仅是庆功与升赏的宫廷宴图；统观宁远争局，论其历史价值——袁崇焕坚守孤城、凭城用炮的胆识与兵韬[③]，努尔哈赤因敌制变、释坚攻脆的智谋与兵略，均超越了时间和空间、民族和政治，充实了中华兵坛之经纶，丰富了人类思想之宝库。

---

① 《兵部呈为王道题报大凌河之役明军损失情形本》（崇祯四年闰十一月十九日），《历史档案》，1981年第1期；另见《清太宗文皇帝实录》，第10卷，天聪五年十一月癸酉。

② 解立红：《红衣大炮与满洲兴衰》，《满学研究》，第2辑，民族出版社，1994年，北京。

③ 阎崇年：《抗御后金名将袁崇焕——在台湾淡江大学历史系的演讲稿》，《袁崇焕研究论集》，文史哲出版社，1994年，台北。

袁崇焕固守宁远之扬榷

【题记】本文《袁崇焕固守宁远之扬榷》，始于1990年笔者到香港中文大学访问，该校历史系吴伦霓霞主任、香港大学历史系赵令扬主任和香港袁氏宗亲总会袁雄崑会长等共商，于1991年在香港举行有关袁崇焕的国际学术研讨会。本文为提交这次学术研讨会的论文，载于《明末清初华南地区历史人物功业研讨会论文集》，香港中文大学，1992年，香港。

袁崇焕固守关外宁远孤城，击败后金军队强攻，取得宁远大捷；寻，获宁锦之捷，他自己总结为"以守胜也"①。宁远之捷，要在固守。其守之情势、守之过程、守之扬榷②、守之得失，据史料，试分析，浅论述，冀研讨。

一

袁崇焕庙堂受命，身戎辽事，固守宁远的历史活剧，演出于十七世纪二十年代之中国。其时，后金崛兴，满洲八旗攻势凌厉；明廷衰朽，辽东明军败不能支；而东西两翼——蒙古与朝鲜，惧金疏明，亦难策应。袁崇焕在明朝辽东无局可守的危难之际，婴守孤城宁远，获取宁远大捷。

满洲八旗所向披靡。辽东明军的劲敌是努尔哈赤统率的满洲八旗铁骑。努尔哈赤不仅是满洲杰出的首领，而且是明末清初著名的军事家。万历十一年（1583

---

① 《明熹宗实录》，第70卷，天启六年四月己亥，台北中研院历史语言研究所校勘本，1962年，台北。

② "扬榷"，又作"扬榷"，见于《庄子·徐无鬼》《淮南子·俶真训》和《汉书·叙传下》等。《汉书·叙传下》曰："扬榷古今"，师古曰："扬，举也；榷，引也。扬榷者，举而引之，陈其趣也。"

年），努尔哈赤以其父祖"遗甲十三副"起兵，很快整合环围女真各部。万历四十四年（1616 年），努尔哈赤建立后金，黄衣称朕[1]。他缔造一支"攻则争先，战则奋勇，威如雷霆，势如风发，凡遇战阵，一鼓而胜"[2] 的八旗军。努尔哈赤依靠这支军队，于万历四十六年即天命三年（1618 年），以"七大恨"告天，向明朝宣战，计袭抚顺[3]，智破清河[4]，旗开得胜，明廷震惊。庙堂匆促策划反攻，以杨镐为经略，调集十二万兵马，四路合击后金都城赫图阿拉，结果被努尔哈赤各个击破。这就是著名的萨尔浒之战[5]。以此作为标志，战局发生根本变化：明朝军由战略进攻转入战略防御，后金军则由战略防御转入战略进攻。尔后，满洲八旗军攻战频仍，势如破竹——下开原，占铁岭，取沈阳，陷辽阳，结束了明朝在辽东的统治。继而进兵辽西，占领广宁，形成了同明军争夺宁远的态势。

明朝辽军逐节败退。在努尔哈赤八旗军的猛烈攻势面前，辽东明军丢城失地，损兵折将。明朝辽东经略王在晋概括其时形势道："东事离披，一坏于清、抚，再坏于开、铁，三坏于辽、沈，四坏于广宁。初坏为危局，再坏为败局，三坏为残局，至于四坏——捐弃全辽，则无局之可布矣。"[6] 明朝辽军由驻镇全辽、布局分守，而变为丢弃全辽、无局可布的境地，直接原因在于武备废弛，兵伍腐败。这主要表现在：其一，主帅频移，方略屡变。明自抚顺失陷后的八年之间，先后七易主帅，战守方略，因人而异。经略、总兵，或战死、或贬谪、或去职、或落狱。与此相反，后金却形成以努尔哈赤为首之稳定帅将群体。其二，将骄兵惰，漫无纪律。军官上下欺诳，左右盘结，骄奢淫逸，占田侵饷。兵马月无粮料，生活失计，竟至"辽卒不堪，胁众为乱"[7]，哗变围署，捶楚长官。与此相反，后金却诸将骁勇，兵强马壮，训练严格，军纪整肃。其三，军械缺损，后勤混乱。萨尔浒战前誓师演武场上，大将屠牛刀锋不利，"三割而始断"[8]；官将校场驰马试槊，木柄蠹朽，槊头坠地。甚至出现操场阅兵，雇夫顶替，着布衫、持木棍的杂乱局面。与

---

① 《满文老档·太祖》，第 5 册，天命元年正月，中华书局译注本，1990 年，北京。

② 《满洲实录》，第 4 卷，第 184 叶，中华书局影印本，1986 年，北京。

③ 《李朝光海君日记》，第 127 卷，十年闰四月甲戌，日本学习院东洋文化研究所，1959 年，东京。

④ 黄道周：《博物典汇》，第 20 卷，第 18 页，明崇祯八年（1635 年）刻本。

⑤ 参见拙著《努尔哈赤传》第 8 章《萨尔浒大战》，文史哲出版社，1992 年，台北。

⑥ 王在晋：《三朝辽事实录》，第 8 卷，天启二年三月，江苏省立国学图书馆据私藏本影印，1930 年，南京。

⑦ 《明史·食货志一》，第 77 卷，第 1885 页，中华书局校点本，1974 年，北京。

⑧ 王在晋：《三朝辽事实录》，第 1 卷，万历四十六年七月，江苏省立国学图书馆据私藏本影印，1930 年，南京。

此相反，后金"兵所带盔甲、面具、臂手，悉皆精铁，马亦如之"①；出征之军"盔甲鲜明，如三冬冰雪"②。所以，明朝辽军势颓兵弱，退守关门，形成了面临后金军进攻而孤守宁远的态势。

漠南蒙古离明靠金。漠南蒙古诸部，驻牧于明朝与后金之间，又在宁远左翼。其倾向于某一方，会使另一方腹背受敌。后金汗以"蒙古与满洲，语言虽各异，而衣饰风习，无不相同，为兄弟之国"③，使诸科尔沁、内喀尔喀部臣服。明朝则着重争取察哈尔部，以增加岁币与其缔结共御后金盟约，实行"以西虏制东夷"之策。但是，王化贞驻守广宁，图借蒙古兵力抵御后金进犯，结果企盼落空，痛哭弃城，落荒而逃。尔后，漠南蒙古诸部背明降金。《明史·鞑靼传》载："明未亡而插先毙，诸部皆折入于大清。国计愈困，边事愈棘，朝议愈纷，明亦遂不可为矣！"④明廷未能"抚西虏"而"制东夷"，形成了宁远之战前更为严峻之态势。

朝鲜李朝惧金疏明。朝鲜不同于蒙古，它自洪武以降同明朝保持着友好关系。女真（满洲）东邻朝鲜，朝鲜不愿意看到其势力强大。朝鲜曾三次大规模出兵建州，袭攻女真。第一次是宣德八年（1433年），朝鲜出兵建州，追袭建州首领李满住及其部民，致李满住"身被九创"⑤。第二次是成化三年（1467年），明朝与朝鲜合兵，攻袭建州首领董山屯寨，"焚其巢寨房屋一空"⑥，董山亦被明朝杀害。第三次是万历四十七年即天命四年（1619年），朝鲜派元帅姜弘立统领万余兵马参加萨尔浒之战，但全军覆没，元帅被俘。此战之后，朝鲜更加惧怕努尔哈赤，又不得不接济明东江总兵毛文龙部⑦。明廷意在联络朝鲜，牵制后金，使辽军同"丽兵声势相倚，与登、莱音息时通，斯于援助有济"⑧。后金则意在切断朝鲜与明朝的联系，以及朝鲜对毛文龙部的济援，以除后顾之忧。后来皇太极两次出兵朝鲜，结成所谓"兄弟之盟"和"君臣之盟"。朝鲜虽可称为明朝患难之盟友和后金肘腋

① 徐光启：《辽左阽危已甚疏》，《明经世文编》，第6册，第5381叶，中华书局影印本，1962年，北京。

② 《满洲实录》，第4卷，第165叶，中华书局影印本，1986年，北京。

③ 《满文老档·太祖》，第13卷，天命四年九月，中华书局译注本，1990年，北京。

④ 《明史·鞑靼传》，第327卷，第8489页，中华书局校点本，1974年，北京。

⑤ 《燕山君日记》，第19卷，二年十一月甲辰，日本学习院东洋文化研究所，1959年，东京。

⑥ 《明宪宗实录》，第47卷，成化三年十月壬戌，台北中研院历史语言研究所校勘本，1962年，台北。

⑦ 《东江疏揭塘报节抄》，第2卷，第12页，浙江古籍出版社，1986年，杭州。

⑧ 《明熹宗实录》，第13卷，天启元年八月庚午，台北中研院历史语言研究所校勘本，1962年，台北。

之隐患，但因其惧后金而疏明朝，也增加了宁远之战前更为困难的态势。

明廷中枢混乱腐败。明朝在辽东不仅失去朝鲜之援、蒙古之助，而且八旗日盛、辽军日衰，其根本原因在于朝廷腐败。明自张居正死后，朝政益隳，边事益坏。万历帝之怠玩，泰昌帝之暴亡，天启帝之愚骏，崇祯帝之刚愎，使得宫内案起，朋党纷争，文武失协，经抚不和，朝廷中枢机制失衡。明廷中枢机制紊乱而殃及辽事的明显事例，是熊廷弼的冤死和孙承宗的去职。熊廷弼在萨尔浒兵败之后，受命经略辽东。他整顿军队，修城治械，疏陈方略，布兵御守，迫使努尔哈赤将兵锋转向叶赫与蒙古。然而仅一年零三个月后，熊廷弼即在党争中被罢免，其治辽方略亦随之夭折。明失陷沈、辽后，举国震惊，熊廷弼被再次起用。他虽建"三方布置策"，但终因朋党之争，经抚不和，衔冤而死，"传首九边"①。颇有建树之大学士孙承宗，也因阉党排陷而遭劾去职。兵戎大事，慎之又慎，如此翻云覆雨，岂能制敌御辽？朝政的混乱腐败，给宁远守卫战铸成了极为困难的态势。

综上，袁崇焕就是在朝廷腐败、面对强敌、后无援兵、两翼失助、婴守孤城的情势下，率兵进行了一场中国古代史上著名的宁远之战。

二

袁崇焕面临极度危难的情势，同后金汗努尔哈赤进行激烈的宁远之战。

先是，天启五年即天命十年（1625 年）八月，山海总兵马世龙偷袭后金，兵败柳河。阉党乘隙起衅，以谄附阉党之兵部尚书高第，代孙承宗为辽东经略。高第上任伊始，便推行不谋进取、只图守关的消极策略，令弃关外城堡，尽撤关外戍兵。

袁崇焕主张固守，据理力争，具揭言："兵法有进无退。锦、右一带既安设兵将，藏卸粮料，部署厅官，安有不守而撤之（理）？万万无是理。脱一动移，示敌以弱，非但东奴，即西虏亦轻中国。前柳河之失，皆缘若辈贪功，自为送死。乃因此而撤城堡、动居民，锦、右动摇，宁、前震惊，关门失障，非本道之所敢任者矣。"② 辽东经略高第撤防命令传至宁前，宁前道袁崇焕斩钉截铁地道：

---

① 叶向高：《遆编》，第 12 卷，第 2 页，美国国会图书馆藏本。

② 王在晋：《三朝辽事实录》，第 15 卷，天启五年十月，江苏省立国学图书馆据私藏本影印，1930 年，南京。

宁前道当与宁前为存亡！如撤宁前兵，宁前道必不入，独卧孤城以
当虏耳！ ①

于是，锦州、右屯、大凌河等城自行毁弃，屯兵与屯民，后退入关，广宁至山海
关四百里地域，仅余袁崇焕统兵防守之宁远孤城。

高第撤防之报，传至后金都城沈阳。后金攻陷广宁之后，已经蛰伏四年未动。
后金汗努尔哈赤得知高第昏弱，辽军撤防的探报，认为时机已到，机不可失；决
定告天誓师，统率八旗，西渡辽河，进攻宁远。

天启六年即天命十一年（1626 年）正月十四日，善抓战机的后金汗努尔哈赤，
亲率六万精兵，号称二十万，挥师西进，往攻宁远。十六日，至东昌堡。十七日，
渡辽河。随后，连陷右屯、大凌河、小凌河、松山、杏山、塔山和连山等七座空
城，直扑宁远。

袁崇焕得报强敌临逼，后无援兵，便部署守城。

第一，以城为依，坚壁清野。撤宁远外围之中左所、右屯等处兵马及宁远城
外守军，进入宁远城内防守；令尽焚城外房舍，转移城厢商民入城；粮仓龙宫寺
等之贮粮，好米运至觉华岛，余皆焚毁。宁远城外不留一卒一民，使可用之兵民
全部集于城内；不剩一舍一粮，使后金八旗兵无法持久作战。

第二，画城分守，布设大炮。宁远城守兵万余人，由袁崇焕自任全局指挥，
设令于钟鼓楼之上；另派满桂守东面并提督全城，祖大寿守南面，左辅守西面，
朱梅守北面，各将画地分守，相机应援。撤城外之西洋大炮入城，将十一门西洋
大炮②，制作炮车，挽设城上，备置弹药，教习演放。

第三，兵民联防，运送粮药。袁崇焕令通判金启倧按城四隅，编派民夫，供
给守城将士饮食。派卫官裴国珍带领城内商民，鸠办物料，运矢石，送火药。以
同知程维楧率员稽查奸细，派诸生巡查城巷路口。所以，在辽东诸城中，"宁远独
无夺门之叛民，内应之奸细"③。

第四，激励士气，严明军纪。袁崇焕将宁远军民"结连一处，彼此同心，死

---

① 周文郁：《边事小纪》，第 1 卷，第 19 页，《玄览堂丛书续集》本，南京国立中央图书馆影印
本，民国三十六年（1947 年），南京。
② 《明熹宗实录》，第 68 卷，天启六年二月戊戌，台北中研院历史语言研究所校勘本，1962 年，
台北。
③ 《明熹宗实录》，第 68 卷，天启六年二月乙亥，台北中研院历史语言研究所校勘本，1962 年，
台北。

中求生，必生无死"①。他"刺血为书，激以忠义，为之下拜，将士咸请效死"②。又通令对阵前退缩者，径于军前诛之；溃而逃跑者，亦执而杀之。

二十二日。袁崇焕守城部署甫定。翌日，后金汗努尔哈赤统率八旗军，穿越首山与窟窿山之间隘口，直薄宁远城下。

二十三日。八旗军进抵宁远后，努尔哈赤命距城五里，横截山海大路，安营布阵，并在城北扎设汗帐。在发起攻城之前，努尔哈赤命释被掳汉人回宁远，传汗旨，劝投降，但遭到袁崇焕的严词拒绝。袁崇焕答道："宁、锦二城，乃汗所弃之地，吾恢复之，义当死守，岂有降理！"③并命罗立等向城北后金军大营燃放西洋大炮，"遂一炮歼虏数百"④。努尔哈赤旋移大营而西，谕备战具，明日攻城。

二十四日。后金兵推楯车，运钩梯，步骑蜂拥进攻，万矢齐射城上。雉堞箭镞如雨注，城上悬牌似猬皮。后金集中兵勇攻打城西南角，左辅领兵坚守，祖大寿率军应援，两军用矢石、铁铳和西洋大炮下击。后金兵死伤惨重，又移军攻南城墙。后金汗命在城门角两台间火力薄弱处凿城。明军掷礌石、发矢镞，投药罐、飞火球。后金兵前仆后继，冒死凿墙，前锋凿开高二丈余大洞三四处，宁远城受到严重威胁。时"袁崇焕缚柴浇油并搀火药，用铁绳系下烧之"⑤；又选五十名健丁缒下，用棉花火药等物烧杀挖城的后金兵。是日，后金官兵攻城，自清晨至深夜，尸积城下，几乎陷城。

二十五日。后金兵再倾力攻城。城上施放火炮，"炮过处，打死北骑无算"⑥。后金兵害怕利炮，畏葸不前；其"酋长持刀驱兵，仅至城下而返"⑦。后金兵一面抢走城下尸体，运至城西门外砖窑焚化；一面继续鼓勇攻城。不能克，乃收兵。两日攻城，后金史称："共折游击二员，备御二员，兵五百。"⑧

二十六日。后金汗努尔哈赤一面派兵继续攻城；一面命武讷格率军履冰渡海，

① 王在晋：《三朝辽事实录》，第 15 卷，天启六年正月，江苏省立国学图书馆据私藏本影印，1930 年，南京。

② 《明史·袁崇焕传》，第 259 卷，第 6709 页，中华书局校点本，1974 年，北京。

③ 《清太祖武皇帝实录》，第 4 卷，第 8 页，北平故宫博物院影印本，1932 年，北平。

④ 茅元仪：《督师纪略》，第 12 卷，第 14 页，北京图书馆善本部藏。

⑤ 《明熹宗实录》，第 67 卷，天启六年正月辛未，台北中研院历史语言研究所校勘本，1962 年，台北。

⑥ 张岱：《石匮书后集》，第 11 卷，第 91 页，中华书局标点本，1959 年，北京。

⑦ 《明熹宗实录》，第 70 卷，天启六年四月辛卯，台北中研院历史语言研究所校勘本，1962 年，台北。

⑧ 《清太祖武皇帝实录》，第 4 卷，第 9 页，北平故宫博物院影印本，1932 年，北平。

攻觉华岛，杀明兵将，尽焚营房、民舍、屯粮、船只。据经略高第报称："二十六日辰时，奴众数万，分列十二，头子酉首冲中道，转攻东山。至巳时，并攻西山，一涌冲杀。彼时各兵，凿冰寒苦，既无盔甲、兵械，又系水手，不能耐战，且以寡不敌众。故四营尽溃，都司王锡斧、季士登、吴国勋、姚与贤、艟总王朝臣、张士奇、吴惟进及前、左、后营艟百总俱已阵亡。"①

同日，袁崇焕军之西洋大炮，击伤后金军大头目。据经略高第奏报："奴贼攻宁远，炮毙一大头目，用红布包裹，众贼抬去，放声大哭。"② 后金汗努尔哈赤在宁远城下，遭受最严重的失败。

二十七日。后金军全部回师。

历时五天的宁远之战，以袁崇焕的胜利和努尔哈赤的失败而结束。袁崇焕的军事胜利，宁远"固守"是其法宝。袁崇焕凭着"固守"这个克敌制胜的法宝，翌年又取得宁锦大捷。

天启七年即天聪元年（1627 年）五月初六日，后金新汗皇太极为洗雪其父之遗恨和巩固初登之汗位，亲率诸贝勒将士，起行往攻锦州和宁远。其时明祚以榆关为安危，榆关以宁远为安危，宁远又以锦州为安危。袁崇焕决心固守宁、锦，战则死战，守则死守。他命赵率教镇锦州，自坐守宁远。十一日，后金军围锦州城。翌日，皇太极一面遗锦州太监纪用等复书，称"或以城降，或以礼议和"③，一面派兵攻城。明军炮火、矢石俱下，后金军撤退五里扎营。皇太极兵攻锦州半月不下，命兵于城外凿三重濠，留兵围之；亲率三大贝勒代善、阿敏、莽古尔泰等统八旗军进攻宁远。明参将彭簪古等"用红夷大炮击碎奴营大帐房一座"④，后金兵死伤甚众。此战，"贝勒济尔哈朗、萨哈廉及瓦克达俱被创"⑤。皇太极兵攻宁远，军受重创，便回师锦州。后金兵数万蜂拥攻城，被守军以矢石、炮火击死数千，败回营去，大放悲声。后金军围攻锦州二十五日，无日不战，有伤无获，而锦州、宁远坚如磐石。皇太极愤愧言："昔皇考太祖攻宁远，不克；今我攻锦州，又未克。

---

① 王在晋：《三朝辽事实录》，第 15 卷，天启六年一月，江苏省立国学图书馆据私藏本影印，1930 年，南京。

② 《明熹宗实录》，第 68 卷，天启六年二月丙子，台北中研院历史语言研究所校勘本，1962 年，台北。

③ 《清太宗文皇帝实录》，第 3 卷，第 12 页，中华书局影印本，1985 年，北京。

④ 沈国元：《两朝从信录》，第 34 卷，天启七年六月，明崇祯刻本，国家图书馆善本部藏。

⑤ 《清太宗文皇帝实录》，第 3 卷，第 12 页，中华书局影印本，1985 年，北京。

似此野战之兵，尚不能胜，其何以张我国威耶！"①皇太极宁锦之役的失败，恰是袁崇焕固守宁锦之策的胜利。

袁崇焕在危难之情势下，固守宁远，连获两捷。辽东局势，为之一变。武器与战术，也随之改观。其连胜两捷之要，在于"固守"二字，具体分析，述于下节。

三

袁崇焕任职辽事之历史功业，或言其人生最辉煌之处，在于他固守宁远。在他率兵固守的宁远城下，戎马生涯四十四载的后金汗努尔哈赤平生第一次战败，饮恨而亡；新汗皇太极又兵败城下，被迫议和。袁崇焕固守宁远之要略，在于"守"字。天启二年即天命七年（1622年），他单骑出阅关塞，便提出"予我军马钱谷，我一人足守此"②之奇见。他受命监军山海，又操"主守而后战"之策前往。此后，袁崇焕坐守宁远，修缮守城，募练守军，缮治守械，筹措守饷，严肃守纪，谋划守略。一言以蔽之，主"守"一直是其固守之战略秘诀。其"守"之扬搉，即守之要略，列举八端。

守略——"守为正著，战为奇著，款为旁著"③，守、战、款相互制约，而立足于守。这是正确分析彼己态势后的积极防守战略。其时，"夷以累胜之势，而我积弱之余，十年以来站立不定者，今仅能办一'守'字，责之赴战，力所未能"④。明朝与后金，交战十载，溃不成军，元气大伤，无喘息之时，丧还手之力，即使重整旗鼓，只能立足于守。而防守可扬己之长，制敌之短。后金亦有人在《奏本》中认为，虽野地浪战明朝不如后金，但坚守城池后金不如明朝；其所占城池，必计袭智取，即里应外合。这从反面证明袁崇焕婴城固守战略之正确。他取婴城固守之策还有一个原因是，明朝与后金火器之差距。明自洪武、永乐起，军队便装备铳炮类火器，嘉靖、万历间两次引进西方先进火器，如佛朗机、红夷炮等，使军队装备水平得到飞跃。后明军火器占到装备总量的一半以上，且技术性能较好，运作方法简便。明军以坚固城池，合理布局，完备设施，得当指挥，必具有强大

① 《清太宗文皇帝实录》，第3卷，第23页，华文书局影印本，1964年，台北。

② 《明史·袁崇焕传》，第259卷，第6707页，中华书局校点本，1974年，北京。

③ 《明熹宗实录》，第81卷，天启七年二月辛酉，台北中研院历史语言研究所校勘本，1962年，台北。

④ 《明熹宗实录》，第84卷，天启七年五月甲申，台北中研院历史语言研究所校勘本，1962年，台北。

防守能力。明朝中期于谦保卫北京之战已提供史例。然而，后金八旗军以铁骑驰突为优势，其兵器全部为冷兵器，如刀、矛、箭、镞等。这类冷兵器用于骑兵野战可借其强大冲击力而优胜于明朝步兵，但在坚城和大炮之下实难以施展威力。

论及袁崇焕之守略，必然涉及守、战、款三者之关系。守、战、款三者，包含着防御与进攻、战争与议和两组既相区别又相关联的范畴。以防御与进攻而言，正如袁崇焕所说，辽兵"战则不足，守则有余；守既有余，战无不足。不必侈言恢复，而辽无不复；不必急言平敌，而敌无不平"①。二者都是重要作战形式，其选择，依时间、空间和交战双方力量对比而定。另以战争与议和而言，二者只是实现政治目的之不同手段。袁崇焕能依具体条件，不泥成法，将守、战、和加以巧妙地运用，可防则守，可攻则战，可和则议，表现出其军事策略思想的主动性与灵活性。

守地——不设在近榆关之八里铺，也不设在近沈阳之广宁城，而设在距关门不远、离沈阳不近之宁远。部署以宁远、锦州二城为支撑点的宁锦防线，从而"守关外以御关内"。其时，坚守之地选于何处，是关乎辽东全局乃至明朝生死存亡之要事。先是，经略熊廷弼建"三方布置策"，主张重点设防广宁，部署步骑隔辽河而同据沈阳之后金对垒；巡抚王化贞则力主沿辽河设一字形防线，而重点防守广宁。不久，后金兵不血刃地获取广宁，熊廷弼壮志未酬兵败身死，王化贞亦身陷图圄、后被诛死。此时，经略王在晋又议在山海关外八里处筑重城，以守山海。时为宁前兵备佥事的袁崇焕，以其为非策，争谏不得，便奏记首辅叶向高。明廷派大学士孙承宗行边。孙承宗同王在晋"推心告语，凡七昼夜"②，王不听。承宗驳筑重城议，集将吏谋应守之地。阎鸣泰主觉华，袁崇焕主宁远；孙承宗支持崇焕之议。寻，孙承宗镇关门，决守宁远。

宁远地处辽西走廊中段，位居明朝重镇山海关和后金都城沈阳之间，恰好挡住后金军入关之路。史称其内拱严关，南临大海，居表里中间，屹为天然形胜。且宁远背山面海，地域狭窄，形势险要，易守难攻。袁崇焕主守宁远之议得到督师孙承宗支持后，天启三年即天命八年（1623 年）春，他受命往抚蒙古喀喇沁诸部，收复原为其占据宁远迤南二百里地域。继而手订规划，亲自督责，军民合力，营筑宁远，使一度荒凉凋敝的宁远，变为明朝抵御后金南犯的关外重镇。

守城——守城之要，先在修城。孙承宗初令祖大寿筑宁远城，大寿且城垣疏

---

① 《东莞五忠传》，上卷，第 21—22 页，《东莞县志》，民国十六年（1927 年）铅印本。

② 孙铨：《孙文正公年谱》，第 2 卷，天启二年，清乾隆间孙尔然师俭堂刻本。

薄不合规程。于是，"崇焕乃定规制：高三丈二尺，雉高六尺，址广三丈，上二丈四尺"[1]。城墙加高增厚，坚固易守耐攻。城有四门：曰远安、永清、迎恩、大定，有城楼、瓮城，亦有护城河。城中心建钟鼓楼，两层，可居中指挥，凭高瞭望。袁崇焕修建宁远城的创造性在于，城墙四角各筑一座附城炮台，其三面突出墙外，既便于放置大型火炮，又可以扩大射角，其射界能达到二百七十度。它消除了以往城堡凡敌至城下而铳射不及之缺陷，既可远轰奔驰而来之骑敌，又可侧击近攻城墙之步敌，从而充分发挥火炮之威力。

《兵法》曰："上兵伐谋，其次伐交，其次伐兵，其下攻城。攻城之法，为不得已。"[2]袁崇焕凭借坚城，婴之固守，逼迫后金采用攻城下策，便不战而先胜后金汗一局。同时，坚城深堑，火器洋炮，婴城固守，恰是明朝军之长，驱兵登城，刀矛剑戟，攻坚作战，则是后金军之短。因而，守坚城与用大炮是袁崇焕积极防御方略的两件法宝。

守器——固守宁远不仅使用常规械具、火铳，而且运用红夷大炮。新型红夷大炮是袁崇焕赖以守城之最锐利的武器。袁崇焕固守宁远，正值西方伴随着工业革命而实行火炮重大改进之时。英国新制造的早期加农炮即红夷炮，具有"身管长、管壁厚、弹道低伸、射程远、命中精度高、威力大、安全可靠等优越性"[3]。随着"西学东渐"，以徐光启为代表的有识之士，最先认识到西洋火炮的价值。他于泰昌元年即天命五年（1620年），派张焘赴澳门向葡萄牙当局购买红夷大炮，尔后购进三十门西洋制造的红夷大炮。其中有十一门运送至关外宁远城。徐光启提出"以台护铳，以铳护城，以城护民"[4]的原则。袁崇焕在宁远实行城设附台、台置大炮、以炮卫城、以城护民，与徐光启的上述原则相契合。同时，经葡萄牙炮师训练的火器把总彭簪古，也被调到宁远培训炮手。

在宁远之战中，袁崇焕不仅是中国第一个将红夷大炮用于守城作战的明辽军官将，而且独创了卓有成效的守城新战术。在后金军推着楯车蜂拥攻城时，彭簪古等率领火炮手在"城上铳炮迭发,每用西洋炮则牌车如拉朽"[5]。而在宁锦防御战中，红夷大炮亦取得同样的效应。袁崇焕防守宁远、锦州的成功，使红夷大炮声

---

① 《明史·袁崇焕传》，第259卷，第6708页，中华书局校点本，1974年，北京。

② 吴九龙主编：《孙子校释》，军事科学出版社，1990年，北京。

③ 王兆春：《中国火器史》，第228页，军事科学出版社，1991年，北京。

④ 徐光启：《徐光启集》，上册，175页，中华书局，1963年，北京。

⑤ 《明熹宗实录》，第70卷，天启六年四月辛卯，台北中研院历史语言研究所校勘本，1962年，台北。

名大噪。明廷封一门红夷炮为"安国全军平辽靖虏大将军"①，并封"管炮官彭簪古加都督职衔"②。这种红夷大炮，被誉为"不饷之兵，不秣之马，无敌于天下之神物"③。它后来得到大规模地仿造和更广泛地使用。后金方面也于天聪五年即崇祯四年（1631年），仿造成第一门红夷大炮，"自此凡遇行军，必携红衣大将军炮"④。可见，袁崇焕固守宁远率先使用西洋大炮，不但创造了别具一格守城的战术，而且推进了古代火炮的发展，对以后战争产生重要的影响。

守军——不用从关内招募之油猾兵痞，而"以辽人守辽土"，征辽兵，保家乡。即重新组建并训练一支以辽民为主体、兵精将强、含多兵种之守城军队。先是，大学士孙承宗提示"出关用辽人"，袁崇焕便着力实施之。因为历史经验表明，自辽事以来，外省调募之兵将，出戍数千里以外，"兵非贪猾者不应，将非废闲者不就"⑤，或延期误时、裹足不前，或一触即溃、扰乱边事。正如袁崇焕所言，"宁远南兵脆弱，西兵善逃"⑥。而辽人正处于水深火热之中，熟谙地形，同仇敌忾，誓保乡土。袁崇焕敢于陈其弊、破成议，疏请撤回调兵，而招辽人填补，以得两利，奉旨允行。据袁崇焕统计，至崇祯元年即天聪二年（1628年），"实用之于辽者，合四镇官兵共计一十五万三千一百八十二员名，马八万一千六百零三匹"⑦。这支经过整编而新建的辽军，以辽人为主体，含步兵、骑兵、车兵、炮兵和水兵等多兵种。袁崇焕于宁锦之捷后指出："十年来，尽天下之兵，未尝敢与奴战，合马交锋；今始一刀一枪拼命，不知有夷之凶狠骠悍。"⑧连朝廷也首肯辽兵摧锋陷阵之英勇气概。所以，宁远、宁锦和保卫京师三捷，证明辽军确是明末的一支铁军，直至明亡辽军都被公认是明军中唯一兵精将强的劲旅。

① 《明熹宗实录》，第69卷，天启六年三月甲子，台北中研院历史语言研究所校勘本，1962年，台北。
② 《明熹宗实录》，第69卷，天启六年三月甲子，台北中研院历史语言研究所校勘本，1962年，台北。
③ 李之藻：《为制胜务须西铳乞敕速取疏》，《徐光启集》，上册，第178页，中华书局，1963年，北京。
④ 《清太宗文皇帝实录》，第8卷，第2页，华文书局影印本，1964年，台北。
⑤ 《明熹宗实录》，第79卷，天启六年十二月丁未，台北中研院历史语言研究所校勘本，1962年，台北。
⑥ 《明熹宗实录》，第68卷，天启六年二月戊戌，台北中研院历史语言研究所校勘本，1962年，台北。
⑦ 《崇祯长编》，第25卷，崇祯元年八月乙亥，台北中研院历史语言研究所校勘本，1962年，台北。
⑧ 王在晋：《三朝辽事实录》，第17卷，天启七年六月，江苏省立国学图书馆据私藏本影印，1930年，南京。

袁崇焕还重用辽将，以统率辽兵。赵率教、祖大寿、何可纲三将，皆在辽东带兵多年，或世居辽东。他们被袁崇焕任用为三员大将，画城分守，战功胪奏。袁崇焕尝言："臣自期五年，专借此三人，当与臣相终始。"[1] 袁崇焕选任辽将统率辽军，招募辽兵守卫辽土，在当时不啻为一举两得、牵动关宁全局之正确决策。

守饷——不仅依靠朝廷调运之粮料；而且提出"以辽土养辽人"之明策，安民乐土，垦荒屯田，兴农通商，裕粮助饷。明廷为解决关外粮饷，决定加派辽饷，后数额高达白银六百余万两，成为社会的沉重负担和朝廷的一大弊政。天启六年即天命十一年（1626 年），袁崇焕陈奏，守城同时，实行屯田，就地取饷，以省转输。尔后，袁崇焕又上疏屯田，陈明"以辽土养辽人"，行则有"七便"[2]，否则有"七不便"[3]，奏请在辽军中实行且战且屯、且屯且守、以战促屯、以屯助守之方针。袁崇焕的上述主张实施后，辽西经济形势为之一变。至崇祯元年即天聪二年（1628 年），朝廷解拨辽东饷银，由通支本折色共六百余万两，减为四百八十余万两，实省饷银一百二十余万两。而辽军饷银充裕，粮料盈余，就在锦州久围得解之后，城中尚剩米三万数千石。

袁崇焕在辽东实施的屯田，分为军屯与民屯两种。军屯，且守且屯，所得粮料，以助军用；民屯，则取其租，以充军饷。屯田之策，军民两利。总之，袁崇焕"以辽土养辽人"之策，足衣食，稳军心，安民情，坚守念，为其固守宁远、获取大捷奠定了物质基础。

守纪——严肃军纪，奖勇惩怯，率先示范，励众固守。袁崇焕所训练的辽军，尚勇敢，羞怯懦，纪律严明，部伍整肃。在平日操练时，即严格要求；在激烈战

---

① 《明史·袁崇焕传》，第 259 卷，第 6714 页，中华书局校点本，1974 年，北京。

② "七便"："计伍开屯，计屯核伍，而虚冒之法不得行，便一。兵以屯为生，可生则亦可世，久之化客兵为土著，而无征调之骚扰，便二。屯则人皆作苦，而游手之辈，不汰自清，屯之即为简之，便三。伍伍相习，坐作技击，耕之即所以练之，便四。屯则有草、有粮，而人马不饥困，兵且得剩其草干、月粮，整修庐舍，鲜衣怒马，为一镇富强，便五。屯之久而军有余积，且可渐减干草、月粮以省饷，便六。城堡关连，有浍有沟，有封有植，决水冲树，高下纵横，胡骑不得长驱，便七。"（《明熹宗实录》，第 78 卷，天启六年十一月乙未）

③ "七不便"："今日全辽兵食所仰藉者，天津截漕耳，国储外分，京庾日减，一不便。海运招商，那移交卸，致北直、山东为之疲累，二不便。米入海运，船户、客官沿海为奸，添水和沙，苦盖失法，米烂不堪炊，贱卖酿酒之家，而另市本色，有名无实，三不便。辽地新复，土无所出，而以数十年之坐食，故食价日贵，且转贩而夺蓟门之食，蓟且以辽窘，四不便。今调募到者，俱游手也，不以屯系之，而久居世业，倏忽逃亡，日后更能为调募乎？五不便。兵不屯则置身无所，既乏恒产，安保恒心？故前之见贼辄逃者，皆乌合无家之众也，六不便。兵每月二两饷，岂不厚？但不屯无粟，百货难通，诸物尝贵，银二两不得如他处数钱之用，兵以自给不敷而逃亡，七不便。"（《明熹宗实录》，第 78 卷，天启六年十一月乙未）

事中，更申明军纪。袁崇焕还破除"割级报功"之陈规。明九边遇战兵士争割首级，上报官长请赏，甚且杀民冒功。他深鉴割级陋规，于未战之先，与诸将士约，惟尽歼为期，不许割首级，故将士得一意冲杀。废除"割级报功"的旧规，提高了群体战斗力。

袁崇焕素重守纪之成效，在宁远大战中得以充分展现。在临战前，他滴血誓盟，激以忠义，死生与共，同城存亡。在激战中，他身赴阵前，左臂负伤，不下火线，以之鼓励将士。为奖励勇者，置银于城上，"有能中贼与不避艰险者，即时赏银一定（锭）。诸军见利在前，忘死在后，有面中流矢而不动者，卒以退虏"[1]。在战争后，他按军功大小，奏请叙赏；并依怠怯轻重，实行惩处。后在京师保卫战中，袁督师统率的五千辽军与后金军骑兵鏖战，后金军十一月二十七日，"攻外罗城南面，城上下炮矢击退之。辽将于永绶、郑一麟营，炮药失火，兵立火中不敢退。公当即给赏，每人二十金"[2]。此役，他还令将一偷食民家面饼者斩首示众，以肃军纪。

守民——收集流民，卫土保家，兵民联防，盘查奸细。袁崇焕在固守宁远之实践中，善于收集流离失所的辽民，加以组织，助军御守，保卫家乡，众志成城。在他经营下，辽西宁锦地区商民辐辏，恢复到数十万人，宁远城兵民达到五万家。这就巩固和充实了辽军御守宁远的民众基础。

袁崇焕在宁远之战中，实施兵民联防。战前，他将城外百姓全部迁入城内，既使其得到守军的保护，又使其处于与守军同生死共患难的境地。战中，宁远百姓参战，或登城拼杀，或运弹送饭，或巡逻街巷，或盘查奸细。当后金军攻城时，百姓拿出柴草、棉花，送兵士点燃投下城去焚烧敌人；献出被褥，给兵士装裹火药去烧杀敌军。由于兵民联防，巡城查奸，所以独宁远"无夺门之叛民，内应之奸细"[3]。袁崇焕作为中国十七世纪二十年代的军事家，能够看到并组织民众力量，兵民联防，共同御守，实属难能可贵。

以上仅就守略、守地、守城、守器、守军、守饷、守纪、守民八项，论述了袁督师崇焕固守宁远其"守"之要略。袁崇焕固守宁远，在八年之间，方寸之地，

---

① 《明熹宗实录》，第70卷，天启六年四月己亥，台北中研院历史语言研究所校勘本，1962年，台北。

② 周文郁：《边事小纪》，第1卷，《玄览堂丛书续集》本，南京国立中央图书馆影印本，民国三十六年（1947年），南京。

③ 《明熹宗实录》，第68卷，天启六年二月乙亥，台北中研院历史语言研究所校勘本，1962年，台北。

精心任事，励节高亢，将"守"字做活，从而展现出一代军事家之雄才伟略，使其生命价值放射出斑斓光辉。

四

袁崇焕固守关外孤城宁远，获取宁远大捷，是袁督师辉煌之历史功业，亦为明辽军屡败之"封疆吐气"[①]。明军虽在宁远城取胜，却在觉华岛惨败。宁远之得，觉华之失，尊重史实，兼而论及。

固守宁远之奇功，是打败后金铁骑进攻。此役，明朝由得报，宁远被围，举国汹汹；及捷报驰至，京师全城，空巷相庆。宁远之捷是明朝从抚顺失陷以来的第一个胜仗，也是自"辽左发难，各城望风奔溃，八年来贼始一挫"[②]的一场胜仗。与其相反，宁远之役是后金汗努尔哈赤用兵四十四年最为惨痛之失败。《清太祖武皇帝实录》记载："帝自二十五岁征伐以来，战无不胜，攻无不克，惟宁远一城不下，遂大怀忿恨而回。"随之昼夜踌躇，辗转反思："吾思虑之事甚多：意者朕身倦惰而不留心于治道欤？国势安危、民情甘苦而不省察欤？功勋正直之人有所颠倒欤？再虑吾子嗣中果有效吾尽心为国者否？大臣等果俱勤谨于政事否？又每常意虑敌国之情形。"[③]一代天骄后金汗努尔哈赤，同年便在败辱悲愤中死去。

固守宁远之价值，是影响历史演变进程。袁崇焕取得宁远、宁锦两捷，并部署与经营宁锦防线。宁锦防线可概括为"一体两翼"。"一体"即纵向的锦州、宁远、山海关串珠式防守，由总兵赵率教守关门，为后劲；袁崇焕自率中军，何可纲守宁远，以居中；总兵祖大寿镇锦州，为先锋。各将画地信守，缓急相应，战则一城接一城，守则一节顶一节。"两翼"指横向而言，其左翼为蒙古拱兔等部，采取"抚西虏以拒东夷"的策略；其右翼为东江毛文龙部，实行斩师抚众、整顿部伍、以扰敌后的措施。袁崇焕部署的宁锦防线，其"两翼"虽未完全实现，但明军依其"主体"，遏止住后金铁骑之攻势，迫使后金军只得绕道入关，且不敢久留关内，从而拱卫关门，保卫京师。在袁崇焕身后，祖大寿振其余威于边，宁锦防线岿然不动。直至崇祯十五年即崇德七年（1642 年），锦州才被攻陷；而宁远、

---

① 《明熹宗实录》，第 68 卷，天启六年二月丙子，台北中研院历史语言研究所校勘本，1962 年，台北。

② 《明熹宗实录》，第 68 卷，天启六年二月乙亥，台北中研院历史语言研究所校勘本，1962 年，台北。

③ 《清太祖武皇帝实录》，第 4 卷，第 9 页，北平故宫博物院影印本，1932 年，北平。

关门几乎与明祚同终。在后金方面，皇太极被迫调整战略，先是暂敛兵锋，转为"讲和"与"自固"；并且开始制造和使用火器，尤其是西洋大炮。这一改革直接影响到后来清军编制、训练、指挥和策略等，使八旗军战斗力迅速提高，从而在十几年后，值李自成进京、明社倾覆之机，清兵进关，入主中原。

固守宁远之要略，丰富了古代军事思想。袁崇焕固守之要略，有别于马林之守而不防，袁应泰之守而不固，熊廷弼之守而不成，王在晋之守而不当，孙承宗之守而不稳；更不同于李永芳之通敌失守，李如桢之玩忽于守，贺世贤之出城疏守，王化贞之攻而拒守，高第之弃而不守。袁崇焕之固守战略，保证了宁远城以至山海关屹然不动，直至明祚灭亡。袁督师既创造了重点城池防守的新型战术，又部署了关外完整的防御体系。尤其是他提出"凭坚城、用大炮"，即以炮守城、以城护炮的新型战术，是中国古代守城战术的新突破。他顺应历史发展之趋势，及时将兵器进化的新成果应用于实战，从而为火器与冷兵器并用时代的城池攻防战，提供了行之有效的独特战法，发展了中国古代战术学理论，是中国古代军事思想宝库中的新财富。上述战术由于已经受到固守宁远实战之检验，因而很快地被普遍接受和采用。尔后在清朝前期战争中，利用火器强攻硬守之战屡见不鲜，使战争呈现出新的局面。

固守宁远之胆识，充实了中华智慧宝库。雄胆卓识，独立品格，是中华文明史上杰出政治家、军事家和民族英雄的宝贵品质。在固守宁远之役中，袁崇焕表现为雄胆卓识的典范。袁崇焕之胆识，一见于其单骑阅塞、国难请缨；二见于其揭驳经略、主守宁远；三见于其严拒非议、坚守孤城。此役，后金汗率倾国之师进攻，御守之策，大端有二：经略高第主守榆关，兵部阎鸣泰则主守首山。高第虽主守城，城却不在宁远，而在榆关。此策得遂，则关外辽西之地，尽为后金据有。榆关失去屏障，京师愈加危急。此将演化为有明二百五十年来空前之危机。而己巳、庚戌两役，仅蒙古骑兵悬军塞内，明廷尚有辽东完瓯。署兵部右侍郎阎鸣泰同高第相左，虽主在关外御守，却议将宁远城中主力部署于首山。首山在宁远城东北，为护卫宁远孤城之蔽障，亦为控扼自沈阳来敌通道之咽喉。鸣泰画策坚守首山之疏言：

> 首山左近如笔架、皂隶等山险隘之处，俱宜暗伏精兵、火炮，以待贼来，慎勿遽撄其锋，惟从旁以火器冲其胁，以精兵截其尾；而觉华岛

又出船兵遥为之势，乘其乱而击之，此必胜之著也。①

得旨："俱依拟著实举行。"此策得遂，则关外孤城宁远，必为后金据有。在萨尔浒之役中，杜松吉林崖兵败，刘𫟓阿布达里冈之殁，都是史证；在沈辽之役中，沈阳的贺世贤，辽阳的袁应泰，出城迎敌，堕计丧锐，亦是史证。这种明军易己之长为己之短，变彼之短为彼之长；而以己之短，制彼之长，似可断言，必败无疑。袁崇焕既拒从辽东经略高第退守山海关之策，又拒依旨准兵部侍郎阎鸣泰出守首山之策。他不守山，而守城；守城不守榆关，而守宁远。凭坚城，用大炮，以己长，制敌短，孤城孤军②，终获大胜。这是袁崇焕雄胆卓识、独立品格的节操之胜。袁督师雄胆卓识之智慧，丰富了中华思想之宝库。

但是，宁远之战，首之在得，宁远城获捷；次之在失，觉华岛兵败。明军兵败觉华岛，其责重在经略高第。因觉华兵败为宁远之役的枝蘖，故略作附论。

觉华岛（今辽宁兴城菊花岛乡），悬于辽东海湾，西距宁远十五公里。岛面积十三点五平方公里，有淡水，能耕田，可驻军。觉华岛"呈两头宽，中间狭，不规整的葫芦形状，孤悬海中"③。即岛为龙形，"龙身"为山岭，穿过狭窄的"龙脖"迤北，便是"龙头"。"龙头"地势平坦，三面临海，北端有天然码头，宜停泊船只。先是，明广宁兵败后，议应守之所，监军阎鸣泰主守觉华岛，佥事袁崇焕主守宁远卫。孙承宗巡勘见"觉华孤峙海中，与宁远如左右腋，可厄敌之用"④。由是决策袁崇焕守宁远，祖大寿驻觉华。后袁崇焕主守宁远，祖大寿负觉华防务之任。孙承宗派祖大寿、姚抚民、金冠等官弁，将觉华岛建成关外辽军后勤基地。在岛之"龙头"开阔地上，建起一座屯积粮料之城。城呈矩形，墙高约十米，底宽约六米。北墙设一门，通城外港口，是为粮料运输之通道；南墙设二门，与"龙脖子"相通，便于岛上往来；东、西两面无门，利于防守。城内有粮囤、料堆以及守城官兵营房，还有一条排水沟纵贯南北。觉华岛上的储粮，既有来自天津漕运之米，又有当地屯田之粮。岛上驻军担负保护粮料和应援宁远之双重任务。孙承

---

① 《明熹宗实录》，第67卷，天启六年正月丁卯，台北中研院历史语言研究所校勘本，1962年，台北。

② 明兵科都给事中罗尚忠疏言："虏众五六万人攻围宁远，关门援兵，并无一至。岂画地分守，不须被缨？抑兵将骄横，勿听节制？据小塘报云：关内道臣刘诏、镇臣杨麒，要共统兵二千出关应援。未几，经略将道臣发出兵马撤回矣。"（《明熹宗实录》，第68卷，天启六年二月丙子）。

③ 安德才主编：《兴城县志》，第67页，辽宁大学出版社，1991年，沈阳。

④ 孙铨：《孙文正公年谱》，第2卷，天启二年，清乾隆间孙尔然师俭堂刻本。

宗早就指出：当敌"窥城（宁远），令岛上卒旁出三岔，断浮桥，绕其后而横击之"[1]。因而，觉华岛于固守宁远之价值不可低估。

　　然而，袁崇焕在固守宁远之时，高第未能兼及觉华岛，致后金兵攻觉华，粮料被焚，全军覆亡。所以，经略高第未能兼顾觉华之失，主要表现在如下四点：其一，只着重于觉华岛后勤基地之作用，而忽视其侧翼机动之地位，因而在诸次作战中均未调发岛上驻军绕敌后而横击策应。其二，岛上囤粮城选址欠当，只考虑粮料运岛方便，而未顾及防敌御守。其三，囤粮城设防疏陋，守军力量薄弱，后金军驰至，守军营于冰上，凿冰为濠，列车楯卫。但时逢严冬，冰濠封冻，致八旗军横行无阻，直捣粮城。其四，岛上兵力部署失当，将重兵集于岛中心之山巅，需重点防守之囤粮城却兵力单薄，且两营步卒缺乏策应。所以，虽宁远之战堪称大捷，但后金仅以八百骑兵便登岛获胜，致明七千将士全军覆没[2]，大量粮料和二千余船只被焚烧，经营多年之觉华岛基地被摧毁。就官兵死亡与粮船遭焚而言，明朝军在觉华岛之受损，远超过后金军宁远兵败之所失。更有甚者，从此觉华岛基地便被摧毁，宁锦防线失一重要侧翼。辽东经略高第在宁远之战过程中，畏缩惧敌，御守关门，未能积极指挥，缺乏全面协调，致城胜而岛败、躯健而臂失。觉华岛上数以万计兵民被杀，数以十万计粮料被焚，诚可惜哉，诚可痛哉！

　　总之，宁远之役结束后，山西道御史高弘图疏言：

　　　　奴酋鸷伏，四年不动，一朝突至，宁远被围，举国汹汹。一重门限，岂是金汤？自袁崇焕有死地求生、必死无生之气，则莫不奋然壮之。然自有辽事，用兵八年不效，未敢逆料其果能与贼相持、与城俱存否也。是以深轸圣怀，时切东顾。甫采盈庭之方略，辄得马上之捷书。然后知从前无不可守之城池，而但无肯守之人与夫必守之心。今崇焕称必守矣！况且出奇挫锐，建前此所未有，则又莫不奋然贤之。[3]

袁崇焕固守宁远之历史地位，其时直臣贤士，能予公允评价。综观袁督师固守宁

---

　　① 《明史·孙承宗传》，第250卷，第6468页，中华书局校点本，1974年，北京。
　　② 《明熹宗实录》，第70卷，天启六年四月辛卯，台北中研院历史语言研究所校勘本，1962年，台北。
　　③ 《明熹宗实录》，第68卷，天启六年二月丁丑，台北中研院历史语言研究所校勘本，1962年，台北。

远之历史业绩，既创造了显赫遐迩之战守功业，又发展了笃实精到之军事思想。于当时，挽救危局，护卫京师；于后世，兵坛经纶，警示来人。他不愧为中国古代杰出的军事家、抗御后金的民族英雄。袁督师之奇功伟勋和爱国精神，动天地、泣鬼神，光千古、耀万世！

论觉华岛之役

【题记】本文《论觉华岛之役》，是第一篇研究明朝与后金觉华岛之役的专题论文，载于《清史研究》1995 年第 2 期。

天启六年即天命十一年（1626 年），明朝与后金进行的著名的宁远之战，其主战场在宁远城，分战场则在觉华岛。论者注目宁远城之役，重笔浓墨，阐述详尽；对觉华岛之役，则轻描淡写，略语带过。其实，觉华岛之役是明清之际，明朝与后金的一次剧烈的军事冲撞，产生了重要的影响。兹对觉华岛之役，勾稽史料，粗作探论。

一

觉华岛之役是历史发展之必然，由于其时觉华岛具有军事冲要、囤积粮料和设置舟师三重价值而为明辽军所必守，亦为后金军所必争。

觉华岛位置冲要　觉华岛 [①] 悬于辽东湾中，与宁远城相为犄角，居东西海陆中逵，扼辽西水陆两津。觉华岛早在唐代，较为开发，港口著名，其北边海港，称为"靺鞨口"，已为岛上要港，出入海岛咽喉。辽金时代，岛上更为开发，住户日多，且有名刹。其时岛上高僧，法名觉华，因以名岛，称为觉华岛。金亡元兴，塞外拓疆，辽西走廊，更为重要。明初北元势力强大，朱棣几次率军北征，关外地区，屡动干戈。后蒙古势力，犯扰辽东，明军粮料，储之海岛，觉华岛成为明朝的一个囤积粮料的基地。满洲崛兴后，觉华岛的特殊战略地位，日益受到重视。

---

① 觉华岛，今辽宁省兴城市菊花岛乡。民国十一年（1922 年），因岛上菊花闻名，而改称菊花岛。

天启二年即天命七年（1622年），明失陷辽西重镇广宁后，辽东明军主力，收缩于山海关，"止有残兵五万，皆敝衣垢面"①。明军的山海关外防线，经略王在晋议守八里铺，佥事袁崇焕议守宁远城，监军阎鸣泰则主守觉华岛。大学士孙承宗出关巡阅三百里情形，以便奏决守关之大略。由是，孙承宗巡视觉华岛。据孙承宗巡觉华岛之奏报称：

> 又次日，向觉华岛，岛去岸十八里。而近过龙宫寺，地濒海而肥，可屯登岸之兵。次日，遍历洲屿，则西南望榆关在襟佩间，独金冠之水兵与运艘在。土人附夹山之沟而居，合十五沟可五十余家。而田可耕者六百余顷，居人种可十之三。盖东西中逵，水陆要津，因水风之力，用无方之威，固智者所必争也。其旧城遗址，可屯兵二万。臣未出关，即令龙、武两营，分哨觉华。而特于山巅为台，树赤帜，时眺望。时游哨于数百里外，以习风汛曲折。②

从孙承宗奏报全文中，可见觉华岛成为明军必守之地，有其军事地理之优越因素：第一，岛在辽东湾中，控四方水陆津要；第二，岛距岸十八里，严冬冰封，既便冰上运输粮料，又可凿冰为濠御守；第三，岛距宁远三十里，犄角相依，互为援应；第四，岛上有旧城址，有耕田、民居、淡水，可囤粮屯兵；第五，岛北岸有天然港口，可泊运艘，亦可驻舟师；第六，岛山巅树赤帜、立烽墩，便联络、通信息；第七，岛上较为安全，可做新招辽兵训练之地；第八，岛港便于停靠从旅顺、登莱、天津驶来的运艘。

孙承宗充分认识到觉华岛军事地理形势，从而奏报"失辽左必不能守榆关，失觉华、宁远必不能守辽左"。其奏报得到旨允。于是，孙承宗既经营宁远城之筑城与戍守，又经营觉华岛之囤粮与舟师。

觉华岛囤积粮料　先是，明在辽东防务，向置重兵。其兵粮马料、军兵器械，为防备蒙古与女真骑兵抢掠，或置于坚城，或储于海岛。笔架山、觉华岛为海上

---

① 《明熹宗实录》，第19卷，天启二年二月己丑，台北中研院历史语言研究所校勘本，1962年，台北。

② 《明熹宗实录》，第40卷，天启三年闰十月丁亥朔，台北中研院历史语言研究所校勘本，1962年，台北。

囤积粮料之重地。笔架山与锦州城水陆相峙，虽"锦州系宁远藩篱"①，但近于广宁，易受骚扰；笔架山虽位于海上，且有一条礁石栈道同岸相通，潮涨虽隐，潮落则显，亦不安全。故明广宁失陷后，城守重在宁远，粮储则重在觉华岛。觉华岛有一主岛和三小岛——今称磨盘岛、张山岛、阎山岛，共十三点五平方公里，其中主岛十二点五平方公里。主岛"呈两头宽、中间狭、不规则的葫芦状，孤悬海中"②。即岛呈龙形，"龙身"为山岭，穿过狭窄的"龙脖"迤北，便是"龙头"。"龙头"三面临海，地势平坦，北端有天然码头，停泊船只。在"龙头"的开阔地上，筑起一座囤积粮料之城。这座囤粮城，笔者踏勘，简述如下：

> 觉华岛明囤粮城，今存遗址，清晰可见。城呈矩形，南北长约五百米，东西宽约二百五十米，墙高约十米，底宽约六米。北墙设一门，通城外港口，是为粮料、器械运道之咽喉；南墙设二门，与"龙脖"相通，便于岛上往来；东、西墙无门，利于防守。城中有粮囤、料堆及守城官兵营房的遗迹，还有一条纵贯南北的排水沟。③

觉华岛囤储的粮料，既有来自天津的漕运之米，又有征自辽西的屯田之粮。岛上的储粮，天启二年即天命七年（1622年）二月初一日，据杨嗣昌具疏入告称：

> 照得：连日广宁警报频叠，臣部心切忧惧。盖为辽兵将平日贪冒，折色不肯运粮，以致右屯卫见积粮料八十余万石，觉华岛见积粮料二十余万石。……今边烽过河，我兵不利，百万粮料，诚恐委弃于敌，则此中原百万膏髓涂地，饷臣百万心血东流。④

此时，辽左形势陡变，明军危在眉睫。天命汗努尔哈赤率兵进攻广宁，正月十八日自沈阳出师，二十日渡辽河，二十一日取西平，二十二日下沙岭，二十四日占广宁。杨嗣昌具上疏时，明朝已经失陷广宁。占领广宁的后金军，乘胜连陷义州、锦州、右屯卫等四十余座城堡，且从右屯卫运走粮食五十万三千六百八十

---

① 沈国元：《两朝从信录》，第29卷，天启六年正月，清刻本。
② 安德才主编：《兴城县志》，第67页，辽宁大学出版社，1991年，沈阳。
③ 笔者实地踏查记录。
④ 杨嗣昌：《杨文弱先生集》，第4卷，第12叶，钞本，北京图书馆善本部藏。

一石八斗七升①，余皆焚毁。但是，觉华岛囤储之二十万石粮料，因在海岛，赖以犹存。可见明朝储粮海岛，后金没有舟师攻取，明人自觉安全稳妥。然而，囤积大量粮料的觉华岛，对缺乏粮食的后金而言，虽没有一支舟师，亦必为死争之地。

觉华岛设置水师 明朝于觉华岛，在广宁失陷前，"独金冠之水兵与运艘在"。孙承宗出关前，如上所述，"即令龙、武两营，分哨觉华。"旋有"国宁督发水兵于觉华"②。先是，"守觉华岛之议，始于道臣阎鸣泰之呈详"③。至是，经略孙承宗采纳阎鸣泰之议，以"觉华岛孤峙海中，与宁远如左右腋，可扼敌之用"④，便命游击祖大寿驻觉华。其时，孙承宗令总兵江应诏做了军事部署：

> 公即令应诏定兵制：袁崇焕修营房；总兵李秉诚教火器；广宁道万有孚募守边夷人采木，（督）辽人修营房；兵部司务孙元化相度北山、南海，设奇于山海之间；游击祖大寿给粮饷、器械于觉华，抚练新归辽人。⑤

由上可见，祖大寿驻军觉华岛之任务有四：一为抚练新归辽人，以辽人守辽土；二为护卫岛上囤储之粮料、器械；三为以岛上存贮粮械供应辽军所需；四为相机牵制南犯的后金军。时阎鸣泰升任辽东巡抚，使祖大寿居觉华岛膺此重任，经略孙承宗亦允之。至于祖大寿之略历，史载：

> 祖大寿者，旧辽抚王化贞中军也。王弃广宁走关门，寿归觉华岛。盖其家世宁远，觉华有别业焉。阎抚军使居岛，仍以金冠将千余人佐之。至是有以陷虏人回岛者报，故公资给之，亦欲因觉华，以图宁远耳。⑥

上引周文郁《边事小纪》之文，同《清史稿·祖大寿传》载祖大寿"佐参将金冠

① 《满文老档·太祖》，第48册，天命八年三月二十四日，中华书局译注本，1990年，北京。

② 《明熹宗实录》，第40卷，天启三年闰十月丁亥朔，台北中研院历史语言研究所校勘本，1962年，台北。

③ 王在晋：《三朝辽事实录》，第10卷，天启二年七月，江苏省立国学图书馆据私藏本影印，1930年，南京。

④ 孙铨：《孙文正公年谱》，第2卷，天启三年九月初八日，清乾隆间孙尔然师俭堂刻本。

⑤ 孙铨：《孙文正公年谱》，第2卷，天启三年九月初三日，清乾隆间孙尔然师俭堂刻本。

⑥ 周文郁：《边事小纪》，第1卷，《辽西复守纪事》，《玄览堂丛书续集》本，南京国立中央图书馆影印本，民国三十六年（1947年），南京。

守岛"相抵牾；时阎鸣泰亦奏称祖大寿为参将、金冠为游击。故应以《边事小纪》所载为是。后因宁远事关重大，采纳袁崇焕的建议，将祖大寿调至宁远。明觉华岛之水师，仍由游击金冠领之。

关外重城宁远的戍守，以觉华岛与望海台之水师为犄角。时茅元仪至，筹划水师事宜："向所募舟师副将茅元仪至，公因令酌议舟师营制"[1]。孙承宗调茅元仪来筹置舟师，以使觉华岛与望海台两处在海上发挥作用，从而牵制后金。

> 或妄意及海，则觉华岛之驻师，与望海台之泊船相控，而长鲸必授首于波臣；又或下关臣之精甲，进图恢复，则水师合东，陆师合北，水陆之间，奇奇正正，出没无端。[2]

觉华岛水师的作用：一则守卫岛上之粮料、器械；二则配合陆师进图恢复；三则策应宁远之城守——"以筑八里者筑宁远之要害，更以守八里之四万当宁远之冲，与觉华岛相犄角。而寇窥城，则岛上之兵，傍出三岔，烧其浮桥，而绕其后，以横击之"[3]。

由上，觉华岛地位重要、囤积粮料和设置水师，故明辽军与后金军之争局是必然的。但后金军于何时、从何地、以何法，同明辽军争战觉华，则为历史之偶然。这个历史偶然现象的爆发点，是天命汗努尔哈赤的宁远城兵败。

二

觉华岛之役是后金军宁远城下兵败，而衍化为一场残酷的争战。

觉华争战的动因是天命汗宁远兵败。先是，天命汗努尔哈赤攻陷广宁后，顿兵四年，未图大举。他在等待时机，夺取孤城宁远。天启六年即天命十一年（1626年）正月，努尔哈赤以为攻取宁远时机已到，亲率六万大军，往攻宁远，志在必得。是役，正月二十三日，后金军薄宁远城下，两军交火，互作试探。二十四日，后金军攻城，或推楯车冒矢石强攻，或拥楯车顶严寒凿城。城上明军近则掷礌石、

---

① 周文郁：《边事小纪》，第 1 卷，《玄览堂丛书续集》本，南京国立中央图书馆影印本，民国三十六年（1947 年），南京。

② 谈迁：《国榷》，第 86 卷，第 5258 页，中华书局影印本，1958 年，北京。

③ 王在晋：《三朝辽事实录》，第 10 卷，天启二年七月，江苏省立国学图书馆据私藏本影印，1930 年，南京。

飞火球，远则以红夷大炮击之。据《明熹宗实录》记载：

> 二十四日，马步、车牌、勾梯、炮箭一拥而至，箭上城如雨，悬牌间如猬。城上铳炮迭发，每用西洋炮，则牌车如拉朽。当其至城，则门角两台攒对横击。然止小炮也，不能远及。故门角两台之间，贼遂凿城高二丈余者三四处。于是，火球、火把争乱发下，更以铁索垂火烧之，牌始焚，穴城之人始毙，贼稍却。而金通判手放大炮，竟以此殒。城下贼尸堆积。①

是日，激战至二更，后金军方退。二十五日，争战最为激烈，兹引下面四条载述。其一，蓟辽总督王之臣查报："又战如昨，攻打至未、申时，贼无一敢近城。其酋长持刀驱兵，仅至城下而返。贼死伤视前日更多，俱抢尸于西门外各砖窑，拆民房烧之，黄烟蔽野。"② 其二，兵部尚书王永光奏报："虏众五六万人，力攻宁远。城中用红夷大炮及一应火器诸物，奋勇焚击。前后伤虏数千，内有头目数人，酋子一人。"③ 其三，辽东经略高第疏奏："奴贼攻宁远，炮毙一大头目，用红布包裹，众贼抬去，放声大哭。"④ 其四，张岱《石匮书后集》亦载："炮过处，打死北骑无算，并及黄龙幕，伤一裨王。北骑谓出兵不利，以皮革裹尸，号哭奔去。"⑤

上述四例，可以看出，天命汗努尔哈赤兵攻宁远，遭到惨败，遂怀忿恨——"帝自二十五岁征伐以来，战无不胜，攻无不克，惟宁远一城不下，遂大怀忿恨"⑥。努尔哈赤一向刚毅自恃，屡战屡胜，难以忍受宁远兵折之耻，誓以洗雪宁远兵败之辱。天命汗决心以攻泄愤，以焚消恨，以胜掩败，以戮震威。这正如明蓟辽总督王之臣所分析："此番奴氛甚恶，攻宁远不下，始迁戮于觉华。"⑦

① 《明熹宗实录》，第70卷，天启六年四月辛卯，台北中研院历史语言研究所校勘本，1962年，台北。
② 《明熹宗实录》，第70卷，天启六年四月辛卯，台北中研院历史语言研究所校勘本，1962年，台北。
③ 《明熹宗实录》，第68卷，天启六年二月甲戌朔，台北中研院历史语言研究所校勘本，1962年，台北。
④ 《明熹宗实录》，第68卷，天启六年二月丙子，台北中研院历史语言研究所校勘本，1962年，台北。
⑤ 张岱：《石匮书后集》，第11卷，第91页，中华书局校点本，1959年，北京。
⑥ 《清太祖武皇帝实录》，第4卷，第25叶，台北故宫博物院藏本，广文书局影印，1970年，台北。
⑦ 《袁崇焕资料集录》，上册，第27页，广西民族出版社，1984年，南宁。

觉华争战的过程是一场历史的悲剧。先是，二十五日，努尔哈赤攻宁远城不下，见官兵死伤惨重，便决定攻觉华岛。是夜，天命汗一面派军队彻夜攻城，一面将主力转移至城西南五里龙宫寺一带扎营。其目的：一则龙宫寺距觉华岛最近，便于登岛；二则龙宫寺囤储粮料，佯装劫粮。此计确实迷惑了明军，高第塘报可以为证：

> 今奴贼见在西南上，离城五里龙官寺①一带扎营，约有五万余骑。其龙官（宫）寺收贮粮囤好米，俱运至觉华岛，遗下烂米，俱行烧毁。讫近岛海岸，冰俱凿开，达贼不能过海。②

但是，觉华岛明参将姚抚民等军兵，受到后金骑兵严重威胁。时值隆冬，海面冰封，从岸边履冰，可直达岛上。姚抚民等守军，为加强防御，沿岛凿开一道长达十五里的冰濠，以阻挡后金骑兵的突入。然而，天气严寒，冰濠凿开，穿而复合。姚抚民等率领官兵，"日夜穿冰，兵皆堕指"③。

二十六日，天命汗一面派少部分兵力继续攻打宁远城；一面命大部分骑兵突然进攻觉华岛。后金军由骁将武讷格率领，史载：

> 武讷格，博尔济吉特氏，其先居叶赫。太祖高皇帝初，以七十二人来归。后隶蒙古正白旗。武讷格有勇略，通蒙古及汉文，赐号"巴克什"。癸丑年，从征乌拉有功，授三等男。天命十一年，大军围明宁远未下，命分兵攻觉华岛。④

武讷格率蒙古骑兵及满洲骑兵，约数万人⑤，由冰上驰攻觉华岛。后金军涉冰近岛，

---

① 孙承宗于天启三年闰十月丁亥奏报巡历关外情形记其为"龙宫寺"，下同，不注。
② 《明熹宗实录》，第67卷，天启六年正月辛未，台北中研院历史语言研究所校勘本，1962年，台北。
③ 王在晋：《三朝辽事实录》，第15卷，天启六年正月，江苏省立国学图书馆据私藏本影印，1930年，南京。
④ 《清国史·武讷格传》，第5册，第3卷，第142叶，中华书局影印嘉业堂钞本，1993年，北京。
⑤ 后金军出师觉华岛之兵数，《清太祖高皇帝实录》作"吴讷格率所部八旗蒙古、更益满兵八百"；《明熹宗实录》作"奴众数万"，又作四万。但是，天启二年即天命七年后金始设蒙古旗，至崇祯二年即天聪三年已有蒙古二旗，又至崇祯八年即天聪九年始分设蒙古八旗，故其时并无八旗蒙古。

"见明防守粮储参将姚抚民、胡一宁、金观[1]，游击季善、吴玉、张国青，统兵四万[2]，营于冰上。凿冰十五里为濠，列阵以车楯卫之"[3]。辰时，武讷格统领的后金骑兵，分列十二队，武讷格居中，扑向位于岛"龙头"上的囤粮城。岛上明军，"凿冰寒苦，既无盔甲、兵械，又系水手，不能耐战，且以寡不敌众"[4]；不虞雪花纷飞，冰濠重新冻合。故后金军迅速从鞡鞳口登岸，攻入囤粮城北门，攻进城中。后金骑兵驰入乱斫，岛上水兵阵脚遂乱。后金军火焚城中囤积粮料，浓烟蔽岛，火光冲天。旋即，转攻东山，万骑驰冲；巳时，并攻西山，一路涌杀。后金军的驰突攻杀，受到明守岛官兵的拼死抵抗：

> 且岛中诸将，金冠先死，而姚与贤等皆力战而死。视前此奔溃逃窜之夫，尚有生气。金冠之子，会武举金士麒，以迎父丧出关。闻警赴岛，遣其弟奉木主以西，而率义男三百余人力战，三百人无生者。其忠孝全矣！[5]

觉华争战的结局是明军覆没而后金军全胜。此役，明朝损失极为惨重，四份资料可为史证：

其一，经略高第塘报：觉华岛"四营尽溃，都司王锡斧、季士登、吴国勋、姚与贤，艚总王朝臣、张士奇、吴惟进及前、左、后营艚百总，俱已阵亡"[6]。

其二，同知程维模报："虏骑既至，逢人立碎，可怜七八千之将卒，七八千之商民，无一不颠越靡烂者。王鳌，新到之将，骨碎身分；金冠，既死之樑，俱经剖割。囤积粮料，实已尽焚。"[7]

其三，总督王之臣查报："贼计无施，见觉华岛有烟火，而冰坚可渡，遂率众

---

① 《满洲实录》作"金冠"，"冠"为是，而"观"为误，且金冠时已死。

② 觉华岛明军之兵数，《清太祖高皇帝实录》作"四万"；《明熹宗实录》作四营、七千余人。应以后者为是。

③ 《清太祖努尔哈赤实录》，第10卷，天命十一年正月庚午，北平故宫博物院印本，1931年，北京。

④ 王在晋：《三朝辽事实录》，第15卷，天启六年正月，江苏省立国学图书馆据私藏本影印，1930年，南京。

⑤ 《明熹宗实录》，第70卷，天启六年四月辛卯，台北中研院历史语言研究所校勘本，1962年，台北。

⑥ 王在晋：《三朝辽事实录》，第15卷，天启六年正月，江苏省立国学图书馆据私藏本影印，1930年，南京。

⑦ 王在晋：《三朝辽事实录》，第15卷，天启六年正月，江苏省立国学图书馆据私藏本影印，1930年，南京。

攻觉华，兵将俱死以殉。粮料八万二千余（石）及营房、民舍俱被焚。……觉华岛兵之丧者七千有余，商民男妇杀戮最惨。与河东堡、笔架山、龙官（宫）寺、右屯之粮①，无不焚毁，其失非小。"②

其四，《清太祖高皇帝实录》载："我军夺濠口入，击之，遂败其兵，尽斩之。又有二营兵，立岛中山巅。我军冲入，败其兵，亦尽歼之。焚其船二千余，并所积粮刍高与屋等者千余所。"③

此役，觉华岛上明军七千余员名和商民七千余丁口俱被杀戮；粮料八万余石和船二千余艘俱被焚烧；主岛作为明关外后勤基地亦被摧毁。同时，后金军亦付出代价，明统计其死亡二百六十九员名④。

尔后，觉华岛经过辽东巡抚袁崇焕的经营，仍发挥一定作用：

第一，岛上驻扎水师。至天启六年即天命十一年（1626年）四月，岛上有船四十艘、兵二千余人："岛上尚有残船四十只。都司金书陈兆兰、诸葛佐各领兵千人，或扬帆而出其后，或登岸而乱其营。"⑤六月，岛上水师扩充为中、左、右三营⑥。

第二，连接海上贡道。先是，明制朝鲜使臣贡道"由鸭绿江，历辽阳、广宁，入山海关，达京师"⑦。但是，后金占领辽沈地区，"时辽路遮断，赴京使臣，创开水路"⑧，即由辽东半岛南端航海至山东登州，再陆行至京师。尔后，贡道经由觉华岛，"中朝改定我国贡路，由觉华岛，从经略袁崇焕议也"⑨，即经觉华岛，在宁远登陆，过山海关，抵达京师。由是，觉华岛成为朝鲜使臣海上贡道中停泊的岛屿。

第三，转输东江军饷。崇祯二年即天聪三年（1629年）三月，"袁崇焕奏设东

---

① 《明熹宗实录》天启六年正月庚午条载："右屯储米三十万石。"

② 《明熹宗实录》，第70卷，天启六年四月辛卯，台北中研院历史语言研究所校勘本，1962年，台北。

③ 《清太祖高皇帝实录》，第10卷，天命十一年正月，中华书局影印本，1986年，北京。

④ 《明熹宗实录》，第70卷，天启六年四月辛卯，台北中研院历史语言研究所校勘本，1962年，台北。

⑤ 《明熹宗实录》，第70卷，天启六年四月己亥，台北中研院历史语言研究所校勘本，1962年，台北。

⑥ 《明熹宗实录》，第72卷，天启六年六月甲戌，台北中研院历史语言研究所校勘本，1962年，台北。

⑦ 《明会典》，第105卷，中华书局影印本，1989年，北京。

⑧ 《李朝光海君日记》，第164卷，十三年四月甲申，日本学习院东洋文化研究所影印本，1959年，东京。

⑨ 《李朝仁祖实录》，第20卷，七年闰四月丙子，日本学习院东洋文化研究所影印本，1959年，东京。

江饷司于宁远，令东江自觉华岛转饷"①，以供应毛文龙，得到旨许。

三

觉华岛之役是古代战争史上因势而变、避实击虚的典型范例。仅就后金军之得与明辽军之失，略作几点探讨。

第一，天命汗释坚攻脆。从已见史料可知，努尔哈赤此次用兵，亲率倾国之师，长驱驰突，围攻宁远，志在必克。然而，事与愿违，围城强攻，兵败城下。天命汗蒙受四十四年戎马生涯中最惨重的失败、最惨痛的悲苦。但是，天命汗努尔哈赤能在极端不利的困境里，在极度恼怒的氛围中，因敌情势，察机决断，释坚攻脆，避实击虚。《孙子兵法》云：

> 夫兵形象水，水之行，避高而趋下；兵之胜，避实而击虚。水因地而制行，兵因敌而制胜。故兵无成势，（水）② 无恒形。能因敌变化而取胜者，谓之神。③

努尔哈赤从多年戎马经历中，深知《孙子兵法》中的上述用兵之道：水流必避高趋下，兵胜要避实击虚；水因地之倾仄而制其流，兵因敌之虚懈而取其胜；水无常形，兵无常势，临敌机变，方能取胜。他其时面临着两个可供选择的攻击点：一个是宁远城，另一个是觉华岛。宁远城明军城坚、炮利、将强、死守，觉华岛明军则兵寡、械差、将弱、虚懈。于是，天命汗努尔哈赤在宁远城作战失利

---

① 《崇祯实录》，第 2 卷，崇祯二年三月，台北中研院历史语言研究所校勘本，1962 年，台北。参见《崇祯长编》，第 20 卷，崇祯二年四月甲辰，台北中研院历史语言研究所校勘本，1962 年，台北。

② 《孙子兵法》各本作"兵无常势，水无常形"。但银雀山汉墓竹简《孙子兵法》即汉简本《孙子兵法》作"兵无成执（势），无恒刑（形）"。吴九龙《孙子校释》曰："汉简本此句以'兵'为两'无'之主语，言兵既无常势，又无常形。唯上文一言'水之行避高而趋下'，又言'水因地而制行'，汉简本皆作'行'，而不作'形'。故此句之'形'无'水'字，而将'行'字属之于'兵'。故今依汉简本，且无'水'字。"此注臆断也，因为：第一，银雀山汉简本《孙子兵法》，仅为汉代《孙子兵法》之一种版本，虽实属珍贵，却屡有衍、脱，此为一例，故不能以此定谳。第二，各本俱有"水"字，不宜轻率删削之。第三，"形"与"行"字在古汉语中，同音通假，故"形"字属之于"水"。第四，此段话凡四句：首句"水"与"兵"骈列，以"水"喻"兵"；次句亦"水"与"兵"骈列，亦以"水"喻"兵"；再句首为"故"字，即此句承上二句小结，亦应"水"与"兵"骈列；末句为结论。所以，"水"字砍削不当。

③ 吴九龙主编：《孙子校释》，第 102 页，军事科学出版社，1990 年，北京。

态势下，依据情势，临机决断，避其固守之宁远城，捣其虚懈之觉华岛。他以少部分兵力围宁远城，佯作攻城，以迷惑守城之敌；而以大部分兵力攻觉华岛，突然驱骑驰击，猛捣虚懈之敌。致明人指出：其"共扎七营，以缀我军，不知其渡海也"①。甚至袁崇焕当时也作出"达贼不能过海"②的疏忽判断。然而，后金统帅努尔哈赤既利用严冬冰封的天时，又利用海岛近岸的地利，复利用官兵愤恨的士气，再利用骑兵驰突的长技，乘觉华岛明军防守虚懈、孤立无援之机，出其不意，乘其之隙，围城袭岛，避实攻虚，集中兵力，驰骑冲击，速战速决，大获全胜。天命汗努尔哈赤转宁远城之败，释攻其坚；为觉华岛之胜，转攻其脆——可谓释坚攻脆，乘瑕则神。这是战争史上避实击虚之战例典范。

第二，明水师攻守错位。明失广宁后，议攻守策，应以守为主，无论城池，抑或岛屿，均应主守，而后谈攻。明廷赋予觉华岛水师的使命，着眼于攻，攻未用上，守亦未成。觉华岛明军应当主守，是其时关外双方军力对比与岛上水师特质所规定的。以后者言，岛上明朝水师登岸，不能对抗后金骑兵。登岸之水兵，舍舟船，无辎重，失去依恃，弃长就短；陆上之骑兵，速度快，极迅猛，机动灵活，冲击力大——登岸之明朝水兵对抗陆上之后金骑兵，是注定要失败的。但是，明廷重要官员对此缺乏认识。先是，大学士孙承宗纳阎鸣泰主守觉华之议后，言"边防大计"为"曰守、曰款、曰恢复"，其"进图恢复，则水师合东，陆师合北，水师（陆）之间，奇一正一，出没无端"③，赋予觉华岛水师以进图恢复之水上重任。他认为：后金骑兵不会从水上攻岛，岛上水师又负重任，故应加强海岛之地位：

> 而又于岛之背设台，以向其外，则水道可绝。盖大海汪洋，虽可四达，而辽舟非傍屿不行。虏固不以水至，即以水亦望此心折。且三门之势，若吸之应呼，无论贼不能从水旁击，即由陆亦多顾盼也。④

① 王在晋：《三朝辽事实录》，第15卷，天启六年正月，江苏省立国学图书馆据私藏本影印，1930年，南京。
② 《明熹宗实录》，第67卷，天启六年正月辛未，台北中研院历史语言研究所校勘本，1962年，台北。
③ 《明熹宗实录》（梁本），第39卷，天启四年二月丁亥，台北中研院历史语言研究所校勘本，1962年，台北。
④ 《明熹宗实录》，第40卷，天启三年闰十月丁亥朔，台北中研院历史语言研究所校勘本，1962年，台北。

孙承宗断言，后金不以舟师从水上攻觉华岛，却未料后金会以骑师从冰上攻觉华岛。王在晋和孙承宗相左，看到觉华岛水师之局限：

> 若谓觉华岛犄角，岛去岸二十里，隔洋之兵，其登岸也须船，其开船也待风。城中缓急，弗能救也；水步当骑，弗能战也。岛驻兵止可御水中之寇，弗能遏陆路之兵。[①]

时至天启六年即天命十一年（1626 年）正月二十三日，署协理京营戎政兵部右侍郎阎鸣泰仍无视王在晋的上述意见，谏言宁远制敌之策：

> 制敌之策，须以固守宁远为主，但出首山一步即为败道。而首山左近如笔架、皂隶等山险隘之处，俱宜暗伏精兵、火炮，以待贼来，慎勿遽撄其锋，惟从旁以火器冲其胁，以精兵截其尾；而觉华岛又出船兵遥为之势，乘其乱而击之，此必胜之著也。[②]

阎鸣泰此策，得旨"俱依拟著实举行"。此策得遂，明朝关外孤城宁远必为后金据有，萨尔浒之役杜松吉林崖兵败和刘綎阿布达里冈兵殁，沈辽之役沈阳贺世贤和辽阳袁应泰出城应敌失其精锐而城破身亡，俱是例证。而觉华岛出水师以击敌，此亦非必胜之着。此策着眼于攻，疏失于守，攻守错位，致攻未出师，而守亦败没。

第三，觉华岛防守虚懈。觉华岛之功能，主要是作为明军关外囤储粮料、器械的后勤基地，应以此作为重点而进行防御部署。先是，广宁之役，频传警报，前车之鉴，应引为训：

> 照得：河西警报频闻，山海防守宜急。臣等业经贮备粮料，具疏入告矣。昨接户科抄出户科都给事中周希令一疏，内言觉华等岛粮食，宜勒兵护民，令其自取无算，余者尽付水火。未出关小车与天津海运，不

① 王在晋：《三朝辽事实录》，第 10 卷，天启二年七月，江苏省立国学图书馆据私藏本影印，1930 年，南京。

② 《明熹宗实录》，第 67 卷，天启六年正月丁卯，台北中研院历史语言研究所校勘本，1962 年，台北。

可不日夜预料速备等因。奉圣旨：该部作速议行。①

上引杨嗣昌疏稿，为天启二年即天命七年（1622年）二月初六日，而后金军已于上月二十三日占领广宁，但兵锋未至觉华岛。同年十二月，岛上游击金冠水兵一千二百七十六员名，参将祖大寿辽兵八百七十五员名②，共二千一百五十一员名。后祖大寿及其辽兵调出，又增加水兵，达七千余员名。这些水师，责在防守。如将觉华岛作为水师基地，应时出击，或作策应，则不现实。因为觉华岛不具备水师基地的地理条件；且岛上水兵用于对付后金骑兵，不宜登陆作战，即使登陆绕击，失去所长，暴露所短，以短制长，兵家所忌。觉华岛的水师应重于防守，却防守疏漏。有如囤粮城守军集于岛上山巅——东山与西山，距离囤粮城较远。驻兵虽可居高临下，却不利于急救囤粮城之危。这就使得囤粮城防守虚懈，难以抵御后金军之突击。后金骑兵骤至，守军营于冰上，凿冰为濠，摆车列阵，布设官兵，以作防卫。但时逢隆冬，所凿冰濠，开而复封。致使后金骑兵横行无阻，直捣囤粮城。明军既侥幸于广宁之役觉华岛免遭兵火，又迷信于宁远之役觉华岛天设之险。然而，宁远不是广宁，历史不再重演。后金骑兵避宁远城之实，而击觉华岛之虚。觉华岛明军全部覆灭，吞下防守虚懈之苦果。

第四，明庙堂以胜掩败。明朝觉华岛兵败，胜败乃兵家常事；但吃一堑，需长一智。明觉华岛兵败之后，蓟辽总督王之臣疏报称：

> 此番奴氛甚恶，攻宁远不下，始迁戮于觉华。倘宁城不保，势且长驱，何有于一岛哉！且岛中诸将，金冠先死，而姚与贤等皆力战而死，视前此奔溃逃窜之夫，尚有生气。③

诚然，奏报明军固守宁远之功绩，褒扬觉华死难官兵之英烈，昭于史册，完全应当。但是，胜败功过，理宜分明，既不能以胜掩败，也不能以功遮过。王之臣身为蓟辽总督，对觉华岛之败，未作一点自责。大臣既搪塞，朝廷则敷衍。朝

① 杨嗣昌：《杨文弱先生集》，第4卷，第13页，钞本，北京图书馆善本部藏。
② 《明熹宗实录》，第29卷，天启二年十二月丙戌，台北中研院历史语言研究所校勘本，1962年，台北。
③ 《明熹宗实录》，第70卷，天启六年四月辛卯，台北中研院历史语言研究所校勘本，1962年，台北。

廷旨准兵部尚书王永光疏奏：

> 皇上深嘉清野坚壁之伟伐，酬报于前；而姑免失粮弃岛之深求，策励于后。[1]

于是，满朝被宁远大捷胜利气氛所笼罩，有功将卒，加官晋爵；伤亡军丁，照例抚恤；内外文武，论功升赏；庙堂之上，掩悲为喜。但是，于明军觉华岛之败，朝廷、兵部、总督、经略、巡抚以至总兵，未从整体上进行反思，亦未从战略上加以总结，汲取教训，鉴戒未来。对待失败的态度，是吸收殷鉴，还是掩盖搪塞，这是一个王朝兴盛与衰落的重要标志。明廷失辽、沈，陷广、义，杀熊廷弼，逮王化贞，只作个案处置，并未深刻反省。因而，旧辙复蹈，悲剧重演，一城失一城，一节败一节。结果，江山易主，社稷倾覆。

觉华岛之役，明朝军变宁远之胜为觉华惨败，后金军化宁远之败为觉华全胜，实为历史之偶然。但是，偶然之中，蕴含必然。觉华岛之役表明，后金在失败中升腾，明朝则在胜利中降落。这一偶然的觉华岛之役，应是明朝与后金多年争斗结局之历史征兆。

---

[1] 《袁崇焕资料集录》，上册，第 28 页，广西民族出版社，1984 年，南宁。

论大凌河之战

【题记】本文《论大凌河之战》，载于《清史研究》2003 年第 1 期。

天聪五年即崇祯四年（1631 年）七月二十七日，到十一月初九日，后金与明朝在辽西进行的大凌河之战 ①，后金获得战略性的胜利，明朝遭到战略性的失败。此战的导因、过程、特点及其影响，兹作阐述，略加讨论。

一

在大凌河之战以前，后金与明朝都发生了重大的政治变局。后金天命汗死，皇太极继位；明朝天启帝死，朱由检继位。两位登极新君，都在庙堂上，施展新政；也都在战场上，力图进取。后金与明朝政局的突变，影响着其军事局势的变化。因此，大凌河之战的爆发，既有其历史延续之必然性，也有其时局引发之偶然性。

在后金方面　天命十一年即天启六年（1626 年）正月，后金军进攻宁远，遭到惨重失败。同年八月，天命汗努尔哈赤死去。皇太极继承汗位，改元天聪。天聪元年即天启七年（1627 年）正月，皇太极派二大贝勒阿敏等率军东攻朝鲜。后金过鸭绿江，破义州，陷平壤。同朝鲜先订"江华之盟"，后订"平壤之盟"。后金同朝鲜结为"兄弟之盟"。朝鲜由明朝的盟友，而变为后金的"兄弟"。同年五月，皇太极为洗雪先父宁远兵败之辱，并借军事胜利巩固新汗权位，兼乘进兵朝鲜获胜之锐气，发动宁锦之战。后金军先攻锦州，祖大寿坚守，不克；继攻宁远，

---

①　明人称大凌河城（今辽宁锦州大凌屯），或大凌城、凌城。此役之战场，包括城外广大地域。此战全称为大凌河城之战，今约定俗成而称为大凌河之战。

袁崇焕固守，又不克。明军采取"凭坚城以用大炮"①的战术，获得"宁锦大捷"。皇太极愤然道："昔皇考太祖攻宁远，不克；今我攻锦州，又未克。似此野战之兵，尚不能胜，其何以张我国威耶！"②

努尔哈赤、皇太极先遭宁远之败，继遭宁锦之败，对明关宁锦防线，产生畏惧情绪。后金遇到明朝铁将袁崇焕和祖大寿，明军铁城宁远和锦州，攻之不克，战之不胜。由是，皇太极改变直接攻明辽西关宁锦防线的战略，而大胆采取避开宁、锦，迂道蒙古，破墙入塞，直捣明都的兵略。天聪三年即崇祯二年（1629年）十月，皇太极亲率大军，从大安口和龙井关突破长城，陷遵化，略通州，攻北京。袁崇焕率军驰援，"士不传餐，马不再秣"，在北京广渠门、左安门战败后金军的进攻。但皇太极采用范文程奏献的"反间计"③，陷害袁崇焕。崇祯帝中其计，将袁崇焕下诏狱。翌年，后金军从北京回师，占领永平等四城。明督师孙承宗统军向永平等四城发起反攻。后金二大贝勒阿敏等不敌，弃守永平。明军收复永平、滦州、迁安、遵化四城。皇太极虽借机将其政敌阿敏严惩，却从此不再亲自统兵进入中原。时后金已制成红衣大炮。后金贝勒诸臣力劝皇太极，趁大凌河城垣尚未完工之时，派军前往，摧毁其城，以免其成为宁远、锦州之东的又一座坚城。

后金军进攻锦州受挫，转攻关内又受挫，再调整策略——伺机进攻明朝辽西关宁锦防线的前锋堡垒大凌河城。

明朝方面 崇祯帝登极后，惩治阉党，赐魏忠贤死，起用东林党人，朝政为之一新。但"己巳之变"，京师被围，庙社震惊。崇祯帝将兵部尚书王洽下狱论死，又将蓟辽督师袁崇焕凌迟处死。天聪五年即崇祯四年（1631年），督师孙承宗指挥军队，收复永平等四城。崇祯帝仍希望以新的辽东胜利，振奋朝野，鼓舞军心。孙承宗冀图整顿辽西防务，加固关宁锦防线，筑驻右屯，渐图失疆。孙承宗驻镇山海关，重新整顿关宁锦防线。在这段时期，修筑大凌河城。时明辽军与后金军在辽西攻守的堡垒是大凌河城，大凌河城为明辽西关宁锦防线的前锋要塞，先后三次，遭到毁弃。

先是，宣德三年（1428年），建大凌河中左千户所城④。城南距锦州四十里，以近大凌河而名。大凌河"城周围三里十三步，阔一丈。嘉靖癸亥（1563年）巡

---

① 《明熹宗实录》，第79卷，第19页，台北中研院历史语言研究所校勘本，1962年，台北。
② 《清太宗文皇帝实录》，第3卷，第16页，中华书局影印本，1985年，北京。
③ 阎崇年：《袁崇焕研究论集》，第181页，文史哲出版社，1994年，台北。
④ 顾祖禹：《读史方舆纪要》，第37卷，第36页，上海书店出版社，1998年，上海。

抚王之诰包筑，高二丈五尺，门一，四角更房一"①。明朝自有辽事②之后，关宁锦防线北段，重点为宁远、右屯、锦州、大凌河四城。天命七年即天启二年（1622年）正月，后金夺占辽西广宁城。经略熊廷弼、巡抚王化贞，带领军民撤退到山海关内。后金军进至中左所。是为大凌河城第一次遭到弃毁。

继是，孙承宗替代王在晋任辽东经略，时"自王化贞弃广宁后，关外八城尽空"③。孙承宗与袁崇焕议，重点建立宁远、右屯、锦州、大凌四城，缮城驻守，进图恢复。天命十年即天启五年（1625年）夏，阉党借柳河兵败，劾及孙承宗，奏劾章疏，凡数十上。孙承宗被迫去职，以高第代为辽东经略。高第命尽撤锦州、右屯、大凌河诸城军民。时通判金启倧呈照："锦、右、大凌三城，皆前锋要地，倘收兵退，既安之民庶复播迁，已得之封疆再沦没！"④高第不听，下令撤退，死亡塞路，哭声震野。翌年正月，努尔哈赤值明朝辽东经略易人之机，大举进攻宁远。明军虽获得"宁远大捷"，但后金军撤退时焚毁觉华岛囤粮城，并毁坏大凌河城。是为大凌河城第二次遭到弃毁。

再是，明军获得"宁远大捷"后，后金天命汗努尔哈赤死。明辽东巡抚袁崇焕借给努尔哈赤吊丧之机，派员往后金"讲和"，以拖延时间，修缮大凌河城，加强前锋防守。天聪元年即天启七年（1627年），明军虽获"宁锦大捷"，但后金撤军时，再毁大凌河城。是为大凌河城第三次遭到毁弃。

综上，自天命三年即万历四十六年（1618年）后金军进攻抚顺，到大凌河之战以前，十四年之间，后金与明朝，发生八次大战——抚清、萨尔浒、开铁、沈辽、广宁、宁远、宁锦和京师之战。双方争战结局，后金六胜二负。后金对宁远、宁锦两战，虽遭失败，却不甘心。皇太极要寻找机会，进攻明朝。而明朝对丢失抚顺、清河、开原、铁岭、沈阳、辽阳、广宁、义州八城，也不甘心。崇祯初政，力图复辽。明朝与后金在辽西争局，时势所趋，不可避免。明军在大凌河城已经三毁基址上重新筑城，受到后金的密切注视。明朝修复已毁的大凌河城，成为大凌河之战的直接导因。

先是，明辽东巡抚毕自肃在宁远兵变中遇害后，遂废辽东巡抚。后明兵部尚

---

① 李辅：《全辽志·图考》，第1卷，第13页，《辽海丛书》本，1984年，沈阳。
② 王在晋在《三朝辽事实录》中，将天命三年即万历四十六年"奴儿哈赤计袭抚顺"，作为"辽事"之起端。
③ 《明史·张凤翼传》，第257卷，第6631页，中华书局校点本，1974年，北京。
④ 《明史·袁崇焕传》，第259卷，第6708页，中华书局校点本，1974年，北京。

书梁廷栋举荐丘禾嘉为辽东巡抚。而修复大凌河城的动议，同梁廷栋、丘禾嘉等有直接关系，但孙承宗对此不负主要责任。《明史·孙承宗传》记载：

> 禾嘉巡抚辽东，议复取广宁、义州，右屯三城。承宗言广宁道远，当先据右屯，筑城大凌河，以渐而进。兵部尚书梁廷栋主之，遂以七月兴工。

孙承宗的意思是：第一，广宁、义州、暂且不修。第二，右屯重要，距海较近，便于运粮，应先筑守。第三，为保右屯，还要修小凌河城与大凌河城，以成为其犄角。第四，大凌、小凌、右屯、锦州、松山、杏山、连山、宁远诸城，关锦纵串连接，加强防御体系。第五，孙承宗已经预见到：明筑右屯，敌军必至；而筑大凌，敌更必争。然而，《明史·孙承宗传》所记含糊：既说督师孙承宗筑城大凌河，又说兵部尚书梁廷栋主之——营筑大凌河城，是孙承宗的主意，还是梁廷栋的主意，抑或是他人的主意？《崇祯长编》记载原任兵科给事中孙三杰的疏言，道出其中的关系：

> （周）延儒首据揆路，欲用其私人孙元化、丘禾嘉而无术，则属梁廷栋藉破格用人之说，以为先资。明知元化、禾嘉无功，而冒节钺，不足服人，则设为复广宁，图金、复、海、盖之议。既而一事无成，惧干严谴，于是密主大凌之筑，聊以塞责。奉举国之精锐，付之一掷。第罢枢辅孙承宗以结其案，而丘禾嘉忽焉山、永，忽焉京卿矣！延儒之脱卸作用，何其神也！[①]

上引奏言，清楚说明：首辅周延儒密主营筑大凌河城，授意兵部尚书梁廷栋，并由巡抚丘禾嘉执行之。时孙承宗主张修筑右屯城。

天聪五年即崇祯四年（1631年）正月，孙承宗以届七十高龄，抱病出山海关，巡视辽西防务，抵松山、锦州。时辽东巡抚为丘禾嘉。禾嘉，贵州人，万历四十一年（1613年）举乡试，好谈兵。崇祯元年（1628年）以其知兵，为兵部主事。后金军攻打北京，禾嘉监纪马世龙军。明复永平四城，禾嘉有功。兵部尚书梁廷

---

① 《崇祯长编》，第62卷，第6页，台北中研院历史语言研究所校勘本，1962年，台北。

栋举荐，破格任命丘禾嘉为辽东巡抚[①]。

时辽东巡抚丘禾嘉等主张收复广宁、义州、右屯三城。兵部尚书梁廷栋以此举重大，咨询孙承宗。孙督师覆言：广宁，海运、路运皆难；义州，地偏僻。因此，必须先占据右屯，集聚官兵，积蓄粮秣，方可逐进，逼近广宁。承宗又言："右屯城已隳，修筑而后可守。筑之，敌必至。必复大、小凌河，以接松、杏、锦州。"奏入。"廷栋力主之，于是有大凌河筑城之议。"[②]孙承宗依据时势，不主张复义州，更不主张复广宁，而力持修复右屯城。

由是，营筑大凌河城，经崇祯帝旨准，首辅周延儒授意，兵部尚书梁廷栋主之，巡抚丘禾嘉执行，督师孙承宗勉从，总兵祖大寿督责。在筑大凌河城工程中，巡抚丘禾嘉评告总兵祖大寿，大寿也揭发禾嘉赃私。督师孙承宗不愿以武将去文臣，而密奏请改调丘禾嘉任他职。五月，命丘禾嘉任南京太仆寺卿，以孙毅代之。禾嘉尚未离任，兵部传檄，催促甚急。其城池修筑，相关史料，引为参酌："刻下十月，计丈计尺，先筑土胎。土胎一就，先包城门二座，腰台二座。其所用砖石，察有兴水废堡，折〔拆〕运包砌"，不敷砖、石、灰另筹。"其挑河一事，工程浩大，且本镇营兵，尚须责以战守，不能独力办此。当蚤题班军，以正月到信，二月兴工，监管催督，另委能官，则亦可克期竣事矣。班军挑筑，行粮盐菜，自有往例，而筑城筑台，一切物料，费用不赀，朝廷当三空四尽之时，不敢数数控请，或念边隅寒苦，工作辛勤"[③]云云。

祖大寿督工，以军兵四千，发班军四千，共同修筑大凌河城；并以四川石砫土兵万人护卫。城工接近完成，兵部尚书梁廷栋罢去。廷议大凌河城荒远，筑城非策，乃令尽撤班军，赴蓟镇为守。丘禾嘉心惧，尽撤防兵，仅班军万人，给粮万石。孙承宗乃议以粮散军，委城而去，勿使资敌。但丘禾嘉违背督师意旨，与祖大寿及其弟大弼，纵马上城东望，并叹道：孙经略当年，以枢辅守边，有支持袁崇焕欲守宁远之勇气；今却欲委此大好城池丢弃，难道今无如袁崇焕之人乎？抑人官高而胆自薄耶？祖大弼闻言，目视其兄，祖大寿见状，亦正视其弟。于是，祖大寿、祖大弼兄弟二人，愿率四千精兵，与万余戍兵，共守此城。

时大凌河城工，城基、墙垣、敌楼已粗完工，而城上雉堞，仅完成其半。城

① 明以举人而官至巡抚者，隆庆朝只海瑞，万历朝只张守中、艾穆，天启朝没有，崇祯朝则丘禾嘉等。
② 《明史·丘禾嘉传》，第 261 卷，第 6770 页，中华书局校点本，1974 年，北京。
③ 李光涛：《明清档案论文集》，第 494—495 页，联经出版实业公司，1986 年，台北。

中明军有总兵祖大寿及副将何可纲等八员，参将、游击等约二十员，马兵七千、步兵七千，夫役、商人约万人，共有三万余人①。守将祖大寿所部皆精锐，配备大炮，防守甚坚。但该城动工兴建时间较短，雉堞仅修完一半，城中粮秣储备少。大凌城工甫竣，后金大军突至。

二

大凌河之战，有鲜明特点。

第一，守城与围城 后金军同明辽军作战，骑兵攻坚破城，都是速战速决，长期围城攻坚，自大凌河城始。

后金得到明军修筑大凌河城的探报，诸贝勒大臣奏道："臣等愚见，此次出兵，彼若出战则已，倘彼遁入锦州，我兵不可引还。恐往返之间，徒疲马力，非计也。且彼以畏我，不战而退，我又何为还军？凡遇城池，务围困之，方为得计。倘蒙允行，则宜令多备糗粮，以充军实。至围城之事，秋不如夏之便也。"② 上述意见，其要点是：第一，对凌城明军，加以围困；第二，明军出战，冲突驱杀；第三，明军弃城，加以截杀；第四，多备军粮，且要充足；第五，进兵时间，夏季为便；第六，骑兵攻城，火炮兼用。皇太极为慎重起见，再派原任总兵官纳穆泰等领兵前去探察。后金经三个月，凡十四次探察，得到明军修筑大凌河城的实情。皇太极决心进兵，攻打大凌河城。他说："闻明总兵祖大寿与何可刚〔纲〕等副将十四员，率山海关外八城兵，并修城夫役，兴筑大凌河城。欲乘我兵未至时竣工，昼夜催督甚力，因统大军往征之。"③

天聪五年即崇祯四年（1631 年）七月二十七日，皇太极率军西发，运载红衣大炮，并征调蒙古兵，往攻大凌河城。八月初六日，后金军进抵大凌河城郊。明朝得报，兵部尚书熊明遇上言："昨闻东兵六万，谋分三股来侵。"④ 翌日，皇太极鉴于宁远、锦州攻城失败的教训，不再驰骑攻坚，而是围城打援："攻城恐士卒被伤，不若掘壕筑墙以围之。彼兵若出，我则与战；外援或至，我则迎击。"⑤

皇太极将后金军队，按照大凌河城四周，城上炮火不及之处，四方八隅，部

---

① 《兵部呈为王道直题报大凌河城之役明军损失情形本》，《历史档案》，1981 年第 1 期。

② 《清太宗文皇帝实录》，第 9 卷，第 2 页，中华书局影印本，1985 年，北京。

③ 《清太宗文皇帝实录》，第 9 卷，第 12 页，中华书局影印本，1985 年，北京。

④ 《崇祯长编》，第 49 卷，第 14 页，台北中研院历史语言研究所校勘本，1962 年，台北。

⑤ 《清太宗文皇帝实录》，第 9 卷，第 14 页，中华书局影印本，1985 年，北京。

署围城：城南面——正蓝旗兵围正南面，镶蓝旗兵围南面之西，蒙古武讷格兵围南面之东，贝勒莽古尔泰、德格类等率护军在后策应。祖大寿突围回锦州必全力从南面突破，而明朝援军亦从南而来，因之，城南面是双方攻守的重点，两蓝旗承担最繁重、最艰难的围城任务。城北面——正黄旗兵围北面之西，镶黄旗兵围北面之东，贝勒阿巴泰率护军在后策应。城东面——正白旗兵围东面之北，镶白旗兵围东面之南，贝勒多铎和多尔衮率护军在后策应。城西面——正红旗兵围西面之北，镶红旗兵围西面之南，蒙古鄂本兑兵围正西面，大贝勒代善、贝勒岳讬率护军在后策应。蒙古诸贝勒，各率所部兵，围其隙处。总兵官额驸佟养性，率旧汉兵载红衣炮等火器，当锦州大道而营。诸将各守汛地，勿纵一人出城。

后金军四面八方布兵后，环城浚壕筑墙，图持久以困之。皇太极命环城四面掘壕筑墙：第一道，掘壕深宽各丈许，壕外筑墙高丈许，墙上加以垛口；第二道，在墙外距五丈余地掘壕，广五尺、深七尺五寸，壕上铺秫秸，覆以土；第三道，在各旗营外周围挖掘深宽各五尺的拦马小壕。防守既固，城内、城外之人，遂不能通出入，大凌河城与外界完全隔绝。后金军在围困大凌河城的同时，又分兵设伏，往截援兵。各赴汛地，挖掘壕堑。经过三天战备，围城任务，初步完成。

第二，突围与夹击　皇太极使其兵诈为明兵之来援者，以诱祖大寿出战而攻之。大寿察觉，复退城内。初九日，大凌河城守军，少量骑兵出城，做试探性出击。

初十日，祖大寿第一次突围。明军五百余骑出战，初做出城突围冲击。后金骑兵迎击，明军退回城内。

十二日，祖大寿第二次突围。他先派小股部队，从西面出城诱敌，后金正红旗图赖率军迎战；继派重兵从南面突围，同两蓝旗军遭遇。后金图赖率先冲入，额驸达尔哈率军继进，其他各军驰骑配合。两蓝旗兵进抵城壕，舍骑步战，明兵入壕。时壕岸与城上的明军，骤然配合，矢炮齐发。两蓝旗兵，力不能敌，死伤惨重，仓皇败退。皇太极得知败报，非常气愤，对前往看视图赖伤势的阿巩岱等"唾其面"而羞辱之。莽古尔泰向皇太极流露怨言："昨日之战，我属下将领被伤者多。"[1] 皇太极不悦，兄弟二人发生冲突。后皇太极以此为导火索，夺莽古尔泰和硕贝勒，降为多罗贝勒等。后莽古尔泰及其胞弟德格类俱"以暴疾卒"[2]。

三十日，祖大寿第三次突围。后金正红旗固山额真和硕图、镶红旗固山额真

---

① 《清太宗文皇帝实录》，第 9 卷，第 19 页，中华书局影印本，1985 年，北京。

② 《清史列传·冷僧机》，第 4 卷，第 33 页，上海中华书局，1928 年，上海。

叶臣、正蓝旗固山额真色勒、镶蓝旗固山额真篇古、镶白旗固山额真图尔格及蒙古兵，一齐出营，进行夹攻。明军不敌，奔入城内。后金军追至城壕，城上炮火齐下，后金军队，退回大营。

九月十九日，祖大寿第四次突围。祖大寿率军从城西南隅突出。后金军在南面之西的镶蓝旗固山额真篇古、西面之南的镶红旗固山额真叶臣，及西面的蒙古固山额真鄂本兑和蒙古贝勒明安，共合四军，进行围堵。明军失利，退回城内。祖大寿闭城，自此以后，不再突围，等待援兵。

大凌河城被围，态势极为严重。《明纪》记载："凌城出兵，悉败还。承宗闻之，驰赴锦州，禾嘉亦至。承宗遣总兵官吴襄、宋伟与禾嘉合兵往救。"明军要解围凌城，后金军则要打援，双方战斗，异常激烈。

第三，解围与打援 大凌河城被围，京师朝野震动。史科给事中宋玫上言："榆关外控，惟宁、锦八城。而八城厚势，惟祖大寿一旅。毋论战守进退，夙将劲卒不可弃，实国家大势所关也。且大寿攒新造之版筑，即使其超轶绝伦，力能溃阵启行，势亦必借助外援。此又事理之必然者。倘文武将吏不及今并力速为声救，而漫视为可弃可存之著，俾大寿一旦力穷智索，则军声一跌，势难复振……倘敌人久缀大凌，阴谋间道，祸又不在己巳下矣。伏祈亟批御敕，谕辽抚、道、将，协图退敌，保全大凌城。"[1] 朝廷采纳宋玫等奏言，决定派师往援。后金实行堵截与伏击的战术，既正面歼击来援之明军，又设伏截堵逃遁之明军。明朝先后四次出兵，以解凌城被困之围。

八月十六日，明军第一次增援大凌河城。明派松山军二千人，出援大凌，被后金阿山、劳萨、图鲁什等军击败。二十四日，总兵官宋伟统兵马五千前赴宁远[2]。

二十六日，明军第二次增援大凌河城。时明督师孙承宗闻警紧急，驰赴锦州。先是二十三日，皇太极派贝勒阿济格及硕讬，率领精兵五百、蒙古兵五百，前往锦州、松山间，邀截明自锦州来的援军。在后金军扎设大营、布设埋伏三天后，援大凌的明军自锦州而来。是日，"卯刻，明锦州副将二员，参将、游击十员，率兵六千，来攻阿济格营。时大雾，人觌面，不相识。及敌将至，忽有青气，自天冲入敌营，雾中开如门。于是，阿济格、硕讬列阵以待。顷之，雾霁。阿济格等进击之，大败敌兵。追杀至锦州城，生擒游击一员，获甲胄二百十九、马二百有

---

① 《崇祯长编》，第50卷，第6页，台北中研院历史语言研究所校勘本，1962年，台北。

② 《明清史料》，乙编，第1本，第70页，中央研究院历史语言研究所刊印本，1936年，上海。

六、旗纛帜十五"①。明少量援军，出师不利，遭到失败。

九月十六日，明军第三次增援大凌河城。皇太极率亲护军并贝勒多铎所部护军二百、营兵一千五百，佟养性所部旧汉兵五百，往击锦州方向来的明军援兵。皇太极见锦州城南尘土飞起，遂遣前哨图鲁什率兵前往侦察。皇太极命众军停止行进，率亲随护军与多铎等同往，缘山潜行。时锦州兵七千出城，逐图鲁什等至小凌河岸。明军前锋突近皇太极马前。皇太极摆甲弯弓，随行护军渡河直冲。明援军拼力冲杀，不敌溃遁；后金军奋力追击，至锦州城外。是战，多铎在交锋中坠马，其战马跑到明军阵中，幸有护从查符塔，将自己坐骑给多铎换乘。多铎危中逃出，险些被获。后金还军时，明兵复出击。明军步兵列车楯、大炮于城壕外，骑兵随其后，距里许而阵。皇太极督兵将向前冲杀，明军遭到攻击，奔回壕内。后金军斩明副将一员、官兵多人②。此战，明巡按王道直奏报："大清数千骑，分列五股，直逼锦城。两镇张左右二翼迎击，接刀于教场，连战十余阵不胜，入城固守。"③

二十四日，明军第四次增援大凌河城。是日，明监军道张春、山海总兵宋伟、团练总兵吴襄，率诸将张弘谟等百余员、马步兵四万余，由锦州城出，往援大凌城。二十五日，明军渡小凌河，即掘壕堑，环列车楯，布设枪炮，阵列严整。二十六日，皇太极欲更番迎击，因分军为二，先亲率其半挺进，逼近明军，亦列车楯，两军对峙。皇太极见明军壁垒森严，不宜轻战，决定暂退，"欲俟彼军起行前进，乘隙击之"④。于是，皇太极引兵远走大凌以诱之。其实，明朝庙堂、兵部早已预料："贼夷久顿，不得野战，屡移营，以诱我。伪举火，以误凌，显属狡谋。"⑤明总兵宋伟、吴襄还是耐不得性子，急着前行解围。二十七日，明军见后金军不战而退，以为怯懦，四更起营，距城十五里，阵于长山口。宋伟、吴襄分立两营，排列枪炮，互为犄角。祖大寿在大凌河城遥望大军，恐为敌之诡计，不敢轻易突围。皇太极统率满洲、蒙古、旧汉兵一万五千挺进。后金分兵为三：皇太极亲率两翼骑兵，直冲明军大营；以另一部精锐兵，埋伏于明军归路；以车兵行动迟缓殿后。明军坚峙不动，严阵以待。皇太极乃率两翼劲骑，先冲向宋伟大营。两军

① 《清太宗文皇帝实录》，第9卷，第23页，中华书局影印本，1985年，北京。
② 《清太宗文皇帝实录》，第9卷，第25页，中华书局影印本，1985年，北京。
③ 《崇祯长编》，第50卷，第11页，台北中研院历史语言研究所校勘本，1962年，台北。
④ 《清太宗文皇帝实录》，第9卷，第28页，中华书局影印本，1985年，北京。
⑤ 《明清史料》，乙编，第1本，第81页，中央研究院历史语言研究所刊印，1936年，上海。

接战后，"火器齐发，声震天地，铅子如雹，矢下如雨"①。后金军左翼避枪炮，未迎敌冲入，随右翼军后而进。宋伟营中，火器齐发，殊死力战；后金军纵骑冲锋，前锋兵多死伤。皇太极指挥左翼军趋吴襄军营，逼攻其大营；并以佟养性炮兵，自东向西，发大炮，放火箭，轰击其营。吴襄营毁，失利先走。宋伟与吴襄，不能配合，各自为战。吴襄军败走，宋伟营势孤。后金左右两翼军合兵，配合以汉兵火炮，猛攻宋伟营，冲入大营，明军遂败，奔溃逃遁。后金军"善伏善诱"②，预设伏兵，截吴襄军与宋伟军归路。明军四万，尽被歼灭，副将杨廷耀、张继绂、汪子静③等被斩。监军张春、副将张弘谟等三十三人被擒，部卒死者无算。明朝记载是："总兵宋伟、吴襄及参将祖大乐……祖大弼，俱逃回。夷将桑昂那木、气七庆、归正黑云龙④、道臣张春、参将薛大湖俱被拘。"⑤明军本占数量优势，临战却"彼众我寡，彼聚我分"⑥。明援军以合为分，以分对合，溃败；后金军以分为合，以合对分，获胜。时被擒明军各官，见天聪汗皆跪拜，独监军张春直立不跪。皇太极大怒，援弓欲射之。代善谏曰："我前此阵获之人，何尝不收养？此人既欲以死成名，奈何杀之以遂其志乎！"张春未被杀，不剃发，着明装，拘隐于沈阳城外长兴寺中⑦。后"不失臣节而死"⑧。

第四，守堡与用炮　后金同明军的大凌河之战，皇太极第一次使用红衣大炮。皇太极从血的教训中认识到，后金军必须拥有红衣大炮。天聪五年即崇祯四年（1631年）正月，红衣大炮在沈阳制造成功，并任命佟养性为昂邦章京，组成旧汉兵（八旗汉军前身）。红衣大炮在大凌河之战中，《清史稿·佟养性传》记载："八月，上伐明，围大凌河城。养性率所部载炮，越走锦州道为营。击城西台，台兵降。又击城南，坏睥睨。翼日，击城东台，台圮，台兵夜遁，尽歼之。"⑨又载：九月，"明监军道张春合诸路兵援大凌河，夜战，上督骑兵击破之。方追奔，明溃

　　① 《满文老档·太宗》，册 V，第 566 页，东洋文库本，1961 年，东京。

　　② 《明清史料》，乙编，第 1 本，第 79 页，中央研究院历史语言研究所刊印，1936 年，上海。

　　③ 《清太宗文皇帝实录》，第 9 卷，第 29 页，"张继绂"误作"张吉甫"，"汪子静"误作"王之敬"，"海参代"误作"海三代"。

　　④ 《清太宗文皇帝实录》，第 9 卷记载：时"大雨滂沱，前阵获总兵黑云龙乘隙单骑而逃"。

　　⑤ 《崇祯长编》，第 50 卷，第 17 页，崇祯四年九月戊戌，台北中研院历史语言研究所校勘本，1962 年，台北。

　　⑥ 《明清史料》，乙编，第 1 本，第 67 页，中央研究院历史语言研究所刊印，1936 年，上海。

　　⑦ 《李朝仁祖实录》，第 25 卷，第 51 页，日本学习院东洋文化研究所影印本，1959 年，东京。

　　⑧ 《明史·张春传》，第 291 卷，第 7464 页，中华书局校点本，1974 年，北京。

　　⑨ 《清史稿校注》，第 238 卷，第 8064 页，台湾商务印书馆，1999 年。其"翼"字，《清史稿·佟养性传》（中华书局本）作"翌"。

兵复阵。上命养性屯敌垒东,发炮毁敌垒。十月,攻于子章台,发炮击台上堞,台兵多死者"①。十月初九日,后金遣官八员,率兵五百人,及旧汉兵,运载红衣大炮六门、将军炮五十四门,往攻大凌河城附近的于子章台。此台,垣墙坚固,储粮甚丰。后金军向于子章台,连攻三日,守军顽抗。后金军以红衣大炮,击坏台堞,死者多人。台内守兵,孤立无援,无力御守。十二日,明守台参将王景,带领男女六百七十八人,开门出台,投降后金。于子章台被攻陷后,对其周围台堡的影响:"是台既下,其余各台,闻风慌恐,近者归降,远者弃走,所遗粮糗充积,足供我士马一月之饷。"后金军取得一石三鸟之效——攻破敌台、获取粮食、使用大炮。而红衣炮起着独特作用。史载:

> 至红衣大炮,我国创造后,携载攻城自此始。若非用红衣大炮击攻,则于子章台,必不易克。此台不克,则其余各台,不逃不降,必且固守。各台固守,则粮无由得。即欲运自沈阳,又路远不易致。今因攻克于子章台,而周围百余台闻之,或逃或降,得以资我粮糗,士马饱腾。以是久围大凌河,克成厥功者,皆因上创造红衣大将军炮故也。②

后金军用红衣大炮等火器,"其严困大凌,又散攻小堡"③,围城破堡,毁台打援,取得卓效。

同期,红夷大炮虽由西方传入,明朝与后金制造的红夷(衣)大炮,却与西方相仿。后金军组成重军,即以火炮为主的炮兵之兵种。而法国国王路易十四于1690年(即康熙二十九年)建立世界上第一所炮兵学校④,清的火炮在这方面有了落差。

第五,困危与招降 皇太极此战的两个目标是:招降祖大寿,摧毁大凌城。先是,八月十一日,皇太极命系书于矢,射入大凌河城内,对城内的蒙古兵民夫商劝降,是为皇太极第一封招降书。招降书之后,是一场恶战。十四日,皇太极发出第二封招降书。是书从袁崇焕派李喇嘛吊丧说起,语气和缓,劝其投降。二

① 《清史稿·佟养性传》,第 231 卷,第 9324 页,中华书局标点本,1977 年,北京。
② 《清太宗文皇帝实录》,第 10 卷,第 3—4 页,中华书局影印本,1985 年,北京。
③ 《明清史料》,乙编,第 1 本,第 66 页,中央研究院历史语言研究所刊印,1936 年,上海。
④ 黄一农:《红夷大砲与明清战争——以火砲测准技术之演变为例》,《清华学报》新二十六卷第一期,1996 年,新竹。

封招降书之后，进行了两场激战。九月十八日，皇太极发出第三封招降书。三封招降书后，进行长山之战，明总兵宋伟、吴襄四万援军败溃。十月初七日，皇太极派阵获明军千总姜桂，携带分别给总兵祖大寿、副总兵何可纲和张存仁的三封招降书。是为第四次发出招降书。祖不许姜入城，而在城关内见他，并说："尔不必再来，我宁死于此城，不降也！"遂遣姜桂还。初九日，皇太极第五次向祖大寿发出招降书。此书致祖大寿、何可纲、张存仁、窦承武四位将军，书称："姜桂还，言尔等恐我杀降，故招之不从。"皇太极表示："若杀尔等，于我何益？何如与众将军，共图大业。"并作出承诺：双方盟誓，"既盟之后，复食其言，独不畏天地乎！幸无迟疑，伫俟回音"①。

时大凌河城内缺粮绝薪：例一，"城中谷穗半堆，以汉斛约计之不过百石，原马七千，倒毙殆尽，尚余二百。其堪乘者，止七十匹。夫役死者过半，其存者不过以马肉为食耳。柴薪已绝，至劈马鞍为爨"②。例二，"城中粮绝，夫役、商贾悉饥死。见存者，人相食"③。例三，"军士饥甚，杀其修城夫役及商贾、平民为食，析骸而炊。又执军士之赢弱者，杀而食之"④。其四，"大凌自八月初六日受围，直至十一月初九日始溃，百日之厄，炊骨析骸，古所没有"⑤。例五，总兵祖大寿疏奏："被围将及三月，城中食尽，杀人相食。"⑥而祖大寿的解决办法：一是突围，但四次突围，均遭失败；二是待援，但四次增援，亦遭失败。祖大寿突围不成，援兵不至，弹尽粮绝，面临绝境。大凌城内危机，后金加紧劝降。十四日，皇太极再遣阵获参将姜新，复往招降祖大寿。是为皇太极第六次招降祖大寿。大寿遂遣游击韩栋与姜新，同往觐见皇太极。是晚，皇太极遣达海与姜新，复送韩栋入大凌城。二十三日，皇太极命系书于矢，射入大凌城内，是为第七次招降。此书重申："或因误听尔官长诳言，以为降我亦必被杀。夫既降我，即我之臣民，何忍加以诛戮！况诱杀已降，我岂不畏天耶！"⑦祖大寿当夜三更密同张存仁到南门城楼内，只有二人，密议投降。祖大寿降志始决，由张存仁撰写回书⑧。二十五日，

---

① 《清太宗文皇帝实录》，第 10 卷，第 3 页，中华书局影印本，1985 年，北京。
② 《清太宗文皇帝实录》，第 9 卷，第 27 页，中华书局影印本，1985 年，北京。
③ 《清太宗文皇帝实录》，第 10 卷，第 3 页，中华书局影印本，1985 年，北京。
④ 《清太宗文皇帝实录》，第 10 卷，第 4 页，中华书局影印本，1985 年，北京。
⑤ 《兵部呈为王道直题报大凌河城之役明军损失情形本》，《历史档案》，1981 年第 1 期。
⑥ 《崇祯长编》，第 52 卷，第 3 页，台北中研院历史语言研究所校勘本，1962 年，台北。
⑦ 《清太宗文皇帝实录》，第 10 卷，第 6 页，中华书局影印本，1985 年，北京。
⑧ 《清太宗文皇帝实录》，第 60 卷，第 4 页，中华书局影印本，1985 年，北京。

祖大寿令其义子泽润，以书二函，系之于矢，自城内射出。请皇太极令副将石廷柱前往，亲与面议。次日，后金副将石廷柱、巴克什达海等往城南台下，遣姜桂入城。既而姜桂偕城内游击韩栋至。韩栋言："我祖总兵欲石副将过壕，亲告以心腹之语。"经过一番周折，商定唯石廷柱一人过壕，与祖大寿相见。祖大寿提出："惟惜此身命，决意归顺于上。然身虽获生，妻子不能相见，生亦何益？尔等果不回军，进图大事，当先设良策，攻取锦州。倘得锦州，则吾妻子亦得相见。惟尔等图之。"于是后金派石廷柱等，祖大寿派祖可法等，就其降后"锦州或以力攻，或以计取"事宜，进行密商。二十七日，祖大寿遣使告知皇太极："我降志已决！"要求"誓诸天地"。他还提出："我亲率兵，诈作逃走之状何如？"二十八日，大凌城内各官，皆与祖大寿同谋归降，独副将何可纲不从。祖大寿做了一件对不起生死与共同僚的歉疚之事：

> 大凌河城内各官，皆与祖大寿同谋归降，独副将何可刚（纲）不从。大寿执之，令二人掖出城外，于我诸将前杀之。可刚（纲）颜色不变，不出一言，含笑而死。城内饥人，争取其肉。①

对何可纲之死，他们编造材料上报朝廷："初未溃前一日，凌城食尽。副总兵何可纲语大寿曰：子可出慰阁部，我当死此！自为文以祭，遂死之。"②后明廷略明迹象：直隶巡按王道直疏奏："凌河之困，独副总兵何可纲，大骂不屈，死无完肤。其正气万夫不慑，而忠心千古为昭。"③

祖大寿杀死副将何可纲后，遂遣副将四员、游击二员到后金军大营。皇太极同诸贝勒对天盟誓。誓曰：明总兵官祖大寿，副将刘天禄、张存仁、祖泽润、祖泽洪、祖可法、曹恭诚、韩大勋、孙定辽、裴国珍、陈邦选、李云、邓长春、刘毓英、窦承武等，"今率大凌河城内官员兵民归降。凡此归降将士，如诳诱诛戮，及得其户口之后，复离析其妻子，分散其财物、牲畜，天地降谴，夺吾纪算。若归降将士，怀欺挟诈，或逃或叛，有异心者，天地亦降之谴，夺其纪算"。祖大寿等誓曰："祖大寿等，率众筑城，遇满洲国兵，围困三月，军饷已尽，率众出降，

① 《清太宗文皇帝实录》，第10卷，第10页，中华书局影印本，1985年，北京。
② 《崇祯长编》，第51卷，第33页，台北中研院历史语言研究所校勘本，1962年，台北。
③ 《崇祯长编》，第53卷，第16页，台北中研院历史语言研究所校勘本，1962年，台北。

倾心归汗。"① 盟誓天地后，皇太极请祖大寿急言：当用何策，以取锦州？祖大寿向皇太极进图锦州之计。此事，史载："大寿言妻子在锦州，请归设计，诱降守者，遂纵归。"② 天聪汗皇太极许之。祖大寿依计献城投降，留其义子祖可法为人质。

二十九日夜，皇太极命贝勒阿巴泰、德格类、多尔衮、岳讬，率梅勒额真八员、官四十员、兵四千人，俱作汉装，偕祖大寿及所属兵三百五十人，作溃奔状，袭取锦州。漏下二鼓，大凌河城内，炮声不绝。祖大寿等从城南门出，率兵起行。阿巴泰等亦率军前往。时天降大雾，觌面不相识，军皆失伍，遂各收兵。及明，而还。是夜，锦州明兵，听到炮声，以为大凌河人得脱，分路应援，被后金军击败。祖大寿等出城后，跑到白云山，时天有大雾。翌日（初一日）二更，祖大寿带领从子祖泽远及从者二十六人，进入锦州城③。

祖大寿自凌城"突围"还锦州。后金破大凌河城。时城中存者止一万一千六百八十二人，马三十二匹。祖大寿去而未归，亦未内应。皇太极向诸贝勒解释说："朕思与其留大寿于我国，不如纵入锦州。令其献城，为我效力。即彼叛而不来，亦非我等意料不及而误遣也。彼一身耳，叛亦听之。"④ 皇太极以此自解。

三

大凌河之战，明金得失，及其影响，略作申论。

后金天聪汗皇太极于十一月初九日，下令将大凌河城摧毁，降人剃发，并派军悉毁大凌河至广宁一路墩台。后金军携大小火炮三千五百门，并鸟枪火药铅子等战利品，班师。皇太极从七月二十七日离开沈阳，到十一月二十四日回到盛京，其间一百一十五天。大凌河城中军民，从八月初六日被围，到十月二十九日祖大寿出降，其间八十三天。

明朝在大凌河之战中，官兵守城，失陷；派兵解围，溃败；城守总兵，投降。其中原因，值得探讨。第一，明朝庙堂，小胜而骄。明朝收复永平等四城后，其在辽西战场的兵略，是凭城用炮固守，还是贸然筑城进取？这里有两个重要因素，一是关内形势，二是关外形势。于关内，西北民变蜂起，明朝将关内军队主力投

---

① 《清太宗文皇帝实录》，第 10 卷，第 11 页，中华书局影印本，1985 年，北京。

② 《通鉴辑览》，第 114 卷，第 8 页，湖南崇文书局重刊本，光绪壬申年（1872 年）。

③ 《崇祯长编》，第 52 卷，第 3 页，台北中研院历史语言研究所校勘本，1962 年，台北。

④ 《清太宗文皇帝实录》，第 10 卷，第 13 页，中华书局影印本，1985 年，北京。

到西北地区。以《国榷》为例，崇祯四年（1631 年）四月至十月的大凌河战事期间，纪事总数为一百四十条，其中有关西北民变事七十三条，占总数的百分之五十二；辽事七条，占总数的百分之零点五。这说明庙堂的专注点在于镇压西北民变，而没有实力在辽西拓展。于关外，明督师孙承宗收复永平等四城，将后金军赶出山海关后，不顾年迈，亲赴辽西，整顿关宁锦防线，重振辽军朝气。但一些廷臣，头脑发胀，热衷进取，忽略固守。山东登莱巡抚孙元化，建议撤海岛之兵，移驻山海关外，并规复广宁、金州、海州、盖州。辽东巡抚丘禾嘉则"议复取广宁、义州、右屯三城"[①]。丘巡抚的后台是枢部梁廷栋和首辅周延儒，其城大凌、取义州、图广宁的设想，得到他们或隐或显的支持。于是，明朝以锦州为基地，修大凌城，派兵驻守，逐节推进。其时，摆在督师孙承宗、巡抚丘禾嘉面前有两个问题：大凌河城该不该修？大凌河城该不该守？

大凌河城该不该修？首辅、兵部、督师、巡抚、总兵的看法并不一致。关于大凌河城的兴筑，意见纷纭，前文已述。大凌河城失守后，追查责任："曩时凌城之筑，枢辅鲁主其议。今即不必为既往之追咎，顾安所辞于就事论事之责任哉！"[②]一些大臣将主张修筑大凌河城的责任推到孙承宗身上。大凌河城该不该守？如该守，应派军驻守；不该守，应敌来即撤。明军大凌河之败的悲剧在于：虽获取小胜，却骄傲轻敌。明军对大凌河城：固守，而未备粮储，不像固守；撤守，而没有离退，不像撤守。本来，大凌河城的官兵、班军、夫役、商民，主要任务是筑城。朝廷没有边筑边守，更没有长期固守的方略。明军疏于哨探，对后金军的突袭，是守，还是撤，决策犹疑，判断错误。明朝既没有部署固守，也没有及时撤退。其结果只能是：凌城被围，城陷兵败。

第二，指挥不力，临战易抚。天启、崇祯年间，皇帝、首辅、兵部、经略、巡抚、总兵，指挥辽东军事，运作机制不灵。其中，以枢臣、经略、巡抚三者，分别掌握辽事大计，其庙堂决策与临阵指挥，未能相辅相依，也未能协和一致。而枢部、经略、巡抚，三臣争讧，互相侵权，或则筑守分歧，或则战守不一，或则彼此掣肘，或则不受节制，造成上下不协、运作失灵的局面。崇祯帝既刚愎自用，又缺乏辽事方略。且对辽西重臣疑虑，滥杀无辜忠臣良将。袁崇焕死后，孙承宗老病，巡抚不受督师节制，属下抗命，相互猜忌。以孙承宗为例，他于天聪五年即崇祯四年（1631 年）四月初三日"以病衰求退"，二十日又以"病剧不能

① 《明史·孙承宗传》，第 250 卷，第 6476 页，中华书局校点本，1974 年，北京。
② 《崇祯长编》，第 50 卷，第 15 页，台北中研院历史语言研究所校勘本，1962 年，台北。

督师复请罢职"，俱"优旨不允"①。孙承宗以"骑坐不便"而"暂住宁远"指挥。孙督师以年迈抱病之躯，协调战守，但遭疏劾："枢辅孙承宗，荷累朝荣宠，受皇上恢复全辽之委。顷者大凌之筑，谁开衅端？长山之溃，孰为谋主？顾以数万甲兵，委之飘风，而竟翩然衣锦也。误封疆而背君父，罪孰甚焉！"②孙承宗、熊廷弼、袁崇焕之任辽事，皆为盖世之雄才，堪称能胜任其职者。他们三人所用之将，能委身许国，而效死不屈。只以阉竖宵小当朝，阴相排挤，暗设机关，又使文墨者流，从中横议。熊廷弼尝言："朝堂议论，全不知兵。"袁崇焕也说："以臣之力，制全辽有余，调众口不足。一出国门，便成万里。忌能妒功，夫岂无人？即不以权力掣臣肘，亦能以意见乱臣谋。"③他们三人，结局悲惨：孙承宗遭到劾斥，熊廷弼传首九边，袁崇焕罹受磔刑。明朝君主，自坏长城。至于辽西大将，赵率教被拒之遵化城外，野战而死；祖大寿力屈被招降；何可纲惨遭主帅杀害。大凌河之战，明军失去辽东最后一员勇将，丧失辽西最后一支劲旅。

大凌河城的修筑与固守，皇帝、首辅、兵部、督师、巡抚、总兵，对大凌河城之战守，缺乏整体明确战略。尤在危急时刻，调动辽东巡抚，犯兵家大忌。先是，丘禾嘉与祖大寿不协，巡抚讦告总兵，总兵揭赃巡抚。督师孙承宗无奈，密奏于朝，禾嘉他调。《明纪》记载："先是，调禾嘉南京太仆寺卿，以孙毂代，未至而罢。改命谢琏，琏惧，久不至。兵事急，召琏驻关外。禾嘉留治事。及是移驻松山，图再举。"④崇祯帝谓："急援凌城与饬备堵防，已有严旨。丘禾嘉倚任方切，当鼓励图功。谢琏到日，令暂驻关外料理，俟事平议代。"⑤大凌激战正酣，又改任刘宇烈⑥。辽东巡抚，数月之间，先后四人，大员之任免，竟视同儿戏。辽西烽火前线，巡抚忽而禾嘉，忽而孙毂，忽而谢琏，忽而宇烈，已经任职者拨弄是非，新命调任者怕死抗旨，再次任命者尚未到任。封疆大吏，尚且如此，守城官兵，何能取胜？

第三，互不配合，坐失良机。在大凌河之战中，明朝枢督不协、督抚抵牾、总兵拒不互援、将领自相残杀——是明军失败的重要原因。孙承宗为解大凌之围、带抱病之躯，驰赴宁远城，遣总兵吴襄、宋伟往救。但巡抚不听督师意见，禾嘉

---

① 《崇祯长编》，第46卷，第26页，台北中研院历史语言研究所校勘本，1962年，台北。
② 《崇祯长编》，第53卷，第6页，台北中研院历史语言研究所校勘本，1962年，台北。
③ 《明史·袁崇焕传》，第259卷，第6713页，中华书局校点本，1974年，北京。
④ 陈鹤：《明纪》，第53卷，《庄烈纪二》，清刻本。
⑤ 《崇祯长编》，第50卷，第7页，台北中研院历史语言研究所校勘本，1962年，台北。
⑥ 《崇祯长编》，第51卷，第10页，台北中研院历史语言研究所校勘本，1962年，台北。

屡易师期，错过出援良机。言者追论丧师辱国之责，孙承宗"极言禾嘉军谋牴牾之失"。这表明督师与巡抚之间的嫌隙。而总兵与总兵之间的矛盾，则表现为互相观望，拒不支援。长山之战，明援军四万人，凌城军一万五千人；而后金军明朝说三万人，《清太宗实录》说近两万人，《满文老档》则说实际上为一万五千人。后金军先攻明援军宋伟营，未见奏报吴襄军援救；后金军攻宋伟营受挫而转攻吴襄营，也未见奏报宋伟军援救。明军四万人的优势，分为二营，化众为寡，互不援应，以分对聚，结果被后金军各个击破。同时，大凌河城内，守军、班军等三万人，祖大寿未能乘机突围，里应外合，夹击破敌；却丧失良机，坐以待毙。更有甚者，总兵祖大寿亲自杀死副将何可纲。明朝锦州、大凌及附近百座台堡，总计七八万人，有辽西关锦防线做后盾，有连串八城做奥援，却援军溃败，而大凌失陷。

明援军长山之败，《明史·孙承宗传》论道："禾嘉屡易师期，伟与襄又不相能，遂大败于长山。"此战，巡抚丘禾嘉没有起到指挥协调作用，"救凌之师，以轻入溃败"[1]。两位总兵，不相援助，责任更大。直隶巡按王道直以长山之败，疏参总兵吴襄、宋伟："临阵退缩，战溃偷生，为军纪所不宥。"陕西道御史周堪赓劾言："总兵宋伟、吴襄，不能奋身遏敌，徒惜身命，致长山之役，丧师辱国。"[2]明两路援军，意志不一，暮气沉沉，各自为战，轻敌冒进，腹背受击，自速取败。事后有人总结辽东指挥体系的矛盾。蓟辽总督曹文衡上言："长山一战败绩，未始不由抚臣不总督师之权故也。臣熟审机宜，谓于关外抚臣，必加督师之衔，巡抚辽东。"[3]就是说，督师与巡抚的矛盾，除个人品质与素养因素外，还要从体制上加以解决，督师与巡抚，一人而兼之。

明朝经大凌河之战，损失惨重，关外劲旅，丧失殆尽。王师疲于奔命，虽能固守关门，但内地之民变，从此四方蜂起。关外既无宁日，关内宁日也无。

天聪汗皇太极在指挥大凌河之战中，将围城、和谈、攻坚、打援相结合，是中国古代军事史上围城打援、亦战亦款的成功战例。皇太极运用兵法"攻其无备、出其不意"[4]之典则，既攻敌之"不备"，又出敌之"不意"——不意迅速反攻之、不意长久围困之、不意用炮轰击之，不意以款招降之。在大凌河之战中，八旗军

① 《崇祯长编》，第51卷，第15页，台北中研院历史语言研究所校勘本，1962年，台北。
② 《崇祯长编》，第53卷，第7页，台北中研院历史语言研究所校勘本，1962年，台北。
③ 《崇祯长编》，第53卷，第10页，台北中研院历史语言研究所校勘本，1962年，台北。
④ 《孙子·计篇》，上卷，第18页，中华书局校点本，1986年，北京。

攻大凌城，占领；围城打援，胜利；纳款祖大寿，招降。其中得失，值得探讨。

第一，不善把握作战时机。皇太极指挥此战，虽获重大军事与政治之成果；却拖延时间过长，付出代价过大。后者原因之一，是作战时机选择不当。皇太极自继承汗位并亲自主持重要战役以来，一个重大缺失，是不善于把握作战时机。他即位后亲自指挥的宁锦之战，之所以失败，其原因之一是时机不利。因为略早一些，锦州城未筑完；略晚一些，则袁崇焕去职。他却选在这两个时机之间，于己不利。他亲自指挥的北京之战，之所以失利，其原因之一，也是时机不利。因为略早一些，袁崇焕尚未任命，阉党尚未铲除、东林内阁亦未形成；略晚一些，阉党重新控制阁部，也会是另一番局面。他恰在阉党失势、东林内阁执政这个于己不利的时间进兵。他亲自指挥的大凌河之战，在作战时机选择上，也是慢了半拍。皇太极发动大凌河之战，主要是不让明军筑城，而逼其退回锦州。要是天聪汗进攻大凌河城，时间提早一个月，即在明军筑城未完之时，那么驱赶筑守大凌城的明朝军夫会容易得多，不至于费时四个月，也不至于伤亡那么多的官兵。其实，皇太极早在天聪五年即崇祯四年（1631 年）四月，就先后两次派员往明边境捉生。很快得到探报："明人修筑大凌河城，基址已完，灰池亦备。"① 五月初六日，诸贝勒大臣举行会议奏报："明人若果修城，我兵即当速往，不知皇上庙算如何？"大凌河城距沈阳并不远，三万军夫筑城驰探也并不难。皇太极却三番五次地派人前去探察。直至七月二十七日，皇太极才率军出征。中间整整拖了三个月。以上三例说明：皇太极在指挥重大战役决策时，选择战机，犹豫迟疑，缺乏睿断。这给后金及其军队，造成重大而惨痛的损失。

第二，后金改变攻明兵略。在大凌河之战中，就天聪汗与众贝勒来说，招降总兵祖大寿，摧毁明朝大凌城，得到良将精兵，缴获军械火器，收获可谓良多矣。然而，后金军的士卒没有掠到财富，也没有抢到金银。后贝勒阿济格奏言：

> 先我兵围大凌河，四阅月，尽获其良将精兵。在皇上与诸贝勒大臣，固有得人之庆；但部下士卒，及新附蒙古等，一无所获，皆以为徒劳。②

正红旗固山额真和硕图也奏言：

---

① 《清太宗文皇帝实录》，第 9 卷，第 2 页，中华书局影印本，1985 年，北京。

② 《清太宗文皇帝实录》，第 14 卷，第 13 页，中华书局影印本，1985 年，北京。

向荷天佑，得大凌河。皇上与贝勒大臣，无不忻然；以下士卒，则皆不乐。[①]

后金军官兵，自备马匹、器械，带干粮、衣物，抛下妻妾儿女，冒着生命危险，却没有从大凌河之捷中得到实惠，一无所获，牢骚抱怨。大凌河之战，对皇太极改辽西攻城战为入关掠夺战，产生重要影响，起着重大作用。从此，后金调整对明兵略，将同明关外八城逐城争夺战，转变为入关掠夺战，六派大军，绕道蒙古，深入内地，掳掠财富，残毁中原。

第三，后金组成八旗汉军。后金军宁远与宁锦两败，究其原因，从武器说，就是没有红衣大炮。皇太极经历两次血的失败教训后，终于觉醒：要制造红衣大炮，应组建炮兵部队。于是，后金在天聪五年即崇祯四年（1631年）正月，创制红衣大将军炮成功[②]。从此，后金开始自己制造红衣大炮。八月，皇太极在大凌河之战中，第一次使用红衣大炮获得成功，并招降"祖家军"官兵。后金总结红衣大炮的作用是："久围大凌河，克成厥功者，皆因上创造红衣大将军炮故也。自此凡遇行军，必携红衣大将军炮。"[③]红衣大炮，用于实战。在大凌河之战中，八旗军用红衣大炮围城、打援、突袭、破堡，大炮所向，尽显神威。后满洲通过仿造、缴获等手段，获取了大量红衣大炮，使八旗军如虎添翼。有新的武器，必有新的军制。后金变革军制，建立乌真超哈，组建八旗汉军，将昔日防范之敌人，变成后金军队之劲旅。用红衣大炮装备八旗军，既引起攻城战术的变化，也引起八旗军制的变革。乌真超哈向八旗汉军的演变，体现出后金炮兵由小到大、逐步趋向正规化的过程。实际上它还是炮兵、骑兵、步兵及辎重运输兵之混合编制。

大凌河之战，明朝大凌城失陷，祖大寿投降，"祖家军"瓦解，关外精锐，丧失殆尽；后金更加强盛，后建八旗汉军，六入塞内，掳掠财富，残毁中原。大凌河之战，后金获得战略性的胜利，明朝遭到战略性的失败——加速了明亡清兴的历史进程。

---

① 《清太宗文皇帝实录》，第14卷，第18页，中华书局影印本，1985年，北京。
② 《清初内国史院满文档案译编》，上册，第9页，光明日报出版社，1989年，北京。
③ 《清太宗文皇帝实录》，第10卷，第4页，中华书局影印本，1985年，北京。

论明末北京保卫战

【题记】本文《论明末北京保卫战》，系 1980 年举行的首届北京史学术讨论会提交的论文，原名是《论明代保卫北京的民族英雄袁崇焕》，发表于《北京史论文集》，北京史研究会编印，1980 年。后收入《燕步集》，北京燕山出版社，1989 年。

明代保卫北京的民族英雄，前有于谦，后有袁崇焕。他们在军事舞台上，都扮演着威武雄壮的角色；在政治舞台上，却又同样悲剧地结束了自己的生命。

袁崇焕（1584—1630 年），字元素，号自如，广西藤县（祖籍广东东莞）人[①]。他是明末一位优秀的军事统帅、杰出的民族英雄。但因后金设间、阉党诬陷、门户猜忌、崇祯昏庸，而被含冤磔死。

本文主要就崇祯二年（1629 年）北京保卫战的历史条件、袁崇焕在北京保卫战中的历史功绩和袁崇焕含冤而死的历史原因，依据史料，略作论述。

一

袁崇焕是在明朝末年，民族矛盾、阶级矛盾和统治集团内部矛盾错综复杂的历史背景下，千里入援京师，进行北京保卫战的。

明朝后期的民族矛盾，突出地表现为满洲的兴起。满族的前身即女真族，是我国境内一个历史悠久的少数民族。明朝统治者对女真的民族压迫和民族分裂的政策，激起女真人的不断反抗。女真族杰出首领努尔哈赤，万历十一年（1583 年）起兵，阳做明廷官员，暗自发展实力。他在基本统一建州女真、海西女真、东海

---

① 见拙文《袁崇焕籍贯考》，《历史研究》，1982 年第 1 期。

女真和黑龙江女真之后，于万历四十四年（1616 年），在赫图阿拉（今辽宁新宾满族自治县永陵镇赫图阿拉村）称汗。这表明努尔哈赤怀"射天之志"[①]，要夺取明统。随后，在明朝与后金的关系上，努尔哈赤曾三次得志：其一，万历四十七年（1619 年）在萨尔浒之战中，大败明军四路之师；其二，天启元年（1621 年）夺占沈阳、辽阳；其三，天启二年（1622 年）夺取广宁、义州。明朝辽军望风溃败，举朝震动；辽东经略熊廷弼以兵败弃市，"传首九边"[②]。

在明朝民族危机严重关头，袁崇焕崭露头角。万历四十七年（1619 年），袁崇焕中进士[③]。是年，明军萨尔浒之战的败报，震惊了满朝文武，也警醒了有志之士。袁崇焕虽被授为福建邵武知县，却心系辽疆，志图匡复关外河山。形势策使他偃文修武："为闽中县令，分校闱中，日呼一老兵习辽事者，与之谈兵，绝不阅卷。"[④]两年后，他至京师大计，乘时单骑出塞，"遇老校退卒，辄与论塞上事，晓其厄塞情形"[⑤]。归来后，袁崇焕针对明朝将领畏敌如虎的怯懦心理，发出"予我军马钱谷，我一人足守此"的豪言壮语。旋被擢为兵部职方司主事[⑥]，后升为宁前兵备佥事。

袁崇焕在督师孙承宗等支持下，力主"守关外以捍关内"，营筑宁远城。天启六年（1626 年），在宁远之战中，他刺血为书，激励将士，坚壁清野，整械治炮，以万余人打败努尔哈赤号称十三万大军的进攻。这是自"辽左发难，各城望风奔溃，八年来贼始一挫"[⑦]。为此，后金汗叹道："朕用兵以来，未有抗颜行者。袁崇焕何人，乃能尔耶！"[⑧]努尔哈赤"不怿而归"[⑨]，同年死去。子皇太极继立。皇太极于天启七年（1627 年），为报父仇，并想借军事胜利来加强刚取得的汗位，便兵指宁、锦。锦州之战，相持一月，"大战三次，小战二十五次，无日不战"[⑩]，后金军因伤亡过重，"败回营去，大放悲声"。皇太极悲愤地说："昔皇考太祖攻宁远，

---

① 《李朝光海君日记》，第 133 卷，十年十月戊辰，日本学习院东洋文化研究所，1959 年，东京。

② 《明史·熊廷弼传》，第 259 卷，中华书局校点本，1974 年，北京。

③ 《明进士题名碑记》万历己未科，首都博物馆藏。

④ 夏允彝：《幸存录·辽事杂志》，上卷，《明末十家集》，北京图书馆藏旧钞本。

⑤ 《明史·袁崇焕传》，第 259 卷，中华书局校点本，1974 年，北京。

⑥ 《袁崇焕传》钞本："《明史》记侯恂请破格用袁崇焕在单骑出关之前，不知崇焕时以大计至都，故得自由往视关外；及归而上策畅言形势，故侯恂遂请破格用之。"

⑦ 《明熹宗实录》，第 68 卷，天启六年二月乙亥，台北中研院历史语言研究所校勘本，1962 年，台北。

⑧ 《清史稿·太祖本纪》，第 1 卷，中华书局标点本，1976 年，北京。

⑨ 《满洲实录》，第 8 卷，天命十一年二月初九日，辽宁通志馆影印本，1930 年，沈阳。

⑩ 沈国元：《两朝从信录》，第 34 卷，明崇祯刻本，北京图书馆善本部藏。

不克；今我攻锦州，又未克。似此野战之兵，尚不能胜，其何以张我国威耶！"①
皇太极对袁崇焕"深蓄大仇"②，必欲图之。

皇太极的军事失败，并未勾销其政治雄心。天聪汗的终极政治目标是占领京师，夺取明统。崇祯二年（1629年），他说："若谓我国褊小，不宜称帝，古之辽、金、元，俱自小国而成帝业，亦曾禁其称帝耶！且尔朱太祖，昔曾为僧，赖天佑之，俾成帝业，岂有一姓受命，永久不移之理乎！"③皇太极急欲入主中原，君临四方之情跃然纸上。但是，皇太极占京师、取明统的最大军事障碍，是铁城宁锦和铁帅袁崇焕。袁崇焕不去，关外诸城未下，入关道路难通。皇太极为实现其军事政治目的，就要绕宁锦、薄京师，设反间计、害袁崇焕。袁崇焕对此似有警觉。他在平台④受崇祯帝召见时，咨对说："况图敌之急，敌又从外而间之，是以为边臣者甚难。"⑤尽管袁崇焕的苦衷受到崇祯帝的慰劳优答，却不幸言中了自己的悲惨结局。

明朝后期的阶级矛盾，集中地表现为陕北农民大起义。明末东北地区的民族矛盾和西北地区的阶级矛盾，像铁钳似的紧紧卡住明廷的政治喉咙。但是，阶级矛盾与民族矛盾错综复杂，相互影响。

民族矛盾加深了阶级矛盾。明朝在辽东投入大量的兵力、物力、财力和粮食，使得户部财绌饷竭。如户部尚书李汝华条奏：仅万历最后两年半时间，辽饷之数，总计发银二千零一十八万八千三百六十六两⑥，平均每年八百余万两。到崇祯初年，户科给事中黄承昊说，边饷比万历时增加百分之一百七十五⑦。时"实计岁入仅二百万"。结果饷库一空，军士号腹；拖欠兵饷，引起哗变。如崇祯元年（1628年），三月发生"蓟州兵变"⑧；七月辽东宁远军因军饷四月不发而哗变，把巡抚、右佥都御史毕自肃、总兵朱梅等置谯楼上，"捶击交下，自肃伤殊，血被面"⑨。后袁崇焕自京师回，事变才得以平息。户部为解决入不敷出的财政困难，便增加赋税，裁

① 《清太宗文皇帝实录》，第3卷，天聪元年五月癸巳，中国第一历史档案馆藏本。
② 昭梿：《啸亭杂录》，第1卷，中华书局校点本，1980年，北京。
③ 《清太宗文皇帝实录》，第5卷，天聪三年十一月丙申，中国第一历史档案馆藏本。
④ 《日下旧闻考》第33卷："建极殿后曰云台门，东曰后左门，西曰后右门，亦名曰平台。"
⑤ 《崇祯长编》，第11卷，崇祯元年七月乙亥，台北中研院历史语言研究所校勘本，1962年，台北。
⑥ 《明熹宗实录》，第5卷，元年正月乙亥，台北中研院历史语言研究所校勘本，1962年，台北。
⑦ 《崇祯实录》，第1册，元年六月丁未，台北中研院历史语言研究所校勘本，1962年，台北。
⑧ 《明史·庄烈帝纪一》，第23卷，中华书局校点本，1974年，北京。
⑨ 《崇祯实录》，第11卷，元年七月甲申，台北中研院历史语言研究所校勘本，1962年，台北。

汰驿卒。这更激化了阶级矛盾。《怀陵流寇始终录》从一个侧面，简述了辽东兵事与西北农民起义的关系：

> 陕西兵于万历己未四路出师败绩后西归，河南巡抚张我绩截之孟津，斩三十余级，不敢归，为劫于山西、陕西边境。其后，调援频仍，逃溃相次。辽兵为贼由此而始也。天启辛酉，延安、庆阳、平凉旱，岁大饥，东事孔棘，有司惟顾军兴，征督如故，民不能供，道殣相望。或群取官粟者惧诛，乃聚为盗。盗起，饥益甚，连年赤地，斗米千钱不能得，人相食，从乱如归。饥民为贼，由此而始。[①]

虽然明末农民战争的根本原因，是土地高度集中，政治黑暗腐败，但上述材料表明，辽东民族矛盾加深社会矛盾，加速了陕北农民大起义的爆发。

阶级矛盾又影响着民族矛盾。天启七年（1627年），陕西"连年饥馑，民穷赋重"[②]。白水县农民王二率众冲进澄城县衙门，杀死县官张斗耀，揭开明末农民战争的序幕。崇祯元年（1628年），陕西"一年无雨，草木枯焦"，农民"死者枕藉"[③]，饥民群起。当八旗军南犯京师时，农民军一支"三千余人入略阳"[④]。不久，王二率农民军"掠蒲城、韩城"[⑤]；王嘉胤率兵"陷府谷"[⑥]；神一元等"三千余人破新安县"[⑦]；张献忠等五六千人"掠靖边、安定、绥德、米脂间"[⑧]；高迎祥称闯王，李自成为闯将，众至万余，"剽掠秦晋间"[⑨]。农民军活跃在陕西一带，迫使明廷调动"勤王"军队，去镇压农民起义。如陕西右佥都御史刘广生奉命入援京师，行至陕州，

---

① 《怀陵流寇始终录》，第1卷，《玄览堂丛书》本，国立中央图书馆影印，1941年，上海。

② 夏允彝：《幸存录·流寇大略》，下卷，《明季野史丛编》本，商务印书馆，民国元年（1912年），上海。

③ 夏允彝：《幸存录》，第1卷，《明季野史丛编》本，商务印书馆，民国元年（1912年），上海。

④ 《明怀宗实录》，第1卷，崇祯元年十月丁卯，台北中研院历史语言研究所校勘本，1962年，台北。

⑤ 《明怀宗实录》，第1卷，崇祯元年十月甲戌，台北中研院历史语言研究所校勘本，1962年，台北。

⑥ 《明怀宗实录》，第2卷，崇祯三年正月己酉，台北中研院历史语言研究所校勘本，1962年，台北。

⑦ 《明怀宗实录》，第3卷，崇祯三年十二月己巳，台北中研院历史语言研究所校勘本，1962年，台北。

⑧ 《明怀宗实录》，第3卷，崇祯三年十月乙丑，台北中研院历史语言研究所校勘本，1962年，台北。

⑨ 谈迁：《国榷》，第9卷，崇祯元年十二月癸酉，中华书局影印本，1958年，北京。

"命急奸流孽，不必入卫"①。又如陕西诸路总兵官吴自勉等率师入卫，途中"延绥、甘肃兵溃西去，与群寇合"②。当然，我们要肯定农民起义的进步历史作用；但也要看到这使当时北京保卫战的形势受到更加严重的影响，并为崇祯二年（1629 年）北京保卫战在客观上造成更大的困难。因此，险恶的军事态势是后来造成袁崇焕悲剧的一个重要外在因素。

民族矛盾与阶级矛盾的同时激化，反映在政治上的一个突出表现是统治集团内部的党争。天启年间，统治集团内部的党争，主要表现在阉党与东林党之间，争斗不已，愈演愈烈。时"内外大权，一归忠贤"③。魏忠贤窃夺皇权，控制阁部，广布特务，刀锯忠良，败坏辽事，恶贯满盈。熹宗死，崇祯立。崇祯帝柄政后，首先逮治魏忠贤，忠贤自尽。魏忠贤死讯传开，"长安一时欢声雷动"④。随即起用先朝旧臣，惩治阉党分子。崇祯二年（1629 年），崇祯帝命大学士韩爌等办理逆案，把魏忠贤的死党和依附魏忠贤的官僚二百六十二人，罪分六等，名曰"钦定逆案"，颁行天下⑤。

袁崇焕在政治舞台上活动的九年，恰是明末党争最激烈复杂的年代。他的座主韩爌，是东林党领袖之一，"先后作相，老成慎重，引正人，抑邪党"⑥，为泰昌、天启、崇祯三朝的内阁大学士。他又依靠"东林党魁"、大学士钱龙锡和大学士蓟辽经略孙承宗。袁崇焕有这样三位师长做奥援，其军事才能方有施展的机会。

袁崇焕的升迁与引退、胜利与失败，都和东林党的命运息息相关。如"天启初，东林独胜"⑦。东林党主持朝政，他被东林党人御史侯恂题请破格用之。天启四年（1624 年），东林党和阉党展开正面斗争，东林党人失败，袁崇焕虽建有宁远与宁锦两次大捷的奇勋，也被迫引病辞职⑧。崇祯帝即位后，似有振兴之意，大量起用东林党人。到崇祯元年（1628 年）底，所有的大学士几乎都是东林党人。同年，袁崇焕被命为兵部尚书兼右副都御史、蓟辽督师。袁崇焕的重新起用，得到东林党人的支持。在崇祯帝召袁崇焕于平台时，在阁的东林四辅臣李标、钱龙锡、

① 《崇祯实录》，第 1 册，崇祯二年十一月庚戌，台北中研院历史语言研究所校勘本，1962 年，台北。
② 《明史·庄烈帝本纪一》，第 23 卷，中华书局校点本，1974 年，北京。
③ 《明史·魏忠贤传》，第 305 卷，中华书局校点本，1974 年，北京。
④ 佚名：《快世忠言》，中册，清刻本。
⑤ 《明史·阉党列传》，第 306 卷，中华书局校点本，1974 年，北京。
⑥ 《明史·韩爌传》，第 240 卷，中华书局校点本，1974 年，北京。
⑦ 谈迁：《枣林杂俎·智集》，第 1 卷，中华书局影印本，1958 年，北京。
⑧ 《袁督师遗集·天启七年七月二十二日乞休疏》，第 1 卷，清道光伍氏刻本。

刘鸿训、周道登等俱奏："崇焕肝胆意气，识见方略，种种可嘉，真奇男子也。"①
大学士刘鸿训更请赐予崇焕尚方剑，以统一事权。但是，自定逆案之后，阉党受
到严重打击，"奸党衔之次骨"②。当时，"忠贤虽败，其党犹胜"③。都给事中陈尔翼
奏言："东林余孽，遍布长安。"④那些与逆案有牵连者"日夜图报复"⑤。他们千方百
计地"欲以疆场之事翻逆案"⑥，施展阴谋诡计打击东林党人。袁崇焕是东林党依靠
的长城，打击东林党，便率先打击袁崇焕，以网罗东林诸臣。《东林始末》载："初
定魏、崔逆案，辅臣钱龙锡主之。袁崇焕之狱，御史史䇽力谋借崇焕以报龙锡，
因龙锡以罗及诸臣。"⑦所以，"己巳之变"的胜败，便将东林党人和袁崇焕的命运
联系在一起了。

综上所述，袁崇焕是在明末民族矛盾、阶级矛盾和统治集团内部矛盾空前激
化的情况下，亲率铁骑，驰援京师，进行一场浴血北京保卫战的。

二

崇祯二年（1629 年），为抗御八旗军南犯的北京保卫战，是明朝同后金在北京
进行的最激烈的一场战争。在这次北京保卫战中，杰出的民族英雄袁崇焕，在京
师军民的支持下，"连战俱捷"⑧，建立了不朽的功勋，树立了卓越的榜样。

皇太极袭受汗位后，继续向明朝发动战争。从后金夺占辽沈之后，八旗军事
贵族所发动的对明战争，已从反抗明朝民族压迫、争取女真各部统一的进步战争，
转化为掠夺牲畜和人口、破坏社会生产的残暴战争。为了入主中原，皇太极整顿
内部、强化汗权、调整政策、稳固后方、东败朝鲜、西抚蒙古，积极准备对明战
争。崇祯二年（1629 年），关外大旱，辽东"饥馑"⑨。依附后金的漠南蒙古诸部，

---

① 佚名：《今史》，第 4 卷，崇祯元年七月十七日，清刻本。
② 《明史·钱龙锡传》，第 251 卷，中华书局校点本，1974 年，北京。
③ 《明史·刘鸿训传》，第 251 卷，中华书局校点本，1974 年，北京。
④ 蒋平阶：《东林始末》，不分卷，《学海类编》本，上海涵芬楼影印本，1920 年，上海。
⑤ 《明史·宦官列传二》，第 305 卷，中华书局校点本，1974 年，北京。
⑥ 黄宗羲：《弘光实录钞》，第 1 卷，商务印书馆，1911 年，上海。
⑦ 蒋平阶：《东林始末》，不分卷，《学海类编》本，上海涵芬楼影印本，1920 年，上海。
⑧ 《明史·孙承宗传》，第 250 卷，中华书局校点本，1974 年，北京。
⑨ 《李朝仁祖实录》，第 18 卷，六年五月戊寅，日本学习院东洋文化研究所，1959 年，东京。

"粮食无资，人俱相食"①。而女真地区的经济尤为困难。如有的女真人"因无衣食，投奔南朝"②。后金为摆脱经济困难，夺取明统，就以科尔沁等部蒙古骑兵为先导，破墙入塞，南犯京师。

崇祯二年（1629 年）十月初二日，皇太极"亲统大军伐明"③，以蒙古喀喇沁部台吉布尔噶都熟识路径，作为向导，率兵西进。

二十日，八旗军联会蒙古诸部兵后，至喀喇沁的青城。大贝勒代善、三贝勒莽古尔泰入皇太极行幄"密议班师"。其理由谓："我兵深入敌境，劳师袭远，若不获入明边，则粮匮马疲，何以为归计？纵得入边，而明人会各路兵环攻，则众寡不敌；且我等既入边口，倘明兵自后堵截，恐无归路。"④皇太极既已定攻明之策；岳讬、济尔哈朗、阿巴泰等力劝进取。寻章京范文程又献纵反间、去崇焕⑤密策。众议至深夜，"乃决计入寇"⑥。

二十四日，皇太极决定兵分东西两路：东路由贝勒阿巴泰、阿济格率左翼四旗兵及左翼蒙古诸贝勒兵，从龙井关攻入；西路由贝勒济尔哈朗、岳讬率右翼四旗兵及右翼蒙古诸贝勒兵，从大安口攻入——两路"至遵化城合军"⑦。先是，皇太极派兵直薄锦州，声东击西：明军未弄清八旗兵的军事意图，劳师扑空。但袁崇焕在上疏中已早有所料："臣在宁远，敌必不得越关而西；蓟门单弱，宜宿重兵。"⑧唯其一疏再疏，蒙尘御案。

二十六日，八旗军东西两路分别进攻龙井关和大安口⑨。时蓟镇"塞垣颓落，军伍废弛"⑩，东骑突兀，两关双破。明大安口参将周镇、汉儿庄副将易爱、洪山口参将王纯臣⑪等阵亡，潘家口守备金有光剃发降。自大安口以东，喜峰口以西，时

① 《明清史料》，甲编，第 8 本《兵部题蓟辽督师袁崇焕塘报残稿》，中央研究院历史语言研究所刊印，1936 年，上海。

② 《明清史料》，乙编，第 1 本《兵部题蓟辽督师袁崇焕塘报残稿》，中央研究院历史语言研究所刊印，1936 年，上海。

③ 《清太宗文皇帝实录》，第 5 卷，天聪三年十月癸丑，伪满影印本，1937 年，东京。

④ 《清太宗文皇帝实录》，第 5 卷，天聪三年十月辛未，伪满影印本，1937 年，东京。

⑤ 李霨：《内秘书院大学士范文肃公墓志铭》，《碑传集》，第 4 卷，江苏书局刊行，清光绪十九年（1893 年），南京。

⑥ 《袁崇焕传》，《新明史列传》之一，稿本。

⑦ 《清太宗文皇帝实录》，第 5 卷，天聪三年十月乙亥，伪满影印本，1937 年，东京。

⑧ 余大成：《剖肝录》，载《袁督师事迹》，清道光伍氏刻本。

⑨ 《清太宗文皇帝实录》，第 5 卷，天聪三年十月丁丑、十一月壬午，伪满影印本，1937 年，东京。

⑩ 《明史纪事本末·补遗》，第 6 卷，中华书局校点本，1977 年，北京。

⑪ 《崇祯实录》第 1 卷、《明怀宗实录》第 2 卷、《国榷》第 90 卷和《崇祯长编》崇祯二年十月戊寅等，均作"王纯臣"；《清太宗实录》第 5 卷作"王遵臣"，"遵"字误。

仅三日，诸多隘口，悉被八旗军攻破①。翌日，皇太极督军入边，驻师洪山口城内。天聪汗皇太极在洪山口城驻师三日，而后兵锋直指京东军事重镇遵化。

十一月初一日，"京师戒严"②。皇太极率八旗军进抵遵化。同日，袁崇焕在从宁远往山海关途中，得报八旗军已破大安口，围遵化。他先令山海关总兵官赵率教，统所部骑兵急援遵化；又亲简辽兵，准备入援。

初四日，赵率教率援兵至遵化，同贝勒阿济格等所部左翼四旗及蒙古兵相遇，"中流矢阵亡"③，一军尽殁。其时，八旗军从四面八方，进攻遵化城。初五日，遵化"内应纵火"④，巡抚王元雅"自缢死"⑤，城陷⑥。遵化报至，"人心大震"⑦。同日，督师袁崇焕亲率骑兵入援。

初八日，袁崇焕率铁骑驰入蓟州。同日，崇祯帝起用孙承宗为中极殿大学士、兵部尚书，视师通州。崇祯帝召见孙承宗，孙承宗陈奏保卫京师军事调度言："臣闻督师、尚书袁崇焕率所部驻蓟州，昌平总兵尤世威驻密云，大同总兵满桂驻顺义，宣镇总兵侯世禄驻三河。三边将守三劲地，势若排墙，地密而层层接应。"⑧这时袁崇焕得到崇祯帝"调度各镇援兵，相机进止"⑨的谕旨，并做了军事防御部署：前总兵朱梅守山海关，参将杨春守永平，游击满库守迁安，都司刘振华守建昌，参将邹宗武守丰润，游击蔡裕守玉田，昌平总兵尤世威守诸陵，宣府总兵侯世禄守三河，保定总兵刘策守密云，辽东总兵祖大寿驻蓟州遏敌。袁崇焕居中调度策应。袁督师意欲"背捍神京，面拒敌众"⑩，堵塞八旗军西向京师之路。孙、袁均熟

① 《弘光实录钞》第1卷载："臣按：逆阉魏忠贤既诛，其从逆者先帝定为逆案，颁行天下，逆党合谋翻之。己巳之变，冯铨用数万金导北兵至喜峰口，欲以疆场之事翻案；温体仁讦钱谦益而代之，欲以科场之事翻案，小人计无不至。"
② 《崇祯实录》，第1卷，崇祯二年十一月壬午朔，台北中研院历史语言研究所校勘本，1962年，台北。
③ 《明史·赵率教传》和《国榷》等书均作十一月初四日；但《清太宗实录》却作初一日，《明怀宗实录》又作初十日，疑后二者误。
④ 《崇祯实录》，第1卷，崇祯二年十一月丙戌，台北中研院历史语言研究所校勘本，1962年，台北。
⑤ 《明史·王元雅传》，第291卷，中华书局校点本，1974年，北京。
⑥ 《明怀宗实录》第2卷和《国榷》第90卷载遵化城陷为"初五日"；而《清太宗实录》第5卷记为"初三日"，疑后者误。
⑦ 谈迁：《国榷》，第90卷，崇祯二年十一月，中华书局影印本，1958年，北京。
⑧ 孙铨：《孙文正公年谱》，第4卷，清乾隆年间孙尔然师俭堂刻本。
⑨ 周文郁：《边事小纪》，第1卷，《玄览堂丛书续集》本，南京国立中央图书馆影印本，民国三十六年（1947年），南京。
⑩ 程本直：《白冤疏》，载《袁督师事迹》，清道光年间伍氏刻本。

悉用兵方略，所作军事筹划亦约略相同。上述兵事措置如能有效实施，则不会有己巳京师之围，也不会有袁崇焕蒙冤之狱。

但是，事有不测之变：

其一，崇祯帝庙算不定。孙承宗驻守通州后，疏言：

> 虏薄都城，止有二路，如臣前议。袁崇焕之兵移驻于通近郊，当其东南；满、侯、尤三师，当其西北。则战于通之外，正所以遏逼京之路。今驻兵永定门外，则是崇焕之来路，而非奴之来路；驻通则可雇京城，而驻永定则不可雇通，通危而京城亦危。臣在关常闻贼曰："（凭）从几路来，我只一路去。"今久聚而不散掠，惧其分也。深入而不反雇，我无以创之也。我分一兵以守通，又分一兵以守城，则通与京城皆以寡当众，而我无所不寡。臣以为奴既薄通，京城与通之兵，只责之完守，而不责之出战。当责总督刘策守密云，令尤世威率五千兵与满桂、侯世禄联络于顺义之南，袁崇焕列阵于通州左右，不宜逼驻京城。四镇声势相接，贼分攻则分应，合攻则合应，或夹攻，或追蹑，或出奇斫营，或设伏邀击，有机便可一创，否则勿迫其战。今天下之安危在四镇，四镇不一力战，则贼终无已时；一浪战而失，则畿铺将惊溃，而天下危。①

疏入，留中。崇祯帝作出"调通、蓟近将，尾击声援"的谕旨，使危急态势愈加危急。

其二，皇太极兵逼燕京 十一日，天聪汗皇太极率八旗军从遵化起行，"向燕京进发"②。八旗军兵锋锐盛，兵力集中，总兵满桂、尤世禄兵挫西退，督师袁崇焕也引兵难拒，三天之间后金军"攻苏〔蓟〕州，取玉田、三河、香河、顺义诸县"③，进逼通州。袁崇焕先同八旗军相持于京东马伸桥，"斩获酋长，军威大震"④。后袁军急驰西行，先八旗军三日到通州。皇太极"不意袁军骤至，相视骇眙"⑤，于是宵夜驰驱，西犯京师。

① 钱谦益：《初学集·孙承宗行状》，第47卷，《四部丛刊》据崇祯原刻影印本。
② 《清太宗文皇帝实录》，第5卷，天聪三年十一月壬辰，伪满影印本，1937年，东京。
③ 《明怀宗实录》，第3卷，崇祯二年十一月癸巳，据《崇祯实录》补正。
④ 周文郁：《边事小纪》，第1卷，《玄览堂丛书续集》本，南京国立中央图书馆影印本，民国三十六年（1947年），南京。
⑤ 梁启超：《袁督师传》，《饮冰室集》，第20卷，上海中华书局，1941年，上海。

其三，袁崇焕趋卫京师 十六日，袁崇焕召集诸将会议进取。一些将领力主"径取京师，以先根本"；副总兵周文郁等则主张"大兵宜向敌，不宜先入都"，因为"外镇之兵，未奉明旨而径至城下，可乎？"袁崇焕断然地说："君父有急，何惶他恤，苟得济事，虽死无憾。"[①]先是，袁崇焕决定直奔京师。次日晚，兵抵广渠门外。

上述三种因素相互交错，出现一个结果：明军与后金军的激战，不是在蓟州至通州一线，而是在辇毂坚城之下的京城。

二十日，八旗军兵临北京城下，"烽火遍近郊"[②]。先是，崇祯帝命宣大总督、宣府巡抚、应天、凤阳、陕西、郧阳、浙江各省巡抚，俱"勤王入卫"[③]，但多未至京师。翰林院庶吉士金声荐授游僧申甫为副总兵。申甫收募"市丐"[④]为兵，终至败殁。

但是，辽军到达京师后，袁崇焕积极备战，严明军纪："不许一兵入民家，即野外树木，亦不得伤损。"[⑤]为严肃军纪，有一兵士曾"擅取民家饼，当即枭示"。为解决粮秣，他密令参将刘天禄等"去劫奴营"[⑥]，但被八旗军哨兵察觉，未能遂计。到十九日晚，袁军夜间露宿，昼缺粮草，"士马已冻馁两日"。

时北京城重兵，一在德胜门，由侯世禄、满桂屯驻；一在广渠门，由袁崇焕、祖大寿屯驻。八旗兵逼京师后，皇太极驻辇城北土城关之东，两翼兵营于德胜门至安定门一带。已巳之役即北京保卫战，主要在德胜门、广渠门和永定门进行。

德胜门之战 二十日，大同总兵满桂、宣府总兵侯世禄以援兵卫守德胜门。崇祯帝曾召赐满桂"玉带、貂裘，封东平侯"。皇太极亲率大贝勒代善和贝勒济尔哈朗、岳讬等统领右翼四旗及蒙古兵进攻德胜门守军。后金军先发炮轰击。发炮毕，蒙古兵及正红旗护军从正面驰突，正黄旗护军从旁冲杀，"两路冲入，边杀边

---

① 周文郁：《边事小纪》，第 1 卷，《玄览堂丛书续集》本，南京国立中央图书馆影印本，民国三十六年（1947 年），南京。

② 《明史·孙承宗传》，第 250 卷，中华书局校点本，1974 年，北京。

③ 《崇祯实录》，第 1 卷，崇祯二年十一月辛卯，台北中研院历史语言研究所校勘本，1962 年，台北。

④ 《崇祯实录》，第 1 卷，崇祯二年十二月甲寅，台北中研院历史语言研究所校勘本，1962 年，台北。

⑤ 周文郁：《边事小纪》，第 1 卷，《玄览堂丛书续集》本，南京国立中央图书馆影印本，民国三十六年（1947 年），南京。

⑥ 周文郁：《边事小纪》，第 1 卷，《玄览堂丛书续集》本，南京国立中央图书馆影印本，民国三十六年（1947 年），南京。

进"①，追至城下。城下明军奋勇弯射，不久"世禄兵溃，(满)桂独前搏战"②。城上兵发炮配合，但误伤满桂兵殆尽。满桂负伤，带"败兵百余卧关帝庙中"③。后开德胜门瓮城，"屯满桂食〔馀〕兵"④。

广渠门之战 与德胜门激战的同时，督师袁崇焕、总兵祖大寿率骑兵在广渠门（沙窝门）迎击后金军的进犯。皇太极派三大贝勒莽古尔泰，贝勒阿巴泰、阿济格、多尔衮、多铎、豪格等带领左翼八旗兵和恩格德尔、莽果尔岱等率领蒙古骑兵数万人，向广渠门明军扑来。袁崇焕仅九千骑兵⑤，令祖大寿在南，王承胤在西北，自率兵在西，结成"品"字形阵，士含枚，马勒口，隘处设伏，严阵待敌。

后金军分六队，涌向袁军。后金军的前锋，先向南直扑祖大寿阵。祖大寿率兵奋死抵御，后金军前锋受挫。接着后金军又向北直扑王承胤阵。后金军左、右两次冲锋，都没有达到预期目的，再倾骑西闯袁崇焕阵。袁军将士"奋力殊死战"；八旗军阿济格贝勒所乘"马创死"⑥，身受箭伤，几乎丧生⑦；阿巴泰贝勒中伏受挫；蒙古骑兵驱马骤进，"为所败，却走"⑧。八旗军溃败，明军乘胜追击。游击刘应国、罗景荣，千总窦濬等直追至通惠河边，八旗兵仓皇拥渡，"精骑多冰陷，所伤千计"⑨。八旗军溃不成伍，败回营去。

这场广渠门血战，袁崇焕军与八旗军，自巳至酉，炮鸣矢发，激战十小时，转战十余里，明军终于克敌获胜。督师袁崇焕在广渠门外，横刀跃马，冲在阵前，左右驰突，中箭很多，"两肋如猬，赖有重甲不透"⑩。他在与八旗兵搏斗中，马颈

---

① 《满文老档·太宗》，第 19 卷，天聪三年十一月二十日，中国第一历史档案馆藏。

② 陈鹤：《明纪》，第 52 卷，清刻本。

③ 周文郁：《边事小纪》，第 1 卷，《玄览堂丛书续集》本，南京国立中央图书馆影印本，民国三十六年（1947 年），南京。

④ 《明怀宗实录》，第 3 卷，崇祯二年十一月庚子，据《崇祯实录》补正。

⑤ 袁军的数目，《清太宗实录》和《明怀宗实录》作"二万人"；《剖肝录》和《白冤疏》作"九千人"，从后者。

⑥ 《清史列传·阿济格传》，第 1 卷，上海中华书局，1928 年，上海。

⑦ 《边事小纪》载"伤东奴伪六王子"；努尔哈赤第六子塔拜，未参加这次战役；其十二子"阿济格马创，乃还"。疑受伤者为"十二王子"阿济格。

⑧ 《清史稿·恩格德尔传》，第 229 卷，中华书局标点本，1977 年，北京。

⑨ 《崇祯实录》，第 1 卷，崇祯二年十一月庚子，台北中研院历史语言研究所校勘本，1962 年，台北。

⑩ 周文郁：《边事小纪》，第 1 卷，《玄览堂丛书续集》本，南京国立中央图书馆影印本，民国三十六年（1947 年），南京。

相交，奋不欲生，后金的骑兵曾"刀及崇焕，材官袁升格之，获免"①。在督师袁崇焕的指挥下，经过京师军民的大力支持和辽军将士的浴血奋战，取得了广渠门大捷。当夜，袁崇焕亲往受伤将士处所"一一抚慰，回时东已白矣"②。

天聪汗皇太极在广渠门之败的夜晚，召集诸贝勒会议，议处其七兄阿巴泰贝勒、额驸恩格德尔贝勒和莽果尔岱贝勒等。后金谓"十五年来未尝有此劲敌也"③！寻皇太极发表"养精蓄锐"自慰话语后，移军南海子④，秣马射猎，伺机再攻。

二十七日，袁崇焕军与皇太极军又激战于左安门外。袁崇焕率军竖立栅木，布阵守城；皇太极也率师列兵布阵，逼之而营。后金军曾先后三次败在袁崇焕手下，皇太极不敢浪战，《清太宗实录》载：

> 上与诸贝勒，率轻骑往视进攻之处。云："路隘且险，若伤我军士，虽胜不足多也。此不过败残之余耳，何足以劳我军。"遂还营。⑤

皇太极不敢与袁崇焕战，便牧马于南海子。后袁崇焕用向导任守忠策，"以五百火炮手，潜往海子，距贼营里许，四面攻打，贼大乱"⑥。随后皇太极移营出海子。

但是，"勇猛图敌，敌必仇；振刷立功，众必忌"⑦。袁崇焕获广渠门和左安门两捷，既受到后金的仇畏，又遭到阉党的妒忌。敌人的反间和阉党的诬陷，崇祯帝在平台召对袁崇焕，"缒城而入，乃下之诏狱"⑧！

---

① 《明史纪事本末·补遗》，第6卷。又《边事小纪》第1卷载："一贼轮刀砍值公，适傍有材官袁升高以刀架隔，刃相对而折，公获免。"两书所载歧异，应以后者为是。

② 周文郁：《边事小纪》，第1卷，《玄览堂丛书续集》本，南京国立中央图书馆影印本，民国三十六年（1947年），南京。

③ 程本直：《漩声记》，载《袁督师事迹》，清道光伍氏刻本。

④ 《帝京景物略》第3卷："南海子，城南二十里，有囿，曰南海子。方一百六十里。海中殿，瓦为之。"

⑤ 《清太宗文皇帝实录》，第5卷，天聪三年十一月戊申，伪满影印本，1937年，东京。

⑥ 周文郁：《边事小纪》，第1卷，《玄览堂丛书续集》本，南京国立中央图书馆影印本，民国三十六年（1947年），南京。

⑦ 《明熹宗实录》，第75卷，天启六年八月丁巳，台北中研院历史语言研究所校勘本，1962年，台北。

⑧ 黄宗羲：《南雷文定》，第1卷，《四部备要》本。

当时皇太极并不知道其反间计得逞①。他一面先后三次致书崇祯帝议和，一面寻机攻城夺门。

永定门之战 明总兵满桂、黑云龙、麻登云、孙祖寿领马兵四万，在永定门外"四方结栅木，四面列枪炮"②，加强防御，"列栅以待"③。十二月十七日，皇太极率领八旗军"大噪齐进，毁栅而入"④。明军四总兵，满桂、孙祖寿阵亡，黑云龙、麻登云被擒⑤。后金军也伤亡惨重，致使皇太极"心伤陨涕"⑥。

广渠门、德胜门和永定门之战，八旗军丢尸弃马，不能越池破城，尤在广渠门外遭到惨重失败；时"天下勤王兵，先后至者二十万"⑦；皇太极劳师远犯，久曝兵旅，地冻天寒，粮秣匮乏。所以，皇太极分别在德胜门和安定门发出两封致明帝和议书，饱掠京畿后，退出京师。

皇太极南犯京师的战争，是一场女真军事贵族的残暴掠夺战争。八旗军所到之处，俘获人口，掠夺牲畜，劫掠物资，纵火焚毁，其所行为，史不绝书：

"虏骑劫掠，焚烧民舍"⑧；

"纵掠良乡县，俘获甚多"⑨；

"上命自克遵化以来，所获马骡，均赏兵丁，人各一匹"⑩；

"焚通州河内船，约千余只"⑪；

"以俘获牛马赏兵丁，每人马一、牛一"⑫；

"胡将所获男女万余"⑬。

一场反对八旗军事贵族南犯的己巳北京保卫战，以明军的胜利和八旗军的失败而结束。袁督师在北京军民的支持下，亲率铁骑，星夜兼驰，"应援京师，连战

---

① 《李朝仁祖实录》第 22 卷："朴兰英驰启：'袁经略亦系狱云。'越数日，忽哈、龙骨大、仲男等谓臣曰：'……龙骨大辟左右，附耳语曰：袁公果与我同心，而事泄被逮耳！'此必行间之言也。"按，此条系于仁祖八年二月，即崇祯三年二月。故皇太极当时可能不知道其计得逞。

② 王先谦：《东华录》，第 5 卷，天聪三年十二月丙寅，光绪二十五年（1899 年）石印本。

③ 《光绪顺天府志·孙祖寿传》，第 98 卷，清光绪十二年（1886 年）刻本，北京。

④ 蒋良骐：《东华录》，第 2 卷，天聪三年十二月丁卯，清木刻本。

⑤ 夏燮：《明通鉴》，第 81 卷，崇祯三年十二月丁卯，中华书局校点本，1959 年，北京。

⑥ 《清太宗文皇帝实录》，第 5 卷，天聪二年十二月丁卯，伪满影印本，1937 年，东京。

⑦ 《明史·孙承宗传》，第 250 卷，中华书局校点本，1974 年，北京。

⑧ 文秉：《烈皇小识》，第 2 卷，《中国历史研究资料丛书》本，上海书店印行，1951 年，上海。

⑨ 《清太宗文皇帝实录》，第 5 卷，天聪三年十二月壬子，伪满影印本，1937 年，东京。

⑩ 《清太宗文皇帝实录》，第 5 卷，天聪三年十一月丙午，伪满影印本，1937 年，东京。

⑪ 《清太宗文皇帝实录》，第 5 卷，天聪三年十二月丁丑，伪满影印本，1937 年，东京。

⑫ 《清太宗文皇帝实录》，第 5 卷，天聪三年十二月乙卯，伪满影印本，1937 年，东京。

⑬ 《李朝仁祖实录》，第 22 卷，八年二月丁丑，日本学习院东洋文化研究所，1959 年，东京。

大捷"①,使北京转危为安。孙承宗"恢疆五载承天语,却虏三师傍帝城"②的诗句,反映了袁崇焕在北京保卫战中的历史功绩。甚至,朝鲜史籍亦载:"贼之不得攻陷京城者,盖因两将力战之功也。"③两将即督师袁崇焕和总兵祖大寿。因此,袁崇焕不愧是明代保卫北京的民族英雄。

三

围绕着袁崇焕保卫北京的战斗,展开的不仅是一场激烈的军事斗争,而且是一场残酷的政治斗争。

袁崇焕的每个军事胜利,都把一切仇神召唤到自己的周围。

阉党在布置陷阱 袁崇焕入援京师,"心焚胆裂,愤不顾死;士不传餐,马不再秣"④,十余日,驰千里,间道飞抵郊外,挺身捍卫京师。但城里阉党编造"崇焕勾建虏"的流言四起。阉孽刑逼某木匠诬袁崇焕为奸细⑤。兵科给事中钱家修在《白冤疏》中说:

> 江西道御史曹永祚捉获奸细刘文瑞等七人,面语口称:"焕附书与伊通敌。"原抱奇、姚宗文即宣于朝,谓:"焕构通为祸,志在不小。"次日,皇上命诸大臣会鞠明白。臣待罪本科,得随班末,不谓就日辰刻,文瑞(等)七人走矣。⑥

锦衣狱为何地,奸细为何人,七人竟袖手而走?可见阉党为杀崇焕,不惜设陷阱。姚宗文早在天启时附阉,与原抱奇表里为奸,为了打击袁崇焕而设置政治陷阱。

后金在密室策划 早在己巳之变前,后金副将高鸿中即向皇太极奏言:"他既

① 《崇祯长编》,第29卷,崇祯二年十二月丁巳,台北中研院历史语言研究所校勘本,1962年,台北。

② 孙承宗:《高阳集》,第5卷,清刻本。

③ 《李朝仁祖实录》,第24卷,八年四月癸丑,台北中研院历史语言研究所校勘本,1962年,台北。

④ 程本直:《白冤疏》,载《袁督师事迹》,清道光伍氏刻本。

⑤ 孙承泽:《畿辅人物志·李若琏传》,第16卷,清顺治己亥年(1659年)刻本。

⑥ 钱家修:《白冤疏》,载《袁督师事迹》,清道光伍氏刻本。

无讲和意，我无别策，直抵京城，相其情形，或攻或困，再做方略。"① 所谓方略，疏未言明。李霨在《内秘书院大学士范文肃公墓志铭》中记述：时为章京范文程，从蓟入蓟州、克遵化后，见督师袁崇焕重兵在前，即"进密策、纵反间"②。故皇太极在左安门之败的第二天，设下一个政治圈套。《清史稿·鲍承先传》载：

> 翌日，上诫诸军勿进攻，召承先及副将高鸿中授以秘计，使近阵获明内监系所并坐，故相耳语云："今日撤兵，乃上计也。顷见上单骑向敌，有二人自敌中来，见上，语良久乃去。意袁经略有密约，此事可立就矣。"内监杨某佯卧窃听。越日，纵之归，以告明帝，遂杀崇焕。③

杨太监纵归明宫后，将在后金监所中的窃闻，"详奏明主"。崇祯帝既惑于阉党的蜚语，又误中后金的反间，于十二月初一日，在平台召见时，将袁崇焕下锦衣卫狱。

袁崇焕下锦衣卫狱，是阉党进行翻案活动，排挤东林党，首先打开的一个缺口。阴谋的发起者是温体仁和王永光，"永光与体仁合，欲借崇焕狱，株连天下清流"④。吏部尚书王永光是魏忠贤遗党⑤。群小合谋，乘机报复。御史高捷、史范尝以"通内自诩"⑥，阉党失败后，"皆以得罪公论革职"，而王永光力引二人，又被大学士钱龙锡所阻，三人大恨。他们"谋借崇焕，以及龙锡"⑦，构陷钱龙锡，尽倾东林党，摧抑正人，编织时贤。但他们力量不够，要借助于中官权臣。

---

① 《明清史料》，丙编，第 1 册《高鸿中奏本》，中央研究院历史语言研究所刊印，1936 年，上海。

② 《大陆》杂志第 7 卷第 1 期载李光涛：《袁崇焕与明社》文曰："己巳之冬，大安口失守，兵锋直指阙下，崇焕提援师至。先是，崇焕守宁远，大兵屡攻不得志，太祖患之。范相国文程时为章京，谓太祖曰：'昔汉王用陈平计，间楚君臣，使项羽卒疑范增，而去楚。今独不可蹈其故智乎？'太祖善之，使人掠得小奄数人，置之帐后，佯欲杀之。范相国乃曰：'袁督师既许献城，则此辈皆吾臣子，不必杀也！'阴纵之去。奄人得是语，密闻于上。上颔之，而举朝不知也。崇焕战东便门，颇得利，然兵已疲甚，约束诸将不妄战，且请入城少憩。上大疑焉，复召对，缒城以入，下之诏狱。"此计应为太宗之时。

③ 《清史稿·鲍承先传》，第 232 卷。又见《清太宗实录》第 5 卷、《满文老档·太宗》第 19 卷、《清朝开国方略》第 12 卷、《啸亭杂录》第 1 卷、蒋良骐《东华录》第 2 卷、《李朝仁祖实录》第 24 卷、《明史》第 259 卷和《鲒埼亭集》等。

④ 《明史稿·王永光传》，第 240 卷，敬慎堂刻本，清雍正元年（1723 年），北京图书馆善本部藏。

⑤ 《明史·文震孟传》，第 251 卷，中华书局校点本，1974 年，北京。

⑥ 夏允彝：《幸存录》，下卷，《明季稗史初编》本，商务印书馆，民国元年（1912 年），上海。

⑦ 《明史稿·钱龙锡传》，第 235 卷，敬慎堂刻本，清雍正元年（1723 年），北京图书馆善本部藏。

先是辽东阉党毛文龙岁饷百万[1]，多半不出都门，落入权臣私囊。魏忠贤的干儿毛文龙被袁崇焕斩后，权臣失去巨贿。又在后金军围城期间，戚畹中贵在京畿的"园亭庄舍，蹂躏殆尽"[2]，便一起迁怒于袁崇焕。因此，他们从各自的利益出发，合谋倾覆袁崇焕。袁崇焕成为阉党与东林党斗争的焦点。但阉党余孽名声不好，在阉党与东林党对垒中，"日与善类为仇"的温体仁，成了阉党攻击东林党的挂帅人物。

温体仁与毛文龙是同乡[3]，因文龙之死深衔袁崇焕；又曾贿赂崔呈秀，诗颂魏忠贤，被御史毛九华所劾；于是就同高捷、史垿结为心腹。当时崇祯帝恶言党争，"体仁揣帝意"，标榜自己为"孤臣"。崇祯帝觉得"体仁孤立，益向之"[4]。温体仁既受到崇祯帝的信任，又得到阉党余孽的支持，"魏忠贤遗党日望体仁翻逆案，攻东林"。机深刺骨的温体仁，先诬奏袁崇焕，"敌逼潞河，即密参崇焕"。温体仁在与其幼弟书信中说："崇焕之擒，吾密疏，实启其端。"[5]他权欲熏心，亟谋入相，所忌唯大学士韩爌与钱龙锡二人。在"体仁五疏，请杀崇焕"[6]之后，温体仁便借袁崇焕事挤去韩爌和钱龙锡而居其位。但是，阉党余孽如果没有崇祯帝的支持，他们是成不了气候的。

崇祯帝的昏庸铸成了袁崇焕的冤案。"怀宗自视聪明，而实则昏庸"[7]。尽管后金的反间和阉党的诬陷，内外呼应，同恶相济，但他们只有通过崇祯帝的昏庸才能得逞。崇祯帝即位之初，向望治平，精励图新。然而整个崇祯朝，仍是一个"主暗政昏"的时代。崇祯帝对廷臣，时信时疑，亲疏无常，"败者升官，胜者误罪"[8]。如对袁崇焕，先是晋太子太保、兵部尚书、蓟辽督师、赐尚方剑；及其入援京师，又赐玉带、彩币。当阉党的流言、后金的蜚语，灌进两耳之后，他就猜疑袁崇焕。崇祯帝将在德胜门打了败仗的满桂封赏，却将在广渠门打了胜仗的袁崇焕下狱，完全是功罪倒衡，自毁长城。

崇祯帝刚愎自用，偏听专断。阉党余孽开始权力并不大，如温体仁为礼部侍

---

① 柏宗起：《东江始末》，不分卷，钞本，北京图书馆藏。
② 文秉：《烈皇小识》，第2卷，《中国历史研究资料丛书》本，上海书店印行，1951年，上海。
③ 荆驼逸史：《袁督师计斩毛文龙始末记》，上卷，钞本，北京图书馆藏。
④ 《明史·温体仁传》，第308卷，中华书局校点本，1974年，北京。
⑤ 叶廷琯：《鸥陂渔话·温体仁家书》，第4卷，清刻本。
⑥ 余大成：《剖肝录》，载《袁督师事迹》，清道光伍氏刻本。
⑦ 《袁崇焕传》稿本，不分卷。
⑧ 《崇祯长编》，第29卷，崇祯三年十二月丁巳，台北中研院历史语言研究所校勘本，1962年，台北。

郎，高捷和史堃为御史。而东林党掌握津要，如袁崇焕入狱时的内阁大学士，除韩爌晋太傅外，李标、钱龙锡、成基命和孙承宗四人，均为东林党人。六部尚书也多为东林党人或倾向东林党人。当时阉党余孽官职低、实力弱，声名狼藉、不得人心。但是，阉党余孽紧紧地抓住崇祯帝，依靠崇祯帝，来打击东林党人。"逆案已定，王永光把持之；皆绍述逆阉之政者也。袁宏勋、高捷、史堃一辈小人，翩翩而进，以锢君子而抑之"①。他们依恃崇祯帝，彼此援引，上下交结，先拆毁东林党所依靠的长城：遵化刚失，兵部尚书王洽以"桢〔侦〕探不明"②，下狱；敌在城下，督师袁崇焕被诬为"诱敌胁款"，也下狱。与上同时，刑部尚书乔允升和工部尚书张凤翔相继落狱③。阉党余孽逐渐掌握六部的实权。继之，在温体仁和阉党攻击下，崇祯帝将东林党大学士一个一个地解职。东林党受到沉重打击，东林之祸从此益炽。开始形成以周延儒、温体仁为首的反东林新内阁。先是周延儒任首辅，"延儒柄政，必为逆党翻局"④；不久，温体仁取代周延儒，朝政越发不可收拾。

崇祯帝"太阿独操"，专制暴戾。他在平台下令逮捕袁崇焕时，东阁大学士兼礼部尚书成基命，年七十，"独叩头，请慎重者再"。崇祯帝拒不纳谏。成基命又叩头曰："敌在城下，非他时比。"⑤崇祯帝仍执迷不悟。在东林党与阉党斗争的关键时刻，崇祯帝支持阉党余孽，将袁崇焕逮捕杀害，使政局急剧逆转。另如成基命一次谏言，自辰至酉，跪在会极门外，长达十二小时未起，不足以画出崇祯帝独裁昏庸的形象吗？所以，康有为"间入长城君自坏，谗多冤狱世无穷"⑥的诗句，说明毁坏长城和袁崇焕冤案责在崇祯帝。袁崇焕愚忠，他在《南还别陈翼所总戎》诗中云："主恩天地重，臣遇古今稀"⑦；但臣忠君疑，惨遭杀身之祸。袁崇焕的冤死，不仅标志着东林党厄运的开始，而且标志着崇祯帝"新政"的结束。

袁督师下狱后，辽军将士震动极大。"袁崇焕被拿，宣读圣谕，三军放声大

---

① 《汰存录纪辨》，不分卷，《中国历史研究资料丛书》本，上海书店印行，1951年，上海。

② 《明怀宗实录》，第2卷，崇祯二年十一月辛卯，台北中研院历史语言研究所校勘本，1962年，台北。

③ 《明史·七卿年表二》，第112卷，中华书局校点本，1974年，北京。

④ 《明史·周延儒传》，第308卷，中华书局校点本，1974年，北京。

⑤ 《明史·成基命传》，第251卷，中华书局校点本，1974年，北京。

⑥ 康有为：《题袁督师庙诗》，北京图书馆善本部藏拓片。

⑦ 梁章钜：《三管英灵集》，第7卷，清道光刻本。

哭"①。关外的将士吏民,也"日诣督辅孙承宗,号哭代雪"②。钱家修冒坐牢之险写《白冤疏》,称袁崇焕"义气贯天,忠心捧日"③。后任山东巡抚的石衲曾质问道:八旗军围攻北京城时执捕袁崇焕,岂不是"兵临城下而自坏长城"吗?

"崇焕无罪,天下冤之"④。但天下的冤声,灌不进昏君的迷窍。崇祯三年(1630年)八月十六日,袁崇焕以"莫须有"的罪名,在西市被含冤碟死。藤县知县边其晋在追念袁崇焕的《藤江即事》诗中写道:"总制三边袁元素,擎天柱石人争慕;只因三字莫须有,万里长城难巩固。"⑤ 袁崇焕的冤死,不仅是他个人的不幸,而且表明东林党在政治上的再次失败。东林党在天启五年(1625年)的失败,熊廷弼被弃市;而后,"朝政混淆,诐谀成风,日以谋害诸贤为计,而国事有不可言者矣"⑥!东林党在崇祯三年(1630年)的再败,袁崇焕被碟杀;从此,"小人进而君子退,中官用事而外廷寝〔寖〕疏,文法日繁,欺妄日甚,朝廷日隳,边防日坏,今日之祸,实已(1629年)以来酿成之也"⑦!朝鲜史书对袁崇焕之死,也不乏见解,认为崇祯帝不信士流,而任佞臣,"其失在于不知人,而非士流之罪也"⑧。甚至断言:崇祯帝对"袁崇焕辈任之不终,终以此亡也"⑨!似应说明朝亡祚原因很多,但"君子尽去,而小人独存",确是明朝灭亡的一大原因。因此,袁崇焕冤狱就是给崇祯朝政治窳败作出结论。

但是,历史是由人民写的。袁督师死后,其仆人佘义士"夜窃督师尸"⑩,葬北京广渠门内广东旧义园,终身守墓不去,死葬督师墓旁。这就是佘家馆的由来。后在广东东莞修袁大司马祠⑪;在广西藤县修"明督师袁公崇焕故里"纪念碑⑫。袁崇焕受到后人同岳飞一样的敬仰:"昔岳武穆以忠蒙罪,至今冤之;督师力捍危疆

① 《崇祯长编》,第29卷,崇祯二年十二月甲戌,台北中研院历史语言研究所校勘本,1962年,台北。

② 余大成:《剖肝录》,载《袁督师事迹》,清道光伍氏刻本。

③ 钱家修:《白冤疏》,载《袁督师事迹》,清道光伍氏刻本。

④ 佚名:《明亡述略》,上卷,《中国历史研究资料丛书》本,上海书店印行,1951年,上海。

⑤ 《民国藤县志》稿本,藤县档案馆藏。

⑥ 文秉:《先拨志始》,卷上,影印本,民国九年(1920年),上海。

⑦ 《明臣奏议》,第40卷,刻本。

⑧ 《李朝纯宗实录》,第28卷,二十七年三月辛丑,日本学习院东洋文化研究所影印本,1959年,东京。

⑨ 《李朝英宗实录》,第30卷,六年十一月辛未,日本学习院东洋文化研究所影印本,1959年,东京。

⑩ 张伯桢:《佘义士墓志铭》,北京图书馆善本部藏拓片。

⑪ 民国《东莞县志》,第20卷,铅印本,民国十六年(1927年),东莞。

⑫ 笔者采访记。

而身死门灭,其得大略相似。"① 为了纪念袁崇焕,民国六年(1917年),在北京广东新义园(今龙潭湖公园内)建袁督师庙。1952年,北京市人民政府对袁崇焕祠墓重加修葺,使之"与文文山祠,并垂不朽"②!

"杖策只因图雪耻,横戈原不为封侯。"③ 袁崇焕身戎辽疆九年,其"父母不得以为子,妻孥不得以为夫,手足不得以为兄弟,交游不得以为朋友"④。明代保卫北京的民族英雄袁崇焕,披肝沥胆,跃马横戈,血洒京师,感动万世。

① 余大成:《剖肝录》,载《袁督师事迹》,清道光伍氏刻本。
② 李济深:《重修明督师袁崇焕祠墓碑记》,北京图书馆善本部藏拓片。
③ 《袁督师遗集·边中送别》,清道光伍氏刻本。
④ 程本直:《漩声记》,载《袁督师事迹》,清道光伍氏刻本。

辽西争局兵略点评

【题记】本文《辽西争局兵略点评》，发表于《故宫博物院院刊》1997年第2期。

明清之际，争局辽西。在二十二年之间，于宁锦狭短地带，明与后金—清双方集结二十余万军队，进行了中国古代史上最激烈、最残酷、最集中、最精彩的争战。争局双方，施展谋略，极尽聪慧才智。其结果，明清争局双方，不是平局言和，而是一胜一败——胜者太和金殿登极，败者退出历史舞台。乃胜乃败，原因固多。揭橥其要，首在兵略。谋略巧拙，成败系焉。兵略高下是明清辽西争局胜败的一大枢轴因素。本文讨论，旨趣在于，就其兵略，加以点评。

一

明清辽西军事之争的第一局，主要是攻守广宁。此局谋略集中表现于双方军事统帅的争战谋划及其实施。明方统帅主要为熊廷弼和王化贞；后金统帅主要为努尔哈赤。

先是，天启元年即天命六年（1621年）三月，后金军在九天之内，连下沈阳、辽阳，明在辽河以东的统治宣告结束。河东，辽镇腹心；辽左，京师肩背。明朝丢掉沈、辽，辽镇腹心失，京师肩背摇。明廷为着力挽危局，重振社稷，任命熊廷弼为辽东经略、王化贞为辽东巡抚，熊、王提出新的兵略。

熊廷弼以辽东经略，遭谗去职，回籍听勘，重被起用。天启元年（1621年）六月初一日，廷弼建三方布置策："广宁用马步列垒河上，以形势格之，缀敌全力；

天津、登莱各置舟师，乘虚入南卫，动摇其人心；敌必内顾，而辽阳可复。"[①] 八月初一日，又疏言："三方建置，须联合朝鲜。……我兵与丽兵声势相倚，与登、莱音息时通。"[②] 诚然，熊廷弼在驳疏王化贞部署时，提出"分兵防河、先为自弱，大兵悉聚、固守广宁"这一正确的兵略。时朝议多右化贞，而左廷弼。俟广宁兵败、廷弼斩首之后，物议则反之。民元以来学者所论，多赞三方布置之策。笔者盖谓不然。熊经略"三方布置策"之失：

其一，着眼于攻，疏失于守。他奏明此策之指归是："为恢复辽左，须三方布置。"[③] 时明军总的态势是，先败没于萨尔浒，继败溃于沈辽，惟战惟微，惟局惟危。在战略上已无力进攻，仅能做一个"守"字，恢复辽阳，如同化城[④]。

其二，沿河列垒，兵家大忌。河窄水浅，履冰可涉；兵多堡少，难容马步；布防河岸，兵分力散；彼骑强渡，力不能支；一营失守，诸营俱溃。

其三，天津舟师，难能入卫。在中国古代军事史上，尚无天津水师入辽败敌复土之先例。疏请天津设立巡抚，只能加强粮料补给；水师渡海作战辽南，必遭后金骑兵围歼。

其四，登莱水师，无力出击。登州与莱州的舟师，可运输、通声息，可牵制、张声势，既无力登陆攻城略地，也无助恢复辽左寸土。

其五，风声下辽，化城而已。熊经略设画天津、登州、莱州之舟师，从海上登岸，乘明军风声，下辽南诸卫，遂顺风前进，可光复辽阳。这种"化城"，海市蜃楼，虚幻而已。

其六，朝鲜之兵，难助声威。朝鲜军在萨尔浒之役，兵没帅俘，剧痛犹新。熊廷弼在疏议中，冀望朝鲜"尽发八道之师，连营江上，助我声势"，纸上谈兵，虚泛之见。

由上可见，熊经略三赴辽东，其前功可奖，忠心可嘉，雄心可钦，冤死可悯；

---

① 《明史·熊廷弼传》，第 22 册，第 259 卷，第 6696 页，中华书局校点本，1974 年，北京。

② 《明熹宗实录》，第 13 卷，天启元年八月庚午朔，台北中研院历史语言研究所校勘本，1962 年，台北。

③ 《明熹宗实录》，第 11 卷，天启元年六月辛未朔载："为恢复辽左，须三方布置：广宁用骑步对垒于河上，以形势格之，而缀其全力；海上督舟师，乘虚入南卫，以风声下之，而动其人心；奴必反顾，而亟归巢穴，则辽阳可复。"

④ 阎崇年《清净化城塔名辨正》一文，据《妙法莲华经·化城喻品第七》诠释："化城"出自佛典。化城，是指一时化作之城郭。其喻意是，一切众生成佛之所为清净宝所，到此宝所，路途遥远险恶，为恐众生疲倦退却，于途中变化一座城郭，舍宅庄严，楼阁高耸，园林葱葱，渠流淙淙，使之在此止息。众生到此止息，即灭幻化之城。文载《燕步集》，北京燕山出版社，1989 年，北京。

但其鸿猷硕略，未料彼己，浮幻不实，断难操作。如按其策行，无化贞掣肘，辽阳必不复，广宁亦必不保。

王化贞乘危时，以微功，受命为广宁巡抚。化贞进士出身，素不习兵，刚愎自用，狂言娱上。他的御敌兵略是："部署诸将，沿河设六营，营置参将一人，守备二人，画地分守。西平、镇武、柳河、盘山诸要害，各置戍设防。"① 时人已有疏驳其议者，御史方震孺即上言防河"六不足恃"——"河广不七十步，一苇可航，非有惊涛怒浪之险，不足恃者一；兵来，斩木为排，浮以土，多人推之，如履平地，不足恃者二；河去代子河不远，兵从代子径渡，守河之卒不满二万，能望其半渡而遏之乎？不足恃者三；沿河百六十里，筑城则不能，列栅则无用，不足恃者四；黄泥洼、张叉站冲浅之处，可修守，今地非我有，不足恃者五；转眼冰合，遂成平地，间次置防，犹得五十万人，兵从何来？不足恃者六。"② 所驳六条，确中肯綮。王化贞兵略的错误在于：其一，错估形势，攻守错位。明自萨尔浒败后，就军事态势而言，已显被动，转呈守势。而辽阳失陷后，三岔河西，四百余里，人烟断绝，军民尽逃，文武将吏，谈敌色变。明军已处被动局面，实无恢复辽阳之力。其二，沿河设防，甚属荒唐。河窄水浅，隆冬冰合，骑兵驰驱，瞬间可渡。后金骑兵，奋疾蛮冲，明军防线，必溃无疑。其三，无险可凭，反主为客。河滩平地，列栅无用，筑城不能，面对敌骑，失去所依，以弱迎强，野战之败，殷鉴在前。其四，兵分力弱，泰极否来。明军兵力，多于后金。但临战时，长线布防，分散兵力，反强为弱。后金军队，每逢作战，兵力集中，化弱为强。如按其策行，无经抚不和，辽阳必不复，广宁亦必不保。

同熊廷弼的"三方布置策"、王化贞的"沿河布防策"相反，努尔哈赤的兵略是：集中兵力，纵骑驰突，里应外合，速战速决。具体说来，其一，集中兵力。后金与明朝，兵员的总数，后者居于绝对优势，前者则处于绝对劣势。仅就双方军队数量而言，天命汗努尔哈赤在战略上虽为劣势，在战术上却为优势。广宁之战是继萨尔浒之战后，天命汗"集中兵力、各个击破"的又一典型战例。其二，纵骑驰突。后金军队，骑兵为主，速度迅猛，冲击力大。明军如不凭城据守，而是旷野列阵争锋，难以抵挡后金骑兵强攻。熊经略的海上舟师、王巡抚的沿河布兵，均是纸上游戏，不堪实战。其三，里应外合。举兵之要，上智用间。堡垒是

---

① 《明史·熊廷弼传附王化贞传》，第 22 册，第 259 卷，第 6697 页，中华书局校点本，1974 年，北京。

② 《明史·方震孺传》，第 21 册，第 248 卷，第 6428—6429 页，中华书局校点本，1974 年，北京。

最容易从内部攻破的。后金骑兵攻城，城坚池深，难以奏效。但天命汗巧于从对方营垒中寻找叛降者。孙得功降，广宁城陷，是天命汗继降抚顺李永芳之后，里应外合的又一典型实例。其四，速战速决。后金军队攻明，远离后方，孤军出击，长途跋涉，野外宿营，缺乏粮秣，不利久战。后金军出辽阳、渡辽河，在西平、镇武、闾阳激战获胜，进向广宁。孙得功以城降，后金军矢未离弦、兵不血刃地占领明朝辽西重镇广宁。从兵略上说，明朝广宁之失，在于主帅兵略错误；而后金广宁之得，在于统帅兵略正确。

或谓：广宁之失在于经、抚不和。诚然，经略与巡抚不和，是明朝丧失广宁的一个重要因素。但是，熊廷弼太自恃，也太愚忠。《尉缭子》曰："夫将者，上不制乎天，下不制乎地，中不制乎人。故兵者，凶器也；将者，死官也！"[①]将帅统兵与敌争战，胜则庙堂受赏，升官晋爵；败则降官受罚，甚至身死。将者既为死官，则应预为己置于身死之地，尔后方可不死。设如熊经略临危出关，身守广宁，胜或功罪相抵，败或捐躯殉国——七尺之躯，死得壮烈，庙堂受谥，名垂千古！何至传首九边，罪及妻孥子女。古今之人，皆悯廷弼；但于昏君，应用"昏着"！

广宁争战，明辽军失败的原因固多，诸如朝廷腐败、戎部昏聩、经抚不和、化贞虚妄等，但一次独立战役的胜败，主帅的谋略是争战演化否泰的枢轴。所以，熊廷弼作为广宁之役明辽军的主帅，其兵略"三方布置策"空浮虚泛，是不容辞其咎的。论者不能以怜悯熊廷弼的个人悲剧结局，而忽视对其"三方布置策"做理性的批评。

二

明清辽西军事之争的第二局，主要是攻守宁锦。此局谋略集中表现于双方军事统帅的争战谋划及其实施。明方统帅主要为高第和袁崇焕；后金统帅主要为努尔哈赤和皇太极。先是，天启二年即天命七年（1622年）正月，后金军在数天之内，外攻内谋，里应外合，未加一矢，占领广宁。明在辽河以西统治，处于风雨飘摇之中。明廷为着力挽危局，守御山海，稳固京师，任命王在晋为蓟辽经略。王在晋在明军连失沈阳、辽阳、广宁三城后，被后金军的进攻吓破了胆。他提出

---

① 《孙子·谋攻》，杜牧注，广益书局，1922年，上海。

辽东"无局可布"的悲观论调:"东事离披,一坏于清、抚,再坏于开、铁,三坏于辽、沈,四坏于广宁。初坏为危局,再坏为败局,三坏为残局,至于四坏——捐弃全辽,则无局之可布矣!"①王在晋主张尽弃关外城池寨堡土地,退守山海关的消极防御兵略。王在晋的消极防御谋略,遭到了巡边大学士孙承宗的批评。王在晋虽经孙承宗"推心告语,凡七昼夜"的规劝,仍冥顽不化。孙承宗只好上奏朝廷,免在晋职,出任督师。孙督师上任后,一方面支持袁崇焕营守宁远、整顿防务,另一方面遣总兵马文龙谋袭耀州,兵败柳河,而遭劾去职。孙承宗的柳河兵败,是明朝重攻轻守兵略的再现。孙督师的去职,既表明朝中阉党气焰的嚣张,又表明辽军主攻兵略的抬头。所以,王在晋和孙承宗都在辽东重守慎攻兵略上犯下了错误;但二者在动机、性质、程度和效果上是有区别的。孙承宗去职后,高第为经略、袁崇焕守宁远。高第任经略后,提出比王在晋更加消极的防御兵略。高第进士出身,性格"恇怯"②,较王在晋畏敌如虎更为甚之。他出任辽东经略,驻镇山海关,即谓关外必不可守,令全"撤锦州、右屯、大、小凌河及松山、杏山、塔山守具,尽驱屯兵入关,委弃米粟十余万。而死亡载途,哭声震野,民怨而军益不振"③。显然,高经略的退却防御兵略,如果得以实施,必定导致失败。但是,小官宁前道袁崇焕,敢于抗上,忠于职守,坚持凭城固守的兵略。

袁崇焕亦进士出身,但他的性格是"敢走险路,敢犯上司,敢违圣颜"④。先是,作为宁前兵备佥事的袁崇焕,对作为辽东经略的王在晋,薄其无远略;但人微言轻,争辩不得,便奏记首辅,后得到支持,营守宁远。至是,又同经略高第相争:引金启倧上书"锦、右、大凌三城,皆前锋要地,倘收兵退,既安之民庶复播迁,已得之封疆再沦没,关内外堪几次退守耶!"他力争不可,便坚持固守:"兵法有进无退,三城已复,安可轻撤?锦、右动摇,则宁、前震惊,关门亦失保障。今但择良将守之,必无他虑。"高第不听,他则誓言:"我宁前道也,官此,当死此,我必不去!"⑤袁崇焕不仅有胆识,而且有兵略。他的兵略是:主固守,慎野战,凭坚城,用大炮。

———————————

① 王在晋:《三朝辽事实录》,第 8 卷,天启二年三月,江苏省立国学图书馆据私藏本影印,1934 年,南京。

② 《明史·王洽传附高第传》,第 22 册,第 257 卷,第 6626 页,中华书局校点本,1974 年,北京。

③ 《明史·袁崇焕传》,第 22 册,第 259 卷,第 6709 页,中华书局校点本,1974 年,北京。

④ 阎崇年:《袁崇焕"死因"辨》,《历史档案》,1995 年第 4 期。

⑤ 此三则引文,均见《明史·袁崇焕传》(第 259 卷,第 6708—6709 页,中华书局校点本,1974 年,北京),笔者对标点略有改动。

同袁崇焕"主固守、慎野战、凭坚城、用大炮"的兵略相反,天命汗"集中兵力、纵骑驰突、里应外合、速战速决"的兵略,被袁崇焕所打败。天命汗号称二十万大兵的进攻,换取了宁远兵败。天命汗努尔哈赤在宁远之战中,兵略错误,具体说来:

其一,不明敌人之将。明军宁远城的守将袁崇焕,不同于守而不防的马林,守而不固的袁应泰,守而不成的熊廷弼,守而不当的王在晋,守而不稳的孙承宗;也不同于通敌失守的李永芳,玩忽于守的李如桢,出城疏守的贺世贤,攻而拒守的王化贞,弃而不守的高第[①]。袁崇焕坚持固守宁远城,以城相守,以炮相守,以军相守,以谋相守,岿然不动,终得完城。结果,后金军统帅努尔哈赤在宁远之战中,不明敌人之将,愈集中兵力,以不能击能,死伤惨重,兵败城下。

其二,不明敌人之器。明军守将袁崇焕固守宁远城的武器,不仅使用辽东其他城镇之常规械具——弓箭、火铳、佛朗机炮,而且运用了新式武器——西洋大炮。西洋大炮即红夷大炮,是英国新制造的早期加农炮,具有射程远、精度高、威力大等优长。天启初,明朝从澳门向葡萄牙购进西洋大炮,其中十一门运至宁远城御守。袁崇焕在宁远城设附台,台置洋炮,以台护炮,以炮护城。同时,经葡萄牙炮师训练的火器把总彭簪古也被派到宁远。彭簪古又培训了袁崇焕从邵武带来的仆从罗立等为炮手。在宁远之战中,袁崇焕第一次将西洋大炮用于实战。后金军统帅努尔哈赤,对袁崇焕使用新式武器西洋大炮及其性能一无所知。结果,天命汗努尔哈赤在宁远之战中,不明敌人之器,以纵骑驰突对西洋大炮,死伤惨重,兵败城下。

其三,不明敌人之军。后金军统帅努尔哈赤在历次征战中,其赖以制胜的法宝:一是纵骑驰突,二是里应外合。但袁崇焕所指挥的军队,歃血为誓,纪律严明,拒不野战,绝无内奸。努尔哈赤愈是诱其出城交锋,袁崇焕愈是凭坚城、勿野战;努尔哈赤愈是收买内奸,袁崇焕愈是查奸细、无叛民。所以,《明熹宗实录》载述:在辽东争战诸城中,独宁远"无夺门之叛民、内应之奸细"[②]。在宁远之战中,守军既闭城不出、绝不野战,又内无奸细、夺门叛民。这就使天命汗的两大法宝黯然失辉。结果,后金军统帅努尔哈赤在宁远之战中,不明敌人之军,以短击长,

---

① 阎崇年:《论宁远争局》,《故宫博物院院刊——建院七十周年纪念专刊》,紫禁城出版社,1995年,北京。

② 《明熹宗实录》,第68卷,天启六年二月乙亥,台北中研院历史语言研究所校勘本,1962年,台北。

以正制奇，死伤惨重，兵败城下。

其四，不明敌人之谋。宁前道袁崇焕守卫宁远的谋略是：主固守、慎野战、凭坚城、用大炮。但是，后金军统帅努尔哈赤没有针对彼之谋略，制定己之兵略。两军相争，谋略为上。在战前，应多算——多算胜，少算不胜，何况无算乎？天命汗努尔哈赤忘记兵法的一条基本规则：己有备，敌无备，则胜可知；己有备，敌有备，则不可为；己无备，敌有备，则败可知。努尔哈赤在宁远之战中，不明袁崇焕之谋，以老兵略、老经验、老武器、老战法，去对付袁崇焕的新兵略、新手段、新武器、新战法。结果，后金军统帅努尔哈赤在宁远之战中，不明敌人之谋，以暗制明，以愚制智，死伤惨重，兵败城下。

天命汗努尔哈赤在宁远之战中，不明敌人之将，不明敌人之器，不明敌人之军，不明敌人之谋，唯欲恃强，唯欲求胜，幸其成功，反而失败。所以，在宁远之战中，努尔哈赤"集中兵力、纵骑驰突、里应外合、速战速决"的兵略，被袁崇焕"主固守、慎野战、凭坚城、用大炮"的兵略所克。袁崇焕的兵略是努尔哈赤的兵略之克星。

天命汗努尔哈赤于宁远城兵败后不久身死，吞下其攻打宁远城错误兵略的苦果。其子皇太极未从乃父错误兵略中汲取教训，于天启七年即天聪元年（1627年），再率倾国之师，进攻宁、锦。皇太极先攻锦州不克，再攻宁远又不克，复攻锦州仍不克。此役，后金军攻城，明辽军坚守，凡二十五日，大战三次，小战二十五次，明辽军以全城奏捷，后金军以失败告终。宁锦之战，从实质上说，是袁崇焕兵略之胜、皇太极兵略之败。皇太极犯下了兵家"五忌"[①]，且比其父多吞了两枚苦果：一枚是兵不贵分——"先攻锦州、再攻宁远、复攻锦州"分兵的苦果；另一枚是兵不贵久——顿兵野外、攻坚不下、未释而避、迁延师老的苦果。

宁锦争战，后金军失败的原因固多，诸如缺乏充分准备、缺少西洋大炮、新汗地位不稳、暑热出师不利等，但一次独立战役的胜败，主帅的谋略是争战否泰演化的枢轴。所以，努尔哈赤、皇太极分别作为宁远和宁锦之战后金军的统帅，其兵略之错误，是不容辞其咎的。论者不能在以情感肯定努尔哈赤、皇太极之历史功绩时，而忽视对其错误兵略做理性的批评。

---

① 皇太极在宁锦之战中犯下的兵家"五忌"是：一为天时不合，二为地利不占，三为火器不精，四为准备不够，五为指挥不当（参见阎崇年《宁锦防线与宁锦大捷》，载《袁崇焕研究论集》，文史哲出版社，1994年，台北）。

三

明清辽西军事之争的第三局，主要是攻守塞内。此局谋略集中表现于双方军事统帅的争战谋划及其实施。明方统帅主要为张凤翼 [①] 等；后金统帅主要为皇太极。

先是，天命汗努尔哈赤攻宁远兵败；继而，天聪汗皇太极攻宁、锦又兵败。皇太极愤恨地说："昔皇考太祖攻宁远，不克；今我攻锦州，又未克。似此野战之兵，尚不能胜，其何以张我国威耶！" [②] 其时，明辽东巡抚袁崇焕建成以锦州为前锋、松山为重城、宁远为后劲的宁锦防线，并在辽西地区坚壁清野。于是，皇太极改变谋略。他对蒙古和朝鲜用兵，剪除明朝左右两翼，免去南进后顾之忧。随之，皇太极制定南进中原的新兵略：避开宁锦，绕道蒙古，插入塞内，七掠中原。

第一次是崇祯二年即天聪三年（1629 年），皇太极亲自统兵，绕过宁远、锦州和山海关，用蒙古人做向导，并取道漠南蒙古，发动第一次入口之战。后金军攻破龙井关和大安口，兵临燕京，京师戒严。后金军在德胜门、广渠门、永定门同明军激战，但因北京城高池深、京都勤王之师奔集，皇太极只好牧马南苑、祭祀金陵，掳略人口牲畜，翌春北归沈阳。留二贝勒阿敏据守永平、遵化、滦州、迁安四城，屠戮官民，掠夺财富，孤立无援，不久败归。第二次是崇祯五年即天聪六年（1632 年），皇太极出征林丹汗在回师途中，破塞攻明，进行掳掠。第三次是崇祯七年即天聪八年（1634 年），皇太极又亲自统兵，绕过宁远、锦州，远袭宣府、大同。史载其"蹂躏宣、大五旬，杀掠无算" [③]。第四次是崇祯八年即天聪九年（1635 年），皇太极为解决后勤补给，破塞攻明，肆行掳掠。第五次是崇祯九年即崇德元年（1636 年），清军入塞，耀兵京畿，饱掠而归。第六次是崇祯十一年即崇德三年（1638 年），皇太极派岳讬、多尔衮为大将军，分左右翼，破墙入塞，掠京畿，蹂冀南，渡运河，陷济南，历时半年多，俘获人畜四十六万二千三百余、黄金四千零三十九两、白银九十七万七千四百六十两。肆行残毁，翌年回师。第

---

① 此间明兵部尚书先后有：王洽、申懋用、梁廷栋、熊明遇、张凤翼、杨嗣昌、傅宗龙和陈新甲。其中清兵第一次入口时王洽在任并因此下狱死，第二和第三次入口时张凤翼在任，第四次入口时杨嗣昌在任，第五次入口时陈新甲在任，梁廷栋、熊明遇、申懋用、傅宗龙各次入口时不在任且在职时间甚短。

② 《清太宗文皇帝实录》，第 2 卷，天聪元年五月癸巳，中华书局影印本，1985 年，北京。

③ 《明史纪事本末·补遗》，第 6 卷，《东兵入口》，中华书局校点本，1977 年，北京。

七次是崇祯十五年即崇德七年（1642 年），皇太极派阿巴泰统兵入山东，俘获人口三十六万余、获牲畜三十二万余，翌年而归，因不在本文讨论范围之内而从略。

皇太极耀兵塞内，对崇祯皇帝、对中原人民是一大历史悲剧。史载：后金—清军所过，"遍蹂畿内，民多残破"；"一望荆棘，四郊瓦砾"；"畿南郡邑，民亡什九"；"荒草寒林，无人行踪"。而对皇太极、对八旗官兵是一大历史喜剧。后金—清军所过，重创明军，俘获人畜，贝勒将士，暴发致富。这对皇太极是喜悦，还是悲哀？抛开政治的、民族的、经济的、心理的因素不说，仅从兵略来说，皇太极纵兵入口作战，不是成功范例。因为：

其一，兵贵据城。用兵的目的，在于夺取城镇。城镇是彼方地域之行政、经济和文化的重心，占有它就占有或控制一方土地。后金—清军至明城堡，或则仅为空城，如崇祯十一年即崇德三年（1638 年），清军攻至遵化，遵化"守城之卒，不战自溃，时得空城三座"[①]；或则仅为屯堡，即零星镇屯和分散寨堡。后金—清军所抵明朝城镇，尽管明军腐败，也不乏兵民之抵抗者。以其第二次入口为例，所攻多不能克，劫掠小城堡，盘桓两月多，遭到明军堵截。明宣府巡抚焦源清奏本称："奴贼步步受亏，始不敢存站。……奴贼连年大举入犯，似未见如此番之踉跄者。"[②] 清军扫荡州、府、县城后，抢掠完就走，没有占据通衢大城和边塞要隘，达不到军事争战之政治目的。

其二，兵贵得民。得到土地和人民，就得到实际控制权，也得到获取贡赋的权力。后金—清军扫荡州、府、县城后，掳略大量人口，回到盛京沈阳，男人作耕农、奴仆，女人作妻妾、奴婢。这虽可补充其劳力困乏，但演出了汉民背井离乡、家破人亡的惨剧。其所掠牲畜、财帛，虽可缓解其经济之困难，但不能促进其经济之发展，达不到军事争战之经济目的。用兵之法：全国为上，其次破国，其次伐兵，其次攻城，掳掠最下。皇太极多次派兵入口，屠城、杀戮、焚毁、抢掠，这是兵略中之最下者。

其三，兵贵攻坚。宁远和锦州是后金—清要攻夺关门的障碍，皇太极两次受挫之后，不是愈挫愈奋，巧计攻坚，而是绕开坚难，入塞远袭。以其第六次入口作战为例，八旗军分作两大部，一部入边袭扰，另一部进攻锦、宁。其入边军队，先分作两翼，复析为八道，西至太行，东沿运河，逼燕京、陷济南。此路清军，虽俘获大量人口、牲畜，却达不到战略目的。其辽西军队，抵中后所，同祖大寿

---

① 《沈馆录》，第 1 卷，第 17 叶，《辽海丛书》本，辽沈书社影印本，1985 年，沈阳。
② 《明清史料》，甲编，第 1 本，第 785 页，中央研究院历史语言研究所，1930 年，上海。

军激战。清军"土默特部落俄木布楚虎尔及满洲兵甲喇章京翁克等，率众先奔。护军统领哈宁噶，甲喇章京阿尔津、俄罗塞臣等，且战且退"①。而由豫亲王多铎率领之先锋五百人，亦被祖大寿军"四面围住，扑战良久后，稍开一路，则十王仅以百余骑突阵而出"②。是知，祖大寿胜皇太极甚明。由是，清军统帅皇太极率领郑亲王济尔哈朗、豫亲王多铎等败退。可见，皇太极既定锦州、宁远为坚难，却用兵分散，以寡击众，以弱敌强，造成失利。

其四，兵贵争时。在一切财富中，时间是最宝贵的财富，时间在两军争战中更是最宝贵的财富。皇太极从天聪三年（1629年）到崇德四年（1639年），共费时十年，占其帝位生涯十七年的近三分之二的时日，而未能夺取锦州一城，是不能耶，抑不为耶？自袁崇焕死后，皇太极已于崇祯四年即天聪五年（1631年）制成红衣大炮。同年八月，皇太极用红衣大炮攻围明将祖大寿据守的大凌河城。此役，八旗军用红衣大炮攻城、破堡、打援，克大凌河城，降明将祖大寿（寻归明），并缴获明军含红衣大炮在内的大小火炮三千五百多位。实事求是地说，其时，皇太极如采取大凌河之役用红衣大炮、围城打援的战法，完全有可能较早地攻破并夺取锦州城。乘胜前进，再接再厉，亦望攻取宁远城。

综上，清崇德帝皇太极对明朝总的战略是：攻破山海关，占领北京城。于此，他经常思忖："大兵一举，彼明主若弃燕京而走，其追之乎？抑不追而竟攻京城，或攻之不克，即围而守之乎？彼明主若欲请和，其许之乎、抑拒之乎？若我不许，而彼逼迫求和，更当何以处之？倘蒙天佑，克取燕京，其民人应作何安辑？"③为着实现皇太极上述战略目标，汉人降附生员杨名显、杨誉显等条奏急图、缓图和渐图三策：急图之策——先攻燕京。燕京乃天下之元首，天下乃燕京之股肱，未有元首去而股肱能存者；缓图之策——先取近京府县。府县乃京都之羽翼，京都乃府县之腹心，未有羽翼去而腹心能保者；渐图之策——拓地屯田，驻兵于宁、锦附近地方。耕其田土，时加纵掠，使彼不得耕种，彼必弃宁、锦而逃矣，宁、锦一为我有，山海更何所恃，山海既得，我自出入无阻④。以上三策，虽有道理，但有隙阙，均不完善。回顾历史，看得更清。皇太极第一次入口作战，千里绕袭，避实击虚，出其不意，攻其不备，破墙入塞，直捣京师，可谓"实有超人

---

① 《清太宗文皇帝实录》，第44卷，崇德三年十一月己未朔，中华书局影印本，1985年，北京。

② 《沈馆录》，第1卷，第19叶，《辽海丛书》本，辽沈书社影印本，1985年，沈阳。

③ 《清太宗文皇帝实录》，第22卷，天聪九年二月戊子，中华书局影印本，1985年，北京。

④ 《清太宗文皇帝实录》，第22卷，天聪九年二月己亥，中华书局影印本，1985年，北京。

之创意"①。此举,或可称为急图之策。但明朝京师,城高兵众,国力雄厚,后金攻打,并非"如石投卵之易"。皇太极后三次缓图之攻,均在关内,站不住脚,纵掠而归,燕京亦非"不攻而自得"。皇太极第四次既派兵入口,又带兵攻宁、锦:于前者,仍蹈旧辙;于后者,兵挫而归。所谓渐图之策,明军不会自弃锦州,更不会自弃宁远;清军则不会"不劳而收万全者也"。所以,以上急图、缓图、渐图三策,书生之见,不中用也。那么,清军统帅皇太极正确的兵略应如何呢?

皇太极应于崇祯四年即天聪五年(1631年),在大凌河取胜之后,集中兵力,乘威南进,筑城屯田,长久计议,以施红衣炮、围城打援的战术,围锦州,攻宁远,奋力拼打,逐个击破,但此机错过。崇祯十四年即崇德六年(1641年)七月至崇祯十五年即崇德七年(1642年)四月,皇太极取得松锦大战的全胜。他如乘己之锐、趁彼之虚,用"围锦打松"之兵略,围攻宁远,逐节推进,兵叩关门;那么,攻破山海关,问鼎北京城,登上金銮宝殿者,可能是皇太极,而不是李自成。但是,主帅的谋略是争战否泰演化的枢轴。乃父乃子宁远两次兵败的"魔影",始终笼罩在皇太极的头上。因而,皇太极松锦大捷后第七次派大军入口,继续其兵略之错误。由是,皇太极与紫禁城的金銮宝座,庄田有缘,失之交臂。

尽管,皇太极"入口作战"的兵略,清史研究者多加以肯定;但是,余盖不以为然,从战略上说,皇太极"入口作战"的兵略,是其军事谋略艺术中的败笔。

四

明清辽西军事之争的第四局,主要是攻守松锦。此局谋略集中表现于双方军事统帅的争战谋划及其实施。明军统帅为洪承畴,清军统帅为皇太极。

清崇德帝皇太极的八旗军,在十年之间,曾七次入塞,虽予关内明军以重大杀伤,但对关外辽西明军未做决战。后乾隆帝总结历史教训时曰:"山海关,京东天险。明代重兵守此,以防我朝。而大军每从喜峰、居庸间道内袭,如入无人之境。然终有山海关控扼其间,则内外声势不接;即入其他口,而彼得挠我后路。故贝勒阿敏弃滦、永、遵、迁四城而归。太宗虽怒遣之,而自此遂不亲统大军入

---

① 《中国历代战争史(十五)》(修订一版),第205页,黎明文化事业股份有限公司出版,1979年,台北。

口。所克山东、直隶郡邑，辄不守而去，皆由山海关阻隔之故。"① 其实，早已有智者疏谏，先取山海关、后夺北京城的兵略。皇太极未撷取其合理的内核，而以"未协军机"② 拒之。至是，十年时间耗过，锦州未下，宁远未破，榆关未攻，从军事地理说，可谓寸土未进。此时，皇太极始采取十年前应行的战略：夺取锦州、兵叩关门，问鼎燕京、入主中原。于是，皇太极决定围困辽左首镇锦州。锦州总兵祖大寿告急，明廷派洪承畴率军解围，这就爆发了明清松锦之战。明军总督洪承畴与清军统帅皇太极，在松锦会战的军事舞台上，各以其兵略奇正，导致各自的胜败。

洪承畴，万历进士，崇祯帝以其知兵，命为兵部尚书、督关中军务。洪承畴同农民军作战，屡战辄胜。李自成潼关兵败，仅十八骑走商洛。后清军屯筑义州，围困锦州。明廷命洪承畴为兵部尚书、总督蓟辽，调集八总兵、十三万步骑、四万马匹并足支一年粮料于宁远，以解祖大寿锦州之围。明军与清军展开松锦会战，结果——洪承畴兵败被俘，皇太极获得全胜。明军是役失败的原因，论者或谓"庙堂趣兵速战"，或谓"将领不听调遣"，皆轻论洪承畴兵略之失。洪总督议用持久之战，从宁远到锦州建立一条饷道，以救援锦州。有学者概括其兵略为"步步为营，且战且守，待敌自困，一战解围"③。上述兵略，何得何失？且看清汉军固山额真石廷柱给崇德帝皇太极的条奏："明援兵从宁远至松山，带来行粮，不过六七日，若少挫其锋，势必速退，或犹豫数日，亦必托言取讨行粮而去。我军伺其回时，添兵暗伏高桥，择狭隘之处，凿壕截击，仍拨锦州劲兵尾其后，如此前后夹攻，糗粮不给，进退无路，安知彼之援兵，不为我之降众也！"④ 皇太极采纳了石廷柱的建议。洪承畴的兵略，落入皇太极之彀中。洪承畴在松锦会战中，兵略之失，条析如下：

其一，轻进顿师，设计失律。兵贵拙速，不贵巧久。速虽拙，可迅胜；久虽巧，斯生患。洪承畴于崇祯十二年即崇德四年（1639年）正月，受命为蓟辽总督。翌年五月，洪总督简锐集饷，出山海关。崇祯十四年即崇德六年（1641年）三月二十一日，洪承畴会八镇——宁远总兵吴三桂、大同总兵王朴、宣府总兵李辅明、

① 魏源：《圣武记·开国龙兴记三》，第1卷，第32页，中华书局校点本，1984年，北京（参见《清高宗纯皇帝实录》乾隆四十三年九月丁亥朔）。

② 《清太宗文皇帝实录》，第18卷，天聪八年五月丙申，中华书局影印本，1985年，北京。

③ 李新达：《洪承畴》，王思治主编《清代人物传稿》上编，第2卷，第300页，中华书局，1986年，北京。

④ 《清太宗文皇帝实录》，第56卷，崇德六年七月丁酉，中华书局影印本，1985年，北京。

密云总兵唐通、蓟州总兵白广恩、玉田总兵曹变蛟、山海总兵马科、前屯卫总兵
王廷臣的兵马于宁远。宁远距锦州，逶迤百多里。洪总督设谋：建立饷道，步步
为营，边战边运，济援锦州。但是，时不尔待。同月二十四日，清济尔哈朗等克
锦州外城①。清军又于锦州内城，环城而营，深沟高垒，重兵紧围，绝其出入。时
锦州内外交困，亟待解救。直至七月二十八日，洪承畴援锦之师，才驻营松山。
宁远距松山，才百余里；而拖宕时日，四个多月。其时，承畴出关，用师年余，
宁远会师，亦逾四月，顿兵耗饷，锦围未解。作为崇祯皇帝、兵部尚书，见到锦
州求援急报，趋洪进师，当无大错。洪承畴旨在解围，却计设巧久，轻进顿兵，
延缓时间，老师靡饷。

其二，部署失误，决战失机。洪总督亲自率兵六万先进，以诸军居后继之；
大军抵松山，却布兵分散：以骑兵绕列松山城之东、西、北三面，步兵在乳峰山
至松山道中，分屯为七营，并卫以长壕。明军到位后，即同清军激战。据《清太
宗实录》记载：清军右翼郑亲王济尔哈朗失利，山顶两红、镶蓝三旗驻营之地为
明军所夺，"人马被伤者甚众"②。又据《李朝仁祖实录》记载："九王阵于汉阵之东，
直冲汉阵，不利而退。清人兵马，死伤甚多。"③是役，清军失利，几至溃败。宜
乘彼困待援，鼓锐奇突救锦。其时，祖大寿数次督兵突围。洪总督如组织松山军
同锦州军南北夹击，战局便会主动。时赞画马绍愉建议："乘锐出奇"，夺取大胜；
兵道张斗也建议：防敌抄后，以免被动。将之智者，机权识变。但洪承畴不通机
变，轻蔑地说："我十二年老督师，若书生何知？"④智者不后时，谋者不留缺。洪
承畴在松山会战的关键时刻，"阵有前权，而无后守"⑤，既后时，又留缺，错过决
战机会，留给敌人空缺。

其三，帅才不周，战必隙缺。皇太极在清军松山失利，态势紧急危难之时，
以"行军制胜，利在神速"，不顾病患⑥，急点兵马，亲率援军，疾驰五日，自沈
奔松，立营待战。八月十九日，清军统帅皇太极在松山附近戚家堡驻营后，即举

　　① 《清太宗文皇帝实录》，第 55 卷，崇德六年三月壬寅，中华书局影印本，1985 年，北京。
　　② 《清太宗文皇帝实录》，第 56 卷，崇德六年七月乙酉，中华书局影印本，1985 年，北京。
　　③ 《李朝仁祖实录》，第 42 卷，十九年十月庚戌，日本学习院东洋文化研究所影印本，1959 年，
东京。
　　④ 谈迁：《国榷》，第 97 卷，第 5903 页，中华书局影印本，1958 年，北京。
　　⑤ 计六奇：《明季北略》，第 38 卷，《洪承畴降清》，中华书局，1984 年，北京。
　　⑥ 《清太宗文皇帝实录》，第 57 卷崇德六年八月壬戌："上行急，鼻衄不止，承以椀，行三日，
衄方止。"

行诸王贝勒大臣会议，共议攻守之策。皇太极的军事重点是：围困锦州，打击松山。其兵略是：围城打援，横堑山海，断彼粮道，隘处设伏，邀其退路，纵骑驰突。翌日，皇太极指挥并完成穿越松杏通道、直至海角大壕，置明军于包围之中；切断明军粮源，阻隔明军饷道；并在明军从杏山撤往宁远通路之要隘——高桥和桑噶尔寨堡设伏，候其通过，扼险掩杀。洪总督未以己之长，悉锐决战，速解锦围；反以己之短，予彼机会，批亢捣虚。皇太极利用洪承畴的短阙，断其粮食之源，置其死亡之地。

其四，自断粮料，反资于敌。洪总督由宁远进军松山时，命将粮料储于塔山附近海面的笔架山上；但未设重兵御守。军兵自带行粮，仅够数日食用。他忘记了"赤眉百万众无食，而君臣面缚宜阳"的惨痛历史教训。粮食为军中命脉，切不可等闲视之。愚将，粮资于敌；智将，粮取于敌。清军统帅皇太极则采取派军断其粮道、夺其粮仓的釜底抽薪之计。二十日，皇太极派阿济格率军攻塔山，夺取了明军在笔架山存储的粮料十二堆，并令各牛录派甲士运取之。粮未运锦州，反资于敌食。松山之粮，不足三日。明军储粮被夺，所带行粮将罄。欲野战，则力不支；欲坚守，则粮已竭：全军将士，一片恐慌。

其五，事权不专，号令不一。清军断粮包围，明军极度惊慌。大敌当前，堑垒困围，岂有退师就食之理？二十一日，洪承畴决定次日突围，诸将不愿拼战。洪氏未能专号令、临机果断，斩懦将、稳住阵脚；而左顾右盼、计无所出，自乱其军、自去其胜。当夜，总兵王朴先遁，顿时步骑大乱。尔后，吴三桂、唐通、马科、白广恩、李辅明等五总兵带所部沿海迭退。总兵曹变蛟率军直突清军御营，中创遁还松山城，同洪承畴、王廷臣带兵万人困守。冲围的各部明军，遭到清军的追击、截击、伏击和横击。清军纵骑，横扫明军。明军官兵，或被逼涉海、尽没于潮，或遭蹂躏、不可胜计。二十六日，退到杏山的吴三桂和王朴，率余部冲出，欲奔向宁远。退至高桥，中伏，溃败。短短六天，松山一带，十万官兵，覆没殆尽。遍野死伤狼藉，海上浮尸蔽涛。所余败兵，部分逃入松山城，部分遁向宁远城。

其六，不谙彼己，敌何自困？洪承畴作为明辽军总统帅，既不料己，内部出现叛将，夏成德密约清军登城，松山城陷；又不料彼，清军后方辽阔，筑城屯田义州，围困锦州经年。锦州外城已陷，内城被围数重。洪承畴何以将明军拖疲、甚至拖垮？明军不去解围，清军不会自困。洪总督所谓"待敌自困，一战解围"之议，大言媚上，自欺欺人。明军松山败后，洪承畴率败兵万余，缩守松山城。

松山、锦州、杏山、塔山，四座重城，均被围困，援兵无望，粮食且绝。翌年二月，松山城陷，洪氏降清。三月，锦州守将祖大寿举城投降。四月，杏山与塔山，亦相继失陷。洪承畴的错误兵略，使明军丧失辽左四城，损失约十五万军队[①]。松锦之捷，是皇太极一生军事艺术中最精彩的杰作，也是中国军事史上围城打援的范例。松锦之败，既是明朝在辽西损失了最大的一支精锐军队；也是明朝在关外损失了最后一支精锐军队。从而，打破双方长达二十年之久的辽西军事僵局，清军开始新的战略进攻。

其七，合兵解围，合而未齐。史学家谈迁总结辽东两大决战明军失败原因时说："自辽难以来，悬师东指，决十万之众于一战，惟杨镐与洪氏。镐分兵而败，洪氏合之亦败。"[②]杨经略分兵之败，原因在于：兵分四路，彼此分隔，分而未合，各被击破；洪总督合兵之败，原因在于：兵会八镇，合而不齐，前众后寡，有正无奇。虽有八镇之兵会合，但合而不能齐一。虽有步兵立营、骑兵列阵，但无后援机动、奇著制胜。两军对垒，兵力相当，布设奇伏，智者之优。前述笔架山粮食被劫，是一例证；吴三桂、王朴率败兵自杏山奔宁远，皇太极先于高桥、桑噶尔寨堡设伏兵，果然吴、王中伏，两员总兵，仅以身免，是又一例证。洪承畴不得不吞下统兵时兵合而不相齐、首尾而不相及和布阵时无奇兵、无后守的苦果。

其八，进退失时，尤怨庙算。洪总督在进军时，兵部尚书陈新甲以"师老财匮"而令其尽速进兵；所派监军郎中张若麒亦报请"密敕趣战"。崇祯皇帝朱由检和兵部尚书陈新甲，其别的误失姑且不论。然而，总督出关，用师年余，费饷数十万，锦围却未解。况且，洪承畴顿兵宁远达数月之久，却不速解锦州燃眉之急，趣之促之，情理宜然。这不能成为其失败的遁辞。兵部尚书、总督蓟辽洪承畴，身为松锦之战的明军统帅，当有权临机决断。《孙子》曰："将能而君不御者胜。"李筌注曰："将在外，君命有所不受者胜，真将军也！"《孙子》又曰："战道必胜，主曰无战，必战可也；战道不胜，主曰必战，无战可也。"张预注曰："苟有必胜之道，虽君命不战，可必战也；苟无必胜之道，虽君命必战，可不战也。与其从令而败事，不若违制而成功。"[③]此役，洪总督并不是"真将军也！"洪承畴谋略不

① 明军八镇总兵数十三万余人，被困在锦州者约二万余人，总计约十五万人。清军的总兵数，计六奇《明季北略·洪承畴降大清》说有二十四万人，实际上没有这么多；《清太宗实录》没有记载其兵数；据估算，是役清军总数包括满洲、蒙古、汉军八旗以及征调的蒙古兵马等约十二三万人。双方投入的总兵力接近三十万人。

② 谈迁：《国榷》，第 97 卷，第 5904—5905 页，中华书局影印本，1958 年，北京。

③ 《孙子·谋攻》、《孙子·地形》，广益书局，1922 年，上海。

周，轻进顿师，进不能突围，退不能善后，刚愎自负^①，拒纳善谏，兵败疆场，垂
辫降北。

由上可见，明清松锦之战，明朝方面——总督成擒，全军败殁；清朝方面——
连克四镇，获得大胜。就兵略而言，其关键在于明军统帅洪承畴兵略之错误，清
军统帅皇太极兵略之正确。一次独立战役的胜败，主帅的谋略是争战否泰演化的
枢轴。所以，洪承畴作为松锦之役明军的统帅，其兵略之错误，是不容辞其咎的。
所谓松锦兵败"主要并非洪承畴的过失"和"败是正常的，不败是不可能的"之
论断，颇有商榷余地。洪承畴在《明史》中无传，在《清国史》中也无传，在《清
史列传》中才有传。清人在其传记中多有讳饰，论者多忽视对其错误兵略做理性
的批评。洪承畴的松锦兵败，产生了深远的历史影响。明朝与后金—清自万历四
十六年即天命三年（1618 年）抚顺第一次交锋，至崇祯十七年即顺治元年（1644
年）清军入关前，近三十年间，曾发生大小百余次争战，但对明清兴亡产生极其
深远影响的主要是三大战役，这就是萨尔浒之战、沈辽之战和松锦之战。萨尔浒
之战是明清正式军事冲突的开端，标志着双方军事态势的转化——明辽军由进攻
转为防御，后金军由防御转为进攻；沈辽之战是明清激烈军事冲突的高潮，标志
着双方政治形势的转化——明朝在辽东统治的终结，后金在辽东统治的确立；松
锦之战是明清辽东军事冲突的结束，标志着双方辽西军事僵局的打破——明军顿
失关外的军事凭借，清军转入新的战略进攻，为定鼎燕京、入主中原奠下基础。

明清辽西争局的历史事实表明，熊廷弼在广宁之战中的"三方布置策"，是一
个空泛的兵略，它是导致明军广宁之败的重要因素。努尔哈赤在宁远之战中的"硬
拼蛮冲"，是一个鲁莽的兵略，它造成了天命汗宁远兵败、病发身死。皇太极在入
口诸战中的"远袭掳掠"，是一个野蛮的兵略，它使崇德帝失去中原民心，错过燕
京登极机会，铸成其终生之憾。洪承畴在松锦之战中的"轻进顿师"，是一个愚骀
的兵略，从而导致明军松锦兵败。

由是，可以得到历史的启示：在帝制时代，一个军队，一个民族，一个国家，
其胜败，其荣辱，其盛衰，虽原因复杂，但并不多极。一个军队的兵略，一个民
族的政略，一个国家的方略，对这个军队的胜败，对这个民族的荣辱，对这个国
家的盛衰，有着极其重要的意义。但是，军队的兵略、民族的政略、国家的方略，
在很大程度上取决于这个军队的统帅、这个民族的领袖、这个国家的君主。因此，

---

① 《李朝仁祖实录》，第 42 卷，十九年九月甲午："军门洪承畴，年少自用，不听群言，以至于
败。"

要取得军事的胜利，就要有一个优秀的统帅及其好的兵略；要取得民族的繁荣，就要有一个杰出的领袖及其好的政略；要取得国家的强盛，就要有一个英明的君主及其好的方略。在这里，民众巨大力量不容忽视，但需要有一定的条件，这个历史条件，本文不做讨论。

论满学

【题记】本文《论满学》，初以《满学：正在兴起的国际性学科》为题，系1992年在北京前门饭店举行的首届国际满学研讨会上的论文。文中第一次阐述满学的定义、条件、特征、意义，载于《满学研究》第一辑，吉林文史出版社，1992年。又载于《北京社会科学》，1993年第1期。

满学是近年来国内外人文科学中正在兴起的一门国际性的学科。兹就满学的定义、条件、衍变、现状和前瞻，浅述管见，冀求探讨。

一

在人文科学的诸多学科中，满学算是一门比较新兴的学科。满学作为一门新兴的独立学科，它的定义，诸多方家，各申所见。简括而言，关于满学定义诸说，以其界说的范围来划分，有狭义与广义之别。美国夏威夷大学的陆西华（Roth Li）博士认为：用满文作满洲研究之学，叫作满学[①]。这个满学定义，以其研究者是否用满文作为研究手段，来规约满学的界定。无疑，用满文研究满洲之学，应是满学。然而满学定义应揭示概念内涵及其外延的逻辑关系，指明概念所反映对象的本质属性。但上述满学界说，未能揭明满学所内含的逻辑关系，也未能揭明满学所反映的本质属性。按照上述的满学定义，不仅会将绝大部分不用满文作手段，而研究满洲历史文化和研究清代历史的学术成果，摒除在满学的学科之外；而且会将绝大多数不用满文作手段，而研究满洲历史文化和研究清代历史的专家学者，

---

① ［美］陆西华：《美国的满洲学》，美国夏威夷大学，1989年，夏威夷。

排除在满学的学者专家之外。显然，用满文研究满洲之学而叫做满学，应是满学的狭义界定。

同满学狭义界定相并行的是满学广义界定。满学的广义界定，是从满学所反映对象的发展变化中，全面地探究其内在联系，从而具体地揭示其本质特征。由是说，我认为：满学（Manchuology）即满洲学之简称，是主要研究满洲历史、语言、文化、八旗、社会等及其同中华各族和域外各国文化双向影响的学科。在这里，研究满洲历史、语言、文化、八旗、社会和宗教等，是满学定义的内涵与核心；研究满洲同中华各族和域外各国文化双向影响，则是满学定义的外延与展伸。它的内涵与外延，可分作三个层次，加以具体的阐述。

第一，满学主要是研究满洲的历史、语言、文化、八旗、社会和宗教等。满洲族群体是满学研究的基本文化载体。满学研究对象的核心与重点，是满洲自身的悠久历史、丰富语言、灿烂文化、八旗制度和有机社会及其变化演替、内外联系。这正如藏学研究藏族的历史、语言、宗教、文化和社会，蒙古学研究蒙古族的历史、语言、宗教，文化和社会一样。但满洲族曾建立过清朝，缘此便产生满学与清史的关系问题。应当说，满学与清史是两个既各自独立、又互相关联的学科。清史，主要是研究有清一代的断代历史；满学，主要是研究满洲的历史、语言、文化、八旗、社会和宗教等。在二者之间，既相联系，又相区别。满学与清史的区别甚多，以纵向而言，满学涵盖的时间比清史长，它上则探究满洲先世源流，下则研究满洲于辛亥鼎革之后、直至当代；以横向而言，满学涵盖的空间与清史略同，但二者研究的重点和角度不同。如在清代中国有诸多民族，它们都是清史研究的对象；满洲同中国诸多民族的关系，则是满学研究的对象，且其时间比清史更上推、更下延。由此可见，满学研究的内核，是满洲历史、语言、文化、八旗、社会和宗教等的发展变化及其内在联系。这是满学区别于清史的基本特征和本质属性。

满学不仅研究满洲内在自身的历史、语言、文化、八旗、社会和宗教等，而且研究满洲外在相关的联系——满洲同中华各族和域外各国的文化联系，即满学界说的外延。其相关联系，略分述如下。

第二，满学也研究满洲同中华其他兄弟民族文化的相互影响。中国现有五十六个民族，其中汉族人口最多、住区最广、历史最悠久、文化最发达。除满族之外，还有五十四个少数民族。满族同汉族有着久远的历史文化渊源，彼此间的文化影响至远、至广、至深。满族吸收大量汉族文化，又以自身文化影响着汉族文化，例证之多，繁不胜举。在关外地区，满族同蒙古族、朝鲜族、锡伯族、达斡尔族、鄂伦春族、鄂温克族、赫哲族等少数民族为邻，彼此间文化交往密切。满文的创制借用蒙古文字母，即是一例。在关内地区，满族同藏族、维吾尔族、回族和壮族等，都有着密切的文化交流。《五体清文鉴》的纂修刊行，又是一例。总之，清军入关，定鼎燕京，有清一代，近三百年，满族在中华各族中居于主导地位，它同中华各族文化的撞击与融合，有着质的飞跃。因此，满学应当研究满洲同中华各族文化的互动作用和双向影响。

第三，满学亦研究满洲同域外各国文化的双向交流。早在清军入关之前，满洲同朝鲜已编织成政治与军事、经济与文化、民族与社会的关系网络，《李朝实录》《建州纪程图记》和《建州闻见录》等官私文献，载记大量女真—满洲史料，是个明显的例证。满洲入主中原后，满洲文化同域外各国文化发生交往。东亚的日本、朝鲜、越南、泰国、缅甸和尼泊尔等国，同满洲文化的交流至为密切。中亚和西亚的邻邦诸国，同满洲文化的交往亦然。至于西方诸国，先是一些耶稣会士，研习满文，出入宫廷，将西方文化传介给满洲，又将满洲文化传播给西方。顺治时德意志人汤若望（Johann Adam Schall von Bell），康熙时法兰西人张诚（Joan Francois Gerbillon）的《满洲语入门》和雷孝思（Jean Baptiste Regis）等勘测绘制的《皇舆全览图》（原稿今藏巴黎法国外交部古文图书馆），乾隆时法兰西人钱德明（Jean-Joseph-Marie Amiot）编的《满洲文法》和《满法辞典》、俄国人柴哈洛夫（Zaharoff）编的《满俄辞典》和《满洲文典》等，架起了满洲文化同西方文化交流的桥梁。在亚洲日本、韩国，在美洲美国，在欧洲英国、法国、俄罗斯、德国、荷兰和意大利等国的图书馆，收藏着满文图书档案。近代以来，清朝帝国与西方列强交涉日增，满洲文化同西方文化的双向影响更多。因此，满学研究的一个重要内容，是中国满洲文化同域外各国文化的互动交流。

上述满学界说狭义与广义之分，前者侧重于研究手段，后者侧重于研究对象。满学是一门综合性的学科，它的研究手段丰富而多样，语言仅为其一。在语言研究手段中，国内除满语外尚有汉语、藏语、蒙古语、维吾尔语、哈萨克语等多种语言，国外亦有日本语、朝鲜语、英语、法语、德语、俄语、意大利语、西班牙语和葡萄牙语等。无疑，应当运用多种语言、尤其是满语作为满学研究的手段。但是，应将满学的研究对象与研究手段，紧密相连，有机统一。总之，应当运用满文、汉文及其他民族文字和外国文字，作为满学研究的语言学手段，向人文科学中的独立学科——满学研究之广度与深度开拓发掘，做出新的成绩。

二

满学作为人文科学中一门独立学科，有其历史性与现实性之统一，理论性与实践性之统一。或言：中国现有五十五个少数民族，是否每个少数民族都要建立一门独立学科？至于诸多少数民族，应否建设独立学科，本文不做讨论。然而，一个民族建立一门学科，必定有其学科设立条件。满学之所以成为人文科学中一门独立的学科，是因为有其学科建立的条件与基石。

第一，满族历史悠久。满洲"朱果发祥，肇基东土，白山黑水，实古肃慎氏之旧封"①。满族的衍进，从其先世肃慎算起，已有三千余年历史；从其先人唐末女真算起，已有一千余年历史；从十七世纪初满洲族共同体形成算起，也已有三百余年历史。满洲族的族名，天聪九年（1635 年）十月十三日（11 月 22 日），天聪汗皇太极谕称："我国原有满洲、哈达、乌喇、叶赫、辉发等名，向者无知之人，往往称为诸申。夫诸申之号，乃席北超墨尔根之裔，实与我国无涉。我国建号满洲，统绪绵远，相传奕世。自今以后，一切人等，止称我国满洲原名，不得仍前妄称。"②至于上文中，诸申与满洲之关系，这里姑不讨论。但是，皇太极汗谕将女真改称满洲，这标志着满洲族作为一个正式族名，开始出现在中华大地和人类史册上。此后不久，清朝建立，移鼎燕京，满洲族进入了其民族发展史上最为辉煌的时期。

第二，满族建立清朝。在我国少数民族中，鲜卑、党项、契丹等都曾建立过民族政权，但为时短暂，局处一隅，至多是半壁河山。在我国五十五个少数民族中，建立过中华大一统政权的，只有蒙古族和满洲族。蒙古族崛起大漠，入主中原，建立元朝，奄有华夏，仅享祚九十八年。满洲族崛兴东北，清军入关，迁鼎燕京，统一全国，从关外后金算起则享祚二百九十六年。清代的康、雍、乾"盛世"，中华版图东临大海，西北至巴尔喀什湖，南及曾母暗沙，北达外兴安岭，约有一千四百万平方公里国土。强盛的清帝国屹立于亚洲东部，成为当时世界上最强大的中华多民族大一统的封建帝国。道光年间，中华人口达到了四万万。但是，此期的西方世界，英国发生资产阶级革命，美国爆发独立战争，法国完成资产阶级革命，德意志实现国家统一，俄国彼得大帝实施改革，尔后东方日本有明治维

① 《四库全书总目·满洲源流考提要》，第 68 卷，第 604 叶，中华书局影印本，1965 年，北京。
② 《清太宗文皇帝实录》，第 25 卷，天聪九年十月庚寅，中华书局影印本，1985 年，北京。

新，都取得积极的成果。在满洲族居于民族主导地位的十七、十八、十九这三个世纪，恰是西方世界近代化的三个世纪，也是中国近代社会发生巨变的三个世纪。作为清代主导民族的满洲族来说，因何崛起、强盛？因何保守、拒变？又因何衰落、败亡？一个只有几十万人口的满洲族，却能牢固地统治着数十个民族、几万万人口、千余万平方公里土地的大帝国，竟长达二百六十八年，其枢机何在？这个中国历史与世界历史的"司芬克斯之谜"，是需要认真研究并加以破解的。

第三，满族文献宏富。明万历二十七年（1599 年），努尔哈赤命额尔德尼巴克什等，创制满语的文字符号——满文，即无圈点满文或老满文。天聪六年（1632年），皇太极又命达海巴克什等，对无圈点老满文加"圈"添"点"，作出改进，加以完善，后称之为加圈点满文或新满文。在后金时期，满洲人说满语、行满文。清迁都燕京之后，满语和满文成为清朝重要的官方语言和文字。在顺、康、雍三朝，凡属军政要务，皆以满文书写；在乾、嘉、道三朝，重要军报以满文书写，例行公文多用满文与汉文合璧书写；在咸、同、光、宣四朝，虽汉字公文日益增多，但整个清朝定制，满语和满文仍为官方的语言和文字。因此，清代留下大量的满文档案和图书。满文档案分藏在中国第一历史档案馆、中国第二历史档案馆、辽宁省档案馆、吉林省档案馆、黑龙江省档案馆、内蒙古自治区档案馆等，台北故宫博物院和中研院史语所也存有大量珍贵的满文档案。而日本、韩国、蒙古国、美国、法国、俄罗斯、英国、德国、意大利、荷兰、丹麦以至梵蒂冈等，都有满文档案和满文珍籍的收藏。仅中国第一历史档案馆即藏有《满文档案目录》一百零七册，档案一百五十二万八千二百二十八件（册）。内分为八个全宗——军机处、宫中、内阁、宗人府、黑龙江将军衙门、宁古塔副都统衙门和珲春副都统衙门全宗。满文翻译的文史书籍，史书有《辽史》《资治通鉴纲目》等，小说有《三国演义》《水浒传》《西厢记》《金瓶梅》和《聊斋志异》等。据统计，中国大陆现存满文图书一千余种；还有大量满文碑刻拓片等。满族在文学、曲艺、书画、乐舞、服饰、礼俗、宗教、建筑、园林等方面，都具特色，引人注目。这是中华宝库中、也是人类宝库中的巨大而绚丽的民族文化财富。

第四，满族人口众多。全国各省、直辖市、自治区，都有满族人居住。他们住居特点是"小集中、大分散"，主要分布在北京市、辽宁省、河北省、黑龙江省和吉林省。在满族聚居的地区设置满族自治县、民族乡（镇）。中国现有十三个满族自治县，即辽宁省的新宾、岫岩、凤城、本溪、桓仁、宽甸、清原、北镇，吉林省的伊通，河北省的青龙、丰宁、宽城和围场①，全国还有三百余个满族乡（镇）。全国满族人口，据 1990 年全国人口普查统计资料，共为九百八十五万一千零九十三人。中国满族人口分布，列表统计如下②：

中国满族人口分布表

分布	辽宁	河北	黑龙江	吉林	内蒙古
人数	4954217	1735203	1191577	1054535	460517
分布	北京	河南	天津	山东	新疆
人数	165043	51519	31345	19552	18585
分布	贵州	甘肃	宁夏	陕西	山西
人数	16844	16701	16563	13618	13319
分布	湖北	四川	青海	广东	云南
人数	12657	12195	8527	7065	7044
分布	江苏	广西	安徽	湖南	福建
人数	6008	5914	5514	5446	5329
分布	上海	江西	浙江	海南	西藏
人数	4236	4185	2720	627	717
分布	解放军				
人数	4317				
总计	9851093				

这尚未包括中国大陆漏报的满族人口和台湾、香港、澳门的满族人口。据估计，我国满族人口超过一千万。这在中国大陆五十五个少数民族人口中，列壮族之后而居第二位。统计资料还表明，满族人口增长较快，1990 年比 1982 年增长百分之一百二十八点一八，平均每年增长百分之十点八六。民族人口统计说明，拥有上千万人口的民族，在中国五十六个民族中，只有汉族、壮族和满族三个民族；在世界两千多个民族中，也只有六十多个民族。因此，人口众多的满族，不仅在中国是个大的民族，而且在世界也是个大的民族。

第五，满文特殊价值。满语属阿尔泰语系满—通古斯语族。属于这个语族的语言，主要有中国的满语、锡伯语、赫哲语、鄂温克语、鄂伦春语，俄罗斯的埃

① 围场为今河北省承德市满族蒙古族自治县。
② 国务院人口普查办公室、国家统计局人口司编：《中国 1990 年人口普查资料》，第 1 册，第 305 页；《省、自治区、直辖市各民族人口数·满族》，第 4 册，第 496 页，《中国人民解放军现役军人的民族构成·满族》，中国统计出版社，1993 年，北京。

文基语、埃文语、涅基达尔语、那乃语、乌利奇语、奥罗克语、乌德语、奥罗奇语等。上述诸语言中的文字，最早为十二世纪满族先世女真参照汉字笔画创制的女真文，但是早已失传，留存文献罕见。尔后直至二十世纪，在中国，虽有1947年在满文基础上略加改动而成的锡伯文，但与满文差别不大；在俄罗斯，虽有二十世纪二十年代以拉丁字母、三十年代以俄文字母为基础，创制的埃文基文、埃文文、那乃文和乌德文（后未使用），但与满文的历史价值无法相比。由上可见，在世界上满—通古斯语族的诸民族中，只有满族留下大量本民族文字的历史档案和历史典籍。这对于研究满—通古斯语族各民族的语言、历史、宗教、文化、习俗、社会，具有重要的价值。尤其是对于东北亚诸多没有文字或文字不完善或文字创制甚晚的民族，其人类群体之文化人类学研究，更具有特殊的价值。

第六，满学国际交流。从十七世纪中叶以降，西方的耶稣会士或学者名流，对中国满洲的历史、语言和文化日渐重视。到二十世纪初期，虽然中国发生鼎革之变，但是国外学者对满洲历史和语言的研究兴趣，并未因中国政权更迭而随之淡漠。第二次世界大战结束以来，国外的满学研究日趋繁兴。日本、韩国、蒙古、美国、加拿大、俄罗斯、德国、法国、意大利、英国、波兰、芬兰、瑞典、丹麦和澳大利亚等国，都有一批满学专家教授，并取得不少研究成果。台湾的满学研究，也取得重大收获。有的外国满学家声言，他们那里是国际满学研究的中心。满学研究的中心应当在中国，在北京。其部分原因是：北京曾是清朝的京师，也是满洲文化的中心；北京禁卫八旗是满洲八旗之主干，各地驻防八旗则是满洲八旗之分蘖；北京珍藏满文图书档案数量之多与价值之高，中国各地和世界各国都不能与之比拟；北京是满学、清史专家教授最为荟萃之区；北京又是国内外满学研究信息之中枢，等等。因此，为了推动满学研究的发展，应当并必须加强国际满学交流；北京则为满学的国际交流提供了重要条件。

上面粗略分析了满学之所以成为独立学科的六项条件或六块基石。所述之诸项，彼此关联，密不可分。如果单独抽出其中某项而论，满学作为独立学科的条件或不完全具备。然而，上述诸项要素的总体整合与内在联系的有机统一，则使满学作为人文科学中的一门独立学科，建立在坚固的科学基石之上。显然，满学不是人们主观愿望之产物，而是科学客观衍变之必然。

三

满族有着辉煌的历史与文化。国内外对满族历史与文化的研究由来已久。但是，作为科学的满学研究，至今为时不算太长。尽管如此，历史上以满洲的历史、语言、文化、八旗和社会为对象所作的观察、记述、稽考，以及由此而形成的知识积累和资料梓印，则是源远流长的。因此，有必要对满洲的历史、语言、文化、八旗、社会和宗教的观察、载记、论述及其研究之历史衍变过程，作一概略的考查与评述。

满洲皇帝的直系祖先为建州女真人。明代对建州女真和海西女真做了大量的载述与研究，著述之多，兹不赘举。明万历十一年（1583 年），努尔哈赤崛起辽左，明朝和朝鲜为之官私记载，更是史不绝书。但是，满洲的历史与文化，当时没有本民族文字的记载。

学之若有所立，首推文字为重。万历二十七年（1599 年），努尔哈赤主持创制无圈点老满文，是为满洲史上、中华文化史上和东北亚文明史上划时代的大事。满文创制伊始，《满洲实录》记载：

> 时满洲未有文字，文移往来必须习蒙古书，译蒙古语通之。二月，太祖欲以蒙古字编成国语，巴克什额尔德尼、噶盖对曰："我等习蒙古字，始知蒙古语；若以我国语，编创译书，我等实不能。"太祖曰："汉人念汉字，学与不学者皆知；蒙古之人念蒙古字，学与不学者亦皆知。我国之言，写蒙古之字，则不习蒙古语者，不能知矣。何汝等以本国言语编字为难，以习他国之言为易耶！"噶盖、额尔德尼对曰："以我国之言，编成文字最善；但因翻编成句，吾等不能，故难耳。"太祖曰："写'阿'字下合一'玛'字，此非'阿玛'乎（阿玛，父也）；'额'字下合一'默'字，此非'额默'乎（额默，母也）！吾意决矣，尔等试写可也。"于是，自将蒙古字，编成国语，颁行。创制满洲文字，自太祖始。[1]

初创的满文，后来称为无圈点满文或老满文。满文创制后，至天聪六年（1632

---

[1]《满洲实录》，第 3 卷，己亥年（万历二十七年）二月，辽宁通志馆铅印本，1930 年，沈阳。

年），皇太极又命达海巴克什等，对无圈点满文即老满文加以改进。于此，《满文老档》记载：

> 十二字头，原无圈点。上下字无别，塔达、特德、扎哲、雅叶等，雷同不分。书中寻常语言，视其文义，易于通晓。至于人名、地名，必致错误。是以金国天聪六年春正月，达海巴克什奉汗命加圈点，以分晰之。将原字头，即照旧书写于前。使后世智者观之，所分晰者，有补于万一则已。倘有谬误，旧字头正之。是日，缮写十二字头颁布之。[①]

改进的满文，后来称为加圈点满文或新满文。从此，满洲不仅有了初创的无圈点老满文，而且有了完善的加圈点新满文。这就为后来作为科学的满学之学科建立，奠定了满洲语言文字的基础。

满文创制之后，满洲的语言，有了本民族的文字符号；满洲的历史，有了本民族的文字记载；满洲的文学，有了本民族的文字记述；满洲的宗教，有了本民族的文字祝辞；满洲的社会，有了本民族的文字载录。满洲创制了文字，后金—清初出现一批兼通满、汉、蒙古文字的巴克什和秀才，额尔德尼、噶盖、达海、库尔缠、希福和尼堪等，以及文馆的直官"刚林、苏开、顾尔马浑、托布戚译汉字书籍，库尔缠、吴巴什、查素喀、胡球、詹霸记注国政"[②]。他们用满文翻译了一些经、史、子书。现存这一时期最珍贵的满洲文献是《无圈点老档》[③]，亦即《旧满洲档》及其七种重钞本。满语和满文是满洲在后金—清朝时期官方的语言和文字。

满洲历史、语言、文化、八旗、社会和宗教等的载述与研究，在以满洲贵族为主体的清帝国时期，即顺治元年（1644 年）至宣统三年（1911 年），有重大的发展，也有重大的成就。清军入关后，迁鼎燕京，据有华夏，满语和满文由原在东北一隅的后金官方语言和文字，成为全中国的"国语"和"国书"。虽然满语和满文应用的范围、层次、程度，在清朝初期、中期、后期有所不同，但满语和满文作为有清一代官方语言和文字的地位，是始终没有改变的。

清代重视满洲的历史、语言、文化、八旗、社会和宗教等的记载与研究，其

---

① 《满文老档·太宗》，天聪六年正月十七日，《东洋文库》本，1961 年，东京。

② 《清史稿·达海传》，第 31 册，第 228 卷，第 9256 页，中华书局标点本，1977 年，北京。

③ 阎崇年：《〈无圈点老档〉及乾隆钞本名称诠释》，《历史研究》，1998 年第 3 期，北京；陈捷先：《〈旧满洲档〉述略》，《旧满洲档》，第 1 册，第 2 页，台北故宫博物院，1969 年，台北。

主要表征为：第一，满语和满文谕定为全中国重要的官方语言和文字，凡属至要敕谕、表文、军报、祭辞、碑文、殿额等，或全系满文，或满文、汉文合璧。第二，纂修了一批满洲历史与文化要籍，例如《无圈点老档》《满洲实录》《皇舆全览图》《八旗通志》《八旗满洲氏族通谱》《满洲源流考》《玉牒》《盛京吉林黑龙江等处标注战迹舆图》和《五体清文鉴》等。第三，满文纳入学校教育课程——宗学、觉罗学、景山官学、咸安宫官学、八旗官学等，将"国语骑射"列为其必修之课。第四，编印一批满文字书，如《大清全书》《清文汇书》《清文启蒙》《清文鉴》《无圈点字书》《清文典要》《清汉文海》《清文虚字指南编》和《清文总汇》等约七十几部辞书。第五，涌现一批兼通满、汉文的专家，如麻勒吉、王熙、图尔宸、伊桑阿、明珠、李霨、徐元文、于敏中、阿桂、王杰、董诰、鄂尔泰、舒赫德、徐元梦等。第六，策试满洲进士，顺治九年壬辰（1652 年）和十二年乙未（1655 年）两科，共成满洲进士一百名。第七，国史馆、实录馆、方略馆等汇集、编纂重要满文史书，《本纪》《实录》《起居注》《圣训》《满洲名臣传》《平定三逆方略》和《御制诗文集》等。第八，满译汉文经、史、子、集书籍雕梓，出版具有满洲色彩的文艺作品，并有泥金满文写本《大藏经》问世。第九，满洲的历史、语言、文学、宗教、科学等都有专书问世，《钦定满洲祭神祭天典礼》和《满洲四礼集》，是满洲祭祀和婚丧礼仪的两个书证；《几何原本》和《马经全书》，则是数学和医学的两个书证。第十，满文传至域外，在朝、日、法、德、意、俄、美等国，出现研习满洲历史文化的学者。

早在康熙时，耶稣会士汤若望、南怀仁、张诚等都兼通满文。张诚著《满洲语入门》在巴黎出版。乾隆时耶稣会士钱德明在巴黎出版《满洲文法》和《满法辞典》。嘉庆时郎格莱斯在巴黎创办"东方现代语学校"，自任校长并教授满文。在德国，穆麟德夫著《满洲文法》和《满洲语文献志》，并发明满文拉丁字母拼写法流行至今。在俄国，佛格达金与霍夫曼合译《清文启蒙》，后柴哈洛夫在圣彼得堡出版《满俄辞典》和《满洲文典》。在朝鲜，李朝显宗九年即清康熙六年（1667年），设立"清学厅"，选生入学，攻习满语，后编印《韩汉清文鉴》。在日本，有获生徂徕的《满文考》、天野信景的《满文字式》，高桥景保的《清文辑韵》，以及后来编印的《翻译满语纂编》和《翻译清文鉴》等①。以上各国学者对满文的研习与传播，为后来作为科学的国际满学之研究奠定了基础。

---

① 陈捷先：《满文传习的历史与现状》，《满族文化》，1983 年第 4 期，台北。

满洲历史、语言、文化、八旗、社会和宗教等的载记与研究，随着清朝的结束而发生了变化。辛亥革命以"驱除鞑虏，恢复中华"为号召，其主旨是推翻清朝封建帝制，其悖理则糅杂狭隘的民族偏见。武昌首义推翻清朝之后，满族人的地位与利益发生了陵谷之变。《末代皇弟溥杰传》一书载述道："当时，不光是父母，甚至连整个爱新觉罗家族都对溥杰说，自从中华民国成立以来，满族到处受到排斥，皇族都必须改姓为金，如不改姓就不得就业。"① 满族人连自己的满姓都要改为汉姓，更不要说重视对满洲历史与文化的研究。满洲的历史与文化的修纂诸馆被撤销，满洲语言与文字的官方地位被取消，满文传习的官学在此前后被改为学堂。简言之，辛亥鼎革之后，对满洲历史与文化之载记与研究，较清朝兴盛时期一落千丈。

但是，在二十世纪前半叶的民国时期，研究满洲历史、语言、文化、八旗、社会和宗教等之学问，并未成为"绝学"。在国内，满洲瓜尔佳氏金梁先生，将盛京崇谟阁的《加圈点字档》（崇谟阁本），节译出版《满洲老档秘录》，使人们对"满洲秘史"耳目一新。在故宫文献馆时期，通满文者鲍奉宽、齐增桂、张玉全和李德启诸先生，对大量满文档案进行整理和编目，其中有康熙至宣统间《满文起居注》四千六百七十九册、《满文黄册》一千四百余册和军机处档簿四百三十七册等，并重现《无圈点老档》即《旧满洲档》和《满文木牌》②。李德启编印《满文书籍联合目录》，中华书局出版《清史列传》。著名学者孟森、金毓黻、谢国桢、萧一山等，对满洲历史与文献之研究均成绩斐然。在国外，不乏有识之士，精心搜求，笔耕不辍。日本内藤虎次郎于民国元年（1912 年），将盛京崇谟阁庋藏小黄绫本《加圈点字档》（崇谟阁本），拍成照片，带至京都。后鸳渊一和户田茂喜试译《满文老档》成第一册。藤冈胜二亦据东洋文库藏《满文老档》照片上的满文，拉丁字转写，再译成日文，以《满文老档译稿》为书名，于 1939 年胶印出版。而今西春秋和三田村泰助亦进行此项工作，但均未竟其业。

综上，中外学者对满洲历史、语言、文化、八旗、社会和宗教等之搜集资料、观察考述、编修纂著、探讨研究，经过了晚明、后金、清朝和民国四百年的漫长历程。满学在清朝覆亡被冷落了近半个世纪之后，在中国的大陆和台湾，在域外的欧洲和美洲、在亚洲的日本和韩国，又重新走上振兴之路。

① ［日］船木繁：《末代皇弟溥杰传》，第 11 页，战宪斌译，民族出版社，1998 年，北京。
② 屈六生：《六十年来的满文档案工作概述》，《明清档案与历史研究》（上），中华书局，1988 年，北京。

四

二十世纪中叶，第二次世界大战结束后，中国大陆的战争不久也结束。世界的政治格局、经济情势、科学技术和文化交流都发生了变化，对满洲历史文化的研究也随之发生了变化。在中国的大陆和台湾，在欧洲的德国和意大利，在美洲的美国和在亚洲的日本等，都出现了满洲历史文化研究振兴的新局面。

中国是满学的故乡和发祥地，满学振兴当自中国始。六十年来，中国满族历史文化研究的现状，略述如下。

第一，培养多批满文专门人才。开展满学研究，要在培养人才。中国大陆满文专门人才的培训，二十世纪五十年代，由中国科学院语言学研究所和近代史研究所联合创办满文研习班；二十世纪六十年代，中央民族学院民语系又办满文班，学制五年；二十世纪七十年代，中国第一历史档案馆（原故宫博物院明清档案部）再办满文专修班。以上三批集中培养的满文专门人才，成为三个不同年龄梯次的满学研究之骨干。此外，中央民族学院历史系、中国人民大学清史研究所、内蒙古大学蒙古史研究所、辽宁大学历史系、东北师范大学明清史研究所以及北京满文书院、吉林省伊通满族自治县等，全国各地先后有十五个满文短训班或函授班，培养数以百计的满文生。但目前通满文又从事专业满学—清史研究与翻译者约数十人。中国台湾满文专门人才的培训，始于1956年，台湾大学历史系开设满文课，后成立满文研究室。1981年，台湾满族协会成立满文研究班，教习满文①。其他如政治大学等开设满文课。以上先后培养满文人才十余人。同培养满文人才相关联的是，出版了几部满语教学与研究之作。如《满语语法》（季永海、刘景宪、屈六生编著）、《满洲语语音研究》（乌拉熙春著）、《北京土话中的满语》（常瀛生著）、《满文教材》（屈六生主编）、《清史满语辞典》（商鸿逵等编）、《现代满语研究》（赵杰著）、《满汉大辞典》（安双成主编）和《新满汉大辞典》（胡增益主编）等。但是，殷殷之中华大国，洋洋之满文档案，区区之数十学子，寥寥之几部字书，要完成整理满文档案、翻译满文册籍、进行满学研究、开展国际交流，显然是不能适应的。

第二，整理译编大量满文档案。在六十年代，军机处的重要满文档案如《月

---

① 《满族文化》，1982年第2期，第47页，台湾满族协会编印，台北。

折档》《上谕档》《议复档》《寄信档》等共七千五百三十七卷进行整理，并将数以十万计的满文档案组卷、编目、上架。已翻译出版的满文档案有《清初内国史院满文档案译编》《清代中俄关系档案史料选编》《清代三姓副都统衙门满汉文档案选编》《盛京刑部原档》《清雍正朝镶红旗档》《雍乾两朝镶红旗档》《天聪九年档》《郑成功满文档案史料选译》《满文土尔扈特档案译编》《锡伯族档案史料》《满文老档》（译注）《康熙朝满文朱批奏折全译》和《雍正朝满文朱批奏折全译》等。台湾则将《旧满洲档》影印出版，并出版了《清太祖朝老满文原档》（第一、二册）和《旧满洲档译注》（第一、二册）《清代准噶尔史料初编》《孙文成奏折》等，其中《满文老档》和《旧满洲档》的汉译出版与影印出版，是中国大陆和台湾在满学研究史上的两件盛事，于清入主中原前满洲历史、语言、文化、八旗社会和宗教等研究，功莫大焉。然而，已经翻译和出版的满文档案，与诸馆收藏的满文档案相比，确属微乎其微。现仍有数量极多与价值极高之满文档案，尚在尘封，尚待整理，尚期翻译，尚望出版，尚冀利用，更尚需研究。

第三，满族史研究有很大进展。满洲历史是满学研究的脊骨，也是满学研究的重点。近六十年来，对满洲历史的研究，取得了突破性的进展。近年对满洲的研究，主要展现在历史、八旗与人物三个方面。从五十年代后期，满洲的源流与历史的研究，被列为国家重点项目，发表和出版了一批调查报告和学术论著。前者如《满族社会历史调查》《满族的历史与生活——三家子屯调查报告》《满族的部落与国家》；后者如《沙俄侵华史》、李燕光和关捷教授主编的《满族通史》以及《清代八旗王公贵族兴衰史》（杨学琛、周远廉著）等，其中《沙俄侵华史》对满族源流做了系统的考述，《满族通史》是迄今为止满族史研究最为详尽而系统的学术专著。此期推出了一批满族历史文化论集，如莫东寅教授的《满族史论丛》、王钟翰教授主编的《满族史研究集》、金基浩先生主编的《满族研究文集》、辽宁大学的《满族史论丛》、支运亭研究员主编的《清前历史文化》以及《满学研究》（一至四辑）等。关于八旗的探讨，有定宜庄博士《八旗驻防制度研究》问世。满族人物的研究，有《努尔哈赤传》（阎崇年著）、《清太宗全传》（孙文良等著）、《皇父摄政王多尔衮全传》（周远廉、赵世瑜著）、《顺治帝传》（周远廉著）、《康熙大帝全传》（孟昭信著）、《雍正传》（冯尔康著）、《雍正帝及其密折制度研究》（杨启樵著）、《乾隆皇帝大传》（周远廉著）和《乾隆传》（白新良著）、《乾隆帝及其时代》（戴逸著）、《康雍乾三朝论纲》（朱诚如著）、《嘉庆帝传》（关文发著）、《道光传》（冯士钵等著）、《光绪评传》（孙孝恩著）、《慈禧大传》（徐彻著），还有《我的前半生》和《溥杰自传》等。王思治教授等主编的《清代人物传稿》（上编）已出版九卷。此外，吉林文史出版社还推出十四卷本《清帝列传》。满学与清史的个人论文集，有郑天挺教授的《探微集》、商鸿逵教授的《明清史论著合集》、王钟翰教授的《清史杂考》及其《续考》《新考》、金启孮教授等的《爱新觉罗氏三代满学论集》、戴逸教授的《履霜集》、王思治教授的《清史论稿》、刘厚生教授的《旧满洲档研究》以及拙著《满学论集》《袁崇焕研究论集》《燕步集》和《燕史集》等。台湾则有陈捷先教授的《满洲丛考》《清史杂笔》（八辑）《满文清实录研究》、《满文清本纪研究》和《清史论集》、李学智教授的《老满文原档论辑》、庄吉发教授的《清高宗十全武功研究》、赖福顺教授的《清高宗十全武功军需研究》和刘家驹教授的《清朝初期的八旗圈地》等。此外，出版的前清史料如辽宁大学历史系的《清初史料丛刊》，中国人民大学清史研究所潘喆、李鸿彬、方明合编的《清入关前史料选辑》（一至三辑），李澍田教授主编的《海西女真史料》，李林先生主编的《满族家谱选编》等，都予学人以方便。

第四，满族文化书籍大量出版。近年来出版了一批研究满族文化与宗教的成果，从文学艺术到饮食服饰，琳琅满目，不一而足。赵志辉主编的《满族文学史》（第一卷）、张菊玲教授著的《清代满族作家文学概论》、孙文良教授主编的《满族大辞典》、富育光和孟慧英合著的《满族萨满教研究》、赵展教授的《满族文化与宗教研究》、庄吉发教授的《萨满信仰的历史考察》，以及张秉成教授的《纳兰词笺注》等出版，都是满族文化史研究的新收获。还有一批满族民间文学作品整理出版，《满族民间故事集》和《满洲神话故事》，是其代表作品。此外，满族民间音乐、舞蹈、戏曲的搜集、编演和出版，都有可喜的成绩。大型音乐舞蹈《珍珠湖》和戏曲《红螺女》，是满族乐舞戏曲搬上舞台的新尝试。历史电视剧《努尔哈赤》，成为第一部以满族英雄为题材的影视成功之作。它与中国民族音乐、舞蹈、戏曲集成的《满族音乐卷》《满族舞蹈卷》《满族戏曲卷》，以及与之配套摄制的满族民间音乐、舞蹈、戏曲音像资料，都是满族文化推陈出新的宝贵财富。

第五，满学研究刊物相继出版。已出版的满学研究期刊或丛刊，有《满族文学研究》（1982年创刊）、《满语研究》（1985年创刊）、《满族研究》（1985年创刊）、《满族文学》（1986年创刊）以及《满学研究》（1992年创刊），还有台湾满族协会创办的《满族文化》（1981年创刊）。此外，中国人民大学清史研究所《清史研究》、北京《故宫博物院院刊》和《历史档案》、台北《故宫学术季刊》，则都以大量篇幅刊载研究满洲历史与文化的论文。还有黄润华和屈六生主编的《全国满文图书资料联合目录》，是一部目前收集最为详尽的满文图书文献目录。王戎笙教授编著的《台港清史研究文摘》，载述了台湾和香港满学研究的信息。以上刊物、目录和文摘，尽管都遇到经费的困扰与出版的困难，但都成为学术成果的载体与信息传播的媒介。

第六，满学专业研究机构建立。满学发展的重要标志，是专业学术机构的建立和专门学术团体的成立。为着促进作为科学的满学之建设与发展，1991 年 3 月 6 日，第一个专业的满学研究学术机构——北京社会科学院满学研究所正式建立。北京满学所的宗旨是，联系满学同仁，促进满学研究，密切学术交流，推动满学发展。随后非专业的中央民族大学历史系满学研究所、辽宁社会科学院满学研究中心等相继成立。1993 年 3 月 24 日，第一个满学专家教授的群众学术团体——北京满学会正式成立，并已先后举行过六届学术年会。1994 年 11 月 22 日，第一个以资助满学研究与交流为宗旨的基金会——北京满学研究基金会也注册成立。专业的满学研究机构、专门的满学民间学术团体和满学研究基金会的建立，表明满学作为人文科学中一门重要独立的学科，步入了崭新的发展阶段。

外国的满洲历史文化研究，近六十年来也取得许多成果。

欧洲的满洲研究，近年以德国和意大利最为活跃。德国满文学家福克斯（W·Fuchs）传人嵇穆（Martin Gimm）教授在科隆大学，不仅教习满文，而且编撰《满德辞典》和《国际满洲文献联合目录》；波恩大学魏弥贤（Michael Weiers）教授，研究满洲文化史很有成绩，著有《〈旧满洲档〉与〈加圈点档〉索校》（1620—1630 年）[①]。意大利威尼斯大学满文教授斯达里（Giovanni Stary），著述宏富，翻译问世《尼山萨蛮传》，出版《满洲研究世界论著提要》[②]。此外，英国纳尔逊（Howard Nelson）先生编印了《伦敦满文书目》。俄罗斯满洲历史学家论著很多，格·瓦·麦利霍夫（T·B·Melixob）就是其中之一。

美国近些年的满洲研究，西雅图华盛顿大学罗杰瑞（Jerry Norman）教授编著《满英字典》，杜润德（Stuve Durrant）教授将《尼山萨蛮传》译成英文出版。魏斐德（Frederic. E.Wakeman Jr.）教授的《洪业——清朝开国史》译成中文出版。哈佛大学费钧瑟（Joseph Fletcher）教授开设满文课，孔飞力（Philip Kuhn）教授对

[①] 《满洲时代》，1987 年，威斯巴登（Michael Weiers："Konrordaez Zum Aktenmaterial"."Aetas Manjurica" 1987.Wiesbadan）.

[②] Giovanni Stary, *Manchu Studics an international Bibliography*，Kommissionsverlag Otto Harrassowitz·Wiesbaden, 1990.

满洲史深有造诣。耶鲁大学史景迁（Jonathan Spence）教授著《康熙皇帝自传》，白彬菊（Beatrice S.Bartlett）教授著《清代军机处研究》。达特茅斯学院柯娇燕（Pamela Crossley）教授通满文，著《孤军——满洲三代家族与清世界之灭亡》[1]。印第安那大学席诺（Denis Sinor）教授教习满文，对满洲语文深有研究，克拉克（Larrg Clarke）教授曾主编《满洲研究通讯》，司徒琳（Lynn Struve）教授对清初满洲史作了深入的研究。普林斯顿大学韩书瑞（Susan Naquin）教授、匹茨堡大学罗友枝（Evelyn S. Rawski）教授、哥伦比亚大学曾小萍（Madeleine Zelin）教授和加州理工学院李中清（James Lee）教授等，都对满洲史研究有绩。夏威夷大学陆西华（Gertraude Roth Li）博士，也是一位满学者，正在撰写英文《满语教程》。此外，美国学者以满文"喜鹊"为刊名，以满洲研究回眸为主旨，1996 年开始出版 *Saksaha—A Review of Manchu Studies*。

日本国在第二次世界大战后，神田信夫教授等发起成立"满文老档研究会"，由神田信夫、松村润、冈田英弘、石桥秀雄等将《满文老档》用拉丁字母转写，全部译成日文，从 1955 年开始，历时八年，分为七册出版。从此《满文老档》原文，经拉丁字母转写，译成日文，并加注释，作为史料，才变得易于被更多的学者利用[2]。1966 年，今西春秋教授等用拉丁字母转写成《五体清文鉴译解》。此前，在羽田亨教授主持下出版了《满和辞典》。冈田英弘教授编纂了东洋文库所藏满文书目。1980 年，阿南惟敬的《清初军事史论考》出版。1986 年，成立的日本满族史研究会，团聚了一批以神田信夫教授为会长的日本满族史研究专家教授。1991 年，细谷良夫教授主编《清代东北史迹》一书，则是日本满学者踏查与研究中国关外满洲史迹的学术成果。1992 年，今西春秋《满和蒙和对译满洲实录》出版。1993 年，中岛干起教授将《御制增订清文鉴》，满文拉丁字母转写、满汉对照，进行电脑处理，陆续分册出版。阿南惟敬教授对满洲军事史、三田村泰助教授对清朝前期史、宫崎市定先生对雍正皇帝、池内宏先生对满鲜史、河内良弘教授对明代女真史等，均作了深入系统的研究，后者新著《明代女真史の研究》[3]，是其多年探究之学术结晶。神田信夫教授的《满学五十年》[4]，河内良弘教授的《满洲研究

①　Pamela Kyle Crossley, *Orphan Warriors—Three Manchu Generations and the End of the Qing World*, Princeton University Press，1990.

②　[日] 松村润：《满学家神田信夫》，《满学研究》，第一辑，吉林文史出版社，1992 年，长春。

③　[日] 河内良弘：《明代女真史の研究》，同朋舍出版，1992 年，京都。

④　[日] 神田信夫：《满学五十年》，刀水书房出版，1992 年，东京。

论著目录》，从两个侧面显现了日本半个世纪满洲历史、语言和文化研究发展的轨迹。

在韩国，满洲语和满洲史的研究取得成果。汉城延世大学闵泳桂教授影印《韩汉清文鉴》。1974 年，汉城大学成百仁教授，将满文《尼山萨满传》（Nisan saman i bithe）译成韩文，书名为《满洲萨满神歌》，书末附影印的满文抄本。成百仁教授还对《旧满洲档》同《满文老档》进行比较研究，其论文《〈旧满洲档〉의 jisami 와〈满文老档〉의 kijimi》[①] 便是例证。汉阳大学任桂淳教授研究八旗驻防，著有英文《清八旗驻防之研究》，1993 年译成汉文，以《清朝八旗驻防兴衰史》为书名，在北京出版。崔鹤根先生的《满文大辽国史对译》和朴恩用先生的《满洲语文语研究》都是重要作品。圆光大学金在先教授对满洲文化，以及其他满学家的研究，也在在有绩。

在澳大利亚，墨尔本大学金承艺教授在满洲历史研究方面，康丹（Daniel Kane）教授在满文研究方面，或发表多篇论文，或做出有益贡献。

各国的满学家对国际满学的发展都做出了贡献。为着加强各国间的满学学术交流，促进满学发展，1992 年 8 月，第一届国际满学研讨会在北京举行。会后出版了论文集即《满学研究》第二辑。这表明世界的满学家，共同推动着国际满学的进步和繁荣。

前述近六十年满学研究的概貌，虽挂一漏万，但可窥一斑。满学研究已取得的大量成果表明，它面临着日益振兴的局面。尽管满学研究存在诸多问题，但是它必将在破解难题中发展。

五

满学作为人文科学中的一门独立学科，正处于重要历史时期。我们对于满学的研究，回顾其演变，注目其现状，前瞻其发展。作为科学的满学之发展，对它的理论与方法、满文与历史、资料与研究、队伍与人才、信息与交流五个方面，略作如下思考，以求共同切磋。

满学的理论与方法，是满学之学科建设的一个重要内容。满学是人文科学中一门新兴的学科，它较别的学科如历史学、语言学的历史为短；它又是一门综合

---

① ［韩］成百仁：《〈旧满洲档〉의 jisami 와〈满文老档〉의 kijimi》，《阿尔泰学报》，1996 年第 6 期，汉城。

性的学科，与之相关联的学科较多；它还是一门独立的学科。每一门独立的学科，都有自己的理论体系。满学作为人文科学中一门独立的学科，自然不能例外。由于满学是一门新兴的、综合性的学科，所以建立满学的学科体系，就更为迫切、更为复杂、也更为繁难。但是，社会的需要，学科的建设，都在频频地发出呼唤：满学作为人文科学中一门新兴的、综合的、独立的学科，应当架构学科的理论体系。在架构满学的理论体系时，要根植于满学内在的规律与特征，也要枝蔓于满学外在的联结与变异。满学应结成内在与外在的联系网络，展现出一个综合性的学术领域。它牵连的范围宽，涉及的内容广，贯穿的时间长，联结的层面多。由此制约的满学研究对象，既有其内涵，也有其外延，此前已述，不再赘言。满学研究的对象，依前所述，它要探究满洲的源流、语言、史迹、地域、社会、经济、政治、军事、旗制、宗教、文化、习俗等。这就使满学同诸多学科发生相关联系，如民族学、语言学、考古学、地理学、社会学、经济学、政治学、军事学、宗教学、文化学、民俗学等。但是，它既不应当笼统地研究诸多学科而抹杀本学科的特殊性，也不应当单纯地研究自身学科而忽略它学科的一般性。恰恰相反，满学是在自身与其他相关的学科联系与区别中，抽象出自身与其他学科的共性中之个性、个性中之共性，并在共性与个性、一般性与特殊性辩证关系中，架构满学的理论体系。然而，一门学科的理论体系，是逐渐形成的，日臻完善的。因此，满学的理论体系之架构，既不可忽视不顾，也不可操之过急。应当经过大家长期共同奋力，逐步地建构起满学的理论体系。企盼在不久的将来，能有满洲学的理论著作问世。

满学不仅要有它的理论体系，而且要有它的科学方法。满学的研究方法，至少应有一般性研究方法与特殊性研究方法两个层面。它属于人文科学，人文科学的一般性研究方法对它应当适用；它属于人文科学的一支，又应当有符合自身需要的特殊性研究方法。就其一般性方法而言，如占有资料、社会调查、民族剖析、计量统计等，对满学研究都是需要的。就其特殊性方法而言，仅举二法为例：一是比较法，另一是满文法。前者，满学是一门综合性学科，比较学的方法就显得格外重要。它研究满族与其他民族的关系，就需要比较民族学；它研究满族历史与其他民族历史的关系，就需要比较历史学；它研究满语同其他民族语言的关系，就需要比较语言学。诸如此类，不一枚举。后者，满学的学科特点表明，用满文进行满学研究，是其最基本的方法。

满学的满文与历史结合，是满学之学科建设的另一个重要内容。研究藏族史必通藏文，研究蒙古史必通蒙古文，这在学术界已取得共识。然而，满文与满族史、清代史研究的关系，是长期以来未受重视、也未得解决的问题。满文与满族史、清代史研究的关系，近四百年来，大体上是"合—分—合"的过程。即在后金—清初（关外）用满文撰述和研究此期的历史，其中许多学者兼通满、汉、蒙古三种文字，所以满文与满族史、清初史研究是契合的。满洲入主中原后，满文与满族史、清代史的研究，有合也有分，其总的趋势是越来越分。辛亥鼎革之后，满文与满族史、清代史的研究几乎是完全分开（个别学者例外）。研究满文者，多从语言学视角，而不做清史研究；研究清史者，多从历史学视角，而不熟谙满文。其因固多：诸如民国初元后，人们轻蔑满文；满语属阿尔泰语系，汉语则属汉藏语系，语系不同，学之亦难；汉文文献浩如烟海，究毕生精力尚难卒读万一，何暇涉研满文资料等。

其实，满文与满族史、清代史研究相脱节的状况，早在二十世纪初即出现。二十世纪以来，于满族史、清代史的研究，以基本资料而言，一二十年代，主要利用《东华录》；三四十年代，新采用《李朝实录》；五六十年代，主要利用《清实录》；七八十年代，清代档案日益受到重视。上面是就总体来说，每个学者撰著所用资料不同，如文集、笔记、方志、官书、档案、谱牒、石刻等，各展所长。近年来人们逐渐注目于满文与满族史、清代史研究的结合。总之，满文与满族史、清代史研究相脱节的状况，定会逐步得到改观。综观满文与满族史、清代史的关系，其过程是"正题—反题—合题"，即清初用满文资料研究满族史、清初史为正题，民国以来用汉文资料研究满族史、清代史为反题，本世纪兼用满文、汉文资料研究满族史、清代史则为合题。试想：再过若干年，其时杰出的满学、清史专家必兼通满文。北京社会科学院满学研究所的一个旨趣，是力促满文与满族史、清代史研究的有机结合。

满学的资料与研究，是满学之学科建设的又一个重要内容。这里说的满学资料，主要是指满文资料。满文档案图书资料，数量浩繁，内容宏富，价值很大，多未利用。首先，应协调各方面专家，制定规划，分期分批，译编出版。某些重要档案，先行汇译，出版《满文资料丛刊》；某些重要典籍，加以整理，出版《满族文化丛编》；某些重要成果，统汇编纂，出版《满学研究丛书》。其次，应完善目录检索，如《满文档案世界联合目录》《满文图书世界联合目录》《满学论著世界联合目录》，并逐步建立计算机检索系统、激光盘检索系统，要编目、代号统一，特别是中国大陆和台湾协调一致，以便读者。再次，应将电子计算机引入满文资料领域，逐步实现满文电脑化。开发电子计算机满文处理系统①，采用《满文内码与排版印刷》②，运用高科技手段，储存、整理和翻译满文档案图书资料。

利用档案图书资料、特别是满文资料，以求实的态度，科学的学风，开展满学研究。满学是一门科学，它的研究应当、而且必须建立在求实与科学的基础之上。首先，满学研究力量薄弱，专家学者分布星散，应当集中力量，通力全面协作。海峡两岸满学家更应携手共研，如《旧满洲档》与《满文老档》之比较研究，即为有价值之合作课题。其次，应开展一些重大课题的研究，如对满洲的历史源流、八旗制度、经济制度、文化特征、官学教育、民族关系、宗教政策、边政治绩、典章制度和杰出人物等，进行长期、全面、系统、深入的研究，做出一批学术成果。再次，应当争取出版满学研究成果，如《满学资料丛书》《满学文化丛书》《满学研究丛书》等。

满学的队伍与人才，是满学之学科建设的又一个重要内容。满族是一个历史悠久、千万人口的大民族，要对其进行全方位、多层面的研究，没有一支研究队伍是不成的。建设满学队伍，首要在于培训人才。满学研究人员要热爱中华祖国、维护民族团结，要具有理论素养、专业基础、广博学识，还要有数种语言能力，这为满学的学科特点所约定。我国的满学工作者与外国同行相比，有自己的优势，如对文献学熟悉；也有自己的不足，如语言能力较差。开展满学深入研究，应当运用多种语言。对一个满学工作者来说，除汉语外应至少掌握一门民族语言和一门外国语言。因此，应有计划地、持续地通过多渠道、多形式、多层次，加强满学人才的培养，以建立一支素质较好、水平较高的满学研究队伍。

最后，满学的信息与交流，是促进满学发展的重要因素。应在地区、全国和国际三个层面上，通过多种形式，架设起满学信息与交流的桥梁。

1999年，是满文创制四百周年。尔后，满学的研究便进入二十一世纪。满学演进的历程表明：二十一世纪的满学，必将更加兴盛。全世界各国的满学家，都将把学术目光投向满学的发源地——中国。丰富满学研究，促进满学发展，培训满学人才，交流满学信息，将使二十一世纪满学研究真正逐步成为人文科学中的国际性学科。

---

① 刘厚生：《开发电子计算机满文处理系统》，未刊稿，1991年，长春。
② 广定远、张华克：《满文内码与排版印刷》，打印稿，1992年，台北。

满洲神杆及祀神考源

【题记】本文《满洲神杆祀神考源》，载于《历史档案》，1993 年第 3 期。

清代北京满洲的堂子、坤宁宫的庭院都竖有神杆，这是满洲敬神观念物化的表征。它象征性的朴素内涵，被裹饰以模糊性的神秘外衣，致其缘起难辨，祀神不明，诸说纷呈，讹疑传信。鉴此，兹对满洲神杆及其祀神，略作考源，并加诠释。

满洲神杆之缘起与神杆所祀之主神，乾隆十二年（1747 年）满文《hesei toktobuha manjusai wecere metere kooli bithe》，乾隆四十五年（1780 年）汉文《钦定满洲祭神祭天典礼》，满汉两书，俱未载明。清大学士阿桂、于敏中关于《钦定满洲祭神祭天典礼》之《跋语》，虽"详溯缘起"、"稽考旧章"①，但于满洲神杆，并无溯考片语。经查，满洲神杆之缘起与神杆所祀之主神，史册诸说，概言有五：

其一，祭长矛。清福格《听雨丛谈》载："神式如长矛，又有刻木为马，联贯而悬于祭所者，应是陈其宗器，以示武功。"②满洲之先民，生活于山林，长弓马，善骑射，福格据此推论并诠释其为骑射观念物化的表征。但是，满洲的部民，驰射山林，纵横原野，或狩猎，或争战，普遍挽弓发矢，而不挥舞长矛。满洲文献与满洲军史，都表明长矛不是满洲先民的主要冷兵器。仅此一点，可证神杆所祭并非长矛，可见福格实为附会之言。

其二，祭参棰。清《呼兰府志》载："满洲初以采参为业。杆，采参之器也。"③满洲先民虽有采集经济，但采参不为主业。建州女真以人参入贡并同中原贸易时

---

① 《钦定满洲祭神祭天典礼》，第 4 卷，第 1 叶，台湾商务印书馆《景印文渊阁四库全书》本，1986 年，台北。

② 福格：《听雨丛谈》，第 1 卷，第 7 页，中华书局校点本，1984 年，北京。

③ 黄维翰纂修：《呼兰府志》，第 10 卷，第 13 叶，宣统年间刻本。

在明朝，但神杆起源更早。且《呼兰府志》成书于宣统年间，由近人黄维翰纂修，于满洲神杆，未溯源详考。从语音学说，人参的满文体为"orho da"，神杆的满文体则为"somo i moo"，二者的满语音义，迥然有别，相差甚远。虽然参须的满文体为"solo"，与杆子的满文体"somo"，语音有些相近；但是参须同挖参的棒棰、祭神的杆子，并无必然联系。况且满洲神杆的形状，亦不相似挖参的棒棰。仅上所列诸点，可证黄氏为附会之言。

其三，祭社稷。清震钧《天咫偶闻》载："堂子在东长安门外翰林院之东，即古之国社也。所以祀土谷，而诸神袝焉。中植神杆，以为社主。诸王亦皆有陪祭之位。神杆即'大社惟松、东社惟柏'之制。"① 祭祀土谷之神，汉族礼俗久远。东汉班固撰《白虎通》载："人非土不立，非谷不食。土地广博，不可遍敬也；五谷众多，不可一一而祭也。故封土立社，示有土尊；稷五谷之长，故封稷而祭之也。"② 明代京师有社稷坛，清都北京，沿袭明制，敬祀土谷之神，何须另建堂子。且堂子东南隅有上神殿，祭祀尚锡神——田苗之神，即"为田苗而祀"③。仅上述诸点，可见震钧为臆断之言。

其四，祭天穹。清姚元之《竹叶亭杂记》载："主屋院中左方，立一神杆，杆长丈许。杆上有锡斗，形如浅椀。祭之次日献牲，祭于杆前，谓之祭天。"④《清史稿·礼志四》亦载："清初起自辽、沈，有设杆祭天礼。"⑤ 诚然，以天为贵，神杆向上，指向天穹；满洲神杆所祭，后来典礼仪规，确有祭天之意。但是，从满洲神杆之缘起与神杆所祀之主神而言，神杆祭天穹之说欠缺在于，未察缘起，阙考祀神，立论乏据，原意模糊。

其五，祭鬼神。清吴桭臣《宁古塔纪略》载："凡大、小人家，庭前立木一根，以此为神。逢喜庆、疾病，则还愿。择大猪，不与人争价，宰割列于其下。请善诵者名'叉马'，向之念诵。家主跪拜毕，用零星肠肉，悬于木竿头。"⑥ 吴桭臣为清顺康间流人吴兆骞之子，在北徼满乡宁古塔戍所达十八年之久。他目睹满洲人家，礼拜神杆，分流神礼祀鬼，驱疾祛疫。然而，吴桭臣并未溯考满洲以猪肠肉

① 震钧：《天咫偶闻》，第 2 卷，第 21 页，北京古籍出版社，1982 年，北京。
② 班固：《白虎通·社稷》，上卷，第 15 叶，康熙七年（1668 年）刻本。
③ 阿桂、于敏中：《奏折》，《钦定满洲祭神祭天典礼》卷首，第 2 叶，《辽海丛书》本，辽沈书社影印本，1985 年，沈阳。
④ 姚元之：《竹叶亭杂记》，第 3 卷，第 61 页，中华书局校点本，1982 年，北京。
⑤ 《清史稿·礼志四》，第 10 册，第 85 卷，第 2553 页，中华书局标点本，1976 年，北京。
⑥ 吴桭臣：《宁古塔纪略》，第 248 页，黑龙江人民出版社，1985 年，哈尔滨。

骨悬于杆头，其祭礼之缘起。

上列五说，概未缕述满洲神杆之缘起，亦未阐明神杆所祀之主神。下面依据考古文物、历史典籍、祭杆仪注、神杆图形、满文原意、神话传说，实录记载、享神祭品、文献载录、祭祀季节、祭仪神词和满洲民俗，对满洲神杆之缘起与神杆所祀之主神，列条十二，进行考释。

第一，考古文物。对神树与神鸟的崇敬，可追溯到公元以前，出土文物，提示实证。中国古代东北方的森林文化，以鄂尔多斯式青铜器为代表性器物。器物中的鸟纹，在西周时已经出现①。到春秋战国时，鸟头造型的青铜器物比较普遍。此期在阿鲁柴登古墓出土的金冠，鸟踞冠顶，傲然兀立，金碧辉煌，栩栩如生②。在西伯利亚，则出土双鸟饰牌，其图案为双鸟相对立于某器物之上③。在韩国，公元前四至三世纪锦江流域的石棺墓中，出土了祭仪青铜器——防牌形、剑把形、圆盘形、喇叭形和铜铃形的青铜器。在传大田出土的防牌形祭仪青铜器，其正面左右两耳环上，分别铸刻了两只鸟，均面对面地伫立于树枝分叉的梢上（见下图）④。上述防牌形青铜的功能，"是主持祭仪的祭司长所佩戴物，乃至举行祭仪时，或在神坛悬挂的装饰品"⑤。至于韩国青铜文化同中国青铜文化的关系，韩国金

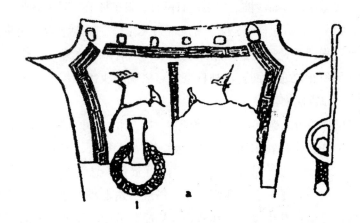

① 田广金、郭素新：《鄂尔多斯式青铜器》，第178页，文物出版社，1986年，北京。
② 《阿鲁柴登发现的金银器》，《鄂尔多斯式青铜器》，第343页，同上揭书。
③ [俄] M. A. 戴甫列特：《西伯利亚的腰饰牌》（俄文），引自《鄂尔多斯式青铜器》，第80页，同上揭书。
④ [韩] 韩炳三：《先史时代农耕文青铜器》，《考古美术》（一一二），第5页，第2图，拓片，1971年，汉城。
⑤ [韩] 金在先：《韩国锦江与荣山江流域青铜祭仪器之研究》，《陈奇禄院士七秩荣庆论文集》，第224页，联经出版事业公司，1992年，台北。

在先教授认为："锦江流域的青铜器文化，受了辽宁石棺墓的喇叭形铜器与防牌形铜器及圆盘形铜器之影响。"①

以上考古文物说明，至晚在公元前四至三世纪，东北亚地区已出现人们对神树和神鸟的崇拜。这些祭祀青铜器的出土表明，它同东北亚地区萨满教崇拜神树和神鸟有关，或是萨满进行祷祝时所使用的巫具，或是"天君"举行祭仪时所使用的神器。历史典籍对"天君"和神杆做了记载。

第二，历史典籍。祭祀神杆，起源甚早。插木而祭，汉文记载，最早见于《史记·匈奴列传》：

> 五月，大会茏城，祭其先、天地、鬼神。秋，马肥，大会蹛林。②

《索隐》引《汉书》云：茏城亦作龙城；服虔云："蹛，音带；匈奴秋社八月中皆会祭处。"《正义》颜师古云："蹛者，绕林木而祭也。鲜卑之俗，自古相传，秋祭无林木者，尚竖柳枝，众骑驰绕，三周乃止。"常征先生释为："蹛林之会，便是祭天之会。"③

范晔在《后汉书·东夷列传》中，初载神杆祭祀鬼神：

> 常以五月田竟祭鬼神，昼夜酒会，群聚歌舞，舞辄数十人相随，蹋地为节。十月农功毕，亦复如之。诸国邑各以一人，主祭天神，号为"天君"。又立苏涂，建大木，以县铃鼓，事鬼神。④

上文所述，主祭之人，号为"天君"；祭祀时间，五、十两月；祭仪神杆，建立大木；祭祀器乐，振铃击鼓；祭仪场所，别邑"苏涂"。"苏涂"，唐朝李贤等引《三国志·魏书》释云："苏涂之义，有似浮屠，而所行善恶有异。"⑤西晋陈寿撰《三国志》时，佛教在中原始盛。但东汉时佛教初传入中国，主要在中州洛阳一带，未及徼北之地。"苏涂"与"浮屠"音训，实属附会，未可征信。金梁又释曰："满语

---

① ［韩］金在先：《韩国锦江与荣山江流域青铜祭仪器之研究》，《陈奇禄院士七秩荣庆论文集》，第 228 页，联经出版事业公司，1992 年，台北。
② 《史记·匈奴列传》，第 9 册，第 110 卷，第 2892 页，中华书局校点本，1959 年，北京。
③ 常征：《关于"满洲神杆考释"的信》，原件笔者收藏。
④ 《后汉书·东夷列传》，第 10 册，第 85 卷，第 2819 页，中华书局校点本，1965 年，北京。
⑤ 《三国志·魏书》，第 3 册，第 30 卷，第 852 页，中华书局校点本，1959 年，北京。

称神杆为索摩，与苏涂音亦相近。"① 此释上下文抵牾，又贻人穿凿之嫌。金在先对"苏涂"的解释是："因为敬拜'天神'，所以为'奉安'神祇，而各国邑另设一个'别邑'称为'苏涂'之圣域，不但供用于奉安敬神的圣所，且用于举行祭仪之场所，在'苏涂'树立大木，悬挂铃鼓，以供与为降神之媒介。"② 所以"苏涂"，为祭所，后衍变为满洲的堂子；"大木"，为神树，后衍变为满洲的神杆。然而，满洲先世所立大木即神杆，非祭土谷。《后汉书·东夷列传·挹娄传》载记可为佐证：

> 处于山林之间，土气极寒，常为穴居，以深为贵，大家至接九梯。好养豕，食其肉，衣其皮……种众虽少，而多勇力，处山险，又善射，能发入人目。弓长四尺，力如弩。矢用楛，长一尺八寸，青石为镞，镞皆施毒，中人即死。便乘船，好寇盗，邻国畏患，而卒不能服。③

上文满洲先民挹娄，处山林、好养猪，又善射、便乘船的记载，可见其以渔猎畜养为衣食之源，而未见其敬祀土谷之神。挹娄等敬奉之神木，《晋书·四夷列传·肃慎氏传》称之为神树。树名曰"雒常"④。虽其时史籍载述疏略，但后来仪注记载较详。

第三，祭杆仪注。堂子立杆大祭，仪注规定详细。《钦定满洲祭神祭天典礼》记载：

> 每岁春、秋二季，堂子立杆大祭，所用之松木神杆，前期一月，派副管领一员，带领领催三人、披甲二十人，前往直隶延庆州，会同地方官，于洁净山内，砍取松树一株，长二丈，围径五寸，树梢留枝叶九节，余俱削去，制为神杆。⑤

上述满洲祭杆仪注可见，满洲神杆为采置大树所制，树梢留九节枝叶，涂上神秘

---

① 金梁：《奉天古迹考》，第2页，自刊本。
② [韩] 金在先：《韩国韩江与荣山江流域青铜祭仪器之研究》，《陈奇禄院士七秩荣庆论文集》，第228页，联经出版事业公司，1992年，台北。
③ 《后汉书·东夷列传》，第10册，第85卷，第2812页，中华书局校点本，1965年，北京。
④ 《晋书·四夷列传》，第8册，第97卷，第2534页，中华书局校点本，1974年，北京。
⑤ 《钦定满洲祭神祭天典礼》，第3卷，第18叶，台湾商务印书馆《景印文渊阁四库全书》本，1986年，台北。

之色彩。萨满教后受佛教影响，认为世界分作三界："上界为诸神所居；下界为恶魔所居；中界尝为净地，今则人类聚殖于此。"[①] 上界有九层天，留枝叶为九层，取数合九，以示象征。但是，抹去神杆上九节枝叶的神秘色彩，神杆原形，昭然若揭。

第四，神杆图形。清代满洲神杆原形，钦定典籍载绘详明。经过溯缘起、考典籍、询故老、访土人，精核而成书的《钦定满洲祭神祭天典礼》，其第六卷《祭神祭天器用形式图》所绘，堂子亭式殿前中间石上，竖立之神杆，为一株神树（见下图）；"次稍后两翼分设，各六行，行各六重"[②]。这些王公神杆，原在各家分设，"现在所有神杆石座，原系各王、贝勒、贝子、公本家设立，石块大小不一，亦不整齐。应交工部选其堪用者，另行制造。一体修饰，洁净安设，永以为例"[③]。乾隆十九年（1754年），谕定堂子神杆石座整齐划一，其石座上竖立之神杆，亦俱为一株株神树，这就再现出满洲的先民，在山林中野祭"神树"之图景。总之，上引神杆之图形，为神杆原系神树，提供了确凿的形象史证。满洲神杆的满文原意，则提供语言学的例证。

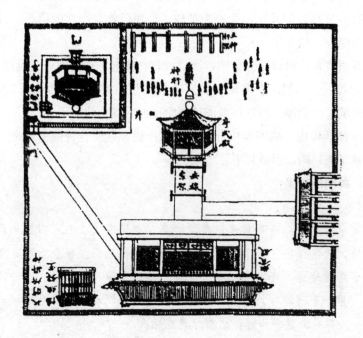

---

① 徐珂辑：《清稗类钞》，第 5 册，第 1984 页，中华书局，1986 年，北京。
② 吴长元：《宸垣识略》，第 5 卷，第 88 页，北京古籍出版社校点本，1983 年，北京。
③ 《光绪大清会典事例》，第 1182 卷，第 3 叶，清光绪二十五年（1899 年）刻本。

第五，满文原意。满洲神杆的满文体作 somo 或 somo i moo。moo 一词，《清文鉴》释之为树、杆。somo 一词，《增订清文鉴》《五体清文鉴》《清文补汇》等书，均释其为"还愿神杆"；《清文总汇》则释之为"满洲家还愿立的杆子"。在这里，somo 一词，原含有祭祀之意，其词根当为 so。例如：满语将还愿撒的米称之为 soca；《五体清文鉴》将求福设祭的果饼，载之为 sori（efen）sahambi；《清文总汇》则将还愿时先细切、兑汤后供奉的肉即"小肉"[①]，写作 soro yali。以上 soca、sori、soro，都含有共同的词根 so，可见 so 含有祭祀之意。然而，so 逐渐演化作 somo，使 somo 成为复合词。somo 或为 soro 与 moo 演化而成的复合词。其中，moo 一词，前面已释，意为树、杆；而 soro 一词，或为动词 sombi 之形动态。所以 sombi 一词，原意为祭祀。如在《五体清文鉴·祭祀类》中，有 falan sombi，汉意译为"祭场院"。《清文总汇》则释之为："秋成粮食收完后，用面食饽饽去打粮食场院子里祭祀。"[②] 其复合之过程，或缘于 soro 之 ro，与 moo，二词的词尾元音雷同，在语言流变中，ro 弱化为 r，后来元音 o 逐渐消失；而 moo 在口语中简读为 mo soro moo 便逐渐复合成为 somo。由上可见，somo 或 somo i moo，虽其后来称之为神杆、祭杆，但其初始之意为神树、祭树。神杆满文的原意，神杆仪注的图形，二者吻合，相互印证。

以上五组资料，可以充分证明：满洲神杆，缘起神树。然而，满洲祭祀神树，因其栖息神鸟——乌鹊。满洲视乌鹊为神鸟，为图腾，为保护神。这不仅在考古文物中能追溯它的渊源，而且在满洲神话中也能看到它的影子。

第六，神话传说。满洲流传的乌鹊神话传说，兹摘选神鹊衔朱果、神鹊救凡察和神鹊救罕王三则，引录如下。

一则，神鹊衔朱果：

> 有布库里山，山下有池曰布尔湖里。相传有天女三：曰恩古伦、次正古伦、次佛库伦，浴于池。浴毕，有神鹊衔朱果，置季女衣。季女爱之，不忍置诸地，含口中。甫，被衣，忽已入腹，遂有身。……佛库伦寻产一男，生而能言，体貌奇异。及长，母告以吞朱果有身之故。因命之曰：汝以爱新觉罗为姓，名布库里雍顺。[③]

[①] 《清文总汇》，第 6 卷，第 14 叶，清光绪二十三年（1897 年）荆州驻防翻译总学刻本。
[②] 《清文总汇》，第 12 卷，第 16 叶，清光绪二十三年（1897 年）荆州驻防翻译总学刻本。
[③] 《清太祖高皇帝实录》，第 1 卷，第 2 叶，中华书局影印本，1986 年，北京。

布库里雍顺遂成为传说的满洲始祖。

二则，神鹊救凡察（范察）：

> 布库里雍纯之族，有幼子名范察者，遁于荒野，国人追之。会有神鹊止其首，追者遥见，意人首无鹊栖之理，疑为枯木，遂中道而返。范察获免，隐其身，以终焉。自此后世子孙俱德鹊，诫勿加害云。[①]

布库里雍顺后世之族裔，在乱中被杀，唯幼子凡察赖神鹊庇佑，使满洲世系胤绪绵延，故敬鹊以德、以祖、以神。[②]

三则，神鹊救罕王：

> 罕王的战马已死，只好徒步逃奔，眼看追兵要赶上。正在危难之时，忽然发现路旁有一棵空心树。罕王急中生智，便钻到树洞里。恰巧飞来许多乌鸦，群集其上。追兵到此，见群鸦落在树上，就继续往前赶去。罕王安全脱险。[③]

这个传说流传至今："打这儿以后，满族就将乌鹊看作是吉祥物，称为神鸟。努尔哈赤为了报答狼石屿乌鸦的救命之恩，特立下一个规矩：不准本族人射猎乌鸦，还特设神杆，放些肉食供它们啄吃。清军入关以后，康熙帝命令在皇城之内设置神杆，八旗臣民家里也要设置神杆，这种习俗一直延续了很久、很久。"[④]

上述三则满洲神话传说，表明乌鹊对满洲史上三位英雄——布库里雍顺、凡察、努尔哈赤，都膺神佑之助。由此可见，满洲先民崇敬乌鹊，而奉之为图腾、神鹊。

第七，实录记载。明万历二十一年（1593年），叶赫、哈达、乌拉、辉发、朱舍里、讷殷、科尔沁、锡伯、卦尔察九部联军进攻建州，态势严重。此役，实为

---

① 《清太祖高皇帝实录稿本三种》，甲种，第3叶，史料整理处影印本，1933年。
② 《清太祖高皇帝实录》第1卷第3叶载："后世子孙俱德鹊，诫勿加害云"；《清太祖武皇帝实录》第1卷第1叶载："满洲后世子孙，俱以鹊为祖，故不加害"；《满洲实录》第1卷第18叶载："满洲后世子孙，俱以鹊为神，故不加害。"
③ 阎崇年：《努尔哈赤传》（修订本），第25页，文史哲出版社，1992年，台北。
④ 王瑞年主编：《燕京传说·神杆的传说》，第110页，农业出版社，1990年，北京。

建州部决定死生之战。临战前，《满洲实录》记载：

> 太祖闻之，遣兀里堪东探。约行百里，至一山岭，乌鹊群噪，不容
> 前往。回时，则散；再往，群鸦扑面。兀里堪遂回，备述前事。[①]

《清太祖高皇帝实录》所载文字与上略异，称"兀里堪异之，驰归告上"[②]。

实录记载，神话传说，相辅相成，清楚表明：满洲的英雄与部民，遇到危难之时，总有神鹊救驾。因此，乌鹊成为满洲的保护神，并受到满洲部民的岁时祭品供献。

第八，享神祭品。神杆大祭时的祭品，供受祭之主神所享用。《钦定满洲祭神祭天典礼》坤宁宫仪注载述祭品：

> 以颈骨穿于神杆之端，精肉及胆并所洒米，俱贮于神杆斗内，立起
> 神杆。[③]

堂子立杆大祭仪注，也载述相同的祭品。

祭品中的猪胆、精肉、米谷等，正是乌鸦所食之物。乌鸦栖食之物品，动物学文献载述：

> 栖于近村之树林，多群居，能杂食而甚贪，常在垃圾间觅食谷物、
> 果实、昆虫、厨屑等。[④]

上文中的"厨屑"，包括谷物、肉骨。明徐守铭著《乌赋》，有"饲其丹肉群飞"[⑤]之句。仪注享神所用之祭品，恰为乌鸦贪喜之食物。从仪注所载述祭品来看，神杆敬祀之神鸟为乌鹊。

---

① 《满洲实录》，第 2 卷，第 71—72 叶，中华书局影印本，1986 年，北京。
② 《清太祖高皇帝实录》，第 2 卷，第 14 叶，中华书局影印本，1986 年，北京。
③ 《钦定满洲祭神祭天典礼》，第 1 卷，第 45 叶，台湾商务印书馆《景印文渊阁四库全书》本，1986 年，台北。
④ 杜亚泉等编：《动物学大辞典》，第 1036 页，商务印书馆，1932 年，上海。
⑤ 徐守铭：《乌赋》，《古今图书集成》，第 22 卷，《禽虫典》，中华书局、巴蜀书社影印本，1985 年，成都。

清人杨宾的《柳边纪略》，目睹满洲民间神杆祭祀之祭品。其书记载：

> 祭时，著肉斗中，必有鸦来啄之，谓之神享。①

由上可见，神杆祭品奉享，实为神鸟乌鹊。清代历史文献，俱作相似记载。

第九，文献载录。清人笔记掌故诸书，记载神杆所祀之神，为乌鹊，举一例。姚元之《竹叶亭杂记》载述立杆大祭的祭品及其享神：

> 其锡斗中切猪肠及肺、肚，生置其中，用以饲乌。盖我祖为明兵追至，匿于野，群乌覆之。追者以为乌止处必无人，用（因）是得脱，故祭神时必饲之。每一置食，乌及鹊必即来共食，鹰鹯从未敢下，是一奇也。锡斗之上、杆梢之下，以猪之喉骨横衔之。②

神杆祭祀主神，是为乌鹊已明。但乌鹊在啄食祭品——精肉及猪肠、胆、肺、肚时，鹰鹯既喜食腐肉，又比乌鹊凶狠，却"未敢下，是一奇"，奇在何处？其实这并不奇怪，祀乌的季节，是一个原因。

第十，祭祀季节。满洲堂子立杆大祭，每年春秋二季举行。祭祀时间，不缘农事。《后汉书·东夷列传》载，春以农田竟祭鬼神，秋以农功毕复如之。对东夷中农耕文化的某些部族而言，以春作秋获之时，为部民祭神之期。但对东夷中渔猎文化的满洲先民而言，则以春秋乌鹊群集为祭神之期。前已考释，春秋二季，神杆所祀，实为乌鹊。乌鸦在每年春秋二季，群飞噪鸣，觅食甚急。此缘于乌之习性：

> （乌鸦）常在垃圾间觅食谷物、果实、昆虫、厨屑等，饱后则以余食藏于屋瓦及草际，以土草等蔽之。冬季将雪，觅食尤急，此时性颇勇敢，不畏人而群噪；初夏以枝叶营巢于树上产卵。③

每年春秋二季，乌鸦觅食尤急——五月寻食饲雏，十月则贮食过冬。《大戴礼

---

① 杨宾：《柳边纪略》，第4卷，第3叶，《辽海丛书》本，辽沈书社影印本，1985年，沈阳。
② 姚元之：《竹叶亭杂记》，第3卷，第62页，中华书局校点本，1982年，北京。
③ 杜亚泉等编：《动物学大辞典》，第1037页，商务印书馆，1932年，上海。

记·夏小正》的"十月黑乌"和《本草纲目·慈乌释名》的"冬月尤甚"[1],都同乌鸦的上述习性攸关。乌鸦每年春秋群噪觅食,故于春秋立杆以饲祭之。祭时,群乌蔽天,争啄祭品。至于鹰鹯,亦远翔之。所以,从神杆立祭季节来看,神杆所祀之神鸟为乌鹊。乌鹊被满洲尊奉为图腾、为保护神。祈求其神佑部民嘉祥而康寿。祭祀神词,提供证据。

第十一,祭仪神词。祭神的祝词,尤其为重要。乾隆帝谕曰:"我爱新觉罗姓之祭神,则自大内以至王公之家,皆以祝辞为重。"[2]满洲堂子立杆大祭时,萨满敬颂祝词曰:

> 今敬祝者:贯九以盈,具八以呈。九期届满,立杆礼行。爰系索绳,爰备粢盛,以祭于神灵。丰于首而仔于肩,卫于后而护于前,畀以嘉祥兮。齿其儿而发其黄兮,年其增而岁其长兮,根其固而身其康兮。神兮贶我,神兮佑我,永我年而寿我兮![3]

上述神词,祈旨在于:年增岁长,人丁兴旺,根深叶茂,儿孙满堂,健康长寿,合族嘉祥。可见满洲视乌鹊为本族的保护神。与此不同的是,祭马神《祝辞》则反映满洲部民的另一种心态:

> 今为所乘马敬祝者:抚脊以起兮,引鬣以兴兮,嘶风以奋兮,嘘雾以行兮;食草以壮兮,啮艾以腾兮,沟穴其弗蹈兮,盗贼其无撄兮!神其贶我,神其佑我![4]

祭马神的《祝辞》,则道出祭祀者与所乘马,同其攸关的青草、畜疾、沟壑、盗贼之关切心情和祈佑心态。

上引祭神杆与祭马神的《祝辞》,两相比较,探微索旨,可证满洲借堂子立杆大祭,祭祀栖息于神树上之神鸟乌鹊,以祈求其对满洲部民之庇佑。这种祭祀,

---

① 《古今图书集成·禽虫典》,第22卷,《乌部》,中华书局、巴蜀书社影印本,1985年,成都。

② 《清高宗纯皇帝实录》,第294卷,乾隆十二年七月丁酉,中华书局影印本,1985年,北京。

③ 《钦定满洲祭神祭天典礼》,第3卷,第26叶,台湾商务印书馆《景印文渊阁四库全书》本,1986年,台北。

④ 《钦定满洲祭神祭天典礼》,第4卷,第16叶,台湾商务印书馆《景印文渊阁四库全书》本,1986年,台北。

多年传承，在满洲民间广泛流行，直至本世纪前半叶。

第十二，满洲民俗。神杆的民间祀俗比宫廷祭仪更久远，也更绵长。满洲氏族经历过山林渔猎文化，因而早就有祭神树以祀乌鹊的习俗。而台湾赛夏族也有"乌灵祭"[①]，以其曾作为山林狩猎文化的显映。但是，满洲祭神树与祭乌鹊的民间习俗，民元以来在关外地区仍相当流行，甚至还保留着野祭神树的民俗。

据萨满石清泉回忆，至二十世纪三四十年代，乌拉街弓通屯富察氏的祭天活动，仍是在村外一棵老榆树下举行的，富氏家庭世代视此树为神树[②]。

至于满洲人家在庭院中立杆祭祀乌鹊之例，则不胜枚举。

综上，考古文物、历史典籍、祭杆仪注、神杆图形、满文原意、神话传说、实录记载、享神祭品、文献载录、祭祀季节、祭仪神词和满洲民俗十二方面，丰富资料，粗作考释，整合分析，可以得出如下结论：

第一，满洲神杆象征神树，缘于满洲先民居处于山林之间，曾作为山林狩猎文化之映现。神树上安置锡斗，供神鸟栖食，祭品则祀享神鹊。

第二，满洲神杆祭祀之主神，是栖食于神树上的神鸟——乌鹊。满洲部民以乌鹊为神鸟，为图腾，为保护神。神杆上悬斗，以盛肉米，祭享神鹊。

第三，神树、神鸟为"天授"，树梢通向天、乌鹊翔于天，所以立杆大祭也是祭天。后定制神杆上留九枝，象征九天，以附会萨满教天穹观之宗教哲学理念。

第四，满洲先世诸氏族中，氏族有别，图腾亦异，但后来趋同，以神杆与乌鹊为满洲共同之神。其所祀之神，随地域、氏族、旗分、时间之差异而呈多元性，即除主祭乌鹊外，或兼祭天地、鬼神、祖灵等。

第五，神杆象征兵器之长矛、采参之棒棰、土谷之社稷等说，均无考古学与历史学、文献学与文物学、语言学与民俗学、人类学与宗教学之资料相征，实非满洲先民原意，而属后人穿凿附会。

总之，满洲神杆及奉祀之神，缘起于满洲先民祭祀神树及其栖食之神鸟——乌鹊，每年春秋，乌鹊群噪，设肉、米于斗中以享之。尔后缘习成礼，岁时祀享乌鹊。这就是本文关于满洲神杆及祀神考源之结论。

---

① 陈春钦：《向天湖赛夏族的故事》，《民族学研究所集刊》，第 21 期，第 163 页，1966 年，台北。

② 石光伟、刘厚生编著：《满族萨满跳神研究》，第 271 页，吉林文史出版社，1992 年，长春。

后金都城佛阿拉驳议

【题记】本文《后金都城佛阿拉驳议》，系笔者于 1987 年，应日本明治大学教授神田信夫先生之邀，在东洋文库清史研究室所做的学术报告，刊载于《清史研究通讯》1988 年第 1 期。

《兴京县志》载："旧老城在二道河村南山上，清太祖未建赫图阿拉以前之都城也。"[①] 旧老城，即佛阿拉城。日本稻叶岩吉在《兴京二道河子旧老城》一书的《代序》中，称旧老城是清太祖努尔哈赤的"第一个都城"[②]。尔后，踵袭此说，例不胜举。兹就佛阿拉为后金都城之说，列举史料，略作驳议。

佛阿拉，初称虎拦哈达南冈。"上自虎拦哈达南冈，移于祖居苏克苏浒河、加哈河之间赫图阿喇地，筑城居之"[③]，可作史证。其城所在的阜冈，位置在虎拦哈达东南与赫图阿喇西南之处，因称为南冈。万历三十一年（1603 年），努尔哈赤迁居赫图阿拉后，始有佛阿拉之称。佛阿拉，满语为 fe ala，汉音译又作费阿拉；汉意译"fe"为"老"或"旧"，"ala"为"城"，即"老城"。赫图阿拉兴筑新城，虎拦哈达南冈就成为老城，即佛阿拉城。天命六年（1621 年）三月，后金迁都辽阳。翌年，后金又在辽阳太子河东岸建新城，后尊称东京。天命十年（1625 年），后金再迁都沈阳，后尊称盛京。天聪八年（1634 年）四月，尊赫图阿拉城曰兴京。光绪三年（1877 年），兴京府移治新宾堡，它被称作老城。由是，佛阿拉城即老城之称再变——"民间呼为旧老城。"[④] 它除上述虎拦哈达南冈城、佛阿拉城和旧老

---

① 《民国兴京县志》，第 11 卷，民国十四年（1925 年）铅印本。
② 《兴京二道河子旧老城》，日文本，第 1 页，建国大学刊印，1939 年，长春。
③ 《清太祖高皇帝实录》，第 3 卷，癸卯年（1603 年）正月，中华书局影印本，1986 年，北京。
④ 光绪《兴京厅乡土志》，第 3 卷，第 27 叶，光绪三十二年（1906 年）修，民国年间油印本。

城三称之外，早时朝鲜人称之为"奴酋城"[①]，后来日本人又称其为"二道河子城"[②]。由上可见，佛阿拉城，见诸史册，一城五称。

佛阿拉城位置在今辽宁省新宾满族自治县永陵镇南十八里处。它东依鸡鸣山，南依哈尔撒山，西偎烟筒山（虎拦哈达），北临苏克素浒河即苏子河支流——加哈河与索尔科河，二道河之间三角形河谷平原南缘的平冈上。《清太祖武皇帝实录》记载："丁亥年，太祖于首里口、虎栏哈达下东南河二道——一名夹哈，一名首里，夹河中一平山，筑城三层，启建楼台。"[③]丁亥年即万历十五年（1587年）。《清太祖高皇帝实录》所载，与上述文字大致相同。但满文《满洲实录》载述文字略异：

fulahūn ulgiyan aniya, taidzu sure beile, šali anggaci
　丁　　亥　　年　太祖　淑勒　贝勒　硕里　隘口
hūlan hadai šun dekdere julergi giyaha bira i juwe
虎拦　哈达　横　稍高　南面　加哈　河　的　二
siden i ala de ilarsu hoton sahafi yamun locse tai araha.[④]
　间　冈于　三层　城　筑　衙门 楼 台 建

即"丁亥年，太祖淑勒贝勒于虎拦哈达下东南，硕里隘口与加哈河两界中之平冈，筑城三层，兴建衙门和楼台"。这里的记载，同《清太祖实录》相斠，不仅表明"硕里口"为"硕里隘口"，而且增记了"兴建衙门"。此外，《皇朝开国方略》将佛阿拉城兴建的时间，系至"丁亥年，春正月"[⑤]，较前引各书更为具体。

清太祖朝的三种《实录》，记载佛阿拉城过于疏略，《无圈点老档》即《旧满洲档》又失之于阙载。康熙《盛京通志》在清代志书中，对佛阿拉城垣与城门的载述最早且最详：

老城（在治城赫图阿拉）城南八里，周围十一里零六十步，东、南二门，西南、东北二门。城内西有小城，周围二里一百二十步，东、南

① [朝] 申忠一：《建州纪程图记》，图版5，《兴京二道河子旧老城》，日文本，建国大学刊印，1939年，长春。
② 《兴京二道河子旧老城》，日文本，第17页，建国大学刊印，1939年，长春。
③ 《清太祖武皇帝实录》，第1卷，丁亥年，北平故宫博物院印本，1932年，北平。
④ 《满洲实录》（满文），丁亥年，中国第一历史档案馆藏。
⑤ 《皇朝开国方略》，第2卷，清光绪丁亥（1887年）广百宋斋刻本。

二门。城内东有堂子，周围一里零九十八步，西一门。城外有套城，自
城北起，至城西南至，计九里零九十步，西、西南、北、西北四门。[①]

但是，清代的康熙、雍正、乾隆《盛京通志》和光绪《兴京厅乡土志》，对佛
阿拉城的记述均语焉不详，且康熙《盛京通志》称其"建置之年无考"，可见其纂
修者并未见《清太祖高皇帝实录》中的有关记载。然而，朝鲜南部主簿申忠一，
于万历二十三年十二月（1596 年 1 月）奉命至"奴酋城"即佛阿拉。他在《申忠
一书启及图录》即《建州纪程图记》中，对佛阿拉作了详细的记述。

《建州纪程图记》载：佛阿拉城分为三重：第一重为栅城，以木栅围筑，略呈
圆形[②]。似比金太祖阿骨打栽柳禁围的"皇帝寨"[③]更为谨严。栅城内为努尔哈赤行
使权力和住居之所。城中有神殿、鼓楼、客厅、楼宇和行廊等建筑，楼宇高二层，
上覆鸳鸯瓦，也有的盖草，墙抹石灰，柱椽彩绘。第二重为内城，周围二里余，
城墙以木石杂筑，有雉堞、望楼。内城中居民百余户，由努尔哈赤"亲近族类居
之"[④]。在城东设有堂子[⑤]。第三重为外城，周约十里，城垣"先以石筑，上数三尺
许，次布椽木，又以石筑，上数三尺，又布椽木，如是而终。高可十余尺，内外
皆以粘泥涂之。无雉堞、射台、隔台、壕子。……外城门以木板为之，又无锁钥，
门闭后，以木横张"[⑥]。外城门上设敌楼，盖之以草。外城中居民三百余户，由努尔
哈赤诸将及族属居之。外城外居民四百余户，由军人、工匠等居之。佛阿拉城居
民总计约近千户。

但是，作为努尔哈赤长达十六年治居之所的佛阿拉城，能否算做后金的第一
个都城，需要加以辨正。

其一，京都为天子治居之城。《诗经·大雅》载："京师之野"，《正义》曰：《春
秋》言："京师者，谓天子之所居。"[⑦]《公羊传》又载："京师者何？天子之居也。京

① 《康熙盛京通志·京城志》，康熙二十三年（1684 年）刻本，沈阳。

② [朝] 申忠一：《建州纪程图记》，图版 8，《兴京二道河子旧老城》，日文本，建国大学刊印，
1939 年，长春。

③ 《历代宅京记》，第 30 卷，转引，中华书局校点本，1984 年，北京。

④ [朝] 申忠一：《建州纪程图记》，图版 10，《兴京二道河子旧老城》，日文本，建国大学刊印，
1939 年，长春。

⑤ 《光绪兴京厅乡土志》，第 3 卷，第 28 叶，光绪三十二年（1906 年）修，民国年间油印本。

⑥ [朝] 申忠一：《建州纪程图记》，图版 9，《兴京二道河子旧老城》，日文本，建国大学刊印，
1939 年，长春。

⑦ 《诗经·大雅·公刘》，《十三经注疏附校勘记》本，中华书局影印本，1980 年，北京。

者何？大也。师者何？众也。天子之居，必以众大言之。"① 尔后，上述诠释渐成公论。蔡邕《独断》载："天子所都，曰京师。"② 汉刘熙《释名》又载："国城曰都。都者，国君所居，人所都会也。"《华严经音义》亦载："天子治居之城曰都。"③ 以上说明，都城为国家政治神经集注之城，也就是国家政治重心所在之城。虽然佛阿拉如前述已具有城的规模，努尔哈赤又在佛阿拉城治居长达十六年之久，但其时他只是明朝建州卫的一名地方官员，并未登极建元。如他在建佛阿拉城三年后到北京朝贡："建州等卫女直夷人奴儿哈赤等一百八员名，进贡到京，宴赏如例。"④ 又如他在佛阿拉接见朝鲜南部主簿申忠一，并请其代达朝鲜国王李昖回帖末署"篆之以建州左卫之印"⑤。可见其时他自诩为明朝辽东建州左卫的一个地方官，而被明朝视之为"建州黠酋"⑥。再如他在建赫图阿拉城两年之后，给明辽东总兵官李成梁呈文称，"看守朝廷九百五十余里边疆"⑦，仍自视为明朝的地方官员。努尔哈赤并未在佛阿拉城告祭天地，自号后金，登极建元，黄衣称朕；佛阿拉城尽管为其治居之所，但不能称作后金的都城。

其二，都城有宗庙先君之主。《左传》载："凡邑有宗庙先君之主曰都，无曰邑。"⑧ 许慎《说文》亦载："有先君之旧宗庙曰都。"清段玉裁据杜氏《释例》注："大曰都，小曰邑，虽小而有宗庙先君之主曰都，尊其所居而大之也。"⑨ 有的学者认为此指春秋以前："至于都，春秋以前是指有宗庙先君之木主的城。"⑩ 但中国古代都城史表明，都城总是同宗庙与陵寝相联系。《周礼·考工记》云："匠人营国，方九里，旁三门，国中九经九纬，经涂九轨，左祖右社，面朝后市。"⑪ "左祖右社"成为后来都城规划与营建的模式。一般地说，除割据政权临时都城之外，中国古

---

① 《公羊传》，桓公九年，《十三经注疏附校勘记》本，中华书局影印本，1980 年，北京。

② 蔡邕：《独断》上篇，《子书丛书》本，广益书局，1935 年，上海。

③ 慧苑：《新译大方广佛华严经音义》卷下，清光绪间南海伍氏《粤雅堂丛书》本。

④ 《明神宗实录》，第 222 卷，万历十八年四月庚子，台北中研院历史语言研究所校勘本，1962 年，台北。

⑤ 《李朝宣祖实录》，第 71 卷，二十九年正月丁酉，日本学习院东洋文化研究所，1959 年，东京。

⑥ 《明神宗实录》，第 194 卷，万历十六年正月己酉，台北中研院历史语言研究所校勘本，1962 年，台北。

⑦ 《东国史略事大文轨》，第 46 卷，转引自黄彰健《明清史研究丛稿》，第 491 页。

⑧ 《左传》，庄公二十八年，《十三经注疏附校勘记》本，中华书局影印本，1980 年，北京。

⑨ 段玉裁：《说文解字注》，篇六下，中华书局影印本，1980 年，北京。

⑩ 杜正胜：《周秦城市的发展与特质》，台北中研院历史语言研究所集刊，第 51 本，第 4 分册，台北。

⑪ 《周礼·考工记》，《十三经注疏附校勘记》本，中华书局影印本，1980 年，北京。

代都城与陵庙有着不可分割的关系。元大都有宗庙而无陵寝则属例外。清初关外的兴京、东京、盛京，皆有陵庙①，祭祀其先君之主。然而，佛阿拉却未建陵庙。这为佛阿拉不算清初都城提供了一个佐证。

其三，钦定《清实录》不称佛阿拉城为京都。查《清太祖高皇帝实录》，"都城"凡出现十五次，其中赫图阿拉十二次，辽阳二次，沈阳一次，未有佛阿拉；"京城"凡出现九次，其中东京（辽阳）八次，盛京（沈阳）一次，也未及佛阿拉。《清太祖武皇帝实录》和《满洲实录》载述情况与上略同。此外，《清太宗实录》载，天聪八年（1634年）四月，尊沈阳城曰盛京，赫图阿拉城曰兴京②。在此之前，天命七年（1622年）三月，尊辽阳新城曰东京③。后金所尊关外的"三京"——兴京（赫图阿拉）、东京（辽阳）、盛京（沈阳），没有泽及佛阿拉。这说明清太祖努尔哈赤和清太宗皇太极，并未视佛阿拉为都城；后来顺治、康熙、雍正和乾隆四朝纂修《清太祖实录》和《清太宗实录》时，也未视佛阿拉为都城。因此，佛阿拉在后金—清初时期，不具有都城的地位。

其四，清代官私史籍均不称佛阿拉为都城。清官修志书嘉庆《清一统志》，不载佛阿拉为京城。康熙《盛京通志》载："志首京城，重建极也。盛京为坛庙宫殿所在，故先于兴京。至东京，虽国初暂建，然圣祖始创之地，旧以京名，不得与郡县城池并列，故附于京城之后。"④雍正《盛京通志》完全袭引上述的文字。⑤乾隆《盛京通志》纂者谓：

> 盛京为坛庙宫殿所在，谨先志之，以明王业之本也。至兴京为发祥之初基，仰见列祖诒谋世德作求之盛。东京国初暂建，然圣祖创业初基，肇域自东，遂奄九有，俱不得与郡县城池并列。⑥

可见康熙、雍正、乾隆三朝《盛京通志》，均将兴京、东京和盛京列为京城，而将佛阿拉与郡县城并列。尔后，今仅见清修兴京志书《兴京厅乡土志》，也不将

---

① 《雍正盛京通志》，卷2，《山陵志》，清雍正十二年（1734年）刻本。

② 《清太宗文皇帝实录》，第18卷，天聪八年四月辛酉，中华书局影印本，1985年，北京。

③ 《清太祖武皇帝实录》，第4卷，第5叶，台北故宫博物院藏本，广文书局影印，1970年，台北。

④ 《康熙盛京通志》，卷1，《京城志》，清康熙二十三年（1684年）年刻本。

⑤ 《雍正盛京通志》，卷2，《京城志》，清雍正十二年（1734年）刻本。

⑥ 《乾隆盛京通志》，卷18，《京城志》，清乾隆元年（1736年）刻本。

佛阿拉列为都城^①。《兴京县小志》则置佛阿拉城于"古郡城"^②之列。《清会典》和《清史稿·地理志》均不以佛阿拉为清初都城而加以载述^③。魏源在《圣武记·开国龙兴记》中，所记都城亦未及佛阿拉城。

其五，佛阿拉城不具备都城的规制。《诗经》载公刘都城选址谓："游彼百泉，瞻彼溥原，乃陟南冈，乃觏于京。"^④即将临河泉、地广平和高阜冈作为京城选址的三个地理因素。佛阿拉在上述三个因素中，一是水缺乏——"城中泉井仅四、五处，而源流不长，故城中之人，伐冰于川，担曳输入，朝夕不绝"^⑤；二是地狭窄——三面环山，一面阻河，前无开阔之野，后无辽广腹地；三是冈高峻——在军事上，虽"有利则出攻，无利则入守"，但不宜向四面发展。选址在如上地理因素中的佛阿拉城，规模狭小，房舍简陋，不足千户居民，没有宫殿宗庙。在努尔哈赤统一女真各部战争中，佛阿拉既是具有进攻、防御和瞭望功能的建州军事堡垒，又是具有军事、行政和祭祀功能的建州左卫治城。

在探讨佛阿拉城是否为后金的都城时，应将上列五种因素进行综合的研究，而不应捉襟见肘，顾此失彼。按照在中国古代，"都城为天子治居之城"的原则，应把努尔哈赤是否建元称汗，作为判断其治居之城是否为都城的主导因素，并参酌其他多项因素，进行整合分析，作出科学论断。努尔哈赤在赫图阿拉城登极建元，"天命元年，众贝勒大臣上尊号曰覆育列国英明皇帝，以兴京为都城"^⑥。从此，赫图阿拉正式成为后金—清初的都城。《长白汇征录》亦载曰：努尔哈赤迁至"赫图阿拉，遂建都焉"^⑦。这从另一个侧面说明，赫图阿拉是后金—清朝的第一个都城。

综上所述，可以断言：后金天命汗努尔哈赤建元称汗以前的治居之所佛阿拉城，是建州女真的城堡，是建州左卫的治城，但不是后金—清初的都城。

① 《光绪兴京厅乡土志》，第 3 卷，光绪三十二年（1906 年）修，民国年间油印本。
② 《兴京县小志》，第 11 卷，民国油印本。
③ 《清史稿·地理志二》，第 8 册，第 55 卷，第 1934 页，中华书局校点本，1977 年，北京。
④ 《诗经·大雅·公刘》，《十三经注疏附校勘记》本，中华书局影印本，1980 年，北京。
⑤ ［朝］申忠一：《建州纪程图记》，图版 10，《兴京二道河子旧老城》，日文本，建国大学刊印，1939 年，长春。
⑥ 《乾隆盛京通志》，卷 18，《京城志》，清乾隆元年（1736 年）刻本。
⑦ 《长白汇征录》，第 1 卷，成文出版社，1974 年，台北。

清宫建筑的满洲特色

【题记】本文《清宫建筑的满洲特色》，系参加紫禁城学会学术研讨会的论文，载于《满学研究》第三辑，民族出版社，1997 年。

清代的宫廷建筑，既承继明代燕京宫殿的载体，又承续女真皇家建筑的传统。兹就其久远的历史、演进的过程和满洲的特色，依据史料，粗加勾稽，整合分析，略作讨论。

一

清宫建筑的久远历史。清代宫廷建筑的久远历史，要追溯到金代女真的建筑。而金"袭辽制，建五京"[①]，故金代女真的宫廷建筑，同辽代契丹的宫廷建筑攸关。先是，"契丹之初，草居野次，靡有定所"[②]。契丹崛兴之后，始有宫室建筑。契丹的宫廷建筑，同其地理位置和自然条件，有着密切的关系。《辽史·营卫志》记载：

> 长城以南，多雨多暑，其人耕稼以食，桑麻以衣，宫室以居，城郭以治。大漠之间，多寒多风，畜牧畋渔以食，皮毛以衣，转徙随时，车马为家。[③]

契丹的地理环境、自然条件和民族习俗，使其春夏避暑，秋冬违寒，随逐水

① 《金史·地理上》，第 2 册，第 24 卷，第 549 页，中华书局校点本，1975 年，北京。
② 《辽史·营卫志中》，第 2 册，第 32 卷，第 377 页，中华书局校点本，1974 年，北京。
③ 《辽史·营卫志中》，第 2 册，第 32 卷，第 373 页，中华书局校点本，1974 年，北京。

草，亦畋亦渔，四时往复，岁以为常。因此，契丹主创制，以时以地，因宜为治，一年四季，各有行在，即《辽史》所载述的"捺钵"。捺钵即行营，《辽史·营卫志》记载：

> 居有宫卫，谓之斡鲁朵；出有行营，谓之捺钵；分镇边围，谓之部族。有事则以攻战为务，闲暇则以畋渔为生。无日不营，无在不卫。[1]

契丹四时之捺钵：

春捺钵，在鸭子河泺。辽帝初临，设帐冰上，凿冰取鱼；及鹅雁至，放纵鹰鹘，以捕鹅雁。皇帝驭骑，群臣随围，晨出暮归，从事弋猎。猎获头鹅，荐庙献果，举乐庆贺，鹅毛插头，饮酒为乐。弋猎网钩，春尽乃还。

夏捺钵，多在吐儿山。辽帝初至，先拜祖陵，后幸子河，设帐避暑。其纳凉之所，或建清凉殿。皇帝与臣僚，平日议政，暇日游猎。七月中旬，移帐而去。

秋捺钵，在伏虎林。因虎见景帝伏草战栗而得名。帝车驾至，皇族而下，文武群臣，分布泺边，待夜将半，鹿饮盐水，猎人哨鹿，及其群集，发矢射之。天气渐寒，徙帐坐冬。

冬捺钵，在广平淀。皇帝的牙帐，以枪为硬寨，用毛绳联系。每枪下设毡伞，供卫士避风雪。有省方殿、寿宁殿等，均为木柱，以毡做盖，锦为壁衣，加绯绣额。及至春始，迁帐围猎。

辽代皇帝，行在之徙，"每岁四时，周而复始"[2]。由是，契丹捺钵之俗，衍为五京之制——上京临潢府、东京辽阳府、中京大定府、南京析津府[3]和西京大同府。

女真崛起，金兴辽亡。女真的建筑，有以下特点：

其一，室居较晚，构筑简陋。《金史·世纪》记其旧俗曰：

> 旧俗无室庐，负山水坎地，梁木其上，覆以土。夏则出，随水草以居；冬则入，处其中。迁徙不常。献祖乃徙居海古水，耕垦树艺，始筑

---

① 《辽史·营卫志上》，第2册，第31卷，第361页，中华书局校点本，1974年，北京。

② 《辽史·营卫志中》，第2册，第32卷，第375页，中华书局校点本，1974年，北京。

③ 辽南京析津府，《金史·地理上》载：辽会同元年（938年）升幽州为南京，府曰幽都。开泰元年（1012年）更为析津府。

室，有栋宇之制，人呼其地为"纳葛里"。"纳葛里"者，汉语居室也。[1]

上述史料说明，金代女真人的先祖，始居房屋，起步较晚。这就使得其住居建筑，既粗疏，又简陋。缘此，影响着女真人的宫廷建筑。

其二，牧猎畋渔，迁徙不定。女真族的牧猎畋渔，为其民族历史传统。《三朝北盟会编》载其习俗为："缓则射猎，急则出战。"这集中表现在《金史·太祖本纪》中，对金太祖阿骨打的赞颂：

> 十岁，好弓矢。甫成童，即善射。一日，辽使坐府中，顾见太祖手持弓矢，使射群鸟，连三发皆中。辽使矍然曰："奇男子也。"太祖尝宴纥石烈部活离罕家，散步门外，南望高阜，使众射之，皆不能至。太祖一发过之，度所至逾三百二十步。宗室谩都诃最善射远，其不及者犹百步也。[2]

元时，部分"女直之人，各仍旧俗，无市井城郭，逐水草为居，以射猎为业"[3]。

上述史料说明，金、元时女真人的传统，善骑射，喜牧猎。这反映在民居和宫廷的建筑上，民宅自在散居，宫殿多京并置。

其三，皇帝宅都，设立五京。据宋人许亢宗《宣和奉使金国行程录》所载，女真部落乡村，"更无城郭里巷，率皆背阴向阳"。明人陈继儒在《建州考》中记载：一些女真部落，"或穴居而处；或采桦叶为居，行则驮载，止则张架以居；或穴屋脊梯级出入；或掘溷厕四面环绕之，是其居处也"[4]。其自在散居，可便于放牧。女真的部民散居，皇帝的宅京分设。金袭辽制，设置五京——上京会宁府、东京辽阳府、北京大定府、西京大同府和中都大兴府[5]。

上述史料说明，女真部民畋猎捕渔生活方式，直接影响到金代帝京的设置，也影响到金代宫廷的建筑。

---

[1] 《金史·世纪》，第 1 册，第 1 卷，第 3 页，中华书局校点本，1975 年，北京。引文标点有改变。

[2] 《金史·太祖本纪》，第 1 册，第 2 卷，第 19—20 页，中华书局校点本，1975 年，北京。

[3] 《元史·地理志二》，第 5 册，第 59 卷，第 1400 页，中华书局校点本，1976 年，北京。

[4] 《建州考》，附载《剿奴议撮》，中央大学国学图书馆印，1928 年，南京。

[5] 《金史·地理上》：辽析津府，金天会七年析河北为东、西路时属河北东路。辽开泰元年（1012年）更为析津府。金贞元元年（1153 年）改为永安府，二年改为大兴府。

其四，皇宫之外，广置苑囿。诚然，汉、唐、宋、明，也都建置园林，但是，辽、金、元、清，更为广辟苑囿。前者园林，具有农耕文化的特色；后者苑囿，则具有渔猎文化的特质。以北京为例。辽之契丹、金之女真、元之蒙古、清之满洲，都在燕京大建苑囿；而明代于燕京园林兴建，无大拓展。辽在南京东，辟建延芳淀：

> 辽每季春，弋猎于延芳淀，居民成邑，就城故潞阴镇，后改为县。在京东南九十里。延芳淀方数百里，春时鹅鹜所聚，夏、秋多菱芡。国主春猎，卫士皆衣墨绿，各持连锤、鹰食、刺鹅锥，列水次，相去五七步。上风击鼓，惊鹅稍离水面。国主亲放海冬青鹘擒之。鹅坠，恐鹘力不胜，在列者以佩锥刺鹅，急取其脑饲鹘。得头鹅者，例赏银绢。①

辽在南京兴建的园囿，奠定了北京皇家苑囿的基础。金在中都也大兴园囿，太宁宫即为一例：

> 京城北离宫有太宁宫，大定十九年建②，后更为寿宁，又更为寿安，明昌二年更为万宁宫。琼林苑有横翠殿、宁德宫。西园有瑶光台。又有琼华岛。又有瑶光楼。③

此外，今莲花池（北京西站址）、钓鱼台（国宾馆址）等都曾是金中都的著名园林。并建"玉泉山行宫"。④金在中都兴建的园囿，拓展了北京皇家苑囿的景观，并为元代和清代北京皇家园林兴修提供了经验。元大都的皇家园林不在本文论述范围，故不做探讨。

由上可见，金代女真的宫苑建筑，是清代满洲宫苑建筑之历史泉源。

---

① 《辽史·地理志四》，第2册，第40卷，第496页，中华书局校点本，1974年，北京。

② 太宁宫（今北海公园）的始建时间，传统看法据《金史·地理志》为大定十九年（1179年）。但王灿炽先生在《金中都宫苑考略》一文（载《王灿炽史志论文集》北京燕山出版社，1991年出版）中，根据《金史·张觉传附子仅言传》记载：张仅言于金大定"六年，提举修内役事……护作太宁宫，引宫左流泉灌田，岁获稻万斛"。对太宁宫即万宁宫的始建时间，做出考断："万宁宫始建于大定六年（1166年），建成于大定十九年（1179年），主持万宁宫营建工程的是金代营建家张仅言。"

③ 《金史·地理上》，第2册，第24卷，第573页，中华书局校点本，1975年，北京。

④ 《金史·地理上》，第2册，第24卷，第573页，中华书局校点本，1975年，北京。

二

清宫建筑的演进过程。清宫建筑的演进过程，要回溯到清代关外的宫殿建筑。后金—清朝在关外的三京，即兴京赫图阿拉、东京辽阳和盛京沈阳，其宫殿建筑不仅相互之间有继承关系，而且对北京宫殿的建筑满洲特色有直接影响。

兴京宫殿为清朝北京宫殿的满洲特色提供了第一个原型。先是，明万历十五年（1587年），努尔哈赤在佛阿拉即虎拦哈达南冈，筑城栅、建衙门、起楼台。据朝鲜申忠一目击所说，佛阿拉有三重城，第一重为栅城，以木栅围筑，略呈圆形[1]。这比金太祖阿骨打栽柳做城的"皇帝寨"[2]有颇大进步。栅城内为努尔哈赤的治居之所。城中有楼宇、厅堂、神殿等建筑，楼宇高二层，屋顶或覆灰瓦、或盖茅草，墙垣或抹草泥、或涂石灰。第二重为内城，城墙以石木杂筑，设有堂子。第三重为外城，也以石木杂筑。但是，佛阿拉不是后金—清朝的第一座都城，而是建州女真的汗城，建州左卫的治城[3]。尔后，万历三十一年（1603年），努尔哈赤迁至赫图阿拉并建城，后称之为兴京。赫图阿拉城建在一个突起的台地上，台地一面傍山，三面环水。突起的台地为一平冈，冈顶距地表高约十至二十米不等，城垣凭依冈势兴筑，呈不规则图形。内城中建有宫殿、衙门、庙宇等。兴京宫殿的建筑有以下特点：

第一，宫殿基址选在冈阜。明卢琼《东戍见闻录》记载：女真各部，多"依山作寨"[4]，居住山城。哈达贝勒建城衣车峰上，辉发贝勒筑城扈尔奇山上，叶赫贝勒东城修在冈上、西城则系山城，俱是佳例。其实，依丘筑城、高阜而居，汉族早已有之。《诗经》载公刘建城选址谓："乃陟南冈，乃觐于京。"[5]但汉族随着社会进步和经济发展，商、周以降历朝皇帝，均将宫殿建在平原上。可见，努尔哈赤将京城和宫殿的选址，由山上移至台冈，是女真宫殿建筑史上的一大进步。

第二，宫殿布局初具规模。赫图阿拉内城南、东南、东和北各一门，西为断

① [朝] 申忠一：《建州纪程图记》，图版八，《兴京二道河子旧老城》，日文本，建国大学刊印，1939年，长春。

② 顾炎武：《历代宅京记》，第20卷，转引，中华书局校点本，1984年，北京。

③ 阎崇年：《后金都城佛阿拉驳议》，《清史研究通讯》，1988年第1期。

④ 卢琼：《东戍见闻录》，《辽东志》，第7卷，《辽海丛书》本，辽沈书社影印本，1985年，沈阳。

⑤ 《诗经·大雅·公刘》，《十三经注疏附校勘记》本，中华书局影印本，1980年，北京。

崖而无门。城中的宫殿、衙署、堂子、庙宇等，都有粗略的规划。其"城东阜上建佛寺、玉皇庙、十王殿共七大庙"[①]。赫图阿拉的城垣、殿堂、宫室、衙门等建筑，都比佛阿拉有所发展。

第三，建筑技术有所改善。赫图阿拉的城垣，虽用木石杂筑，但墙高约十米、底宽约十米，显然比佛阿拉的城墙高厚雄伟。汗王殿亦建在高的基台之上，其基址今依稀可辨。天命汗治居之所的外面，已无简陋的木栅围垣。

第四，宫殿构筑民族特色。赫图阿拉的祭天堂子，其建筑平面呈八角形，这是满洲八旗制度在建筑上的映现，充分显现了满洲建筑的民族色彩。在宫内，初始时，"贝勒们设宴，不坐凳子，而是坐在地上"[②]。这应是满族昔日野猎餐宴习俗在宫内建筑与设施的再现。

由上，兴京宫殿建筑成为清朝北京宫殿建筑的第一个借鉴，也是从兴京宫殿向北京宫殿演变的第一个模型。

东京宫殿为清朝北京宫殿的满洲特色提供了第二个原型。东京即原明辽东首府——辽阳。先是，辽会同元年（938年），改称其为东京[③]。金仍其旧。天命六年即天启元年（1621年），后金军连陷沈阳、辽阳，据有河东之地。同年，天命汗努尔哈赤力排众议，决定迁都辽阳。于是，后金"筑城于辽阳城东五里太子河边，创建宫室，迁居之。名曰东京"[④]。明天启时，辽东将领周文郁《边事小纪》所载："当奴得辽阳，即择形胜于代子河，去旧城数里而城之，甚坚固。其珍异、子女皆畜焉。"[⑤]努尔哈赤在辽阳城东太子河东岸丘陵地上，建起了东京城的城池、宫殿、衙署、庙宇、廨舍和营房等。这是后金—清朝的第一次迁都，也是后金—清朝的第二座都城。东京宫殿的建筑有以下特点：

第一，宫殿基址选在丘陵。东京宫城位置在辽河平原与辽阳山地接合之部，农耕经济与渔猎经济相邻之地，汉族文化与满洲文化交汇之区。可见，努尔哈赤将京城和宫殿的选址，由台冈移至丘陵，是女真宫殿建筑史上的又一大进步。

第二，满洲汉人分城居住。先是，辽上京临潢府的契丹与汉人分城住居，上

① 《满洲实录》，第4卷，乙卯年（万历四十三年）四月，辽宁通志馆影印线装本，1930年，沈阳。

② 《满文老档》，太祖九，天命四年五月初五日，东洋文库本，1955年，东京。

③ 《辽史·地理志二》，第2册，第38卷，第457页，中华书局校点本，1974年，北京。

④ 《清太祖高皇帝实录》，第8卷，天命七年三月己亥，中华书局影印本，1986年，北京。

⑤ 周文郁：《边事小纪》，第1卷，《玄览堂丛书续集》本，南京国立中央图书馆影印本，民国三十六年（1947年），南京。

京城的"南城谓之汉城,南当横街,各有楼对峙,下列井肆"①。辽代的东京辽阳府,宫城在东北隅,其外城居住汉人,称作汉城:"外城谓之汉城,分南北市,中为看楼;晨集南市,夕集北市。"②至是,后金占领辽阳后,《清太祖实录》记载:"移辽阳官民,居于北城关厢;其南大城,则上与贝勒诸臣及将士居之。"③汉族人居住北城,满洲人则居住南城。建东京新城之后,汉人住老城,满洲则住新城。这对后来北京城的旗民分城居住,开了一个先例。

第三,建筑工艺大为提高。东京城的城墙已用城砖包砌,殿顶已用琉璃瓦。殿堂布局、建筑体量、工艺水准、宫内陈设,都有大的提升。

第四,宫宇建筑民族色彩。后金东京的宫殿建筑,是在辽代东京城、金代东京城和明代辽阳城之历史经验基础上,并参酌其兴京的宫殿建筑,融汇了明代汉族、辽代契丹、金代女真和后金满洲的民族特色于一体,展现出多民族的建筑风格。而八角殿的建筑,集中地体现了满洲建筑的特色。《清太祖武皇帝实录》记载:天命八年六月初九日,天命汗努尔哈赤御八角殿,训谕公主与额驸④。八角殿内和丹陛上铺绿色釉砖,则是其山林采集和猎场生活在宫殿建筑上的色彩艺术再现。

由上,东京宫殿建筑成为清朝北京宫殿建筑的第二个借鉴,也是从兴京宫殿、经东京宫殿,向北京宫殿演变的第二个模型。

盛京宫殿为清朝北京宫殿的满洲特色提供了第三个原型。天命十年即天启五年(1625年),天命汗迁都沈阳,后称之为盛京⑤。沈阳原是明朝辽东的一座卫城,地处平原,沈水之阳,势居形胜,位置冲要。努尔哈赤迁都沈阳后,先住在一座宫院里。这是一座二进式的宫院,宫院前面有宫门三楹;门内第一进院,院的正中为突起高台,上有穿堂;尔后为第二进院,中间为三楹正殿,东西各有三楹配殿,均为悬山廊式建筑⑥。后努尔哈赤和皇太极为着祭祀、典礼、议政和寝居之需,先后历时十年,建成沈阳宫殿。沈阳宫殿的东部为大政殿和十王亭——右翼王亭、正黄旗亭、正红旗亭、正白旗亭、正蓝黄旗亭和左翼王亭、镶黄旗亭、镶红旗亭、镶白旗亭、镶蓝旗亭。西部则为努尔哈赤和皇太极的治居之所。盛京宫殿规模宏伟、布局严整、堂宇富丽、特点鲜明,这不仅是满洲史上一项辉煌的文化财富,

① 《辽史·地理志一》,第2册,第37卷,第441页,中华书局校点本,1974年,北京。
② 《辽史·地理志二》,第2册,第38卷,第456页,中华书局校点本,1974年,北京。
③ 《清太祖高皇帝实录》,第7卷,天命六年三月丙寅,中华书局影印本,1986年,北京。
④ 《清太祖武皇帝实录》,第4卷,第3叶,北平故宫博物院印本,1932年,北平。
⑤ 《清太宗文皇帝实录》,第18卷,天聪八年四月辛酉,中华书局影印本,1985年,北京。
⑥ 《盛京城阙图》(满文),康熙年间绘制,中国第一历史档案馆藏。

而且是中国宫殿史上一篇瑰丽的艺术杰作。盛京宫殿的建筑，有以下几个特点：

第一，宫殿基址定在平原。先是，佛阿拉、界凡、萨尔浒三城，虽不是都城，却建在山上。兴京宫殿建在台地，东京宫殿建于丘陵，盛京宫殿则建在平原。但盛京宫殿宫高殿低，是往昔满洲依山做寨的遗意。女真—满洲的都城，由台地、到丘陵、到平原，这从一个侧面标示出其经济类型从牧猎经济、到耕猎经济、到农耕经济的社会变化历程。从而显示出历史的信息：女真—满洲已从渔猎经济向农业经济过渡，已从渔猎文化向农耕文化过渡；当然，这里只是作为一种历史标志而言，要完全实现这种过渡，则是一个漫长的过程。

第二，宫殿建筑布局规整。盛京宫殿的布局、规模、体量、工艺等，都大大地超过了兴京宫殿和东京宫殿，是后金—清朝第一座布局规整的宫殿。它表现为：一是朝廷分置。中原统一王朝的宫殿，大多采用"前朝后廷"的规制。盛京宫殿的布局，虽"朝廷分置"，却"东朝西廷"。这可能同东北狩猎民族"朝日"习俗有关。二是主次分明。"东朝"布局，以大政殿为主，十王亭为次，君臣有序，等级有别。三是格局规整。"西廷"布局，前殿与后宫，御政与宸居，布局合制，各得其所。四是规划谨严。祭祀、典礼、朝议、理政、寝室和娱乐等建筑，规划布置，主客分明，相互联系，彼此呼应。

第三，建筑艺术兼容并蓄。大殿建筑，其重檐庑殿、木架结构、丹漆彩绘和五彩琉璃，是汉族传统的建筑形式；大政殿顶八脊上端聚成尖状，安置相轮宝珠和宝珠图案彩画，是蒙藏喇嘛教建筑的特色；大政殿和十王亭的建筑格局、建筑形式，凤凰楼内檐的吉祥草彩画，是满洲建筑艺术的特点[①]；皇太极时期兴筑的盛京宫殿，殿顶为黄琉璃瓦饰以绿剪边，则是汉族农耕黄色与满洲牧猎绿色异彩并辉的表征。

第四，民族建筑特色鲜明。先是，天命汗努尔哈赤举行大典或大宴，常在郊外旷野，张大汗帐一座，旁列八旗贝勒大臣帐八座，颁汗谕、议军政、举庆典、行宴赏。在规划、布局盛京宫殿时，努尔哈赤和皇太极借鉴了昔日天幕营帐之制。这也是辽、金以来契丹、女真的"帐殿"习俗之遗意。盛京的大政殿和十王亭，其八角形式，其八旗格局，是女真—满洲八旗制度在宫殿建筑上的体现。

由上，盛京宫殿建筑成为清朝北京宫殿建筑的第三个借鉴，也是从兴京宫殿、经东京宫殿、再经盛京宫殿，向北京宫殿演变的第三个模型。

---

① 王仲杰：《试论和玺彩画的形成与发展》，《禁城营缮记》，第80页，紫禁城出版社，1992年，北京。

三

清宫建筑的满洲特色。清朝宫殿建筑的满洲特色，主要表现在明朝燕京宫殿与清朝关外宫殿，满汉两族，二者之间，既相结合，又相矛盾，并在融合与冲突中，实现两者溶冶一体。具体地分析，有以下三点。

第一，明代宫殿的保护与利用。

明朝北京的宫殿坛庙，于永乐十八年（1420 年）建成。《明太宗实录》记载："初，营建北京，凡庙社、郊祀、坛场、宫殿、门阙，规制悉如南京，而高敞壮丽过之。"[①] 明永乐帝为表示承袭父制，而称其"规制悉如南京"；却不能掩饰建筑伟丽，而称其"高敞壮丽过之"。明永乐帝为中国兴建了一座宏伟的燕京皇家宫殿。明朝北京紫禁宫殿是其时世界上最雄伟壮观、最瑰丽辉煌的宫殿建筑群。清兴明亡，清摄政睿亲王多尔衮率领八旗军占据北京后，对故明宫殿如何处置？

纵观中国历史上大一统王朝——商、周、秦、汉、隋、唐、宋、元、明：商灭夏桀，未用其都。周军东征，攻占朝歌，回师老家，仍都镐京。秦先都咸阳，尔后灭六国。秦之阿房宫殿，项羽付之一炬，大火"三月不灭"[②]。西汉刘邦奠都长安，东汉刘秀定鼎洛阳，都是另起炉灶。隋文帝杨坚承乱世之余，设京洛阳。唐高祖李渊不居亡朝之都，而奠京于长安。宋太祖赵匡胤据山河半壁，国鼎东移，以汴梁为京师[③]。蒙古成吉思汗兵陷金朝中都，怒将燕京宫殿化为一片焦土。元世祖忽必烈采纳霸突鲁和刘秉忠之谏，命由上都，移鼎大都，修筑城池，兴建宫殿。明太祖朱元璋定都之议，前思后虑，几经谋划，最后定策，安鼎金陵。上述十朝，兴国之君，于前朝宫殿，其决策有四：一是焚烧，二是拆毁，三是废弃，四是另建。此外，再纵观北京历史上建立帝都王朝——金、元、明：金军攻占北宋汴京之后，金帝命拆下汴梁宫殿建筑材料，运回中都，营造宫殿；蒙古灭金之后，已如前述，焚其宫殿，另行兴建；明兴元亡，亦如上言，定都金陵，兴筑宫殿。至于历史上局处一隅、或历时短暂而自称帝王者，占据前朝宫室为巢，不在本文讨论之列。综上可见，清朝之前，所有大一统王朝兴国之君，宸居前朝宫殿，史册

---

① 《明太宗实录》，第 232 卷，永乐十八年十二月癸亥，台北中研院历史语言研究所校勘本，1962 年，台北。

② 《史记·项羽本纪》，第 1 册，第 7 卷，第 315 页，中华书局校点本，1959 年，北京。

③ 两宋均未成为中国大统一的王朝，现从习惯，故亦列之。

盖无一例。

清初，多尔衮在占领北京之后，一反历代大统一王朝兴国之君，对前朝宫殿焚、毁、拆、弃的传统做法，而是将明朝故宫完整地保存下来并加以利用。但是，英亲王阿济格反对其胞弟睿亲王多尔衮定鼎北京的决策曰：

> 初得辽东，不行杀戮，故清人多为辽民所杀。今宜乘此兵威，大肆屠戮，留置诸王，以镇燕都。而大兵则或还守沈阳，或退保山海，可无后患。①

如阿济格的谏议得遂，则或清朝失去江南，或燕京宫殿遭毁。然而，多尔衮以清太宗皇太极遗言回答其兄曰："先皇帝尝言，若得北京，当即徙都，以图进取。况今人心未定，不可弃而东还。"寻摄政睿亲王多尔衮集诸王大臣，定议迁都北京，奏言：

> 臣再三思维，燕京势踞形胜，乃自古兴王之地，有明建都之所。今既蒙天畀，皇上迁都于此，以定天下。则宅中图治，宇内朝宗，无不通达。可以慰天下仰望之心，可以锡四方和恒之福。伏祈皇上熟虑俯纳焉。②

年方七岁的顺治帝，自然采纳多尔衮迁都之奏。同年十月初一日，顺治帝因皇极殿（今太和殿）被李自成焚毁，便在皇极门（今太和门）张设御幄，颁诏天下，"定鼎燕京"③。

顺治帝以燕京为清朝之都，以明故宫为治居之所。清朝于故明燕京宫殿，未蹈旧辙加以废弃、焚毁，而创新意予以保护、利用，是多尔衮、是满洲族、也是

---

① 《李朝仁祖实录》，第45卷，二十二年八月戊寅，日本学习院东洋文化研究所影印本，1959年，东京。

② 《清世祖章皇帝实录》，第5卷，顺治元年六月丁卯，中华书局影印本，1985年，北京。

③ 《清世祖章皇帝实录》，第9卷，顺治元年十月乙卯朔载："设御座于皇极门阶上，陈诸王表文于阶东，诸王及文武各官以次列于阶下"云云，是知清之燕京开国大典未在皇极殿（今太和殿）举行。《李朝仁祖实录》第45卷，二十二年八月戊寅载："上曰：宫室之烧烬者几何？对曰：皇极、文渊（文渊似为文华之误——笔者注）两殿，并皆灰烬，唯武英一殿，岿然独存，故九王在武英列立军卒，作为军门矣。"由上可见，其时皇极殿（今太和殿）确已遭焚毁。

清王朝，对北京的故明宫阙、对中国的文明精粹、对人类的文化遗产，加以保护和利用，作出了重大的贡献。

第二，满洲宫殿的继承与发展。

清朝北京的宫殿建筑，一方面继承了故明燕京宫殿的载体，另一方面吸收了清初关外宫殿的特点。《日下旧闻考·国朝宫室》记载：清初于故明燕京"殿庙宫阙制度，皆丕振鸿谟，因胜国之旧，而斟酌损益之"①。两者之间，组成一体，既缮旧维新，又极不协调。后者于满洲的宗教、祭祀、骑射、殿阁、寝居等，在宫廷建筑上均有所体现。

宗教建筑 满洲的原始宗教是萨满教，兴京、东京和盛京的堂子，是满洲萨满教在建筑上的一种表现。在盛京皇后正宫的清宁宫，有萨满祭祀的设施："设有神堂，是以爱新觉罗氏家族为主举行满族原始的宗教活动——萨满祭祀的神圣之地。"②清迁鼎北京之后，将清宁宫的萨满祭祀设施，再现于北京坤宁宫。原明北京宫殿的乾清宫是皇帝的正宫，坤宁宫则是皇后的正宫。清将明北京坤宁宫的内部加以改建，既作为皇后的正宫，又作为皇家萨满祭祀之所。《满洲源流考》记载："我朝自发祥肇始，即恭设堂子，立杆以祀天；又于寝宫正殿，设位以祀神。其后定鼎中原，建立坛庙；礼文大备，而旧俗未尝或改。"③清于坤宁宫设位祀神，官书《日下旧闻考》却讳焉阙载。清初对燕京坤宁宫的改建，略述如下：

坤宁宫由明代皇后正宫，变为清朝皇后正宫兼做满洲内廷祭神祭天之所。宫为重檐，东西九间，进深三间，其正门由明代居中而改在偏东一间，此间东北角隔出一小间，内设灶台④，台上安设大锅三口⑤，以煮祭肉；外设包锡大桌二张⑥，以备宰猪、切肉；并设做供品打糕之具等。其后门依旧居中，避而不开。正门迤西三间，南、西、北有联通长炕，朝祭在西炕，夕祭在北炕。祭毕，帝后召满洲王公大臣在南炕食胙肉。再

① 《日下旧闻考》，第9卷，第127页，北京古籍出版社，1981年，北京。
② 沈阳故宫博物院编：《盛京故宫》，第67页，紫禁城出版社，1987年，北京。
③ 《满洲源流考》，第18卷，第330页，奉天大同学院铅字排印线装本，1932年，沈阳。
④ 1995年12月19日，笔者在故宫博物院陈列部陆成兰馆员和保管部罗文华、刘盛馆员陪同下，和杨珍副研究员一起，考察了坤宁宫内灶台、大锅和包锡大案。经测量：坤宁宫内祭祀时煮蒸祭品用的灶台，长为602.5厘米，宽为222厘米，高为43厘米。
⑤ 又经测量：坤宁宫内灶台上的三口大锅，其西锅，锅口内径为103.5厘米，锅深为33.5厘米；其中锅，锅口内径为132.5厘米，锅深为78厘米；其东锅，锅口内径为110.5厘米，锅深为77厘米。
⑥ 再经测量：今存坤宁宫内包锡大案一张，长为140.5厘米，宽为86.5厘米，高为73厘米。

西一间为存放神器之处。正门迤东二间即东暖阁，为皇帝大婚之喜房。东头和西头各一间均为通道。宫前东南向设立祭天神杆；宫后墙西北向矗立烟囱，以做宫内祭祀煮肉时走烟之用。[①]

满洲依萨满祭神祭天礼俗，对明皇后正宫——坤宁宫，修葺和改建为清朝宫廷萨满祭祀之所，兼做皇后的正宫。此外，满洲贵族亦信奉喇嘛教。清帝在紫禁城内除原有的道教和佛教观堂外，还改建或兴建了崇奉喇嘛教的殿堂——雨华阁，供奉宗喀巴像。雨华阁金柱与檐柱间的挑尖梁[②]，梁头雕绘兽形[③]，是清朝宫殿宗教建筑的又一例证。

祭祀建筑 清朝满洲贵族的祭祀，同明代朱氏贵族的祭祀，既有同，又有异。同者，如祭天地、祭祖宗、祭先师等；异者，如祭堂子、祭马神、祭痘神等。睿亲王多尔衮入燕京不久，即命在玉河桥东建堂子八角亭式殿[④]。这是兴京赫图阿拉堂子建筑在燕京的辉煌再现。满洲贵族在坤宁宫前，安设神杆，四季献神，举行大礼。献神之祭，以良马、犍牛各二，牵于交泰殿后，在坤宁宫正门之前，陈马于西、陈牛于东，奉供品于宫内神位前[⑤]。将马、牛牵于皇后正宫门前献神，是满洲野祭旧俗在宫廷的再现。紫禁城内设立马神庙，是清代宫殿祭祀建筑的又一例证。此外，清宫祭祀建筑至乾隆后期，仍兴建不衰。乾隆帝在《宁寿宫铭》中曰：

> 余将来归政时，自当移坤宁宫所奉之神位、神杆于宁寿宫，仍依现在祀神之礼。[⑥]

宁寿宫之建筑，乾隆三十七年（1772年）修葺，洎四十一年（1776年）落成。时宁寿宫之修葺，仿坤宁宫之格局。考察目击，著录于下：

> 宁寿宫，为单檐，东西七间，进深三间（宫内减柱，内视二进）。其

---

① 参见拙文《满洲贵族与萨满文化》，《满学研究》第二辑，民族出版社，1994年，北京。

② 梁思成：《清式营造则例》，第27页，中国建筑出版社，1981年，北京。

③ 阎崇年：《论北京宫苑的民族特征》，《禁城营缮记》，第235页，紫禁城出版社，1992年，北京。

④ 《清世祖章皇帝实录》，第8卷，顺治元年九月己亥，中华书局影印本，1985年，北京。

⑤ 《钦定满洲祭神祭天典礼》，第2卷，第18—19叶，台湾商务印书馆《景印文渊阁四库全书》本，1986年，台北。

⑥ 《清宫述闻》，第377页，北京古籍出版社，1988年，北京。

正门改在偏东一间，此间东北角，隔出一小间，内设灶台，上置大锅[①]，以煮祭肉。再东二间，建为暖阁——东间为坐炕，西间为卧房；其上是仙楼，供奉着神像。窗纸亦糊在窗外。其正门迤西四间，规制亦仿照坤宁宫，为三面联通长炕[②]。宫门外居中处，有原石筑甬道。宫前东南方应有插神杆石座，现已不见。宫外东北和西北向，各矗立烟囱一座（坤宁宫只西北向有烟囱一座），位置于宫后墙基延长直线上，各离宫东、西山墙约十米[③]。

宁寿宫其室外之烟囱为铜制，福隆安奏折称："宁寿宫后檐添做铜烟筒二座，四面包砌细城碱砖，上安铜顶二座。"[④] 其室内之装修与陈设：有"神亭一座、神厨毗卢帽挂面一分、琴腿炕沿七堂、排插板一槽、八方神柱一根，东次间后檐仙楼一座、楼下楠木落地罩一槽、槛窗一槽、包镶床一张、楼上带子板二槽、毗卢帽挂面二分、栏杆二堂"[⑤]。这说明乾隆帝重修宁寿宫时，仍然标现出祭神祭天的建筑与装修。

骑射建筑 满洲以骑射起家，清帝宸居紫禁城后，仍强调勿忘骑射。清在紫禁城内西北隅城隍庙之东，设祀马神之所。每年春、秋二季，祭祀马神。祀马神仪庄重，由萨满叩头诵念。祭毕，将祀神红绸，拴记于御马。其由萨满前往祀颂，《钦定总管内务府现行则例》记载：

> 嘉庆十三年奉旨，萨满等著每日轮流前往马神房，演习读念，并著总管内务府大臣等，轮流前往听其读念。[⑥]

清还在紫禁城内建筑箭亭。《清宫述闻》撰者据清史馆修史者言：早在顺治四年（1647年）七月，于左翼门外建射殿。后于雍正十年（1732年）改殿为亭。箭

---

① 1995年12月25日，笔者在故宫博物院保管部王宝光副研究馆员、罗文华馆员陪同下，察看了宁寿宫内小隔间，见祭祀用的锅灶已拆除。
② 1995年12月25日，笔者在故宫博物院保管部王宝光副研究馆员、罗文华馆员陪同下，察看了宁寿宫，见其西炕尚存留一长条炕的旧迹。
③ 1995年7月13日，笔者在故宫博物院古建部周苏琴副研究馆员陪同下，考察了宁寿宫的建筑，并着重察看了其建筑的满洲特征。
④ 《清宫述闻》（初续编合本），第303页，紫禁城出版社，1990年，北京。
⑤ 《清宫内务府奏销档》，第69号，中国第一历史档案馆藏。
⑥ 《清宫述闻》（初续编合本），第944页，紫禁城出版社，1990年，北京。

亭广五楹，周围檐廊，中设宝座，东设卧碑一，乾隆帝谕制碑文，文引清太宗谕训并亲撰谕诰①，其文略谓：

> 朕思金太祖、太宗，法度详明，可垂久远。至熙宗合喇及完颜亮之世，尽废之，耽于酒色，盘乐无度，效汉人之陋习。……恐后世②子孙忘旧制，废骑射，以效汉俗，故常切此虑耳。……皇祖太宗之睿圣，特申诰诫，昭示来兹，益当敬勒贞珉，永垂法守。③

这是满洲八旗以"骑射为本"的传统，在紫禁宫殿建筑上的表现。

殿阁建筑 清紫禁城内的宫殿堂阁建筑，除前述坤宁宫、宁寿宫等建筑有着满洲特色外，其他殿阁或多或少地涂上满洲的色彩。以梁枋彩画而言，明燕京宫殿的梁枋彩画，主要是"点金彩画"，清初则是以宝珠为画题中心、以疏朗粗犷卷草为主体纹饰的"宝珠吉祥草彩画"。据彩画专家调查，北京午门内檐的清初彩画，同沈阳故宫凤凰楼内檐、福陵和昭陵的清初彩画相似，都是"宝珠吉祥草彩画"。其共同的特点是："从艺术风格分析，它含有浓重的满、蒙民族的艺术特征。"④另以殿顶色彩而言，清初紫禁城宫阁屋顶琉璃瓦出现绿色。如原明端敬殿和端本宫，清改建为皇子居住的南三所，"是为撷芳殿"⑤。其特征是用绿色琉璃瓦。《国朝宫史》记载："凡大内俱黄琉璃瓦，惟此用绿，为皇子所居。"⑥皇子的居所用绿琉璃瓦，这同满洲兵民喜爱林莽的绿色有关。又如，明文渊阁在文华殿南，凡十间，皆覆以黄琉璃瓦，阁及其所藏典籍，毁于李闯一炬⑦。清在明宫圣济殿（祀先医之所）旧址重建之文渊阁，则覆以黑心绿剪边琉璃瓦，因其贮藏《四库全书》，皆以黑色

---

① 参见拙文《〈国朝宫史〉对读史料一则》，此段史料共 802 字，《清高宗实录》《国朝宫史》《文渊阁四库全书》本均有脱字和倒乙之误；《日下旧闻考》北京古籍出版社校点本则有 30 处待商（文载《清代宫史丛谈》，紫禁城出版社，1996 年）。

② "后世"二字，《国朝宫史》（北京古籍出版社校点本）卷 11、《日下旧闻考》（北京古籍出版社校点本）卷 13、《清太宗实录》卷 32 和《清高宗实录》卷 411 均作"日后"。

③ 《国朝宫史》，第 11 卷，第 39 叶，台湾商务印书馆《景印文渊阁本四库全书》，1986 年，台北。

④ 王仲杰：《故宫古建筑彩画保护七十年》，《紫禁城建筑研究与保护》，第 358 页，紫禁城出版社，1995 年，北京。

⑤ 《日下旧闻考》，第 13 卷，第 172 页，北京古籍出版社，1981 年，北京。

⑥ 《国朝宫史》，第 11 卷，第 198 页，北京古籍出版社，1987 年，北京。

⑦ 《李朝仁祖实录》，第 45 卷，二十二年八月戊寅；又《清宫述闻》卷 3 引《有学集》载："明藏阁（文渊阁——笔者注）二百余年图籍，消沉于闯贼之一炬。"

象水，而水克火，加以解释。其剪边的绿色，或可诠释为是满洲喜爱林莽绿野之色彩表现。又以殿体形状而言，在紫禁城内宝华殿后面，每年腊月八日为皇帝被除不祥而设的小金殿，为圆形的毡帐殿："小金殿，黄毡圆帐房也。"① 此为渔猎民族圆帐在宫殿建筑上的体现。再以亭顶形式而言，文渊阁东侧碑亭为盝顶，系满洲骑射文化在京师亭顶建筑形式的显例。复以宫殿匾额而言，宫殿和殿门的匾额，为满、汉文合璧书写等，其满文则是满洲文化的象征。

寝居建筑　满洲有自身的民族习俗，这在宫殿的寝居建筑上，亦有所反映。首如，明代皇帝正宫为乾清宫、皇后正宫为坤宁宫，明帝大婚洞房在乾清宫东暖阁；清帝、后正宫虽袭明制不变，却将大婚洞房改在坤宁宫东暖阁。康熙四年（1665年）玄烨大婚，太皇太后指定其大婚合卺礼在坤宁宫举行。礼部请旨于坤宁宫中间合卺吉。太皇太后以"中间合卺，因与神幔甚近"②，不妥。由是择定在坤宁宫中离神幔不近不远的东暖阁举行合卺大礼。这样做可能由于：一是清帝重视萨满祭神，大婚洞房靠近萨满祭神处较近，大吉。二是满洲妇女地位较汉族妇女地位高，清太祖实录早期书名为《高皇帝高皇后实录》③，可为例证。皇帝大婚洞房不在皇帝正宫乾清宫，而在皇后正宫坤宁宫，显然是满洲皇廷后权高于汉人皇廷后权的一种表现。次如，坤宁宫、宁寿宫、南三所④以及永寿宫后殿东西配殿、启祥宫（体元殿）后殿东西配殿、长春宫后殿东西配殿等，清初都改建为"口袋房""万字炕""吊搭窗"的形式。又如，坤宁宫和宁寿宫等的窗纸糊在窗外，坤宁宫和宁寿宫的北墙外矗立烟囱，都是明显的实例。由上可见，清初对宫殿的缮旧维新，在其寝居建筑中，映现了关外的民族习俗。

清朝的紫禁宫殿，不仅有满洲特色的建筑，而且有满汉结合的建筑。前者上面已做例述，后者下面略做论述。清帝对故明紫禁城建筑的总体格局，加以保留，未做更张；但局部经画，颇有建树。乾隆帝重修宁寿全宫，为授玺后燕居之地，这是清宫建筑的成功之例。清帝在紫禁城方寸之地，将江南与塞北、汉族与满族、

---

① 《清宫述闻》（初续编合编本），第947页，紫禁城出版社，1990年，北京。
② 《顺康两朝大婚礼节成案单》，军机处杂件，杂67号，中国第一历史档案馆藏。
③ 〔日〕加藤直人：《满学家松村润教授》，《满学研究》第三辑，民族出版社，1996年，北京。
④ 1995年12月19日，笔者在故宫博物院古建部黄希明馆员、陈列部陆成兰馆员陪同下，考察了南三所"口袋房"、"万字炕"的故迹。南三所东所中院北房共五间，其西二间现存有南、西、北三面联通的"万字炕"；其西山墙外矗立烟囱一座；其门开在中间偏东，呈"口袋房"样式，但台级仍保持明代居中的原貌。南三所中所中院北房，西山墙外烟囱已毁，仍可见墙上的走烟道口；其门也开在中间偏东，呈"口袋房"样式，但台级亦保持明代居中的原貌。

建筑与园林、平地与山水，诸种特色，造化一区，奇巧变幻，步移景异，涵诗蕴画，令人观止。

在有清一代，清帝对紫禁城宫殿加以利用、维护、修葺、改造和增建，使之既保持明朝宫殿面貌，又具有满洲宫殿特色，从而为中国宫殿建筑史和人类文明史创造新的辉煌。

第三，苑囿行宫的拓建与创新。清朝的大规模苑囿建筑，是清宫建筑的外延。先是，明初的南京，宫中无园林。朱棣移京后，明帝主要利用故元太液池，兴修西苑；未尝在京师之外大兴园林。纵观北京的都城历史，凡是牧猎民族建立的王朝，都大规模地兴建苑囿行宫，契丹建延芳淀、女真兴太宁宫和蒙古辟飞放泊（南苑）等，都是例证。满洲的先民，是生活于关外"白山黑水"的渔猎民族。他们恋林莽、长骑射，喜凉爽、恶溽暑。满洲营建的清朝，其前期又呈现一统、富强之局面。这就使得清朝皇家苑囿行宫的兴筑，达到中国王朝苑囿史上的顶峰。

清朝苑囿行宫的兴建，在京师主要是"三山五园"——香山静宜园、玉泉山静明园、万寿山清漪园（颐和园）和畅春园、圆明园；在京外主要是避暑山庄和木兰围场。清朝之兴建苑囿行宫，可以分作前、中、后三个时期。

其前期，以康熙帝经始建筑的避暑山庄和木兰围场为标志。顺康时期，清军入关不久，满洲骑射习俗，保留尚多，眷恋自然。多尔衮谕建喀喇避暑城言：

> 京城建都年久，地污水咸。春、秋、冬三季，犹可居止。至于夏月，溽暑难堪。但念京城乃历代都会之地，营建匪易，不可迁移。稽之辽、金、元，曾于边外上都等城，为夏日避暑之地。予思若仿前代造建大城，恐糜费钱粮，重累百姓。今拟止建小城一座，以便往来避暑。[①]

多尔衮死，未能遂愿。虽顺治帝修葺南海子，康熙帝创修畅春园，但都在燕京，暑夏气候不够凉爽，秋狝猎场不够广阔。于是在塞外选址，兴筑避暑山庄，开辟木兰围场，融避暑与游憩、狩猎与习武、御政与觐见等功能于一体，并在规划、建筑上予以体现。避暑山庄的宫殿、湖园、山林三区，即是上述诸功能在规划与建筑上的例证。至于木兰围场，则完全映现了满洲牧猎民族的特色[②]。

其中期，以乾隆帝经营与扩建圆明园为标志。乾隆时期，清朝江山一统，国

---

① 《清世祖章皇帝实录》，第49卷，顺治七年七月乙卯，中华书局影印本，1985年，北京。

② 阎崇年：《康熙皇帝与木兰围场》，《故宫博物院院刊》，1994年第2期。

力鼎盛，满洲八旗，逐渐汉化，骑射习俗，日趋淡弱。乾隆帝凭借举国财力、物力、人力，大兴圆明三园工程。融中西、南北建筑优长于一园，兼有满洲建筑特色，但已相当弱化。论述圆明园的大作多矣，本文不做讨论。此外，乾隆帝兴建的盘山行宫，也是此期行宫建筑的一个明显例证。

其后期，以慈禧太后重修颐和园为标志。同治、光绪时期，清朝已日近黄昏，国祚将绝。此期重修颐和园，为的是皇太后的避暑与休憩，已无反映满洲特色之建筑，更无八旗特色之风格。

综上所述，由清宫建筑久远渊源、演进过程的史迹，更易了解其建筑满洲特点；由清宫建筑满洲特点、民族融汇的实例，更易认识其文化价值。因而，研究中国宫殿建筑文化，不可不研究清宫建筑的满洲特色。

满洲初期文化满蒙二元性解析

【题记】本文《满洲初期文化满蒙二元性解析》，论述满洲兴起时吸收蒙古草原文化、中原农耕文化等因素，为后来入主中原、巩固政权，准备了文化条件。发表于《故宫博物院院刊》1998年第1期。

满洲文化蕴涵着满、蒙二元性[①]的特征。本文旨趣在于探讨清初满蒙关系——满洲初期文化的满、蒙二元性之原因、表征及其影响。兹据史料，略做解析。

一

满洲初期文化的满、蒙二元性，原因错综复杂，就其历史、地理、语系、习俗、政治等因素，做如下解析。

满洲与蒙古，交往历史悠久。纵观中国五千年的文明史，在五十五个少数民族中，只有蒙古族和满洲族，建立过大一统王朝。在元朝，定鼎大都，统一全国。《元史·地理志》记载：合兰府水达达等路，"其居民皆水达达、女直之人，各仍旧俗，无市井城郭，逐水草为居，以射猎为业"[②]。"达达"指蒙古鞑靼部，这里将女真与鞑靼并称，可见其历史的缘源。女真受蒙元的管辖，蒙古与女真文化交往甚为密切。在明朝，明灭元后，辽东地区，战乱不已。明代初期，故元太尉纳哈出，曾指挥二十万蒙古军，据有辽东。明正统初，瓦剌也先欲重建"大元一统天

---

① 满洲文化吸取汉、蒙、藏、朝等多种文化的营养，具有多元性；但其主要吸取的是汉、蒙文化，故本文只论其满、蒙二元性特征。

② 《元史·地理志二》，第5册，第59卷，第1400页，中华书局校点本，1976年，北京。

下"[1]，东向用兵，软硬兼施，联合女真，大败兀良哈三卫；又兵锋指向女真诸部。瓦剌兵"于夏秋间，谋袭海西野人。野人畏慑，挈家登山"[2]。此期，女真成为瓦剌的臣民。在清朝，蒙古既是清朝的臣民，又是满洲的盟友。蒙古是个强大的民族，不依靠女真，便能建立元王朝；满洲是个较小的民族，不联络蒙古，便不能建立清王朝。总之，在元朝，女真作为蒙元的臣民，同蒙古联系密切；在明朝，蒙古在辽东势力强大，女真同蒙古也联系密切；在清初，满洲与蒙古为着共同对付明朝，二者联合多于冲突。所以，满洲初期文化的满、蒙二元性，有着深厚的历史根因。

满洲与蒙古，居住地理相邻。满洲先世女真，生活在辽东白山黑水的广阔地域。漠南蒙古东部六盟中的哲里木盟——科尔沁部、郭尔罗斯部、杜尔伯特部、扎赉特部，卓索图盟——喀拉沁部、土默特部，昭乌达盟——敖汉部、奈曼部、巴林部、扎鲁特部、阿噜科尔沁部、翁牛特部、克什克腾部、喀尔喀左翼，锡林郭勒盟——乌珠穆沁部、浩齐特部、苏尼特部、阿巴噶部、阿尔哈纳尔部等，主要牧放在大兴安岭东麓及其迤西草原地带。海西女真南迁后，住居于开原迤西、迤北等地带，同蒙古科尔沁部、郭尔罗斯部等接壤。建州女真南迁至苏克素浒河流域，虽不同蒙古为邻，却通过马市往来密切。建州首领努尔哈赤在同蒙古交往中，学会蒙古语，略会蒙古文。后金进入辽河流域，便同漠南东部蒙古科尔沁部、土默特部、喀拉沁部等相邻。天聪九年即崇祯八年（1635年），察哈尔部降附后金，喀尔喀蒙古便同后金接壤。喀尔喀蒙古于崇德三年即崇祯十一年（1638年），向皇太极进"九白之贡"。

满洲与蒙古，属于同一语系。满洲语同蒙古语都属于阿尔泰语系，满洲语同蒙古语有着共性。两族由于语系相同、地理相近、交往密切，而形成大量相同或相近的语法和语汇，这就为两族的政治、经济、军事、文化交往，特别是相互联姻，提供了语言易通的便利条件。清太宗皇太极的十六位妻子中，至少有七位是蒙古族，其中地位最尊贵的中宫皇后和亚尊贵的四宫——永福宫、关雎宫、麟趾宫、衍庆宫的贵妃，都是蒙古博尔济吉特氏。如果没有语言的交流，皇太极同其一后四妃的长久深情结合是不可能的。

满洲与蒙古，同为骑射民族。蒙古为游牧民族，属草原文化，善于驰骑。满

---

① 沈节甫：《记录汇编》，第 20 卷，《正统北狩事迹》，商务印书馆，1937 年，上海。

② 《李朝世宗实录》，第 116 卷，二十九年闰四月戊子，日本学习院东洋文化研究所，1959 年，东京。

洲族属森林文化，也善于驰射。满洲族和蒙古族，都长于骑射。《满洲源流考》载述："自肃慎氏楛矢石砮，著于周初，征于孔子。厥后夫余、挹娄、靺鞨、女真诸部，国名虽殊，而弧矢之利，以威天下者，莫能或先焉……骑射之外，他无所慕，故阅数千百年，异史同辞。"[1] 清太祖努尔哈赤谕及满洲和蒙古的相同风习时说：蒙古与满洲，"衣饰风习，无不相同，兄弟之国"[2]。福格在《听雨丛谈》中也说："满洲之俗，同于蒙古者衣冠骑射。"[3] 所以，骑射文化是蒙古文化也是满洲文化的一个基本的特征。喀尔喀蒙古哲布尊丹巴呼图克图，以蒙古和满洲同俗尚、同语系、同服饰而南投清朝。这是满洲与蒙古两个民族，政治结盟、军队共组和作战联合的一个相同的文化基础。

满洲初期文化满、蒙二元性的因素，在努尔哈赤兴起之前就已经存在。然而，要使其变成满洲文化具有满、蒙二元特征的现实，需要有一定的条件，这个条件主要是满洲的崛兴。在满洲崛兴的历程中，满洲的首领努尔哈赤及其子皇太极，聪明地利用了这些因素。他们在历史的舞台上，比其同时代的明朝诸皇帝、蒙古诸贝勒以及农民军诸首领，有更宏大的气度、更高明的谋略，会更精心地用人、更精彩地用兵，将与之争雄的角色，逐一地赶下历史舞台。

二

满洲初期文化的满、蒙二元性，表现层面交织，就其血统、文字、官制、军制、宗教等特征，做如下解析。

满洲初期文化具有满蒙双重性的第一个表现是血统的二元性。满洲贝勒中具有蒙古血统的最早文献载录，是《清太祖武皇帝实录》记载：

> 夜黑国，始祖蒙古人，姓土墨忒，所居地名曰张。灭胡笼国内纳喇姓部，遂居其地，因姓纳喇。后移居夜黑河，故名夜黑。[4]

夜黑即叶赫，其始祖的血统，半是叶赫、半是蒙古。乌喇贝勒布占泰系"蒙古苗

---

[1] 《满洲源流考·国俗一》，台湾商务印书馆《景印文渊阁四库全书》本，1986年，台北。
[2] 《满文老档》，太祖十三，天命四年十月，东洋文库本，1955年，东京。
[3] 福格：《听雨丛谈》，第1卷，第1页，中华书局校点本，1984年，北京。
[4] 《清太祖武皇帝实录》，第1卷，第3叶，北平故宫博物院印本，1932年，北平。

裔"①,亦有蒙古血统。后建州灭乌喇和叶赫,他们汇入满洲的主体部分。满洲的先世建州女真,其首领李满住有三妻,蒙古兀良哈女为其一②。在清初宗室的"黄金血胤"中,其血统半是满洲、半是蒙古。清太祖努尔哈赤妃、后被尊为寿康太妃的博尔济吉特氏,系蒙古科尔沁郡王孔果尔之女,虽没有留下子嗣,但对顺治帝和康熙帝的早期治策影响重大。清太宗皇太极的生母叶赫那拉氏,前已言及有蒙古的血统。皇太极的中宫皇后和四宫贵妃俱是蒙古人:中宫孝端文皇后博尔济吉特氏,为科尔沁贝勒莽古思女;孝庄文皇后博尔济吉特氏,为科尔沁贝勒寨桑女,是孝端文皇后侄女,封为永福宫庄妃,生顺治帝福临;敏惠恭和元妃博尔济吉特氏,是孝庄文皇后之姐,封为关雎宫宸妃;懿靖大贵妃博尔济吉特氏,封为麟趾宫贵妃;康惠淑妃博尔济吉特氏,封为衍庆宫淑妃。所以,清世祖顺治皇帝福临的血统,半是满洲,半是蒙古。而顺治皇帝废后博尔济吉特氏,是孝庄文皇后的侄女;孝惠章皇后博尔济吉特氏,也是蒙古人。

满洲初期文化具有满蒙两重性的第二个表现是文字的二元性。满洲的先世女真,在金太祖天辅三年(1119年),创制女真大字③;又于金熙宗天眷元年(1138年),制成女真小字④。但女真大、小字的创制,是依契丹字或仿汉字为基础,因契丹制度,合女真语音,制女真文字⑤。女真文兼有契丹、汉、女真三元的特点。金亡元兴之后,女真文字逐渐衰落。到明朝中期,女真之文字,通晓者益少。努尔哈赤兴起后,对部民的告谕,主要用蒙古文,这充分表明满、蒙两族在语言方面的相近性。下举三例,加以说明:

例一,"胡中只知蒙书,凡文簿皆以蒙字记之。若通书我国(朝鲜)时,则先以蒙字起草,后华人译之以文字"⑥。

例二,"时满洲未有文字,文移往来,必须习蒙古书,译蒙古语通之"⑦。

例三,"满洲初起时,犹用蒙古文字,两国语言异,必移译而成文,国人以为不便"⑧。

---

① 《清太宗文皇帝实录》,第15卷,天聪七年九月癸卯,中华书局影印本,1985年,北京。

② 《李朝成宗实录》,第57卷、六年七月癸丑:"李满住三妻:一则斡朵里,一则兀良哈,一则火剌温。"

③ 《金史·完颜尹希传》,第5册,第73卷,第1684页,中华书局校点本,1975年,北京。

④ 《金史·熙宗本纪》,第1册,第4卷,第72页,中华书局校点本,1975年,北京。

⑤ 金启孮:《女真文字研究概况》,《沈水集》,内蒙古大学出版社,1992年,呼和浩特。

⑥ [朝]李民寏:《建州闻见录》,第33叶,玉版书屋本,日本天理图书馆藏。

⑦ 《满洲实录》,第3卷,第2叶,辽宁通志馆影印线装本,1930年,沈阳。

⑧ 《清史稿·额尔德尼传》,第31册,第228卷,第9253页,中华书局标点本,1977年,北京。

上述三例说明，建州部分公文已用蒙古文，满语同蒙古语又属于同一语系，所以，努尔哈赤力主并坚持用蒙古文字母，拼写满语，创制满文。万历二十七年（1599年），在努尔哈赤的主持下，由额尔德尼巴克什、噶盖扎尔固齐，用蒙古文字母，拼写满语，创制满文，这就是无圈点满文即老满文。此事，《清太祖高皇帝实录》卷三做了记载：

> 上欲以蒙古字，制为国语颁行。巴克什额尔德尼、扎尔固齐噶盖辞曰：“蒙古文字，臣等习而知之。相传久矣，未能更制也！”……上曰："无难也！但以蒙古字，合我国之语音，联缀成句，即可因文见义矣。吾筹此已悉，尔等试书之。何为不可？"于是，上独断："将蒙古字，制为国语，创立满文，颁行国中。"满文传布自此始。[1]

这说明：满文是以满洲语言为基础，以蒙古文字母为符号，而创制的具有满、蒙两重性特征的满洲文字。

满洲初期文化具有满蒙两重性的第三个表现是官制的二元性。天命元年即明万历四十四年（1616年），后金政府是以女真政权为基本形式，并参酌了蒙古政权模式。后金最基本军政组织形式的八旗制度，也参考了蒙古的官制。由于满洲渔猎经济的特点，文化比较落后，政权在战争中草创，后金的行政机构相当简单。在大汗之下，有五大臣，相当于蒙古的“图什墨尔”(tusimel)，为后金最高军政国务大臣，相当于枢密大臣。八和硕贝勒是满洲固有的特色。扎尔固齐，是仿照蒙古“札尔扈齐”(jargūci)，蒙古语意为“掌管诉讼之人”。福格在《听雨丛谈》中记载：国初有“札尔固齐十人，似是理政听讼之大臣，曾于《清文鉴》中查之不得，应是蒙古语也”[2]。其实，《清太祖高皇帝实录》做了载述，并加以诠释：

> （国人）凡有听断之事，先经扎尔固齐十人审问；然后言于五臣，五臣再加审问；然后言于诸贝勒。众议既定，奏明三覆审之事；犹恐尚有冤抑，令讼者跪上前，更详问之，明核是非。[3]

---

① 《清太祖高皇帝实录》，第3卷，第2叶，中华书局影印本，1986年，北京。
② 福格：《听雨丛谈》，第8卷，第181页，中华书局校点本，1984年，北京。
③ 《清太祖高皇帝实录》，第4卷，第21叶，中华书局影印本，1986年，北京。

扎尔固齐，源于蒙古语，满语对音作 jargūci，汉意译为听讼理事之官。

满洲初期文化具有满蒙两重性的第四个表现是八旗的二元性。八旗制度是满洲最为根本、最具特色的军政制度。满洲八旗之制，源于早期狩猎组织和早期军事组织。万历四十三年（1615 年），努尔哈赤将已有的四旗，整编并扩编为八旗，即以整黄、整白、整红、整蓝和镶黄、镶白、镶红、镶蓝八种颜色作旗帜，是为满洲八旗。后逐步设置蒙古八旗。如天命七年即天启二年（1622 年），蒙古科尔沁兀鲁特贝勒明安及同部十五贝勒等三千余户归后金，授其为三等总兵官，"别立兀鲁特蒙古一旗"①。在满洲军队中，既有满洲旗、也有蒙古旗，这就表现了八旗制度的满、蒙二元性。

满洲初期文化具有满蒙两重性的第五个表现是宗教的二元性。满洲先世女真信奉萨满教。《后汉书·东夷列传》记载："立苏涂，建大木，以县铃鼓，事鬼神。"②到满洲初，在后金都城赫图阿拉"立一堂宇，缭以垣墙，为礼天之所"③。随着后金势力范围的扩大，蒙古地区的喇嘛教传入后金。努尔哈赤率先崇之："奴酋常坐，手持念珠而数之。将胡则颈系一条巾，巾末悬念珠而数之。"④到万历四十三年（1615 年），努尔哈赤在后金都城赫图阿拉建佛庙；并对蒙古大喇嘛，"二礼交聘，腆仪优待"⑤。乌斯藏（西藏）大喇嘛干禄打儿罕囊素，历蒙古，至辽阳，天命汗努尔哈赤对之"敬礼尊师，培（倍）常供给"⑥。满洲文化增涵了喇嘛教的成分，就同蒙古部民有共同的宗教信仰、宗教语言和宗教仪规。

总上，一个民族的文化，必然受其邻近民族文化的影响，愈在古代，愈是这样。但是，文化较后进的民族，是否主动地接收邻近民族较高的文化精华，并利用这种文化优势，开创本民族新的事业，在于这个民族首领的进取精神和开放政策。满洲族的领袖努尔哈赤及其子皇太极，以政治家的大气魄、大胸怀，依满洲文化的满蒙二元性特征，结成满蒙联盟，挫败逐鹿群雄，在中华大地上开创了一个新的朝代——清朝。

---

① 《清史稿·明安传》，第 31 册，第 229 卷，第 9272 页，中华书局标点本，1977 年，北京。
② 《后汉书·东夷列传》，第 10 册，第 85 卷，第 2819 页，中华书局校点本，1965 年，北京。
③ [朝] 李民寏：《建州闻见录》，第 32 叶，玉版书屋本，日本天理图书馆藏。
④ [朝] 李民寏：《建州闻见录》，第 32 叶，玉版书屋本，日本天理图书馆藏。
⑤ 《大喇嘛坟塔碑记》，《辽阳碑志选》，第 2 集，第 37 页，铅印本，1978 年，沈阳。
⑥ 《大金喇嘛法师宝记》，《辽阳碑志选》，第 1 集，第 30 页，铅印本，1976 年，沈阳。

三

满洲初期文化的满、蒙二元性，影响极为深远，仅列举数点，做如下解析。

第一，结成满蒙联盟，建立后金政权。满蒙联盟中的联姻，在清入关前十分凸显。据统计，在努尔哈赤、皇太极时期，满蒙联姻共一百一十五次，包括漠南蒙古十六部[①]。也有人统计为一百零三次[②]。在天命建元前后，较为集中，也尤为突出。仅在明万历四十二年（1614 年），努尔哈赤就有四个儿子，分别娶蒙古女子为妻。翌年，努尔哈赤自娶蒙古科尔沁部孔果尔贝勒女博尔济吉特氏为妻。科尔沁部为内扎萨克之首，"礼崇婚戚，其功冠焉"，仅在清太祖、太宗时，即与皇室婚姻嫁娶三十七次。满、蒙的婚姻关系，在满蒙政治联盟中起着特殊的作用。如多尔衮受命招降察哈尔林丹汗[③]遗孀苏泰太后及其子额哲时，遣苏泰太后之弟、叶赫金台石贝勒之孙南楮，先见其姊苏泰太后及甥额哲。苏泰太后派从者旧叶赫人觇视情实后，苏泰太后出，与其弟抱见。遂令其子额哲率众寨桑出迎。此事，《清太宗实录》记载：

> 四月二十日，大军渡河。二十八日，抵察哈尔汗子额尔克孔果尔额哲国人所驻托里图地方。天雾昏黑，额哲国中无备。臣等恐其惊觉，按兵不动。遣叶赫国金台什贝勒之孙南楮，及其族叔祖阿什达尔汉，并哈尔松阿、代衮同往。令先见其姊苏泰太后及子额哲，告以满洲诸贝勒奉上命，统大军来招尔等，秋毫不犯。南楮等急驰至苏泰太后营，呼人出，语之曰："尔福金苏泰太后之亲弟南楮至矣！可进语福金。"苏泰太后闻之，大惊。遂令其从者旧叶赫人觇之，还报。苏泰太后恸哭而出，与其弟抱见。遂令其子额哲率众寨桑出迎我军。[④]

---

① 刘潞：《清太祖太宗时满蒙婚姻考》，《故宫博物院院刊》，1995 年第 3 期，北京。

② 庄吉发：《清太祖太宗时期满蒙联姻的过程及其意义》，《海峡两岸清史文学研讨会论文集》，历史文学学会出版社，1998 年，台北。

③ 《汉译蒙古黄金史纲》载：布颜彻辰可汗四十九岁，兔年（癸卯，万历三十一年，1603 年）逝世。子林丹呼图克图可汗，龙年（甲辰，万历三十二年，1604 年）十三岁，即了大位。崇祯七年、天聪八年即 1634 年死，年四十三岁。明人称林丹汗作"虎墩兔"，系"呼图克图"的音译。

④ 《清太宗文皇帝实录》，第 23 卷，天聪九年五月丙子，中华书局影印本，1985 年，北京。

《钦定蒙古源流》对苏泰太后及其子额哲归附后金，也做了类似的记载：

林丹库图克图汗运败，妻苏台太后系珠尔齐特精太师之子德格勒尔太师之女，同子额尔克洪果尔二人，限于时命，仍回原处。汗族之诺延四人，领兵往迎。岁次乙亥五月，于鄂尔多斯游牧之托赉地方被获，因取蒙古汗之统。①

上文中的珠尔齐特精太师，即叶赫贝勒金台石。在上文之下，张尔田校补注曰：

天聪九年五月丙子，林丹汗子额尔克洪果尔额哲降。初，贝勒多尔济〔衮〕、岳讬、萨哈璘、豪格统兵至黄河西。额哲驻地托里图地方，其母苏泰福晋，叶赫贝勒锦台什女孙。因遣其弟南楚偕同族往告，招之降。时天雾昏黑，额哲不虞，军至无备。苏泰与额哲乃惶，牵众宰桑迎。于是，全部平。②

这是利用姻亲关系取得政治与军事"一石二鸟"的生动史例。蒙古察哈尔部，明朝称为插汉部或插部，其降于后金—清，改变了明朝与后金—清的军事与政治力量对比：

明未亡，而插先毙，诸部皆折入于大清。国计愈困，边事愈棘，朝议愈纷，明亦遂不可为矣！③

在漠南蒙古诸部中，内喀尔喀巴岳特部长恩格德尔，率先引领喀尔喀五部之使至赫图阿拉，"尊太祖为昆都仑汗"，即恭敬汗④。自此，"蒙古诸部，朝贡岁至"⑤。这表明努尔哈赤在登极称汗之前，先得到部分漠南蒙古贝勒的尊崇，后正式称汗、

① 萨囊彻辰：《钦定蒙古源流》，第8卷，第14页，台湾商务印书馆《景印文渊阁四库全书》本。

② 萨囊彻辰著、沈曾植笺证、张尔田校补：《蒙古源流笺证》，第8卷，第13叶，海日楼遗书之一（沈氏藏版），孱守斋校补本，1932年刊印。

③ 《明史·鞑靼传》，第28册，第327卷，第8494页，中华书局校点本，1974年，北京。

④ 《蒙古源流》记载："太祖系有大福之人，此星系大力汗之威力星。由是观之，非常人也。由是遐迩地方，俱称为大力八图鲁太祖汗。"

⑤ 《清史稿·恩格德尔传》，第31册，第229卷，第9276页，中华书局标点本，1977年，北京。

建元。至于皇太极改元崇德，建号大清，也同获得元传国玉玺汉篆"制诰之宝"攸关。天聪汗皇太极及众贝勒认为：这是"天锡至宝，此一统万年之瑞"[1]。天聪汗皇太极欲一统华宇，便于当年十一月，改族名为满洲，第二年易年号为崇德、改国号为大清。所以，清太祖努尔哈赤建元天命、清太宗皇太极改号大清，都同蒙古有着不可分割的关系。

第二，设置蒙古八旗，雄兵统一中原。前已分析，满洲与蒙古有着牧猎和骑射的共同民风、民习。魏源说："夫草昧之初，以一城一旅敌中原，必先树羽翼于同部。故得朝鲜人十，不若得蒙古人一。"[2]由蒙古骑兵组成蒙古八旗，极大地增加了八旗军的战斗威力。天命六年即天启元年（1621年），努尔哈赤始设蒙古牛录；翌年，始分设蒙古旗。天聪三年即崇祯二年（1629年），已建有蒙古二旗。天聪五年即崇祯四年（1631年），始设蒙古八旗。蒙古将领和蒙古骑兵在征战中，发挥了重大的作用。天命十一年即天启六年（1626年）正月，虽天命汗努尔哈赤兵败宁远城下；但蒙古族副将武讷格率所部八旗蒙古军等攻入觉华岛，杀尽明守军七千余员名，焚烧粮料八万余石和船二千余艘，取得觉华岛之役全胜[3]。天聪三年即崇祯二年（1629年），天聪汗皇太极第一次率大军入塞，就是以蒙古喀喇沁部台吉布尔噶都为向导，以蒙古骑兵为前锋，攻破长城，进围北京的。蒙古额驸布颜代从皇太极攻明，率蒙古骑兵，"下遵化，薄明都，四遇敌，战皆胜"；后与明兵战，"身被数创，所乘马亦创，犹力战冲锋殪敌，遂以创卒"[4]。以上三例说明，蒙古将领、蒙古贝勒和蒙古骑兵，在后金—清同明朝的对抗中，舍生忘死，奋力拼杀，屡摧强敌，多建奇功。后蒙古骑兵在清军定鼎北京，统一中原的战阵中，起着举足轻重的作用。历史经验表明：蒙古之强弱，"系中国之盛衰"[5]；而蒙古与满洲之离合，"实关乎中国之盛衰焉"[6]。

第三，制定抚蒙治策，巩固北陲疆域。先是，自秦、汉以降，匈奴一直是中央王朝的北患。为此，秦始皇连接六国长城而为万里长城。至有明一代，己巳与庚戌，京师两遭北骑困扰，甚至明正统皇帝也做了蒙古瓦剌兵的俘虏。《明史》论

[1] 《清太宗文皇帝实录》，第24卷，天聪九年八月庚辰，中华书局影印本，1985年，北京。
[2] 魏源：《圣武记》，第1卷，《开国龙兴记一》，中华书局校点本，1984年，北京。
[3] 阎崇年：《论觉华岛之役》，《清史研究》，1995年第2期。
[4] 《清史稿·布颜代传》，第31册，第229卷，第9275页，中华书局标点本，1977年，北京。
[5] 张穆：《蒙古游牧记·序》，卷首，清同治六年（1867年）寿阳祁氏刻本。
[6] 王之诰：《全辽志·叙》，《辽海丛书》本，第1册，第496叶，辽沈书社影印本，1985年，沈阳。

曰:"正统后,边备废弛,声灵不振。诸部长多以雄杰之姿,恃其暴强,迭出与中夏抗。边境之祸,遂与明终始云。"① 徐达与戚继光为强固边防,抗御蒙骑,大修长城。努尔哈赤兴起后,先后对蒙古采取完全不同于中原汉族皇帝的做法:用编旗、联姻、会盟、封赏、围猎、赈济、朝觐、年班、重教等政策,加强对蒙古上层人物及部民的联系与管治。后漠南蒙古科尔沁部等编入八旗,成为其军事与政治的重要支柱;喀尔喀蒙古实行旗盟制;厄鲁特蒙古实行外扎萨克制。其重教,后喀尔喀蒙古因受噶尔丹突袭而危难时,是北投还是南徙?哲布尊丹巴呼图克图说:

> 俄罗斯素不奉佛,俗尚不同我辈,异言异服,殊非久安之计。莫若全部内徙,投诚大皇帝,可邀万年之福。②

大皇帝是指康熙皇帝,可见重教、尊俗在政治上之巨大作用。其联姻不同于汉、唐的公主下嫁,而是互相婚娶,真正成为儿女亲家。这是中央政权(元朝除外)对蒙古治策的重大创革。中国秦以降二千年古代社会史上的匈奴、蒙古难题,到清朝才算得解。后康熙帝说:"昔秦兴土石之工,修筑长城。我朝施恩于喀尔喀,使之防备朔方,较长城更为坚固。"③ 清廷对蒙古实施肆武绥藩、抚民固边政策,使北疆二百五十年间,各族居民和平安定,免罹争战动乱之苦。

综上所述,满洲以一个地处辽左边隅、人口不过十万、粮食难于自给、文化相当落后、挥刀矢镞为兵器的少数民族,打败明朝军,战胜李自成,夺取燕京,统一中原,巩固皇权,坐稳江山,长达二百六十八年之久,其历史秘密何在?回答这个问题,先要回顾历史。中国自秦以降的两千年间,前一千年姑且不论;后一千年做点讨论。唐、宋、元、明、清,斯胜斯败,其强其弱,都同一个问题攸关,就是北方民族问题。唐的安史之变,安禄山是胡人,史思明也是胡人。安史之变以后,唐朝由胜转衰。宋朝,北宋是半壁河山,同契丹对峙;南宋也是半壁玉瑗,同女真颉颃。元朝,是蒙古人建立的,但未处理好同汉族的关系,所以朱元璋起自民间,以"驱逐胡虏"相号召。朱明驱蒙安鼎后,同北方的蒙古和满洲,也未处理好关系,最后以清代明。清朝所以取代明朝,历史秘密,其一在于:满洲同蒙古结成强固联盟,终清一代,未曾动摇;而满洲之所以能同蒙古结盟,是

---

① 《明史·鞑靼传》,第 28 册,第 327 卷,第 8494 页,中华书局校点本,1974 年,北京。
② 松筠:《绥服纪略》,《蒙古游牧记》,第 7 卷,清同治六年(1867 年)寿阳祁氏刻本。
③ 《清圣祖仁皇帝实录》,第 151 卷,康熙三十年五月壬辰,中华书局影印本,1985 年,北京。

因为满洲领袖努尔哈赤及其子皇太极，善于利用满洲文化的满、蒙二元性特征，巧妙地求共趋同，结成了满蒙联盟。试想：以蒙古一族之力，曾几度兵围北京、俘虏明正统皇帝；而以满—蒙联合之力，岂不摧毁大明社稷？况且，满洲善于利用满洲文化的满—蒙—汉三元特征，精心地分化、利用和争取汉族中亲满与附满的势力，结成满—蒙—汉联盟；以满—蒙—汉联合之力，怎能不摧毁大明的统治？然而，李自成既不会结盟于满洲和蒙古，也不会笼络汉族缙绅，更不会结纳汉族儒士[①]，怎能不败于大清的八旗军呢？至于满洲文化的满—蒙—汉三元特征，使其能应付来自蒙古草原文化和汉族农耕文化的两种挑战，兼容蒙古之犷武雄风和汉族之文化智略，加以融合，焕发生机，开拓进取，强固疆域，则不属本题，另做论述。

---

① 《清史稿·范文程传》载录文程疏言："治天下在得民心。士为秀民，士心得，则民心得矣。"见第 31 册，第 232 卷，第 9353 页，中华书局标点本，1977 年，北京。

张吉午与《康熙顺天府志》

【题记】本文《张吉午与〈康熙顺天府志〉》，最初是笔者在位于文津街的北京图书馆（今国家图书馆分馆）查阅《顺天府志》时，觉得该书重要，随手抄录原文。阅读中同管理人员聊天时，提及此书可能是孤本。第二天便以整理图书为由，不能借阅，索然失望。于是笔者发愿考证其作者与版本。经二十年之国内外访查与求索，考证该书纂者为康熙朝的顺天府府尹张吉午，《康熙顺天府志》则为呈送之正写孤本。1997 年，在中华书局《文史》第 42 期发表。

一

清朝京师顺天府① 第二十二任府尹张吉午，字长白，广宁人，隶汉军镶蓝旗，在其官师顺天之任，主持纂修《康熙顺天府志》。

张吉午，清朝国史无传，《三十三种清代传记综合引得》亦无著录。其生平仕宦资料，星散于宦私册籍。仅据目击，信手摘卡，略加钩稽，粗作撮录。张吉午之仕宦生涯，初见于《八旗通志》：

> 顺治六年，朝廷以海宇平定，云、贵而外，尽入版图。州、县缺多，牧令需员。特命八旗乌真超哈通晓汉文者，无论俊秀、闲散人等，并赴廷试。选取文理优通者，准作贡士，即以州、县补用。②

---

① 《金史·粘哥荆山传》载：元兵石总管入亳州，"改州为顺天府"。是知除北京曾称顺天府外，亳州亦曾称顺天府。

② 《八旗通志初集·学校志一》，第 46 卷，第 904 页，东北师范大学出版社标点本，1985 年，长春。其"云贵"于明洪、永间，云、贵已各置布政使司，故"云贵"不应连点，而应破点。

是次汉军八旗廷试贡士，共取三百三十二人，内镶蓝旗二十四人，其中"张吉午，授顺天玉田知县"①。是知张吉午为汉军镶蓝旗人，顺治六年（1649年）以贡士，授顺天府玉田县知县。但是，张吉午于顺治九年（1652年），赴玉田县知县任："张吉午，镶蓝旗人，贡士，顺治九年任。"②是为清朝玉田县第五任县令。其第六任，《玉田县志》载："徐钟溥，浙江人，贡监，顺治十三年任。"③由是可知，张吉午任玉田县令之下限为顺治十三年（1656年）。其任内之政绩，康熙《玉田县志·名宦》载：

> 张吉午，字长白，性明敏，美丰仪，有惠政，雅量宽弘，刑清讼简，民至今歌思之。行取御史，奉差陕西茶马，历升左通政。④

玉田县令任满之后，张吉午转陕西茶马御史⑤，后又任浙江道御史。他勤政事，性介直，上疏言，获旨允。《清圣祖仁皇帝实录》记载：

> 浙江道御史张吉午疏言："三年考满之法，一、二等称职者，即系荐举。应将督、抚二年荐举一次之例，概行停止。"从之。⑥

疏在康熙二年（1663年），玄烨尚属冲龄，辅臣执掌朝纲，削停封疆大吏荐举之例，强化辅政大臣遴选之权。上疏奏准不久，张吉午又转巡盐御史。康熙三年（1664年）二月，长芦巡盐御史张吉午上疏：

> 户部议覆：长芦巡盐御史张吉午疏言："请增天津卫盐引一千二百道。"查各州、县行盐，俱有定例。天津卫议增之引，恐为民累，应无庸

---

① 《八旗通志初集·学校志一》，第46卷，第910页，东北师范大学出版社校点本，1985年，长春。
② 《康熙顺天府志》，第6卷，第141页，北京图书馆善本部藏。
③ 《乾隆玉田县志》，第6卷，第6页，清乾隆二十一年（1756年）刻本。
④ 《康熙玉田县志》，第4卷，第12页，清康熙二十年（1681年）刻本。
⑤ 《清史稿·职官志二》：顺治初，又有督理陕甘洮宣等处茶马御史一人，康熙七年省，三十四年复故，四十二年又省。
⑥ 《清圣祖仁皇帝实录》，第8卷，康熙二年二月丙午，中华书局影印本，1985年，北京。

议。从之。①

张吉午请增天津卫盐引以裕国库之疏，受到户部的驳覆。《清史稿》载述此事，直记："巡盐御史张吉午请增长芦盐引。斥之。"②

张吉午从顺治六年（1649 年），贡士以来，凡十五年，未见显升。遭斥之后，又十五年，政坛沉寂。但寂中有升，他升任通政使司左通政。此职顺治元年（1644 年）设，满、汉各一人，康熙九年（1670 年）改官正四品。至康熙二十年（1681 年），吉午之宦迹，又见于史载：

> 大学士、学士随捧折本面奏请旨：为吏部题补顺天府尹员缺事，正拟太仆寺正卿王继祯，陪拟左通政张吉午。上曰："王继祯不足论，张吉午为人何如？"大学士明珠奏曰："张吉午以前一应条奏事宜皆无关系，其人亦无才干。"上曰："府尹职任紧要，事虽不多，但在京师内地，甚有碍手之处。尔等可有素知堪用之人否？尔等拟妥，再行启奏"。③

吏部以张吉午任顺天府府尹之题拟，被大学士明珠奏阻。翌日，康熙帝御乾清门听政，明珠提议熊一潇补授顺天府府尹。《康熙起居注册》记载：

> 大学士、学士随捧折面奏请旨：为吏部题补顺天府府尹事。上曰："尔等所议若何？"大学士明珠奏曰："臣等公议熊一潇、徐旭龄俱优，皆属可用。"又汉大学士等言："熊一潇为人厚重，徐旭龄系敏捷堪用之人。"上曰："熊一潇着补授顺天府府尹。"④

此事，《清圣祖仁皇帝实录》同日做了记载⑤。熊一潇为江西南昌人，康熙三年（1664 年）甲辰科进士⑥，以右通政于康熙二十年（1681 年）五月甲戌（二十二

---

① 《清圣祖仁皇帝实录》，第 11 卷，康熙三年二月壬寅，中华书局影印本，1985 年，北京。
② 《清史稿·圣祖本纪一》，第 6 卷，第 170 页，中华书局标点本，1976 年，北京。
③ 《康熙起居注册》，康熙二十年五月二十一日（癸酉），中国第一历史档案馆藏。
④ 《康熙起居注册》，康熙二十年五月二十二日（甲戌），中国第一历史档案馆藏。
⑤ 《清圣祖仁皇帝实录》，第 96 卷，康熙一十年五月甲戌，中华书局影印本，1985 年，北京。
⑥ 《清进士题名碑记》，康熙甲辰科（1664 年），北京孔庙和国子监博物馆藏。

日）①，迁顺天府府尹。张吉午未升顺天府府尹，却授左佥都御史②。但是，在廷议补授太仆寺正卿员缺时，张吉午再次受到大学士明珠之旁白：

> 大学士、学士随捧折面奏请旨：为吏部补授太仆寺正卿员缺，开列通政司左通政张可前、大理寺少卿荣国祚事。上问曰："尔等云何？"大学士明珠奏曰："臣等满、汉公议，张可前与张吉午才具相同，张吉午已升佥都御史，张可前似亦可用。"上从之。③

康熙二十一年（1682 年）六月，张吉午以左佥都御史④，升任顺天府府尹。《清圣祖仁皇帝实录》记载：

> 升左佥都御史张吉午，为顺天府府尹。⑤

此事，康熙《顺天府志·政事·府尹》记载：

> 张吉午，镶蓝旗人，贡士，康熙二十一年六月任。⑥

顺天府府尹张吉午在任四年半，于康熙二十五年（1686 年）十二月，升为通政使："升顺天府府尹张吉午，为通政使司通政使。"⑦一年零二个月之后，张吉午以原官休致："以通政使张吉午，衰老失职，命原官休致。"⑧

张吉午从顺治六年（1649 年）贡士，至康熙二十七年（1688 年）休致，仕途几四十年，其主要政绩在顺天府府尹任上。张吉午政绩卓著者两端：其一是勤政

---

① 钱实甫：《清代职官年表》（二），第 1151 页注为"五（月）甲戌廿"，误；甲戌为二十二日。中华书局，1980 年，北京。
② 《清史稿·职官志二》："汉左佥都御史一人，先用汉军，后用汉人，乾隆十三年省。"
③ 《康熙起居注册》，康熙二十年十月二十七日（丙午），中国第一历史档案馆藏。
④ 钱实甫：《清代职官年表》（二），第 1152 页作张吉午"右佥迁"，误；《清史稿·职官志二》："右都御史、右副都御史、右佥都御史为督、抚坐衔"，应作"左"。同页"癸午"误，应作"癸未"。中华书局，1980 年。
⑤ 《清圣祖仁皇帝实录》，第 103 卷，康熙二十一年六月癸未，中华书局影印本，1985 年，北京。
⑥ 《康熙顺天府志》，第 6 卷，第 8 页，北京图书馆善本部藏。
⑦ 《清圣祖仁皇帝实录》，第 128 卷，康熙二十五年十二月己巳，中华书局影印本，1985 年，北京。
⑧ 《清圣祖仁皇帝实录》，第 133 卷，康熙二十七年二月己未，中华书局影印本，1985 年，北京。

敏事，疏报府情民瘼；其二是兴文重教，纂修《顺天府志》。

顺天府府尹张吉午，勤敏政事，忠直耿介，屡疏府情民瘼。现存《顺天府志》中四疏：

第一，《请盛兴教化疏》。他于康熙二十一年（1682年）六月十二日上任，十一月初十日即上此疏。疏称顺天为首善之地，应"厚风俗，正人心"，复行"乡饮酒礼"①。同月十四日，即奉旨依议。此疏、旨《清圣祖仁皇帝实录》和《康熙起居注册》均未载。

第二，《请豁年远无征地价疏》。大兴、宛平积欠未完地价银一千八百二十三两四钱八分，县民"自遭地震，房颓户塌，残喘老幼，皮骨仅存，委系追无可追，变无可变"②。他"为民哀，恳援赦"。上疏康熙二十一年（1682年）十一月十七日题奏，十九日"奉旨依议"。此疏、旨《清圣祖仁皇帝实录》和《康熙起居注册》俱未载。

第三，《请换贡院号房瓦椽疏》。贡院号房，士子试场，年久失修，下雨滴漏。前任府尹魏象枢、徐世茂"咸以节省钱粮，暂行停止具题"③。他亲自巡察，题请修葺。康熙二十三年（1684年）十二月初三日具疏，初五日"奉旨依议"。此疏、旨《清圣祖仁皇帝实录》和《康熙起居注册》亦俱未载。

第四，《请停圈民地疏》。张吉午援引大兴、宛平、东安、香河、永清、文安诸县令申称："圈地以来，民失恒产，零星开垦，旋垦旋圈。"④题请永免圈取民地。但此疏遭户部议驳。康熙二十四年（1685年）四月初九日，康熙帝御瀛台门听政，《起居注册》载述此事：

> 户部题顺天府府尹张吉午疏请，自康熙二十四年起，凡民间开垦地亩，永免圈取。议不准行。上曰："凡民间自开田亩，毋许圈取，久已有旨。今若圈与旗下，恐致病民。嗣后百姓自开田亩，永不许圈。如有应给之处，着以户部现存旗下多余田地给发。"⑤

① 张吉午：《请盛兴教化疏》，《康熙顺天府志》，第8卷，无页数，北京图书馆善本部藏。
② 张吉午：《请豁年远无征地价疏》，《康熙顺天府志》，第8卷，无页数，北京图书馆善本部藏。
③ 张吉午：《请换贡院号房瓦椽疏》，《康熙顺天府志》，第8卷，无页数，北京图书馆善本部藏。
④ 张吉午：《请停圈民地疏》，《康熙顺天府志》，第8卷，无页数，北京图书馆善本部藏。
⑤ 《康熙起居注册》，康熙二十四年四月初九日（戊戌），中国第一历史档案馆藏。

《清圣祖仁皇帝实录》《康熙起居注册》《八旗通志》①《养吉斋丛录》②等官私要籍，俱著摘录。但此疏全文，极为罕见，兹附文末，以便稽考。张吉午《请停圈民地疏》，虽获康熙帝特旨允行，却埋下招怨遭訾种子。《顺天府志》未能梓行，抑或与此有着关联。

顺天府府尹张吉午，兴举学校，重视教化，纂修《顺天府志》。其重文兴教之一举，是主持纂修《顺天府志》。但原书未署纂修者姓名，推断《康熙顺天府志》的纂修者，基于以下史实与义理：第一，修撰《顺天府志》值张吉午官师顺天之时，他当为主持纂修者。第二，其前万历《顺天府志》与其后光绪《顺天府志》，均由府尹主持纂修，《康熙顺天府志》当不例外。第三，张吉午一向勇于任事、倡兴文业，时纂修府志，必躬自主持。第四，志中收录大量针砭时弊奏疏，同张吉午的宦迹、品格相通。第五，府志卷八《奏疏》最后著录张吉午四疏，均无页数，显系添加，旁证其主持此书之修纂。第六，康熙帝以顺天府府尹"职任紧要"，旨授慎重，且几次御门听政议及他，又经反复考察，不信权相明珠"其人亦无才干"之词，而升其为京师府尹。缘此知遇，府志稿就，缮正呈览者，似只应是张吉午。综上六项，可以定断：顺天府府尹张吉午是《康熙顺天府志》的纂修者。

二

《康熙顺天府志》的版本，是需要探讨的问题。

《康熙顺天府志》一部，现为北京图书馆善本部庋藏，存卷二至卷八，凡七卷，七册。本书为白绵纸，黄绫封面，丝线原装，书签题"顺天府志"。书每页长三十六点五厘米，宽二十三点五厘米，版框木刻，印栏黑格，四周双边，单鱼尾，版心刻"顺天府志"四字，并标卷数、页数。本书半叶十行，行二十字，小字双行、行二十字，共八百四十七页，约三十三万八千八百字。全书仿刻精写，笔画工整，酷似刻本。书中"皇"字顶格，"世祖"、"今上"抬行。全书凡遇"玄"字皆讳，如第三卷第五四页玄宁庵、玄极庵，同卷第六四页玄帝庙等；凡遇带"玄"偏旁之字亦皆讳，如第六卷第三四页王金弦、第四七页朱弦、第五四页施炫和陆炫、第七八页马玹、第九一页范铁铉、第一〇七页许应铉、第一三一页朱景铉等。但是，不讳"胤禛"二字，如第六卷第十六页高辛胤、第二〇页杨宝胤、第五九

① 《八旗通志初集·田土志一》，第18卷，第320页，东北师范大学出版社，1985年，长春。

② 吴振棫：《养吉斋丛录·余录》，第1卷，第286页，北京古籍出版社校点本，1983年，北京。

页魏象胤和第七六页王鼎胤等。同书皆不讳"弘"字，如第六卷第三二页纪弘谟、第三七页汪弘道、第四八页包弘、第五七页陆弘贤、第一二六页张志弘、第一三四页汪弘、第一三五页王弘祚、第一五〇页姬弘基、第一八六页周弘道等。

《康熙顺天府志》的版本，皆著录为抄本或钞本。诸如：

北京图书馆在本书的书封签注：《康熙顺天府志》，史部地理类，清康熙张吉午纂修，清康熙抄本①。《北京图书馆古籍善本书目》亦载："《〔康熙〕顺天府志》，八卷，清张吉午纂修，清康熙抄本。"

朱士嘉《中国地方志综录》（增订本）：《顺天府志》，纂修人张吉午，康熙二十四年钞本②。

冯秉文主编《北京方志概述》：《康熙顺天府志》"避玄烨讳，不避胤禛、弘历，内容记事至康熙二十四年，当为康熙间抄本"③。

《中国地方志联合目录》载记："《〔康熙〕顺天府志》八卷。（清）张吉午纂修，清康熙抄本。"④

王灿炽《北京地方历史文献述略》记载："《〔康熙〕顺天府志》，现存的是康熙二十四年（1685年）的抄本，黄皮大字。"⑤

上引诸见，俱断言《康熙顺天府志》为抄本。诚然，就版本学来说，抄本是相对刻本而言。由是，抄本的含义相当宽泛。而界定《康熙顺天府志》为抄本，虽能够说明这是一部非雕印的手抄之书，但不能区别于其他传抄之书，尤未能准确地表述其版本特征。似应当将《康熙顺天府志》的版本，加以确切地、而不是笼统地界定。我认为，《康熙顺天府志》是恭缮呈览待梓之缮写正本，即呈写正本，理由如下：

其一，抄本是相对刻本而言的版本。抄本的界定有广义与狭义之分，广义指手抄之书，狭义指传抄之书。前者，乾隆帝《四库全书总目·圣谕》曰："其有未经镌刊，只系钞本存留者，不妨缮录副本，仍将原书给还。"⑥此为广义手抄之书。后者，李清照《金石录后序》曰："独余少轻小卷轴书帖，写本李、杜、韩、柳集，

① 《康熙顺天府志》，第2卷书封签注，北京图书馆善本部藏。
② 朱士嘉：《中国地方志综录》（增订本），第1页，商务印书馆，1958年，北京。
③ 冯秉文主编：《北京方志概述》，第30页，长春第六印刷厂印，1985年，长春。
④ 庄威风等编：《中国地方志联合目录》，第1页，中华书局，1985年，北京。
⑤ 王灿炽：《王灿炽史志论文集》，第58页，北京燕山出版社，1991年，北京。
⑥ 《清高宗纯皇帝实录》，第900卷，乾隆三十七年正月庚子，中华书局影印本，1986年，北京。

《世说》《盐铁论》。"① 此为狭义手抄之书。但近代以来，抄本泛蕴狭义传抄之书。

其二，近代抄本常指转抄之书。《辞海》释"抄本"云："宋以后，雕版虽已盛行，但有些比较专门、不甚著名而需要不广的著作，仍靠传抄流通，因此，抄本图书一直为研究工作所重视。"②《图书馆学情报学辞典》释"抄本"亦云："根据底本（不论其为写本或刻本）传录而成的副本，故又称传抄本。"③ 上述两例，虽属两家之言，但表明近代以来，"抄本"的概念逐渐地由广义向狭义转化。

其三，《康熙顺天府志》每页俱为木刻版框，黑格印栏，四周双边，有单鱼尾，字迹工整，端正划一，酷如镌刊，故不是传抄之书，而似呈览后按式雕版之底本。

其四，现存《康熙顺天府志》，凡七卷，其第二卷为"地理"、第三卷为"建置"、第四卷为"食货"、第五卷为"典礼"、第六卷为"政事"、第七卷为"人物"、第八卷为"艺文"，内容完整，但卷序阙一。推其原因，或为独阙卷一，预留承旨，雕刻圣藻，以示尊崇。如系转抄本，当自卷一始，不必卷二起抄。

其五，书藏北京图书馆善本部，而北京图书馆最初为清宣统元年（1909年）学部奏建的京师图书馆。《康熙顺天府志》书末有"京师图书馆藏书印"。京师图书馆的馆藏册籍，远溯至南宋缉熙殿、明文渊阁和清内阁大库。本书的收藏源流表明，它成书后，恭缮呈览，因故留中，藏之内库，而未镌刊。

其六，呈写正本，史有先例。呈写正本是写本的一种。写本，亦"特指抄本中字体工整的本子"④。但呈写正本，更为规范。"呈写正本"作为版本学的名词，史有所载。《安徽通志》修辑告竣后，缮写正本呈览。史载如下：

> 谕内阁：邓廷桢奏创修安徽省志告成一折，安徽自分省以来，未经辑有通志。道光五年，陶澍奏准予限纂辑。现据邓廷桢奏称，业经修辑完竣，并缮写正本呈览。此书由陶澍具奏创修，邓廷桢督办蒇事，陶澍、邓廷桢均著加恩交部议叙。⑤

可见，修辑完竣之《安徽省通志》，镌刊之前，恭缮呈览，是为呈写正本。

① 李清照：《金石录后序》，《金石录》卷末，顺治七年（1650年）刻本。
② 《辞海》（缩印本），第671页，上海辞书出版社，1980年，上海。
③ 周文骏主编：《图书馆学情报学辞典》，第56页，书目文献出版社，1991年，北京。
④ 诸奇伟等著：《简明古籍整理辞典》，第97页，黑龙江人民出版社，1990年，哈尔滨。
⑤ 《清宣宗成皇帝实录》，第157卷，道光九年六月戊辰，中华书局影印本，1986年，北京。

综上，现存《康熙顺天府志》是修竣呈览缮写正本，而不是镌刻刊本，也不是缮录副本，更不是传录抄本。呈写正本是《康熙顺天府志》区别于其他古籍抄本之版本特征。其特点：一是呈览，二是缮写，三是正本，四是仿刻。所以，我认为：今存《康熙顺天府志》是呈写正本。

三

今存《康熙顺天府志》，不仅是呈写正本，而且是世间孤本。

在明代，以顺天府为名的志书有二，即《永乐顺天府志》和《万历顺天府志》。然而，北京自元代成为全中国政治中心以来，其最早的志书为《析津志》（又称《析津志典》）。但它早已散佚，经北京图书馆善本组诸先生累年搜求，撷采索辑，成《析津志辑佚》，于1983年由北京古籍出版社出版。尔后，明初之《顺天府志》，凡二十卷，未刊已佚，幸被录入《永乐大典》卷四千六百四十四至四千六百六十三，清乾隆间有人从《永乐大典》中辑出其卷七至卷八，共两卷；清光绪间缪荃孙又从《永乐大典》中辑出其卷七至卷十四，共八卷①。以上所辑，仅为其原书的百分之四十。而《万历顺天府志》，《四库全书总目·〈顺天府志〉提要》载："《顺天府志》六卷，明谢杰撰，沈应文续成之。"②后人评曰："明万历有志，简率未备。"③有人误将《康熙顺天府志》作《万历顺天府志》，致北京图书馆善本部在其卷二书封上特识签注：

> 按，此书事实都至康熙二十四五年，前油印书目据《光绪顺天府志》原奏称，《顺天府志》自前明万历癸巳年府尹谢杰等修辑后，迄今并未续修，误作万历谢杰修者，今查明更正，认为康熙年修，特此备查。④

所以，明代两部《顺天府志》，虽其价值不容低视，但或阙佚，或疏略，与北京的历史与地理之实情差距甚远矣。

在清代，以顺天府为名的志书也有二，即《康熙顺天府志》和《光绪顺天府

---

① 阎崇年：《北京方志探述》，《学习与研究》，1982年第8期。
② 《四库全书总目·〈顺天府志〉提要》，第74卷，第646页，中华书局影印本，1965年，北京。
③ 《光绪顺天府志·周序》卷首，光绪十二年（1886年）刻本。
④ 《康熙顺天府志》，第2卷"书封签注"，北京图书馆善本部藏。

志》。然而，《康熙顺天府志》既未插架，亦未留传。光绪十一年（1885 年），直隶总督、府志监修李鸿章称：

> 前代志顺天者，仅有谢杰、沈应文之书，草创荒略。皇朝宅京垂三百年，文轨大同，天下郡县皆有志，而京府尚阙，非所以昭首善也。[①]

署顺天府府尹、府志总裁沈秉成亦序曰：

> 《燕京志》《析津志》佚矣。明洪武《北平图经》，其书亦佚，仅见之《永乐大典》卷八千四百二十平字韵。《文渊阁书目》暑字号《北平图志》，或即一书。又载旧志二册，又往字号载《顺天府志》一册，书皆不传。传者万历间谢杰、沈应文志六卷，非略即舛，殊难考征。我朝宅京二百数十年来，志尚阙如。[②]

博学广识的缪荃孙在纂修《光绪顺天府志》时，曾征引书目凡八百九十二种[③]，而《康熙顺天府志》阙录。

在清代公私书目中，《康熙顺天府志》均未见著录。前已述及，此志久藏宫中，未曾刊刻，不见著录，睹者绝少，在清代已是罕见之书。但在清末民初，《康熙顺天府志》由内阁大库流入京师图书馆，后嬗入北京图书馆善本部。

北京图书馆善本部所藏之《康熙顺天府志》，或为海内孤本，尚难做出定断。这需要在全国地方志普查和善本书普查后，方能做出结论。

全国地方志的普查工作始于 1975 年。由中国科学院、教育部、国家文物局等单位，会同有关科研机构、高等院校、图书馆和博物馆等组成普查组，对全国的地方志进行普查。历时七年，编成《中国地方志联合目录》。此目录的编修经历了多次反复的过程："一九七六年，我们先以朱士嘉先生一九六二年修订的《中国地方志综录》为蓝本，印发给各有关单位与实际馆藏进行核对，并且补充和修改；一九七七年秋至一九七八年春，编者们经过两次集中，根据各单位的核对结果，

---

① 《光绪顺天府志·李序》卷首，光绪十二年（1886 年）刻本。
② 《光绪顺天府志·沈序》卷首，光绪十二年（1886 年）刻本。
③ 缪荃孙：《光绪顺天府志恭引书目》和《光绪顺天府志引用书目》，《光绪顺天府志》卷末，光绪十二年（1886 年）刻本。

按照共同制订的编例，重新考订、著录，编辑成《中国地方志联合目录》（初稿）。以后又将目录的初稿再次印发给各参加单位进行核对；编者又根据各单位的修改补充意见，并参考上海图书馆、中央民族学院图书馆、天津市人民图书馆等单位新编的地方志目录"[①]，进行了复查和修订。该目录著录其时中国大陆三十个省、市、自治区的一百九十六个公共、科研、高校图书馆和博物馆、文史馆、档案馆等所收藏的地方志，仅见北京图书馆善本部收藏有《康熙顺天府志》。此后，中国大陆两千余个市、县全面展开纂修地方志的工作，又一次对地方志进行了普遍的调查。与此同时，为编纂《中国善本书目》，中国大陆又对善本书之收藏进行了联合调查。以上地方志和善本书的普查，是自乾隆帝纂辑《四库全书》以降，二百多年来时间最长、范围最广、核对最细的普查，但均未见其他单位收藏《康熙顺天府志》。至此，可以得出一个结论：《康熙顺天府志》是海内孤本。

但是，《康熙顺天府志》海内属孤本，并不等于海外无藏本。有的善本书，海内虽无，海外却有，如《嘉靖通州志略》国内无书，却在日本尊经阁文库独藏。所以，要对海外《康熙顺天府志》之收藏实情进行查证。在美国，朱士嘉先生编著美国《国会图书馆中国地方志目录》，《康熙顺天府志》未予著录[②]。我1989—1990年赴美讲学期间，在美国国会图书馆同中文部王冀主任、居密博士查询此书，该馆确未庋藏。又在哈佛大学、耶鲁大学、哥伦比亚大学、印第安纳大学、夏威夷大学、加州大学等诸图书馆及其他图书馆查阅中国地方志目录，亦概未著录《康熙顺天府志》。在欧洲，笔者通过其他途径查询，亦未见著录《康熙顺天府志》。在日本，除有人已查阅日本的中国地方志联合目录外，我1987年赴日本，曾在东洋文库看书，并查阅日本收藏中国地方志的目录，未见著录《康熙顺天府志》。

在中国台湾，除有人已核阅台湾公藏地方志联合目录外，我1992年赴台湾，对中研院史语所图书馆、台北故宫博物院文献处和台湾"中央图书馆"等进行查询，均未见著录《康熙顺天府志》。此外，我对香港大学、香港中文大学和澳门大学的图书馆均做过查阅，亦未见收藏《康熙顺天府志》。

至此，似可以说：《康熙顺天府志》不仅是海内孤本，而且是世间孤本。

综上，可以得出结论：《康熙顺天府志》是世间孤本。

---

① 《中国地方志联合目录·前言》，第1页，中华书局，1985年，北京。
② 朱士嘉：《国会图书馆中国地方志目录》，第212页，新文丰出版公司印行，1985年，台北。

四

《康熙顺天府志》的内容。

《康熙顺天府志》成书于康熙二十四年（1685年）。其收录的志料，上起《召诰》，下至《请停圈民地疏》。全书下限的志料为最近的府丞："王维珍，镶蓝旗人，进士，康熙二十四年九月任。"[①] 因此，康熙二十四年（1685年）九月，是本书完稿的下限时间。

《康熙顺天府志》标八卷，阙卷一。前文已述，所阙仅为本书序号，无碍于体例与内容。所以，它实际上是七卷，内容完整。全书七卷，分为七志——地理志、建置志、食货志、典礼志、政事志、人物志和艺文志。每志首列，志类小言，四字一句，挈领提纲。全书七纲五十三目，分装七册，其册卷结构，列表于下。

册序	卷序	分目	页数	页行	行字	字数
1	2	7	81	20	20	32400
	3	8	77	20	20	30800
2	4	2	36	20	20	14400
	5	2	4	20	20	1600
3 4	6	5	322	20	20	128800
5	7	15	175	20	20	70000
6 7	8	14	152	20	20	60800
合计	7	53	847	—	—	338800

《康熙顺天府志》自卷二至卷八，内容梗概，略作分述。

卷二志地理：疆域、形胜、山川、风俗、物产、古迹、陵墓，凡七目。

卷三志建置：沿革、城池、公署、学校、坛、庙宇、邮舍、关梁，凡八目。

卷四志食货：户口、田赋，凡二目。所列户口和田赋，保存了清初京畿州县重要的史料。兹以今北京疆域范围，将其中大兴、宛平、良乡、通州、房山、平谷、昌平、顺义、密云、怀柔的户口资料，列表统计于下。

---

① 《康熙顺天府志》，第6卷，第16叶，北京图书馆善本部藏。

	原额		实在		续入原额（丁数）	实在（丁数）
	户数	丁口	户数	丁口		
大兴	15163	71797	15163	71007	4136	2892
宛平	14441	61215	14441	62067	14030	11064
良乡	2900	13707	2901	14806	1844	2563
通州	3896	18507	3687	12954	5042	1289
房山	1829	10297	1348	30647	5005	3869
平谷	1203	8096	1807	5344	5444	2796
昌平	3680	16946	2990	15473	1177	2413
顺义	1247	12477	1247	12966	11716	2711
密云	1647	16447	1647	17051	16553	8332
怀柔	1026	6642	1020	7316	3872.5	1730
合计	43032	236131	46251	249631	68819.5	39659

以上十州、县的田赋、丁银资料，列表统计于下。

	原额田赋		实存田赋		人丁征银			地丁共征银（两）
	民屯牧地（亩）	征银（两）	实在田地（亩）	征银（两）	原额人丁（丁）	实在人丁（丁）	共征银（两）	
大兴	190963	7390	554650	3822	4136	2892	1203	5025
宛平	327256	9485	144587	4069	14030	11064	3822	7892
良乡	291824	13415	192557	3952	1844	2563	369	4321
通州	573176	16079	194823	3577	5042	1289	140	3717
房山	176737	11095	120855	5715	5005	3869	806	6521
平谷	112430	5362	66531	1310	5444	2796	680	1991
昌平	288870	8651	180431	4701	1177	2413	684	5395
顺义	248688	13069	127980	2613	11716	2711	522	3136
密云	273343	7623	166952	3172	16553	8332	1746	4918
怀柔	139222	6764	64095	1917	3872	1730	554	2472
合计	2622509	98933	1813461	34848	68819	39659	10526	45388

　　表中所列的原额田，指原额民屯牧地；实存田，指除圈占、投充带去地亩外，实在存剩拨补、香火、新旧开荒等地；原额人丁，指原来额定的人丁；实在人丁，指经编审实在行差的人丁。从表中可以看出：约今北京地区的土地，自顺治元年（1644年）至康熙二十四年（1685年），实存田地比原额田地减少八十万九千零

四十八亩，比原额田地减少百分之三十点八——主要是八旗圈占和投充带去的田地；此期人丁减少二万九千一百六十，比原额人丁减少百分之四十二点四——主要是汉人投充和逃走死亡的人丁。另从书中保定、固安、永清、东安、香河、三河、武清、宝坻、涿州、蓟州、玉田、遵化州、丰润、霸州、文安、大城共十六州、县统计资料（统计表从略）可以看出：实存田地比原额田地减少二百零五万五千六百三十一亩，比原额田地减少百分之三十五；此期人丁减少四万四千六百四十，比原额人丁减少百分之三十一点三。综上，清顺天府属六州二十县，自顺治元年（1644年），至康熙二十四年（1685年），实存田地比原额田地减少二百八十六万四千六百七十九亩，比原额田地减少百分之二十五点一；此期人丁比原额人丁减少七万三千八百，比原额人丁减少百分之二十八点三。

卷五志典礼：经费、祀享，凡二目。其经费项内，详列官吏俸银：知县六十两，县丞四十五两，典史三十一两，夫役六两等。

卷六志政事：历官、职掌、名宦、武备、徭役，凡五目。

卷七志人物：征辟、进士、举人、贡生、乡贤、理学、忠贞、功业、廉直、儒林、孝义、节烈、流寓、隐逸、仙释，凡十五目。全书的《人物志》共载录五千三百五十人，或详或略，可资参酌。其人物分类统计，详见下表。

	征辟	进士		举人		贡生	乡贤	理学	忠贞	功业
		明	清	明	清					
人数	5	956	304	1128	728	1730	72	7	68	111

	廉直	儒林	孝义		节烈		流寓	隐逸	仙释	合计
			孝子	义士	节妇	烈妇				
人数	29	35	12	13	68	46	11	9	18	5350

卷八志艺文：御制文、册文、古诰、奏疏、议、论、书、序、记、传、箴、赞、赋、诗，凡十四目。其文体分类统计，列表于下。

文体	御制文	册文	古诰	奏疏	议	论	书	序	记	传	箴	赞	赋	诗	合计
篇数	11	1	1	23	2	3	3	1	11	1	1	1	1	96	156

艺文志中的奏疏，其重要价值，将在下节中讨论。

五

《康熙顺天府志》中的"奏疏"，凡二十三件[①]。其前《万历顺天府志》之《艺文志》，列碑刻与题咏二目；其后《光绪顺天府志》之《艺文志》，列纪录顺天事之书、顺天人著述和金石三目，均未著录"奏疏"。《康熙顺天府志》所列"奏疏"，不畏时讳，文字犀利，针砭政弊，颇具胆识，成为本书价值与特色之焦点。且所录"奏疏"，为《清世祖实录》《清圣祖仁皇帝实录》[②]《康熙起居注册》和《皇朝经世文编》等所未编录，极富史料价值，学人应予珍视。书中所列"奏疏"，依其内容，略加评述。

圈占房屋是清初顺天之一弊政。八旗官兵及其眷属进入北京后，将原京师内城民人全部逐出，迫令其迁入外城住居，原住房或拆或卖，造成社会震荡。魏象枢上《小民迁徙最艰疏》言：

> 南城块土，地狭人稠，今且以五城之民居之，赁买者苦于无房，拆盖者苦于无地。嗟此穷民，一廛莫□，必将寄妻孥于何处乎！……民间赁买房屋，爰有定价，近闻鬻房之家，任意增加，高腾数倍，势必至罄家所有，不足以卜数椽之栖，则迁者更多一苦矣。[③]

此疏勾勒出清初京师内城民人迁徙外城住居的悲苦万状的画图。

圈占土地是清初顺天之二弊政。顺治定鼎燕京，即谕令圈占京畿土地，分给八旗官兵。顺天地处王畿，圈占土地尤烈。虽顺治四年（1647年）、十年（1653年）谕禁圈拨土地，但仍屡圈不止。郝惟讷《条陈圈地疏》言：

> 迩年以来，有因旗下退出荒地，复行圈补者；有自省下及那营处来的壮丁，又行圈拨者；有各旗退出荒地召民耕种，或半年或一二年青苗

---

① 薛所蕴：《请颁清字禁约疏》，未列标题，以礼部覆疏具题著录，《康熙顺天府志》，第8卷，第13—15页，北京图书馆善本部藏。

② 张吉午：《请停圈民地疏》，《清圣祖仁皇帝实录》载述其事，但未录原疏。

③ 魏象枢：《小民迁徙最艰疏》，《康熙顺天府志》，第8卷，第32—33页，北京图书馆善本部藏。

成熟,遇有拨补复行圈去者;有因圈补之时,将接壤未圈民地取齐圈去者。以致百姓失业,穷困逃散。且不敢视为恒产,多致荒废。而旗下退出荒地,复圈取民间熟地,更亏国赋。①

郝惟讷"圈取民地,永行停止"之疏请,未载"奉旨依议",亦未着实停圈,致引出前文所析,康熙二十四年(1685 年)张吉午《请停圈民地疏》。

汉人投充是清初顺天之三弊政。投充是指民人投到旗下充作奴仆,有强逼者、也有自愿者,有贫寒者、也有富厚者。投充弊窦不胜枚举,卖身挟诈仅为其一。郝惟讷《请杜卖身挟诈疏》言:

> 近日多有无赖之徒,一入旗下,便指称妻子在某家寄居,田地、财物在某处坐落;或本人私自回籍,或主人代为控告。及至原籍,借端诈害。②

书中,未载"奉旨依议"。

督捕逃人是清初顺天之四弊政。奴仆逃亡,数月之间,几至数万,事态严重。顺治三年(1646 年)五月,严申隐匿满洲逃人从重治罪:"逃人鞭一百,归还本主;隐匿之人正法,家产籍没;邻右九、甲长、乡约,各鞭一百,流徙边远。"③是法过于严酷,尤涉甲长邻右,章云鹭《请别逃人之地邻情罪疏》言:

> 至于窝隐之罪,总由窝犯一人。其十家长、地方两邻,皆系牵连无辜。而不肖官吏,因之为货。有一窝犯,即将住址数里之内,搜罗殷实者,概言收禁,饱欲而后纵之。④

此疏,书中亦未载"奉旨依议"。

文字之狱是清初顺天之五弊政。清兴文字之狱,胜于前代诸朝。朝廷查禁"邪

---

① 郝惟讷:《条陈圈地疏》,《康熙顺天府志》,第 8 卷,第 30 页,北京图书馆善本部藏。
② 郝惟讷:《请杜卖身挟诈疏》,《康熙顺天府志》,第 8 卷,第 28 页,北京图书馆善本部藏。
③ 《清朝文献通考》,第 195 卷,第 6601 页,浙江古籍出版社影印本,1988 年,杭州。
④ 章云鹭:《请别逃人之地邻情罪疏》,《康熙顺天府志》,第 8 卷,第 35 页,北京图书馆善本部藏。

说悖词"，群小告讦，刁诬成风。郝惟讷《请杜告首诗文疏》言：

> 无赖之徒，借端倾害，地方光棍，乘机诈索，或摘拾一二字句，或牵引旧日诗文，甚且以自己之私作，假他人之姓名，转相谋陷者，亦复不少。[1]

宵小告首，间阎不安。本书篇内，未见"依议"。

内院访役是清初顺天之六弊政。明朝锦衣，恣行京师，广窃事权，巧于捏造："或诱人妄首，引之成词；或窥人厚藏，诈之使贿；或以无为有，私拷示威；或以是为非，饱囊卖法。势之凶横，如虎如狼；计之罗织，如鬼如蜮。"张国宪在《亟禁访役疏》中，痛斥明朝厂卫上述罪行外，疏言内院访役：

> 臣等办事科中，间有缉事员役，在内院门首，访察赐画。夫赐画特典也，内院重地也，有何弊端，容其缉访！内院有可访，则在外有司，何所不至哉。此而不禁，弊将更甚前朝矣![2]

同样，书中亦未载"奉旨依议"。

抑汉扬满是清初顺天之七弊政。"首崇满洲"是清廷之国策。京师为辇毂之地，满汉杂处，崇满抑汉，尤以为甚。满汉同官不同品，同职不同权，同绩不同迁，同罪不同刑。书中收录蒋超《请酌复进取旧额疏》，上言满、汉生员同试不同取：

> 最苦者顺天一府，向时止是汉人考试，每次尚入一百二十名。今增入八旗满洲、蒙古、汉军，以千余名之童生，共取六十五名，人多数少，进取万艰。[3]

郝杰则疏言既敬满、又礼汉："如满洲[4]贵人，宜辨章服、别仪从，使汉人望而起

① 郝惟讷：《请杜告首诗文疏》，《康熙顺天府志》，第8卷，第27页，北京图书馆善本部藏。
② 张国宪：《亟禁访役疏》，《康熙顺天府志》，第8卷，第20页，北京图书馆善本部藏。
③ 蒋超：《请酌复进取旧额疏》，《康熙顺天府志》，第8卷，第42页，北京图书馆善本部藏。
④ 洲，原作"州"，误，今正之。

敬；即汉官大小，亦宜辨章服、别仪从，使满人亦见而加礼。"①

文物破坏是清初顺天之八弊政。清初八旗兵入京后，文庙、国子监、府学等均遭到不同程度的破坏。侍读学士薛所蕴《请颁清字禁约疏》言：文庙和国子监之"庙庑倾圮，堂斋颓废，不蔽风雨，心窃伤之"。经府尹、绅士捐资修葺，皆已改观。但是，擅自破坏，不能禁止：

> 学官左右，居住满州〔洲〕旧人，比屋连墙，私开便门，往来行走。及儿童妇女，任意作践。有修葺未毕，而旋经拆毁者。臣屡制止不能，乃移文礼部，请给清字告示。②

上疏奉旨，严行禁饬；拆毁作践，禁约不止。顺天府府尹王登联再上《请禁约疏》言：

> 墙垣俱无，庑门全毁，庙庑左右，多被邻兵旗下人等，侵占基址，擅开门户。且无知人等，拆毁搅扰，恣意作践。虽有禁约，无所责成。③

此疏，礼、工二部俱覆，"奉旨依议"。

治安不靖是清初顺天之九弊政。科试盛典，士子群集，生员事竣出场，帽毡笔砚等物，尽被抢去。高尔位《贡院禁止抢夺疏》言：

> 朝廷取士之巨典，士子济济千里，跋涉匍匐而至。十五日三场事竣，忽有多士齐至公堂，口云："场外抢夺，不敢出场，讨役护送"等语。臣以为辇毂之地，咫尺天威，焉有不法之徒，辄敢公然无忌，横行于白昼乎？少顷，场外喧声，乃广平府曲周县生员王泽远、沧州生员戴王纲也，帽、毡、笔、砚等物，尽被抢去。④

科试贡院治安尚且如此，京师秩序混乱可见一斑。

① 郝杰：《请开经筵阙里疏》，《康熙顺天府志》，第8卷，第9页，北京图书馆善本部藏。
② 薛所蕴：《请颁清字禁约疏》，《康熙顺天府志》，第8卷，第13页，北京图书馆善本部藏。
③ 王登联：《请禁约疏》，《康熙顺天府志》，第8卷，第15—16页，北京图书馆善本部藏。
④ 高尔位：《贡院禁止抢夺疏》，《康熙顺天府志》，第8卷，第38页，北京图书馆善本部藏。

清初有六大弊政，即剃发、易服、圈地、占房、投充和捕逃。上列疏言所讥刺，除剃发和易服外，还有文字之狱、访役缉查、满汉不协、文物破坏、治安不靖等。但是，有些弊政，颇为帝讳，缄封民口，严禁上疏。顺治帝颁谕，禁止疏奏五事："有为剃发、衣冠、圈地、投充、逃人牵连，五事具奏者，一概治罪，本不许封进。"① 旨词严切，圣怒难犯。然而，诸大臣勇于上疏，张吉午敢于录疏，其责任感，其高风节，殊为可贵，青史永垂。

六

清张吉午纂修的《康熙顺天府志》，具有多方面的重要价值。

《康熙顺天府志》于方志学史是一部承上启下的接轨性之作。其上的《万历顺天府志》，谢杰、沈应文、谭希思修，张元芳纂，凡六纲三十四目，六卷，五百六十七页，页十八行，行二十字，约二十万四千一百二十字，万历二十一年（1593年）雕梓。其下的《光绪顺天府志》，周家楣、缪荃孙编纂，凡十一纲六十九目，一百三十卷，约三百余万字，光绪十二年（1886年）梓行。而《康熙顺天府志》，从纲目、卷字、内容等方面，都比《万历顺天府志》为详，而较《光绪顺天府志》为略。它上距《万历顺天府志》约百年，下距《光绪顺天府志》亦约百年，恰为两志中间接轨之作，在方志学史上占有凸显的位置，具有重要的价值。

《康熙顺天府志》于版本学史是稀世之珍。它成书于清康熙年间，已属善本；又系世间孤本，更属国宝。且此种版本，颇为罕见。一般写本、抄本、稿本、底本等，比比皆是，未必俱珍。但《康熙顺天府志》为呈写正本，其缮写之工，酷似刻本，几可乱真，故于版本学确为稀世珍宝。

《康熙顺天府志》于文献学具有补阙纠谬的价值。全书所用顺天府档案、金石录、采访册等史料，为修史、证史、纂志、补志等提供了文献学的依据。其所收志料，有些原档已毁佚，有些则不见于他书；赖此载体加以保存，已成弥足珍贵之原始性资料。以清顺天府府尹为例。《光绪顺天府志》在《官师志》中，从顺治元年（1644年）至康熙二十六年（1687年），其四十四年间，仅列四位，且多舛误②，甚至连阎印、熊一潇、张吉午这样著名的府尹，均付阙如。而《康熙顺天府

---

① 《清世祖章皇帝实录》，第 28 卷，顺治三年十月乙酉，中华书局影印本，1985 年，北京。

② 《光绪顺天府志》，第 81 卷，第 3332—3334 页，北京古籍出版社，1987 年，北京。如魏象枢于康熙十三年二月丙申，以左金都御史授顺天府府尹，该书误作"十二年"。

志》纂修者，依据顺天府档案，详列清代顺天府府尹自首任至二十二任之姓名、身世、任期等。这既填补光绪《顺天府志·国朝官师表》之空白，又纠正此书及他书载述之疏误 [①]。

《康熙顺天府志》于北京史填充丰富资料。明末清初记顺天之书，孙承泽的《春明梦余录》和朱彝尊的《日下旧闻》等都是一代名著，但或侧重于宫署坛庙，或侧重于宫署城苑。《康熙顺天府志》则重笔于京师的人口、田赋、徭役、经费、物产等经济志料，疆域、形胜、山川、关梁、邮舍等地理志料，官制、学校、科举、人物、诗赋等人文志料，为北京史的研究与修纂提供了无可替代的资料。

《康熙顺天府志》于宫廷史学关系至切。清宫在顺天府疆域内，顺天又为王畿首善之区，顺天府志不同于其他通志、府志，它与宫廷有特殊之关系。诸如帝京之城池、朝廷之衙署、禁卫之武备、游幸之园囿、祭祀之坛壝、敕建之庙宇、圈占之房地、供奉之徭役、御制之诗文、殿试之进士，以及出入内廷之僧道、题咏宫苑之篇什等。《康熙顺天府志》书成呈览，留中不发，辗转传出，幸存孤本，即其版本特色，亦同宫廷攸关。这表明《康熙顺天府志》，既是研究清代宫史不可或缺之史书，也是研修清朝宫史必备插架之志书。

最后，清顺天府府尹张吉午主持纂修的《康熙顺天府志》，将顺治帝和康熙帝的御制文，全文著录于卷八《艺文志》之首，又将触碍时讳的奏疏，全文著录于卷八《艺文志》之内。此其两举，突破时例，体现了张吉午府尹可贵的民本思想。这必然在书成之后，引起朝廷官宦异议。呈览留中，未能雕刊。至翌年冬十二月，张吉午迁通政使。此书也就无人过问，尘封长达二百余年。然而，事出意外，否极泰生。张吉午纂修的《康熙顺天府志》，呈写正本，孤本尘封，成为中华古籍中的一颗珍珠，也成为人类书库中的一块瑰宝。

附录：

请停圈民地疏

张吉午

题为经国必先体〔草〕野垦植，宜筹实济，谨吁管窥，仰祈睿鉴事。窃思："邦以民为本，民以食为天。"此王政之首正经界，而次课桑麻者。其经国之道要，

---

① 钱实甫《清代职官年表·顺天府府尹》有多处疏误，此不一一列举。

惟切切于体恤草野而已。今我皇上，深仁厚泽，已遍陬隅。然犹御驾亲巡，省方问俗，不使一夫不遂、一物失所。至矣，爱民之心，上媲五帝；大哉，宜民之德，远轶三王。臣荷圣恩，智术莫补，一寸蚁丹，凛遵睿念，因劝民垦荒植树，期与所属州、县，共相鼓励。于正月十四日，严檄通行。去后，今据：

大兴县知县张茂节申称："圈拨地亩，势不容已。则有新旧寄留、私买、私卖、入官、退出等地焉。惟开垦、清查二项，原属民业，若尽圈拨，民皆失所。必请停圈，庶肯争先垦植。"

又宛平县知县王养濂申称："近畿之地，尽归大圈。至于节年开垦，其中有零星连合成畦者，民种不一二年，又尽圈无遗。嗟此小民，血汗徒劳。为今之策，必将开垦首报之地，请停圈给，庶垦荒植树之美政，方能责其子来。"

又东安县知县吴兆龙申称："自经圈地，民失恒产。后奉俞旨，永行停圈。百姓踊跃，用力开垦。后于康熙十六年，又奉恩旨，民间开垦隐漏地亩，悉于限内，许民首认，免其应得之罪，并免从前钱粮。民又鼓舞首认，并无遗漏。则此项开荒查出地土，实皆民力自垦之地，穷民满望子孙世传养命。乃自康熙二十三年，将节年开垦查出等地，圈给旗丁。又谁肯开荒植树，以候圈拨！"

又香河县知县韩镐申称："自顺治初年，房地尽圈，民失恒业。后奉俞旨，永行停圈。百姓思归，遂将夹空老荒等地，节年垦种。康熙十六、十七、十九等年，又奉圣旨，民皆鼓舞首认，以为世传养命之产。自康熙二十二、二十三两年，将开垦查出等地，圈给旗丁。今虽民愿垦植，而实畏圈拨。"

又永清县知县陈国祝申称："永邑自圈地以来，民失恒产。零星开垦，旋垦旋圈。谁肯再负资本！"

又文安县知县万联捷申称："民苦圈拨，恳将开垦完粮等地，概请停圈。庶民有恒产，自勤垦植。"

各等情到，臣余申同情，不敢尽琐。该臣看得圈地给旗，寓兵于农，国家定制，实为尽善。至于开垦良法，遵行已久；但圈给与开垦不相关碍而后可也。夫开垦原非易事，竭力于洼淤沙砾之区，措办以牛种籽粒之费，积血本苦工，方渐成熟土。一旦圈去，产业仍无。故虽垦法行，而无实济也。今海宇已尽升平矣，臣阅各申，欲以各州、县之旷土，听各州、县之民，随便开垦，照例起科，垦旁隙地，遍植榆、柳、果、木之类，力周地利，悉可资生。请自康熙二十四年起，凡开垦查出等地，概使各为世业，永行停圈。若有旗丁，例应圈给，俱于退出、丈出、入官、寄留等地，分给应给之人。夫然后旗丁、百姓，各得其所，而穷困安心，奋先垦植。将见阡陌连延，桑麻葱翠，群黎咸乐，比屋可封。击壤鼓腹之风，皞皞于今；而光天化日之治，绵绵于万世矣。臣为国本民生其见，冒昧管窥，上渎宸听。字多逾格，贴黄难尽。仰祈皇上，全赐睿鉴。如果不谬，伏乞敕议施行。

康熙二十四年四月初七日题

清郑各庄行宫、王府与城池考

【题记】本文《清郑各庄行宫、王府与城池考》，原称《清郑各庄行宫、王府、城池与兵营考》，系利用台北故宫博物院和中国第一历史档案馆所藏的满文档案及其他文献，考证今北京昌平郑各庄的城垣、金井、护城河等遗址，原为清康熙帝行宫和理亲王府之所在遗迹。本文载于《北京社会科学》2010年第6期。

北京昌平郑各庄（郑家庄）有清康雍乾时期行宫、王府、城池与兵营的遗址。郑各庄的理王府，曾有书文述及①。但有关郑各庄城池、行宫的学术论文，经过检索，几无所见。因此，清郑各庄行宫、王府、城池、兵营之兴建，史事不明，尚需探讨。本文依据满文档案与汉文册籍、实地踏查与民间采访，加以综汇，爬梳条理，考证分析，略作考述。

一

康熙帝谕建郑各庄王府与营房事，最早文献见于康熙六十一年（1722年）《清圣祖实录》记载："朕因思郑家庄已盖设王府及兵丁住房，欲令阿哥一人往住，今著八旗每佐领下，派出一人，令往驻防。此所派满洲兵丁，编为八佐领；汉军，编为二佐领。朕往来此处，即著伊等看守当差。著八旗都统会同佐领等派往。"②这里只说在郑各庄③已建王府和营房，而没有谕及皇城与行宫事宜。

---

① 参见杨珍：《清朝皇位继承制度》，第312—313页，学苑出版社，2001年，北京。

② 《清圣祖仁皇帝实录》，第297卷，第876—877页，中华书局影印本，1985年，北京。

③ 郑各庄，康熙朝满文奏折中为"郑家庄"，雍正朝满文奏折中为"郑各庄"，《清圣祖仁皇帝实录》中为郑格庄、郑家庄。今名为郑各庄。清昌平人麻兆庆在《昌平外志》中认为："郑各庄"的"各"，旧均作"家"云云。本文在引文中照原文引用，但在行文中用"郑各庄"。

清郑各庄行宫、王府、城池与兵营，始建于康熙五十七年（1718 年）十二月。其最初根据是：笔者最近在台北故宫博物院查阅康熙和雍正两朝的满文档案，看到有"水渍霉斑"的康熙六十年（1721 年）十月十六日，监造郑各庄行宫与王府工程郎中尚之勋、五十一等四人，联署的满文《奏报郑家庄行宫工程用银数折》，奏折中对康熙郑各庄行宫、王府、城池与兵营兴建工程记载详细，汉译如下：

监造郑家庄地方行宫、王府郎中奴才尚之勋等谨奏：为奏闻事。

康熙五十七年十二月内，为在郑家庄地方营建行宫、王府、城垣及城楼、兵丁住房，经由内务府等衙门具奏，遣派我等。是以奴才等监造行宫之大小房屋二百九十间、游廊九十六间，王府之大小房屋一百八十九间，南极庙之大小房屋三十间，城楼十间、城门二座、城墙五百九十丈九尺五寸，流水之大沟四条、大小石桥十座、滚水坝一个、井十五眼，修茸土城五百二十四丈，挑挖护城河长六百六十七丈六尺，饭茶房、兵丁住房、铺子房共一千九百七十三间，夯筑土墙五千三百五十丈七尺一寸。营造此等工程，除取部司现有杉木、铜、锡、纸等项使用外，采买松木、柏木、椴木、柳木、樟木、榆木、清沙石、豆渣石、山子石、砖瓦、青白灰、绳、麻刀、木钉、水坯、乌铁、磨铁等项及席子、苫箔、竹木、鱼肚胶等，计支付匠役之雇价银在内，共用银二十六万八千七百六十二两五钱六分三厘。其中扣除由部领银二十三万七百五十二两五钱六分三厘，富户监察御史鄂其善所交银二千二百二十两，富当所交银六百五十两，原员外郎乌勒讷所交银一万两，员外郎浑齐所交银一千八百一十两，顺天府府丞连孝先所交银一万七千六十七两八钱三分，并出售工程所伐木签、秤兑所得银四千八百八十三两五分二厘。以此银采买糊行宫壁纱橱、绘画斗方、热炕木、装修、建造斗栱、席棚、排置院内之缸、缸架、南极神开光做道场、锡香炉、蜡台、垫尺、桌子、杌子等项，匠役等所用笔帚、筐子、缸子、水桶等物，以及支给计档人、掌班等之饭钱，共用银四千八百六十七两三钱八分二厘，尚余银十五两六钱七分。今既工竣，相应将此余银如数交部。为此谨具奏闻。

上驷院郎中尚之勋、营造司郎中五十一、都虞司员外郎偏图、刑部

郎中和顺。^①

此为孤例，尚需佐证。经中国第一历史档案馆研究员郭美兰等查阅，找到康熙五十七年（1718年）此项工程兴工的满文奏折。这份满文奏折为工程样式的文字说明，包括行宫、王府、城池，营房的间数、长宽、柱高、甬路等数据，大小房屋二千六百四十九间，围墙、子墙、隔墙、土墙的长、宽、高及城楼、角楼等工程内容。^②

由上，康熙郑各庄行宫与王府等工程，其开工与竣工的满文档案，亦始亦终，合掌印证。上述档案明确记载：

第一，清郑各庄行宫与王府等工程，康熙五十七年（1718年）开始动工，五十八年（1719年）正月初八日卯时兴工，二月初八日未时上梁^③。康熙六十年（1721年）十月竣工。

第二，所营建的行宫、王府、兵丁住房、庙宇、城垣及城楼、护城河等工程，其地点在今北京昌平郑各庄，而不在山西祁县郑家庄。

第三，工程包括：行宫房屋二百九十间、游廊九十六间，王府房屋一百八十九间，南极庙房屋三十间，城楼十间、城门二座、城墙五百九十丈九尺五寸，流水大沟四条、大小石桥十座、滚水坝一个，井十五眼，修葺土城五百二十四丈，挑挖护城河长六百六十七丈六尺，饭茶房、兵丁住房、铺子房共一千九百七十三间，夯筑土墙五千三百五十丈七尺一寸。

第四，郑家庄原有土城，奏报中"修葺土城五百二十四丈"可资证明。郑各庄修葺土城和夯筑土墙共长五千八百七十四丈七尺一寸。

第五，行宫里建"nanji"庙，音译作"南济"^④或"南极"庙。此典最早见于

① 《上驷院郎中尚之勋等奏报郑家庄行宫工程用银数折》（满文），康熙六十年十月十六日，郭美兰译，台北故宫博物院文献处藏。

② 《内务府等奏为核计郑家庄马房城地方建房所需钱粮事折》（满文），康熙五十七年十二月初五日，郭美兰译，中国第一历史档案馆藏。

③ 《内务府等奏为经钦天监敬谨看得可于康熙五十八年正式动工折》，康熙五十七年十二月初八日，郭美兰译，中国第一历史档案馆藏。

④ 中国第一历史档案馆编译：《康熙朝满文朱批奏折全译》，第1489页，中国社会科学出版社，1996年，北京。

《史记·天官书》和《史记·封禅书》①。在《中文大辞典》里有："南极"，系星名，即南极星，就是老人星。崔骃《杖颂》云："寿如南极，子孙千亿。"李白《与诸公送陈郎将归衡阳》云："横山苍苍入紫冥，下看南极老人星。"杜甫《覃山人隐居》也云："南极老人自有星，北山移文谁勒铭。"② 因此，应将"nanji"庙译作"南极庙"，供奉南极星即老人星之神。康熙帝晚年打算住在行宫，休养心身，祈国长兴、愿己福寿。

第六，康熙郑各庄行宫与王府等工程花费，实际用银二十六万八千七百四十六两八钱九分三厘。

康熙郑各庄行宫与王府等建成后，按照前引康熙帝谕旨表明：行宫，康熙帝住；王府，阿哥去住；营房，官兵驻防。清康熙帝为什么选择在郑各庄兴建行宫、王府呢？主要原因，析分有六：

第一，历史因素。明永乐帝迁都北京后，军事的需要，皇陵的修建，京北地位愈加重要。明宣德四年（1429年），设顺天府郑各庄马房仓，置大使、副使各一员③。万历朝也是如此④。清入关后，仍设郑各庄仓房、马厂（场）⑤。康熙平定"三藩之乱"期间，温榆河南岸郑各庄附近的洼地，被征做"皇家御地"，供养马之用，成为皇家的"御马房"，时称"郑各庄马房"，至今村西尚有"马道沟"的地名，便是当年赶马群去温榆河边饮水的通道⑥。这里已经建起土城，《康熙昌平州志》称之为"郑家庄皇城"⑦。监造郑各庄行宫的官员，不仅有营造司郎中，而且有上驷院郎中，说明它同御马厂（场）的密切关系。郑各庄至今已至少有五百八十年的历史。

第二，方舆区位。郑各庄位于北京市区和昌平县之间，南距紫禁城、北距昌

---

① 《史记》第27卷《天官书》载："狼比地有大星，曰南极老人。老人见，治安；不见，兵起。"《集解》曰："比地，近地也。"《正义》曰："老人一星，在弧南，一曰南极，为人主占寿命延长之应。"又曰："见，国长命，故谓之寿昌，天下安宁；不见，人主忧也。"（中华书局，1959年，第1308页）《史记》第28卷《封禅书》载："杜、亳有寿星祠。"《索隐》曰："寿星，盖南极老人星也，见则天下理安，故祠之以祈福寿。"（第1376页）戏曲中则有南极仙翁的故事。
② 《中文大辞典》，第5册，第267—268页，中国文化研究所印行，1968年，台北。
③ 《明宣宗实录》，第58卷，第3页，宣德四年九月辛亥，台北中研院历史语言研究所校勘本，1962年，台北。
④ 《万历顺天府志》，第4卷，第21页，万历二十一年（1593年）刻本。
⑤ 《清世祖章皇帝实录》，第95卷，第748页，顺治十二年十一月戊申，中华书局影印本，1985年，北京。
⑥ 蒋国震：《郑家庄皇城》，打印稿，2008年。
⑦ 《康熙昌平州志·昌平总图》，第1卷，第1页，潊然堂刻本，康熙十二年（1673年）。

平城，各约四十里，恰好居中。郑各庄在北京自永定门、经紫禁城、到钟鼓楼的子午线即中轴线的延长线上，俗称在龙脊上。由京师北巡，东面出古北口，西面出居庸关，郑各庄在这两条通道的中间。背负居庸，面向京城，"处喉吭之间，寄京师大命"①。所以，郑各庄的方舆优胜是：借山襟城畔水，天地风光亦佳，地理区位，极为重要。

第三，地近汤泉。清朝皇帝从努尔哈赤开始，经皇太极、顺治，到康熙，还有孝庄太后和多尔衮等，一贯重视温泉。康熙帝尤喜温泉，"上常临浴，谓之坐汤"②，温泉又称汤泉。汤泉"其水温可浴而愈疾"，俗称"圣汤"③。康熙帝赋《温泉行》，感怀抒情④。温泉是皇帝保健、治病、休憩、养生的重要场所和有效手段。康熙帝晚年患中风，洗浴温泉，健身益神。北京附近的温泉，遵化温泉、赤城温泉离京师较远，昌平温泉（今小汤山温泉）在郑各庄北十里处。郑各庄以其北邻汤泉、南距畅春园较近，而成为兴建康熙行宫的一个重要原因。

第四，实际所需。康熙帝晚年，身体多病，需要找一个离京城不远不近的清静之处，兴建行宫，此其一。康熙帝两立两废皇太子允礽后，如何安置他的住处？久住宫内，不是办法；住在城里，又怕生事。反复思虑，精心筹划，选择了既离京城较近，又不在城里的郑各庄。此其二。他说："朕因思郑家庄已盖设王府及兵丁住房，欲令阿哥一人往住，今著八旗每佐领下，派出一人，令往驻防。"这位阿哥是谁呢？康熙帝没有言明。雍正帝则说："郑各庄修盖房屋，驻扎兵丁，想皇考圣意，或欲令二阿哥前往居住。"雍正帝揣度皇父遗意，是打算命废太子二阿哥前去居住⑤。康熙兴建的郑各庄阿哥王府，设置围墙、护城河和兵营，带有高墙圈禁的特点。这既承继了清太祖以来对犯罪宗室的圈禁惩处，也参酌了明代圈禁犯罪宗室的高墙制度⑥。

第五，交通便利。郑各庄位于温榆河南岸，有渡河码头。温榆河又名榆河，因附近有温泉，而称温榆河⑦。东汉时"疾风知劲草"的上谷太守王霸，从温水引

---

① 顾祖禹：《读史方舆纪要》，第 11 卷，第 23 页，上海书店出版社，1998 年，上海。
② 萧奭：《永宪录》，第 1 卷，第 41 页，中华书局，1959 年，北京。
③ 《永乐顺天府志》，第 14 卷，第 5 页，北京大学出版社，1982 年，北京。
④ 玄烨：《温泉行》，第 62 页，《康熙诗词集注》，内蒙古人民出版社，1994 年，呼和浩特。
⑤ 《雍正朝满文朱批奏折全译》（上），第 148 页，黄山书社，1998 年，合肥。
⑥ 黄培：《明代的高墙制度》，《中国文化研究所学报》，2004 年第 44 期，香港。
⑦ 《日下旧闻考》，第 134 卷，第 2164 页，北京古籍出版社，1981 年，北京。

漕,通水上运输①。温榆河在通州与通惠河汇流,再汇北运河,与京杭大运河连接;逆流可达沙河,与昌平、居庸交通。通过北运河、海河,可航联天津,与海运相通。康熙帝晚年,从畅春园启銮走"汤山之道"②到避暑山庄,第一日行程由郑各庄渡温榆河,在汤泉驻跸。乾隆帝第四次奉皇太后南巡,皇太后经水路回銮,御舟到郑各庄停泊。乾隆帝"遣额驸色布腾巴勒珠尔赴郑家庄御舟问安"③。乾隆帝则到三间房奉迎皇太后居畅春园,自居圆明园。郑各庄以水陆两路、四通八达的交通优势,而被选址修建行宫。

第六,熟悉地情。康熙帝晚年,疾病缠身,到避暑山庄、或到木兰围场,路途较远,在离京城不远的郑各庄兴建行宫,"朕往来此处",是一个合适的落脚休憩养生的行宫。庶吉士汪灏在康熙四十二年(1703年),随驾到避暑山庄。他在《随銮纪恩》中写道:"五月二十五日黎明,值微雨后,凉风袭襟,月钩挂树,乘舆发畅春园,十二里清河桥。十二里何家堰。五里沙河城……十里郑家庄。渡河入昌平州界。又十里,抵汤山,驻跸焉。"④汪灏所记康熙帝的这次巡行,距在郑各庄兴建行宫与王府仅十五年。康熙帝多次到过郑各庄,并对郑各庄有所了解。康熙帝自畅春园出发,途经清河桥、郑各庄,渡温榆河,驻跸汤泉。返程居住畅春园时,所行御路,也常如是。

由是,康熙帝晚年选择在郑各庄兴建行宫、王府、城池与营房。

康熙帝曾三次"驻跸郑格庄",即郑各庄行宫,也就是郑家庄行宫⑤。他于六十一年(1722年)十一月十三日,在畅春园病逝,废太子允礽没有迁居郑各庄王府。那么,郑各庄行宫、王府、城池与兵营如何使用,留待继任者雍正帝处理。

二

雍正帝继位后,郑各庄行宫与王府怎样办?还是台北故宫博物院藏满文档案暨汉文文献,详细地回答了这个问题。

① 《后汉书·王霸传》,第20卷,第737页,中华书局校点本,1965年,北京。
② 《畿辅通志》,第480页,第15卷,河北人民出版社,1985年,石家庄。
③ 《清高宗纯皇帝实录》,第735卷,第91页,乾隆三十年四月丙寅,中华书局影印本,1986年,北京。
④ 汪灏:《随銮纪恩》,不分卷,《小方壶斋舆地丛钞》第一帙,第286页,上海著易堂铅印本,光绪十七年(1891年),上海。
⑤ 康熙帝三次驻跸郑各庄行宫的时间是:康熙五十八年十月丙午(初七日)、五十九年四月戊申(十二日)和五十九年十月壬寅(初九日)。

康熙六十一年十二月十一日，雍正帝继位不满一个月，就封康熙帝废太子允礽之子弘晳为理郡王："二阿哥子弘晳为多罗理郡王。"①

弘晳的封王，《朝鲜李朝实录》有一段记载康熙帝遗言："废太子、皇长子性行不顺，依前拘囚，丰其衣食，以终其身。废太子第二子朕所钟爱，其特封为亲王。言讫而逝。"②

雍正帝既封皇侄弘晳（1694—1742年）为理郡王，就要分府迁居。雍正帝曾考虑在城内给理王弘晳觅个下榻之处③。

雍正元年（1723年）五月，雍正帝决定理郡王弘晳搬迁到郑各庄王府居住事，谕宗人府曰："郑家庄修盖房屋，驻扎兵丁，想皇考圣意，或欲令二阿哥前往居住，但未明降谕旨，朕未敢揣度举行。今弘晳既已封王，令伊率领子弟，于彼居住，甚为妥协。其分家之处，现今交与内务府大臣办理。其旗下兵丁，择日迁徙之处，俟府佐领人数派定后举行。弘晳择吉移居，一切器用及属下人等如何搬运安置、何日迁移、兵丁如何当差、府佐领人等如何养赡，及如何设立长久产业之处，著恒亲王、裕亲王、淳亲王、贝勒满都护，会同详议具奏。"④

上述"实录"的记载，材料来源于雍正元年五月二十二日满文档案《和硕恒亲王允祺等奏理王弘晳迁居郑各庄事宜折》。其译文如下：

> 想郑各庄修盖房屋，派出兵丁情形，料皇考圣意，或令二阿哥前往居住，然未明降谕旨，朕未敢揣度料理。今既封弘晳为王，令伊率领子弟于彼居住甚是合宜。至分府之处，适已俱交内务府总管办理。其旗下兵丁现拟择日迁移，俟内府佐领人数确定，弘晳择吉移居可也。其一切器用及属下人等如何迁移、如何安置、何日迁移、兵丁如何当差、内府佐领人等如何养赡，及如何从长计议之处，著恒亲王、裕亲王、淳亲王、贝勒满都呼会同详议具奏。一切供用，务令充裕，毋令为难，亦勿贻累

---

① 《清世宗宪皇帝实录》，第2卷，第53页，康熙六十一年十二月壬戌，中华书局影印本，1985年，北京。

② 《李朝景宗实录》，第10卷，第151页，景宗二年十二月戊辰（十七日），《李朝实录》第42册，日本学习院东洋文化研究所，1959年，东京。

③ 《和硕恒亲王等议奏修整房屋为理王弘晳下榻处折》，雍正元年六月二十七日，郭美兰译，台北故宫博物院文献处藏。

④ 《清世宗宪皇帝实录》，第7卷，第141—142页，雍正元年五月乙酉，中华书局影印本，1985年，北京。

属下人等。彼处距京城既然有二十余里,不便照城内居住之诸王一体行走,除伊自行来京请朕安外,其如何上朝及步射诸事,著亦议奏。钦此。钦遵。臣等会议得,为安置理王弘晳,仰蒙皇上筹虑降旨者甚是。钦遵施行。理王弘晳分府之事,已皆钦命内务府总管办理,故将修房等事不议外,理王弘晳如何带往其子弟之处,可由伊另行奏请谕旨。由京迁往郑各庄时,交付钦天监择吉,请旨迁移。迁移时,由内务府计其足敷,照例由兵部领取官车,运往理王所用各项物品。其随迁之下人,亦计其足敷,拨给官车迁移可也。今赏给理王之人,有诚王所属一百八十五人,简王所属八十人,弘昉所属八十人,合计三百四十五人,今郑各庄城内,有四百一十间,既不敷用,将此交付原监修房屋之侍郎傅绅、牛钮,于城内计其敷用建房,令理王之人全住城内。郑各庄城之六百名兵丁,仍令住兵丁所住营房,分十班,城南北门各派兵丁三十名防守。理王之大门,由王之侍卫官员看守。随王前去之三百四十五人内,原系护军、领催、甲兵、蓝甲等人,除俱改充拜唐阿,仍供给原食钱粮外,其余之人各供一两钱粮。其所食口米,亦随钱粮照例发放。因将理王并入镶蓝旗内,故领取俸银时,除由该旗照例行文发放外,领俸米时,派王府长史,会同城守尉,再由王属侍卫、官员内派往一人,前往通州领取可也(朱批:核之,再议)。再,若系拜唐阿等人之钱粮,每月王府长史会同城守尉查明,造具名册,钤城守尉关防,咨送镶蓝满洲旗,由旗向该部领取,交付所派之人遣回。俟至,由王府长史会同办理府务之人,散给拜唐阿等人。因郑各庄靠近清河,相应将拜唐阿等人之口粮,由该处行文到部,由清河仓发放。领取此米时,派王府长史及王属官员一人,并城守尉、佐领一员,遣往清河领米。领米之后,由王府长史会同办理府务之人,看视散给。此等饷米,由王府长史等散给众人之处,俱晓谕城守尉。再,凡王等分府之后,并无由大内发给太监等以钱粮之例,理王弘晳甫经分府,故其一百一十一名太监暂给饷米,三年截止,再由王府发放。若理王之侍卫、官员出缺,由王府长史请旨补放。今既给理王府以佐领之人,相应将先前所领上三旗之拜唐阿,退还各原处。随同前往居住之侍卫、官员、拜唐阿、太监等,若因事请假,告王府长史、城守尉后,限期遣往,若逾期,不陈明缘由,加以隐瞒,则由城守尉参奏王府长史、办理府务之人。郑各庄距京城二十余里,理王未便如同京城王等上朝，除上升殿时，听宣赶赴京城上朝外，每月上朝一次，射箭一次。
凡外宣、集会，俱免来。来上朝或来射箭时，只带侍卫、官员、拜唐阿
等人。若皇上外出，免每日朝会。自正月到十二月，理王几次来京请圣
安、上朝、射箭，及非正常时间令开城门出入行走之处，俱由城守尉清
楚记录在案，年终汇总开列，报宗人府备案。再，正月初一拜堂子、进
表、祭祀各坛庙，于何处斋戒之处，臣等未敢擅便，伏乞圣上指教。为
此谨奏，请旨。①

这篇恒亲王允祺、裕亲王保泰、淳亲王允祐、多罗贝勒满都呼的联名奏折，获得
旨批。

从上述实录和档案中知道，雍正帝旨批：理王弘晳到郑各庄居住，并派三百
四十五人随从，派兵丁六百名住在营房，派三十名守南北大门，还派一百一十一
名太监随侍，让他们分别从通州、清河领取银米。奏折中对理王进京上朝、出入
城门等都做了详细规定。随后，钦天监选择吉日，于雍正元年（1723 年）九月二
十日（公历 10 月 18 日），理王弘晳乔迁郑各庄。

雍正帝谕旨，主要内容有：

第一，理王迁居： 命理郡王弘晳率领子弟家人迁移到郑各庄居住。

第二，随迁人员： 废太子允礽妻妾十一位，有子十二人，哪些人随迁呢？理
王弘晳之弟在大内养育者有二人、与其同住一处者有三人，弘晳之子在大内养育
者有三人、与其同住一处者有五人，将他们与弘晳一同移往郑家庄居住。弘晳又
有一子由十五阿哥抚养，仍由其抚养。弘晳之弟弘晋之子，在宁寿宫其母处养育
者有一人、履郡王养育者有一人，既系其弟之子，仍留之。

第三，搬家车辆： 理王弘晳自京师移至郑各庄时，由内务府、兵部领取官车，
运往一应器用等物。

第四，所属人员： 拨给理王弘晳诚王所属一百八十五人、简王所属八十人、
弘昉所属八十人，共三百四十五人，将满洲内府佐领一员、旗鼓佐领一员，兼归
理王弘晳所属侍卫官员。现有护军、披甲、领催、拜唐阿等，俱兼归两个牛录，
各拨饷米。理王弘晳既已拨入镶蓝旗满洲，则领取王之俸米及所属人等之饷米时，
由其府牛录行文该旗下，照例领取。

---

① 《和硕恒亲王允祺等奏理王弘晳迁居郑各庄事宜折》，雍正元年五月二十二日，郭美兰译，台
北故宫博物院文献处藏。

第五，王府住房：郑各庄城内有房四百一十间，若不敷用，再行添建。

第六，人员待遇：理王弘晳甫经分府，其一百一十一名太监暂给饷米，三年截止，再由王府发放。

第七，管理规定：王府由长史（管王府）和城守尉卫（管戍守）二元管理，理王的侍卫、官员出缺，由王府长史请旨补放。随同理王弘晳前往居住的侍卫、官员、拜唐阿、太监等，若因事请假，告王府长史、城守尉后，限期遣往；若逾期，不陈明缘由加以隐瞒，则由城守尉参奏王府长史、办理府务之人。

第八，弘晳出入：郑各庄距京城二十余里，可不同于在京城诸王等上朝，除皇帝升殿时听宣赴京城上朝外，每月上朝一次、射箭一次。凡有集会，听宣而来。若皇上外出，免每日朝会。正月初一堂子行礼、进表、祭祀各坛庙，理王弘晳前来，调拨房屋一处，为王下榻之所①。

理王府的总体规模：雍正元年（1723年）五月，按清廷有关规定拨给郑各庄驻防官兵房屋，"城守尉衙署一所，十五间；佐领衙署六所，各七间；防御衙署六所，骁骑校衙署六所，俱各五间；笔帖式衙署二所，各三间；甲兵六百名，各营房二间"②。有文计算：郑各庄行宫、王府与官兵用房，总计驻防官兵房舍衙署等一千三百二十三间。另外，王府所属当差行走之三百四十五人，若按每人分配二间住房，则又需要住房六百九十间。合王府一百五十一间，共计建筑住房当在二千一百六十四间以上③。

理王弘晳乔迁时，按郡王礼举行。仪式隆重，史有记载。恒亲王允祺、办理旗务裕亲王保泰、办理内务府总管事务庄亲王允禄、内务府总管来保、协理内务府总管事务郎中萨哈廉等的奏报并获旨准。其要点，列如下：

第一，时间。雍正元年（1723年）九月二十日卯时（5—7时）乔迁起行。

第二，辞行。乔迁前一日，理王弘晳及其福晋，进宫向雍正皇帝请安、辞行。

第三，礼仪。设多罗郡王仪仗，王同辈弟兄内有品级、已成亲的阿哥等，前往送行。在王福晋启行之前，派内管领妻四人、果子正女人六人、果子女人十人随送，派护军参领一员、计护军校在内派内府护军二十人，在前引路。

① 《和硕恒亲王允祺等奏请理王弘晳迁居折》，雍正元年六月二十日，郭美兰译，台北故宫博物院文献处藏。
② 《钦定八旗通志》，第24卷，第2000—2001页，《营建志六》，吉林文史出版社，2002年，长春。
③ 韩光辉：《清康熙敕建郑家庄王府考辨》，《中国历史地理论丛》，1996年第2期。

第四，随送。派领侍卫内大臣一员、散佚大臣二员、侍卫二十名、内务府总管一员、内府官员十名送行。

第五，衣饰。送行的阿哥、大臣、侍卫、官员等，俱着锦袍、补褂。

第六，饭食。派尚膳总管一员、饭上人四名，委尚茶正一员、茶上人四名，内管领二员，于前一日前往郑各庄，备饭桌三十、饽饽桌十。

第七，礼迎。照例派出内府所属年高结发夫妻一对，先一日前往新家等候，王到出迎，祝福祈祷。

第八，返回。所备饭桌、饽饽桌的食品，供王、福晋食用之。待食毕谢恩，送往之阿哥、大臣、侍卫、官员等即可返回①。

雍正元年（1723 年）九月二十日（公历 10 月 18 日），理郡王弘晳乔迁到郑各庄王府。康熙时兴建的郑各庄的王府，正式成为理郡王府。

据文献记载：雍正二年（1724 年）十二月，废太子允礽病故后，停灵在郑各庄理王府。《清世宗实录》记载："择定出殡日期，送至郑家庄，设棚安厝，令伊子弘晳得尽子道。出殡时，每翼派领侍卫内大臣各一员，散秩大臣各二员，侍卫各五十员，送至郑家庄。"②并追封允礽为和硕理亲王，谥曰密③。雍正帝要亲往郑各庄祭奠，臣劝再三，在西苑五龙亭（今北海公园内），哭奠二阿哥、理亲王允礽④。后埋于蓟县黄花山王园寝（王坟）。

雍正八年（1730 年）五月，弘晳晋封为理亲王。《清世宗实录》记载：理郡王弘晳，著晋封亲王⑤。但《清史稿·诸王六》作"六年，弘晳进封亲王"，误；应作雍正八年。因《雍正朝起居注册》、《清世宗实录》、《恩封宗室王公表》和《八旗通志》等，都同样记载雍正八年五月二十八日乙未，弘晳晋封为亲王，故可证《清史稿》上述记载之误。

从此，郑各庄的理郡王府成为理亲王府。

---

①《和硕恒亲王允祺等奏议理王弘晳移居诸事折》，雍正元年九月十六日，郭美兰译，台北故宫博物院文献处藏。

②《清世宗宪皇帝实录》，第 27 卷，第 416 页，雍正二年十二月壬午，中华书局影印本，1985 年，北京。

③《清世宗宪皇帝实录》，第 27 卷，第 417 页，雍正二年十二月癸未，中华书局影印本，1985 年，北京。

④《雍正朝起居注册》，第 397 页，雍正二年十二月十六日乙酉，中华书局影印本，1993 年，北京。

⑤《清世宗宪皇帝实录》，第 94 卷，第 268 页，雍正八年五月乙未，中华书局影印本，1985 年，北京。

但是五年后，雍正帝病故，乾隆帝继位，理亲王弘晳及其王府，发生大变故。

<h1 style="text-align:center">三</h1>

在乾隆朝，理亲王弘晳被革除王爵、永远圈禁，郑各庄皇城、王府随之发生变故。

乾隆四年（1739 年）十二月，乾隆帝处分理亲王弘晳。事情由宗人府福宁首告引发。经过审讯，乾隆帝旨定：将弘晳革除王爵，于景山东果园永远圈禁，是为"弘晳案"。

乾隆朝的"弘晳案"，分作前后两个时期。

第一时期。乾隆四年（1739 年）十月，革除弘晳理亲王，其御定理由是：

> 弘晳，乃理密亲王之子，皇祖时父子获罪，将伊圈禁在家。我皇考御极，敕封郡王，晋封亲王；朕复加恩厚待之。乃伊行止不端，浮躁乖张，于朕前毫无敬谨之意，惟以谄媚庄亲王为事；且胸中自以为旧日东宫嫡子，居心甚不可问。即如本年遇朕诞辰，伊欲进献，何所不可？乃制鹅黄肩舆一乘以进，朕若不受，伊将留以自用矣。今事迹败露，在宗人府听审，仍复不知畏惧，抗不实供，此尤负恩之甚者。①

乾隆帝御定弘晳的罪过是：

第一，弘晳在历史上曾随同乃父允礽获罪，圈禁在家。这只能说明过去，而不能说明现在。

第二，弘晳"行止不端，浮躁乖张，于朕前毫无敬谨之意"。此一事情，说大就大，说小就小。

第三，弘晳"自以为旧日东宫嫡子，居心甚不可问"。旧日东宫嫡子是实，"居心甚不可问"，既不可问弘晳内心，又何以知其内心呢？

第四，弘晳于乾隆帝诞辰，进献"鹅黄肩舆一乘"。进献鹅黄肩舆，可以接受，也可以不接受；如皇上不接受，弘晳可供起来，怎能据此判定其会僭越自用呢？

第五，弘晳与庄亲王允禄"交结往来"；允禄是弘晳第十六皇叔，此事允禄并

---

① 《清高宗纯皇帝实录》，第 103 卷，第 546 页，乾隆四年十月己丑，中华书局影印本，1986 年，北京。

未被革亲王爵，弘晳则被革除王爵。

第六，弘晳在宗人府听审时，态度不好，"抗不招供"。事不确凿，心里不服。应当重其罪证，而不应重态度。

以上六条，据以定罪，似是而非，难以服人。所以，宗人府拟定对弘晳的处分是革除王爵，永远圈禁。但是，乾隆帝谕旨："弘晳著革去亲王，不必在高墙圈禁，仍准其在郑家庄居住，不许出城。"① 但是，事情没有完结，此波刚平，彼波又起。

第二时期。乾隆四年（1739年）十二月，重新审理弘晳一案。一个叫安泰的人，招供说："弘晳曾问过准噶尔能否到京，天下太平与否，皇上寿算如何，将来我还升腾与否等语，口供凿凿，殊属大逆不道，应照例革去宗室，拟绞立决，其家产、妻子应如何办理之处，交宗人府议奏。"如何处理呢？旨定："著从宽免其死罪，但不便仍留住郑家庄，著拿交内务府总管，在景山东果园永远圈禁，其家产、妻子不必交宗人府另议。伊子仍留宗室，但亦不便仍在郑家庄，著来京交与弘昉管束。"②

这里，《清史稿·皇子表》于弘晳记载："雍正元年，封理郡王。六年，晋理亲王。乾隆四年，缘事革爵。"③ 上面三句话，有两错一漏：封理郡王，在康熙六十一年十二月十一日壬戌；晋理亲王，在雍正八年五月二十八日乙未；"缘事革爵"后，似应加"永远圈禁"。

总之，乾隆帝或出于妒忌之心，或疑其隐谋不轨，或嫌其有些张扬，或恐其尾大不掉，而对理亲王弘晳，作出革除王爵、永远圈禁的决定。

弘晳被黜宗室，改名四十六，其子孙照阿其那、塞思黑子孙之例，革除宗室，系红带子。弘晳于乾隆七年（1742年）九月二十八日去世，享年四十九岁，葬于郑各庄西南黄土南店村地方④。乾隆四十三年（1778年）正月复入宗室，恢复原名。弘晳的王爵，由允礽第十子弘昉继承，降为理郡王。王府由郑各庄迁到城里，后在东城王大人胡同（今东城区北新桥三条东口路北华侨大厦一带地方）。

到乾隆二十九年（1764年）二月，郑各庄兵丁被派往福州驻防。乾隆帝谕旨："郑家庄兵丁，伊等多系亲属，共处年久。今遣往福州二百五十名，其余三十名

① 《清高宗纯皇帝实录》，第 103 卷，第 547 页，乾隆四年十月己丑，中华书局影印本，1986 年，北京。

② 《清高宗纯皇帝实录》，第 106 卷，第 588 页，乾隆四年十二月戊寅，中华书局影印本，1986 年，北京。

③ 《清史稿·皇子世表四》，第 164 卷，第 5083 页，中华书局标点本，1976 年，北京。

④ 冯其利：《寻访京城清王府》，第 111—112 页，文化艺术出版社，2006 年，北京。

回京当差，殊觉不便，著将此三十名，一同派往，俟下次请人时，即入于应派数内。"①随之，官兵调走，整户跟随，人走房空，连根拔除。

事情的经过是："议覆：护军统领、宗室弘晌奏称，郑家庄官兵移驻福州，其空闲房屋，毁仓空地，请暂交昌平州文武地方官，俟兵全数起程，其屋交内务府，其地仍交昌平州。兵丁原领器械，城守尉、佐领关防、图记，事竣后，分交户、工二部查核。兵丁茔地，原系恩赏，无庸回交，均应如所奏。至所称'现存房租先交内务府，其恩赏兵丁银，造册行户部查核'等语，查房租与恩赏无二，应一并交部办理。从之。"②

从此，理亲王弘晳及其郑各庄王府成为历史的陈迹。其历史遗迹，1949年后郑各庄尚余残迹城墙百余米。1958年北京文物普查时，这里还有土墙垣约五百米；有城南门遗址，并保存南门（正门）汉白玉石匾额一方，楷书"来熏门"③。现经实测为：郑各庄皇城遗址，东西长五百七十米，南北长五百一十米，总面积近三十万平方米；护城河遗存，其南、北各长约五百零四米，东、西各约长五百八十四米，总长二千一百七十六米④。二者实测数据与档案记载数据大体相当。经笔者与该村黄福水、郝玉增、李永宽、蒋国震等先生实地踏查，在郑各庄皇城东南角，有一段城墙残垣的遗迹，有墙基遗存和青灰城砖。城墙外是护城河，现东、南、西三面护城河基本保存。2006年，村里出土一眼水井，为铜井帮，同民间传说的"金井"吻合⑤。清郑各庄行宫与王府的实测和踏查资料，可同档案资料和文献记载，相互印证，基本吻合。

康熙的行宫很多，清朝的行宫更多，但清郑各庄行宫与王府有其特点与价值。清朝既有城墙、又有护城河的皇帝行宫，仅郑各庄一处。避暑山庄、畅春园、南苑，后来的圆明园、颐和园（清漪园），虽有围墙，但没有护城河。有清一代，城墙与护城河兼具、行宫与王府同城的皇帝行宫，只有康熙郑各庄行宫。从雍正元年（1723年）九月弘晳迁到郑各庄居住，到乾隆四年（1739年）十二月弘晳获罪离开郑各庄被圈禁在景山东果园，理王弘晳在此生活了十七年。"弘晳案"的发生，

---

① 《清高宗纯皇帝实录》，第704卷，第864页，乾隆二十九年二月甲申，中华书局影印本，1986年，北京。

② 《清高宗纯皇帝实录》，第706卷，第882—883页，乾隆二十九年三月壬子朔，中华书局影印本，1986年，北京。

③ 王梓：《王府》，第97页，北京出版社，2005年，北京。

④ 郑各庄村委会实际测量的数据。

⑤ 黄福水主编：《中国·郑各庄》，第27—29页，打印本，2007年，北京。

宣告了清代郑各庄行宫与王府历史的结束。从康熙五十七年（1718 年）始建，到乾隆四年（1739 年）十二月谕令毁废，清郑各庄行宫、王府、城池与兵营历时四十八年。文献资料遭焚损，宫府建筑被平毁，郑各庄的行宫、王府、城池与兵营，从此土地上消除、在史册上消隐，由是成为清朝史、清宫史的一桩悬案。清郑各庄行宫、王府、城池与兵营，康熙经始，雍正兴盛，乾隆结束，今有遗迹，这是康雍乾三朝激烈残酷、曲折起伏、错综复杂、内含玄机的宫廷斗争的一个侧面、一幅缩影，既具重要历史价值，又为历史文化遗产。

雍正理王府址考

【题记】本文《雍正理王府址考》与《清郑各庄行宫、王府与城池考》为姊妹篇，系 2009 年在台北举行的《为君难——雍正其人其事及其时代》国际学术研讨会提交的论文。本文根据满文档案、文献，论证清理王府的初设地址在今北京市昌平区郑各庄村，突破北京城墙（今二环）外没有王府的传统之说。载于《为君难——雍正其人其事及其时代论文集》，台北故宫博物院出版，2010 年，台北。

雍正理亲王弘晳府址郑家庄，地在何处？史有异议。据《清实录》和《清史稿》记载，清代有四个郑家庄——安徽合肥郑家庄、山西太原郑家庄、直隶蓟州郑家庄和北京德外郑家庄。清理亲王府所在地的郑家庄，位于何处，论著歧异，兹据史料，略作考证。

一

清朝郑家庄行宫与王府，自康熙五十七年（1718 年）十二月，开始兴工；到康熙六十年（1721 年）十月，工程告竣。

此事，《清圣祖仁皇帝实录》康熙六十一年（1722 年）三月记载："朕因思郑家庄已盖设王府及兵丁住房，欲令阿哥一人往住，今著八旗每佐领下，派出一人，令往驻防。此所派满洲兵丁，编为八佐领；汉军，编为二佐领。朕往来此处，即著伊等看守当差。著八旗都统会同佐领等派往。"①

郑家庄王府兴工的时间，满文档案有明确记载。中国第一历史档案馆藏有康

---

① 《清圣祖仁皇帝实录》，第 297 卷，第 876—877 页，康熙六十一年三月乙未（初十日），中华书局影印本，1985 年，北京。

熙五十七年（1718年）此项工程兴工的满文奏折及朱批。这份满文奏折为呈奏工程样式的文字说明，奏报内容，汉译如下：

初五日奏，总管内务府等衙门谨奏，为核计郑家庄马坊城地方建房所需钱粮事。

康熙五十七年十一月二十一日，署理总管内务府大臣事务郎中董奠邦、郎中佛保、尚志勋，将马坊城地方所建行宫、王府、连房之式样，交付奏事太监孔连恭呈御览时附奏称，就此所需钱粮，拟会同工部核计具奏。等因奏入，由哈哈珠子太监魏柱转降谕旨曰：东边有地，可将行宫展深。著将此详核具奏。钦此。钦遵。计郑家庄马坊城建行宫一处，其中前后殿各五间，总长五丈二尺，计廊在内深二丈四尺，柱高一丈一尺。将此建作八檩卷棚硬山，装修用格扇、横披、支窗、推窗、帘架、棚格子、柏木碧纱橱、门罩、樟木隔板。台阶、柱脚、埋头、踏跺等石，用青砂石，礓墩用旧式城砖堆砌，拦土用沙滚子砖堆砌。台阶下、山墙、檐墙之裙肩、槛墙之内外用打磨之新式城砖干砌灌浆，裙肩以上外用打磨之停泥滚子砖堆砌拉缝，内用沙滚子砖粗砌，抹以灰土。地用黄土两层、灰土一层夯填，铺以打磨之方砖。顶用灰土苫背，铺以筒板瓦。挖基用灰土小夯夯填五层。两侧朝房各五间，总长五丈，深一丈六尺，柱高九尺。大门五间，总长五丈一尺，计廊在内深一丈八尺，柱高九尺。两侧厢房各三间，总长三丈，计廊在内深一丈八尺，柱高九尺。庐顶各一间，其长一丈，计廊在内深一丈五尺，柱高八尺，将此均建成六檩卷棚硬山。门内两侧房各五间，总长五丈，计廊在内深二丈，柱高九尺五寸。顺山房四排，其一排为三间，总长三丈二尺，计廊在内深二丈二尺，柱高一丈。照房十七间，共长十七丈二尺，计廊在内深二丈，柱高九尺五寸，将此皆建成八檩卷棚硬山。厢房四排，其一排为三间，共长三丈、深一丈二尺，柱高八尺，将此建成五檩卷棚硬山，装修有门、格扇、槛窗、支窗、碧纱橱、门罩、隔板、棚格子。台阶、柱脚、埋头、踏跺、马尾礓磜等石，用青砂石，礓墩、拦土用沙滚子砖堆砌。台阶下、山墙、檐墙之裙肩、槛墙之内外用停泥滚子砖干砌灌浆，裙肩以上外用打磨之停泥滚子砖堆砌拉缝，内用沙滚子砖粗砌，抹以灰土。地用黄土一层、灰土一层夯填，铺以打磨之方砖。顶用灰土苫背，铺以筒板瓦。挖基用灰土小夯夯填三层。小房六处，共五十八间，其一间长一丈、深一丈二尺，柱高八尺，将此建成五檩卷棚硬山。净房十四间，其一间长深八尺，柱高七尺，将此建成四檩卷棚硬山，装修皆有支窗、门、棚格子、隔板。台阶、柱脚、埋头等石，用青砂石，磉墩、拦土用沙滚子砖堆砌。台阶下、山墙、檐墙之裙肩内，裙肩以上外用打磨之沙滚子砖灰堆砌，裙肩以上内用沙滚子砖粗砌，抹以白灰。地用黄土一层、灰土一层夯填，铺以打磨之方砖。顶用灰土苫背，铺以筒板瓦。挖基用灰土大夯夯填三层。垂花门两座，其一长一丈，深九尺，柱高八尺，将此建成六檩挑山。游廊八十六间，其一间长七八尺不等，深三尺五寸，柱高七尺五寸，将此建成四檩卷棚，装修有屏门、横楣、栏干。台阶、柱脚、埋头等石，用青砂石，磉墩、拦土用沙滚子砖堆砌。台阶下、山墙之裙肩内外，用打磨之停泥滚子砖干砌灌浆，裙肩以上外用打磨之停泥滚子砖堆砌拉缝，内用沙滚子砖粗砌，抹以白灰。地用黄土一层、灰土一层夯填，铺以打磨之方砖。顶用灰土苫背，铺以筒板瓦。挖基用灰土大夯夯填三层。围墙一百五十八丈，深二尺四寸五分，将此以旧式沙滚子砖粗砌，夹以黑灰，平顶四层，铺以筒板瓦，挖基用灰土大夯夯填三层。子墙十六丈，高八尺，深一尺六寸，其裙肩用打磨之停泥滚子砖干砌灌浆，裙肩以上用沙滚子砖干砌，抹以白灰，平顶四层，铺以筒板瓦，挖基用灰土大夯夯填二层。院之隔墙九十一丈二尺，深一尺六寸，高八尺，其裙肩用打磨之停泥滚子砖干砌灌浆，裙肩以上用沙滚子砖粗砌，抹以白灰，平顶压方砖，挖基用灰土大夯夯填二层。甬道六十四丈一尺，其中间铺打磨之方砖，两边铺打磨之停泥滚子砖。散水一千零六十一丈，将此铺以打磨之新式城砖、停泥滚子砖，挖基用灰土大夯夯填一层。

行宫以北，照十四阿哥所住房屋之例，院落加深，免去后月台、丹陛前配楼、后楼，代之以房屋，修建王府一所，其中大衙门五间，总长八丈二尺五寸，计廊在内深四丈二尺五寸，柱高一丈五尺，将此建成十一檩歇山斗科。北面正房五间，总长七丈二尺五寸，计廊在内深三丈六尺，柱高一丈四尺，将此建成九檩歇山斗科。装修有天花、棂花、格扇、窗、横披。台阶、柱石、陛板、土衬、踏跺等石，用青砂石，磉墩用旧式城砖堆砌，拦土用沙滚子砖堆砌。山墙、檐墙之裙肩、槛墙之内外用打磨之新式城砖干砌灌浆，裙肩以上用打磨之旧式城砖粗砌，外抹红土刷浆，内抹白灰。地用黄土两层、灰土一层夯填，铺以打磨之方砖。顶用灰土苫背，铺以筒板瓦。挖基用灰土小夯夯填七层。大门五间，总长五丈七尺九寸，计廊在内深二丈七尺五寸，柱高一丈三尺五寸，将此建成七檩歇山斗科，挖基用灰土小夯夯填五层。大衙门两侧厢房各五间，总长六丈一尺，计廊在内深二丈五尺，柱高一丈二尺，将此建成七檩硬山斗科，挖基用灰土小夯夯填五层。正房两侧厢房各三间，总长三丈七尺，计廊在内深二丈五尺，柱高一丈二尺。两侧顺山房各三间，总长三丈一尺，计廊在内深二丈五尺，柱高一丈二尺。罩房十九间，总长十九丈六尺，计廊在内深二丈二尺，柱高一丈，将此均建成七檩硬山，装修用天花、棚格子、棂花、格扇、横披。柱脚、槛垫、门枕、台阶、陡板、土衬、踏跺等石，用青砂石，磉墩用旧式城砖堆砌，拦土用沙滚子砖堆砌。山墙、檐墙外，内裙肩、槛墙之内外皆用打磨之新式城砖干砌灌浆，内裙肩以上用沙滚子砖粗砌，抹以白灰。地用黄土两层、灰土一层夯填，铺以打磨之方砖。顶用灰土苫背，铺以筒板瓦。挖基用灰土小夯夯填四层。小衙门三间，总长三丈八尺，计廊在内深二丈二尺五寸，柱高一丈三尺，将此建成七檩歇山斗科，装修用天花、棂花、格扇、槛窗。柱脚、台阶、陡板、土衬、踏跺等石，用青砂石，磉墩用旧式城砖堆砌，拦土用沙滚子砖堆砌。山墙、檐墙之裙肩、槛墙之内外皆用打磨之新式城砖干砌灌浆，裙肩以上用沙滚子砖粗砌，外抹红土刷浆，内抹白灰。地用黄土两层、灰土一层夯填，铺以打磨之方砖。顶用灰土苫背，铺以筒板瓦。挖基用灰土小夯夯填四层。两侧顺山房各六间，总长六丈九尺六寸，深一丈六尺，柱高一丈。小衙门两侧围房各五间，总长六丈四尺，深一丈六尺，柱高九尺五寸；两侧小房各十间，其一间长一丈、深一丈五尺，柱高八尺，将此皆建成五檩硬山，装修用夹门窗、支窗、门。台阶、柱脚、埋头，用青砂石，磉墩用旧式城砖堆砌，拦土用沙滚子砖堆砌。山墙、檐墙之内裙肩，用打磨之新式城砖干砌灌浆，裙肩以上用沙滚子砖粗砌，抹以白灰，外皆用旧式城砖粗砌，勾以黑灰。地用黄土一层、灰土一层夯填，铺以打磨之方砖。顶用灰土苫背，铺以筒板瓦。挖基用灰土小夯夯填三层。净房四间，其一间长深八尺，柱高七尺，将此建成四檩硬山，装修用门、窗。台阶、柱脚、埋头，用青砂石，磉墩、拦土用沙滚子砖堆砌。山墙外用旧式城砖粗砌，勾以黑灰，内裙肩槛墙用打磨之新式城砖干砌灌浆，裙肩以上用沙滚子砖粗砌，抹以白灰，檐墙外、内裙肩用新式城砖干砌灌浆，内裙肩以上用沙滚子砖粗砌，抹以白灰。地用黄土一层夯填，铺以打磨之方砖。顶用灰土苫背，铺以筒板瓦。挖基用灰土小夯夯填二层。前月台长五丈一尺，深二丈五尺，高二尺六寸。其周围台阶、陛板、土衬、踏踩，用青砂石，表面铺方砖。外围房一百零五间、堆房三十六间、仓房三十间、堆放草豆房十五间、门一间，其一间长一丈，深一丈二尺，柱高八尺，茅楼四间，其一间长深八尺，柱高七尺，将此均建成五檩硬山，装修用门窗。柱脚石用豆渣石，磉墩、拦土、台阶用沙滚子砖堆砌。山墙、檐墙、槛墙外用沙滚子砖粗砌，勾以黑灰，内用水砖堆砌，抹以白灰。地用黄土夯填，铺以沙滚子砖，顶铺板瓦，挖基用灰土大夯夯填二层。马厩二十间，其一间长一丈一尺，深二丈，柱高九尺，将此建成七檩硬山，柱脚石用豆渣石，磉墩用沙滚子砖堆砌，山墙用沙滚子砖粗砌勾灰，顶铺板瓦，挖基用灰土大夯夯填三层。围墙一百二十四丈，高一丈二尺，深二尺四寸五分，将此用旧式沙滚子砖堆砌，顶垒四层，铺筒板瓦，挖基用灰土大夯夯填三层。隔墙一百九十六丈，高八尺五寸，深一尺六寸，将此用沙滚子砖粗砌，顶抹鹰不落，挖基用灰土大夯夯填二层。甬道三十八丈五尺，其中间铺打磨之方砖，两边铺打磨之城砖。院内以打磨之城砖墁地，地基用灰土大夯夯填一层。城内所建三间一栋房一百四十三座，城外建十间一栋房一百六十五座，共房二千零七十九间，其一间长一丈，深一丈二尺，柱高七尺，将此建成五檩，装以门窗，栋梁木料用各种松木，柱脚石用豆渣石，磉墩、台阶用沙滚子砖堆砌，拦土、山墙、檐墙外砌虎皮石，墀头、山墙顶端、槛墙外砌沙滚子砖勾灰，内皆砌以水砖抹灰，地用黄土夯填，顶铺板瓦，挖基用灰土大夯夯填一层。院墙五百零一丈，深一尺二寸，高七尺，其下砌以虎皮石，其上砌以水砖，抹以灰土，顶作鹰不落抹灰，挖基用灰土大夯夯填一层。夯筑土墙六千三百四十一丈，其深二尺，高七尺。城四周之围墙，共五百五十四丈，其中外倒墙五百二十一丈八尺五寸，城垛一百九十七丈一尺，拦马墙五百五十九丈五尺，将此照旧砌复。城楼二座，其一总长三丈，深二丈二尺，柱高一丈，将此建成七檩重檐歇山。角楼四座，其一长深一丈二尺，柱高九尺，将此亦建成重檐。装修用格扇、槛窗。台阶、柱石，用青砂石。磉墩、拦土，用沙滚子砖堆砌，台阶下、山墙之裙肩、槛墙之内外用打磨之停泥滚子砖干砌灌浆，裙肩以上外用打磨之停泥滚子砖堆砌拉缝，内用沙滚子砖粗砌抹灰。地铺打磨之方砖，顶用灰土苫背，铺筒板瓦。南北门外修建豆渣石平桥二座，其一长四丈、深一丈五尺。雁翅长一丈四尺，高七尺，其石栏板，设地栿修建。东边修豆渣石平桥二座，其一长四丈，深一丈。雁翅长一丈，高七尺，挖其地基钉柏木地丁，钉之间夯填虎皮石。井十三口，挖出此井垒沙滚子砖，设豆渣石井板。

修建此等地方，共需大小柏木二万五千七百三十九根、滚木三万零一百八十料七分三厘、沙木四百三十二丈六尺、樟木四十二块、松木六十七块、榆木七根、椴木一百九十二根、柳木一百零四块，此连运脚价在内需银六万九千七百四十五两八钱二分一厘。青砂石一千三百一十七丈八尺三寸七分八厘、豆渣石一千八百一十二丈四尺八寸五分二厘，此连运带工价需银一万五千四百六十五两二钱二分八厘。虎皮石一千零八十六方九分六厘，此需银四千五百六十五两二钱三分二厘。城砖二十万四千八百一十四块、方砖四万五千一百六十四块、滚子砖五百七十一万六千零二十四块、筒板瓦六百一十三万二千二百块，此连运脚价在内需银六万四千四百八十七两六钱九分五厘。铁件共九十五万二千四百一十七斤十两，此需银二千四百三十八两五钱三厘。亮铁之鹅项、转轴等件，需银四百五十六两二分。铜之寿山福海等物，需银一百三十五两七钱九分。石灰一千五百四十八万九千六百二十斤，此需银一万八千五百八十七两五钱四分四厘。柏木地钉三千三百一十一个，此需银三百一十四两五钱四分五厘。黄土六千二百六十四方四分二厘，此运脚价银二千五百零五两七钱六分八厘。绳麻刀十三万三千四百七十六斤，此需银二千一百一十八两六钱。水砖二百五十九万三千七百六十八块，此需银一千二百九十六两八钱八分四厘。苇箔一万八千九百块、桐油二千六百二十五斤五两、麦面二千六百二十五斤五两、肠胶二百五十六斤、江米四石三斗九升七合①、矾四百三十九斤一十四两，红土四千三百六十一斤、席子五百一十六张、麦糠二万一千六百九十一斤。此等物件需银一千六百八十两

---

① 《汉书·律历志上》记载："量者，龠、合、升、斗、斛也。"颜师古注："龠音籥。合音閤。"按：籥音 yuè；閤音 gé。閤是多音字，读 gé、hè、hé，山东和东北方言读 guō。谷、黍中粒一千二百粒为一龠，合龠为合，十合为升，十升为斗，十斗为斛，是为五量。

三钱三分。各种工匠十五万七千三百零四个，夯填工六万六千四百三十三个半，大工二十万六千一百九十二个，此付雇价银四万一千八百一十七两一分六厘。

以上共建大小房屋、游廊二千六百四十九间，所需银二十二万五千五百一十四两九钱七分六厘，俟有旨下，将动工上梁吉日交付钦天监择吉，调派内务府官三员、部院官三员监工，敬谨监造牢固。所用青砂石，现红石口等处已禁采石，及筑城所用仿旧烧制之砖，沙滚子砖、板瓦，于马坊城周围挖窑烧制之处，皆经交钦天监勘验，称其石可于西山石府地方开采，马坊城东南方向可挖窑烧制。此项工程所需物料，仍照汤泉地方建房之例，将木植交付张鼎鼐，石料交付李鑫，砖瓦石灰等物，交付工部铺户等，照奏准之价付给彼等，准时无误送至工程处。其中倘有应省处，加以节省。再，其雨搭、帘子、糊棚、床、铺垫、席、毡等物，因无法预算，故未估算。

为此谨奏。请旨。

等因缮折，由署理总管内务府大臣事务郎中董殿邦，郎中佛保、尚志勋、五十七，主事赫达色，工部尚书徐元梦、侍郎常泰、员外郎昂吉图，将图样一并交付奏事太监张朝凤具奏，哈哈珠子太监魏柱转降谕旨曰：著依议。所需钱粮，朕将另拨。著照行宫东边扩展之处增建房屋，王府东边为箭所，建马厩于路东之式样修建。其动土、明年可否修建之处，交付钦天监验看。钦此。

营造司郎中五十一、笔帖式童一刚送至。由本处皆咨行应行之处。[①]

清郑家庄的王府与行宫，同清代其他行宫与王府不同的主要特点是：行宫与王府在京城外同地，外面有城墙与护城河环绕[②]。

郑家庄王府竣工的时间，满文档案也有明确记载。笔者最近在台北故宫博物院查阅康熙和雍正两朝的满文档案，看到有"水渍霉斑"的康熙六十年十月十六日，监造郑家庄行宫与王府工程郎中尚之勋和五十一等四人，联署的满文《奏报郑家庄行宫工程用银数折》，朱批奏折中对康熙郑家庄城池、行宫与王府的兴建工

---

① 原文为满文，由中国第一历史档案馆满文部郭美兰研究员译，中国第一历史档案馆藏。

② 参见本书《清郑各行宫、王府与城池考》一文。

程，记载详细明确，满文汉译如下：

康熙五十七年十二月内，为在郑家庄地方营建行宫、王府、城垣及城楼、兵丁住房，经由内务府等衙门具奏，遣派我等。是以奴才等监造行宫之大小房屋二百九十间、游廊九十六间，王府之大小房屋一百八十九间，南极庙之大小房屋三十间，城楼十间、城门二座、城墙五百九十丈九尺五寸，流水之大沟四条、大小石桥十座、滚水坝一个、井十五眼，修葺土城五百二十四丈，挑挖护城河长六百六十七丈六尺，饭茶房、兵丁住房、铺子房共一千九百七十三间，夯筑土墙五千三百五十丈七尺一寸。营造此等工程，除取部司现有杉木、铜、锡、纸等项使用外，采买松木、柏木、椴木、柳木、樟木、榆木、清沙石、豆渣石、山子石、砖瓦、青白灰、绳、麻刀、木钉、水坯、乌铁、磨铁等项及席子、苫箔、竹木、鱼肚胶等，计支付匠役之雇价银在内，共用银二十六万八千七百六十二两五钱六分三厘。其中扣除由部领银二十三万七百五十二两五钱六分三厘，富户监察御史鄂其善所交银二千二百二十两，富当所交银六百五十两，原员外郎乌勒讷所交银一万两，员外郎浑齐所交银一千八百一十两，顺天府府丞连孝先所交银一万七千六十七两八钱三分，并出售工程所伐木签、秤兑所得银四千八百八十三两五分二厘。以此银采买糊行宫壁纱橱、绘画斗方、热炕木、装修、建造斗栱、席棚、排置院内之缸、缸架、南极神开光做道场、锡香炉、蜡台、垫尺、桌子、杌子等项，匠役等所用笤帚、筐子、缸子、水桶等物，以及支给计档人、掌班等之饭钱，共用银四千八百六十七两三钱八分二厘，尚余银十五两六钱七分。今既工竣，相应将此余银如数交部。为此谨具奏闻。

上驷院郎中尚之勋、营造司郎中五十一、都虞司员外郎偏图、刑部郎中和顺。[1]

由上，康熙五十七年（1718年）和六十年（1721年）郑家庄行宫与王府开工与竣工的满文朱批奏折证明：郑家庄王府，似应无争议。

然而，需要探讨的是：康熙帝敕建王府的郑家庄，到底是哪个郑家庄呢？《清

---

[1] 《上驷院郎中尚之勋等奏报郑家庄行宫工程用银数折》（满文），康熙六十年十月十六日，郭美兰译，台北故宫博物院文献处藏。

史稿·诸王列传六·允礽传》记载:"(康熙)六十一年,世宗即位,封允礽子弘晳为理郡王。雍正元年,诏于祁县郑家庄修盖房屋,驻扎兵丁,将移允礽往居之。"① 这条记载,疏失有三:

其一,谕旨在郑家庄"修盖房屋,驻扎兵丁,将移允礽往居之"的时间,始于康熙五十七年(1718 年),而不是雍正元年(1723 年);

其二,在郑家庄"修盖房屋,驻扎兵丁,将移允礽往居之"者,不是雍正帝,而是康熙帝;

其三,此地为北京德胜门外郑家庄(今北京昌平郑各庄),而非山西祁县郑家庄。但是,民国以来,众多论著,据此传讹,相互辗转。《清史稿校注》校正其疏误四万余条②,此处亦未出校注。

由上看来,郑家庄在何地,需要加以考辨。

二

经查,清"三祖三宗"实录和《清史稿》中,有四个郑家庄:安徽合肥郑家庄、山西太原郑家庄、直隶蓟州郑家庄和北京德外郑家庄。雍正理王府址的郑家庄,位于何处,略作考析。

其一,安徽合肥郑家庄。 顺治十一年(1654 年),安徽合肥郑家庄出现怪异,因在清史留下记述。《清史稿·灾异志三》记载:"合肥郑家庄产一鸡,三嘴、三眼、三翼、三足,色黄,比三日死。"③ 说明安徽合肥有个郑家庄。但是,在《清实录》中,特别是在《清圣祖仁皇帝实录》《清世宗实录》和《清高宗实录》中,没有出现安徽合肥郑家庄的记载,更没有康熙帝、雍正帝、乾隆帝到过此地并在此地建造王府的记载。且该地区也没有清朝皇帝行宫与亲王府邸的历史遗迹。康熙郑家庄行宫与王府,在黄河以北,不在淮河以南,显然合肥郑家庄的地理方位不相符,历史场景不相符,历史遗迹也无留存,且没有文献记录与档案记载,因之康熙行宫与王府所在地的郑家庄,不会是、不可能是安徽合肥的郑家庄。那么,是北方山西祁县的郑家庄吗?

---

① 《清史稿·诸王列传六》,第 30 册,第 220 卷,第 9067 页,中华书局标点本,1976 年,北京。

② 《清史稿校注·诸王列传六》,第 10 册,第 227 卷,第 7827 页,台湾商务印书馆修订本,1999 年,台北。

③ 《清史稿·灾异志三》,第 6 册,第 42 卷,第 1588 页,中华书局标点本,1976 年,北京。

　　其二，山西祁县郑家庄。 山西省太原府祁县郑家庄，在"府西南百四十里"①。《清史稿·傅尔丹传》记述："傅尔丹，瓜尔佳氏，满洲镶黄旗人，费英东曾孙，倭黑子也。康熙二十年，袭三等公，兼佐领，授散秩大臣。四十三年②，上西巡，驻跸祁县郑家庄，于行宫前阅太原城守兵骑射。有卒马惊逸近御仗，傅尔丹直前勒止之，捽其人下。上悦，谕奖傅尔丹，赐貂皮褂。"③ 此事，《清史稿校注》据《国朝耆献类征》记载，注云：傅尔丹授散秩大臣在康熙三十八年（1699 年）④。郑家庄御前惊马之事，《清圣祖仁皇帝实录》也做了记载：辛丑（二十九日），上驻跸祁县郑家庄。"是日，上于行宫前，阅太原城守官兵骑射，善者分别赐金，劣者革退遣还京师。阅射时，有一兵丁乘马惊逸，渐近御仗，散秩大臣、公傅尔丹，疾趋向前，擒之使下，并勒止其马。上回宫，传集内大臣等，谕傅尔丹曰：今日阅射时，兵丁所乘之马惊逸，渐近御仗，诸年少大臣，俱效年老大臣，旁观不动，惟尔直前，勒止之，可谓继武前人矣！特赐尔貂皮褂一领，嗣后益加勉励。"⑤

　　查山西祁县郑家庄，《清圣祖仁皇帝实录》出现两次⑥，《清高宗实录》也出现两次⑦，都可以确指，其地并无城墙、护城河与王府的记载。因此，城池、行宫与王府同在一地的，不是山西太原郑家庄。那么，是直隶蓟州的郑家庄吗？

　　其三，直隶蓟州郑家庄。《清世祖实录》中没有出现蓟州郑家庄的记载。《清圣祖仁皇帝实录》中出现三次蓟州郑家庄⑧，都是康熙帝到清孝陵祭祀途中的临时行宫。《清世宗实录》中没有出现蓟州郑家庄的记载。《清高宗实录》中，也没有出现蓟州郑家庄的记载。此处没有兴建王府文献与档案的记载，也没有发现行宫与王府的遗迹。因此，城池、行宫与王府同在一地的郑家庄，不是蓟州的郑家庄。

　　其四，北京德外郑家庄。《清史稿·世宗本纪》记载：雍正元年（1723 年）五

---

　　① 《清史稿·地理志一》，第 8 册，第 54 卷，第 2023 页，中华书局标点本，1976 年，北京。

　　② 《清圣祖实录》第 213 卷、《清史稿·圣祖本纪三》均系于康熙四十二年，故《清史稿·傅尔丹传》系年误。

　　③ 《清史稿·傅尔丹传》，第 34 册，第 297 卷，第 10389 页，中华书局标点本，1977 年，北京。

　　④ 《清史稿校注·傅尔丹传》，第 11 册，第 304 卷，第 8923 页，台湾商务印书馆修订本，1999 年，台北。

　　⑤ 《清圣祖仁皇帝实录》，第 214 卷，第 168 页，康熙四十二年十月辛丑（二十九日），中华书局影印本，1985 年，北京。

　　⑥ 《清圣祖仁皇帝实录》，第 180 卷、康熙三十六年二月辛丑和第 213 卷、康熙四十二年十月辛丑。

　　⑦ 《清高宗纯皇帝实录》，第 101 卷、乾隆四年九月癸亥条和第 387 卷、乾隆十六年四月丁亥条。

　　⑧ 《清圣祖仁皇帝实录》，第 78 卷，康熙十七年十一月戊午；第 95 卷，康熙二十年三月乙亥；第 240 卷，康熙四十八年十二月甲寅。

月乙酉初七日，"敕理郡王弘晳移住郑家庄"①。这个郑家庄，既不是安徽合肥郑家庄，也不是直隶蓟州郑家庄，更不是山西祁县郑家庄，而是北京德外郑家庄②，今为北京市昌平区北七家镇郑各庄村。其理由，述如下：

第一，地理区位。《光绪昌平州志》记载：郑各庄即郑家庄，"距城三十五里，东至沙各庄三里，南至平西府三里，西至白各庄一里，北至河，东南至白庙村四里，西南至七里渠六里，东北至尚信三里，西北至半璧街四里"③。郑家庄不仅有仓房，还有马厂（场）。到康熙时，在郑家庄兴建行宫、王府、城墙和护城河。其地理方位："郑各庄离京城既然有二十余里，除理王弘晳自行来京外，不便照在城居住诸王一体行走，故除上升殿之日，听传来京外，每月朝会一次，射箭一次。"④合肥郑家庄、祁县郑家庄和蓟州郑家庄，从里程说，都不符合上文记述；只有北京德外郑家庄是清郑家庄行宫与王府的所在地。

第二，地面遗存。1949年后郑家庄尚余残破城墙百余米。1958年北京文物普查时，这里还有土墙垣长约五百米；有城南门遗址，并保存南门（正门）汉白玉石匾额一方，楷书"来熏门"⑤。现经实测为：郑家庄皇城遗址，东西长五百七十米，南北长五百一十米，总面积近三十万平方米；护城河遗存，南、北各长约五百零四米，东、西各长约五百八十四米，总长二千一百七十六米⑥。二者实测数据与档案记载大体相当。经笔者与该村黄福水、郝玉增、李永宽、蒋国震等先生实地踏查，在郑家庄皇城东南角，有一段城墙残垣的遗迹，有墙基遗存和青灰城砖。城墙外是护城河，现东、南、西三面护城河基本保存。2006年，村里发现一眼铜帮水井，同民间传说的"金井"吻合⑦。清郑家庄行宫与王府的实测和踏查资料，可同档案和文献的记载，相互印证，合掌相符。

第三，地名民俗。当地民俗，民间传说，其说法是：连接郑家庄城南门和北

① 《清史稿·世宗本纪九》，第3册，第9卷，第309页，中华书局标点本，1976年，北京。
② 《康熙大兴县志·舆地》记载：大兴县疆域，"正北，县基至安定门计一里，安定门至燕丹村计二十五里，燕丹村至海青庙计六里，接昌平界"。康熙朝汪灏在《随銮纪恩》中说："郑家庄渡河，入昌平州界。"昭梿也说："德胜门外郑家庄。"可见当时郑家庄隶属顺天府大兴县辖。后改属昌平州辖。今为昌平区北七家镇郑各庄村。
③ 《光绪昌平州志》，第3卷，第50叶，光绪十二年（1886年）刻本。
④ 《和硕恒亲王允祺等奏请理王弘晳迁移郑各庄折》，雍正元年六月二十五日，《雍正朝满文朱批奏折全译》，第194页，黄山书社，1998年，合肥。
⑤ 王梓：《王府》，第97页，北京出版社，2005年，北京。
⑥ 郑家庄村委会实际测量的数据。
⑦ 黄福水主编：《中国·郑各庄》，第27—29页，打印本，2007年，北京。

门的中轴大道，现在仍称为"中街"。中街以东是康熙帝的行宫旧址，村民称之为"东城里"；中街以西是理亲王府旧址，村民称之为"西城里"。在东城外，有戍守皇城的兵营旧址，村民称之为"东营子"。在北城外，地势平坦，濒临温榆河，是当年驻军练兵演武的操场。村民称之为"东场后"和"西场后"。以上这些流传至今的民间地名，与史籍记载的郑家庄皇城、行宫、王府与驻防，大体相似，基本吻合①。但是，还需要同档案记载勘核、比对、分析、研究。

第四，方志载述。《康熙昌平州志》的总图中有"郑家庄皇城"的标识。郑家庄行宫、王府、营房当时划拨的土地数字，已难考据。但《光绪昌平州志》记载：康熙五十八年（1719年）奉旨盖造王府、营房，仅占去"垦荒地"为"伍拾玖亩伍厘玖毫"②。还有城墙、护城河、营房、马厂等占地，资料残缺不全，难以据实统计。

第五，笔记载录。礼亲王代善后裔昭梿在《啸亭杂录·续录·京师王公府第》中记载："理亲王府在德胜门外郑家庄。"③昭梿既是清帝宗室，又是乾隆朝人，记载当为可信。清人朱一新《京师坊巷志稿》也记载："王讳弘�，圣祖孙、废太子理密亲王允礽次子，谥曰恪。（理）密王旧府在德胜门外郑家庄，俗称平西府。王得罪后，长子④弘晳降袭郡王，晋亲王，仍居郑家庄。乾隆四年黜属籍，以弘晌绍封。"⑤

第六，实录记载。《清圣祖仁皇帝实录》中出现"郑家庄"六处，其中祁县郑家庄二次，蓟州郑家庄三次，北京郑家庄一次；《清世宗实录》中出现"郑家庄"九处，都是指北京郑家庄；《清高宗实录》中出现"郑家庄"二十次，其中祁县郑家庄二次，北京郑家庄十八次。从中可以清楚地反映出：康熙郑家庄行宫与王府的所在地，是北京德外郑家庄。康熙帝死后，其停灵厝柩之所，曾有几种方案："安奉之处，或在南海子，或在郑家庄，此二处隔越郊外，离宫禁甚远，朕心不忍，缅惟世祖章皇帝大事时，曾安奉景山寿皇殿，朕意亦欲安奉于景山寿皇殿，庶得

① 蒋国震：《郑家庄皇城》，打印稿，2008年。
② 《光绪昌平州志》，第11卷，第4叶，光绪十二年（1886年）刻本。
③ 昭梿：《啸亭杂录·续录·京师王公府第》，第2卷，第21叶，上海鸿章书局石印本，光绪六年（1880年），上海。
④ "长子"应作"次子"。
⑤ 朱一新：《京师坊巷志稿》，上卷，第175页，北京古籍出版社，1982年。

朝夕前往亲行奠献。"①雍正帝拟在景山、南苑和郑家庄三处之一安奉哀悼大行皇帝，说明它不会是在祁县郑家庄，也不会是在蓟州郑家庄，更不会是合肥郑家庄。

　　第七，八旗布防。雍正元年（1723 年）五月，郑家庄驻防被列为京畿八旗驻防十个要隘之一。驻防官兵等总计用房一千三百二十三间②。这十处要隘按八旗驻防住房数量，排列如下：（1）热河（1813 间）、（2）郑家庄（1323 间）、（3）张家口（1000 间）、（4）山海关（623 间）、（5）冷口（278 间）、（6）喜峰口（183 间）、（7）古北口（170 间）、（8）独石口（107 间）、（9）千家店（96 间）、（10）罗文峪（68 间）。郑家庄的八旗住房规模仅次于热河，位列第二。热河盖因建有避暑山庄，并接近木兰围场之故。昌平州驻防，增加后才到一百四十七间③。其地位之所以如此重要，是因为这里建有康熙行宫和理亲王府。

　　第八，档案为证。现在查到相关十六件满文档案，凡事涉及郑家庄的，都是指在北京德胜门外郑家庄。如《内务府等奏为核计郑家庄马房城地方建房所需钱粮事折》（康熙五十七年十二月初五日）中的"郑家庄马房"；《内务府等奏为经钦天监敬谨看得可于康熙五十八年正式动工折》（康熙五十七年十二月初八日）中的动工上梁折；《内务府谨奏为弹劾事折》（康熙五十八年四月初三日）中的"郑家庄地方行宫、王府尚之勋等"云云；《和硕恒亲王允祺等奏理王弘晳迁居郑各庄事宜折》（雍正元年五月二十二日）中"郑各庄距京城二十余里"；《和硕恒亲王允祺等奏请理王弘晳迁居折》（雍正元年六月二十日）中"因郑各庄靠近清河，相应将拜唐阿等人之口粮，由该处行文到部，由清河仓发放"；《和硕恒亲王允祺等奏请理王弘晳迁移郑各庄折》（雍正元年六月二十五日）中"郑各庄离京城既然有二十余里，除理王弘晳自行来京外，不便照在城居住诸王一体行走，故除上升殿之日，听传来京外，每月朝会一次，射箭一次"等，都是明证。

　　综上，地理区位与地面遗存、地名民俗与方志载述、笔记记载与实录所载、八旗布防与档案实证，可以得出一个结论：康熙帝兴建的郑家庄行宫与王府，其地址就在今北京昌平郑各庄（郑家庄）。

---

　　① 《清世宗宪皇帝实录》，第 1 卷，第 35 页，康熙六十一年十一月丁酉（十六日），中华书局影印本，1985 年，北京。
　　② 《八旗通志初集·营建志二》，第 24 卷，第 447—450 页，东北师范大学出版社标点本，1985 年，长春。
　　③ 《钦定八旗通志·营建志六》，第 117 卷，第 1992 页，吉林文史出版社，2002 年，长春。

三

本题相关的郑家庄与郑各庄、平西府与理王府的关系，依据史料，附作辨证。

第一，郑家庄与郑各庄的关系。查在《清圣祖仁皇帝实录》和康熙朝满文朱批奏折中，有关郑家庄的地方，盖称作"郑家庄"。但在雍正朝满、汉文的文献里，又称作"郑各庄"。乾隆朝文献有时称"郑家庄"、亦称"郑各庄"。清朝昌平人麻兆庆在《昌平外志》中认为："郑各庄"的"各"，旧均作"家"，土人呼"家"音若"歌"，《字典》"家"叶音有读"歌"者，作入声。"各"字非。其实，当地"土人"称之为"各"，约定俗成，未必为非。

其实，早在汉代，家亦读姑。《汉书》著者班固之妹班昭，号曰大家，其夫曹世叔，史称班昭作"曹大家"，亦称"曹大姑"！可见其时"家"与"姑"音相通假。后来历代相沿。元、明、清三代北京郊区的移民，常以先居者姓氏为村名。以昌平为例，如刘家庄、杨家庄、曹家庄、王家庄、邓家庄、武家庄等，也有郑各庄、白各庄、史各庄、吕各庄、沙各庄、聂各庄等。有学者认为：这里的"各"，实际上就是"家"。"家"的读音，《康熙字典》既引《唐韵》《韵会》《正韵》的读音："居牙切，并音加"；又引《集韵》另一读音："古胡切，音姑"；还音"各"，"古俄切，音歌"。"家"是个多音字，读若加、姑、各、歌等，而不能说读作"各"或写作"各"是错误的①。因此，从历史地名学来说，"郑家庄"与"郑各庄"都通；从历史地理学来说，北京昌平郑家庄与郑各庄是一地，而不是两地；从民俗地名学来说，亦有"家"而衍变为"各"的，郑家庄衍变为郑各庄就是一例。北京昌平郑家庄与郑各庄，其地理方位、地貌特征、文献记载、档案载述，都证明了这一点。所以，本文在引文中，照原文引用；在行文中，则用"郑各庄"。

第二，平西府与理王府的关系。郑家庄理王府在当地俗称作"平西府"。"平西府"一词，最早见之于昭梿《啸亭杂录·续录》的记载："理亲王府在德胜门外郑家庄，俗名平西府。"②其后，理亲王弘晳被革黜圈禁，弟弘晙降袭郡王，迁到城里。

《光绪顺天府志》记载："王大人胡同，井二。《啸亭续录》：理郡王府在王大人胡同。《采访册》：梁公第在王大人胡同。谨按：王讳宏〔弘〕晳，圣祖孙、废

① 王道成：《关于"家"与"各"读音的意见》，手稿未刊印，2009 年。
② 昭梿：《啸亭杂录·续录》，第 4 卷，第 509—510 页，中华书局校点本，1980 年，北京。

太子理密亲王允礽次子①，谥曰恪。密王旧府在德胜门外郑家庄，俗称平西府。王得罪后，长子宏〔弘〕晳降袭郡王，晋亲王，仍居郑家庄。乾隆四年，黜属籍，以宏〔弘〕旳绍封。今为丰公第。辅国公奕梁，淳度亲王之后。旧府在玉河桥西，同治初迁此。"②

为什么郑家庄俗称"平西府"呢？

第一种说法：有人问路"弘晳府"，指路人顺手平着往西一指，人们就称其为"平西府"。此说为当地民间传说，并不可信。

第二种说法：府在昌平州偏西，所以称"平西府"。此说地理方位不对，也不可信。

第三种说法：吴三桂开山海关门迎降清摄政睿亲王多尔衮而受封为平西王，吴三桂曾住过此府，所以称作"平西府"。历史证明：平西王吴三桂根本没有在此居住过，自然此说也不可信。

第四种说法：理王弘晳，因罪被革爵，囚于景山东果园，王府遭平毁。亲王、郡王等被革爵后，不能用其封爵称呼，而直用其名。雍正帝谕内阁："亲王、郡王，俱赐封号，所以便于称谓也。如无封号之王、贝勒，在诸臣章奏内，自应直称其名。再小人等，并将闲散宗室亦称为王，又有贝勒王、贝子王、公王之称，嗣后俱著禁止。"③《上谕八旗》也记载：亲王、郡王等都有封号，凡是没有封号的王、贝勒等，只可直呼其名，九贝子（指允禟）和十四王（指允禵）等称呼④，不合体例，以后不许再用⑤。乾隆朝也沿袭乃父之规定。所以，时人不能再称"理亲王府"或"理郡王府"，甚至于讳碍"弘晳"二字，谐音作"平西"，因而"弘晳府"谐音作"平西府"。我认为这样解释似乎可通。

综上，可以得出如下结论：

第一，雍正朝理王府不在安徽合肥郑家庄，不在山西太原郑家庄，也不在直

① 《清史稿·皇子世表四》记载：弘旳系允礽第十子。
② 《光绪顺天府志》，第2册，《京师志》，第13卷，第385—386页，北京古籍出版社，1987年，北京。
③ 《清世宗宪皇帝实录》，第12卷，第222页，雍正元年十月壬戌（十六日），中华书局影印本，1985年，北京。
④ 黄培：《史料、史学和雍正帝的即位疑案》，《陶希圣先生八秩荣庆论文集》，食货出版社有限公司，1979年，台北。
⑤ 《雍正朝上谕八旗》，雍正元年十月十六日，内府本，雍正九年（1731年），北京。

隶蓟州① 郑家庄，而是在北京昌平郑家庄，即今北京市昌平区北七家镇郑各庄。

第二，乾隆四年（1739年）以后，理王府迁到北京东城王大人胡同。《宸垣识略》记载："理亲王府在北新桥北王大人胡同。"②

民国年间，理郡王府西侧，方恩寺与南边马厩等附属建筑被理郡王后裔变卖，后王府逐渐荒废。今为华侨饭店址。

第三，康熙帝废太子允礽于雍正二年（1724年）薨逝，后被追封为理密亲王。允礽生前并未在郑家庄理王府居住过，但死后其遗体在此举丧祭奠。

第四，宗室成员犯罪监禁，明朝实行高墙制度③。清代监禁宗室的高墙制度，滥觞于天命汗，始建于康熙帝，完成于雍正帝。清代"高墙"一词，始见于雍正四年（1726年），《清世宗实录》记载："命将允裸在宗人府看守。寻命圈禁高墙，著总管太监派老成太监二名，在内随侍。"④雍正帝曾参照明朝以皇室祖陵安徽凤阳为中心建立高墙，在清东陵附近设圈禁高墙，囚禁宗室允裸等。在郑家庄兴建"王府、城池与驻兵"，就是清代高墙制度的典型表现。

总之，康熙帝兴建的王府，雍正封敕、乾隆平毁的理王府，为康熙帝废太子允礽次子弘晳的府邸。弘晳先为理郡王、后晋理亲王的王府所在地，是北京德胜门外郑家庄，即今北京昌平区北七家镇郑各庄。允礽次子弘晳于康熙六十一年（1722年）十二月十一日袭封为理郡王，雍正八年（1730年）晋封为理亲王，乾隆四年（1739年）被革爵并圈禁在景山之东果园。允礽第十子、弘晳之弟弘晭，袭封为理郡王，其郡王府则在京城内王大人胡同。

【鸣谢】感谢台北故宫博物院院长冯明珠教授、庄吉发教授、陈龙贵先生、吕玉如和许玉纯女士，北京中国第一历史档案馆馆长邹爱莲研究员、郭美兰研究员、吴元丰研究员、中国人民大学王道成教授、中国第一历史档案馆秦国经研究员等，为本文给予的热心诚挚的帮助。

---

① 《清史稿·地理志》记载：直隶顺天府领五州、十九县，五州包括通州、昌平州、涿州、霸州和蓟州。蓟州西北的盘山、桃花山、葛山，有行宫三。

② 吴长垣：《宸垣识略》，第119页，北京古籍出版社，1981年，北京。

③ 黄培：《明代的高墙制度》，《中国文化研究所学报》，2004年第44期，香港。

④ 《清世宗宪皇帝实录》，第41卷，第606页，雍正四年二月癸酉（初十日），中华书局影印本，1985年，北京。

《无圈点老档》及乾隆钞本名称诠释

【题记】本文《〈无圈点老档〉及乾隆钞本名称诠释》，发表于《历史研究》1998 年第 3 期。此事，始于笔者有幸看到并精阅清乾隆朝内阁办理《无圈点老档》事宜的系统完整档案。北京大学百年校庆举行的国际国学研讨会提交的《〈无圈点老档〉乾隆朝办理钞本始末》，发表于《国学研究》第五卷，北京大学出版社，1998 年。同期，笔者另有《〈无圈点老档〉及乾隆钞本译研述评》，载于《故宫博物院院刊》1998 年第 3 期；《〈无圈点老档〉乾隆朝办理钞本长编》，载于《满学研究》第四辑，民族出版社，1998 年。

《无圈点老档》及其乾隆朝钞本的名称，原来明确，间或不清；近百年来，却颇混乱。兹据史料，爬梳分析，阐明原委，做出诠释。

一

《无圈点老档》是以无圈点老满文为主，兼以加圈点新满文并间杂蒙古文和个别汉文书写的，记载满洲兴起和清朝开国的史事册档，是现存最为原始、最为系统、最为详尽、最为珍贵的清太祖和太宗时期编年体的史料长编。《无圈点老档》为世间孤本，现存四十册，庋藏于台北故宫博物院。至乾隆朝，该档之纸，年久糟旧，屡次查阅，翻页摩擦，每有破损，以至残缺。经过奏准，以老满文，照写两份，将其钞本，恭藏阁府，这就是《无圈点字档》（底本）和《无圈点字档》（内阁本）。又以新满文，音写两份，贮之大库，以备查阅，这就是《加圈点字档》（底本）和《加圈点字档》（内阁本）。另办理阿哥书房《加圈点字档》（上书房本）一部。再办理贮藏于盛京崇谟阁《无圈点字档》（崇谟阁本）和《加圈点字档》（崇谟阁本）各一部。上述《无圈点老档》原本及乾隆朝办理七部重钞本的名称，档案记载，书签所题，昭明彰然，应无争议。

《无圈点老档》学者又称为《满文老档》《满文原档》《满文旧档》《老满文原档》和《旧满洲档》等。此档名称，多年以来，比较歧异，莫衷一是。我们已查到乾隆朝办理《无圈点老档》重钞本较为全面、系统、完整的档案。兹据乾隆朝办理《无圈点老档》重钞本时，所形成八十件相关的系统档案统计，其中有四十件档案先后共四十一次出现《无圈点老档》的记载。且除《无圈点老档》及其略称《老档》之外，别无他称。盖以此名，划一称谓。所以，我们沿袭乾隆朝《无圈点老档》办理重钞本时，对此档之称谓，称其为《无圈点老档》。

至于乾隆朝办理《无圈点老档》的七种钞本，除《加圈点字档》（上书房本）因现下落不明而未见其原书外，其余的六种钞本即：《无圈点字档》（底本）和《加圈点字档》（底本）、《无圈点字档》（内阁本）和《无圈点字档》（崇谟阁本）、《加圈点字档》（内阁本）和《加圈点字档》（崇谟阁本），在其每函封套与每册书签上，都有满文书名。

在《无圈点字档》（底本）和《无圈点字档》（内阁本）、《无圈点字档》（崇谟阁本）的每函封套和每册封面的题签上，都楷写着满文书名。现以拉丁字转写，并汉文对译如下：

tongki fuka akū hergen i dangse.
 点 圈 无 字 的 档子

其汉意译文是："无圈点字档"。

在《加圈点字档》（底本）和《加圈点字档》（内阁本）、《加圈点字档》（崇谟阁本）的每函封套和每册封面的题签上，都楷写着满文书名。现以拉丁字转写，并汉文对译如下：

tongki fuka sindaha hergen i dangse.
 点 圈 加 字 的 档子

其汉意译文是："加圈点字档"。

由上，近百年的争论，似可一锤定音。

二

二十世纪以来，该档之称谓，中外学者，殊异不一，缕述历史，略做考察。

《满文老档》之称谓，始于内藤虎次郎。二十世纪初，清朝日薄西山，列强觊觎中国，阁藏珍秘，始泄外人。清光绪三十一年（1905年），日本大阪《朝日新闻》评论部记者内藤虎次郎到盛京（今沈阳），在崇谟阁见到 [①] 了《无圈点老档》乾隆朝办理之盛京崇谟阁钞本。民国元年（1912年），内藤虎次郎同羽田亨到盛京崇谟阁，将《加圈点字档》（崇谟阁本）全部进行翻拍。其时，内藤虎次郎等所翻拍的册档，其满文原书名是："tongki fuka sindaha hergen i dangse"。照片洗印后，装订成相册，在册脊上书写着白色的汉、满两种文字："满文老档 /tongki fuka sindaha hergen i dangse"。神田信夫教授在《满学五十年》一书《从〈满文老档〉到〈旧满洲档〉》的论文中指出："《满文老档》的名称，实从内藤为始。" [②] 内藤虎次郎先生以《满文老档》做书名，向世人介绍，因独着先鞭，又简明通俗，后被接受，流行世界。

当时，学界对《无圈点老档》及其乾隆朝办理之重钞本一无所知。后来，随着时光推移，所见版本日多，此一书名，受到挑战。《满文老档》原指《加圈点字档》中的盛京崇谟阁钞本，即《加圈点字档》（崇谟阁本），又称新满文小黄绫本。而于其他几种重钞本，《满文老档》一名，实在难以涵盖。经学者多年的研究，到目前为止，已知《无圈点老档》在乾隆朝共有七种不同的钞本。所以，《满文老档》这一称谓，是指《无圈点老档》及其七种重钞本中的哪一种或哪几种版本呢？实在难以回答。这就显露出《满文老档》称谓的局限性。特别是有的学者，在同一书文里，使用《满文老档》一称，忽而指此，忽而指彼，或滥用，或乱用。这是内藤虎次郎先生所始料不及的。究其滥用或乱用之症结，在于《满文老档》的初始定名，便含有不科学的基因。

《无圈点老档》及其乾隆朝办理之重钞本，拂去封尘，重见天日，使《满文老档》之称谓首遇诘难。《无圈点老档》为近人所见，始于民国二十年（1931年）。

---

① 本文未用"发现"二字，而用"见到"二字。

② ［日］神田信夫：《〈满文老档〉から〈满文老档〉へ》，《满学五十年》，第12页，刀水书房，1992年，东京。

是年一月，故宫博物院文献馆整理内阁大库档案，见到《无圈点老档》①。中国其时先后有五篇重要文章对之加以介绍：

一是，1934年4月，北平故宫博物院文献馆出版的《文献丛编》第十辑，在其卷首刊出《无圈点老档》照片两幅②，并载文公之于众。文曰："《满文老档》，旧藏内阁大库，为清未入关时旧档。民国二十年三月，本馆整理内阁东库档案，发见是档32册，原按千字文编号，与今所存者次序不连，似非全数。原档多用明代旧公文（纸）或高丽笺书写，字为无圈点之满文、且时参以蒙字。……原档长短厚薄不一，长者六十一厘米，短者四十一厘米，厚者五百余页，薄者仅九页。中有一册，附注汉文。"③此文所指，显然是《无圈点老档》。撰者虽已看到《无圈点老档》，但仍旧沿称《满文老档》，致使《无圈点老档》与《加圈点字档》（崇谟阁本）之称谓相混淆。

二是，1934年5月，谢国桢先生《清开国史料考·卷首》亦刊出《无圈点老档》照片两幅④，并于其卷末《清开国史料考补》介绍《无圈点老档》于众。文曰："天命、天聪朝满文档册，北平故宫博物院藏稿本，不知撰人名氏。民国二十年春，故宫博物院文献馆整理实录大库旧档，发现档册颇多。其《满文旧档》黄绫本，与辽宁崇谟阁藏老档相同。内有黄纸本三十一厚册，为天命、天聪朝满文旧档。"⑤同年末，在《国立北平图书馆馆刊》第五卷第六号上，谢国桢先生撰文介绍这一珍贵的满文历史文献。谢国桢先生在这里未用《满文老档》，而用《满文旧档》。诚然，《满文老档》中的"老"字和《满文旧档》中的"旧"字，其满文体同为"fe"，是同一词语、同一含义。然而，在汉文中略有区别。谢文的《满文旧档》，既指原本、又指钞本；在钞本中，指《无圈点字档》（崇谟阁本），又指《加圈点字档》（崇谟阁本），还指《无圈点字档》（内阁本），亦指《加圈点字档》（内

---

① ［日］内藤虎次郎《读史丛录》载："大正七年（1917年），余承赵尔巽氏之厚意，观览清史馆史料，看见《满文老档原档》。"载《内藤湖南全集》，第7卷，第344页；见神田信夫《从〈满文老档〉到〈旧满洲档〉》，《清学研究》第3辑，民族出版社，1996年，北京。笔者按：上文《满文老档原档》似指《无圈点老档》即《旧满洲档》，但内藤湖南之所述，未见其他史料佐证。

② 李学智著《老满文原档论辑》云："据我详检原档，知其中前一张为'洪字号原档'之第一页。后一张为'盈字号原档'之第七十四页。"

③ 《文献丛编》，第10辑，北平故宫博物院文献馆出版，1934年，北平。

④ 李学智著《老满文原档论辑》云："两张原档影片一为'寒字号原档'之第二十七页，一为同号原档之第七十七页。"

⑤ 谢国桢：《清开国史料考补》，《清开国史料考》，北平图书馆刊印，1934年，北平。笔者按："三十一"当为"三十七"，可能是排印疏误。

阁本）。所以，鉴于时代的局限，这是一个不够准确的概念。它使《无圈点老档》与其钞本《加圈点字档》（崇谟阁本）之称谓相混淆。

三是，1935 年 1 月，方甦生在《清内阁旧档辑刊·叙录》中介绍《无圈点老档》曰："《满文老档》为盛京旧档之巨擘，其记事年代，起天命以迄崇德元年。今存文献馆者凡三十七册，盖自乾隆以来，即仅有此数。原本以明代旧公文纸或高丽笺书写，中多残阙。册形之广、狭、修、短，页数之多寡，极不一致。其文字于厄儿得溺草创，达海增补及加圈点者，三体兼而有之。"① 方氏于此仍沿用《满文老档》之书名，又致使《无圈点老档》与《加圈点字档》（崇谟阁本）之称谓相混淆。

四是，1936 年 10 月，张玉全在《述〈满文老档〉》一文中说："内阁大库发现《满文老档》三十七本，又重钞无圈点本，及加圈点本各一百八十册。玉全参与整理之役，现在摘由编目行将蒇事，仅就工作时研究所得，略加陈述。……"② 参与故宫博物院文献馆《无圈点老档》整理工作的张玉全先生，亦沿用了《满文老档》之书名，再使《无圈点老档》及其乾隆朝重钞本《无圈点字档》（内阁本）与《加圈点字档》（内阁本）、《无圈点字档》（崇谟阁本）与《加圈点字档》（崇谟阁本）诸称谓相混淆。

五是，1936 年 10 月，李德启在《〈满文老档〉之文字及史料》一文中论曰："清内阁大库所藏《满文老档》，自经故宫博物院文献馆发见后，颇引起世人之注意。盖自清太祖以兵甲十三副，崛起长白，征灭乌拉、叶赫诸部，进而略明。太宗继之，屡挫明师，声势益隆，卒为清代二百余年之帝业，创奠根基；其间所有军事政治之记载，并爱新觉罗氏族中之事迹及与朝鲜、蒙古、毛文龙等往来之文书，虽三朝实录、本纪及私家著述颇可稽考；然《满文老档》为实录、本纪所自出；官修记载，讳饰既多，删削自亦不免。故欲知清初秘史，当以老档较为实质。"③ 参与故宫博物院文献馆《无圈点老档》整理工作并通满文的李德启先生，亦沿用了《满文老档》之书名，复使《无圈点老档》与其乾隆重钞本《加圈点字档》（崇谟阁本）之称谓相混淆④。

---

① 方甦生：《清内阁旧档辑刊·叙录》，《清内阁旧档辑刊》，国立北平故宫博物院文献馆刊印，1935 年，北平。

② 张玉全：《述〈满文老档〉》，《文献论丛》，国立北平故宫博物院刊印，1936 年，北平。

③ 李德启：《〈满文老档〉之文字及史料》，《文献论丛》，国立北平故宫博物院刊印，1936 年，北平。

④ 单士元：《整理满文老档记》，《我在故宫七十年》，北京师范大学出版社，1997 年，北京。

综上五例，可以看出，内藤虎次郎先生首用的《满文老档》这一书名，初系专指盛京崇谟阁藏《加圈点字档》（崇谟阁本）。后来，《加圈点字档》（内阁本），亦称为《满文老档》。再后，《无圈点字档》（内阁本），复称为《满文老档》。由是《满文老档》之概念，便逐渐外延。到二十世纪六十年代，《老满文原档》和《旧满洲档》称谓的出现，使《满文老档》之概念，又随之延拓。

三

二十世纪前半叶，已出现《满文老档》、《满文旧档》之称谓；二十世纪后半叶，又出现《老满文原档》和《旧满洲档》之称谓。

《老满文原档》之称，始于广禄、李学智先生。1962 年 9 月，台湾大学满语教授广禄先生及其学生李学智先生，在台中雾峰北沟故宫博物院的地下仓库里，看到《无圈点老档》。当时李学智先生于匆忙间仅看到三、五册即北返。同年 12 月，李学智先生又到台中，会同有关人士，将其拍摄缩微胶卷，于翌年元月完成，后洗印成放大照片①。广禄教授和李学智先生将其定名为《老满文原档》。其命名解释是："我们将这一批四十册老满文史料命名为《老满文原档》的意思是说，这一批老满文史料大部分是清太祖、太宗两朝的原始记录档案。至于这一命名是否正确，实在很难说。"②

李学智先生将《无圈点老档》命名为《老满文原档》，其贡献在于：一是打破《满文老档》称谓流传半个世纪的传统，而给《无圈点老档》以新的命名；二是澄清了《满文老档》概念外延之含糊；三是用"老满文"来限定其名称的内涵，突出了该档的文字特点；四是在时间上显现它是清太祖、太宗两朝的册档。

但是，它之被命名为《老满文原档》，受到主方的自诘和客方的叩问：

其一，主方的自诘。广禄教授和李学智先生在其长篇学术论文《清太祖朝〈老满文原档〉与〈满文老档〉之比较研究》中说："现存清太祖的档册，虽仅有二十本；可是这二十本档册中，据我们的初步检证，事实上并不完全是原档，其中包括大部分书写的真正老满文原档，以及一本可称满文最早木刻印刷的敕书档。其

---

① 广禄、李学智：《清太祖朝老满文原档译注·序》，第 58 辑，台北中研院历史语言研究所专刊，1960 年，台北。

② 李学智：《评故宫博物院出版之所谓〈旧满洲档〉》，《老满文原档论辑》，文友印刷纸业公司印，1971 年，台北。

他有一小部分是曾经后人重钞过的满文老档。而所谓原档，大致皆是利用明代辽东各衙门的旧公文纸所写或印成的。至于曾经后日重钞的老档，类皆用所谓高丽笺纸所书写。太祖朝的二十本档册，用明代旧公文纸所写及印刷的原档占十一册。用高丽笺纸所写的老档有九册。但是这两种档册的记事，常相互重复。而且不但是原档与老档的记事重复，就是原档与原档的记事也有重复的，老档与老档的记事也有重复的。"① 由于《老满文原档》自身存在着"非原档的原档"，因而引起学界同行的商榷。

其二，客方的叩问。陈捷先教授在其长篇学术论文《〈旧满洲档〉述略》中阐述了自己的见解："前几年广禄老师和李学智先生用《老满文原档》这个名称，按'原档'一词，乾隆时已经使用，后来日本学者也有引述的。然而《老满文原档》所指的档册应该是满洲人在关外用老满文所写的那些档子，至于同时期用新满文所作的旧档似乎就不能包含在内了。"② 于是，陈捷先教授用《旧满洲档》的名称，取代《老满文原档》的称谓。

《旧满洲档》之称，始于陈捷先教授。1969 年，台北故宫博物院将珍藏的《无圈点老档》影印出版。陈捷先教授在该书的前言即《〈旧满洲档〉述略》的论文中阐释道："我们现在用《旧满洲档》来命名这批旧档，实际上是从清高宗上谕里得来的灵感，主要是相信这个名称既可以分别旧档与乾隆重钞本在时间上有先后，同时也可以包含早期满洲人在关外用老满文和新满文两种文体所记的档案。"陈教授所说乾隆四十年的《上谕》，原文征引如下：

> 朕恭阅旧满洲档册，太祖、太宗，初创鸿基，辟取舆图甚广，即如叶赫、乌拉、哈达、辉发、那木都鲁、绥芬、尼玛察、锡伯、瓜勒察等处，皆在旧满洲档册之内。虽在东三省所属地方，因向无绘图，竟难按地指名，历为考验。迄来平定准噶尔、回疆等处时，朕特派大臣官员，将所有地方，俱已绘图，昭垂永久。列祖初开鸿业，式廓疆围，岂可转无绘图？著恭查满洲档册，详对盛京志、实录，缮写清单，札寄盛京、吉林、黑龙江将军等，各将省城为主，某地距省城几许，现今仍系旧名，或有更改，并有无名山大川、古人遗迹，逐一详查，三省会同，共绘一

① 广禄、李学智：《清太祖朝〈老满文原档〉与〈满文老档〉之比较研究》，《中国东亚学术研究计划委员会年报》，第 4 期，1965 年，台北。

② 陈捷先：《〈旧满洲档〉述略》，《旧满洲档》，台北故宫博物院影印，1969 年，台北。

图呈览。①

　　陈捷先教授将《无圈点老档》，命名为《旧满洲档》，其贡献在于：一是援引乾隆帝《上谕》，言之有据；二是将《无圈点老档》的原本，同乾隆朝的三种照写本——《无圈点字档》底本、内阁本和崇谟阁本区别开来；三是名称中回避"原档"二字，因其中有的并非是原档；四是称谓中避开"老满文"三字，因其中虽以老满文为主，但不乏新满文和蒙古文；五是强调"旧档"之意，即满文"fe dangse"，符合历史传承；六是突出"满洲"二字，包容丰富历史内涵。

　　《满文老档》和《满文旧档》的名称，出现于二十世纪的前半叶；《老满文原档》和《旧满洲档》的名称，出现于二十世纪的后半叶。这些都是满学史、清朝史、文献史、民族语言史上，学术前进的重要界标。然而，在乾隆朝办理《无圈点老档》重钞本之前，它的名称是怎样的呢？

<h2 style="text-align:center">四</h2>

　　《无圈点老档》的名称，从康熙朝，经雍正朝，到乾隆初，档案之记载，文献之载录，检阅历史资料，概略加以考察。

　　《无圈点老档》的封面，未贴书签，未写书名。其当时之满文名称，现未查到原始记载。此部册档，成帙以来，它的名称，有所变化。现在所能见到最早的记载，是康熙朝的档案与文献。

　　其一，汉文"无圈点字档子"。台北中研院历史语言研究所《清代内阁大库残档》中，在康熙朝"三朝实录馆"的档案里，有一条内容与《无圈点老档》中，天命八年（1623年）七月同条所载一样，其汉文题签为"内阁无圈点档子"②。而《无圈点老档》在清定鼎燕京后，庋藏于内阁大库，可知其源自于《无圈点老档》无疑。其"内阁"二字，标示此档出自内阁大库；其《无圈点档子》，即为乾隆中通称的《无圈点老档》。

　　其二，康熙称"无圈点档案"。《康熙起居注册》（汉文本）康熙五十四年（1715年）九月二十五日，做了如下记载：

---

　　① 《清高宗纯皇帝实录》，第996卷，乾隆四十年十一月壬午，中华书局影印本，1986年，北京。
　　② 李光涛、李学智：《明清档案存真选辑》（二集），台北中研院历史语言研究所专刊，第38本，1973年，台北。

又覆请兵部覆原任郎中布尔赛等互争佐领控告、又闲散宗室佛格等控告满丕、和理、布尔赛等，原依仗索额图欺侮我等，将吏、户、兵三部档案毁匿，将内阁档案之字涂注一案。查《无圈点档案》所写系卓科塔，并无朱胡达之名。布尔赛等称朱胡达为伊曾祖，取供时又称系伊伯曾祖，不合。应将布尔赛等各罚俸一年……。上曰："宗人府衙门及该部所议，俱偏向矣。卿安即兴安，隋分、兴安是一处。《无圈点档案》写卓科塔，卓科塔即是朱胡达。此即与称遵化为苏那哈，总兵官为苏明公等，是一而已，无有二也。今子孙称伊祖父曾为苏明公，谓非总兵官，可乎？称苏那哈效力，谓非遵化，可乎？即今各部奏疏内，遗漏圈点者甚多，朕亦有朱笔改正之处。俱以为非，可乎？[①]

上述史料，两次确称："无圈点档案"。经查《无圈点老档》天命八年七月的有关记载，即为康熙五十四年（1715 年）九月，《起居注册》所涉互争佐领控告一事而调阅核查之档案，即《无圈点老档》。

其三，满文《康熙起居注册》记载。《康熙起居注册》（满文本）同上年月日的记载为："tongki fuka akū bithe"。"bithe"汉意译为"字"或"书"。它的汉意译为"无圈点档"。上引《康熙起居注册》（满文本），两次确称："tongki fuka akū bithe"。与之对应的汉文亦意译为"无圈点档"。二者所指，俱为乾隆朝统称的"无圈点老档"无疑。

其四，满文辞书《清文总汇》阐释。《清文总汇》于诠释"tongki fuka akū hergen"，文曰："无圈点字，国朝之本字也。天聪六年始加圈点，以成今之清字。"上述满文"tongki fuka akū hergen i dangse"，汉意译为"无圈点字档"；"tongki fuka sindaha hergen i dangse"，汉意译为"加圈点字档"。

其五，《八旗满洲氏族通谱·徐元梦》载述："《无圈点档案》所载，皆列祖事迹，乃金柜石室之藏也。"徐元梦为满洲正白旗人，康熙十二年（1673 年）进士，精通满、汉文，康熙帝赞谕："徐元梦翻译，现今无能过之。"[②]

其六，《宫中档雍正朝奏折》载录："庄亲王允禄呈奏，满洲八旗均有《实录》钞本存贮，用查八旗承袭官职、管理牛录之根由，值有争竞官职、查明牛录之事，

---

① 《康熙起居注册》，康熙五十四年九月二十五日，中国第一历史档案馆藏。
② 《清史稿·徐元梦传》，第 34 册，第 289 卷，第 10248 页，中华书局标点本，1977 年，北京。

查阅为凭。惟查时，都统等亲自监查，然旗上人多，难免泄漏、编造之弊，或无知之人，乘查档之便，见有与其祖宗之名相似者，即识记之，节外生枝，争讼不已。因旗上难决，仍于内阁查《实录》《无圈点档》，或咨行户、兵二部，查看旧档。以此观之，八旗所存《实录》钞本，全然无益，徒滋争端。伏祈降旨，悉查八旗所存，送交内阁。在旗若有应查事项，照依旧例，咨行内阁，查看《实录》《无圈点档》，则事归专一，且争讼之事，亦可减少。"以上和硕庄亲王允禄之《奏查承袭官原本折》，末署雍正十三年（1735 年）十月十八日。雍正帝已于八月二十三日崩逝，时乾隆帝已继位。此为满文折，折中"tongki fuka akū dangse"①，先后两次出现。现以拉丁字转写，并汉文对译如下：

tongki fuka akū dangse.
　点　　圈　无　　档子

这说明在雍正朝，它被称作：《无圈点档》。

其七，乾隆帝称《无圈点字档》。乾隆六年（1741 年）七月二十一日，乾隆帝谕大学士、军机大臣鄂尔泰，加尚书衔、太子少保徐元梦曰："无圈点字原系满洲文字之本，今若不编书一部贮藏，则日后湮没，人皆不知满洲之文字，肇始于无圈点字也。著交付鄂尔泰、徐元梦，阅览《无圈点字档》，依照十二字头，编书一部；并于宗学、觉罗学及国子监诸学，各钞录一部，使之收贮可也。钦此。"此旨载于《无圈点字书·卷首》。这是乾隆帝对该档的御称。

其八，乾隆初大臣称《无圈点字档》。鄂尔泰、徐元梦为乾隆朝主持编纂《无圈点字书》的大臣，他们对上述文献的称谓，是沿袭清初以来的传统称谓："tongki fuka akū hergen i dangse"。乾隆六年（1741 年）七月二十一日，命大学士鄂尔泰、徐元梦编《无圈点字书》的谕旨，同年十一月十一日书成之后，鄂尔泰、徐元梦为钦奉上谕事的奏折中，均有"tongki fuka akū hergen i dangse"之名。从鄂尔泰、徐元梦之奏折及《无圈点字书》中，可以肯定："tongki fuka akū hergen i dangse"，系指《无圈点老档》。上述满文名称，未见相应的汉文载录。它比之于《康熙起居注册》（满文本）的"tongki fuka akū dangse"，多"hergen i"一词。满文"hergen"，汉意译为"字"或"文"；"i"汉意译为助词"的"。满文"dangse"，

① 《宫中档雍正朝奏折》（满文），第 31 辑，第 778—779 叶，台北故宫博物院影印本，1980 年，台北。

汉意译为"档子"或"档案"或"档册"。

其九，鄂尔泰等奏称《无圈点字档》。大学士太保鄂尔泰、加尚书衔太子少保徐元梦奏称："臣等已将内阁库藏之《无圈点字档》，详细阅览。此字今虽不用，然满洲文字，实肇始于此。且八旗牛录之渊源、给予世职之缘由，俱载于此档。此档之字，不仅无圈点，复有假借者，若不详细查阅，结合上下字义理解，则识之不易。今皇上降旨，编书收贮者，诚满洲文字之根源，永不湮没之至意。臣等钦遵谕旨，将内阁库内贮藏之《无圈点字档》，施加圈点。除读之即可认识字外，其与今字不同难认之字，悉行检出，兼注今字，依照十二字头，编成一书，恭呈御览。俟皇上指示后，除令内阁收贮一部外，并令宗学、觉罗学及国子监诸学，各钞一部收贮，俾使后世之人，知满洲文字，原肇始于此。"①

上述九例，在时间上，起康熙朝，经雍正朝，迄乾隆初；在称谓上，为《无圈点档案》或《无圈点字档》。"无圈点"三个字，是共同的；所不同的是"档案"或"字档"。在满文里，"档"和"档案"是同一个词，即"dangse"。其差别所在，为一个"字"字。"字"的满文体为"hergen"。从满文来说，"tongki fuka akū dangse"与"tongki fuka akū hergen i dangse"二者是没有原则区别的。所谓"无圈点"或"加圈点"，严格说来，是指"无圈点"的"字"，或"加圈点"的"字"。所以，这个"字"的有与无，在这里是没有本质区别的。

但是，到乾隆三十九年（1774年），对此"老档"的称谓，开始规范为《无圈点老档》。

五

《无圈点老档》的这一称谓，开始正式出现于乾隆三十九年（1774年）的十一月。历史档案与历史文献，可资明证并相互参证。

第一，系统档案，提供证据。前面已述，在乾隆朝办理《无圈点老档》钞本时，所形成八十件系统、完整档案，其中有四十件档案先后四十一次出现《无圈点老档》的记载②。且除《无圈点老档》及其略称《老档》③之外，别无他称。此档珍贵，不易得见，现将相关记载，系统征引如下：

---

① 《无圈点字书·卷首》，天津古籍出版社影印内府钞本，1987年，天津。
② 《国史馆·编纂档》，中国第一历史档案馆藏。
③ 《加圈点字档》（内阁本）的410则书眉黄签中，有64则黄签共68次出现"老档"的字样。

乾隆三十九年（1774年）十一月二十一日，档案记载国史馆奉大学士、军机大臣舒赫德、于敏中谕："所有天命、天聪、崇德年间《无圈点老档》，派满纂修官明善、麟喜二员，悉心校核画一，并派满誊录等，上紧缮录一分，逐本送阅，毋得草率。"又谕满本堂，"将大库内存贮《无圈点老档》，先付十本过馆"云云。此为其一。

同日，档案记载谕满本堂："将大库内存贮《无圈点老档》，先付十本过馆，并将'无圈点十二字头'查出，以便详校画一可也。右移付，满本堂。"此为其二。

同月二十二日，档案记载奉提调谕："现在交查天命、天聪、崇德年间《无圈点老档》，派翻译官书文、景明，以供查考。"此为其三。

同日，档案记载图提调谕："现在查天命、天聪、崇德年间《无圈点老档》，派供事缪涌涛、杨珩、王凤诏、杜日荣、吴鹏翥、周堂等六人，经理一切。"此为其四。

同月二十五日，档案记载国史馆移付满本堂："所有天命、天聪、崇德年间《无圈点老档》，业经移取十本过馆，其余二十七本，相应移付贵堂，移送过馆，以便详校画一可也。"此为其五。

同月二十六日，档案记载国史馆再移付满本堂："所有本馆领出天命、天聪、崇德年间《无圈点老档》三十七本，今本馆留存七本办理，其余三十本，仍送回贵堂贮库。"此为其六。

同月二十八日，档案记载图提调谕："现在交查天命、天聪、崇德年间《无圈点老档》，再增派翻译官爱星阿，以供查考。"此为其七。

同年十二月初四日，档案记载奉提调谕："现在查办天命、天聪、崇德年间《无圈点老档》，著增派翻译官魏廷弼，敬谨缮录，毋得草率。"此为其八。

同月二十四日，国史馆移付满本堂："所有《无圈点老档》十七本，《十二字头》四本，一并暂送贵堂，恭藏大库。俟查对时，再行移取可也。"此为其九。

乾隆四十年（1775年）正月初八日，档案记载国史馆移付满本堂："所有天命年间《无圈点老档》，今应移付贵堂，开库移取壹本，到馆校对可也。"此为其十。

同月初十日，档案记载国史馆移付满本堂："所有《无圈点老档》，今移付贵堂，即速开库，移取壹本，过馆校对可也。"此为其十一。

同月十四日，档案记载国史馆再移付满本堂："照得本馆办理《无圈点老档》，需查《十二字头》，相应移付贵堂，即开库将《十二字头》四本，移付本馆，以便查考可也。"此为其十二。

同月二十四日，档案记载国史馆复移付满本堂："所有天命、天聪《无圈点老档》，共计三十七本，业经移取贰本过馆在案，其余三十五本，相应移付贵堂，查照开库，发给可也。"此为其十三。

二月初七日，档案记载为查询天聪七、八、九等三年档案事，国史馆移付满本堂："所有《无圈点老档》，本馆业已移取三十七本。今恭查档内，尚短天聪七、八、九等三年档案，相应移付贵堂，查明有无存贮《老档》，如有即行移复，以便付领办理可也。"此为其十四。

同日，档案记载满本堂移付国史馆："所有本堂库存《无圈点老档》叁拾柒本，贵馆业已全行移取在案。今准付称尚短天聪七、八、九等三年档案，本堂随开库查明，并无此档，相应移付贵馆，查照可也。"此为其十五。

同月二十三日，档案记载大学士舒赫德、于敏中谕称："派办《无圈点老档》之内阁中书舞量保，所有本衙门差务，暂行停止。"此为其十六。

三月初三日，档案记载："查中书隆兴、瑚礼布二员，官亮、达敏二员，成永、三官保二员，现在办理《无圈点老档》，所有应得公费等项，仍在贵堂支领外，至该员等名下每月应扣茶费等项，概行毋庸坐扣。"此为其十七。

同月初五日，档案记载图、庆二位提调谕："现在奏明办理《无圈点老档》，添派满誊录官富亮，敬谨恭缮，毋得草率。"此为其十八。

四月初三日，档案记载图提调谕："所有《无圈点老档》，现设三股办理。今以每日每股，限音写三十篇，共应交功课九十篇。"此为其十九。

同月十二日，档案记载国史馆移付方略馆金国语处："照得本馆奏明，办理《无圈点老档》，应查大金 Aguda han（阿骨打汗）。"此为其二十。

同月二十九日，档案记载国史馆移付满本堂："照得本馆办理《无圈点老档》，奉舒、于中堂谕：每日恭请太祖高皇帝清、汉实录，全部逐日请出，至国史馆，敬谨查对。仍于每日酉刻送库恭贮。"此为其二十一。

九月初一日，档案记载舒赫德中堂谕："派蒙古堂中书成泰，办理国史馆《无圈点老档》，所有本衙门差务，暂行停止。遇有保送升迁之处，仍照原资办理。"此为其二十二。

同月初六日，档案记载协办大学士、军机大臣官保中堂谕："蒙古堂中书成永，不必在馆行走，仍回本堂当差，其缺补派该堂中书扬保，办理《无圈点老档》。"此为其二十三。

同月，档案记载国史馆移付蒙古堂："所有中书成泰，现在办理《无圈点老档》，其本衙门差务，暂行停止。"此为其二十四。

同月，档案记载国史馆移付满本堂："照得本馆办理《无圈点老档》，内有恭查太祖高皇帝四年、五年、六年清、汉实录，相应移付贵堂，于明日开库，恭请到馆，恭阅可也。"此为其二十五。

十月初四日，档案记载国史馆移付满票签、满本堂曰："奉舒、于二位中堂谕：本馆办理《无圈点老档》，现在赶办，陆续进呈。"此为其二十六。

同月二十一日，档案记载国史馆移付满本堂："本馆于本年曾在内阁大库，移取《无圈点老档》等三十七本，内有天命、天聪年分俱无短少，所有崇德年分等八年，今只有崇德元年丙子一年《老档》，其二年至八年并无此档。"此为其二十七。

同月二十二日，档案记载国史馆移付满本堂："照得本馆奉旨办理《无圈点老档》，先经贵堂付送《老档》三十七本在案。今奉舒、于中堂谕：恭阅《老档》内止有崇德元年《老档》二本，其二年起至八年《老档》，有无存贮之处，著即查。"此为其二十八。

同月三十日，档案记载国史馆移付满本堂："照得本馆办理《无圈点老档》译汉，需恭阅《太祖高皇帝实录》，相应移付贵堂，于闰十月初一日开库，每日请出一套至馆，敬谨恭阅，仍于每日送库恭贮可也。"此为其二十九。

十一月初七日，档案记载国史馆移付典籍厅："本馆付查办理《无圈点老档》，崇德二年以后，有无存贮《老档》之处。今将本衙门自行查出崇德年间事件，回明各位中堂。"此为其三十。

上引三十史例，可以充分证明：《无圈点老档》是当时通行的、普遍的、规范的、旨准的称谓。

第二，历史文献，提供佐证。乾隆四十年（1775 年）二月十二日，《清高宗实录》第九七六卷记载："军机大臣等奏：内阁大库恭藏《无圈点老档》，年久糟旧，所载字画，与现行清字不同。乾隆六年，奉旨照现行清字，纂成无圈点十二字头，以备稽考。但以字头，厘正字迹，未免逐卷翻阅，且《老档》止此一分，日久或致擦损。应请照现在清字，另行音出一份，同原本恭藏。得旨：是，应如此办理。"[①]

第三，该档自身，亦供参证。在《加圈点字档》（内阁本）的书眉上，有附注黄签，凡四百一十则。其第二百一十四则，即太祖天命十年（1625 年）舒尔哈齐

_____

① 《清高宗纯皇帝实录》，第 976 卷，乾隆四十年二月庚寅，中华书局影印本，1986 年，北京。

第五子宰桑之死，文中有查《无圈点老档》一段文字，引录如下：

> 谨查该篇所记："二十九日，太祖庚寅汗之弟达尔汉巴图鲁贝勒之第五子宰桑台吉去世，享年二十八岁"等语。在太祖时之册档里，而写"太祖庚寅汗"，似不相宜。经查《无圈点老档》，此系为行旁增补，其后则有两行被涂抹。涂抹之文曰："其人聪敏强健，勇于战阵，善于狩猎，临崖射猎，如履平地，战阵行猎，才艺俱佳。深得太祖庚寅汗喜爱。"上述文字被涂删。查得此段非太祖年间所记，似是太宗时增记。

此则黄签，是全部黄签中最长的一条，译成汉字约一百八十字左右，有的译作二百余字。其所查者，即是《加圈点字档》（内阁本）之祖本《无圈点老档》。

第四，其他档案，提供旁证。仅举数例，以见一斑。

乾隆四十年（1775 年）二月十二日，大学士舒赫德等奏称：

> 该臣等查得，内阁库存《无圈点老档》，共三十七册。因该档之纸，年久糟旧，且所写之字，异于今字，难以辨识，故于乾隆六年，命鄂尔泰、徐元梦按无圈点字，兼书今字，依十二字头，编写一部，将《老档》逐页托裱，重订存库。臣等伏思，在太祖、太宗时，开国［勋臣］之功绩、八旗佐领之根源、给与世职之缘因，俱书于《老档》，关系至要。今虽比照《十二字头》之书，可识《老档》之字，然遇事辄查，未免逐册，反复翻阅。况且，《无圈点老档》，仅此一部，虽经托裱，但档册之纸，究属糟旧，年年查阅，以至档册，文字擦损，亦未可料。请照今字，另办一分，敬缮呈览。俟钦定后，置于内阁之库备查，将《老档》恭藏。如蒙俞允，臣等酌派国史馆纂修等官，趱紧以今字，钞录一分。臣等逐卷校阅，陆续呈览。[①]

乾隆四十三年（1778 年）闰六月二十八日，大学士公阿桂、大学士于敏中谨奏："为请旨事。臣等于乾隆四十年二月十三日，奉旨办理《无圈点老档》，节经奏明，酌派国史馆官员，敬谨办理"云云[②]。

---

① 《清折档·乾隆四十年春季》，中国第一历史档案馆藏。
② 《国史馆·人事档》，《国史馆为议叙办理老档舆图官员事》，第 742 卷，中国第一历史档案馆藏。

同年十月，档案记载《堂稿》曰："照得，本馆办理《无圈点老档》业经告竣，所有拣选在馆帮办满誊录官，已于七月初三日，奏请量予从优议叙，将该员等咨回各该旗在案。"①

乾隆四十五年（1780年）《无圈点老档》告成请赏档案记载："查奉旨办理《无圈点老档》，原系二分，续经奉旨添办一分，共三分，现在全行完竣。"②

乾隆四十五年（1780年）二月初十日，盛京将军福康安奏称："恭照乾隆四十五年二月初四日，据盛京户部侍郎全［魁］自京回任。遵旨恭赍《无圈点老档》前来，奴才福［康安］谨即出郭，恭请圣安。"③

上引五例，可以看出：《无圈点老档》之命名与称谓，在乾隆朝办理《无圈点老档》重钞本之时及其以后，有时相同，有时不同。这里有三种情况。第一种，《无圈点老档》之命名与称谓相同，前举例一，即是明证。第二种，《无圈点老档》之命名与称谓含混，例二、三、四所指被办理之本为原本，而办理告成之本为钞本。第三种《无圈点老档》之命名与称谓龃龉，例五福康安奏报收到的是《无圈点字档》（崇谟阁本）和《加圈点字档》（崇谟阁本），而不是《无圈点老档》，显然是以习惯称谓代替正式命名。此种现象，在嘉庆、道光、同治和光绪诸朝，关于《无圈点老档》的查奏中屡有出现，但不宜以不规范的习惯称谓，替代钦定的正式命名。

综上，历史档案和历史文献，凡三十七例，充分地证明：第一，《无圈点老档》即是乾隆六年大学士鄂尔泰和徐元梦据之编纂《无圈点字书》并加以托裱的《无圈点字档》；第二，《无圈点老档》之称谓得到乾隆皇帝的旨准；第三，《无圈点老档》的名称在乾隆中期以后被广泛使用，且得到共识；第四，《无圈点老档》是此册档规范化、定型化的称谓，此后二百年间，相沿传袭，始终未变；第五，根据"尊重历史"和"名从主人"的原则，今台北故宫博物院珍藏以无圈点老满文为主兼以加圈点新满文并间杂蒙古文和个别汉文书写、记载满洲兴起和清朝开国史事、清太祖和太宗时期编年体史料长编、现存最为原始珍贵的四十册孤本册档，应正其名为《无圈点老档》。

在这里还要讨论的是，为什么在康熙、雍正和乾隆初称其为《无圈点档案》或《无圈点字档》，而到乾隆中改称作《无圈点老档》呢？《无圈点字档》与《无

① 《国史馆·人事档》，第742卷，中国第一历史档案馆藏。
② 《军机处·议复档》（满文），第922号，中国第一历史档案馆藏。
③ 《黑图档·乾隆京行档》，第376卷，第19页，辽宁省档案馆藏。

圈点老档》，虽只一字之差，却是大有原因。粗浅分析，原因有五：第一，此档在清定鼎燕京前形成，中经顺治、康熙、雍正三朝，到乾隆中期开始办理重钞本时，已经一百三十多年，可谓"老档"。第二，此档之纸，"历年久远，颇为糟旧"，遇事辄查，致有破损，逐页托裱，加以装订，可谓"老档"。第三，此档之字，主要为老满文，"异于今字，难以辨识"，然满洲文字，实肇始于此，可谓"老档"。第四，此档办理新钞照写本三部，统名之为《无圈点字档》，原本可谓"老档"。第五，此档之外，照写本、音写本七部皆有新名（详见后文），原本实属老旧，可谓"老档"。总而言之，根据档案记载，从乾隆三十九年（1774 年）办理《无圈点老档》重钞本开始，它就被一个奏定的、统一的、通行的、规范的、科学的名称所界定，这就是《无圈点老档》。

六

《无圈点老档》及乾隆朝七种重钞本的名称，多年以来，比较杂乱。《无圈点老档》及其乾隆朝所办理七种重钞本的名称，应当划一，加以规范。

其实，早在乾隆朝办理《无圈点老档》重钞本时，由于篇页浩繁，时间紧迫，已经出现不够规范的称谓。

第一，早在乾隆朝办理《无圈点老档》的过程中，对钞本称谓，已不甚严格。乾隆四十三年（1778 年）闰六月二十八日，大学士公阿桂、大学士于敏中合奏：

> 臣等于乾隆四十年二月十三日，奉旨办理《无圈点老档》，节经奏明，酌派国史馆官员，敬谨办理。旋因篇页浩繁，请照恭修《玉牒》之例，于八旗候补中书、笔帖式、生监人员内，拣选额外帮办誊录，自备资斧，帮同缮写在案。今查，办就《加圈点老档》太祖丁未年至天命十一年八十一卷、太宗天聪元年至崇德元年九十九卷，照写《无圈点册档》一百八十卷，俱已陆续进呈。伏思，《老档》所载，俱系太祖、太宗开创鸿图，所关甚巨，请将进呈《老档》正本三百六十卷，交武英殿遵依实录黄绫本装潢成套，及誊出《老档》底本三百六十卷一并装订，恭送内阁，敬谨尊藏，以昭慎重。再臣等前经面奉谕旨，另办《加圈点老档》一分，

送阿哥书房，随时恭阅。①

大学士阿桂、于敏中在《无圈点老档》及其钞本告成的奏报中，称《加圈点字档》为《加圈点老档》，称《无圈点字档》为《无圈点册档》。其时缮录虽已经告成，但尚未装潢，亦未做每函封套和每册封面的书签，更未写上书名。《无圈点老档》新办理的钞本，此时书名，只是口传，正式名称，尚未命定。

第二，盛京将军福康安奏报收到盛京户部侍郎全魁赍回《老档》，奏称：

> 恭照乾隆四十五年二月初四日，据盛京户部侍郎全□自京回任。遵旨恭赍《无圈点老档》前来，奴才福谨即出郭，恭请圣安。同侍郎全□恭赍《老档》，至内务府衙门。奴才福□查明：赍到《老档》共十四包，计五十二套、三百六十本，敬谨查收。伏思《老档》乃纪载太祖、太宗发祥之事实，理宜遵旨，敬谨尊藏，以示久远。奴才福□当即恭奉天命年《无圈点老档》二〔三〕包，计十套、八十一本；天命年《加圈点老档》三包，计十套、八十一本，于崇谟阁《太祖实录》、《圣训》金柜内尊藏。恭奉天聪年《无圈点老档》二包，计十套、六十一本；天聪年《加圈点老档》二包，计十套、六十一本；崇德年《无圈点老档》二包，计六套、三十八本；崇德年《加圈点老档》二包，计六套、三十八本，于崇谟阁《太宗实录》、《圣训》金柜内尊藏。并督率经管各员，以时晒晾，永远妥协存贮。……奉朱批谕旨：知道了。钦此。②

在上述奏折中，福康安将《无圈点字档》（崇谟阁本），称为《无圈点老档》，将《加圈点字档》（崇谟阁本），称为《加圈点老档》。《无圈点老档》新办理的两种盛京崇谟阁钞本，已经定名，书签为证。但福康安未加细检书名，致出微小差错。乾隆帝未予深究，而"朱批谕旨：知道了。钦此"。

但是，《无圈点老档》乾隆朝办理七种重钞本的书名，经过一定程序，正式加以确定，端庄精楷，写于书签。书签：底本为黄绢，正本为黄缎；字迹端楷，工整精写。

在装潢后的《无圈点字档》（底本）和《无圈点字档》（内阁本）、《无圈点字

---

① 《国史馆·人事档》，《国史馆为议叙办理老档舆图官员事》，第742卷，中国第一历史档案馆藏。
② 《黑图档·乾隆京行档》，第376卷，第19页，辽宁省档案馆藏。

档》（崇谟阁本）每函封套和每册封面的题签上，都以精楷写着满文书名。前已援引，因其至要，不烦笔墨，再做征录。现以拉丁字转写，并汉文对译如下：

tongki fuka akū hergen i dangse.
点   圈   无 字   的   档子

其汉意译文是："无圈点字档"。

在装潢后的《加圈点字档》（底本）和《加圈点字档》（内阁本）、《加圈点字档》（崇谟阁本）每函封套和每册封面的题签上，都以精楷写着满文书名。前已援引，亦因至要，不烦笔墨，再做征录。现以拉丁字转写，并汉文对译如下：

tongki fuka sindaha hergen i   dangse.
点   圈   加   字   的   档子

其汉意译文是："加圈点字档"。

为着区别《无圈点老档》乾隆朝办理的七种重钞本，我们对这七种重钞本的名称，试表述如下：

第一，《无圈点字档》（底本），又称草本，一百八十册，书叶为台连纸，封面为黄榜纸，原藏北京内阁大库，现藏北京中国第一历史档案馆[1]。

第二，《无圈点字档》（内阁本），又称正本，一百八十册，书叶为白鹿纸，封面敷黄绫，因以黄绫装潢且开本较崇谟阁本略大而又称大黄绫本，原藏北京内阁大库，现藏北京中国第一历史档案馆。

第三，《无圈点字档》（崇谟阁本），又称副本，一百八十册，书叶为白鹿纸，封面敷黄绫，因以黄绫装潢且开本较内阁本略小而又称小黄绫本，原藏盛京崇谟阁，现藏沈阳辽宁省档案馆。

第四，《加圈点字档》（底本），又称草本，一百八十册，书叶为台连纸，封面为黄榜纸，原藏北京内阁大库，现藏北京中国第一历史档案馆。

第五，《加圈点字档》（内阁本），又称正本，一百八十册，书叶为白鹿纸，封面敷黄绫，因以黄绫装潢且开本较崇谟阁本略大而又称大黄绫本，原藏北京内阁

---

① 阎崇年：《〈无圈点老档〉乾隆朝办理钞本始末》，载《国学研究》，第 5 卷，北京大学出版社，1998 年，北京。

大库，现藏北京中国第一历史档案馆。

第六，《加圈点字档》（崇谟阁本），又称副本，一百八十册，书叶为白鹿纸，封面敷黄绫，因以黄绫装潢且开本较内阁本略小而又称小黄绫本，原藏盛京崇谟阁，现藏沈阳辽宁省档案馆。

第七，《加圈点字档》（上书房本），一百八十册，书叶应为白鹿纸，封面应敷黄绫，亦应为大黄绫本，原藏北京宫苑上书房，现其下落不明[①]。可能原书在圆明园上书房时，毁于兵火。

上述七种不同的钞本，按满文的新老来说，有老满文本与新满文本之别；按有无圈点来说，有无圈点本与加圈点本之别；按誊写顺序来说，有底本与正本之别；按抄写书法来说，有草写本与正写本之别；按抄写类别来说，有照写本与音写本之别；按册档装裱来说，有黄绢本与黄绫本之别；按装潢开本来说，有大黄绫本与小黄绫本等之别；按收藏地点来说，有内阁本与崇谟阁本、上书房本之别。我们以新老满文为主，并参酌以成书时间、庋藏地点、书写字体和钞写类别等因素，简称为以下八种版本：

（1）《无圈点老档》。

（2）《无圈点字档》（底本）。

（3）《无圈点字档》（内阁本）。

（4）《无圈点字档》（崇谟阁本）。

（5）《加圈点字档》（底本）。

（6）《加圈点字档》（内阁本）。

（7）《加圈点字档》（崇谟阁本）。

（8）《加圈点字档》（上书房本）。

显然，以上八种不同的版本，用《满文老档》作单一称谓，是根本不能涵盖的。而用《满文旧档》《满文原档》《老满文原档》和《旧满洲档》，虽其名称都专指《无圈点老档》，却不能涵盖其他七种不同的重钞本。这就需要有一个通用的名称，能涵盖这八种不同的版本。我们想，给以上八种版本起一个总的名称，这就是《满洲老档》。具体考虑，缀絮如下：

其一，"满洲"二字的含义，一有民族含蕴，即满洲族（简称满族）所特有的文化；二有地域含蕴，即东北满洲特有的文化；三有时间含蕴，即满洲主导清朝

---

① 赵志强、江桥：《〈无圈点档〉及乾隆朝抄本补絮》，《历史档案》，1996年，第3期，北京。

历史舞台时期的文化；四有文字含蕴，即主要是用满洲文字（满文）书写的。

其二，"老档"二字的含义，满文体为"fe dangse"，即泛指"旧的档子"或"旧档"、"老的档子"或"老档"。因在《无圈点老档》中，既有原档，也有"非原档的老档"，故而它们都可以称之为"老档"或"旧档"。就是《无圈点字档》或《加圈点字档》，因其历史久远，也都是"老档"或"旧档"。

其三，"满文"二字的含义，主要强调是用满文书写的册档，如用"满文老档"来作为总的名称，那就难以回答下面的问题：《无圈点老档》的原本及其照写底本和照写正本，都含有蒙古文（或黄签标注）、甚至于有个别汉文，怎么可以称作《满文老档》呢？

其四，"原档"二字的含义，主要指《无圈点老档》，它的照写底本、照写正本都是重钞本，不宜称其为《满文原档》；至于它的音写底本、音写正本，则更不宜称其为《满文原档》。

总之，已经使用的《满文老档》《满文原档》《满文旧档》《老满文档》、《满洲秘档》、《老满文原档》以及《旧满洲档》等称谓，都是历史上形成的，也都有其命名的根据、合理的因素、历史的渊源、通行的习惯。我们尊重各种业已存在的书名，无意存此薄彼，也无意扬秦抑晋。我们只想对其有一个合乎历史与逻辑的说法和科学与简明的称谓。但是，像任何事物都有欠阙、不完美一样，《无圈点老档》这一称谓，也存在有欠阙、不完美的地方。如学界同仁，惠赐嘉名，则弃歆取正，择善从焉。

于谦《石灰吟》考疑

【题记】本文《于谦〈石灰吟〉考疑》，系为杭州于谦研究会第二届学术研讨会提交的学术论文。笔者遍查海内外有关于谦的诗文集，从明成化到清光绪年间以来，海内外现存所有各种善本、稿本、钞本、孤本，考证《石灰吟》非于谦所作。载于《于谦研究》第二辑，中国文史出版社，2001 年。

《石灰吟》以于谦所作，为多种文学史书和文学辞书收录，并编入中学语文教材。它作为于谦的名诗，就如同于谦的英名，家喻户晓，童叟皆知。经仔细一查，却颇有疑惑。

《石灰吟》为于谦所作，前人未见怀疑文字。愚以冒昧，做出质疑。考疑分说，简述如下。

一

《石灰吟》为于谦所作，根据何在？出于何处？

查有关专书，《石灰吟》的作者，或不载出处，或含糊其词，或出注失据。

一是不载出处。林寒、王季编选的《于谦诗选》[①]，书中的《石灰吟》，未注明出处。王季在"文化大革命"中被迫害致死，二十余年后《于谦诗选》由林寒修订增补，从原一百三十二首，增至一百三十四首，《石灰吟》仍未注明出处[②]。最近杭州市政协编纂的《于谦》一书，其《于谦诗选》篇，收录此诗，亦无出处[③]。如

---

① 林寒、王季编选：《于谦诗选》，浙江人民出版社，1958 年，杭州。
② 林寒、王季编选，林寒修订增补：《于谦诗选》，浙江人民出版社，1982 年，杭州。
③ 杭州市政协文史和学习委员会、杭州于谦祠：《于谦》，杭州出版社，1998 年，杭州。

果说《于谦》一书是普通读物可以不注出处的话，那么赖家度、李光璧的《于谦和北京》则属学术性著作，书中重要引文多有出处，但此诗出处缺注 ①。工具书、辞书之类，如《中国文学名篇鉴赏辞典》②《古代诗歌精萃鉴赏辞典》③《古代诗歌选》④等，于《石灰吟》一诗，盖未注明出处。

二是含糊其词。林寒选注的《于谦诗选》（修订本），是二十世纪以来唯一的于谦诗选专集（初选本和修订本）。其编选依据是《于肃愍公集》。选编者在《前言》中交代，从《于肃愍公集》中选出一百三十二首诗，并从明人郎瑛的《七修类稿》中取《桑》和《犬》两首诗，共一百三十四首诗，编纂注释，结集成书。编选者在《前言》里指明，其《于肃愍公集》为明刻本。查此明刻本《于肃愍公集》，并没有著录此诗。编选者明知上述刻本中根本没有《石灰吟》，故而对《石灰吟》选否，处于两难的心态：不选，没法交待；要选，难注出处。编选者在颇费一番心思后，将《石灰吟》一诗放在《前言》里，既突出此诗之重要，又回避该诗之出处。这可谓是明修栈道、暗度陈仓之妙思。

三是出注失据。在有关《石灰吟》的专书和辞书中，注明该诗出处之著，虽然不算多，却不乏其作。有文说此诗出自明人郎瑛的《七修类稿》，经翻检，为臆说。另有曹余章主编的《历代文学名篇辞典》⑤，钱仲联、傅璇琮、王运熙、章培恒、陈泊海、鲍克怡总主编的《中国文学大辞典》⑥，均注其出自于谦的《忠肃集》。《忠肃集》现存重要版本有两种：一种是乾隆年间《四库全书》写本，另一种是康熙年间于继先刻本。前书较为好找，后书难以寻查。查前者，没有《石灰吟》这首诗；后者，有这首诗，但其人、其书、其诗，问题不少，存有疑问。此书仅存孤本，很不容易找到，其撰稿者，是据前书，或据后书，值得考虑。

基于上述，很有必要，对《石灰吟》是否为于谦所作，深入解析，进行探讨。

---

① 赖家度、李光璧：《于谦和北京》，北京出版社，1961 年，北京。

② 萧涤非、刘乃昌主编：《中国文学名篇鉴赏辞典》，山东大学出版社，1992 年，济南。

③ 王洪主编：《古代诗歌精萃鉴赏辞典》，北京燕山出版社，1989 年，北京。

④ 人民教育出版社语文一室编：《古代诗歌选》（九年制教育初级中学自读课本），第 3 册，人民教育出版社，1994 年，北京。

⑤ 曹余章主编：《历代文学名篇辞典》，上海教育出版社，1990 年，上海。

⑥ 钱仲联、傅璇琮、王运熙、章培恒、陈泊海、鲍克怡总主编：《中国文学大辞典》，上海辞书出版社，1997 年，上海。

二

于谦的遗作，《明史·艺文志》载："于谦《奏议》十卷、《文集》二十卷。"①惜未载其辑者与版本。于谦之《奏议》，清光绪时钱塘人丁丙称有三种刻本："余家藏杭州府刊《奏议》十卷，为南京礼部尚书温阳李宾所编，初刻于成化丙申（十二年）。迨嘉靖辛丑（二十年），监察御史王绅命杭州知府陈仕贤集赀，属郡人张乾元校刊，绅自为序，是为再刊本。万历间吴立甫又为重刊，叶向高为之序，称其从公署架中得李公旧本，复遍搜他牍，增益其所未备，付之梓。惜世鲜传本，未知其若干卷，此三刻也。"②于谦《奏议》，只载疏奏，不录诗作。于谦的诗文集，依据现有资料，时代分明清，刻本辨官私，择其要者，有如下述。

明刻本的于谦诗文集，重要者有五种。

第一，《节庵存稿》，不分卷，一函两册，共八十九叶，明成化丙申十二年（1476 年）于冕刻本，长二十九厘米、宽十九厘米，半叶十一行，每行二十二字，前有王礼培跋、夏时正序，后有于冕识记，上海图书馆古籍部藏，孤本。于冕在父谦昭雪加谥后，复府军千户；奏请改文资，为武库员外郎。后升应天府尹，致仕。于冕"聪明特达，善处兴废，既遭家难，放徙穷也，而能闭门却扫，以读书纂言为事"③。于冕长期闭门，专心读书纂著，经过多年积累与精心搜求，终于在乃父蒙难十九年后，雕梓《节庵存稿》。《节庵存稿》收录于谦诗杂体六十一首、五律四十六首、七律一百九十五首、五绝四十首、七绝七十二首，共计四百一十四首。

《节庵存稿》（又称《节庵先生存稿》），是现存于忠肃公最早的诗文集。因该集为孤本难见，现将王礼培跋语著录于后："《于少保奏议》，传本尚多。此则其诗文集，诸家目录皆未见。焦弱侯国史《经籍志》，有其目。此本刊于成化十二年。有汪鱼亭、赵辑宁、古欢堂诸家藏印。"④集中于谦同里、南京大理寺卿夏时正《序》言："公诗文多至千篇，皆巡抚余闲暨车马道途寄兴之作。及归秉政，则不及经心，所见仅一二尔。痛惟家难，散落不存。其所存者，公嗣子郎中君冕，得之四方传

① 《明史·艺文志四》，第 8 册，第 99 卷，第 2467 页，中华书局校点本，1974 年，北京。

② 丁丙：《于肃愍公集·拾遗·附言》，《于肃愍公集》，拾遗卷，第 4 叶，光绪二十五年（1899 年），《武林往哲遗著》本，中国科学院图书馆文献部藏。

③ 《康熙钱塘县志·于冕传》，第 19 卷，第 10 叶，康熙五十七年（1718 年）刊本。

④ 《节庵存稿·王序》，不分卷，两册，明成化十二年（1476 年）于冕刻本，上海图书馆古籍部藏，孤本。

录间。属时正正字之讹。时正藐焉末学，念昔忝窃郎曹，蒙公不屑教诲，得之语言、威仪多矣。此心未尝敢忘，顾于咳唾余芥，酒敢以浅薄自嫌自外哉！故用受而读之，正其一二，而后僭评数语。"① 但是，细查《节庵存稿》，没有《石灰吟》。

第二，《于肃愍公集》，八卷，附录一卷，一函三册，半叶九行，每行二十一字，明嘉靖丁亥六年（1527 年）雕梓，为河南大梁书院刻本，系督学王定斋所编，有河南、山西道监察御史简霄序②，笔者查阅的是中国社会科学院文学研究所图书馆藏本。因"肃愍"为弘治二年（1489 年）所谥，故应为弘治后辑本。是集有人认为："即从公子应天府府尹冕编辑本出也。先是，成化丙申，府尹访求旧稿，仅存什一，属夏时正重加校订，序而刊之。又辑公行状、碑铭、祭文、挽诗为《旌功录》，程敏政为之序。"③ 成化丙申年即十二年（1476 年），距谥"肃愍"为十三年，由于谦之子冕初出，似为可信。《于肃愍公集》收录于谦诗统计如下：杂体七十三首、五律六十一首、七律三百四十六首、五绝五十三首、七绝八十七首，共六百二十首。是集雕梓较《节庵存稿》晚五十一年，搜求广泛，纂集认真，是比较完善的一个本子。嘉靖《于肃愍公集》为最早汇录于谦诗六百二十首之版本，但其中并无《石灰吟》。

第三，《于肃愍公集》，五卷，附录一卷，一册，半叶九行，每行二十字，明隆庆刻本、配清刻本，浙江宁波天一阁博物馆藏，孤本④。此书为残本，既无序言，也无目录。后序断简，序者姓名阙载。但序中说《于肃愍公集》为于谦义子于康五世孙于懋勋校正重刊本。书中卷一为赋二篇、杂体诗七十三首，卷二为七言律诗二百一十一首，卷三为五言绝句五十三首，卷四为五言律诗四十九首，卷五为赞九篇、铭一篇、祭文十一篇、表一篇。书中缺七言绝句。集中没有《石灰吟》。但在《附录·补遗·诗》中，有《石灰吟》。此版本问题较多，后面做专门评论。

第四，《于忠肃公集》，十二卷，附录四卷，明天启元年（1621 年）刻本。因"忠肃"为万历十八年（1590 年）所谥，故以"忠肃"名集。是集系杭州知府孙

① 《节庵存稿·夏序》，不分卷，两册，明成化十二年（1476 年）于冕刻本，上海图书馆古籍部藏，孤本。

② 于谦：《于肃愍公集》，八卷，附录一卷，明嘉靖六年（1527 年）大梁书院刻本，上海图书馆古籍部藏。

③ 丁丙：《于肃愍公集·拾遗·附言》，《于肃愍公集》，拾遗卷，第 5 叶，光绪二十五年（1899 年），《武林往哲遗著》本，中国科学院图书馆文献部藏。

④ 于谦：《于肃愍公集》，五卷，附录一卷，明隆庆刻本、配清刻本，浙江宁波天一阁博物馆藏，孤本。此本《中国古籍善本书目》等著录为《于忠肃公集》，盖错，详见文中辨析。

昌裔将于谦奏议、诗文，合为全集雕梓，十二卷；又重编《旌功录》列于后，为附录四卷①。此集收录于谦诗统计如下：杂体七十三首、五律六十一首、七律三百四十六首、五绝五十三首、七绝八十七首，共六百二十首，但其中亦无《石灰吟》。

第五，《于节阉集》，李卓吾评点，明季刻本，北京大学图书馆善本室藏。此集又收入《三异人文集》②，"三异人"为方孝孺、杨继盛和于谦。此集为评点本，节选诗文入集。卷首李贽（卓吾）盛赞于忠肃公"具二十分识力，二十分才气，二十分胆量"③。此集收录于谦诗统计如下：杂体五十六首、五律十四首、七律六十三首、五绝四十三首、七绝四十八首，共二百二十四首，其中也无《石灰吟》。

以上就目击明刻本于谦诗文集而言，没有一部诗文集正文载录《石灰吟》。

清刻本的于谦诗文集，重要者有三种。

第一，《于忠肃公集》，十卷，清于继先辑，康熙辛丑六十年（1721年）刻本④。此集现为孤本，半叶十行，每行二十四字，其卷三至卷五为配清钞本（行、字数与原本同），凡四册。此集虽增以年谱、挽诗，并编入正集，但所收录奏议和诗文均不全，有人评其为"非善本也"⑤！此集收录于谦诗统计如下：五古十七首、七古二十四首、五律十七首、五绝二十六首、七律六十一首、七绝三十七首，共一百八十二首。该集是于谦诗文集各种版本中收录其诗最少的一种。其卷八之《年谱》署由河南大梁浙绍会馆住持僧雕梓。此本，刊刻不精，印数不多，流传不广，影响不大。此集中有《石灰吟》，但没有注明来源。

第二，《忠肃集》，十三卷，乾隆《文渊阁四库全书》本⑥。《四库提要》云："倪岳作谦《神道碑》称：谦平生著述甚多，仅存《节庵诗文稿》《奏议》各若干卷。祸变之余，盖千百之什一云云。是其殁后遗稿，已多散佚。世所刊行者，乃出后人掇拾而成，故其本往往互有同异。《明史·艺文志》载：谦《奏议》十卷，《文集》二十卷。又嘉靖中河南刊本《诗文》共八卷，而无《疏议》。此本前为《奏

① 于谦：《于忠肃公集》，十二卷，附录四卷，明天启元年（1621年）孙昌裔刻本，中国科学院图书馆文献部藏。

② 《李卓吾评于节阉集》，明刻本，北京大学图书馆善本室藏。

③ 《三异人文集》中的于谦集，其书名为《徐文长评于节阉集》，内容与《李卓吾评于节阉集》基本相同。

④ 于谦：《于忠肃公集》，十卷，清于继先辑，康熙六十年（1721年）刻本，福建省图书馆特藏部善本室藏，孤本。

⑤ 丁丙：《于肃愍公集·拾遗·附言》，《于肃愍公集》拾遗卷，第5叶，光绪二十五年（1899年），《武林往哲遗著》本，中国科学院图书馆文献部藏。

⑥ 于谦：《忠肃集》，《景印文渊阁四库全书》本，台湾商务印书馆，1986年，台北。

议》十卷，分北伐、南征、杂行三类，与《艺文志》合。后次以诗一卷、杂文一卷、附录一卷，与《艺文志》迥异，与嘉靖刊本亦迥异。盖又重经编次，非其旧本也。"①但丁丙认为：此集是从明嘉靖本所出，将《附录》四卷合为三卷，而成十三卷本。是集收录于谦诗统计如下：杂体六十首、五绝三十六首、五律四十六首、七律一百九十二首、七绝七十一首和附录五首（五绝四首、七律一首），共四百一十首。仅从诗的统计可以看出，嘉靖本收诗六百二十首，《四库全书》本收诗四百一十首，二者之间，差别甚大。丁氏所言，尚需讨论。但细检集中，确无《石灰吟》。

第三，《于肃愍公集》，八卷，附录一卷，拾遗一卷，浙江钱塘嘉惠堂丁氏刻本，收入武林往哲遗著丛书。清同治时，钱塘人丁丙监修于谦墓及旌功祠竣事，又辑《祠墓录》，稿成未梓而卒。丁丙辑成《于肃愍公集拾遗》一卷，附在《于肃愍公集》之后。在《于肃愍公集》中，收录于谦诗统计如下：杂体七十三首、五律六十一首、七律三百四十六首、五绝五十三首、七绝八十七首，共六百二十首。集内有《石灰吟》，但注明"见于继先编《忠肃公集》"②。他还将明嘉靖杭州府本《少保于公奏议》，重刊梓行。丁丙死于光绪二十五年（1899年）三月九日，翌年由其子丁立中将《于肃愍公集》雕梓刊行。

综上，今见明、清八种重要版本的于谦诗文集，录其载诗数目及有无《石灰吟》，列表统计如下：

集名	杂体	五律	七律	五绝	七绝	共计	《石灰吟》
成化节庵存稿	61	46	195	40	72	414	无
嘉靖肃愍公集	73	61	346	53	87	620	无
隆庆肃愍公集	73	49	211	53	?	-	正文无
天启忠肃公集	73	61	346	53	87	620	无
明末于节闇集	56	14	63	43	48	244	无
康熙忠肃公集	41	17	61	26	37	182	有
四库本忠肃集	60	46	193	40	71	410	无
光绪肃愍公集	73	61	346	53	87	620	有

① 《四库全书总目·忠肃集提要》，第170卷，第486叶，中华书局影印本，1965年，北京。
② 丁丙：《于肃愍公集·拾遗》，第4叶，光绪二十五年（1899年），《武林往哲遗著》本，中国科学院图书馆文献部藏。

从上述明代梓行《肃愍集》和《忠肃集》的五种不同版本的正文来看，都没有载录《石灰吟》一诗。再从上述清代刻印《肃愍集》和《忠肃集》的三种不同版本来看，乾隆《四库全书》本《忠肃集》没有收录《石灰吟》；而收录《石灰吟》的清末光绪年间《于肃愍公集》，则是蹱袭于继先的《于忠肃公集》。今见，最先在于谦诗文集中收录《石灰吟》的，是明隆庆于懋勋刻本配清刻本《于忠肃公集》中的《附录·补遗·诗》。因此，应当对于懋勋重刊的《于忠肃公集》及其《附录·补遗·诗》，考察源流，具体剖析。

三

于懋勋刊刻的《于肃愍公集》，其《附录·补遗·诗》中，收录《石灰吟》一诗，有些问题，需要讨论。

第一，书名著录错误。《中国古籍善本书目》著录："《于忠肃公集》，明于谦撰，附录一卷，明刻清修本。"[1] 其根据是浙江宁波天一阁藏书卡片："《于忠肃公集》，明于谦撰，五卷，附录一卷，一册，明刻清修本。"此又源于其封面墨写的书名："《于忠肃公集》。"上载，盖错。因为：其一，于谦死后，弘治二年（1489年）谥"肃愍"，万历十八年（1590年）谥"忠肃"，此书为隆庆刻本，时在谥"肃愍"后，而在谥"忠肃"前，故应作《于肃愍公集》，而不应作《于忠肃公集》。其二，该书每卷之首，都有"于肃愍公集卷之几"，可见其原书名为《于肃愍公集》。究其错误，根源在于：先是，原书阙封面、阙书签，某收藏者不明历史、未检内容，误将书名写作"《于忠肃公集》"；继而，天一阁收录者也未将本来书名与封面书名相核对，因错就错；接着，《中国古籍善本书目》编者，未见原书，按报誊录，没有核查，因错录错。

第二，版本驳杂混乱。上文中的"明刻清修本"，值得商榷。因为"明刻清修本"，似是方志学术语，而不是版本学名称。现存于懋勋刊刻的《于肃愍公集》，是一个很杂乱的版本。其杂乱所在，一是原刻本和补刻本混杂在一起。如"于肃愍公集卷之一五世孙懋勋校正重刊"的"懋勋"二字，同其他字号大小相同。"于肃愍公集卷之二五世孙懋勋校正重梓"的"刊"为"梓"；"懋勋"二字，比其他字号略小一些。"于肃愍公集卷之三五世孙懋勋校正重刊"的"懋勋"二字，比

① 《中国古籍善本书目·集部上》，第 26 页，上海古籍出版社，1996 年，上海。

其他字号略小一些；但"梓"又作"刊"。"于肃愍公集卷之四"其下又无"五世孙懋勋校正重刊"九个字。"于肃愍公集卷之五"其下也无"五世孙懋勋校正重刊"九个字。这说明上述五卷不是同时、同地、同人、同版雕梓。二是版框大小不一。此书虽然开本为长二十四点五厘米、宽十四厘米，但是全书各卷版框、或同卷各叶版框的尺寸不同。其版框卷一为长十八点五厘米、宽十二点三厘米，卷二为长十九厘米、宽十二厘米，卷三为长十九厘米、宽十二厘米，卷四为长十九厘米、宽十二点五厘米，卷五为长十八点七厘米、宽十二点五厘米。即为同一卷，各叶版框大小也不完全一样。三是书心叶码刻印混乱，如卷一第"二十三"叶，其后则刻"廿四"，其后又为"二十五"、"廿六"。四是字体不同，如卷一第三叶字体瘦长，同其前的第二叶和其后的第四叶字体明显不同，第二十五叶也字体瘦长，同其前的二十四叶和其后的第二十六叶字体亦明显不同，可断定其为后配叶。五是缺叶和增叶。如卷一缺第三十四叶，卷二第二十七叶《秋兴用陈绣韵》，次叶《秋兴用陈绣衣韵》，两叶共四首诗，显然前叶错字、后叶纠正，但叶码连排，而版框大小不同。六是配叶混乱，如卷二第"三十一"叶后接"廿二"叶，其后又接"三十三"叶。这说明"廿二"叶为配叶。

第三，刻书懋勋其人。《于肃愍公集》书末《贺于君子云新成大厦序》载：于谦有义子于康，谦蒙难后，子冕谪戍，家业沦丧，康守公祠。后传至曾孙时龙，"字子云，慷慨有才略，勤于干蛊，绰然起家，业日隆而赀日裕。乃延师教子，乐义亲贤。子懋勋，种学积文，骎骎上达。由邑校而升监，褒然望于儒林。尤笃学孝思，奉公之香火，惟恪葺治，不遗私力。祠故精严，每念祠旁之地，为世居故址，久捐于邻，殊失世业，恢复之志，时切于衷"①云云。这里虽讲述"大厦"之建筑，但交代出懋勋之身世。懋勋为于谦义子于康的五世孙，系监生，借其父财力，校正重梓《于肃愍公集》。此序结尾文字残缺，不知撰者姓名。于懋勋在于谦死后一百一十余年，从哪里找到《石灰吟》这首诗，书中对如此重要的"补遗"没有交代。

第四，雕梓时间错杂。《于肃愍公集》一书的刊刻时间，没有明确记载。通常著录为明隆庆年间。据《贺于君子云新成大厦序》载："岁己巳，邻适求售，即倍其直而购之。子时待试京闱，促之归，以董兴作。鸠工诹吉，撤其旧而新之。经始于辛未之春，历三时而落成"云云。上文中，己巳年为隆庆三年（1569年），

————

① 《于肃愍公集·贺于君子云新成大厦序》，明隆庆刻本、配清刻本，浙江宁波天一阁博物馆藏，孤本。

辛未年为隆庆五年（1571 年）。书末署"隆庆丁卯孟夏国子监助教四明王烛顿首拜书"，丁卯年为隆庆元年（1567 年）。懋勋在赴京应试前，不可能校刊《于肃愍公集》；在董理"规制宏备、秩然有序"的大厦其间，大概也没有时间重刊《于肃愍公集》。所以，《于肃愍公集》的校正重梓当在大厦建成之后，即隆庆末、万历初。

第五，附录疑点辨析。前文已经阐述，现存《于肃愍公集》是一部明、清混刻配装的版本。其《附录·补遗·诗》中的《石灰吟》，疑点颇多，尤需研讨。《石灰吟》为什么不放在正文，而置于附录？可作两点思考：

其一，《附录》是明人原刻，还是清人补刻？通查全书，第一卷四十八叶，第二卷二十叶，第三卷二十叶，第四卷十二叶，第五卷十一叶，以上共一百一十一叶。《附录》缺一至九叶，只有十和十一两叶。版框为长十九厘米、宽十二点五厘米。这同卷三和卷四的版框一致，应为明刻本。但是，《附录》中的《补遗·诗》，收诗《回京议事》《咏采桑》《石灰吟》《暮春后归兴》《太行山中晓行》五首和《文丞相〔像〕赞》一篇。此补遗仅两叶，且版框为长十八点五厘米、宽十二厘米，同清补刻本版框的尺寸相当。总之，《附录》中的《补遗·诗》，其版框、字体、页码、纸张、款式等与原刻本都不同，似是清人所刻的补遗。其清配补刻本的时间不会是清初，因其时浙江一带尚不平静。估计或在康熙后期或在乾隆后期。如果在康熙以后，那么《石灰吟》的出处，可能同于继先《于忠肃公集》中的《石灰吟》的出处，有一定联系。

其二，《石灰吟》如由于懋勋所收录，为何不将其收入《七言绝句》之卷呢？此中问题，似不可解。这有两种可能：一种是——民间传说，收之无据，弃之可惜。于是，将其放在《附录·补遗·诗》中。另一种是——清人据康熙本所载，而将其放在《附录·补遗·诗》中。不论是前者还是后者，都是值得研究的。

于懋勋校正重梓《于肃愍公集》的《附录·补遗·诗》，其版框、字体、页码、纸张、款式等，都与原刻本不同。原因何在，下节探讨。

四

《石灰吟》首次在于谦集中正文出现，是于继先编辑的《于忠肃公集》。查《于忠肃公集》卷七《七绝诗三十七首》的第三十一首《石灰吟》云：

千锤万击出深山，

烈火焚烧若等闲；

粉骨碎身全不惜，

要留清白在人间。①

清康熙末年，于继先编辑《于忠肃公集》。此集现藏于福建省图书馆特藏部善本室，全国善本书普查后定其为孤本。经笔者查阅，此书原卡片记为："《于太傅公传》十卷　明王世贞撰　清康熙刻本　四册。"全国善本书普查后，该卡片则改定为："《于忠肃公集》十卷　明于谦撰　清于继先辑　清康熙刻本　卷三至五配清抄本　四册。"书前有河南学政蒋涑《序》、归德知府谈九叙《序》、考城知县黄淇瞻《序》、考城县生员安仲礼和卢巽等《序》，以及韩维垣《后序》，书后有王、黄二《跋》和于继先《识记》。继先《谨识》云：

继先原籍河南考城人也。自十三世祖讳九思，仕元为杭州路总管，遂家于钱塘太平里。至十世祖讳谦，谥忠肃，仕明历官少保、兵部尚书。被石、徐之诬，第三子讳广，年十六岁，随中官裴公潜逃原籍考城。初冒裴姓，后归本姓。子孙又复为考城人。迨数年后，忠肃公入考城乡贤，载在祀典。年谱世存于家，诗稿文集屡经兵火，止存其十之二三。继先无力授梓，今蒙南阳太守沈公，念忠肃公之忠冤，捐资刊刻，公诸海。

康熙五十六年丁酉仲春十世孙奉祀生继先谨识。②

在其前的成化本、嘉靖本、隆庆本、天启本和明末本的全部明刻本正文中，在其后的乾隆《四库全书》本中，均没有收录《石灰吟》，唯独康熙本《于忠肃公集》中正文著录此诗。光绪本《于肃愍公集》载录《石灰吟》时，特别注明："见于继先编《忠肃公集》。"且其所增诸诗，亦皆注明出处。这说明丁丙编纂《于肃愍公集》时，采取了科学而严肃的态度③。

---

① 于谦：《于忠肃公集》，第7卷，第17叶下、18叶上，康熙六十年（1721年）刻本，福建省图书馆特藏部善本室藏，孤本。

② 于继先：《于忠肃公集·谨识》，康熙六十年（1721年）刻本，福建省图书馆特藏部善本室藏，孤本。

③ 《于肃愍公集·拾遗》中，丁丙将其增补之诗，于每篇诗后，都用小字注明其出处。

现在要探讨的是，于继先收录《石灰吟》的根据是什么？这就要对于继先纂辑的《于忠肃公集》，列出四点，进行分析。

第一，成书时间。于继先辑的《于忠肃公集》，有人著录其刻于清康熙五十六年（1717年）。这是只见辑者后跋署年而定的。其后一年即康熙五十七年（1718年），有"康熙五十七年戊戌仲夏知归德府事谈九叙题"，还有"康熙五十七年戊戌菊月文林郎知考城县事西蜀后学黄淇瞻斐氏敬识于葵署之慎思斋"。以上《谈序》和《黄跋》说明，此书不会早于康熙五十七年刻版。而此书刻版完成的时间还要晚两年："康熙五十九年庚子孟春考城县阖学后生安仲礼、卢巽等拜手敬题。"安、卢等《阖学生员序》说明，此书不会早于康熙五十九年（1720年）刻版。实际上此书刻版完成的时间还要更晚一些："康熙六十年岁次辛丑清和下浣虞山蒋涟书于开封学署。"①《蒋序》说明，此书不会早于康熙六十年（1721年）刻版。不管分歧意见如何，其共同点是在康熙末年，它比成化十二年（1476年）晚了二百四十五年。就是说，它的可信度自然比明代的成化本、嘉靖本、隆庆本、天启本等要略逊一筹。

第二，成书地点。于谦的诗文集，最早两部成书的地点：一部在浙江钱塘（即杭州），另一部在河南大梁（即开封）。于继先纂辑的《于忠肃公集》，也镌刻于河南开封。书中文字证曰"大梁浙绍会馆住持僧梓，十世孙奉祀生继先敬辑"②，说明此集在开封雕梓。但是，早在明嘉靖六年（1527年），《于肃愍公集》就在河南大梁（即开封）梓印，是为河南大梁书院刻本。因成化二年（1466年）为于谦"谕祭"，才有《节庵存稿》的出现；弘治二年（1489年）谥于谦"肃愍"，才有《肃愍公集》的出版；万历十八年（1590年）谥于谦"忠肃"，才有《于忠肃公集》的梓行。是集有人认为："先是，成化丙申，府尹访求旧稿，仅存什一，属夏时正重加校订，序而刊之。又辑公行状、碑铭、祭文、挽诗为《旌功录》，程敏政为之《序》。"③成化丙申年为十二年（1476年），距谥"肃愍"有十三年；而两谥之间为一百零一年。《节庵存稿》由于谦之嗣子冕初出，文献可征，确实可信。于冕高寿，九十而终，无有子嗣，同宗过继。但是，假如事实确如于广在《识记》所说，作为于忠肃公血脉的于广，作为于冕之弟的于广，身居河南考城，在"访求旧稿"时，为什么未将"存诸箧笥"中的先父文稿提供，编纂其先父的诗文集呢？而在河南大梁编纂《于肃愍公集》时，于广后人亦不提供资料，编纂其先祖的诗文集呢？

第三，成书经过。据王贯三称：在河南考城龙门寺附近，有故坟累累，寺僧说是明少保于谦的祖坟。康熙五十五年（1716年），科试官员刘公按临归德，命各属举先世名士后裔。于继先等被举荐，准补博士弟子员，并给衣、顶奉祀①。又命访求遗书，于继先将其先祖诗稿文集，请名人作序、捐资、刻印。经南阳太守沈公捐资，得以雕梓。但在此前，成化时于谦嗣子于冕已经出版《节庵存稿》，且已广为流布；嘉靖时河南大梁又出版《于肃愍公集》，并已南北传播。这两部重要的于谦诗文集，于广或其后裔应当看到，因此时考城、开封已建立乡贤祠祭祀于谦。这时他们献出忠肃公遗诗，既无违碍，更加光彩。但是，两次的历史机会，他们都没有献纳。相反，却在于谦蒙难二百零四年后，拿出先祖于谦遗稿付梓，事情之奇，令人不解。历史考据，无征不信。于继先在其编辑的《于肃愍公集》中，多出一篇《石灰吟》，既未加说明，也没有举证。这就不能不引起人们的疑问。

第四，成书之人。于继先在《于忠肃公集·谨识》中说："继先，原籍河南考城人也。自十三世祖讳九思，仕元为杭州路总管，遂家于钱塘太平里。至十世祖讳谦，谥忠肃，仕明历官少保、兵部尚书。被石、徐之诬，第三子讳广，年十六岁，随中官裴公潜逃原籍考城。初冒裴姓，后归本姓。子孙又复为考城人。迨数年后，忠肃公入考城乡贤，载在祀典。年谱世存于家，诗稿文集，屡经兵火，止存其十之二三。继先无力授梓，今蒙南阳太守沈公，念忠肃公之忠冤，捐资刊刻，公诸海。"此有六点疑问：其一是，做过于谦戎部郎曹、受过于谦恩泽的同里乡人夏时正说："君董夫人下，无媵妾之奉。夫人没时，公才四十之年，不再娶。领家僮一人自随，栖之直庐，人不堪之，公裕如也。"于广出生之时，于谦四十六岁，董夫人尚在，时并无妾媵，到于谦蒙难时，于冕对其十六岁之弟，不会一无所知。于谦只有独嗣于冕，冕晚年仍自称"孤子于冕"。可见于谦在董夫人逝世后并未续娶，也未纳妾，更无有第三子于广的记载。其二是，于谦嗣子于冕说：乃父遇难时遗稿，"原燎烈烈，片只不遗，痛可惜哉"②！这就说明，于冕手中也没有其父的

① 《于忠肃公集·王跋》，康熙六十年（1721年）刻本，福建省图书馆特藏部善本室藏，孤本。
② 于冕：《节庵存稿·识记》，不分卷，明成化十二年（1476年）于冕刻本，上海图书馆古籍部藏，孤本。

遗稿。其三是，上引于继先《于忠肃公集·谨识》："第三子讳广，年十六岁，随中官裴公潜逃原籍考城"云云。于广随中官隐名埋姓仓皇出逃，年仅十六岁，恐难带出于公手稿。于广到其父"谕祭"时年二十六岁，到于冕刻《节庵存稿》时年三十六岁，其间长达二十年，未见他出示其先父的遗稿。其四是，于继先自云乃先祖"诗稿文集，屡经兵火，止存其十之二三"，这里"诗稿"与"文集"二者含糊其词，而所存者，是文集还是诗稿？其五是，于谦独嗣于冕无子，"其族继者"，数世而至嵩，嵩与王世贞同时，以都督佥事官福建，而世贞仍称冕为"独嗣"[1]。如果于广真的隐瞒姓名，藏匿故里；那么于谦平反之后，入考城乡贤祠，当时文献为何不见载述于广，其时文人为何不见记载于广呢？其六是，嘉靖六年（1527 年），于谦被害六纪余，以其"泽之施于汴为最久，文之作于汴为最多"[2]，在河南大梁将谦的诗文，哀而集，梓而行，辑成《于肃愍公集》。其时于广的子孙们，为何未将其先祖于谦公的诗稿捐出镌刻以流布四海、恪尽孝心，而在其先祖蒙难二百年后、大梁刻本近百年才拿出诗文遗稿、求赀印行呢？这于光宗耀祖、于个人功名，不合情理、也难圆通。

以上四点，可以看出：于继先编辑的《于忠肃公集》，不是一个严肃的本子。此本流传至今的，既是孤本，又是配抄本，尚需对此纂者与版本做进一步考辨。对于此点，姑且不论。然而，其《石灰吟》一诗，究竟源自何处？我们试从明人孙高亮的历史小说《于少保萃忠全传》中，探求它们之间的关系。

五

《石灰吟》为于谦所作，现能见到其最早的出处，是明人孙高亮的《于少保萃忠全传》。孙高亮，字怀石，钱塘（杭州）人，其《于少保萃忠全传》为章回体历史传记小说[3]，成书于明万历年间，钱塘人林梓作《序》[4]。书的最后一回说到于谦受谥"忠肃"，而这是万历十八年八月十六日的事，可证它的成书雕印当在此后。《于少保萃忠全传》版本多种，书名不同，回数有别，回目相异，各书文字，有所

---

[1] 王世贞：《弇州山人续稿》，第 85 卷，第 22 叶，明刻本，北京图书馆善本部藏。

[2] 《于肃愍公集·简序》，卷首，明嘉靖六年（1527 年）大梁书院刻本，上海图书馆古籍部藏。

[3] 孙一珍《于少保萃忠全传·校点后记》："这部小说融会了历史演义小说、神魔小说和传记文学的特点，出脱为一种新的小说形式，即长篇传记体小说。"

[4] 林梓，浙江钱塘人，嘉靖四十一年（1562 年）壬戌科进士。《明清进士题名碑录索引》，中册，第 1632 页，上海古籍出版社，1980 年，上海。

参差①。此书的版本，现常见到的是清刻本，最早是道光二年（1822年）刻本，其次是道光十五年（1835年）刻本等，共四十回，又作四十传。尔后版本，多不胜举。1981年，浙江人民出版社据道光《于少保萃忠传》四十回本，由苏道明校注，以《于谦全传》书名出版；1988年，人民文学出版社则据道光《于少保萃忠全传》四十传本，由孙一珍校点，以《于少保萃忠全传》书名出版。以上两种《于少保萃忠全传》校点本，所用的底本都是清道光刻本。苏道明在其书《前言》说"据以整理的是抄录的白文，难免有讹脱增衍"②；孙一珍在校点其书时，也说未见到明刻本③。但是，《于少保萃忠全传》的明刻本，就藏在浙江省图书馆。

现存的《于少保萃忠全传》，最早为明刻本：其一是《镌于少保萃忠传》，十卷，十二册，七十回，半叶十行，行二十字，书长十二厘米，宽六点八厘米，前有图四十幅，现藏浙江省图书馆古籍部，孤本④。其二是《于少保萃忠全传》，十卷，五册，四十传，半叶九行，行二十四字，书长九点四厘米，宽六厘米，现藏浙江省图书馆古籍部，孤本⑤。前书开本大、纸质好、刻板精、印装美，后书开本小、纸质糙、雕印粗、墨色差。两书第五回或第五传，回目或传目都是：《于廷益大比登科 高孟升坚辞会试》，而《石灰吟》恰出现在这一回中。孙高亮的《于少保萃忠全传》，有评者曰："是书据史实、传说故事敷演而成。似传奇则纤细浅俗；类公案则驳杂零散；近史笔则沉稳雄浑，动人心魄。"⑥这里强调《于少保萃忠全传》的作者孙高亮，对于谦生平与功业的"哀采演辑"⑦，既有沉稳雄浑之史笔，又有浅

---

① 《于少保萃忠全传》又称《镌于少保萃忠传》《于少保旌功萃忠全传》《萃忠全传》《旌功萃忠录》《萃忠录》《于谦全传》和《于公少保演义传》等。

② 苏道明：《于谦传·前言》，浙江人民出版社，1981年，杭州。

③ 现能见到最早的《于少保萃忠全传》为明天启刻本。孙楷第《中国通俗小说书目》说《于少保萃忠全传》云有"明万历刻本，未见"。据载：有明刻《于少保萃忠全传》七十回本，为马彦祥先生收藏。马彦祥先生已过世，据说其书在中国艺术研究院。经查中国艺术研究院戏曲研究所资料室，马先生之书已经捐献给首都图书馆。再查首都图书馆古籍部，马先生家属捐献其图书目录中没有著录此书，馆藏马先生家属捐献其图书中也没有插架此书。据《于少保萃忠全传》人民文学出版社校点本的校点者孙一珍教授说，她曾长期精心查询《于少保萃忠全传》明刻七十回本，但没有找到。她说："所谓《于少保萃忠全传》明刻七十回本，都是人云亦云，还没有听说有谁见到过。"

④ 《镌于少保萃忠传》，十卷，十二册，七十回，明孙高亮撰，明沈国元评，明天启刻本，有图四十幅，浙江省图书馆古籍部藏，孤本。

⑤ 《于少保萃忠全传》，十卷，五册，四十传，明孙高亮撰，明末刻本，浙江省图书馆古籍部藏，孤本。

⑥ 江苏省社会科学院明清小说研究中心编：《中国通俗小说总目提要·于少保萃忠全传》，中国文联出版公司，1990年，北京。

⑦ 《于少保萃忠全传·林叙》，清道光二年（1822年）刻本，北京图书馆善本部藏。

俗驳杂之虚拟。所以，我们在读《于少保萃忠全传》时，对孙高亮借于谦之口所吟诵之诗，应在浅俗与高雅、虚拟与驳杂之间，审视俗雅，判别虚实。

翻检《于少保萃忠全传》全书，孙氏以于谦之口，多有吟诵。除口占联对之外，摘其要者，有诗三首。

其一为《桑》诗。孙书在第三回即第三传《虎丘山良朋相会 星宿阁妖魅遁形》中说：一日于谦同众友舟游西湖，酒至中巡，登岸小步，见人伐桑，有感于怀，吟诗一首。诗曰：

> 一年两度伐枝柯，
> 万木丛中苦最多；
> 为国为民皆是汝，
> 却教桃李听笙歌。[①]

此诗明人郎瑛已经质疑。郎瑛，浙江仁和人，与于谦同里，约生于明成化年间，比忠肃公年齿略晚，以《七修类稿》名世。他在《七修类稿》中，引述七绝《桑》诗云："一年两度伐枝柯，万木丛中苦最多；为国为民皆是汝，却教桃李听笙歌。"他又引述七绝《犬》诗云："护主有恩当食肉，却衔枯骨恼饥肠；于今多少闲狼虎，无益于民尽食羊。"

郎瑛对《桑》、《犬》二诗评论说："意二诗不类于公本集之句，予问之先辈，则曰：闻有亲笔于某家。盖句虽俚而意则尚也，似其为人；或不经意而云者。若'手帕蘑菰'[②]之诗亦然。或曰：《犬》诗乃先正李时勉者。未知孰是。"[③]

以上，话虽圆谨，意却明赅；对上二诗作者，提出审慎存疑。

应补疑的是，于诗心境高远，《桑》诗却胸襟偏狭。明人王世贞论其诗文云："谦为文肆笔立就，诗亦爽俊，然少裁割。"[④]于谦《咏煤炭》曰："但愿苍生俱饱暖，不辞辛苦出山林"；其《孤云》亦曰："大地苍生被甘泽，成功依旧入山林。"均表

---

① 孙高亮：《于谦全传》，第17页，苏道明校注，浙江人民出版社，1981年，杭州。

② 成化《水东日记·于节庵遗事》载："其入京议事，独不持土物贿当路。汴人尝诵其诗曰：'手帕蘑菇与线香，本资民用反为殃；清风两袖朝天去，免得闾阎话短长。'"后《嘉靖河南通志》，第24卷、第18叶载于谦此诗文句相同。但是，文化艺术出版社1998年版校点本《七修类稿》，此处标点有误："若《手帕》《蘑菇》之诗亦然"云云。"手帕"与"蘑菇"是一首诗，而不是两首诗。

③ 郎瑛：《七修类稿》，第37卷，第558页，中华书局，1959年，北京。

④ 王世贞：《弇州山人续稿》，第85卷，第22叶，明刻本，北京图书馆善本部藏。

明于谦造福万民、不求报答的天襟地怀。而《桑》诗流露的忌怨心绪，同于谦的性格不符。

其二为《辞世》诗。孙书以于谦之口吟的另一首诗是，第三十二回即第三十二传《西市上屈杀忠臣　承天门英魂觌诉》。文载：

> 二十二日早，狱中取出于谦、王文、范广、王诚等，于西市就刑。王文口中大叫曰："显迹何在？以'莫须有'效奸贼秦桧之故套，诬陷某等于死。天乎昭鉴！"于公乃大笑，口中但曰："主上蒙尘，廷中大乱，呼吸之间，为变不测。若无于谦，不知社稷何如。当时吾统一百八十万精兵，俱在吾掌握之中，此时不谋危社稷，如今一老赢秀才，尚肯谋危社稷呼？王千之（王文）、范都督等，吾与汝不必再言，日后自有公论也。"于公复大笑，口吟《辞世》诗一律，令人代录之。其诗云：
>
> 村庄居士老多磨，成就人间好事多。
>
> 天顺已颁新岁月，人臣应谢旧山河。
>
> 心同吕望扶周室，功迈张良散楚歌。
>
> 顾我今朝归去也，白云堆里笑呵呵。
>
> 呜呼！枉哉！屈乎！于公吟完，令人录毕，即正色就刑。都人见之闻之，老幼无不垂泪。[1]

于谦品格高尚、内省自律，不居功傲世、自我标榜。所谓《辞世》诗为于谦临刑口占，可惑六点，缕析如下：

一是"村庄居士"，同于谦身世不符。于谦出身于仕宦之家，他的先祖做过元朝的"杭州路总管"；祖父做过兵部主事；父亲清高耿介"隐德不仕"。于谦既先祖显贵，又世居杭州，且高中进士。这就说明所谓"村庄居士"云云，以及"老赢秀才"云云，绝不可能出自少保、兵部尚书于谦之口。

二是"心同吕望"，同于谦情性不合。朱祁钰在英宗被俘、社稷危难之时登极，于谦时任兵部侍郎，旋迁兵部尚书。于谦是景泰朝的社稷之重臣、朝廷之栋梁，但他始终没有成为内阁大学士。此事，非不能也，是不欲也！论功、论德，论权、论位，论资、论绩，论才、论望，他虽位极人臣，权倾一时，但从不以吕尚自诩。

---

① 孙高亮：《于少保萃忠全传》，孙一珍校点，第163页，人民文学出版社，1988年，北京。

何而临刑摆出"吕望"的傲势。

三是"功迈张良",同于谦心志不贴。于谦一向恭谨勤慎,从不居功自傲。他入朝议事,有人劝他带些土特产品用做交际,谦笑而举手谢曰:"吾惟有两袖清风而已!"这就是他的那首名诗:"手帕蘑菇与线香,本资民用反为殃。清风两袖朝天去,免得闾阎话短长。"① 他身为少保,执掌兵部,国事多艰,经年清勤:"不还私第,居止朝房"、"衣无絮帛,食无兼味",真是一条汉子。所谓"功迈张良"云云,绝不会出自于谦之口;所谓"吾统一百八十万精兵"云云,也绝不会出自于谦之口。

四是文人载述,不见诸文集笔记。于谦在北京西市临刑,震动朝野,观者如堵。上文已云:"都人见之闻之,老幼无不垂泪。"如果他在被刑之前,令取纸笔,即口占诗,必是新闻,朝野传诵。但其时或稍后,在京师或杭州,在开封或太原,所见文集笔记,所阅野史稗乘,对于此事,无一记载。即如叶盛,跟于谦在朝同僚、京邸为邻、文字相交、一再往来,但其《水东日记》中有八条记载于谦的诗文事迹,却未载此诗。这就说明,所谓于谦临刑口占《辞世》诗,明史绝无此事,纯属小说家言。

五是于公集中,不曾著录临刑诗。上述口占诗,如真有其事,必传诵文坛,流布于京师,载之于笔记,记录于家乘。但其嗣子于冕、其义子于康、其内弟董序、其友夏时正等,著录于公《节庵存稿》,或其诗文集中,盖无此诗。后编纂《于肃愍公集》,亦无此诗。再后编辑《于忠肃公集》,也无此诗。这就说明:刑场之上,并无此诗。

六是不合史实,明朝人已经记载。于谦被刑之日,尹守衡《明史窃》载述:"是日,谦就(刑)东② 市,天为骤变,阴霾蔽空,朝野冤之。达官朵耳枕谦尸而哭之收瘗焉!"③ 王世贞亦记曰:"谦死之日,阴霾翳天,行路嗟叹。"见闻之人众多,记载之人却无。明人笔记中载述于谦就刑之文夥矣,却没有人就其临刑吟《辞世》诗的记载。

其三为《石灰吟》,在下节分析。

总之,孙高亮的《于少保萃忠全传》,是一部歌颂于谦精神德业的章回体历史传记小说。如果将历史小说里的故事,移入历史范畴,当作历史真实,实令太史

---

① 《嘉靖河南通志》,第24卷,第18叶,北京图书馆善本部藏。

② 明代北京刑场在西市,故"东市"应作"西市","东"字为误,"西"字为正。

③ 尹守衡:《明史窃》,第51卷,第4叶,明崇祯十年(1637年)刻本,台北中央图书馆善本部藏。

公悲哀。所以，《辞世》一律，似是孙高亮之俚句，而不是于忠肃之遗诗。从这点出发，下节进一步考析《于少保萃忠全传》中的《石灰吟》一诗。

六

《石灰吟》最早见之于孙高亮的《镌于少保萃忠传》，而该书是一部章回体历史传记小说。明嘉靖壬戌（四十一年）科进士、孙高亮钱塘同里林梓，在《镌于少保萃忠传·序》中说：对于公之精神德业，裒采演辑，"其为演义，盖雅俗兼焉"①。《镌于少保萃忠传·凡例》说明，其书资料，雅俗兼采：既有官书实录，也有奇闻野记；既有名臣奏疏，也有梦占琐语②。该书人民文学出版社本③校点者言：这部小说融会了演义小说和神魔小说的特点，其中"有些关节还进行了绘声绘色的渲染，并伴以一定的虚构、想象和夸张"④。这里强调《于少保萃忠全传》的作者孙高亮，对于谦生平与功业之虚构故事情节、艺术夸张手法和拟人化的渲染。简言之，《于少保萃忠全传》既为章回体历史传记小说，则不可避免地会有渲染、虚构、想象和夸张的故事情节。所以，我们在读《于少保萃忠全传》时，对其第五回或第五传所载于谦的《石灰吟》一诗，应在真实与虚构、实录与野记之间，细加审视，精心鉴别。现对《石灰吟》为于谦所作，剔出其虚拟，剖析其渲染，诠释其想象，辨别其夸张，分析其演义，揭示其真貌，进行考疑，分辨讨论。

在《于少保萃忠全传》中，第五回即第五传《于廷益大比登科　高孟升坚辞会试》，开篇叙述于谦在富阳山中读书⑤。孙高亮写了下面的一段话：

公在馆中数月，一日闲步到烧石灰窑之处，见烧灰，因有感于怀，遂吟诗一首云：

千锤万击出深山，

烈火焚烧若等闲；

粉骨碎身全不惜，

① 林梓：《镌于少保萃忠传·序》，卷首，明刻七十回本，浙江省图书馆古籍部藏，孤本。
② 孙高亮：《镌于少保萃忠传·凡例》，卷首，明刻七十回本，浙江省图书馆古籍部藏，孤本。
③ 《于少保萃忠全传》人民文学出版社1988年本扉页有于谦画像一幅，题名为"于肃公像"，脱"忠"字；应作"于忠肃公像"。
④ 孙一珍：《于少保萃忠全传·校点后记》，第216页，人民文学出版社，1999年，北京。
⑤ 富阳县，今属浙江省杭州市，距杭州三十公里。

要留清白在人间。

于公吟毕，仍到馆中，与朋友会文，讲论经史。[①]

这首七言绝句《石灰吟》，很像是小说家言[②]。此诗，版本不同，文字略异。其第三句，"粉骨碎身"又作"粉身碎骨"；"全不惜"又作"全不怕"、"浑不怕"。下面对《石灰吟》及其相关问题，分列六点，进行探析。

第一，《石灰吟》的意境。有文推论此诗为于谦少年时所作[③]。孙高亮将其安排在于谦中举人前一年所作。其时于谦正在潜心读书，锐意进取，奋力拼搏，追求功名。这首以石灰喻人生的诗篇，不像在书馆攻读少年的阅世心态，而似饱经人生风霜的磨难凝结。所以，这首诗不符合于谦当时的年齿与身份、阅历与心态、氛围与衷曲、意境与风格。况且，于谦诗的风格，明人评其"诗亦清丽"[④]，今人评其有"杜甫诗风"[⑤]。所以，《石灰吟》同于谦其他诸诗的意境、风格相差很远。

第二，《石灰吟》的出处。在明代出版的成化、嘉靖、隆庆、天启和明季的五种于谦诗集正文中，不见《石灰吟》一诗。特别是其子于冕在成化十二年（1476年）编纂的《节庵存稿》中，没有《石灰吟》。嘉靖六年（1527年）雕梓的《于肃愍公集》，为河南大梁书院刻本，也没有《石灰吟》。上述两集的编纂，广汇资料，极为认真：于冕"亟访旧稿无得，仅于士林中得抄录者计若干首：如梁晋所作，得之都宪杨公、今南昌二守同邑夏世芳，兵部所作，得之少宰昆山叶文庄公；今祠部主事表弟董序近于乡曲之家，又得公进士、御史时所作若画、鱼、葡萄诸诗，所谓存什于千百也"[⑥]。后集收录于谦诗篇最多，共六百二十首，但其中也无《石灰吟》[⑦]。现已查明《石灰吟》一诗，在于忠肃公诗文集中，首次出现是隆庆《于肃愍公集》之《附录·补遗·诗》，未入正文，鱼豕杂然，为清配刻本，由后人所

① 孙高亮：《镌于少保萃忠传》，第1卷，第36叶，沈国元评点，明刻本，浙江省图书馆古籍部藏，孤本。

② 孙高亮：《于少保萃忠全传》，第5回，第2卷，第1叶，清道光二年（1822年）刻本，北京图书馆善本部藏。

③ 林寒、王季编选：《于谦诗选·前言》，浙江人民出版社，1958年，杭州；又见郭永学等著：《于谦大传》，长春出版社，1999年，长春。

④ 《万历钱塘县志》，第5卷，第2叶，万历三十七年（1609年）刻本，浙江省图书馆古籍部藏。

⑤ 王其煌先生在于谦研究会第二届年会上，发言赞同本文见解，并口示此见。

⑥ 于冕：《节庵存稿·识记》，不分卷，明成化十二年（1476年）于冕刻本，上海图书馆古籍部藏，孤本。

⑦ 查台湾中央图书馆编印《公藏善本书目人名索引》（1972年版），著录于谦诗文集仅有嘉靖本、天启本、评点本、《四库》本和光绪本五种。

隶。清康熙六十年（1721年）于继先编辑的《于忠肃公集》，且为孤例，未见旁证。考证史实，孤证不立。前文已经分析，其根源可能出于孙高亮的章回体历史传记小说《于少保萃忠全传》第五回即第五传《于廷益大比登科 高孟升坚辞会试》。所以，与其将其当作于谦诗作，不如将其视作小说家言。

第三，《石灰吟》的记载。查阅明人跟于谦同时或稍后的亲人、族人、乡人、友人、学人、后人，在其文集笔记中，有关于谦的文字不胜枚举，但载录《石灰吟》者，既未见一人，亦未见一书。这从一个侧面表明，《石灰吟》系于谦所作，在明代没有得到学人的认同；在清代也没有得到学人的认同。

第四，《石灰吟》的采风。在于谦做过抚、按的江西、河南、山西、陕西等地，在编修通志、府志和县志时，广泛采风，收集志料。但是经查阅明代有关的方志，均不见载录《石灰吟》一诗。在浙江通志、杭州府志、钱塘县志的各种版本中，特别是明代诸版本中，无一记载于谦的《石灰吟》。

第五，《石灰吟》的讹传。《石灰吟》为于谦所作，根源就在孙高亮的《于少保萃忠全传》。隆庆年间，于懋勋的《于肃愍公集》刊本，《石灰吟》初入《附录·补遗·诗》，清人刻配，隶入明本。康熙六十年（1721年），于继先纂辑《于忠肃公集》刻本，《石灰吟》初入诗集。清光绪二十六年（1900年），丁丙沿袭于继先《于忠肃公集》再刻版，《石灰吟》更加传播。由是，《石灰吟》一诗，近百年来，传布之广，影响之大，莫此为甚。误将说部之言，切入于谦诗集，于继先纂辑的《于忠肃公集》正文，鲁鱼不辨，为经始者。

前述文字，完稿之后[①]，《石灰吟》的作者，有文歧出新议，下面再做讨论。

七

《石灰吟》的作者，近出异议，补做附论。

黄瑞云《〈咏石灰〉的作者》一文，提出《咏石灰》的作者为明初江陵人刘儁。黄先生曾编《明诗选注》，书中选了于谦《石灰吟》，但对作者存疑，尔后常存悬念。《〈咏石灰〉的作者》文中说："最近，我为考察夏水和云梦泽，查阅荆州地区地方志，无意中在《江陵志余》和《江陵县志》（里）发现了此诗的作者，为明初刘儁，题为《咏石灰》，文字和流传所见少有不同"[②]云云。

---

① 承蒙吴文涛女史见告，始知有《〈咏石灰〉的作者》一文，谨此致谢。
② 黄瑞云：《〈咏石灰〉的作者》，载《湖北师范学院学报》，1996年，第4期。

黄文断定石灰诗的作者为刘儁,其根据是《江陵志余》和《江陵县志》。经查,《江陵志余》在先,《江陵县志》在后;《江陵县志》的"石灰诗",源于《江陵志余》。所以,两条证据,实为一条。现将孔自来《江陵志余》有关记述,全文引录如下:

> 三节祠在庾楼前,旧曰双节。祀日南死事忠臣刘公儁、何公忠也。后以钱公镈配享之。乃称三节云。三公别详三贤传。
>
> 附记 刘愍节[①]公诸生时,赋石灰诗云:千锤百炼出名山,烈火光中走一还。粉骨碎身都不顾,独留清白在人间。
>
> 公身陷不屈,为蛮奴锯裂而死。烈士之概,已见少时。诗载祠中旧碑,后为人讹作于忠肃句,亦忠烈之气相近耳。[②]

对上面文字,做下述分析。

第一,刘儁之仕宦。黄瑞云在《〈咏石灰〉的作者》文中,引述《明史·刘儁传》中的文字,但引文诸多疏误。现据《明史·刘儁传》,重新标点,征引如下:

> 刘儁,字子士,江陵人。洪武十八年进士。除兵部主事,历郎中。遇事善剖决,为帝所器。二十八年,擢右侍郎。建文时,为侍中。成祖即位,进尚书。永乐四年,大征安南,以儁参赞军务。儁为人缜密勤敏,在军佐画,筹策有功,还受厚赉。未几,简定复叛。儁再出参赞沐晟军务。六年冬,晟与简定战生厥江,败绩。儁行至大安海口,飓风作,扬沙昼晦,且战且行,为贼所围,自经死。洪熙元年三月,帝以儁陷贼不屈,有司不言,未加褒恤,敕责礼官。乃赐祭,赠太子少傅,谥节愍。[③]

上文中的刘儁,当燕王朱棣"靖难之役"攻占金陵时,原建文帝诸臣多不从,而"儁等迎附,特见委用,进兵部侍郎。四年,儁以尚书,出征黎利"[④]。刘儁忠于成

---

① 黄瑞云作"愍节",《江陵志余》和《江陵县志》也作"愍节";《明史·刘儁传》作"节愍"。
② 孔自来:《江陵志余》,第8卷,第8—9叶,上海鸿文书局石印本。
③ 《明史·刘儁传》,第14册,第154卷,第4228页,中华书局校点本,1974年,北京。
④ 《明史·方宾传》,第14册,第151卷,第4183页,中华书局校点本,1974年,北京。

祖，死于社稷；受赐祭，谥节愍。^① 在湖北江陵有"三节祠"，祭祀"刘愍节、何忠节和钱忠节"。但是，于刘节愍公儁，未见其有诗文集传世。刘儁气节，迥异于谦。儁为建文之臣，朱棣攻占金陵，忠节之士，比比皆是，受刑者有之，自尽者有之，殉君者有之，灭族者有之，刘儁却迎附升官。这种逶迤趋炎的奴颜媚骨，哪有不怕烈火焚烧、不怕碎骨焚身的高风亮节！又哪有留下清白在人间的情操！

第二，孔自来其人。首见文献记载刘儁石灰诗的是孔自来。孔自来，字伯靡，明末清初江陵的文士。他在《江陵志余·自笺》里说：当鼎沸之秋，而屈于时命，闭户著述，未尝少懈^②。他不仅著述，而且结社。孔自来同王文举等人成立"报庵社"。在《江陵志余》卷首列名"社弟"者有：严守昇、曹国楔、尤宏祚、郭占春、毛会建、郑师谦、胡铨、徐一经和范麒等。其"同社数子，兴起古学，矢志撰辑。吾荆大蒸变矣，即以志论"^③云云。时为顺治庚寅年即七年（1650 年）。"报庵社"诸君子，鼎革之变，同人立社，交往联谊，兴古铭志。那首石灰诗，正可以抒志。孔自来在述古迹"三节祠"时，借记"石灰诗"，以抒己之志。

第三，孔伯靡其书。江陵在明以前，并无志书。明兴以后，修过新旧两部志书：一部仿史例而失之略，另一部虽较详而失之疏，水灾兵燹经年，二志化为云烟！于是，孔自来（伯靡）创修《江陵志余》。全书十卷：卷一志《总纲》，卷二志《陵陆》，卷三志《水泉》，卷四志《古迹》，卷五志《宫室》，卷六志《精蓝》，卷七志《琳宫》，卷八志《禋祀》，卷九志《垆墓》，卷十志《时俗》。"三节祠"就在卷八，而石灰诗附焉。孔氏的《江陵志余》，不是严肃确核的方志之书，而是俚俗野闻的揉杂之作。其好友评《江陵志余》曰："而其蒐逸罗僻，或正史所遗而出于稗官，或今人所忽而传于故老，或楚纪郡乘不载而偏征于奇书秘笈。"^④书首的八篇《叙》文，前后时间为八年。书中的志料来源，精与糙，文与野，尤当审慎，细加辨别。同时，书首的第四篇《叙》，署名"学弟陈弘绪题"，其中"弘"字缺末笔，为避清高宗弘历之名讳，显然刻书的时间在乾隆朝或其后。所以，书中载记的石灰诗，需要做具体的分析。

第四，刘士璋刊误。江陵志书，在清代有：清《乾隆江陵县志》五十八卷首

---

① 《明仁宗实录》，第 12 卷，洪熙元年三月辛巳，台北中研院历史语言研究所校勘本，1962 年，台北。

② 孔自来：《江陵志余·自笺》，《江陵志余》卷首，上海鸿文书局石印本。

③ 《江陵志余·王文南叙》，《江陵志余》卷首，上海鸿文书局石印本。

④ 《江陵志余·曹国朴小引》，《江陵志余》卷首，上海鸿文书局石印本。

一卷，其中采录孔自来的上述说法；《光绪续修江陵县志》六十五卷首一卷，其中也采录孔自来的上述说法。但是，刘士璋著《江陵县志刊误》，对上纂述，提出异议。楚人刘士璋的《江陵县志刊误》一书，共六卷，清嘉庆五年（1800 年）刊刻。书中虽勘《乾隆江陵县志》之误，却牵涉到孔自来的前述说法。"刊误"曰：第五十三卷《艺文·诗》载曰：钟离权的《题荆州开元寺壁二首》，"《全唐诗话》此《题荆州开元寺壁诗》也，郡志亦误采，旧志来自杂记"，故宜删。又曰：刘俣《咏石灰》和孔自来《七夕》等"俱宜删"①。刘士璋用"宜删"二字，表示了自己的判定。

第五，旧碑的存疑。捡出疑点，列举四条：其一疑时间。三节祠之碑，系后人刻立。何忠节碑，刻诸公诗。有云："万里边城受困时，腹中怀奏请王师。红尘失路关山远，白日悬心天地知。死向南荒应有日，生还北阙定无期。英雄不逐西风散，愿助天兵殄叛夷。"碑刻很晚，明季清初，指斥满洲，即为一例。其二疑诗名。刘俣的诗碑，所谓咏石灰的"咏"字，是孔自来所加的，不是原诗的刻录。其三疑来源。孔自来称："刘愍节诸生时，赋石灰诗。"这个肯定论断，并无历史根据。其四疑逻辑。"千锤百炼出名山"句，违反常识，纯属悖理。笔者下放时，在石灰窑劳动过，也在基建和过石灰。深知石灰不是钢铁，哪有烈火"百炼"之事？石灰不是宝玉，哪有出自"名山"之理？

第六，因果的颠倒。《附记》曰："烈士之概，已见少时。诗载祠中旧碑，后为人讹作于忠肃句。"此一论断，须做五论。其一，"烈士之概，已见少时"。没有史料说明石灰诗为刘俣少年时所作。这里恰留下《于少保萃忠全传》中，于谦诸生时作诗的影子。如系刘俣少时之作，此诗既不著名，也未流传，怎么会传为于谦所作呢！其二，"诗载祠中旧碑"，碑为后人镌刻，刘节愍公，于忠肃公，忠烈之气，颇为相近。谁讹谁呢？孔氏之说，证据不足。其三，所谓"后为人讹作于忠肃句"，如为刘俣的诗，何人、何时讹作于谦的诗呢？孔氏凭空裁断，未见提出证据。其四，明清之际，江陵文士，忠骨傲然，不附新朝。他们抬出刘节愍公的亡灵，寄托自己的理想。将那首《石灰吟》加以改动，成为当地先贤的象征。其五，孤证不立，推论难定。推论石灰诗为刘俣所作，没有确凿有力证据。况且，此项孤证，疑窦难解。

上述六点，可以看出，孔自来在《江陵志余》中认为，《咏石灰》为刘俣所作，

---

① 刘士璋：《江陵县志刊误》，第 4 卷，第 10 叶，道光十九年（1839 年）刊本。

仅是乏力孤证——且孤证之中，半是含糊、半是传闻，史据不足，分析悖理，疑点很多，似难定断。

《石灰吟》同刘儁的关系，上面已述；《石灰吟》同于谦的关系，下节再论。

八

《石灰吟》虽并非于谦所作，但同于谦的关系，极为密切，需做余论。

第一，《石灰吟》的梳理。将于谦《石灰吟》之考疑，前面七条，综结论述，梳理整合，归结如下：《石灰吟》一诗，最早见之于明代万历年间钱塘文人孙高亮撰的《于少保萃忠全传》。孙高亮在《于少保萃忠全传》中，或借传闻，或移他诗，或自创作，或为其他，经过艺术虚拟，成《石灰吟》一首，用于谦之口吟诵，而不是于谦之诗作。艺术家可以虚拟历史使其成为艺术，史学家不能把虚拟艺术当作为历史。作家与史家，虚构与史实，泾渭分明，不相混同。其后，明清之际，江陵文士，出于气节，将其改动，镌刻庙碑，以诗铭志。至清康熙年间，于继先始将《石灰吟》移入《于忠肃公集》正文之中。说部他人之诗，经过切换，使其成为，史部于谦之作。尔后，各书相袭，不辨真伪，以讹传讹，影响至今。以上见解，尚需讨论，冀望切磋，探源求真。

第二，《石灰吟》的评点。今见最早评点《石灰吟》者是沈国元。沈国元，字仲飞，又字存仲，浙江秀水，明末诸生，会试下第，从事纂述。他撰《两朝从信录》①《天启从信录》②等。今存明刻孤本《镌于少保萃忠传》，就是沈国元评点本。该本在前述《咏石灰》后，沈国元有一段评点。他评点道："后人观此诗，谓文章发自肝胆，诗赋关乎性情。观公咏桑、咏灰，足见其忧国忧民、自甘廉洁、全忠全节之印证也。"③这段文字从"足见其"到"印证也"共十九个字，字下加圈，是为沈国元圈点、评论④。其评点如第一回《于少保龆年出类 兰古春风鉴超群》，有曰："公之父彦昭，字英复，笃厚君子也。隐德积行，好善喜施。"在"隐德积行，

---

① 谢国桢《晚明史籍考》载：沈国元订、陈建辑《皇明从信录》，撰《两朝从信录》《流寇陷巢记》和《甲申大事记》四书，上海古籍出版社，1981年，上海。

② 《明史·艺文志》，第8册，第97卷，第2380页，中华书局校点本，1974年，北京。

③ 孙高亮：《镌于少保萃忠传》，第1卷，第36叶，沈国元评点，明刻本，浙江省图书馆古籍部藏，孤本。

④ 人民文学出版社校点本《于少保萃忠全传》，误将这段沈国元评点的文字，窜入正文。

好善喜施"八个字下面，沈国元加上墨圈，并眉批曰："于门之昌，实根于此。"①
总之，沈国元认为《石灰吟》印证于谦"忧国忧民、自甘廉洁、全忠全节"的高
贵品质与高尚精神。

第三，《石灰吟》的价值。《石灰吟》一诗，虽不是于谦所作，却反映出于谦
的理念、志向、性格和风骨，映现出于谦的浩然正气、精神境界、价值取向和人
生历程。《石灰吟》不仅体现于忠肃公、而且体现杰出人物一生历程的四种境界：
在其登上历史舞台之前，经历千锤万击的磨练，艰难出世，成为人才；在其登上
历史舞台之时，经受烈火焚烧的煎熬，惊世骇俗，成为人杰；在其登上历史舞台
之巅，经受碎骨粉身的考验，舍生取义，成为英雄；在其退出历史舞台之后，留
下清白正气在人间，名垂千古，薪火永传②！

第四，《石灰吟》的影响。在中国诗歌史上，就其影响而言，《石灰吟》同于
谦与《满江红》同岳飞，一样齐名，广泛流传，家喻户晓，童叟皆知。因《满江
红》流传时间比《石灰吟》更为悠久，所以影响更为广泛。于谦之所以影响比岳
飞小一些，时间比岳飞晚是其一，身后时代变迁是其二。《于少保萃忠全传》万历
刻本今已不见，天启刻本雕梓不久，明朝民变蜂起，满洲铁骑南逼。评点《镌于
少保萃忠传》的沈国元，竟然落魄在玉溪舟中作《陷巢记》。甲申之变，清军入
关。于谦驱鞑，满洲讳忌。文字之狱，学人寒蝉。民国纪元，战乱不已。而后岁
月，帝王将相，横加扫荡，于谦蒙辱③。近二十年以来，学术氛围宽松，于谦研究，
开始复苏。伴着于谦影响的扩大与深入，《石灰吟》的影响也在扩大与深入。

于谦是杭州人，也是中国人；于谦是杭州的骄傲，也是中国的骄傲。历史不
会以《石灰吟》不是于谦所作，而对于谦评价有丝毫影响。《石灰吟》借于少保而
传诵四海，于少保以《石灰吟》而更加辉煌。诗云："日月双悬于氏墓，乾坤半壁
岳家祠。"④又云："赖有岳于双少保，人间始觉重西湖。"⑤于谦的精神与德业，像西
湖一样美丽，像石灰一样洁白。这是人的最高品格，也是人的最高境界。

---

① 孙高亮：《镌于少保萃忠传》，第1卷，第1叶，沈国元评点，明刻本，浙江省图书馆古籍部
藏，孤本。

② 阎崇年：《于谦六百年祭》，《于谦研究》，中国文史出版社，1998年，北京。

③ 时有《抬出于谦来干什么？》《为右倾机会主义分子招魂的一株毒草——批判吴晗〈明代民族
英雄于谦〉一文》等。

④ 张煌言：《入武林》，《张苍水全集》，《四明丛书》本，扬州古籍刻印社，1934年，扬州。

⑤ 袁枚：《谒岳王墓作十五绝句》，《小仓山房诗文集》，第26卷，第634页，上海古籍出版社校
点本，1988年，上海（此注蒙章明斐馆员帮助查核原文，谨致谢意）。

明永乐帝迁都北京述议

【题记】本文《明永乐帝迁都北京述议》，为1983年中国古都学会在西安举行第一届学术研讨会提交的论文，载于《中国古都研究》，浙江人民出版社，1985年。

中国自前燕至清朝奠都北京者都是塞北民族[①]，仅明例外。明永乐帝朱棣由南京迁都北京，是中国都城史的一个转折点。它承元大都而启清京师，北京由是历元、明、清三代，成为中国封建社会后期统一的多民族国家的政治中心，长达六个多世纪。兹据史籍所载，略加钩稽，将永乐帝迁都北京的历史渊源、错综原因、繁复过程和深巨影响，做如下述议。

一

京师是国家的政治中心，《公羊传》载："京师者何？天子之居也。京者何？大也。师者何？众也。"[②] 京师为帝王生活居住之所，实则是国家的政治重心。因此，建邦定鼎为一代盛事。如汤始居亳，作《帝诰》[③]。武王克商，以思定都而夜不成寐。史载：

> 武王至于周，自夜不寐。周公旦即王所，曰："曷为不寐？"王曰："告女：……自洛汭延于伊汭，居易毋固，其有夏之居。我南望三涂，北

---

① 此系指前燕、辽、金、元、明、清而言。
② 《公羊传》，桓公九年，《十三经注疏附校勘记》本，中华书局影印本，1980年，北京。
③ 《史记·殷本记》，第3卷，中华书局校点本，1959年，北京。

望岳鄙，顾詹有河，粤詹雒、伊，毋远天室。"①

周公赞成，后经相勘、得卜，遂营东都洛阳②。

及明洪武帝朱元璋起兵，询取天下大计，冯国用对曰："金陵龙蟠虎踞，帝王之都，先拔之以为根本"③，因俾居幕府。朱元璋于至正十五年（1355年）渡江克太平后，欲取金陵，当涂儒士陶安进言："金陵古帝王都，龙蟠虎踞，限以长江之险，若取而有之，据其形胜，以临四方，何向不克？"④陶安所言合朱元璋意，因受礼遇甚厚。其后，海宁人叶兑献书论取天下之大纲言：

> 今之规模，宜北绝李察罕（察罕帖木儿），南并张九四（士诚），扶温、台，取闽、越，定都建康，拓地江、广，进则越两淮以北征，退则画长江而自守。夫金陵古称龙蟠虎踞，帝王之都，藉其兵力、资财，以攻则克，以守则固。⑤

朱元璋纳叶兑之议，其时仅有半壁河山。元至正十六年（1356年）三月，他夺取集庆（金陵）后，周览城郭，遍阅形胜，见钟阜龙盘，石城虎踞，对徐达等言：

> 金陵险固，古所谓长江天堑，真形胜地也。仓廪实，人民足，吾今有之，诸公又能同心协力，以相左右，何功不成！⑥

朱元璋命儒士赋钟山诗，邓伯言献诗云："鳌足立四极，钟山一蟠龙。"⑦朱元璋拍案诵之，伯言误以为明太祖震怒，惊死墀下，扶出东华门始苏。

元至正十六年（1356年），朱元璋命"改集庆路为应天府"⑧，准备奠都应天。

---

① 《史记·周本记》，第4卷，中华书局校点本，1959年，北京。
② 《尚书·大诰》，《十三经注疏附校勘记》，中华书局影印本，1980年，北京。
③ 《明史·冯胜传附兄国用传》，第129卷，中华书局校点本，1974年，北京。
④ 《明史稿·陶安传》，清钞本。
⑤ 《明史·叶兑传》，第135卷，中华书局校点本，1974年，北京。
⑥ 《明太祖实录》，第4卷，丙申年（至正十六年）三月辛卯，台北中研院历史语言研究所校勘本，1962年，台北。
⑦ 郎瑛：《七修类稿》，第12卷，中华书局，1959年，北京。
⑧ 《明史·太祖本纪一》，第1卷，中华书局校点本，1974年，北京。

至正二十六年（1366年），又命改筑应天城。《明太祖实录》载：

> 八月庚戌朔，拓建康城。初，建康旧城西北控大江，东进〔尽〕白下门外，距钟山既阔远，而旧内在城中，因元南台为宫，稍卑隘。上乃命刘基等卜地定，作新宫于钟山之阳，在旧城东白下门之外二〔三〕里许，故增筑新城，东北尽钟山之趾，延亘周回凡五十余里。规制雄壮，尽据山川之胜焉。①

翌年八月，圜丘、社稷、宫殿建成。

洪武元年（1368年）正月，朱元璋在金陵即皇帝位。三月，破汴梁②。后朱元璋到汴梁巡视，并部署向大都进军。时北方兵事频繁，为转输军饷，进兵朔漠，需要设置一个军事后方基地，以作策应，于是仿周、汉两京之制，下诏曰：

> 朕惟建邦基以成大业，兴王之根本为先；居中夏而治四方，立国之规模最重。……朕观中原土壤，四方朝贡，道里适均，父老之言，乃合朕意。然立国之规模固重，而兴王之根本不轻。其以金陵为南京，大梁为北京。③

明太祖朱元璋诏以金陵为南京，汴梁为北京，两京并称。

洪武二年（1369年）九月，明除建南、北两京外，以临濠（凤阳）为帝乡④，诏建中都，曰："临濠则前江后淮，以险可恃，以水可漕，朕欲以为中都，如何？"⑤群臣称善。于是命有司如南京之制，建置中都城池宫阙。洪武五年（1372

---

① 《明太祖实录》，第21卷，丙午年（至正二十六年）八月庚戌朔，台北中研院历史语言研究所校勘本，1962年，台北。
② 《明太祖实录》，第31卷，洪武元年三月己亥，台北中研院历史语言研究所校勘本，1962年，台北。
③ 《明太祖实录》，第34卷，洪武元年八月己巳朔，台北中研院历史语言研究所校勘本，1962年，台北。
④ 黄光昇：《昭代典则》，万卷楼刊本，明万历二十八年（1600年）。
⑤ 《明太祖实录》，第45卷，洪武二年九月癸卯，台北中研院历史语言研究所校勘本，1962年，台北。

年）正月，"定中都城基址，周围四十五里"①。兴建之后，城周五十里，立九门，中为皇城，周九里，立四门②。后诚意伯刘基乞归乡里，行前奏言："凤阳虽帝乡，然非天子所都之地。虽已置中都，不宜居。"③刘基之奏，受到朱元璋的重视④。洪武八年（1375 年）四月，以营建中都劳费繁重，"罢营中都"⑤。

明初南、北、中三都，中都既罢，唯余两京。洪武十一年（1378 年）正月，诏"改南京为京师"⑥，正式以南京为国都。南京虽偎山环江，地富民殷，但不便控驭大漠，反易为朔北所制，已为六朝、南唐和两宋的历史所证明。洪武帝征于历史鉴戒和面临北元威胁，时有国都北迁之意，迁都地点在长安、洛阳、汴梁和北平四城之间筹虑。

长安被山带河，四塞为固。张良曾言："夫关中左殽、函，右陇、蜀，沃野千里，南有巴蜀之饶，北有胡苑之利，阻三面而守，独以一面东制诸侯。诸侯安定，河、渭漕挽天下，西给京师；诸侯有变，顺流而下，足以委输。此所谓金城千里，天府之国也。"⑦长安昔为强汉盛唐都城，自然为明臣献议迁都之所。早在洪武三年（1370 年），御史胡子祺上书"请都关中，帝称善"⑧。其理由略谓：

> 天下形胜地可都者四：河东地势高，控制西北，尧尝都之，然其地苦寒；汴梁襟带河、淮，宋尝都之，然其地平旷，无险可凭；洛阳周公卜之，周、汉迁之，然嵩、邙非有殽函、终南之阻，涧、瀍、伊、洛非有泾、渭、灞、浐之雄。夫据百二河山之胜，可以聳诸侯之望，举天下莫关中若也。⑨

---

① 《明太祖实录》，第 71 卷，洪武五年正月甲戌，台北中研院历史语言研究所校勘本，1962 年，台北。
② 《明史·地理志一》，第 40 卷，中华书局校点本，1974 的，北京。
③ 《明太祖实录》，第 99 卷，洪武八年四月丁巳，台北中研院历史语言研究所校勘本，1962 年，台北。
④ 《明史·刘基传》，第 128 卷，中华书局校点本，1974 年，北京。
⑤ 《明史·太祖本纪二》，第 2 卷，中华书局校点本，1974 年，北京。
⑥ 《明史·地理志一》，第 40 卷，中华书局校点本，1974 年，北京。
⑦ 《史记·留侯世家》，第 55 卷，中华书局校点本，1974 年，北京。
⑧ 《明史·胡广传》，第 147 卷，中华书局校点本，1974 年，北京。
⑨ 《明史·兴宗孝康皇帝传》，第 115 卷，中华书局校点本，1974 年，北京。

朱元璋韪其言，遣皇太子朱标巡视陕西①。后终以漕运不便等因而止。

洛阳周初为都邑，于"涧水东，瀍水西"②。它东压江淮，西挟关陇，北依邙山，南望伊阙，曾为九朝之都。皇太子朱标欲迁都洛阳。洪武二十四年（1391年）十月，"皇太子还自陕西"③。朱标巡视关、洛之后，"志欲定都洛阳，归而献地图"④。不久太子标死，迁都洛阳之议搁置。

汴梁地处中州平原，曾为七朝都会。它北临黄河，南襟平原，东有淮、颍，西扼函、崤，"华夷辐辏，水陆会通"⑤。汴梁为宋之旧京，朱元璋谕若"建都于彼，供给力役，悉资江南，重劳其民"⑥而罢。

北平之名始于洪武元年（1368年）："诏改大都路为北平府。"⑦北平昔为元都，宫室完备；又"右拥太行，左注沧海，抚中原，正南面，枕居庸，奠朔方"⑧，也为朱元璋议奠都之选。史载：

> 皇祖既克元都，置北平布政司，亲策问廷臣："北平建都可以控制胡虏，比南京何如？"翰林修撰鲍频谓："胡主起自沙漠，立国在燕，及是百年，地气已尽。南京兴王之地，不必改图。"遂都南京。⑨

洪武帝初欲建都北平之意，"以修撰鲍频力谏而止"⑩。

朱元璋虽不奠周、秦、汉、唐、宋、元之都——长安、洛阳、汴梁、北平，而定鼎金陵，但仍拟迁都："本欲迁都，今朕年老，精力已倦；又天下新定，不欲劳民"⑪，且太子标已死，心志颓沮，遂致迁都之议寖疏。

---

① 《明太祖实录》，第211卷，洪武二十四年八月乙丑，台北中研院历史语言研究所校勘本，1962年，台北。

② 《尚书·洛诰》，《十三经注疏附校勘记》，中华书局影印本，1980年，北京。

③ 《明太祖实录》，第214卷，洪武二十四年十一月庚戌，台北中研院历史语言研究所校勘本，1962年，台北。

④ 姜清：《姜氏秘史》，第2卷，《金陵全书》（乙编）本。

⑤ 《五代会要》，第26卷，上海古籍出版社，1978年，上海。

⑥ 《明太祖实录》，第45卷，洪武二年九月癸卯，台北中研院历史语言研究所校勘本，1962年，台北。

⑦ 《明太祖实录》，第34卷，洪武元年八月壬午，台北中研院历史语言研究所校勘本，1962年，台北。

⑧ 陶宗仪：《南村辍耕录》，第21卷，中华书局校点本，1959年，北京。

⑨ 蒋一葵：《长安客话》，第1卷，北京古籍出版社，1980年，北京。

⑩ 孙承泽：《春明梦余录》，第1卷，清乾隆内府刻本。

⑪ 顾炎武：《天下郡国利病书》，第13卷，北京图书馆藏本。

<h1 style="text-align:center">二</h1>

永乐帝发动"靖难之役",攻占南京,夺取皇位后,"思继志之所先,惟都邑之为重"[①],准备由南京迁都北平。他迁都北平并不完全是为着"继高皇之先志",而是在运筹地理与历史、军事与民族、政治与社会等诸种因素之后,做出的一项重大决策。

北京地理条件优越和建都历史悠久,是永乐帝迁都的一个原因。《析津志》载:"自古建邦之国,先取地理之形势。"[②]北京气候温和,位于三角形华北大平原的顶点,地当华北平原与西北蒙古高原和东北松辽平原之间各条通道的枢纽。正如《顺天府志》所载:

> 燕环沧海以为池,拥太行以为险。枕居庸而居中以制外,襟河济而举重以驭轻。东西贡道,来万国之朝宗;西北诸关,壮九边之雉堞。万年强御,百世治安。[③]

上述记载虽有张饰,但说明北京"内跨中原,外控朔漠"[④]的地理位置宜于定都。

然而,北京优越的地理位置古已有之。当其自然条件与历史条件相结合时,才成为明朝建都的重要因素。在中国历史上,自前燕以降,政治中心自西趋东转移,"慕容儁窃据平州,遂并河北;唐代渔阳倡乱,藩镇之祸与李柷相终始;契丹既得燕、云,遂以残灭石晋;女真窃踞河北,遂以侵凌建康;自元以后,知其地险要,为国家命脉所系,相因建都"[⑤]。自慕容儁都蓟城肇其端,安禄山以范阳为燕京继其后,经辽南京、金中都,直至元大都,北京逐渐成为中国政治中心。朱元璋灭元之后定都金陵,既为形势所趋,又有悖于大势。

北京所处战略地位和明初民族矛盾,是永乐帝迁都的另一原因。

洪武元年(1368年)八月,明右丞相徐达率师攻克大都[⑥],元顺帝北走。据

---

① 杨荣:《杨文敏集·皇都大一统赋》,《日下旧闻考》,北京古籍出版社,1981年,北京。
② 熊梦祥:《析津志辑佚》辑钞本,北京古籍出版社,1983年,北京。
③ 《万历顺天府志》,第1卷,中国书店影印本,1959年,北京。
④ 孙承泽:《天府广记》,清钞本,第37卷,北京古籍出版社,1983年,北京。
⑤ 郑定谟:《北京建都考》,《地理杂志》,1916年第7卷第3期。
⑥ 《永乐顺天府志》,第11卷,清光绪十二年(1886年)江阴缪氏艺风堂抄《永乐大典》本。

《蒙兀儿史记》载:"失我大都兮，冬无宁处。"① 故元势力不甘心于失败，仍欲重踞北平，"元主北奔，命扩廓帖木儿复北平"②。

明初蒙古贵族势力的猖獗，同朱元璋对故元势力的下述政策不无关系。即徐达率师直捣大都，行前达奏曰:"元都克，而其主北走，将穷追之乎？"明太祖答以"元运衰矣，行自澌灭，不烦穷兵。出塞之后，固守封疆，防其侵轶可也。"③ 明军夺得大都之后，元统虽亡而实力犹存，"引弓之士，不下百万众也"④! 朱元璋未能利用时机，命将出塞，蹂林祭纛，三鼓而歼，是铸成"边境之祸，遂与明终始"⑤ 的一个症结。

明朝初年，北平"三面邻虏"⑥。明廷将主要兵力部署在以北平为中心的长城一线；政治中心在南京，而军事重心实际上在北平。从洪武金陵肇基，至永乐金台定鼎的半个世纪，北平在军事冲突与民族矛盾中，逐渐地由全国军事中心向政治中心过渡。

洪武年间，先后五次大规模地对蒙古用兵。洪武三年（1370年），徐达率军攻王保保，克应昌后，还师北平⑦。洪武五年（1372年），蓝玉率师追击王保保，至土剌河⑧。洪武七年（1374年），蓝玉率军败脱因帖木儿，拔兴和⑨。洪武十三年（1380年），沐英督师攻脱火赤，至和林⑩。洪武二十年（1387年），冯胜率军二十万由北平出师，败故元太尉纳哈出⑪。洪武时连年"西征敦煌，北伐沙漠"⑫，均以北

---

① 《蒙兀儿史记》，第17卷，中华书局，1962年，北京。
② 《明太祖实录》，第37卷，洪武元年十二月丁卯朔，台北中研院历史语言研究所校勘本，1962年，台北。
③ 《明史·徐达传》，第125卷，中华书局校点本，1974年，北京。
④ 谷应泰:《明史纪事本末》，第10卷，中华书局校点本，1977年，北京。
⑤ 《明史·鞑靼传》，第327卷，中华书局校点本，1974年，北京。
⑥ 《明神宗实录》，第576卷，万历四十六年十一月乙卯，台北中研院历史语言研究所校勘本，1962年，台北。
⑦ 《明太祖实录》，第52卷，洪武三年五月丁酉，台北中研院历史语言研究所校勘本，1962年，台北。
⑧ 《明太祖实录》，第70卷，洪武五年三月丁卯，台北中研院历史语言研究所校勘本，1962年，台北。
⑨ 《明太祖实录》，第88卷，洪武七年四月己亥，台北中研院历史语言研究所校勘本，1962年，台北。
⑩ 《明太祖实录》，第130卷，洪武十三年三月壬子，台北中研院历史语言研究所校勘本，1962年，台北。
⑪ 《明太祖实录》，第182卷，洪武二十年六月丁未，台北中研院历史语言研究所校勘本，1962年，台北。
⑫ 《明史·太祖本纪二》，第2卷，中华书局校点本，1974年，北京。

平为军事基地。在同故元势力征战中建树功勋的魏国公徐达、曹国公李文忠、宋国公冯胜、卫国公邓愈、郑国公常茂、信国公汤和、颖川侯傅友德、永嘉侯朱亮祖、景川侯曹震、营阳侯杨景、永城侯薛显、淮安侯华云龙等，均先后镇守北平，"修理城池，练兵训将，以备边陲"①。

永乐帝朱棣，曾先后七征蒙古。洪武二十三年（1390年），攻故元太尉乃儿不花②。洪武二十九年（1396年），擒元将孛林帖木儿③。永乐八年（1410年），征鞑靼本雅失里，至斡难河④。永乐十二年（1414年），征瓦剌马哈木⑤。永乐二十年（1422年）⑥、二十一年（1423年）⑦、二十二年（1424年）⑧，三征鞑靼阿鲁台。明初北征凡三路：东路出山海关，入辽东；中路出古北口，至土剌河；西路出居庸关，临溺水——均以北平为始终点。

北平在上述军事冲突与民族争局中，战略地位日趋重要。北平三面近塞，边防大重。东起鸭绿，西抵嘉峪，绵亘万里，分设九边——辽东、宣府、大同、延绥、宁夏、甘肃、蓟州、太原和固原⑨。它以山海关和居庸关为东西门户，联结九边，抵御蒙古，北控朔漠，以固疆域。

燕京优越的地理位置和重要的战略地位，加强了燕王的政治力量和军事实力，为其"靖难之役"取胜提供了重要条件；而"靖难之役"的一个结果，则使北平成为明代的都城。

北京为燕王"龙兴之地"及其"逆取皇位"之地，是永乐帝迁都又一个原因。

---

① 《明太祖实录》，第78卷，洪武六年正月壬子，台北中研院历史语言研究所校勘本，1962年，台北。

② 《明太祖实录》，第200卷，洪武二十三年三月乙丑，台北中研院历史语言研究所校勘本，1962年，台北。

③ 《明太祖实录》，第245卷，洪武二十九年三月甲子，台北中研院历史语言研究所校勘本，1962年，台北。

④ 《明太宗实录》，第71卷，永乐八年七月癸未，台北中研院历史语言研究所校勘本，1962年，台北。

⑤ 《明太宗实录》，第91卷，永乐十二年三月庚寅，台北中研院历史语言研究所校勘本，1962年，台北。

⑥ 《明太宗实录》，第122卷，永乐二十年三月戊寅，台北中研院历史语言研究所校勘本，1962年，台北。

⑦ 《明太宗实录》，第126卷，永乐二十一年三月庚寅，台北中研院历史语言研究所校勘本，1962年，台北。

⑧ 《明太宗实录》，第129卷，永乐二十二年四月己酉，台北中研院历史语言研究所校勘本，1962年，台北。

⑨ 《明史·兵志三》，第91卷，中华书局校点本，1974年，北京。

　　北平在洪武后期，实际上已在逐渐地向全国政治中心转化。早在洪武三年（1370年），朱棣被封为燕王。燕王左相华云龙即经画"建燕邸，增筑北平城"①。洪武十三年（1380年），燕王就国之后，北平地位更为重要。洪武二十三年（1390年），朱棣败故元太尉乃儿不花后，洪武帝诏曰："清沙漠者，燕王也。"②两年之后，即洪武二十五年（1392年）三月，皇太子朱标死后第三日，明太祖欲立燕王朱棣为皇太子。他在东角门谕廷臣③，三修《明太祖实录》载：

　　　"朕第四子贤明仁厚，英武似朕。朕欲立为太子，何如？"翰林〔院〕
　　学士刘三吾进曰："陛下言是，但置秦、晋二王于何地？"上不及对，因
　　大哭而罢。④

朱元璋纳刘三吾议，立"皇孙世嫡承统"⑤。

　　洪武二十六年（1393年），命北平属卫将校悉听燕王节制，所有军务"一奏朝廷，一启王知，永著于令"⑥。时北方诸王中，秦王樉（治西安）、晋王㭎（治太原）、代王桂（治大同）、辽王植（治广宁）、谷王橞（治宣府）、宁王权（治大宁），燕王权最大且最重，似有分庭抗礼之势。至朱元璋晚年，太子标、次子秦王、三子晋王⑦相继死去，其身后的政治权力重心已移向四子燕王朱棣。

　　洪武三十一年（1398年）五月，朱元璋病重，敕都督杨文等曰：

---

　　① 《明史·华云龙传》，第130卷，中华书局校点本，1974年，北京。
　　② 《明太祖实录》，第201卷，洪武二十三年闰四月癸亥朔，台北中研院历史语言研究所校勘本，1962年，台北。
　　③ 夏燮：《明通鉴·义例》载："《永乐实录》中有'皇考本欲立朕'语，则预改《太祖实录》东阁门召谕群臣，增入'国有长君，吾欲立燕王'，又增入刘三吾对'置秦、晋二王于何地'语；以肃清沙漠为一人之功，则预于《太祖实录》中窜入'晋王无功'及'欲构陷成祖'之语……种种伪撰，无非欲以《太祖实录》为之张本，此再修、三修之所由来也。王氏《史稿》不察其伪，据以入之二祖《本纪》及齐、黄诸人传中，而至于东阁门召对所云'欲立燕王'者，明人野史皆知其伪而删之。《史稿》乃于《三吾传》中，据《成祖实录》又增入'燕王神武似朕'之语，凡此之类，后修《明史》大半删去，可谓谨严之笔，今一依之。"
　　④ 《明太祖实录》，第217卷，洪武二十五年三月戊寅，台北中研院历史语言研究所校勘本，1962年，台北。
　　⑤ 《明史·刘三吾传》，第137卷，中华书局校点本，1974年，北京。
　　⑥ 《明太祖实录》，第226卷，洪武二十六年三月丙辰，台北中研院历史语言研究所校勘本，1962年，台北。
　　⑦ 《明太祖实录》，第256卷，洪武三十一年三月己未，台北中研院历史语言研究所校勘本，1962年，台北。

朕子燕王在北平。北平〔乃〕中国之门户。今以尔为总兵，往北平参赞燕王。以北平都司、行都司并燕、谷、宁三府，护送选拣精锐马步军士，随燕王往开平堤备。一切号令皆出自王，尔奉而行之。大小官军，悉听节制。①

上述"燕王总帅诸王防边"②的敕谕，虽旨在防御蒙古贵族骑兵乘难南犯，却加强了燕王的政治与军事的地位。半月之后，朱元璋病危。他在死前十天，颁诏曰：

朕之诸子，汝独才智，克堪其任。秦、晋已薨，汝实为长，攘外安内，非汝而谁？已命杨文总北平都司、行都司等军，郭英总辽东都司并辽府护卫，悉听尔节制。尔其总率诸王，相机度势，用防边患，乂安黎民，以答上天之心，以副吾〔朕〕付托之意。③

尽管上述史料对辽王是否亦在燕王节制中有着不同见解④，但其时"燕王居长，故令之率六王防边"⑤，似无异议。然而，后来历史发展出乎朱元璋之所料，边境尚靖，祸起萧墙。上引诏书说明，燕王封国北平，不仅为明初的军事重心，而且在向着全国政治中心转移。这一转移的关键是燕王在"靖难之役"中攘取皇位。

洪武帝死后，南京与北平，在军事力量的对比上，北平居于优势。燕王朱棣抓住时机，由僧"道衍首赞密谋，发机决策"⑥，兴师问难。相传一日寒甚，道衍侍

① 《明太祖实录》，第257卷，洪武三十一年五月戊午，台北中研院历史语言研究所校勘本，1962年，台北。
② 谷应泰：《明史纪事本末》，第10卷，中华书局校点本，1977年，北京。
③ 《明太祖实录》，第257卷，洪武三十一年五月乙亥，台北中研院历史语言研究所校勘本，1962年，台北。
④ 夏燮《明通鉴》第11卷，洪武三十一年五月戊午："诏都督杨文从燕王棣，武定侯郭英从辽王植，备御开平，均命听二王节制。"《考异》曰：《三编·发明》云："考《明太祖实录》，是年四月乙酉，敕燕王防秋；五月甲寅，帝不豫；戊午，敕都督杨文、郭英；乙亥，再敕燕王节制诸军，此皆重修之《太祖实录》，不可尽信。"又云："二十八年，秦王卒，是年三月，晋王卒。燕虽势居宠逼，然节制之命，岂足为易储之据哉！"据此，则防边之敕，出自《实录》之后改者。今考洪武二十三年，命晋、燕二王防边，令傅友德从燕王，王弼从晋王，俱听节制，是听晋、燕二王节制也，是年书法同，则谓杨文之从燕王，郭英之从辽王，亦是听燕、辽二王节制耳，非与辽王共听燕王节制也。今据《太祖实录》，出于四、五两月，而删去'燕王总制诸军'语"。又见《明太祖实录校勘记》本卷。
⑤ 夏燮：《明通鉴》，第11卷，洪武三十一年四月"考异"，中华书局校点本，1959年，北京。
⑥ 《明史·姚广孝传》，第145卷，中华书局校点本，1974年，北京。

燕王宴。燕王命句云："天寒地冻，水无一点不成冰。"道衍对曰："国乱民愁，王不出头谁作主！"①自是"靖难"之谋遂决。燕王朱棣率师南进，受到建文帝的顽强抵拒，历时四年，攻占南京，夺得皇位，改元永乐，是为明成祖。成祖即位，论功封爵者二公、十三侯②，均为其"熊罴之宿将，帷幄之谋臣"③。他们多为北平都司属下将校，尤以燕山三护卫将校为主④。朱棣皇位依靠的主要力量，是其做燕王时的文臣武将和北方籍的勋贵缙绅。这些谋臣宿将与勋贵缙绅，久居燕土，受赐庄田，恒定产业，随燕王起兵，功高爵显，愿意明都北迁。

与此相反，"靖难之役"使江淮缙绅与建文勋贵受到沉重打击。先是，明初朱元璋对江淮豪富采取高压政策。但是，建文帝即位后，一反其乃祖对江南地主的压抑政策，而修好同他们的关系，并取得他们的支持。然而，朱棣夺取皇位后，对江淮缙绅与北方缙绅，采取抑前扬后之政策，而对燕邸宿将与建文诸臣，则采取奖前戮后之举措。朱棣下令屠杀建文诸臣即为一例：

> 乃若受戮之最惨者，方孝孺之党，坐死者八百七十人；邹瑾之案，诛戮者四百四十人；练子宁之狱，弃市者一百五十人；陈迪之党，杖戍者一百八十人；司中之系，姻娅从死者八十余人。胡闰之狱，全家抄提者二百十七人；董镛之逮，姻族死戍者二百三十人；以及卓敬、黄观、齐泰、黄子澄、魏冕、王度、卢原质之徒，多者三族，少者一族也！⑤

但是，"一时忠义如林，蹈九死而不悔"⑥。如御史景清，早朝怀刀而入，欲为故主报仇，被诏磔于市，清骂不绝口而死。永乐帝昼寐梦清绕梁犯驾⑦，以为其化为鬼厉，日夜惴恐不安。这促使其迁都至"龙兴之地"北平，以巩固"横贪天位"⑧后之统治。

前述永乐帝朱棣由南京迁都北京的地理、历史、军事、民族、政治与社会诸

① 蒋一葵：《长安客话》，第 2 卷，北京古籍出版社，1980 年，北京。
② 《明史·功臣世表二》，第 106 卷，中华书局校点本，1974 年，北京。
③ 《明史·功臣世表一》，第 105 卷，中华书局校点本，1974 年，北京。
④ 《明史·兵志二》，第 90 卷，中华书局校点本，1974 年，北京。
⑤ 谷应泰：《明史纪事本末》，第 18 卷，中华书局校点本，1977 年，北京。
⑥ 《御制通鉴纲目三编》，第 3 卷，《四部丛刊》本。
⑦ 夏燮：《明通鉴》，第 13 卷，建文四年八月丙寅，中华书局校点本，1959 年，北京。
⑧ 谷应泰：《明史纪事本末》，第 16 卷，中华书局校点本，1977 年，北京。

种因素，是既相联系又相区别的。北京的地理位置、明初的民族矛盾等，都是前已存在的客观条件。燕王以北平起兵夺取皇位，则是利用上述诸种条件，促成北京作为明代都城历史命运的直接动因。这种历史发展必然性和偶然性的统一，使永乐帝由南京迁都北京。

三

永乐帝由南京迁都北京，经过了十八年的曲折历史过程。

朱棣南都北迁，始自礼部尚书李至刚"首发建都北平议"[①]。永乐元年（1403年）正月，李至刚等疏言：

> 自昔帝王或起布衣平定天下，或由外藩入承大统，而于肇迹之地，皆有升崇。切见北平布政司，实皇上承运兴王之地，宜遵太祖高皇帝中都之制，立为京都。制曰："可，其以北平为北京。"[②]

北平改名为北京，并升北京为陪都。

为着营建北京，迁移九鼎，进行了大规模的工作：

第一，移民充实北京。北京在元末明初，屡经战乱，灾疫频仍，土地荒芜，百姓流移。如洪武二年（1369年），顺天府有一万四千九百七十四户，四万八千九百七十三口；民地七百八十顷余[③]。加上宛平、大兴、昌平、良乡和怀柔五县，总计二万二千户，七万零五百一十三口，官民地一千零八十七顷余。朱棣登极，即先后多次颁诏北京地区免赋、赈灾、移民、垦田。如建文四年（1402年）九月，命"徙山西民无田者实北平，赐之钞，复五年"[④]。永乐元年（1403年）八月，定

① 《明史·李至刚传》，第151卷，中华书局校点本，1974年，北京。
② 《明太宗实录》，第16卷，永乐元年正月辛卯，台北中研院历史语言研究所校勘本，1962年，台北。
③ 《永乐顺天府志》，第8卷，清光绪十二年（1886年）江阴缪氏艺风堂抄《永乐大典》本，北京大学图书馆藏。
④ 夏燮：《明通鉴》，第13卷，建文四年九月乙未，中华书局校点本，1959年，北京。

《罪囚北京为民种田例》^①；同年十一月，将罪人"悉发北京境内屯种"^②；又命"徙直隶、苏州等十郡，浙江等九省富民实之"^③。

第二，治河通漕转输。先是北平转漕东南，水陆兼挽，仍元之旧，参用海道。及营建北京，疏通大运河，以治卫、闸、河、湖等于转输尤急。永乐元年（1403年），开卫河，"令河南车夫由陆运入卫河，转输北京"^④。永乐五年（1407年），发民丁二十万，疏修"自昌平县东南白浮村至西湖景东流水河口一百里"^⑤淤塞河道，并增置闸门。永乐六年（1408年），设德州至北京陆路递运所^⑥，除水路外增加陆路运输。永乐九年（1411年），发民工三十万开闸河（即会通河），北至临清与卫河会，南出茶城与黄河合，二百天工成。永乐十三年（1415年），凿清江浦，导湖水入淮，漕船直航于河。"自是漕运直达通州，而海、陆运俱废"^⑦。至永乐十六年（1418年），岁运北京粮四百六十四万余石^⑧，后多至五百万石并砖木瓦石。

第三，伐木采石备料。永乐四年（1406年）闰七月，诏建北京宫殿^⑨，分遣大臣宋礼等采木于四川、湖广、江西、浙江、山西等处。如派师逵往湖湘，以"十万众入山辟道路"^⑩，采木料；派古朴"采木江西"^⑪；派刘观"采木浙江"^⑫等。并凿石、烧灰、制砖、做瓦，运集京师。其时顺天、河南、山东、山西、陕西等水旱

---

① 《明太宗实录》，第22卷，永乐元年八月己巳，台北中研院历史语言研究所校勘本，1962年，台北。

② 《明太宗实录》，第25卷，永乐元年十一月戊戌，台北中研院历史语言研究所校勘本，1962年，台北。

③ 《御制通鉴纲目三编》，第4卷。又见《明太宗实录》永乐元年八月甲戌："简直隶、苏州等十郡，浙江等九布政司富民实北京"；永乐二年九月丁卯："徙山西太原、平阳、泽、潞、辽、沁、汾民一万户实北京。"

④ 《明史·郁新传》，第150卷，中华书局校点本，1974年，北京。

⑤ 《明太宗实录》，第67卷，永乐五年五月丁卯，台北中研院历史语言研究所校勘本，1962年，台北。

⑥ 《明太宗实录》，第86卷，永乐六年十二月辛丑，台北中研院历史语言研究所校勘本，1962年，台北。

⑦ 《明史·河渠志三》，第85卷，中华书局校点本，1974年，北京。

⑧ 《明太宗实录》，第207卷，永乐十六年十二月乙巳，台北中研院历史语言研究所校勘本，1962年，台北。

⑨ 《明太宗实录》，第57卷，永乐四年闰七月壬戌，台北中研院历史语言研究所校勘本，1962年，台北。

⑩ 《明史·师逵传》，第150卷，中华书局校点本，1974年，北京。

⑪ 《明史·古朴传》，第150卷，中华书局校点本，1974年，北京。

⑫ 《明史·刘观传》，第51卷，中华书局校点本，1974年，北京。

频仍，民至"剥树皮、掘草根以食"①，但备料转输、工程营建仍加紧进行。

第四，征发夫役工匠。自永乐五年（1407 年），实始营建北京。其时兴工大役，不减于洪武帝之创制南京宫阙城池。如永乐九年（1411 年），谭广以大宁都指挥佥事"董建北京"②。永乐十五年（1417 年），薛禄以行在后军都督董理北京营造③。是为军兵营建北京之两例。同年三月，因民夫、军兵力役不足，又诏"杂犯死罪及徒、流以下，悉纵还家，营路费，赴京输役赎罪"④。民夫、军兵、罪犯执役外，还有工匠。叶宗人为钱唐县令。是年"督工匠往营北京"⑤。是为工匠亦役及直省的例证。其时，营造北京，夫役钜万，劳作烦苦，多有病者，邝埜奉命稽省病者⑥。在京钜万民夫、军兵、工匠、罪役，营造宫殿城池。

第五，营建宫殿城阙。永乐四年（1406 年）闰七月，诏建北京宫殿⑦。永乐十二年（1414 年）八月，朱棣车驾至北京，"御奉天殿，文武群臣上表贺"⑧。永乐十三年（1415 年）三月，"修北京城垣"⑨。永乐十四年（1416 年）十一月，复诏群臣议营建北京宫殿。其时，夫役征发，漕运通畅，砖木齐集，规划已定。于是，六部尚书等文职官吏上疏，请大规模地兴建北京宫殿，略谓：

> 伏惟北京，圣上龙兴之地。北枕居庸，西峙太行，东连山海，南俯中原，沃壤千里，山川形胜，足以控四夷，制天下，诚帝王万世之都也。……伏乞早赐圣断，敕所司择日兴工，以成国家悠久之计，以副臣民之望。⑩

---

① 《明史·邹缉传》，第 164 卷，中华书局校点本，1974 年，北京。
② 《明史·谭广传》，第 155 卷，中华书局校点本，1974 年，北京。
③ 《明史·薛禄传》，第 155 卷，中华书局校点本，1974 年，北京。
④ 《明太宗实录》，第 186 卷，永乐十五年三月丙申，台北中研院历史语言研究所校勘本，1962 年，台北。
⑤ 《明史·叶宗人传》，第 2 卷，中华书局校点本，1974 年，北京。
⑥ 《明史·邝埜传》，第 281 卷，中华书局校点本，1974 年，北京。
⑦ 《明太宗实录》，第 57 卷，永乐四年闰七月壬戌，台北中研院历史语言研究所校勘本，1962 年，台北。
⑧ 《明太宗实录》，第 154 卷，永乐十二年八月辛丑朔，台北中研院历史语言研究所校勘本，1962 年，台北。
⑨ 《明太宗实录》，第 162 卷，永乐十三年三月丁巳，台北中研院历史语言研究所校勘本，1962 年，台北。
⑩ 《明太宗实录》，第 182 卷，永乐十四年十一月壬寅，台北中研院历史语言研究所校勘本，1962 年，台北。

明永乐帝允所奏。寻命"泰宁侯陈珪掌缮工事,安远侯柳升、成山侯王通副之"[1],由吴中和阮安等规划计算[2]。阮安,《明史》记载:"阮安有巧思,奉成祖命,营北京城池宫殿及百司府廨,目量意营,悉中规制,工部奉行而已。"[3]由是,兴建北京宫殿工程全面铺开。

第六,北京宫殿告成。永乐十五年(1417年),建成北京西宫[4]。永乐十七年(1419年),"拓北京南城"[5],即将原大都南城墙向南推展(至今东西长安街一线南)。但是,《明太宗实录》记载修北京城之事过于疏略,致引出康熙帝的议论:"朕遍览明代《实录》,未录实事,即如永乐修北京城之处,未记一字。"[6]至永乐十八年十一月初四日,即公历1420年12月8日,北京宫殿告成[7]。

据《明太宗实录》记载:

> 初,营建北京,凡庙社、郊祀、坛场、宫殿、门阙,规制悉如南京,而高敞壮丽过之。[8]

明永乐帝以北京坛庙、宫殿建成诏告天下。[9]

永乐十九年(1421年)正月初一日,明成祖朱棣御奉天殿受贺,并升北京为京师。北京各衙门取消"行在"二字;同时应天各衙门皆加"南京"二字,南京变为陪都。时明代政治中心在北京,而经济中心在南京,两京并建,兼取其长:

---

① 《明太宗实录》,第185卷,永乐十五年二月壬申,台北中研院历史语言研究所校勘本,1962年,台北。

② 《明史·吴中传》,第151卷,中华书局校点本,1974年,北京。

③ 《明史·金英传附阮安传》,第304卷,中华书局校点本,1974年,北京。

④ 《明太宗实录》,第187卷,永乐十五年四月癸未,台北中研院历史语言研究所校勘本,1962年,台北。

⑤ 《明太宗实录》,第218卷,永乐十七年十一月甲子,台北中研院历史语言研究所校勘本,1962年,台北。

⑥ 《清圣祖仁皇帝实录》,第273卷,康熙五十六年八月乙酉,日本东京大藏株式会社影印本,1937年,东京。

⑦ 《明太宗实录》,第231卷,永乐十八年十一月戊辰,台北中研院历史语言研究所校勘本,1962年,台北。

⑧ 《明太宗实录》,第232卷,永乐十八年十二月癸亥,台北中研院历史语言研究所校勘本,1962年,台北。

⑨ 《明太宗实录》,第233卷,永乐十九年正月戊寅,台北中研院历史语言研究所校勘本,1962年,台北。

　　盖天下财赋出于东南，而金陵为其会；戎马盛于西北，而金台为其枢。并建两京，用东南之财赋，会西北之戎马，无敌于天下矣！①

　　但是，永乐十九年（1421年）四月初八日，即明成祖朱棣在北京奉天殿行京师宫殿告成礼后九十七天，奉天、华盖、谨身三大殿罹灾尽毁②。诏求直言，廷臣多议迁都北京非便。翰林侍读学士李时勉"言营建之非"忤旨，疏被"抵之地"③，寻遭谗下狱，另一翰林侍读邹缉上疏言：

　　　　陛下肇建北京，焦劳圣虑，几二十年。工大费繁，调度甚广，冗官蚕食，耗费国储。工作之夫，动以百万，终岁供役，不得躬亲田亩，以事力作。犹且征求无艺，至伐桑枣以供薪，剥桑皮以为楮。加之官吏横征，日甚一日。如前岁买办颜料，本非土产，动科千百。民相率敛钞，购之他所。大青一斤，价至万六千贯；及进纳，又多留难，往复展转，当须二万贯钞，而不足供一柱之用。……自营建以来，工匠、小人假托威势，驱迫移徙，号令方施，庐舍已坏。孤儿寡妇，哭泣叫号，仓皇暴露，莫知所适。迁移甫定，又复驱令他徙，至有三四徙不得息者。及其既去，而所空之地，经月逾时，工犹未及。此陛下所不知，而人民疾怨者也！④

　　时主事肖仪疏言尤为激切。永乐帝曰："方迁都时，与大臣密议，久而后定，非轻举也！"⑤ 寻以肖仪为书生之见，不"足以达英雄之略"⑥，怒而杀之。

　　永乐帝怒杀肖仪以钳制非议迁都者之口，却未能指明迁都北京之重大意义。

---

　　① 《日下旧闻考》，第5卷，引《图书编》，北京古籍出版社，1981年，北京。
　　② 《明太宗实录》，第236卷，永乐十九年四月庚子，台北中研院历史语言研究所校勘本，1962年，台北。
　　③ 《明史·李时勉传》，第163卷，中华书局校点本，1974年，北京。
　　④ 《明史·邹缉传》，第164卷，中华书局校点本，1974年，北京。
　　⑤ 《明史·夏原吉传》，第149卷，中华书局校点本，1974年，北京。
　　⑥ 《日下旧闻考》，第5卷，引《衣生集》，北京古籍出版社，1981年，北京。

四

明都北迁的利弊之议，自三殿首次被灾[1]，至崇祯帝自缢，时断时续地争论了十四朝，凡二百余年。黄宗羲认为永乐帝迁都北京失算，其《明夷待访录》言：

> 或问：北都之亡忽焉，其故何也？曰：亡之道不一，而建都失算，所以不可救也。夫国祚中危，何代无之。安禄山之祸，玄宗幸蜀；吐番之难，代宗幸陕；朱泚之乱，德宗幸奉天。以汴京中原四达，就使有急，而形势无所阻。当李贼之围京城也，毅宗亦欲南下；而孤悬绝北，音尘不贯，一时既不能出，出亦不能必达，故不得已而身殉社稷。向非都燕，何遽不及三宗之事乎！

> 或曰：自永乐都燕，历十有四代，岂可以一代之失，遂议始谋之不善乎？曰：昔人之治天下也，以治天下为事，不以失天下为事者也。有明都燕不过二百年，而英宗狩于土木，武宗困于阳和，景泰初京城受围，嘉靖二十八年受围，四十三年边人阑入，崇祯间京城岁岁戒严。上下精神敝于寇至，日以失天下为事，而礼乐政教犹足观乎！江南之民命，竭于输挽，大府之金钱，靡于河道，皆都燕之为害也。

> 或曰：有王者起，将复何都？曰：金陵。……今关中人物不及吴、会久矣，又经流寇之乱，烟火聚落，十无二三，生聚教训，故非一日之所能移也。而东南粟帛，灌输天下；天下之有吴、会，犹富室之有仓库匮箧也。今夫千金之子，其仓库匮箧必身亲守之，而门庭则以委之仆妾。舍金陵而勿都，而委仆妾以仓库匮箧事；昔日之都燕，则身守夫门庭矣。曾谓治天下而智不千金之子若与！[2]

<hr/>

[1] 赵翼《廿二史劄记》第 32 卷《明宫殿凡数次被灾》载，"统计明代北京三殿两宫，各四次被灾"：永乐十九年四月，奉天、华盖、谨身三殿灾。二十年，乾清宫亦毁。正统六年九月，乾清、坤宁二宫及三殿俱告成。正德九年正月，乾清宫灾。十六年十一月，乾清宫造成。嘉靖三十六年，三殿又灾。四十一年九月，三殿告成。万历二十四年，乾清、坤宁两宫灾。二十五年，三殿复灾。三十年，重建乾清、坤宁二宫。三十二年三月，乾清宫成。天启六年九月，皇极殿成。七年八月，中极、建极殿成。崇祯十七年四月，宫殿又灾。

[2] 黄宗羲：《明夷待访录·建都》，不分卷，中华书局校点本，1981 年，北京。

黄宗羲论明亡于都失算，缺乏史据，断不可取。户枢自腐，而后生蠹。明廷专制腐朽，农民起义于西北，满洲崛兴于东北，二者撞击，明朝灭亡。至于黄宗羲论都燕之害有三，即竭于转漕、靡金河道、君守门庭，则有一二可取；但需补充一点是北京缺水。

明都北京之一弊是水源缺乏。北京不濒临大江巨河，是其作为大都会的严重缺陷。如金开金口河失败①，元凿通惠河后淤塞，有明一代京畿屡逢灾赈济，流民塞路，均足资证。

明都北京之二弊是粮食不足。北京不是农业资源富庶之区，粮食不能自给。其时中国经济重心在江南："天下财赋，大半取给东南。"②明至成化年间，"河、淮以南，以四百万供京师；河、淮以北，八百万供边境"③。京师和边防所需大量粮食仰仗漕运。于是，漕运成为北京的经济命脉：

> 今国家都燕，可谓百二山河，天府之国。但其间有少不便者，漕粟仰给东南，而运河自江而淮而黄，自黄而会，自汶而卫，盈盈衣带，不绝如线。河流一涸，则西北之腹尽枵矣。元时亦输粟以供上都，其后兼行海运。然当群雄干命之时，烽烟四起，运道梗绝，惟有束手就困。此京师之第一当虑者也。④

明代政治中心与经济中心相距过远，粮食转输，疏通漕运，需用财物，耗费甚巨。

明都北京之三弊是靡金治河。明以前治河即治河，永乐移鼎北京后，"治河即以治漕"⑤。因治河通运，"盖四百万之漕赖焉，固为国家之大计，社稷之重事"⑥。后至清代，康熙帝尝以"三藩及河务、漕运为三大事，书宫中柱上"⑦。河务不当，必误漕运。为漕挽转输，江、河、淮、运合汇，运道三千余里，此通而彼塞，尤以清口为甚。意在清口蓄清敌黄，然淮胜则运堤不保，淮弱则有黄流倒灌之虞，仅"淮安、清口一隅，施工之勤，糜帑之巨，人民、田庐之频岁受灾，未有甚于此

① 《金史·河渠志》，第 27 卷，中华书局校点本，1975 年，北京。
② 孙承泽：《山书》，第 7 卷，清钞本。
③ 谷应泰：《明史纪事本末》，第 24 卷，中华书局校点本，1977 年，北京。
④ 谢肇淛：《五杂俎》，燕京大学国学图书馆重刊本，1930 年，北京。
⑤ 王锡爵：《王文肃公文集》，第 8 卷，《明经世文编》，中华书局影印本，1962 年，北京。
⑥ 董份：《泌园集》，第 11 卷，《四库全书》本。
⑦ 《清史稿·靳辅传》，第 279 卷，中华书局标点本，1977 年，北京。

者"①。有明一代，河患较前频仍，治河耗银尤巨。治河以通漕，与明相始终。至河事大坏，而明亡矣②！

明都北京之四弊是离长城太近。北京"一墙之外，逼邻大虏"③。这固有其利（后面论述），也有其弊。明初国盛兵强，对蒙古贵族骑兵采取攻势，建都北京便于进攻；后来国衰兵弱，蒙古、满洲骑兵多次破墙而入，包围京师，九门戒严，北京地理上的弱点暴露无遗。

但是，对明都北迁之非议，正统前重在漕粮转输，正统后则重在京城戒严。

永乐帝死，洪熙帝立。精于经画而拙于远略的尚书夏原吉，疏奏"今江南民力，困于漕运，请还南京，以省供应"。洪熙元年（1425 年），命"诸司在北京者悉加'行在'二字"④。北京又变作陪都。并命修南京皇城，于明春还都南京⑤。但他两个月后死去，迁都之议束阁。

宣德帝继位后，行在礼部尚书胡濙力言漕运不便，奏请还都南京，曰："建都北京非便，请还南都，省南北转运供亿之烦。"⑥宣德帝虽嘉赞其疏，但寻以北京既有五府六部衙门，便命将"其行府、行部仍革之"⑦。

至英宗正统四年（1439 年），始命工部尚书吴中督工兴修奉天、华盖、谨身三殿和乾清、坤宁二宫⑧。正统六年（1441 年）九月，三殿二宫告成⑨。同年十一月初一日诏告中外，并命废北京各衙门署"行在"二字，南京各衙门仍增"行在"二字⑩。重新确定北京为国都，南京为陪都，南、北二京并称。

---

① 《清史稿·河渠志二》，第 127 卷，中华书局标点本，1976 年，北京。
② 《明史·河渠志三》，第 85 卷，中华书局校点本，1974 年，北京。
③ 《明神宗实录》，第 32 卷，万历三十二年十一月癸未，台北中研院历史语言研究所校勘本，1962 年，台北。
④ 《明仁宗实录》，第 8 卷下，洪熙元年三月戊戌，台北中研院历史语言研究所校勘本，1962 年，台北。
⑤ 《明仁宗实录》，第 9 卷上，洪熙元年四月癸卯，台北中研院历史语言研究所校勘本，1962 年，台北。
⑥ 《明史·胡濙传》，第 169 卷，中华书局校点本，1974 年，北京。
⑦ 《明宣宗实录》，第 46 卷，宣德三年八月辛卯，台北中研院历史语言研究所校勘本，1962 年，台北。
⑧ 《明英宗实录》，第 62 卷，正统四年十二月乙亥朔，台北中研院历史语言研究所校勘本，1962 年，台北。
⑨ 《明英宗实录》，第 83 卷，正统六年九月甲午，台北中研院历史语言研究所校勘本，1962 年，台北。
⑩ 《明英宗实录》，第 85 卷，正统六年十一月甲午朔，台北中研院历史语言研究所校勘本，1962 年，台北。

自洪武至正统，历六帝七十五年，定都北京之争初得平息。不久正统帝被俘，其后正统、嘉靖、崇祯年间，仍有人以京城危急而请迁都南京。正统末徐珵以"天命已去，惟南迁可以纾难"[①]奏；于谦以"言南迁者，可斩"[②]斥之。崇祯己巳，廷臣有言南迁者[③]；甲申，又有"三李"（邦华、明睿、建泰）等迁都南京之议[④]。但终明一代，定都北京，未再迁鼎。

北京作为明代十四朝都城，虽有四弊，但有六利，利大于弊，其影响至为深巨。

永乐帝迁都北京，加强了明廷对北方边疆的统治。顾祖禹言：

> 太宗靖难之勋既集，切切焉为北顾之虑，建行都于燕。因而整戈秣马，四征弗庭，亦势所不得已也。銮舆巡幸，劳费实繁；易世而后，不复南幸。此建都所以在燕也。[⑤]

建都在燕，为"地气"东移所必然。赵翼说：自唐以后，"地气"将自西趋东北[⑥]，即北方，特别是东北少数民族迭兴。而定都金陵，位置偏南，难于控制朔北。《五经要义》载："王者受命，创始建国，立都必居中土"[⑦]，以统制四方，控驭天下。其时明代疆域，南极海南，北至库页，北京约略居中，可以"兼制南北"[⑧]。永乐帝雄才大略，高瞻远瞩，力排众议，居中定鼎，将都城自南京北移近三千里，从而密切了同北方少数民族上层人物的联系，加强了对北疆和东北疆的统治。鲸海库页，西濛北漠，都置于明廷的统辖之下。

永乐帝迁都北京，加强了多民族国家的统一。朱棣戎马不息，出塞征战，其子孙也继续"天子守边"，这有利于巩固明初的统治自不待言。但是，正统以降，国力渐衰，塞北蒙古、东北满洲贵族不断驱骑南犯京师。正统十四年（1449年）也先"土木之变"，嘉靖二十九年（1550年），俺答"庚戌之变"，崇祯二年（1629

---

① 《明史·徐有贞传》，第 171 卷，中华书局校点本，1974 年，北京。
② 《明史·于谦传》，第 170 卷，中华书局校点本，1974 年，北京。
③ 叶盛：《水东日记》，第 7 卷，中华书局校点本，1980 年，北京。
④ 计六奇：《明季北略》，第 20 卷，清光绪十三年（1887 年）刻本。
⑤ 顾祖禹：《读史方舆纪要》，第 10 卷，《万有文库》本，商务印书馆，1937 年，上海。
⑥ 赵翼：《廿二史劄记》，第 20 卷，中华书局，1984 年，北京。
⑦ 雷次宗：《五经要义》，不分卷，艺文印书馆影印本，台北。
⑧ 纳兰性德：《通志堂集》，第 15 卷，上海古籍出版社影印本，1979 年，上海。

年）皇太极"己巳之变"，为京师困危突出三例。明以"皇帝守门"，国都当敌，城坚池深，兵力雄厚，"天下勤王"之师迅集，均使之不能得其志，饱掠京畿后飏去。《帝京景物略》载：

> 中宅天下，不若虎眠天下；虎眠天下，不若挈天下为瓶，而身抵其口。雒不如关，关不如蓟，守雒以天下，守关以关，守天下必以蓟。文皇帝得天子自守边之略，于厥初封，都燕陵燕，前万世未破斯荒，后万世无穷斯利，捶勒九边，橐箧四海！①

刘侗论述了"天子守边"的意义。事实恰与黄宗羲所论相反，如果永乐帝当时不迁都北京，那么黄河以北似不可守，可能重演南北朝国家分裂的历史悲剧。而且朝鲜史籍也载述：明成祖迁都北京是一项"固国之策"②。

永乐帝迁都北京，促进了北京地区的经济开发。北京处于华北平原农业经济和塞北高原牧业经济的交接地区，其经济不甚发达。明定都北京后，赈灾、免税、垦田、移民，仅永乐二、三两年，即徙两万人户、约十万人实北京③；又先后疏浚通济河、通惠河、昌平河、浑河等，均有利于北京地区农业的发展。北京郊区的种植、园艺、花卉等业都有了发展，蔬菜中有蔓菁（萝卜）和菘菜（白菜）等，甚至"南方蔬菜，无一不有"④。同时，全国能工巧匠荟萃于京师，建筑、烧造、军器、织染、采矿、冶铸、特艺等业大兴，如武宗时造太素殿，"改作雕峻，用银至二千万余两"⑤，除其奢靡和夸饰另论外，足见工艺之精绝。又如煤炭，邱濬载述"今京师军民百万之家，皆以石煤代薪"⑥，可证九鼎北迁，加快了北京手工业发展的步伐。另外，北京为漕运终点和贡市之地，四方财货会聚京师，并在京设店铺、榻房和会同馆。永乐二十一年（1423 年），山东巡按陈济言："今都北平，百货倍往时。"⑦尔后，京师商业更加繁荣，《皇都积胜图》中描绘正阳门外商业情景，

---

① 刘侗、于奕正：《帝京景物略·刘叙》，卷首，北京古籍出版社，1980 年，北京。
② 《李朝宣祖实录》，第 108 卷，三十二年正月丙戌，日本学习院东洋文化研究所，1959 年，东京。
③ 夏燮：《明通鉴》，第 14 卷，中华书局校点本，1959 年，北京。
④ 陆容：《菽园杂记》，第 6 卷，中华书局，1985 年，北京。
⑤ 《明史·食货志二》，第 178 卷，中华书局校点本，1974 年，北京。
⑥ 《明经世文编·守边议》，第 73 卷，中华书局影印本，1962 年，北京。
⑦ 《明史·食货志五》，第 81 卷，中华书局校点本，1974 年，北京。

恰是北京商业繁盛的写照。大明门前的棋盘街，"天下士民工贾，各以牒至，云集于斯，肩摩毂击，竟日喧嚣"①，即见一斑。总之，朱棣迁鼎燕京，于明代中国的南方与北方，综汇其所长，互补其所短。丘文庄公言："天下财赋，出于东南，而金陵为其会；戎马盛于西北，而金台为其枢。并建两京，所以宅中图治，足食足兵，据形势之要，而为四方之极者也。"②是为识见者之言。

永乐帝迁都北京，使北京成为明代全国文化中心。明代京师设立钦天监、太医院、观象台等，会集一批科学家，促进科学技术的发展。大科学家李时珍曾供职于太医院，徐霞客曾旅居京城，宋应星赴京应试后，著《天工开物》，徐光启则官至礼部尚书兼内阁大学士并著《农政全书》。明代京师设置国子监、翰林院，定期举行会试、殿试，儒士云集，畴人荟萃。自永乐十三年（1415年）乙未科，至崇祯十六年（1643年）癸未科，在京举行会试七十八科，有二万二千九百六十七人成进士。每届会试，各地举子从四面八方汇聚北京，把各地文化带到京师，而后又分散各地，传播京师文化到四域八方。还有许多外国留学生在北京肄业，后期耶稣会士来京，住留京师。徐光启、李之藻等向耶稣会士学习西方科学技术，北京成为其时中西文化交流的中心。此外，著名的文学家、书画家、戏剧家、工艺家等也荟萃京师，在北京广泛地进行文化交流。

永乐帝迁都北京，北京城成为中华文化的奇观。北京作为明代全国的政治心脏和文化大脑，在元大都殿阁园囿的基础上，兴建宫殿城池、坛庙衙署、文庙学宫、亭台园林，整座城市布局严整，层次分明，规模宏巨，建筑壮丽。北京城的核心紫禁城，其磅礴气势，其伟严格局，其瑰丽建筑，其稀世珍宝，价值之大，未可言喻。整座北京城则是一部木头、石头、砖头之书，它记录了明代的科学技术水平与文化艺术风格。明北京城不仅是中华五千年文明史上的鸿篇巨制，而且是全世界人类文明史上的伟丽奇观。

最后，永乐帝迁都北京，奠定了今天北京城的基本风貌。继明迁都北京之后，清朝又移鼎燕京。北京经过明、清两代五百年的经营，成为中华文明的重要象征。下面引述恩格斯《巴黎到伯尔尼》中的一段话："只有法国才有巴黎，在这个城市里，欧洲的文明达到了登峰造极的地步。"③恩格斯在这里讲的是巴黎，却启迪人们

① 蒋一葵：《长安客话》，第1卷，北京古籍出版社，1980年，北京。
② 顾起元：《客座赘语》，第2卷，《金陵丛刻》本，清光绪三十二年（1906年），南京大学图书馆藏。
③ [德]马克思等著：《马克思恩格斯全集》，第5卷，第550页，人民出版社，1953年，北京。

思考永乐帝迁都的北京。似可以说，只有中国才有北京，只有中国这样的伟大国家才能创造伟大的北京。在北京这座城市里，中华民族五千年的精神文明和物质文明，达到了光辉灿烂、登峰造极的境地。北京已作为中国著名古都和历史文化名城而载入史册。

京师慈寿寺塔考

【题记】本文《京师慈寿寺塔考》，原名为《慈圣太后与永安寿塔》，系笔者曾居住在北京西八里庄地区，距离该塔甚近，散步塔下，抄录碑文，查寻资料，登上塔顶，进行考察，亲自测量，数年积累，撰成此文。发表于《故宫博物院院刊》1995 年第 1 期。

慈寿寺塔高耸于今北京阜成门外八里庄玲珑园内崇冈之上，已四百一十六年。四百余年来，掌故笔记，诸多载录，文人骚客，亦多诗咏。但是，见仁见智，传信传疑，各书记述，颇多分歧。笔者寓居西八里庄，出入注目崔巍高塔，读书所得，踏查所见，信手做卡，稿簏待文。兹就慈寿寺塔之正名、原委、旨趣、建筑及其价值，粗作考略，加以评辨。

一

慈寿寺塔之正名。塔必有名，慈寿寺塔，名称歧异，殊难适从。但塔在寺中，寺之兴筑，《毂城山馆文集》①记曰：

> 命内臣卜地于阜城门外八里，得太监谷大用故地一区，宏博奥敞，允称灵域。遂出宫中供奉金若干，潞王、公主、宫眷、内侍各捐汤沐若干，仍择内臣廉干者，往董其役。率职庀工，罔敢后时。经始于万历四

---

① 《日下旧闻考》，北京古籍出版社，1981 年版，第 97 卷，第 1613 页，第 2 行《毂城山房集》，误；"房"应作"馆"，其集全称作《毂城山馆文集》。

年二月，至六年仲秋既望落成。①

寺始建于万历四年（1576 年）二月，竣工于六年（1578 年）八月十五日（9 月 16
日），赐名曰"慈寿"。从此，京师又增添一座名刹——慈寿寺。

慈寿寺内建塔，然该塔之塔名，各书记载蒙歧：

其一，永安寿塔。张居正《敕建慈寿寺碑文》载："外为山门、天王殿，左、
右列钟、鼓楼，内为永安寿塔。"②是知此塔名为"永安寿塔"。明人刘侗、于奕正
《帝京景物略》亦载："寺成，赐名慈寿，敕大学士张居正撰碑。……有永安寿塔，
十三级，崔巍云中。"③清乾隆《钦定日下旧闻考》于敏中等在修纂之时，除引述各
书外，则称"臣等谨按，慈寿寺及塔"④，未及塔名。至清末《光绪顺天府志》亦沿
上说：慈寿寺"山门内天王殿后，有永安寿塔"⑤。

其二，永安塔。明沈德符《万历野获编》载："慈寿寺去阜成门八里，则圣母
慈圣皇太后所建，盖正德间大珰谷大用故地。始于万历四年，凡二岁告成。入山
门即有窣堵坡，高入云表，名永安塔，华焕精严。"⑥沈从小随父祖居住北京，"余
生长京邸，孩时即闻朝家事，家庭间又窃聆父祖绪言"⑦，故熟谙京师掌故。但是，
上文所记慈寿寺内永安塔，恐为塔名之简略俗称，绝非此塔之敕定正名。

其三，永安万寿塔。于慎行代拟《敕建慈寿寺碑文》，略述慈寿寺及塔的规制
称："其制：外为山门、天王殿，左、右列钟、鼓楼，其内为永安万寿塔。"⑧在此
塔第一层塔身南面门券上，镶嵌石制横额一方，上刻"永安万寿塔"五字。至今
保存完好，清晰可见。于日本文化二年即清朝嘉庆七年（1802 年）刻印，由冈田
玉山等编绘的《唐土名胜图会》，称上述匾额为"乾隆帝御书之额"⑨。但是，此塔
建成之后，乾隆二十二年（1757 年）奉敕修葺。由是，原塔有否匾额，若有又如
何题写，修葺时御书匾额文字是否更动，均不得而知。

---

① 于慎行：《敕建慈寿寺碑文（代）》，《穀城山馆文集》，第 13 卷，第 8—9 页，明万历刻本。
② 张居正：《敕建慈寿寺碑文》，《张太岳文集》，第 12 卷，第 9 页，清江陵邓氏翻明刻本。
③ 刘侗、于奕正：《帝京景物略》，第 5 卷，第 216 页，北京古籍出版社，1980 年，北京。
④ 《日下旧闻考》，第 97 卷，第 1611 页，北京古籍出版社，1981 年，北京。
⑤ 《光绪顺天府志》，第 17 卷，第 545 页，北京古籍出版社，1987 年，北京。
⑥ 沈德符：《万历野获编》，第 27 卷，第 686 页，中华书局校点本，1959 年，北京。
⑦ 《万历野获编·序》，卷首，清道光七年（1827 年）刻本。
⑧ 于慎行：《穀城山馆文集》，第 13 卷，第 9 页，明万历三十八年（1610 年）刻本。
⑨ 冈田玉山、冈熊岳、大原东野：《唐土名胜图会》，第 4 卷，第 42 页，北京古籍出版社影印本，
1985 年，北京。

其四，慈寿寺塔。罗哲文著《中国的塔》、北京市文物工作队编《北京名胜古迹》以及《中国名胜辞典》等，均称其为"慈寿寺塔"。因它在慈寿寺内，遂以寺名塔。今称"天宁寺塔"、"妙应寺白塔"等均循此通例。然而，"慈寿寺塔"并非此塔之正名。

其五，八里庄塔。此塔"在海淀区玉渊潭乡辖区内，八里庄东北隅"①，以地名塔，故民间称作"八里庄塔"②。但是，八里庄塔仅为此塔之俗称，而非此塔之正名。

其六，玲珑塔。当地民众因该塔玲珑挺秀，便称作"玲珑塔"。附近的一条街巷，也称作"玲珑巷"。因此，近年以塔为中心辟建的园林，叫作"玲珑园"。此也为俗称。

在上述六种塔名中，"玲珑塔"为以其姿名塔，"八里庄塔"为以其地名塔，"慈寿寺塔"为以其寺名塔，均是后来的俗称或习称，而不是此塔初始之正名。而"永安塔"为《万历野获编》所仅见，是为塔名之省称。至于"永安寿塔"与"永安万寿塔"二名，孰正、孰奇？经查《敕建慈寿寺碑文》，为于慎行所代拟。慎行，字无垢，山东东阿人，"隆庆二年成进士。改庶吉士，授编修。万历初，《穆宗实录》成，进修撰，充日讲官"③。他的《穀城山馆文集》收录《敕建慈寿寺碑文（代）》，全文（含标题）共九百零五字（见文末附录）。张居正对于慎行代拟之文稿，做了多处增删与润饰，成八百零二字（见文末附录）。居正时任首辅，"慈圣徙居乾清宫，抚视帝，内任保，而大柄悉以委居正"④。鉴于，于慎行草拟《敕建慈寿寺碑文》为草稿，张居正改定《敕建慈寿寺碑文》为定稿，因此，在二者关于塔名相差一字，又无其他力证之时，塔名应以居正定稿为是。

综上，慈寿寺塔，以寺名塔，多书载录，约定俗成，但非正名。依据《敕建慈寿寺碑文》，慈寿寺内之塔，以"永安寿塔"为其初始之正名。

二

慈寿寺塔之原委。慈寿寺及塔动工兴建的原因，史书所载，归结有四：

① 《海淀区地名志》编辑委员会编：《北京市海淀区地名志》，第362页，北京出版社，1992年，北京。
② 王屹：《慈寿寺塔、天宁寺塔保护规划》，《北京规划建设》，1992年第2期。
③ 《明史·于慎行传》，第217卷，第5737页，中华书局校点本，1974年，北京。
④ 《明史·张居正传》，第213卷，第5645页，中华书局校点本，1974年，北京。

其一，为隆庆帝冥祉。《穀城山馆文集》载："圣母慈圣宣文皇太后，与我皇上永怀穆考在天之灵，思创福地，以荐冥祉。"[1] 张居正修定上文后，文字略有变通："先是，我圣母慈圣宣文皇太后，常欲择宇内名山灵胜，特建梵宇，为穆考荐冥祉。皇上祈允，遣使旁求，皆以地远，不便瞻礼；乃命司礼监太监冯保，卜关外地营之。"[2] 以上说明，创建慈寿寺，始有为穆宗皇帝祈荐冥祉之意。但是，万历二年（1574 年），重修了海会寺。

> 海会寺者，以其寺在都城之南，创于嘉靖乙未，穆宗皇帝尝受釐于此。历祀既久，栋宇弗葺，橡桷将毁。皇上即位之二年，函夏乂安，四民乐业，圣母慈圣皇太后思所以保艾圣躬、燕奕允祚者，惟佛宝是依，乃出内帑银若干，俾即其地更建焉。[3]

上文可见，万历帝登极不久，慈圣皇太后即为其亡夫隆庆帝重修海会寺，以荐冥祉。而慈寿寺以"慈寿"为名，标志它主要旨趣不是为隆庆帝兴建的。

其二，为朱翊钧祝龄。《长安客话》载："黄村东十里，为八里庄，有寺曰慈寿，慈圣皇太后为今上祝龄建也。"[4] 其实，为万历帝朱翊钧祝龄不是慈寿寺，而是承恩寺。万历二年（1574 年），张居正《敕建承恩寺碑文》载：

> 皇朝凡皇太子、诸王生，率剃度幼童一人为僧，名"替度"。虽非雅制，而宫中率沿以为常。皇上替僧名志善，向居龙泉寺。慈圣皇太后、今上皇帝，追念先帝及其替僧，以寺居圮坏，欲一新之。而其地湫隘，且滨于河，势难充拓，乃出帑储千金，潞王、公主及诸宫眷所施数千金，命司礼监太监冯保，贸地于都城巽隅居贤坊，故太监王成住宅，特建梵刹。[5]

上文可见，万历帝登极不久，慈圣皇太后即为朱翊钧敕建承恩寺，以为十二岁的

① 于慎行：《穀城山馆文集》，第 13 卷，第 8 页，明万历三十八年（1610 年）刻本。
② 张居正：《敕建慈寿寺碑文》，《张太岳集》，第 12 卷，第 9 页，清江陵邓氏翻明刻本。
③ 张居正：《敕建海会寺碑文》，《张太岳集》，第 12 卷，第 5 页，清江陵邓氏翻明刻本。
④ 蒋一葵：《长安客话》，第 3 卷，第 60 页，北京古籍出版社，1980 年，北京。
⑤ 张居正：《敕建承恩寺碑文》，《张太岳集》，第 12 卷，第 4 页，清江陵邓氏翻明刻本。

万历帝祝龄永寿。而慈寿寺以"慈寿"为名，标明它主要旨趣不是为万历帝祝龄的。

其三，为万历帝祈嗣。《帝京景物略》记载："万历丙子，慈圣皇太后为穆考荐冥祉，神宗祈胤嗣，卜地阜成门外八里建寺焉。"① 此说源自张居正《敕建五台山大宝塔寺记》：

> 我圣母慈圣宣文皇太后，欲创寺于此，为穆考荐福，今上祈储，以道远中止，遂于都城建慈寿寺以当之。②

兴建慈寿寺的主因，既不是为穆宗荐冥福，上文已辨；也不是为神宗祈储嗣，史文显见。明穆宗死时，万历十岁。修建慈寿寺在万历四年（1576年），万历帝十四岁，尚未大婚，何以祈子？而慈寿寺以"慈寿"为名，标明它主要旨趣不是为万历帝祈嗣的。

其四，为李太后祝釐。《穀城山馆文集》记载："寺成，上赐之名曰慈寿，盖以为圣母祝也。"③ 但是，张居正修定上文后，其定稿文曰：

> 寺成，上闻而喜曰："我圣母斋心竭虑，懋建功德，其诸百灵崇护，万年吉祥。"恭惟我皇上圣心嘉悦，因名曰慈寿。④

上文可见，居正较慎行所作一项修改，是删掉"盖以为圣母祝也"一句。其删划原因，后文另述。

万历初年，京师为帝、后兴修或重修四座名刹——海会寺为隆庆帝，承恩寺为万历帝，仁寿寺为陈太后⑤，而慈寿寺为谁呢？

寺名可征。寺成，赐名曰"慈寿"。这表明慈圣皇太后动议修建此寺，究其主旨，既非为夫，亦非为子。但史文为何又载其为穆宗荐冥祉、为神宗祈胤嗣呢？

---

① 刘侗、于奕正：《帝京景物略》，第5卷，第216页，北京古籍出版社，1980年，北京。
② 张居正：《敕建五台山大宝塔寺记》，《张太岳文集》，第12卷，第13页，清江陵邓氏翻明刻本。
③ 于慎行：《穀城山馆文集》，第13卷，第9页，明万历三十八年（1610年）刻本。
④ 张居正：《敕建慈寿寺碑文》，《张太岳文集》，第12卷，第9页，清江陵邓氏翻明刻本。
⑤ 《明史·后妃列传二》："孝安皇后陈氏，通州人。嘉靖三十七年（1558年）九月选为裕王继妃。隆庆元年册为皇后。后无子多病，居别宫。神宗即位，上尊号曰仁圣皇太后。"

这同李太后出身卑微攸关。《明史·后妃列传二》载：

> 光宗之未册立也，给事中姜应麟等疏请被谪，太后闻之弗善。一日，帝入侍，太后问故。帝曰："彼都人子也。"太后大怒曰："尔亦都人子！"帝惶恐，伏地不敢起。盖内廷呼宫人曰"都人"，太后亦由宫人进，故云。[①]

李太后出身宫人，生神宗，封贵妃，隆庆帝死后，母以子贵，尊为皇太后。但其宫人出身的影子，总伴随着她，而使她有自卑感。她建佛寺亦打着为夫穆宗与为子神宗之旗号，而实则为自己建佛寺。寺名"慈寿"，即为明证。

塔名可征。塔成，赐名曰"永安寿塔"。这又表明慈圣皇太后动议修建此塔，究其主旨，既非为夫，亦非为子，但史册为何又载其为穆宗荐冥祉、为神宗祈胤嗣呢？这同李太后处于侧宫攸关。穆宗死，神宗立，内依太监冯保，外倚首辅居正，尊皇后为仁圣皇太后，尊贵妃为慈圣皇太后，名始无别矣。然而，名无别，实有别。下举一例：

> 上初即位，宫中内宴，仁圣上座，慈圣犹在阁中，不敢同坐。其后稍久，乃并坐云。[②]

李太后虽与陈太后并尊为慈圣皇太后和仁圣皇太后，但其身处侧宫的影子，总伴随着她，并使其有自卑感。她建佛塔便打着为夫穆宗与亲子神宗之旗号，而实则为自己建佛塔，塔名突出"寿"字，即为力证。

综上，慈圣皇太后兴建慈寿寺及塔，其内在涵蕴的旨趣，既不在于为先帝穆宗荐冥福，也不在于为儿子神宗祈胤嗣，那么其隐旨是什么呢？

三

慈寿寺塔之旨趣。探讨兴建慈寿寺及塔的内蕴旨趣，要分析其时经济、政治、宫闱和个人等因素，做相关的考察。隆庆之治，万历初政，社会安定，经济繁荣。

---

① 《明史·后妃列传二》，第 114 卷，第 3535 页，中华书局校点本，1974 年，北京。
② 于慎行：《穀山笔麈》，第 2 卷，第 15 页，中华书局校点本，1984 年，北京。

明人史玄在《旧京遗事》中，评述万历盛时京师状态言：

> 盖居京师者云：当时道路无警守，狗不夜吠。中秋月明之夕，长安
> 街笙曲哀曼，宫城鸟雀惊起复栖。二十年以前太平景象约略如此。①

上述京师景象，时间或稍晚于兴建慈寿寺之时，内容或有张饰之词；但反映出隆、万年间社会经济繁盛，为敕建寺宇奠下经济基础。《明史·穆宗本纪》"赞曰"评述隆庆帝治绩言：

> 穆宗在位六载，端拱寡营，躬行俭约，尚食岁省巨万。许俺答封贡，
> 减赋息民，边陲宁谧。继体守文，可称令主矣。②

穆宗的历史地位，本文不作评价。但隆庆末、万历初，社会安定、内帑丰盈，亦为敕建寺宇奠下政治基础。而两宫间，仁圣皇太后与慈圣皇太后，其地位正偏抑扬与机权威势消长呈现复杂的局面。其中的一个映现，是兴建梵刹。《明史·后妃列传二·孝定李太后传》记载：

> 顾好佛，京师内外，多置梵刹，动费钜万，帝亦助施无算。居正在
> 日，尝以为言，未能用也。③

孝定李太后好佛，自有心理性格原因。她宫人出身，地位卑微（前文已述），又早年丧夫，儿子幼小。隆庆帝三十六岁死，时李贵妃二十六岁④。寡居内心悲寂，礼佛念经以摆脱精神苦痛；宫人卑微身世，兴建佛刹以提高政治地位。由是，慈寿皇太后便有一段九莲菩萨的故事。这个故事为慈圣皇太后披上慈慧而神圣的佛衣。《帝京景物略》载记慈寿寺后殿，供奉九莲菩萨道：

① 史玄：《旧京遗事》，不分卷，第8页，北京古籍出版社，1986年，北京。
② 《明史·穆宗本纪·赞曰》，第19卷，第256页，中华书局校点本，1974年，北京。
③ 《明史·后妃列传二》，第114卷，第3536页，中华书局校点本，1974年，北京。
④ 参见《明神宗实录》，第517卷，万历四十二年辛丑，台北中研院历史语言研究所校勘本，1962年，台北。

后殿奉九莲菩萨，七宝冠帔，坐一金凤，九首。太后梦中，菩萨数现，授太后经，曰《九莲经》，觉而记忆，无所遗忘，乃入经大藏，乃审厥象，范金祀之。寺有僧自言：梦或告曰："太后，菩萨后身也。"①

同书引于慎行《慈寿寺观新造浮图》诗云：

凤首莲华九品标，十三层塔表岧峣。
德先胎教人天母，道口坤宁海岳朝。
势挟珠林雄禁苑，影分银汉挂烟霄。
群生福果缘慈佑，辇尽黄金此地销。

于慎行时为日讲官、知机务，并撰拟碑文，颇知些底里。其诗将九莲菩萨同兴建慈寿寺及塔相联挂。《明史·悼灵王传》载：

悼灵王慈焕，庄烈帝第五子。生五岁而病，帝视之，忽云："九莲菩萨言，帝待外戚薄，将尽殇诸子。"遂薨。九莲菩萨者，神宗母，孝定李太后也。太后好佛，宫中像作九莲座，故云。②

明人杨士聪《玉堂荟记》亦载：

九莲菩萨者，孝定皇后梦中授经者也。觉而一字不遗，因录入佛大藏中。旋作慈寿寺，其后建九莲阁。内塑菩萨像，跨一凤而九首，乃孝定以梦中所见，语塑工而为之。寺僧相传，菩萨为孝定前身，其来久矣。③

万历年间敕建长椿寺，寺规模宏大，为京师名刹。寺中亦有九莲菩萨像：

---

① 刘侗、于奕正：《帝京景物略》，第 5 卷，第 216 页，北京古籍出版社，1980 年，北京。
② 《明史·诸王列传五·悼灵王传》，第 120 卷，第 3658—3659 页，中华书局校点本，1974 年，北京。
③ 杨士聪：《玉堂荟记》，上卷，第 22—23 页，《借月山房汇钞》本，清嘉庆年间张氏刻。

殿中旧有渗金塔,甚高大。旁山室内藏佛像十余轴,中二轴黄绫装裱,与他轴异:一绘九朵青莲花,一牌题曰:九莲菩萨,明神宗母李太后也。[①]

身历隆、万等朝宫监刘尚忠熟悉宫中掌故,并建佛寺。天启元年(1621年),《慈寿寺下院碑记》载:

今日者,安知不奉慈圣莲花座上,而以身作文殊。[②]

孙承泽著《春明梦余录》载:

慈寿寺在阜成门外八里,万历丙子慈圣皇太后建。寺有塔十三级,高入云表。后宁安阁榜太后手书,又后有九莲菩萨像。[③]

清嘉庆年间,日本出版的《唐土名胜图会》亦载:

明孝定皇后梦见九莲菩萨授经,梦醒后诵经文,一字不漏,因录入大藏中。又有慈寿殿后建九莲阁,塑菩萨像,九首而骑一凤。寺僧云:"皇后系菩萨后身。"[④]

上述九莲菩萨的故事,流传到东瀛日本。
以上八则有关九莲菩萨的史料,可以得出几点意见:
第一,慈圣皇太后梦见九莲菩萨,跨一凤而九首,授其《九莲经》。
第二,慈圣皇太后因建慈寿寺,寺中建九莲阁,内塑九莲菩萨,供奉之。
第三,慈圣皇太后懿旨在慈寿寺建永安寿塔,凤首莲花,表峻京都。
第四,慈圣皇太后自诩为九莲菩萨之后身,群生福果,皆缘慈佑。

---

①　北平市政府秘书处编:《旧都文物略·名迹略上》,第15页,北平故宫印刷所,民国二十四年(1935年)。

②　《慈寿寺下院碑记》拓片,北京图书馆善本部藏。

③　孙承泽:《春明梦余录》,第66卷,第16页,龙门书店影印古香斋本,1965年,北京。

④　[日]冈田玉山、冈熊岳、大原东野:《唐土名胜图会》,第4卷,第97页,北京古籍出版社影印本,1985年,北京。

第五，慈圣皇太后自披九莲菩萨神衣，由禁苑超度佛国，从而提升自己的地位。

综上，慈圣皇太后懿旨兴建慈寿寺与永安寿塔，其表层原因是为隆庆帝祈荐冥祉，为万历帝祈嗣祝龄；其深层原因则是借自诩为九莲菩萨，以升华自身的价值。

四

慈寿寺塔之建筑。慈寿寺区宇广阔，殿堂壮丽；永安寿塔高入云表，京华辉煌。

慈寿寺塔在慈寿寺中，其寺，张居正《敕建慈寿寺碑文》载：

> 外为山门、天王殿，左、右列钟、鼓楼，内为永安寿塔，中为延寿殿，后为宁安阁，旁为伽蓝、祖师、大士、地藏四殿，缭以画廊百楹，禅堂、方丈有三所[①]。又赐园一区，庄田三十余顷，食其众。以老僧觉淳主之，中官王臣等典领焉。

同文赋词曰："永延皇图，冥资佛力。乃营宝刹，于兑之方。左瞰都城，右眺崇冈。力出于民，财出于府。费虽孔殷，民不与苦。厥制伊何，有殿有堂。丹题雕楹，玉甃金相。缭以周廊，倚以飞闳。画栋垂星，绮疏纳月。有涌者塔，厥高入云。泉[②]彼不周，柱乾维坤。维大慈尊，先民有觉。普度恒沙，同归极乐。"[③]上引张居正文，源自于慎行稿。于稿较张文略异，赘引如下，以便比对：

> 其制：外为山门、天王殿，左、右列钟、鼓楼，其内为永安万寿塔，中为延寿宝殿，后为宁安阁，旁为伽蓝、祖师、观音、地藏四殿，缭以画廊百楹，禅堂、方丈十有三所。又为园一区，及赐庄田三十顷，以安食其众。因剃度僧了宁、真相、真永焚修，祝赞老僧觉淳主之，内监王

---

① 于慎行《敕建慈寿寺碑文（代）》作"十有三所"。《穀城山馆文集》，第13卷，第9页，明万历三十八年（1610年）刻本。

② "泉"，于慎行《敕建慈寿寺碑文（代）》作"象"，《穀城山馆文集》，第13卷，第11页，明万历三十八年（1610年）刻本。

③ 张居正：《敕建慈寿寺碑文》，《张太岳文集》第12卷，第10页，清江陵邓氏翻明刻本。

臣等典领焉。寺成，上赐之名曰慈寿。①

慈寿寺规模宏巨，梵宇壮丽。其刹，为京都名刹；其塔，亦为京都名塔。

清兴明亡，国祚鼎移，但慈寿寺与永安寿塔仍存。乾隆初期，励宗万受命访查京师古迹。励宗万，祖杜讷，官至刑部右侍郎，赠礼部尚书；父廷仪，中进士，授编修，在南书房行走，充经筵讲官，兼掌院学士，官至吏部尚书。宗万于康熙六十年（1721年）成进士，旋在南书房行走，充日讲起居注官。乾隆初政，宗万受劾，部议革职，闲居数年。乾隆七年（1742年），充武英殿总裁。后纂修《秘殿珠林》一书，受荐在懋勤殿行走编辑。励宗万受乾隆帝恩遇，"朕或召见，讲论书籍"②。乾隆帝命励宗万考察京师古迹，励对慈寿寺的考察记载是：

　　臣按：寺在阜成门外八里庄，明万历丙子，为慈圣皇太后建，赐名慈圣③。敕大学士张居正撰碑。有塔十三级，又有宁安阁，阁榜慈圣手书。后殿有九莲菩萨像。载《畿辅通志》。今查：寺共五层。山门、金刚二，东、西列钟、鼓楼，次天王殿。殿后为塔，塔前角亭二：列韦驮、龙王像。塔后角亭二：观音碑一，鱼篮碑一，俱万历年建。殿供三世佛，旁列阿难、迦叶二尊，罗汉十八尊，俱铜像。殿前东、西碑二，亦万历年建。其配殿二：东为壮缪，西为达摩。殿后为毗庐阁，阁上为毗庐佛，阁下为观音阁④。前配殿东亦观音，西则地藏。东西画廊百间。由中仪门入，为弥陀殿；由东仪门入，为慈光阁，则九莲菩萨画像⑤存焉；由西仪门入，则铜像观音阁也。⑥

上文考察乾隆十年（1745年）慈寿寺及塔之实况，殊为可贵。但寺中九莲菩萨，《帝京景物略》作"乃审厥象，范金祀之"；《玉堂荟记》作"以梦中所见，语塑工

　　① 于慎行：《敕建慈寿寺碑文（代）》，《穀城山馆文集》，第13卷，第9页，明万历三十八年（1610年）刻本。
　　② 《汉名臣传·励廷仪列传子宗万附》，第15卷，第1847页，黑龙江人民出版社，1991年，哈尔滨。
　　③ "圣"误，应作"寿"，见《敕建慈寿寺碑文》。
　　④ "阁"疑误，似应作"佛"。
　　⑤ "九莲菩萨画像"疑误，应作"九莲菩萨塑像"。
　　⑥ 励宗万：《京城古迹考》不分卷，第16—17页，北京古籍出版社，1981年，北京。

而为之";《唐土名胜图会》作"后建九莲阁，塑菩萨像，九首而骑一凤"等，均作塑像，非为画像。

寺内永安寿塔后，有二碑亭：

其一，"左碑：前刻紫竹观音像并赞，明万历丁亥年造；后刻申时行、许国、王锡爵《瑞莲赋》。"经笔者考察，左碑在塔东北，碑亭已毁，碑石尚存。碑座雕刻二龙戏珠。碑额篆书"御制"，其两侧及上刻二龙戏珠。碑身刻九莲圣母像，端庄慈祥，项挂念珠。像座下刻九朵盛开莲花。像左刻九枝紫竹。像右之上刻"慈圣宣文明肃皇太后之宝"篆书玺；之下为正书"赞曰：惟我圣母，慈仁格天。感斯嘉兆，厥产瑞莲。加大士像，勒石流传。延国福民，宵壤同坚。"其旁为正书"大明万历丁亥年造"。像右下刻童子观音，脚踩莲叶，双手合十。碑身左、右、下各刻三龙。莲、竹、龙之数，各为九。整个刻绘，线条流畅，细腻清晰。此碑造于万历十五年（1587年）。万历帝即位年尊其母为"慈圣"；六年大婚，加尊号为"宣文"；十年，又加"明肃"，此与明制相符。碑阴：碑额刻篆书"瑞莲赋碑"四字，旁刻二龙戏珠。碑身首题正书《瑞莲赋有序》，序曰："维瑞莲产于慈宁新宫，既奉命作赋"云云。赋及序，文甚长，凡七十行，行九十三字，已漫漶不清。

其二，"右碑：前刻鱼篮观音像、赞同左，后刻关圣像并赞。明春坊谕德兼侍读、南充黄辉撰，万历辛丑年[1]立"[2]。经笔者考察，右碑在塔西北，碑亭已毁，碑石尚存。碑座亦雕二龙戏珠。碑额正中刻框无字，其两侧及上亦刻二龙戏珠。碑身刻鱼篮观音像，袒胸赤足，髻发慈面，右手提竹篮，内盛鲤鱼一尾，右臂微曲。双脚两侧刻莲花七朵，脚下为草径。像左刻正书"赞曰"，文同左碑。像右刻篆书"慈圣宣文明肃皇太后之宝"，文同左碑。其旁为正书"大明万历丁亥年造"。此可证《日下旧闻考》所载"万历辛丑年立"，盖误。碑阴：刻关公像，长髯威武，肃穆端严，右手搂髯，左手握青龙偃月刀。其左侧刻周仓立像。像左上侧刻篆书"慈圣宣文明肃皇太后之宝"，旁刻正书"万历岁次辛丑孟夏吉日造"。万历辛丑年为二十九年（1601年），距刻鱼篮观音像时已十四年。像右上侧刻行书《关圣像赞》："许身非难，择主何智。仁存一德，颠沛唯是。手扶汉鼎，目无吴魏。担荷乾坤，具大根器。故能发心，受智者哉。役使鬼神，造玉泉寺。化毒龙居，立成佛地。如此学道，何坚不碎。操精进刃，被慈忍甲。以无畏力，施满尘刹。粪扫魔魅，羊驱倭鞑。神武所服，岂在必杀。出入幽显，靡扣弗答。以此护国，是真护法。"

末署"明春坊谕德兼侍读、南充黄辉顿首赞并书"。碑四边刻龙，左、右边各三，上、下边各二。

以上双碑，同年建造，规制相同，尺寸一样。经笔者实测：碑座宽一百四十六点五厘米，高九十八厘米，厚七十四厘米；碑身高二百一十六厘米，宽一百零八厘米，厚三十八厘米[①]。

慈寿寺及塔，至光绪十一年（1885年），《顺天府志》成书时仍在。但此志在述及塔后右碑即鱼篮观音碑时，未做实地勘察，仍蹈袭《日下旧闻考》"万历辛丑年立"[②]之误。其后，慈寿寺焚毁。寺毁后，寺中"以瘦、露、透三者具备"[③]的太湖石，亦不知下落矣。慈寿寺虽毁，永安寿塔却存。

永安寿塔，雄伟壮丽，高入云表。《长安客话》赞道："其宝塔巍峨巉崒，不但为京师冠，暮钟初动，神灯倒垂，普照八极，焰摩匪遥，佛光可接。"[④]永安寿塔是一座八角十三层密檐式实心砖塔，高五十六点五米。全塔分为塔基、塔身、塔顶三部分：

塔基——分为上下两层。下层，为平台，八角形，分三级，以砖砌，边角镶石，均无雕饰，最下级每边长十一米。上层，为须弥座，八角形，分三级，砖雕每边下为六幅、中为七幅、上为六幅；其上为三层仰莲瓣承托塔身，莲瓣每边上为十五个、下为十四个，相互错置，井然有序。

塔身——第一层高十一点三米，为密檐塔范式结构。其正向四面有砖砌装饰券门，门两侧立雕金刚[⑤]，上为匾额，额上有两层浮雕云龙。正南面匾额题"永安万寿塔"，正东面匾额题"镇静皇图"，正北面匾额题"真慈洪范"，正西面匾额题"辉腾日月"。其余四面为半圆形雕饰窗，窗两侧塑立木胎菩萨像，窗上各雕有神像。其上为八角形十三层密檐，檐下以砖砌斗栱支承，八面转角处立浮雕盘龙圆柱。每层密檐每面设三个佛龛，内供铜佛像，共三百一十二个。角铃每边二十六至三十二个，每层各角又悬大铃两个，故小铃三千零四十个，大铃二百零八个，共三千二百四十八个。塔身密檐向上逐层递缩，使塔身和缓收卷，直至塔顶。

---

① 1993年8月5日，玲珑园丁志崑先生陪同测量。

② 《光绪顺天府志》，第17卷，第545页，北京古籍出版社，1987年，北京。

③ 姚元之：《竹叶亭杂记》，第7卷，第150页，中华书局校点本，1982年，北京。

④ 蒋一葵：《长安客话》，第3卷，第60—61页，北京古籍出版社，1980年，北京。

⑤ 据笔者1989年调查，居住八里庄的八十一岁关姓老人讲：民国十四年（1925年），有一和尚在塔附近卖佛水为人治病，将所得铜钱用箰箩装；以此钱雇人、购料，将塔壸门两侧十六尊金刚像，用水泥重塑；今所见金刚水泥塑像就是这时所做。

塔顶——下为三层覆莲座，上承摩尼珠式塔刹①。

永安寿塔雄壮挺拔，秀冠京华。公鼐《慈寿寺诗》云：

> 郭外浮图插太虚，空王台殿逼宸居。
> 莲花座与青山对，贝叶经传白马余。
> 燕地风沙飘客泪，汉朝陵墓想銮舆。
> 乡关有梦肠堪断，东望谁传尺素书。②

慈寿寺在传统节日，车水马龙，箫鼓华灯，游人如织。公鼐《元日后过慈寿寺》诗云：

> 驱车来宝地，法会值初元。
> 广乐薰天盛，名花过腊繁。
> 玉田开净域，金谷即祇园。
> 箫鼓阗街去，华灯兢夜喧。③

综上，此塔之建筑，过去、现在、未来，以其特殊价值，挺雄姿，放异彩。

五

慈寿寺塔之价值。它有着历史与文物、艺术与文化的重要价值。

历史的实证。慈寿寺与永安寿塔，以其金石与建筑，为宫廷史、明代史、北京史、建筑史和宗教史，提供了一个实物的证据。万历初政，京师兴修或重修四寺——海会寺、承恩寺、仁寿寺和慈寿寺。这四座梵刹，是隆、万之际内廷舞台上四位重要人物——隆庆帝、万历帝、东宫仁圣皇太后、西宫慈圣皇太后，权力袭受、平衡、依存、争局的象征。其时，朝廷上的争局，内廷东宫与西宫，外朝

---

① 参见《北京名胜古迹》，第176—177页，北京旅游出版社，1988年，北京。

② 公鼐：《慈寿寺诗》，《卜东园诗集》，见《日下旧闻考》，第97卷，第1613页，北京古籍出版社，1981年。又，鼐，《日下旧闻考》北京古籍出版社本、《文津阁四库全书》影印本均作"鼐"，查《康熙字典》《中文大辞典》《中华字海》均无此字。其兄公鼒《问次斋稿》卷17《为表弟秦生、弟鼐读书斋中赋》和卷19《辛卯试青州，弟鼐……》清钞本均作"鼐"。

③ 公鼐：《问次斋稿·元日后过慈寿寺》，第14卷，明万历刻本。

皇帝与宰辅，既相互依存，又激烈争斗。慈圣太后与万历皇帝是这场斗争的轴心。然而，她们母子的根本弱点是：慈圣太后出身宫人，万历皇帝冲龄登极。为着加强太后权力与幼帝权力，其办法之一是借助于神权。慈圣皇太后借兴建慈寿寺及永安寿塔，以提高自身与其子的权位。在元、明、清三代，北京作为全中国的政治中心，兴寺建塔，繁不胜举。元妙应寺白塔高五十点九米，清北海白塔高三十五点九米，而明永安寿塔高五十六点五米。永安寿塔坐落在冈阜之上，被誉为京师诸塔之冠。

慈圣皇太后在创修慈寿寺与永安寿塔时，年仅三十岁。她颇为聪慧，内性严明，长于心计，善于韬略，以托梦的形式，自诩为九莲菩萨化身，懿旨兴建慈寿寺与永安寿塔，使皇权与神权结合，以巩固与提升自己的地位与权威。而且，永安寿塔在元、明、清三代京师诸塔之中，浮屠最高，体量最大。由是，似可以说，以兴建高达五十六点五米的密檐式塔，使皇权与神权结合，为皇太后披上神衣，作为自己权势的象征，进而提升自己的地位，这在中国历史长河的女人中，慈圣皇太后是第一人，其后也无第二人。

文物的胜迹。明代北京的建筑文物，以宫殿、坛庙、皇陵、寺塔为其代表作。明代的寺塔，既继承其前代的历史风格，又展现其时代的文化风韵。京师的佛塔，自辽代以降，密檐式砖塔成为一种重要的浮屠形式。金代辽后，中都未出现浮屠高、体量大之塔。镇岗塔通高仅十六米，后庆寿寺双塔之特点在双而不在高。到了元代，京师喇嘛教大倡，随之覆钵式喇嘛塔应运而兴，成为大都佛塔之典范。妙应寺白塔是其佼佼者。明代北京之塔，以金刚宝座式与密檐式并重，前者真觉寺金刚宝座塔为其代表，后者慈寿寺永安寿塔为其代表。到了清代，尤其是清初，喇嘛教占有重要地位，其塔亦以覆钵式为典型。北海白塔是清代京师浮屠最高、体量最大之塔。在今存北京市级重点文物保护的四塔之中，镇岗塔在丰台，塔身不高，为多人所不晓；燃灯塔在通州，高五十余米；良乡塔在房山，高四十四点五米。以上三塔，均离城区较远，其影响亦较小。唯慈寿寺塔即永安寿塔，挺拔秀丽，影响亦大。永安寿塔就其塔高与体量而言，是四塔中首屈一指的。

永安寿塔其浮屠之高、体量之大，为元、明、清三代京师诸塔之冠。它上承天宁寺塔并有所发展，而将密檐式砖塔推到顶峰。正如明何宇度《游慈寿寺》诗咏永安寿塔云：

层塔接遥天，芙蓉次第悬。

　　　　明君延福地，慈后布金年。

　　　　绣栱千寻接，瑶坛百尺连。

　　　　朝霞笼桧柏，如结凤楼烟。①

永安寿塔既是明代京师密檐式实心砖塔杰作，又是中国佛塔史上里程碑性作品，而具有特殊的重要的文物价值。

　　艺术的佳作。塔的选址、氛围、形制、设计、结构、雕刻、装饰、色彩都具有特色。其选址，"慈寿寺，在八里庄"②。八里庄因在阜成门关外八里而得名。京师地势，西北偏高，递向东南倾斜。选取京城西北，高阜之丘，兴建高塔，塔借地势，愈加挺耸。其氛围，"左连奥苑，右奠崇冈"③，北濒海淀，南俯沃野，山水形胜，甲于他塔。塔在慈寿寺天王殿后，殿阁画廊栉比，宝塔更加突兀。其旁"为园一区，及赐庄田三十顷"④。京师著名万寿寺，仅"寺地四顷有奇"⑤。塔下树绿禾香，一片秀色，衬托宝塔高耸的气概。其形制，选择为密檐式实心砖塔。京师诸塔，主要为覆钵式、金刚宝座式和密檐式三种。覆钵式塔虽塔身体量大，但不易太高。元妙应寺白塔，闻名于世，仅高五十点九米。金刚宝座塔虽塔座体量大，但塔身不易太高。明真觉寺金刚宝座塔即为实例。密檐式实心砖塔，塔基高大，塔身十三寻，直指苍穹。这种高入云表之密檐式塔，同慈圣皇太后身份、地位、性格、志趣均相符合。永安寿塔之形制，是明代建筑艺术一件精品。其设计，吸收天宁寺塔、妙应寺白塔和真觉寺金刚宝座塔等诸塔之艺术优长。塔的基座，借鉴金刚宝座塔基座高固的特点，设计三层平台为塔基，又设计三层须弥座为塔座，其上再设计以莲花瓣为装饰。塔基高大稳固而不呆板，变幻形式而不奢丽。塔身第一层借鉴覆钵式塔身体高量大的特点，高十一点三米，占全塔总高的五分之一。它的塔身第一层，既不似燃灯塔下高四十米，显得过高；又不似镇岗塔高仅数米，显得过矮。全塔的设计，借鉴诸塔，取其所长，造型优美，比例适当。卓明卿《慈寿寺》诗咏塔云：

　　① 何宇度：《游慈寿寺》，《宛署杂记》，第20卷，第280页，北京古籍出版社，1980年，北京。

　　② 《康熙宛平县志》，第2卷，第50页，清康熙二十四年（1685年）刻本。

　　③ 于慎行：《敕建慈寿寺碑文（代）》，《榖城山馆文集》，第13卷，第10页，明万历三十八年（1610年）刻本。

　　④ 于慎行：《敕建慈寿寺碑文（代）》，《榖城山馆文集》，第13卷，第9页，明万历三十八年（1610年）刻本。

　　⑤ 张居正：《敕建万寿寺碑文》，《张太岳文集》，第12卷，第11页，清江陵邓氏翻明刻本。

梵刹凌霄汉，幡幢拥碧莲。

法王开宝地，慈后布金年。

画壁光常寂，神灯影倒悬。

臣民瞻大士，圣寿与绵延。[①]

诗中咏诵了永安寿塔的艺术魅力。其结构，为密檐式实心砖塔。密檐式塔，以其塔身之虚实而言，有空心与实心之分。京师通州"佑圣教燃灯古佛舍利塔"即燃灯塔，塔中空，内供奉燃灯佛石雕像一尊。但永安寿塔为实心砖塔，塔筑实心，较为稳固，经康熙十八年（1679 年）与 1976 年两次大地震，宝塔高耸，安然无损。这同其实心砖塔结构有着密切的关系。其雕刻，精丽典雅，丰富多彩。塔基浮雕，粗犷浑厚，风格协调。塔身雕刻，或门或窗，雕塑精细，极为生动。十六金刚，体态雄劲，身躯威武。《涌幢小品》载道：

一塔耸出云汉，四壁金刚，攫拿如生可畏。[②]

可见塔之八壁金刚栩栩如生。而须弥座上部，雕刻着笙、箫、琴、瑟、鼓、笛、云板、铜锣等乐器，雕工细腻，形象逼真，受到罗哲文先生之赞叹。其装饰，如佛如铃，皆极精工。全塔佛龛分层供奉三百一十二尊铜佛，在两年多内铸作，造型凝重，工艺精细。全塔塔檐八面十三层，缀以悬铃，风定风作，鸣声如蛩，音播四方。其色彩，蓝天、白云、绿树、碧水、青草，映衬着灰色高塔，苍穹与大地，天国与人间，永安寿塔艺术美与四维环境自然美，圆通和谐，融为一体。

文化的景观。清初孙承泽《天府广记》载："慈寿寺在阜成门外八里。"[③]清末民初震钧则称阜外八里庄为"前代未有称之者"[④]。此说误矣。明万历时，即已称之，《长安客话》记载可证。明万历年间，阜成门从慈慧寺，经钓鱼台、摩诃庵、慈寿寺，至定慧寺，十余里，多梵刹。其寺其景，明蒋一葵《长安客话》载道：

① 卓明卿：《慈寿寺》，《帝京景物略》，第 5 卷，第 217 页，北京古籍出版社，1980 年。

② 朱国祯：《涌幢小品》，第 28 卷，第 6 页，上海进步书局，1936 年，上海。

③ 孙承泽：《天府广记》，第 38 卷，第 589 页，北京古籍出版社，1982 年，北京。

④ 震钧：《天咫偶闻》，第 9 卷，第 199 页，北京古籍出版社，1982 年，北京。

丹墙碧瓦，鳞错绣出。寺尽处人家稀阔，高垣颓圃，夹道皆是花果，艺植咸列。杏子肥时，累累压墙外，行人可以手摘。盖半村半郭，正不失郊园风味。①

由此可见，阜成门外，十余里间，文化景观，文野兼胜。慈寿寺旁，有摩诃庵，上书引述汪其俊诗《摩诃庵》云：

闻说摩诃胜，迢遥结驷过。
绿阴初昼永，黄鸟好音多。
到处流清梵，穿岩满碧萝。
我生无住著，因此证多罗。②

八里庄之壮丽寺塔与秀丽山色，入清之后，更为著名。震钧记述清时八里庄情景云：

自国初，诸老时往看花而名著。故渔洋、初白皆有《摩诃庵诗》。其地有酒肆，良乡酒为京师冠。大凡往者，皆与红友论交耳。然寒风乍紧，微霰初零。二三知己，策蹇行吟。黄娇半酣，紫丝徐引。望都门而竞入，顾塔影而犹眄。此中风味，亦自不恶。正可与汉代新丰竞爽。③

清代文人墨客，访慈寿寺及塔诸名胜，寻古探幽，赏花吟诗，史籍所载，不胜枚举④。他们将此地作为胜景，观赏杏花，游人如织。高士奇诗云：

青郊路转见芳菲，日暖园林燕子飞。
别圃乍经山杏落，僧厨新煮药苗肥。
繁花舞蝶迎人面，细草轻烟上客衣。

① 蒋一葵：《长安客话》，第3卷，第61页，北京古籍出版社，1980年，北京。
② 汪其俊：《摩诃庵》，《长安客话》，第3卷，第61页，北京古籍出版社，1980年，北京。
③ 震钧：《天咫偶闻》，第9卷，第199页，北京古籍出版社，1982年，北京。
④ 戴璐：《藤阴杂记》，第12卷，第112页，北京古籍出版社，1982年，北京。

更向层台高处望，千峰螺黛送春晖。①

清代这里是一片花繁蝶舞、塔耸景胜之地。但是，清末寺毁，高塔孤存，民国年间，一片荒凉。

近年来，京密引水渠从塔下东侧穿流而过。永安寿塔背偎青山，面临碧水。不久前，以高塔为中心，辟建映塔池，广种树，植草坪，兴亭阁，绕围垣，建成玲珑园②，为北京阜外的文化景区。

总上，考察与研究慈寿寺塔即永安寿塔，最重要的历史文献是于慎行的《敕建慈寿寺碑文（代）》和张居正的《敕建慈寿寺碑文》，后者查阅不便，前者则为善本。因此，将以上二文附录，以便查考。

【后记】

一、永安寿塔即慈寿寺塔由北京市文物局主持、北京市文物古建工程公司经办，于 1994 年 5 月至 12 月，进行了大修工程，用资人民币八十万元。笔者有幸登塔，直至塔顶，进行学术考察。

二、在修缮过程中，发现塔的第十二层北面中龛正面内壁，嵌着一块石碑，碑宽二十五点五厘米、长二十九点五厘米。碑文雕刻楷书，凡十二行，行十七字。"大明万历四年二月起，至□年□月止，奉敕建造大护国慈寿寺……"末署左卫百户李仁及张恩、张付升等姓名。

三、塔之风铃，书文曾载有小铃三千一百二十个，大铃二百零八个，共三千三百二十八个，其中小铃数字有误。经张阿祥先生统计，风铃一面之数为：一层、二层、三层、四层各三十二个，五层、六层、七层各三十个，八层、九层、十层各二十八个，十层、十一层、十二层、十三层各二十六个，共四百零六个，八面总共三千零四十个；大风铃每角二个，（外为方铃、内为圆铃），八面十三层共二百零八个。以上总计风铃三千二百四十八个。

四、据张立生先生统计，现存小风铃九百六十四个，大方铃三十六个，大圆铃十三个，中圆铃三十七个，共一千零五十个；现存铜佛一百四十九尊、泥佛（后

---

① 吴长元：《宸垣识略》，第 13 卷，第 276 页，北京古籍出版社，1983 年，北京。
② 玲珑园的中心建筑是慈寿寺塔即永安寿塔。此塔高度，诸说不一。1993 年 8 月 5 日，北京地名办公室主任王海岐先生和孙陆原先生等协助，对塔高进行实测，取得准确数据，特此致谢。

配）四尊、铜佛座九个。

五、以上资料蒙北京市文物古建工程公司总工程师、高级工程师张阿祥先生和大修工程项目经理张立生先生提供，谨此致谢。

附录一：于慎行《敕建慈寿寺碑文（代）》

今京师内外，浮屠之宫，虽典制所不载，而间有先朝敕建者。其要归于延禧祈祐，非无谓也。圣母慈圣宣文皇太后，与我皇上永怀穆考在天之灵，思创福地，以荐冥祉。乃命内臣卜地于阜城门外八里，得太监谷大用故地一区，宏博奥敞，允称灵域。遂出宫中供奉金若干，潞王、公主、宫眷、内侍各捐汤沐若干，仍择内臣廉干者，往董其役。率职庀工，罔敢后时。经始于万历四年二月，至六年仲秋既望落成，而有司不知也。其制：外为山门、天王殿，左、右列钟、鼓楼，其内为永安万寿塔，中为延寿宝殿，后为宁安阁，旁为伽蓝、祖师、观音、地藏四殿，缭以画廊百楹，禅堂、方丈十有三所，又为园一区，及赐庄田三十顷，以安食其众。因剃度僧了宁、真相、真永焚修，祝赞老僧觉淳主之，内监王臣等典领焉。寺成，上赐之名曰慈寿，盖以为圣母祝也。而命臣某纪其事。

臣窃观上之以天下养其孝，可谓至矣。毋论问安视膳，行古帝王之所难。即其承意顺志，佩服慈训，至于一言一动，皆不敢忘，此《诗》、《书》之所不能述也。犹若以为不足至大，建化宫标慈寿之名，以报恩祈祝。母以冲龄践阼，负荷维难，所以启佑拥持，一维圣母是赖。丰功厚德，虽竭人间可致之福，皆不足称塞。而托之佛乘，以寓其无穷之心，此亦天下臣民之所同也。尝绎佛氏之旨，大要主于慈悲普度，欲令一切众生解脱沉苦，同证极乐。而圣母在深宫之中，日惟拯济小民，惠鲜茕独，孜孜于怀，有可施惠者，恒不厌琐细为之。此佛之所谓慈悲也。上诚以是，推而广之，俾海内苍生，莫不餐和饮泽，陶沐圣化。罔或阽于流离，无小无大，咸稽首祝我圣母寿亿万年，保我天子与天无极，则是上以天下祝也。其为利益，岂直一刹宇之力哉。夫臣庶之果，止于一身，故有忏罪种福之说。帝王以天下为身，故必普济群生，跻之仁寿，而后可以敛福于己，此佛之所谓无量功德，而亦圣母之志也欤。臣敢以是为愿，而系之诗曰：

于昭我皇，乘乾御极。薄海内外，罔不承式。
谁其佑之，亦有文母。既㟁皇风，绍休三五。

永惟穆考，神御在天。思凭法苑，以荐精虔。

我皇承之，以施靡惜。永延慈祐，其惟佛力。

乃营梵宇，于兑之方。左连奥苑，右奠崇冈。

力出于庸，财出于府。费虽孔多，民不劳苦，

厥制伊何，有殿有堂。丹题雕础，玉甃金相。

珍卫靓深，规模大壮。香乐幡幢，庄严宝相。

缭以周廊，倚以飞阁。画栋垂虹，绮疏栖月。

有涌窣波，厥高入云。象彼不周，柱乾维坤。

维大觉尊，微言有托。普度恒沙，同游极乐。

譬如我皇，博施群生。千万亿国，大小咸宁。

惠露旁流，慈云广济。如是功德，不可思议。

亦既布德，以福我民。虽微此宇，福其有垠。

圣母之仁，我皇之孝，聊寄佛乘，匪资神教。

民庶咸祝，天子万年。奉我圣母，既寿且安。

儒臣作诗，刻时乐石。志孝与仁，传之无斁。

（《毂城山馆文集》第 13 卷，第 8—11 页）

附录二：张居正《敕建慈寿寺碑文》

寺在都门阜城关外八里许。先是，我圣母慈圣宣文皇太后，常欲择宇内名山灵胜，特建梵宇，为穆考荐冥祉。皇上祈允，遣使旁求，皆以地远，不便瞻礼；乃命司礼监太监冯保，卜关外地营之。出宫中供奉金若干两，潞王、公主暨诸宫眷助佐若干两，委太监杨辉等董其役。时以万历丙子春二月始事，以 月 日既望告竣，而有司不知也。外为山门、天王殿，左、右列钟、鼓楼，内为永安寿塔，中为延寿殿，后为宁安阁，旁为伽蓝、祖师、大士、地藏四殿，缭以画廊百楹，禅堂、方丈有三所。又赐园一区，庄田三十顷，食其众。以老僧觉淳主之，中官王臣等典领焉。寺成，上闻而喜曰："我圣母斋心竭虔，懋建功德，其诸百灵崇护，万年吉祥。"恭惟我皇上圣心嘉悦，因名之曰慈寿，而诏臣纪其事。

臣惟佛氏之教，以毗庐檀那为体，以弘施普济为用。本其要归，惟于一心。心之为域，无有分界，无有际量。其所作功德，亦不住于有相，不可思议。故曰：

洗劫有尽，而此心无尽；恒沙有量，而此心无量。至于标宫建刹，崇奉顶礼，特象教为然，以植人天之胜。因属群生之瞻仰，则固未尝废焉。惟我皇上，觉性圆明，妙契宿证。盖自践祚以来，所以维持之者惓惓焉，约己厚下，敬天勤民为训。至如梁胡良河，以资利济；减织造以宽抒柚；蠲积逋以拯民穷；慎审决以重民命。其一念好生之心，恒欲举一世而跻之仁寿。故六七年间，海宇苍生，飨和饮泽，陶休玄化。无小无大，咸稽首仰祝我圣母亿万年，保我圣主与天无极。此之功德，宁可以算数计哉！犹且资佛力，以拔迷途；摽化城，以崇皈依。要使苦海，诸有悉度，无漏之舟，阎浮众生，咸证菩提之果，斯又圣人所以神道设教微意也。臣谨拜手稽首，恭纪日月，而系之词曰：

> 于昭我皇，秉乾建极。薄海内外，罔不承式。
> 谁其佑之，亦有文母。覃訏皇风，绍休三五。
> 永惟穆考，神御在天。思广胜因，以植福田。
> 我皇承之，乐施靡惜。永延皇图，冥资佛力。
> 乃营宝刹，于兑之方。左瞰都城，右眺崇冈。
> 力出于民，财出于府。费虽孔殷，民不与苦。
> 厥制伊何，有殿有堂。丹题雕楹，玉甃金相。
> 缭以周廊，倚以飞阁。画栋垂星，绮疏纳月。
> 有涌者塔，厥高入云。泉彼不周，柱乾维坤。
> 维大慈尊，先民有觉。普度恒沙，同归极乐。
> 譬如我皇，博施群生。千万亿国，小大毕宁。
> 惠路旁流，慈云广芘。如是功德，不可思议。
> 民庶咸祝，天子万年，奉我圣母，慈禧永安。
> 臣庸作铭，勒兹贞石。志孝与仁，与天无极。

（《张太岳文集》第 12 卷、第 9—11 页）

北京宫苑的民族特征

【题记】本文《北京宫苑的民族特征》，初始为 1989 年在美国哥伦比亚大学所做的学术演讲稿，后经修改发表于《满学研究》第三辑，民族出版社，1997 年。

北京在元、明、清三代，成为全中国的都城。本文的旨趣在于通过元大都与明北京、明北京与清京师的民族文化比较，探讨北京宫殿苑林的民族文化特征。

一

北京宫苑的民族特征，综合了民族地理、民族历史和民族文化的因素。

民族地理环境是北京宫殿苑林具有民族文化特色的一个重要因素。北京的地理环境，刘侗以天象喻地理："日东出，躔十有二；极北居，指十有二——以柄天下之魁杓。"[1] 缪荃孙则以地望述形胜："左负辽海，右引太行，喜峰、居庸，拥后翼卫，居高驭重，临视六合。"[2] 孙承泽又以八卦堪风水："京师居乎艮位，成始成终之地。介乎震坎之间，出乎震而劳乎坎，以受万物之所归。体乎北极之尊，向乎离明之光，使夫万方之广，亿兆之多，莫不面焉以相见。"[3] 李开泰再以经济述地利："东枕辽海，沃野数千里，关山以外，直抵盛京。气势庞厚，文武之丰、镐，不是过也。天津襟带河海，运道咽喉，转东南之粟，以实天庾。"[4] 何承矩复以兵家议地阵："兵家有三阵——日月风云，天阵也；山林水泉，地阵也；兵车士卒，人

---

① 《帝京景物略·刘侗》，第 3 页，北京古籍出版社，1980 年，北京。
② 《光绪顺天府志》，第 1 卷，第 1 页，北京古籍出版社，1987 年，北京。
③ 孙承泽：《天府广记》，第 1 卷，第 7 页，北京古籍出版社，1982 年，北京。
④ 《康熙大兴县志》，第 1 卷，康熙二十四年（1685 年）刻本。

阵也。今用地阵而设险，以水泉而设固，建为陂塘，亘连沧海，纵有突骑，何惧奔冲！"①刘侗、缪荃孙、孙承泽、李开泰与何承矩，其论述北京的地理条件，或重天象，或重地舆，或重哲理，或重经济，抑或重军阵，均未重民族。北京宫殿苑林的民族文化色彩，缘于它的民族地理环境。燕京的地理位置，"左环沧海，右拥太行，北枕居庸，南襟河济，诚天府之国。而太行之山，自平阳之绛西来，北为居庸，东入于海，龙飞凤舞，绵亘千里。重关峻口，一可当万。独开南面，以朝万国"②。这就是说，北京位于华北广袤平原、西北蒙古高原和东北松辽莽原的接合部。此种民族地理环境，使北京文化既开敞多元——南向达中州，西北连朔漠，东北通松辽，中原汉族文化与塞外民族文化相交融；又闭合多元——"长城限夷夏"，山海、古北、居庸诸关隘为京师锁钥，使中原汉族文化与塞外民族文化相阻隔。然而，自辽以降，中原汉族文化与塞外民族文化，在燕京更交融、呈多元。其要素在于它"右拥太行，左注沧海，抚中原，正南面，枕居庸，莫朔方"③的民族文化地理形势。北京的民族地理特点是，它恰处"丫"字的中点上——南面为中原汉族的农耕文化，西北为高原蒙古族的游牧文化，东北为林莽契丹、女真、满洲族的渔猎文化。西北游牧民族、东北渔猎民族与中原农耕民族，其民族文化交会枢纽就在燕山之阳和长城脚下的北京。所以，北京的民族文化地理环境，使其在元、明、清三代，既承受中华民族多元文化之所归，又呈现中华各族多元文化之异彩。

民族历史契机是北京宫殿苑林具有民族文化特色的另一个重要因素。中国自秦统一六国以降，成为全国大一统政权的都城有四个，即西安、洛阳、南京和北京。在西安定都的王朝，主要为秦、西汉、隋、唐；在洛阳定都的王朝，主要为东汉；在南京定都的王朝，则为明初。以上三个大一统王朝，汉族居于主导民族地位；其都城的宫殿苑林，也均体现汉族为主导的文化色彩。北京则不然。北京史上第一个在蓟城奠都称朕的前燕主慕容儁，是鲜卑人。最早以燕京为大都、建元圣武的僭帝安禄山，则是胡人。在燕建都的辽、金、元、明、清五代，其中有四代——辽、金、元、清，分别是由契丹、女真、蒙古和满洲建立的，而汉人建立的明朝其兴同蒙古、其亡同满洲攸关。北京作为元、明、清三代大一统王朝的京师，其中元和清是由蒙古族和满族居于主导的地位，但明从南京迁都北京的一

---

① 《太平治迹统类》，《日下旧闻考》，第 5 卷，第 71—72 页，北京古籍出版社，1981 年，北京。
② 《读书一得》，《日下旧闻考》，第 5 卷，第 75 页，北京古籍出版社，1981 年，北京。
③ 陶宗仪：《南村辍耕录》，第 21 卷，第 250 页，中华书局校点本，1959 年，北京。

个原因是"天子守边",防止蒙古贵族复辟元统,结果被满洲人建立的清朝所取代。所以,在中国都城史上,由一个少数民族建立中华大一统王朝的京师,只有北京;由两个少数民族建立中华大一统王朝的京师,也只有北京。北京少数民族居于政治上的主导地位并同汉族相联合,那么它必然呈现历史文化美与民族文化美的统一。燕京的宫殿苑林必然体现政治上居于主导地位之少数民族其民族的文化风韵。所以,北京的民族历史嬗变契机,使其在元、明、清三代,既承受中华民族多元文化之所归,又呈现中华各族多元文化之异彩。

民族文化传承是北京宫殿苑林具有民族文化特色的又一个重要因素。民族文化有着历史的传承性,不能"抽刀断流",强行中止或延续。居于王朝主导民族地位的民族首领,在行政、法典、礼制和习俗上,施行以文教化,使其传承不绝。其实,"文"与"化"二字,含有以文教化之义。《说文解字》:"文,错画也,象交文。"段注:"像两纹交互也;纹者,文之俗字。"《说文解字》:"化,教行也,从匕人,匕亦声。"段注:"教行于上,则化成于下。"① 所谓文化,定义诸种,众说不一。本文讨论的民族文化,主要是指由元和清居于主导民族地位的蒙古族和满洲族,在历史演进中所形成的宗教、艺术、建筑、礼仪、语言和习俗等之综合体。在燕京奠都的大一统王朝,元、明、清皇帝,"以一人治天下,以天下奉一人"②,都认为自身是"天下共主",也是"各族共主"。其住居之宫殿、祭祀之坛庙、游幸之园囿、崇尚之礼俗,既要反映中华文化的共丽,也要展现民族文化的异彩。北京宫殿苑林的民族文化特色,是该王朝主导民族的产物。而此种民族文化的内涵,是由这个民族的历史传统、地理环境、物质条件、生活习俗和民族意识等所决定的。任何一个多民族国家王朝的主导民族,都要在宫殿苑林建筑上强烈地体现本民族的文化特色,达到以文教化、礼俗传承之目的。如紫禁城内的箭亭,不仅是满洲族骑射习俗在宫殿建筑上的表现;而且是清帝谕示其子孙,"咸知满洲旧制,敬谨遵守,学习骑射,娴熟国语",以"共享无疆之庥"③ 的物证。所以,北京的民族文化历史传承,使其在元、明、清三代,既承受中华民族多元文化之所归,又呈现中华各族多元文化之异彩。

综上,北京宫殿苑林由于民族地理、民族历史和民族文化的原因(还有其他

---

① 段玉裁:《说文解字注》,第9篇上、第8篇上,上海古籍出版社据经韵楼原刻本校刊影印本,1981年,上海。

② 《日下旧闻考》卷17作:"惟以一人治天下,岂为天下奉一人。"

③ 《清高宗纯皇帝实录》,第411卷,乾隆十七年三月辛巳,中华书局影印本,1986年,北京。

原因），汉族同契丹、女真、蒙古、满洲族进行交往，导致了各族都表现自身的民族文化特征，又吸收异己的民族文化因素，从而使北京宫殿苑林具有民族文化的韵彩。北京宫苑的民族色彩，将在元与明、明与清的宫苑民族文化比较中，加以分析和论述。

二

　　蒙古族草原游牧文化，在元大都的宫苑布局、建筑装饰、皇家园囿和宫苑色调等方面，都有鲜明的表现，并同明北京宫苑形成民族文化的反差。

　　宫苑规划布局体现着草原游牧文化的特征。于农耕民族来说，待蚕而衣，待耕而食，农作以时，定区以居。农耕与游牧、住居与迁徙是在不同时间、不同空间进行的。这反映在汉族农耕文化的燕京宫苑布局上，其宫殿与苑囿在空间上是严格划分的。汉族建立的大一统王朝，其宫殿和苑囿的总体规划布局取向是：宫殿为主，太液为客，分区设置，界限分明。但于游牧民族来说，"不待蚕而衣，不待耕而食"①，随四时迁徙，逐水草移居。牧放与驰射、住帐与游牧是在相同时间、相同空间进行的。这反映在蒙古族游牧文化的宫苑布局上，其宫殿与苑囿在空间上是浑然一体的。蒙古族建立的大一统王朝，其宫殿和苑囿的总体规划布局取向是：太液为主，宫殿为客，组合设置，浑然一区。元大都宫阙苑囿的布局，以原金万宁宫②的湖泊③即元太液池为中心，在其东岸为大内，其西岸南为隆福宫、北为兴圣宫，三组宫殿环太液池而鼎足布设。这就形成大都宫苑以太液池为中心的苑主宫客的格局。此种宫苑布局绝非偶然，而是同蒙古草原游牧文化相关联的。对一个草原游牧民族来说，最重要的是水和草，而草又赖水以生，所以草原上的蒙古人视水如生命。试以苏麻喇姑为例。苏麻喇姑为蒙古人，幼年陪嫁作为博尔济吉特氏即孝庄文皇后（顺治帝生母）的侍女，曾对康熙帝"手教国书"，死时被葬以嫔礼。她"终岁不沐浴，惟除夕日，量为洗濯，将其秽水自饮，以为忏悔云"④。拂去上文"忏悔"佛尘，则反映出虽身荣嫔礼的蒙古族妇女，尚保存化污水为甘露的俗习，可见水在蒙古游牧文化中的珍重位置。这个真实的历史故事像一

　　① 《元史·食货志一》，第8册，第93卷，第2354页，中华书局校点本，1976年，北京。
　　② 《金史·地理志上》："京城北离宫有太宁宫，大定十九年建。后更为寿宁，又更为寿安。明昌二年更为万宁宫。"
　　③ 《宸垣识略》，第4卷：太液池"金时名西华潭"，今学人或对此持异词。
　　④ 昭梿：《啸亭杂录·续录》，第4卷，第476页，中华书局校点本，1980年，北京。

把钥匙，它打开了元大都以太液池为中心的宫阙格局之谜。

由上可见，在都城总体布局上，元大都布局的特点是："太液为主，宫殿为客"；明北京布局的特点是："宫殿为主，太液为客"。二者之所以主客关系做了颠倒，其根本原因在于，元朝蒙古草原文化与明朝汉族农耕文化——两种不同文化类型，在都城宫殿与苑囿关系之布局上的映现。

宫殿建筑装饰体现着草原游牧文化的特征。蒙古人居住的蒙古包，主要有单体式、集合式和院心式等种类。王公显贵住居的蒙古包呈院心式，即中心设大帐，环列置小帐，再外有围垣。这种建筑形式反映在大内及隆福、兴圣等主要宫殿建筑上，在宫与殿之间，加筑柱廊和角楼，成为周庑角楼之制。《南村辍耕录》记载：大明殿"周庑一百二十间，高三十五尺，四隅角楼四间，重檐"；延春阁"周庑一百七十二间，四隅角楼四间"；隆福宫"周庑一百七十二间，四隅角楼四间"①。于此，朱偰论道："可见元代主要宫殿，皆有周庑及角楼。"② 似可以说，元大都宫殿周庑角楼之制，既是中原汉族宫阙廊庑传统的继承，更是草原蒙古毡帐形制在宫殿建筑上的展现。这种规制为明代北京宫殿建筑所承袭，并相沿至清——"自太和殿至保和殿，两庑丹楹相接，四隅各有崇楼"③。此外，宫殿多有采取蒙古式样，如毡阁："环以绿墙兽闼"④；彩殿："结彩为殿"⑤；水晶圆殿："起于水中，通用玻璃饰，日光回彩，宛若水宫"⑥；紫檀殿："草色髹漆，其皮为地衣"；以及金帐殿、棕毛殿⑦ 等。不仅建筑形式具有蒙古特色，而且建筑装饰颇具蒙古风格。大明殿"四壁立，至为高旷，通用绢素冒之，画以龙凤"⑧。帝后寝宫内上悬"缀以彩云金龙凤，通壁皆冒绢素，画以金碧山水"⑨。至冬季，殿阁则为黄鼬皮壁幛，或银鼠皮壁幛，或黑貂皮壁幛。隆福宫"四壁冒以绢素，上下画飞龙舞凤，极为明旷"⑩。甚至延春阁的"阑楯皆涂黄金云龙，冒以丹青绢素，上仰亦皆拱为攒顶，中盘金龙"⑪。

① 陶宗仪：《南村辍耕录》，第 21 卷，第 252—253 页，中华书局校点本，1959 年，北京。
② 朱偰：《元大都宫殿图考》，第 4 页，商务印书馆，1947 年，上海。
③ 《国朝宫史续编》，第 53 卷，第 421 页，清内府刻本，北京。
④ 萧洵：《故宫遗录》，第 77 页，北京古籍出版社，1980 年，北京。
⑤ 佚名：《北平考》，第 4 卷，第 38 页，北京古籍出版社，1980 年，北京。
⑥ 萧洵：《故宫遗录》，第 76 页，北京古籍出版社，1980 年，北京。
⑦ 《元史·泰定帝本纪》，第 3 册，第 29 卷，第 652 页，中华书局校点本，1976 年，北京。
⑧ 萧洵：《故宫遗录》，第 73 页，北京古籍出版社，1980 年，北京。
⑨ 萧洵：《故宫遗录》，第 73—74 页，北京古籍出版社，1980 年，北京。
⑩ 萧洵：《故宫遗录》，第 76 页，北京古籍出版社，1980 年，北京。
⑪ 萧洵：《故宫遗录》，第 74 页，北京古籍出版社，1980 年，北京。

皇家苑囿弋猎体现着草原游牧文化的特征。先是，辽定南京，在延芳淀，建长春宫。每年春季，辽帝弋猎于延芳淀①。金定中都，在城内辟苑囿，在城郊建苑林。蒙古在陷燕京后、迁大都前，上都已建有园囿："内有泉渠川流，草原甚多。亦见有种种野兽，惟无猛兽，是盖君主用以供给笼中海青、鹰隼之食者也。海青之数二百有余，鹰隼之数尚未计焉。"②忽必烈定大都后，将猎场置于城内：

> 第二第三两墙之间，有树木草原甚丽。内有种种兽类，若鹿、麝、獐、山羊、松鼠等兽，繁殖其中，两墙之间皆满。此种草原草甚茂盛，盖经行之道路铺石，高出平地至少有二肘（三尺）也。所以雨后泥水不留于道，皆下注草中，草原因是肥沃茂盛。③

园囿不仅辟在城里，还设在城外。忽必烈下令在大都南郊设"飞放泊"即南苑，后有增广，周垣一百二十里，内有丛林、草地、泉河、禽兽，并有虞仁院和鹰坊，以娱元主春蒐冬狩，弯弓射猎之乐。忽必烈化农田为猎场，是牧猎文化对农耕文化的巨大撞击。

宫阙苑囿色调体现着草原游牧文化的特征。草原游牧民族喜爱碧水青草与蓝天白云，并崇尚其绿色。忽必烈建大都，将草原绿色文明移植于大都宫苑，从而使其具有草原绿色文化的特点。《玉山雅集》载："世祖建大内，移沙漠莎草于丹墀"；《草木子》又载：世祖"所居之地，青草植于大内丹墀之前"④。《马可·波罗行记》亦载："忽必烈建筑大都宫阙以后，命人取莎草于沙漠，种之宫中。"⑤由绿草及于绿树：兴圣宫"丹墀皆万年枝"；延春堂"丹墀皆植青松，即万年枝也"⑥。又由绿树及于绿山，其万寿山，遍成绿色——树绿："满植树木，树叶不落，四季常青。汗闻某地有美树，则遣人取之，连根带土拔起，植此山中，不论树之大小，树大则命象负之而来，由是世界最美之树皆聚于此。"石绿："君主并命人以琉璃矿石满盖此山，其色甚碧。由是不特树绿，其山亦绿，竟成一色，故人称此山曰

① 《辽史·地理四》，第2册，第40卷，第496页，中华书局校点本，1974年，北京。
② 马可·波罗：《马可·波罗行纪》，冯承钧译，第277页，商务印书馆，1936年，上海。
③ 马可·波罗：《马可·波罗行纪》，冯承钧译，第327页，商务印书馆，1936年，上海。
④ 《草木子》，《日下旧闻考》，第30卷，第437页，北京古籍出版社，1981年，北京。
⑤ 马可·波罗：《马可·波罗行纪》，冯承钧译，第333页，注10，商务印书馆，1936年，上海。
⑥ 萧洵：《故宫遗录》，第74页，北京古籍出版社，1980年，北京。

绿山。"① 不仅绿山，而且绿殿："山顶有一大殿，甚壮丽，内外皆绿，致使山树宫殿构成一色，美丽堪娱。"② 元大都太液池万寿山（又称"万岁山"，今琼华岛），山绿、水绿、树绿、草绿、石绿、殿绿，成为一片绿色的世界。显然，这是草原蒙古绿色文化在大都宫苑的鲜丽表现。此外，元代蒙古族尚白。在这里赘述一句：汉族在各代崇尚颜色不同，殷尚白，周尚红，秦尚黑，明则尚黄。蒙古族崇尚白色，大内"女墙皆白色"③。隆福宫"遍筑女墙，女墙色白"④。兴圣宫的正殿，"覆以白瓷瓦"⑤。甚至新年正旦称为"白节"。正旦之日，"大汗及一切臣民皆衣白袍，至使男女老幼衣皆白色。盖其似以白衣为吉服，所以元旦服之，俾此新年全年获福"⑥。后元亡明兴，以黄易白。明永乐十九年（1421 年），沙哈鲁使臣入朝明帝时，曾受预示，禁着白衣，盖因其时汉族以白衣为丧服。

明朝兴起，定都金陵，大都改称北平。朱棣"靖难之变"后，永乐元年（1403 年）升北平为北京。后逐渐兴建北京的宫殿与苑囿，至永乐十八年（1420 年）北京宫殿告成⑦。明成祖朱棣生长于水乡南国，并不视水草为生命。他诏建的北京宫殿苑林，其总体布局较原大都宫殿苑林有着主客关系的置换。明朝北京宫殿苑林布局最大的变化是，改变了元大都宫苑以太液池为中心、宫殿两岸夹辅的格局，而将宫殿集中于太液池东岸。这一变局，体现了明代北京宫苑建筑以宫殿为主、太液为客的文化旨趣，是为元代大都宫苑建筑以太液为主、宫殿为客的文化反题。元大都与明北京的宫殿苑林布局文化主题之变调，表明了以朱棣为代表的汉族农耕文化与以忽必烈为代表的蒙古草原文化之巨大反差。永乐时北京宫殿与苑林建筑规制，奠定了明、清五百余年皇城以内宫苑布设的格局。

三

满洲族林莽骑射文化，在清京师的宫殿损益、堂阁装饰和苑囿拓建等方面，都有鲜明的表现，并同明北京宫苑形成民族文化的差异。

① 马可·波罗：《马可·波罗行纪》，冯承钧译，第 325 页，商务印书馆，1936 年，上海。
② 马可·波罗：《马可·波罗行纪》，冯承钧译，第 325 页，商务印书馆，1936 年，上海。
③ 马可·波罗：《马可·波罗行纪》，冯承钧译，第 326 页，商务印书馆，1936 年，上海。
④ 马可·波罗：《马可·波罗行纪》，冯承钧译，第 334 页，商务印书馆，1936 年，上海。
⑤ 朱偰：《元大都宫殿图考》，第 48 页，商务印书馆，1947 年，上海。
⑥ 马可·波罗：《马可·波罗行纪》，冯承钧译，第 356 页，商务印书馆，1936 年，上海。
⑦ 《明太宗实录》，第 231 卷，永乐十八年十一月戊辰，台北中研院历史语言研究所校勘本，1962 年，台北。

清顺治元年（1644 年），福临入关，迁鼎燕京。清廷于故明的宫阙殿庙，多因循其旧，而有所损益。《国朝宫史》载论：清朝的"宫殿制度，自外朝以至内廷，多仍胜国之旧，而斟酌损益，皆合于经籍所传"[①]。然而，清廷于故明北京宫殿的斟酌损益，并未"皆合于经籍所传"，内中沿袭了满洲旧俗。满洲信奉萨满教，正宫祭神，立杆祀天，首崇骑射。《满洲源流传》记载："我朝自发祥肇始，即恭设堂子，立杆以祀天，又于寝宫正殿，设位以祀神。其后定鼎中原，建立坛庙。礼文大备，而旧俗未尝或改。"[②] 满洲内廷祭祀滥觞于其第一个都城赫图阿拉（今辽宁省新宾满族自治县永陵镇赫图阿拉村）。其都城于天命六年（1621 年）迁至辽阳，天命十年（1625 年）再迁至沈阳。盛京沈阳的清宁宫，同北京大内的坤宁宫，有着祭祀因袭的关系。《清史稿·礼志》载："世祖定燕京，率循旧制，定坤宁宫祀神礼"，"宫西供朝祭神位，北夕祭神位，廷树杆以祀天"[③]。坤宁宫与清宁宫的祭祀沿袭，《养吉斋丛录》载述更为明确："坤宁宫每日祭神及春秋立竿大祭，皆依昔年盛京清宁宫旧制。"[④] 所以，在探述坤宁宫祭祀之前，先简述清宁宫：

> 盛京大内，有清宁宫，为清太宗时寝宫。大屋围炕，门辟于偏东，左隔一间为内寝，外炕有大铁锅二，备煮肉。临门则有大磴板一，备宰牲。而墙后则烟筒高矗，为火炕出烟洞。窗皆糊纸于外，而以油涂之，防风雪。此纯乎关外旧俗也。北京有坤宁宫，皆仿其制。[⑤]

坤宁宫，其在明朝为"皇后所居也"[⑥]，是皇后的正宫。在清初，顺治帝和康熙帝两次重建坤宁宫。它虽仍为皇后之正宫，却在建筑上颇有损益。其损益之处，清官修《日下旧闻考》等书，均讳焉阙载。清重修坤宁宫在建筑上之损益，朱偰《北京宫阙图说》载录：

> 坤宁宫，崇脊重檐，广凡九楹。昔在朱明，为皇后正宫；满制凡祭必于正寝，故中三间改为祭天跳神之所。东有长桌一，以宰牲；后有巨

---

① 《国朝宫史》，第 11 卷，第 177 页，北京古籍出版社，1987 年，北京。
② 《满洲源流考》，第 18 卷，第 330 页，辽宁民族出版社校注本，1988 年，沈阳。
③ 《清史稿·礼志四》，第 10 册，第 85 卷，中华书局标点本，1976 年，北京。
④ 吴振棫：《养吉斋丛录》，第 7 卷，第 66 页，北京古籍出版社，1983 年，北京。
⑤ 金梁：《光宣小纪》，不分卷，第 129 页，自刊本。
⑥ 《明宫史·金集》，第 14 页，北京古籍出版社，1980 年，北京。

锅三，以煮祭肉；西有布偶人及画像，盖其所祭之神。壁上悬布袋，俗
名子孙袋，内储幼年男女更换之旧锁。此外铜铃、拍板、布幡等物，均
祭时女巫歌舞所用，尚存满洲旧俗。其南（西）北沿边各有长炕，则祭
后侍卫赐胙处。宫外有神竿，俗名祖宗竿子，满俗于祭天时悬所宰牲之
骨肉于竿上，于竿下跳神。昔日庄严之（皇后）正宫，至清遂成祭神之
屠宰场矣。东暖阁三间，祗〔祇〕作大婚时洞房，内有高阁供佛像，阁
下有新莽嘉量。西间内有神亭，为储放祭天神像之用。①

上引关于清坤宁宫二百二十五字的记述，其疏误、不确、待商有十五处之多。
近著《清代宫廷史》，于坤宁宫载述较详，且纠正朱文数处疏失②。

清朝较明朝的北京坤宁宫，有多处重大变更。析述如下：

第一，坤宁宫由明代皇后正宫，变为清代皇后正宫兼作满洲内廷祭神祭天典
礼之所。此沿袭于盛京清宁宫满洲旧制。但是，清代内廷祭祀有堂子、坤宁宫、
奉先殿和寿皇殿等多处③。坤宁宫则为宫内祭祀之中心。至于"其未分府在紫禁城
内居住之皇子，每月各于所居之处祭神祭天"④。可见，满洲并非祭祀在皇帝之正寝
乾清宫，亦并非凡祭必于皇后之正寝坤宁宫。

第二，坤宁宫共九间，其正门明代在居中一间，门前尚有通往交泰殿石甬道
旧迹。清则将正门改开在偏东一间，此间东北角隔出一小间，内设大锅三口，以
煮祭肉；外设包锡大桌二张，以备宰猪；并有做供品打糕之具等。其后门依原设
居中，闭而不开⑤。正门迤西三间，内南、西、北有联通长炕，朝祭在西炕，夕祭
在北炕，祭后皇帝在南炕食胙肉并召王公大臣于炕前同食。正门及其西三间共四
间，为祭神之所。再西一间，为存放佛亭、神幔、神像及祭器之室。正门迤东二
间，称"东暖阁"，为皇帝结婚临时居住的洞房。东头和西头各一间，均为通道。

第三，坤宁宫还是祭神时宰猪、打糕、酿酒和染织的场所。祭神前的宰猪，
将以酒灌耳的活猪抬至炕沿前，致祷，奏乐，后移至桌上宰杀，并接猪血供奉。
司俎将断气之猪去皮、节解，煮于大锅里。但猪的头、蹄、尾不去皮，只燎毛、

① 朱偰：《北京宫阙图说》，第49—50页，商务印书馆，1947年，上海。
② 万依、王树卿、刘潞：《清代宫廷史》，第260—261页，辽宁人民出版社，1990年，沈阳。
③ 《国朝宫史》，第6卷，北京古籍出版社，1987年，北京。
④ 《钦定满洲祭神祭天典礼》，第1卷，第7叶，台湾商务印书馆《景印文渊阁四库全书》本，
1962年，台北。
⑤ 朱偰：《明清两代宫苑建置沿革图考》，第44页，商务印书馆，1947年，上海。

烀净，亦煮于大锅。宫内炕前还置缸，酿酒。司香等用槐子煎水染高丽布，裁为敬神布条，拧成敬神索绳 ①。坤宁宫除具有皇后正宫和祭神场所功能外，还兼有屠宰和作坊之功能。

第四，坤宁宫窗户格式和窗纸，背面为原明菱花槅，正面上部仍为原明菱花槅，下部按关外满洲习俗加以改造，即改为直格吊窗，窗纸糊在窗外。

第五，坤宁宫前设立祭天神杆，即索摩杆子。大祀日，在宫的前庭宰猪、煮肉、献礼。奉猪颈骨于杆顶，放猪胆及肉、米于杆上斗内。礼成，帝、后等受胙肉。每年四季献神之祭，以良马二、健牛二，牵之于坤宁宫前，陈马于西，陈牛于东。② 并奉供品于宫内神位前。将马、牛牵于皇后正宫前祭神，是满洲旧俗在宫廷之反映。祭后马、牛俱交会计司售出，所得银钱以备再购猪以祭，重现满洲重战、耕，惜马、牛之古风。坤宁宫前还设求福祭祀的插柳石，在"坤宁宫户外廊下正中树柳枝于石，柳枝上悬挂镂钱净纸条一张、三色戒绸三片，神位仍如朝祭仪"③。

第六，坤宁宫右侧西暖殿后墙矗立烟囱，以为宫内祭祀煮肉时走烟之用。此与盛京清宁宫后墙矗立烟囱不同，因皇后正宫后墙高耸烟囱建筑不便，也有碍瞻观，而将其移砌至宫的西暖殿后墙。此外，宁寿宫后亦有烟囱。

上列六端，可以看出在坤宁宫的建筑、规制和功能上，满洲骑射文化对汉族农耕文化的冲击，也表现出二者极不协调的融合。此外，雨华阁的建筑与装饰，为满洲骑射文化在宫廷的又一例证。

清在寿安宫之北，建雨华阁。其南为凝华门，北为昭福门，门北为宝华殿。雨华阁内，曾供有欢喜佛④。阁分三层（内为四层），上层额为"雨华阁"，中层匾为"普明圆觉"，下层匾为"智珠心印"。雨华阁以其异丽建筑形式而在紫禁宫殿群中独具一格。它的阁顶覆以铜瓦，中为铜塔，四角有四条铜龙⑤。它的中层为黄琉璃瓦蓝剪边，下层为绿琉璃瓦黄剪边。阁前抱厦，东西出廊。廊檐枋头雕绘兽

---

① 《光绪大清会典事例》，第 1184 卷，光绪二十五年（1899 年）刻本。
② 《钦定满洲祭神祭天典礼》，第 2 卷，第 18 叶，台湾商务印书馆《景印文渊阁四库全书》本，1962 年，台北。
③ 《钦定满洲祭神祭天典礼》，第 4 卷，第 1 叶，台湾商务印书馆《景印文渊阁四库全书》本，1962 年，台北。
④ 章乃炜、王蔼人：《清宫述闻》（初续编合编本），第 944 页，紫禁城出版社，1990 年，北京。
⑤ 《内务府奏销档》，《清宫述闻》（正续编合编本），第 945 页，紫禁城出版社，1990 年，北京。

面图形，金柱与檐柱上的挑尖梁[①]，为挑龙。有如盛京大政殿蟠龙柱之状。雨华阁为西藏喇嘛庙建筑风格，而藏族与满洲族有着共同的文化特征，因此雨华阁的兽面图形装饰，为其牧猎文化的融通表现形式。由上可见，雨华阁枋头兽面等建筑的风格与装饰，是满洲长牧猎、善骑射的骑射文化，在北京宫廷建筑上的映现。

清代北京皇家苑林的拓建，同满洲骑射文化尤为相关。北京的皇家园囿，经历了金代肇始、元代奠基、明代发展和清代鼎盛四个重要时期。元灭金并迁都燕京后，忽必烈喜架鹰捕猎，善弯弓射雕，故置灵囿，扩建御园，修太液池，辟飞放泊——养飞禽走兽，以春蒐冬狩。但是，明代皇帝为汉族人，永乐帝以下，喜静厌动，厚文薄武，或奉道教炼丹，或以声色娱心。他们搜求宫女而不乐山水，故有明一代皇家苑林，较前朝虽有精丽之举措，却无宏廓之建树。清代皇帝为满洲人，喜凉爽，爱林莽，长弓射，善驰驱，故大兴燕京皇家苑林。

清代是北京皇家苑林发展史上的鼎盛时期。固然，中国皇家苑林的发展不止于清朝。秦、汉、隋、唐的离宫苑囿，绵延联络，弥山跨谷，至十百所，宏巨可观。然而，本文着重比较并探索北京皇家苑林在元、明、清三代，蒙古、汉、满洲三种民族文化对其发展之影响。清朝前期皇家苑林之所以有巨大发展，原因固多：中华各族一统，是其政治因素；府库财力充裕，是其经济因素；汲取园冶经验，是其历史因素；借鉴南北优长，是其舆地因素；兴造西洋建筑，是其外在因素；满洲文化习俗，则是其民族因素。下文侧重阐述满洲文化对北京皇家苑林发展产生影响的几项要素。

其一，厌溽暑。满洲皇室祖居的明辽东建州赫图阿拉，冬季不甚严寒，夏季亦不甚炎热。满洲皇帝进关以后，难以忍受燕京盛夏之酷暑。明帝与清帝不同，朱棣由金陵就国北平，脱出金陵火炉，入于清凉之境。多尔衮则与朱棣相反，由盛京迁居燕京，尤难耐燕京之溽暑。他谕建喀喇避暑城曰：京城"春、秋、冬三季，犹可居止。至于夏月，溽暑难堪。但念京城乃历代都会之地，营建匪易，不可迁移。稽之辽、金、元，曾于边外上都等城，为夏日避暑之地。予思若仿前代造建大城，恐糜费钱粮，重累百姓。今拟止建小城一座，以便往来避暑"[②]。后乾

---

① 梁思成：《清式营造则例》，第 27 页载：挑尖梁——"梁的功用是承受由上面桁檩转下的屋顶的重量，再向下转到柱上，然后下到地上去。在有廊的建筑上，主要的梁多半由前后两金柱承住；在金柱与檐柱之间，另有次要的短梁，在大式中叫挑尖梁，在小式中叫抱头梁。这短梁并不承受上面的重量，其功用乃在将金柱上还可以再加一根瓜柱、一条梁和一条桁。在这种情形之下，下层的叫双步梁，上层的叫单步梁。"中国建筑工业出版社，1981 年，北京。

② 《清世祖章皇帝实录》，第 49 卷，顺治七年七月乙卯，中华书局影印本，1985 年，北京。

隆帝亦诗云："宫居未园居，炎热弗可当；图兹境清凉，结宇颇幽邃。"① 这也说的是园居清凉，以避盛暑之意。所以，清代南海子葺自顺治帝，畅春园创自康熙帝，圆明园启自雍正帝，清漪园则拓自乾隆帝，其动机都同避暑攸关。至于康熙帝为承德行宫题名"避暑山庄"，则点明了其避溽暑与建苑林的关系。

其二，尚骑射。满洲累行大阅与畋猎，善骑射，习弓马，并谕其官民勿"沉湎嬉戏，耽娱丝竹"②。满洲的大阅典礼，定期举行，永著为例："畋猎之制，岁有常期，地有常所。"③ 凡畋于近郊，初在南苑围场；猎于京畿，后辟木兰围场。其"围场布列：镶黄、正白、镶白、正蓝四旗以次列于左，正黄、正红、镶红、镶蓝四旗以次列于右，两翼各建纛以为表，两哨前队用两白，两协用黄，中军用镶黄。既合围，皇帝亲御弓矢莅围所"④。其时阅射情景，乾隆帝《大阅诗》云："时狩由来武备修，特临南苑肃貔㹦。龙骧选将颇兼牧，天驷抡才骥共骝。组练光生残雪映，旌旗影动朔云浮。承平讵敢忘戎事，经国应知有大猷。"⑤ 上述围猎仪和《大阅诗》说明，满洲骑射文化对燕京苑囿发展之巨大影响。同时，康熙帝三次东巡、六次西巡、六次南巡、二十次巡幸塞外和乾隆帝六下江南，都同其游猎喜动的满洲文化有关。他们命人将江南名胜绘图，又融汇北国林莽气势，博采东西之优，兼取泰西之长，在北京大造园林。除紫禁城内御花园、慈宁宫花园、建福宫花园和宁寿宫花园即乾隆花园及皇城内景山和三海之外，在西郊增修或扩建"三山五园"——香山静宜园、玉泉山静明园、万寿山清漪园（后改名为颐和园）和畅春园、圆明园。诚然，中国历史上任何一个大一统王朝，都兴建离宫别院、苑林灵囿。但是，像清代兴造皇家苑囿数量之多、景致之美、历时之久、耗资之巨与策画之机巧、规模之宏博、珍宝之琳琅、建筑之精丽，可谓盛冠历朝矣。

其三，重满文。满洲于万历二十七年（1599 年）创制满文。满语属阿尔泰语系，满文为拼音文字。中世纪东北亚阿尔泰语系的满—通古斯语族，多为渔猎民族，作为满语符号的满文属于渔猎文化。清入关后，满洲渔猎文化在紫禁城里的反映，除前文所述及大内设狗房、鹰房⑥外，宫殿的殿额和门额，以满文和汉文合璧书写。在皇家苑林中镌刻多通或满、汉二体，或满、蒙、汉三体，或满、蒙、

① 《日下旧闻考》，第 16 卷，第 223 页，北京古籍出版社，1981 年，北京。
② 《清世祖章皇帝实录》，第 48 卷，顺治七年三月戊寅，中华书局影印本，1985 年，北京。
③ 《八旗通志初集》，第 32 卷，东北师范大学出版社校点本，1985 年，长春。
④ 《光绪大清会典事例》，第 708 卷，第 2 叶，光绪二十五年（1899 年）刻本。
⑤ 弘历：《大阅诗》，《日下旧闻考》，第 74 卷，第 1240 页，北京古籍出版社，1981 年，北京。
⑥ 昭梿：《啸亭杂录·续录》，第 1 卷，第 393—394 页，中华书局校点本，1980 年，北京。

汉、藏四体文碑。此外，有清一代约二百万件满文档案，其中包括内阁、军机处、宫中、内务府、宗人府等全宗满文档案，则是北京宫苑中满洲文化之佳证。

综前，北京宫殿苑林的民族文化特征，应当探讨之点尚多。草茅之言，茧栗之析，阙漏孔多，企再求索。

感谢辞

我的学术旅程，既是崎涩的，又是幸运的——继《燕步集》《燕史集》《袁崇焕研究论集》《满学论集》和《清史论集》之后，《阎崇年自选集》又出版了。这是我的第六本学术论文集，感谢九州出版社黄宪华社长、李勇副社长兼责编、曹环责编等，敬事敬业，尽心尽力。

感谢多年以来，各地各方师友，热情关怀、真诚襄助、友善交流和肝胆净言。贵人、恩人、友人、亲人的不断添加动力，促我彳亍前行。

感谢陈丽华先生、爱新觉罗·启骧先生、张永和先生等给予的鼓励和支持。

感谢中国书法家协会主席、著名书法家苏士澍先生题写书名。

感谢陈虎编审、刘扬资深编辑的费心审校样稿。

感谢家人给予长期、全面的支持，特别是在饭间、茶余之时，相与切磋，提供智慧。

本集问世，谨以此书，向已经作古的白寿彝先生、杨向奎先生、邓广铭先生、侯仁之先生、神田信夫先生，向已经过世的领导和朋友王光、高起祥、李培浩、王天有、李鸿彬诸位先生，敬默思恩，顿首致礼！

阎崇年

2016 年 1 月 1 日

《阎崇年自选集》编辑札记

李 勇

一

工作之余，喜欢看些文史类书籍，尤其对明清之际及清末民初这两段历史感兴趣。清史专家阎崇年先生的著作自然成了我的好伙伴。渐渐发现，阎先生对明亡清兴历史的论述颇为精到，自有特点，更引发了我的关注。凡阎先生的论著，无论厚薄长短，只要发现，便拿来读，成了"阎迷"。也许冥冥之中自有缘分，大约九年前，曾因其某部论著得到过阎先生的教诲，这次他出版《自选集》，我又一次有缘且有幸，担任了此书的责任编辑。

由于作者是熟悉的前辈，书中主要内容此前都曾拜读，编辑工作的过程成了一次愉快地再学习。然而，由于这是作者的《自选集》，是从其半生治学心得中提炼出的近二百万字的论著中再行择精粹而集成，意义非同一般，无形中给自己增加了一点压力：一定要按照编辑工作要求，严谨细致，慎之又慎，莫出差错，万不能辜负作者对我们的信任。因而这次编辑工作也是一次艰苦的劳动。

还有，选编之前，阎老向我们谈了一个想法：让我社也提出一个文章选目，看与他自选的篇目能否合拍。我觉得，这既是对我社的信任，也是对我社的考试，同时还是在倾听读者意见，颇有让读者共同参与的民主精神。还好，我们建议的内容大都在作者所选篇目之中。我们经过了"考试"，也说明作者与读者的想法还是很接近的。

二

这部《阎崇年自选集》共收文章二十九篇，约五十万字。全书大体分为前后两大部分，前十六篇文章从第一篇《森林文化之千年变局》到《辽西争局兵略点评》，加上后面的一篇《明永乐帝迁都北京述议》，大体以满洲雄起、明亡清兴为经，把重要人物、关键事件编织其中，大致给出了明清交替、朝代兴亡的脉络。重要人物包括努尔哈赤、皇太极、顺治、康熙、明珠、于谦、戚继光、袁崇焕等；关键事件主要包括明成祖迁都北京、辽西争局中的宁远之战、觉华岛之役、大凌河之战以及明末北京保卫战、清军入关等。后半部分从《论满学》起，除《于谦〈石灰吟〉考疑》和前面所提《明永乐帝迁都北京述议》这两篇，其余十一篇文章论述满洲文化，内容涉及历史、文学、典章制度、宗教习俗、文书档案乃至宫室、火器等；最后一篇《北京宫苑的民族特征》，说的是元、明、清三朝的北京，但以元、明为铺垫，落脚点在清，展现的也是"满洲文化"对中华历史文化的传承和蒙、汉民族文化的融合，因而也可放到"满洲文化"中。

全书二十九篇文章，写作时间不同（最早写于上世纪 60 年代《康熙：千年一帝》，最迟写于 2015 年《清朝历史的文化记忆》），具体内容各异，从中可以看出作者在这较大的时间跨度中所关注的问题，这也使得这些篇章在作者的已有论著中具有一定的代表性。这些文章虽皆独立成篇，但因其有"清史"这一线贯穿，无形中珠玑成串，自成系统。其内容宏大者涉及政治、经济、文化、社会、军事之大事，细微处则见一宫一室、一书一文、一村一府之细节。总体上让人感到全书似有一个无形的整体框架，且脉络清晰，血肉丰满。在全书的篇目安排上，前两篇《森林文化之千年变局》和《清朝历史的文化记忆》，从满洲先祖的渔猎文化讲起，细述其如何雄发、兴起于白山黑水之间，并从文化演变、文化自信和文化纠结三个方面概述二百九十六年的全清史，带有全书开篇、总论的意味。以下全书主体细分为五小部分，大致可看成前后两大部分。前半部分论及的事务、人物，映现的是金戈铁马、鼓角铮鸣，是"争天下、创基业"；后半部分多涉及文化、宫室之类，让人想起"坐天下"之事；全书最后一篇写"北京宫苑"，则更让人想到大清王朝已日落紫禁城了。总之，全书内容前后呼应，将满洲民族千余年的盛衰、大清王朝三百年的兴亡尽现其中了。如此选文、布局，亦可见作者思虑缜密、匠心独具。

三

作者的这些文字，特点鲜明，给人留下深刻印象。

观点鲜明，全局在胸。这个全局，就是经过数千年争锋、比较、交流最终融汇而成的统一的大中华国家和多元共成的大中华文化、文明。作者歌颂这大一统，并把所述一人一事放到这个大背景中，对其行为、成败做出判断。作者满怀深情地写道："千年文化，发生巨变。大碰撞，大融合，大代价，大发展。""历史是胜利者与失败者、融化者与被化者，共同参与、共同创造的。中华文化是中国各民族共同创造的。中国各个民族之间，中原农耕文化与西北草原文化、东北森林文化，汉藏语系与阿尔泰语系，多元文化相互交融，中原核心，一统政体，出现了中华大一统局面"（参见本书第 12 页：《森林文化之千年变局》）。作者文字中写了满洲民族兴起过程中经历的艰难困苦，充分肯定了满洲民族为统一的中华民族的形成、中华文明的发展所作的巨大贡献；同时也深刻论述了，当初仅数十万人的满洲最终能"入主中华""统一天下"，正是其善于学习、顺应时代文明潮流、最终把自身融入大中华亿万人之中，融入大中华文明之中，才得以立足、发展，形成亿万人之"共主"。任何个人或民族，只有在为国家的统一、为中华文明的发展所作的贡献中，才能找到自身的前途。书中诸文，无不透出这一主题。

有独到见解和创新之处。比如，作者首次在史学领域提出中华五种经济文化类型——中原农耕文化、西北草原文化、东北森林文化、西部高原文化和东部沿海及其岛屿的海洋文化；首次在史学领域论述森林文化的定义、特征、演变及其作用，并论述其在中国有文字记载的三千年历史演进中分合、盛衰的变局，阐述森林文化与中华多元文化的冲突与融合，特别论述满洲兴起的森林文化元素，最后统合于大中华文化（参见本书第 1—17 页：《森林文化之千年变局》）。提出了满洲文化具备"满—蒙—汉"三元特征，正因如此，才使其能应付来自蒙古草原文化和汉族农耕文化的两种挑战，兼容蒙古之犷武雄风和汉族之文化翰蕴（参见本书第 331—341 页：《满洲初期文化满蒙二元性解析》）。这给人耳目一新之感。另外，作者关于"三个千年"之说，亦颇有气势：中国有文字记载的三千年历史，经过三个千年大变局，进行三次文化大交融——第一次主要是农耕文化内部的交融；第二次主要是农耕文化与草原文化的交融；第三次主要是森林文化入主中原，农耕文化与森林文化、草原文化、高原文化大交融，开出中华文化之花，结出中华文化之果。三个千年变局的实质是由变而合，由合而大，最终统合为大中华文化，生生不息，骎骎健行。三个千年变局所形成统一多民族的持久稳固的中华文化共同体，屹立于世界民族之林（参见本书第 16、17 页）。

不跟风俯仰，务求实求真。通观阎先生之论著，有一股写史的正气和较真的硬气。在前些年一度"戏说"成风、迎合低俗的"大潮"前，阎先生反其道而"正说"，还历史本来面目。又如对康熙历史地位、历史作用的评价，作者最初于上世纪下放劳动时在北京南口的田野、草棚里写就过《评康熙帝》，后于上世纪 60 年代投给《历史研究》杂志，因文中对某权威学者有不同学见而被压未发。三十年后的上世纪 90 年代初，作者拟参加研究《论黄金时代——康乾盛世》这一课题，但课题未被通过，理由是：康乾时代不是历史的盛世，而是专制黑暗时代。作者认为，应当用历史的眼光看待古人。作者认为《清史稿·圣祖本纪》"论曰"中的部分论断："早承大业，勤政爱民。经文纬武，寰宇一统。虽曰守成，实同开创焉"这二十五个字对康熙的评价，是比较符合历史的。遂写了此次收入书中的论文《康熙：千年一帝》。指出：康熙大帝奠下了清朝兴盛的根基，开创出康熙盛世的大局面，至其孙乾隆时，中华的疆域已东濒大海，西接葱岭，北达贝加尔湖以东、外兴安岭以南，东北至库页岛（今萨哈林岛），南及曾母暗沙，领土总面积达一千四百万平方公里。康熙帝不仅创伟业丰功，而且内圣外王，修养品格，严于律己，为政勤慎，敬天恤民，崇经重道，学贯中西，知行知止。而且作为以满语为母语的皇帝，其汉文书法、诗篇亦能著称于史，也是其人格与学养的一个例证。最后结论：无论就中国历史作纵向比较，或就世界历史作横向比较，都可以说康熙大帝是中国皇朝史上的千年一帝，也是世界历史上的千年名君。他同当时俄国彼得大帝、法国太阳王路易十四，同列世界伟大的君王（参见本书第 79—91 页：《康熙：千年一帝》）。再如对权相明珠的评价，作者认为"旧史及前论多对其抑功扬过，均不足为训"。1985 年作者专著长文，就明珠所处历史条件与社会环境，从民族与家族、旗分与派别、武将与文臣、国君与权相等层面，分析了清初百年历史的演变及明珠的功过是非，充分肯定了他在辅佐康熙开拓新政、能够结交和推荐汉臣、奠下康雍乾百年"盛世"基石中所作的贡献，称其"不愧是中国皇朝社会史上的名相，清代杰出的满族政治家"（参见本书第 92—104 页：《明珠论》）。另外，对似乎已有定论的观点，但凡自己有疑问，即能拿出依据，谈出自己的看法。比如，他认为"皇太极经略索伦"，此役不是"平叛"，而是"建立统治"（参见本书第 50—66 页：《皇太极经略索伦辨》）。对于素有争议的问题，亦不避繁难，勇于提出一家之言（参见本书第 67—78 页：《顺治继位之谜新解》）。

考辨翔实，言必有据。作者之所以能言之成理、持之有故，是因其言必有据，以极为严谨的态度治学、撰文。作者对所论之领域的历史文献、档案资料非常熟悉，从《〈无圈点老档〉及乾隆钞本名称诠释》一文即可见一斑（参见本书第395—415 页）。尽管如此，为求文字准确，他不仅查阅史料，只要有可能，他还要踏勘现场，亲眼一观，亲身感受。这里仅举两个"小例"。一是 1626 年明朝与后金进行的著名的宁远之战，其主战场在宁远，分战场在觉华岛。以往论者对觉华岛之役多轻描淡写，略语带过。作者认为此役之影响极为重要，遂作文论证。为了弄清问题，作者亲自乘船登岛，认真踏勘，对这个面积十三点五平方公里的小岛及存在于其上的当年明军囤粮城遗址，做了详细的勘查、记录，结合史料进行研究（参见本书第 207—220 页：《论觉华岛之役》）。二是作者对京西慈寿寺塔（即今之北京阜成门外八里庄玲珑园内高冈之上的古塔）做过一番考察，澄清了建塔四百多年来存留的一些疑问。为此，作者不仅查阅大量史料，而且借 1994 年 5月至 12 月此塔进行大修的机会，到现场请教专家及工程技术人员，还得登上塔顶，进行学术考察，终于获得翔实资料，对流行的不确切的传闻进行了纠正（参见本书第 464—485 页：《京师慈寿寺塔考》）。靠证据说话，决不取巧于道听途说，这正是老一辈学者多有的风格。

夹叙夹议，点评精到。这是此书诸文共有的一个特点。文章开头，皆开门见山、开宗明义；文中条分缕析，多夹叙夹议，述史实，也讲观点；文末则以综述结论，这综述有着"太史公曰"的味道，精到且每每发人深思。如《辽西争局兵略点评》一文（参见本书第 259—275 页），开篇就直奔主题："明清之际，争局辽西。在二十二年之间，于宁锦狭短地带，明与后金—清双方集结二十余万军队，进行了中国古代史上最激烈、最残酷、最集中、最精彩的争战。……其结果，明清争局双方，不是平局言和，而是一胜一败——胜者太和殿登极，败者退出历史舞台。乃胜乃败，原因固多。揭橥其要，首在兵略。谋略巧拙，成败系焉。……本文讨论，旨趣在于，就其兵略，加以点评。"文中作了多方面、多角度的精到点评。文章结尾则是一段发人深思的点评："……历史的启示：在帝制时代，一个军队，一个民族，一个国家，其胜败，其荣辱，其盛衰，虽原因复杂，但并不多极。一个军队的兵略，一个民族的政略，一个国家的方略，对这个军队的胜败，对这个民族的荣辱，对这个国家的盛衰，有着极其重要的意义。但是，军队的兵略、民族的政略、国家的方略，在很大程度上取决于这个军队的统帅、这个民族的领袖、这个国家的君主。因此，要取得军事的胜利，就要有一个优秀的统帅及其好的兵略；要取得民族的繁荣，就要有一个杰出的领袖及其好的政略；要取得国家的强盛，就要有一个英明的君主及其好的方略……"其精到点评，恳切议论，随处可见，不一一列举。

文由心生，饱含真情。此书文字无应命之作，更无应景之作。文字发自作者内心，字里行间充满真情。寓情理以人事，发感慨于胸臆，是非分明，激浊扬清，斥奸佞宵小，颂忠烈贤良。本书在论及于谦、戚继光、袁崇焕等篇章中，此点尤为明显。这不仅是抒发作者个人情怀，更在弘扬民族正气。

语言简洁，有古史作之风。本书篇篇如此，不一一列举。

征引详注出处，一丝不苟。对所有给自己的写作、考察工作提供帮助者，均标名致谢。既对读者负责，亦可见作者之人格与文品。

以上，是自己在此书编辑工作中的一点感想，谈不到全面、深刻。但对我这个晚生、后学而言，确实受教多多，受益多多。

四

此书编辑工作告一段落之时，我又想起九年前的那件事。那段时间，广大读者对出版物质量啧有烦言，许多人反映"无错不成书"。作为一名出版人，深感"无光而有责"。恰巧看到一部自己喜欢的阎先生的新作，发觉书中似有错讹。出于"吹毛求疵"的职业习惯，竟不知天高地厚正式写出若干条，向阎先生求教。此信一发出，便感到颇为唐突，甚至有点年少轻狂，有失礼貌，很是自责！岂料阎先生胸怀大度，且经此一事，竟待我以忘年之交，经常给我以指导。此次在阎先生的关心与社领导的支持下，担任本书责任编辑，虽再三努力，但仍可能在编辑工作中存在错讹，还请作者及热心读者批评指教。

2015 年 12 月

《阎崇年集》目录